E. LEVASSEUR

LA

POPULATION FRANÇAISE

PRÉFACE ET TABLES

A PLACER EN TÊTE DU TOME PREMIER

LA

POPULATION FRANÇAISE

LA
POPULATION FRANÇAISE

HISTOIRE DE LA POPULATION

AVANT 1789

ET

DÉMOGRAPHIE DE LA FRANCE

COMPARÉE A CELLE DES AUTRES NATIONS

AU XIXe SIÈCLE

PRÉCÉDÉE D'UNE

INTRODUCTION SUR LA STATISTIQUE

PAR

E. LEVASSEUR

MEMBRE DE L'INSTITUT

TOME PREMIER

PARIS
ARTHUR ROUSSEAU
ÉDITEUR
14, rue Soufflot et rue Toullier, 13

1889

PRÉFACE

Il y a plus de vingt ans que j'étudie les matières qui font l'objet du présent ouvrage. Je les ai abordées en 1870 dans le cours que je faisais alors à l'Ecole normale supérieure ; je les ai professées maintes fois au Collège de France, au Conservatoire des Arts et Métiers et à l'Ecole libre des sciences politiques, m'appliquant, suivant le caractère de chaque enseignement, à approfondir les questions de détail ou à présenter des résultats généraux. J'ai complété et coordonné peu à peu mes connaissances.

Je les ai ensuite groupées dans un travail d'ensemble que j'ai remanié à plusieurs reprises avant de me décider à le publier.

Le sujet est assurément digne d'intérêt : la vie humaine ne saurait être indifférente à l'homme.

L'histoire et la politique, la philosophie, le roman et le théâtre l'étudient à divers points de vue. La démographie l'envisage sous un aspect particulier.

On donne le nom de démographie (1) à la science qui, à l'aide de la statistique, traite de la vie humaine considérée principalement dans la naissance, le mariage et la mort, dans les rapports qui résultent de ces phénomènes et dans l'état général des populations qui en est la conséquence.

_____

(1) Voir sur l'origine de ce mot l'Introduction, p. 18.

_a._

Seule parmi les sciences morales, la démographie est fondée sur des nombres. Elle possède ainsi l'avantage d'une précision à laquelle ne sauraient atteindre les autres sciences du même ordre ; mais elle a l'inconvénient de se montrer avec un appareil de chiffres qui complique la tâche de l'écrivain et qui pourrait rebuter le lecteur, si l'importance du sujet ne le retenait. J'ai évité d'insister sur les procédés de calcul et je me suis efforcé de rendre plus facile l'intelligence des nombres à l'aide de figures et de cartes de statistique.

Si la démographie relève des mathématiques par ses méthodes, elle est incontestablement par ses résultats une des branches considérables de l'économie sociale. A la politique qui imprime aux nations leur marche générale, à l'administration qui les gouverne, à la philosophie qui les étudie, à l'économie politique qui cherche le meilleur emploi de leurs forces productives et s'applique depuis Malthus à déterminer les lois de la population, à la médecine qui défend l'homme contre la maladie, il importe de bien connaître tous les éléments qui composent ces nations, de pénétrer le secret de leur organisme, d'analyser en quelque sorte la vie et la mort, d'en mesurer l'intensité et d'en discerner les causes, de chercher comment les sociétés se perpétuent par le renouvellement incessant des générations et pourquoi le nombre des hommes augmente, diminue ou demeure stationnaire dans un pays, de démêler quelles conditions, matérielles ou morales, favorisent ou entravent leur multiplication et exercent une influence sur leur bien-être, de pouvoir, par le rapprochement des phénomènes qui se produisent dans la composition et dans le mouvement des diverses populations du globe, comparer la force et la croissance, peut-être même, jusqu'à un certain point, entrevoir l'avenir des États. Ces matières sont du ressort de la science démographique ; elles font l'objet du présent ouvrage.

Beaucoup d'auteurs ont traité avant moi de la population (1). Parmi mes devanciers en France, je citerai Deparcieux, Expilly, Messance, Moheau au xviiie siècle, et, au xixe, Dufau, Guillard,

---

(1) Voir l'Introduction, p. 53 et suivantes.

Block, Bertillon et les chefs de la Statistique générale de France dont les publications, continuées de 1837 jusqu'à nos jours, forment une très riche collection de documents sur la population française. A l'étranger, un grand nombre d'écrivains ont contribué à constituer et à enrichir la démographie, surtout en Angleterre depuis Halley, en Allemagne depuis Süssmilch, en Italie depuis l'organisation d'une Direction générale de la statistique (1).

Aucun jusqu'ici n'avait embrassé le sujet entier en exposant méthodiquement, à l'aide des documents de l'histoire et de la statistique, la suite des destinées d'une population depuis les temps les plus reculés jusqu'à nos jours, son état démographique dans le présent et le jeu complexe des mouvements qui le modifient sans cesse.

Je l'ai tenté pour la population française. Je souhaite que mon travail ait le double mérite de contribuer à la connaissance de l'état social de mon pays et de fournir à l'économie politique les éléments d'une théorie de la population fondée sur des données expérimentales.

La Population française comprend trois livres.

L'ouvrage est précédé d'une *Introduction sur la statistique.*

---

(1) Je dois adresser mes remerciements à M. L. Bodio, directeur général de la Statistique du royaume d'Italie, qui m'a non seulement fourni de précieux matériaux, mais qui a pris la peine de revoir, sur le manuscrit ou sur les épreuves du premier volume, la plupart des données numériques des chapitres II, IV et VI du Livre II, et qui a revu aussi plusieurs chapitres du deuxième et du troisième volume. Je remercie MM. Messedaglia et Cheysson qui ont bien voulu lire et annoter l'introduction ; M. Turquan, chef du bureau de la Statistique générale de France, qui a vérifié les calculs de plusieurs chapitres du second livre, qui m'a fourni des graphiques, les éléments de plusieurs tableaux et dont j'ai reproduit la carte de la densité de la population de la France ; MM. Yvernès, chef de la statistique au ministère de la Justice, et Bertillon, chef des travaux de la statistique municipale de la ville de Paris, qui m'ont fourni des documents pour la rédaction de deux chapitres du second volume ; MM. Gréard, Sorel et Himly, membres de l'Institut, qui m'ont suggéré d'utiles corrections. En cours de publication j'ai apporté, par des cartons, un changement important au ch. V du livre I, relativement à la superficie du domaine de Saint-Germain-des-Prés, grâce à une correction qu'un professeur belge, M. Hulin, a proposée au calcul de M. Guérard sur cette superficie. Je dois des remerciements tout particuliers à M. Escuyer, un des secrétaires de la session de l'Institut international de statistique à Paris (1889), qui m'a souvent aidé dans la correction du manuscrit et des épreuves et qui a préparé et rédigé entièrement, sous ma direction, les deux tables alphabétiques des matières.

Dans un travail qui repose sur des chiffres, il m'a paru nécessaire de faire connaître d'abord les moyens par lesquels la statistique les recueille et le degré de confiance qu'il convient de leur attribuer.

Dans le premier livre, consacré à l'*Histoire de la population en France avant 1789*, j'ai montré, en remontant jusqu'aux origines, les grands changements qui se sont produits à travers les siècles dans le nombre, dans la répartition et la condition matérielle des habitants. Les matériaux sont empruntés à l'érudition historique beaucoup plus qu'à la statistique qui ne commence à en fournir qu'à partir du dix-huitième siècle.

Au XIXᵉ siècle, les documents numériques, sans être suffisants pour fournir une réponse à toutes les questions, abondent (1), surtout depuis 1850 ; ils m'ont permis de faire une étude complète et détaillée de la population française, et même d'établir des comparaisons entre les peuples et de tirer des conclusions générales des faits observés.

C'est pourquoi le second livre porte pour titre *La démographie française comparée*. Il est divisé en trois parties : l'état de la population, le mouvement de la population et les considérations résultant de l'étude combinée de cet état et de ce mouvement.

Le troisième livre est consacré à la *Statistique morale* dans la mesure où elle a paru nécessaire à l'intelligence de la démographie.

Dans le quatrième livre sont étudiées *Les lois de la population et l'équilibre des nations*. Quelles sont les causes et les conséquences de l'augmentation ou de la diminution du nombre des habitants, par quelles influences les hommes sont-ils conduits à changer de résidence et à se fixer en un lieu, d'où proviennent les grands mouvements d'émigration de notre temps et quels effets ont-ils produits, quelle part la France a-t-elle prise à ces accroissements et à ces déplacements, comment sa fortune écono-

---

(1) La plupart des données numériques des livres II et III sont empruntées à des sources officielles. J'ai fait connaître ces sources dans l'*Introduction sur la statistique*. Voir aussi mon mémoire sur la *Statistique officielle* en France qui a paru dans le 25ᵉ *Anniversaire de la Société de Statistique de Paris*.

mique et politique pourra-t-elle en être affectée? Ce sont là de graves questions que j'ai essayé de résoudre ou d'éclairer, et qui, étant d'un ordre plus général que celles de la constitution même de la population, relèvent non seulement de la démographie, mais de la science morale et de la politique.

Le premier volume contient l'introduction, le premier livre et la première partie du second livre. La deuxième et la troisième parties du second livre forment la matière du second volume. Le troisième volume est consacré au quatrième livre.

Deux tables alphabétiques, la table analytique des matières et la table des noms d'auteurs et autres personnes cités dans l'ouvrage, placées à la suite de la préface en tête du premier volume, faciliteront les recherches des lecteurs (1).

E. LEVASSEUR.

Mars 1892 (2).

---

(1) Nous nous proposions d'abord de placer ces tables à la fin du troisième volume. Nous avons préféré les placer en tête du premier afin de mieux équilibrer la grosseur des volumes.

(2) La première préface était datée du 19 mai 1889, date de la publication du premier volume.

TABLE ALPHABÉTIQUE DES MATIÈRES

(L'astérisque * indique que le mot est cité en note).

ABRÉVIATIONS :

Pop. : Population ; — Nat. : Natalité ; — Illég. : Illégitimité ; — Nupt. : Nuptialité ; — Mort. : Mortalité ; — Suic. : Suicide ; — Sép. et div. : Séparations et divorces ; — Féc. : Fécondité ; — Crim. : Criminalité ; — Inst. : Instruction ; — Rec. : Recensement ; — Sup. : Superficie ; — Émig. : Émigration ; — Imm. : Immigration.

A

Abbeville, III, 227.

Aberdeen, II, 374*.

Absentéisme au xviiie siècle, conséquences, I, 237.

Accidents. — Voir *morts accidentelles*.

Accouchement, Nombre des A. multiples, II, 20. — Proportion au nombre des A., II, 20*, 200, 201*. — Répartition en France, II, 20. — A. comme cause de mort, II, 125. — A. m. à l'étranger, II, 199.

Accroissement de la population : dans la 2e moitié du xviiie s. en France, I, 269, 271 ; III, 555. — au xixe s., I, 313 ; — Accrois. moyen annuel, I, 313, 315 ; III, 192, 194, 204, 242. — moyen annuel des États d'Europe, I, 318 ; III, 192, 194, 203, 242.

Acier, III, 70, 71, 72.

Adoption, v. *Légitimation*.

Adultes, Groupement par âge, II, 263. — Proportion des A. dans la pop. française, II, 267. — N. des célibataires, I, 337. — Proportion des gens mariés, I, 336. — Comparaison avec l'étranger, II, 282. — Influence de l'imm. sur le nombre des A., II, 280, 281, 283. — Importance du groupe des

A., II, 282. — Rapport de chaque groupe à la pop. totale, II, 265, 266, 267*, 269*. — Excédent des A. dans la pop. des grandes villes, II, 393.

Afrique, Sup. et pop., I, 321 ; III, 544, 546. — Dens., I, 321. — Rapport de la pop. à la pop. du globe, I, 321. — Grandes villes, II, 383*. — Poss. françaises en A. au xviie et au xviiie siècle, III, 411, 413. — Au xixe s., III, 413, 415, 416, 419. — Partage de l'A., III, 442. — Imm. europ., III, 333, 359. — — Poss. européennes, III, 444. — Représentants de la race europ. au xixe s., III, 335, 337. — Français en A., III, 381*.

Affranchissement, I, 144.

Age : dans le mariage, II, 58. — Groupement de la pop. par A., II, 257, 274, 276. — Mort. par A., v. *Mortalité*. — A. moyen des décédés, II, 315, v. *Vie moyenne*.

Agen, II, 315.

Ages : de la pierre, I, 83, 84, 86 ; du bronze, I, 85, 87 ; du fer, I, 85, 87.

Agriculture, I, 97, 129, 304, 357. — Valeur moyenne de l'hectare de terre, III, 84. — Revenu agricole, III, 84. — Pop. agricole, I, 370. — Salaires agricoles, III, 87, 95, 96.

ETAT SOCIAL au XVIII° siècle, I, 228, 232,
— Instabilité des conditions, I, 231.
— La bourgeoisie, I, 234.

ETAT DE LA POPULATION, v. *Recensements*.

ETATS-UNIS, Sup., I, 320, 322; III, 199,
464. — Pop., I, 320, 322; II, 236*, 276*,
277; III, 106*, 199; III, 365, 464*. —
Pop. de race europ. en 1890; III, 338,
345. — Taux d'accrois., III, 199, 200*.
— Professions, III, 366. — Dens., III,
199. — Rec., I, 294. — Nat., II, 187,
194; III, 200. — Nupt., II, 213, 218*;
III, 200. — Sép. et div., II, 94, 99*,
101*. — Maladies, II, 124. — Mort., II,
225; III, 200. — Dime mort., II, 245,
250.— Survie, II, 311.— Vie moyenne,
II, 319, 321. — Inst. II, 497. — Grandes
villes, II, 384; III, 562. — Pop. urb.
et rur., II, 339, 384. — Imm., III,
359, 361, 363, 376, 377. — Immig.
française, III, 355*, 368*. — Immig.
europ., III, 363, 364 369, 389, 391*,
399*. — Répartition des Imm. aux
Et.-U., III, 368. — Imm. chinoise, III,
460.— Valeur des émigrants, III, 369*,
370. — Disposit. prises contre les
étrangers, III, 398, 399*, 400. — Proportion de la pop. étrangère à la pop.
totale, III, 367, 368. — Mariage des
émig. avec les nationaux, III, 369.
— Influence de l'émig. sur le type
améric., III, 370. — Naturalisation,
III, 390*. — Céréales, III, 54. — Coton,
III, 60. — Commerce, III, 106*, 281. —
Chemins de fer, III, 365. — Régime
douanier, III, 275. — Politiq. douan.,
III, 465, 466. — Richesse, III, 106,
— Force militaire et budget de
la guerre, III, 256. — Situation spéciale des É.-U., III, 465 — Caractère
de l'Union, III, 466. — Limite de
l'immig. europ., III, 466.

ÉTRANGERS, Dispositions contre les E.
dans l'antiquité, III, 401. — Avant
1789, III, 401. — Aux États-Unis, III,
398, 399*, 400. — E. en France, au
XVIII° s., I, 280. — Au XIX° s., I, 342,
344; III, 316, 330. — Répartition des
étrangers en France, par dép., I, 344.
— Etrangers naturalisés, I, 343, III,
403. — Dispositions de la loi fr., III,
402. — Nationalité des E. nat., III,
403*. — Etrangers en France, III, 316,

563. — Démographie des étrangers en
France. III, 317, 322. — Moralité des
étrangers en France, III, 319. — Les
E. dans les villes, III, 319. — E. se-
courus à Paris, III, 319. — Avantages
et inconvénients de l'Immig. des
étrangers, III, 320. — Comparaison de
l'immig. dans les différents États,
III, 324, 328, 330. — Condition des
E. en France, III, 400, 401, 402. — En
Europe, III, 400, 403. — Question des
E. en France, III, 322.

EURE (dép. de l'), Variations de la pop.,
de 1801 à 1886, I, 153. — Pop. par âge,
II, 275.

EUROPE, Sup., I, 318; III, 240, 544, 545.
— Changements de territoire des
États d'Eur. au XIX° siècle, III, 233,
240, 246 *bis*. — Rec. des Etats d'E., I,
292, 294; III, 538. — Pop. de l'E. en
1800 et 1886, I, 169*. — En 1890, III,
539. — Pop. des États d'Eur. au XIX°
siècle, I, 318, 320; III, 240, 242, 247,
248, 539.— Rapport à la pop. du globe,
I, 321. — Dens. des États d'Eur., I,
318, 459, — Pop. par âge, II, 277. —
Pop. par sexe, II, 285. — Nombre des
adultes, II, 284. — Taux d'accrois.
de la pop. des États d'Eur., III, 194,
242. — Période de doublement, III,
192, 203. — Nat., II, 186-203; III, 191,
539. — Illég., II, 203-206. — Nupt., II,
207-222; III, 189, 191, 539. — Sép. et
div., II, 94-99. — Féc. comparée en
Eur., III, 173-185. — Maladies comparées en Eur., II, 121-124. — Suic.
en Eur., II, 130-136. — Mort., II, 223
et suiv., III, 539. — Mort., enfantine,
II, 245. — Mort., masculine, II, 234. —
Mort., par état civil, II, 237. — Mort.
par profession, II, 237, 243. — Excédent des naissances sur les décès dans
les États europ., III, 351*. — Dime
mortuaire comparée des États d'Eur.,
II, 243, 248, 250. — Survie comparée,
II, 307 et suiv., 334. — Vie moyenne
comparée, II, 319, 320. — Accrois.
comparé des grandes villes d'Eur.,
II, 368 et suiv., 381, 382. — Criminalité, II, 471. — Instruction, II, 497,
511. — Grandes villes, II, 414. — Consommation, III, 50, 53. — Commerce,
III, 105. — Déplacements de la pop.

TABLE ALPHABÉTIQUE

DES NOMS D'AUTEURS ET D'AUTRES PERSONNES

CITÉS DANS CET OUVRAGE

(* L'astérisque indique que le nom est cité en note).

Toutefois le spectacle des campagnes gauloises devait être bien différent de celui que présentent aujourd'hui nos champs. Les hommes sont « plutôt guerriers qu'agriculteurs » dit Strabon, et la culture, faite à peu près exclusivement par les femmes (1), qui étaient obligées de vaquer à tous les soins du bétail, n'indique pas une main-d'œuvre considérable. Le porc était le principal animal domestique ; pour que, vivant dans les champs en liberté, il devînt aussi dangereux qu'un loup (2), il fallait qu'il y eût partout de très vastes espaces abandonnés à la vaine pâture.

Les caractères physiques des peuples de la Gaule. — Des auteurs anciens ont dépeint les Gaulois comme ayant une taille élevée, une carnation molle, des cheveux blonds (3). Le portrait ne convient assurément pas à tous les Gaulois, puisqu'ils appartenaient à des races diverses. Mais ce n'est pas un portrait de fantaisie ; il ressemble aux hommes du nord, dont le type physique devait d'autant plus frapper les Romains qu'il différait davantage du leur.

Il est certain qu'il n'aide pas à expliquer la présence des hommes bruns, petits et trapus qu'on trouve dans la Bretagne et en Auvergne.

Il est certain, d'autre part, qu'il faut un effort d'imagination pour assimiler la race des Troglodytes de Cro-Magnon avec les Ibères, pour faire de la construction des monuments mégalithiques l'apanage de la race celtique et considérer les tumuli comme les jalons de la route suivie par les migrations galates.

Les mœurs des Gaulois. — César et Strabon parlent des

---

peuple sauvage, c'est-à-dire qui vit de cueillette, de chasse et de pêche, n'atteint guère une densité supérieure à 1 habitant par kilom. carré. Les régions de l'Amérique du sud habitées par des Indiens sauvages, dans la zône tropicale et dans la zone tempérée, peuvent être citées comme un exemple de ce type de densité. La densité de 10 à 12 habitants par kilom. carré atteste un commencement de civilisation agricole ; on trouve aujourd'hui ce type de densité (8 à 14 habitants par kilom. carré) dans 15 des 38 États des Etats-Unis.

(1) Il y a encore aujourd'hui en France des communes des côtes de Bretagne où, les hommes étant la plupart pêcheurs, la terre est cultivée principalement par les femmes.

(2) Strabon dit que, lorsqu'on n'était pas connu de ces animaux, il y avait autant de danger à s'en approcher que d'un loup (IV, iv, 3).

(3) Diod., V, 28.

INTRODUCTION SUR LA STATISTIQUE

I.

L'objet de la statistique.

Sommaire. — Le but de l'introduction — Les sciences de raisonnement et les sciences d'observation — Les conditions d'observation dans les sciences sociales — Le rôle de la statistique dans l'étude de la vie sociale — De plusieurs manières de comprendre la statistique — Des faits sociaux qui peuvent être l'objet d'une statistique — Du degré d'utilité des relevés de la statistique — La statistique est-elle une science ? — La démographie — Les trois catégories de faits que relève la statistique — Du degré de confiance à accorder aux statistiques — De la classification des matières qui sont l'objet de la statistique.

Le but de l'introduction. — Comme la statistique s'applique à des matières très diverses et que les auteurs sont loin de s'entendre sur l'objet qu'elle embrasse et sur les limites qu'il convient de lui assigner, nous jugeons utile de dire au début de cet ouvrage ce qu'elle est et ce qu'on peut lui demander.

On a donné peut-être plus de cent définitions de la statistique et on en donnera encore. Nous ne recherchons pas la puérile satisfaction d'en ajouter une à la masse de celles que nos devanciers ont déjà entassées, et nous n'avons pas la prétention d'imposer celle que nous adoptons à tous ceux qui écrivent ou professent sur la matière (1). Nous voulons seulement, pour

---

(1) Voici quelques-unes de ces définitions qui suffisent pour donner une idée de la diversité des points de vue auxquels les statisticiens se sont placés :

« La connaissance approfondie de la situation respective et comparative des Etats. » (ACHENWALL, 1749).

« La statistique a pour but de constater la somme de bonheur dont jouit une population et les moyens de l'augmenter. » (SINCLAIR, 1785).

« Cette science consiste en des recherches sur la matière politique des Etats et la

être compris de nos lecteurs, dans la suite de cette étude, leur faire connaître par quelques explications sommaires les principales opinions relatives à l'étendue de la statistique, les méthodes par lesquelles elle procède, le degré de probabilité que ses résultats peuvent atteindre et l'application que nous comptons en faire nous-même.

Les sciences de raisonnement et les sciences d'observation. — On divisait autrefois le champ des investigations scientifiques en deux domaines, celui des sciences de raisonnement et celui des sciences d'observation, les premières procédant principalement par la méthode déductive, les autres s'élevant par la méthode inductive de l'étude des phénomènes particuliers et de leur comparaison jusqu'à la connaissance des lois qui les régissent. Cette distinction est moins pratique de nos jours, parce que le partage

---

géographie n'est qu'une partie de la statistique. » (PLAYFAIR, 1801. — Cette manière d'envisager la statistique est aussi celle de BALBI).

« La statistique a pour but de faire connaître tous les objets dont se compose la puissance d'un Etat. » — « L'histoire est une statistique en mouvement ; la statistique est une histoire qui s'arrête. » (SCHLOETZER, 1804).

« La statistique générale que l'on a longtemps confondue avec la géographie exclut les descriptions et consiste essentiellement dans l'énumération méthodique d'éléments variables, dont elle détermine la moyenne. » (DE GUERRY).

« Facts wich are calculated to illustrate the condition and prospects of Society. (Société de statistique de Londres, 1835).

« Suivant nous, la statistique est l'exposé scientifique des intérêts divers d'une population organisée en société politique. » (SCHNITZLER, 1840).

« La statistique est la science qui enseigne à déduire des termes numériques analogues les lois de la succession des faits sociaux. » (DUFAU, 1840).

« La statistique est la science des faits sociaux exprimés en termes numériques. Elle a pour objet la connaissance approfondie de la société, considérée dans ses éléments, son économie, sa situation et ses mouvements. » (MOREAU DE JONNÈS, 1847).

« La tâche consiste à observer la vie des peuples et des Etats dans ses parties et dans ses manifestations, à la concevoir arithmétiquement (c'est-à-dire à exprimer les observations par des chiffres, et à exposer analytiquement leurs rapports de cause à effet). » (ENGEL, 1871).

« La statistique peut être envisagée comme science et comme méthode. — Comme science, elle tend à exposer la situation politique, économique et sociale d'une nation ou en général d'un groupe de population... » (M. BLOCK, 1880).

« La statistice è l'esposizione ordinata dello stato sociale, in tutti i moi aspetti, a un dato momento. Essa ne assigne i dati il modo e le loro religioni, ne indaga il interne causale, formole il modo con cui si esplica l'azione delle varie cause, ossia la legge a cui esse in quel momento obbediscono. Il suo punto di partenza è puello dell' osservazioners peluta supra un grande numero de fatti omogenei e fra loro comparabili ; il suo linguessio naturale, quello della citra ; il mo stromento scientifico, l'induzione matematica. » (MESSEDAGLIA).

est devenu très inégal et que le rapide développement des sciences d'observation depuis la fin du dix-huitième siècle leur a fait prendre presque toutes les places dans le champ de la science. A l'exception des mathématiques, comprenant la science des nombres et la mesure de l'espace auxquelles leur précision rigoureuse assigne un rang spécial, et de l'éternelle et noble aspiration de la pensée humaine vers la connaissance du principe des choses qu'on nomme métaphysique, toutes les sciences relèvent de l'observation.

Mais la manière d'observer et la quantité de faits nécessaires pour autoriser une conclusion établissent des différences tranchées entre les sciences d'observation.

Trois points déterminés suffisent à l'astronome pour tracer à peu près l'orbite d'une planète. Le physicien est tenu, en général, à rassembler plus d'expériences ; cependant, quand il a observé un certain nombre de fois, avec une précision suffisante, le point d'ébullition de l'eau sous diverses pressions et qu'il a reproduit les mêmes phénomènes dans les conditions requises pour que l'effet principal ne soit pas masqué ou altéré par les circonstances accessoires, il peut déterminer la loi par induction ; il peut même, dans beaucoup de cas, user de la méthode d'interpolation, pour compléter certaines séries, en comblant par le calcul ou par la traduction du calcul sous forme géométrique (1) les lacunes qui subsistent entre les faits étudiés. Les lois de la nature sont immuables ; quand une fois le savant les a découvertes et qu'il est certain de ne pas s'être trompé, il peut affirmer que les phénomènes se produiront toujours en conformité avec cette loi, chaque fois que les corps ou les forces se trouveront dans la même relation.

L'histoire naturelle est à cet égard une science plus complexe que la physique. En effet, les plantes d'une famille botanique ou les espèces d'un genre ne peuvent être connues que par l'observation spéciale de chacune des plantes ou de chacune des espèces qui composent le groupe même ; après que l'ordre en est fixé, la liste reste toujours ouverte pour de nouvelles plantes qui seraient découvertes ultérieurement.

La détermination d'un groupe et celle d'une loi physique,

---

(1) M. Cheysson a donné un modèle de l'emploi des courbes pour déterminer les rapports de plusieurs données économiques, dans un mémoire intitulé *La statistique géométrique, ses applications commerciales et industrielles*, et inséré dans le *Génie Civil*, n. 7 du 29 janvier et du 5 février 1887.

quoique procédant toutes deux de l'observation, sont des modes de généralisation tout à fait distincts C'est ainsi que le naturaliste qui fait une classification des poissons n'est jamais aussi certain d'avoir produit une œuvre définitive que celui qui, après avoir examiné attentivement sur un grand nombre de poissons la composition et le mouvement du sang, expose les lois générales de la circulation chez ces animaux.

Les conditions d'observation dans les sciences sociales. — Les sciences sociales sont incontestablement des sciences d'observation. Les procédés d'observation s'y appliquent-ils de la même manière qu'aux sciences de la nature ?

Quelques efforts que des philosophes aient faits pour assimiler les sciences sociales et les sciences naturelles, nous n'hésitons pas à répondre négativement. Deux raisons s'opposent à ce qu'elles soient confondues.

En premier lieu, le physicien, le chimiste, le naturaliste font des expériences qu'ils renouvellent et varient à leur gré jusqu'à ce que la lumière se fasse et que la conviction s'établisse solidement dans leur esprit, tandis que le savant qui étudie la société ne saurait la mettre dans un creuset pour en décomposer les éléments, ni lui infliger des infirmités ou des maladies, comme les physiologistes font des chiens. Il n'est pas, il est vrai, sans exemple que des politiques tentent sur une nation des expériences en voulant appliquer des remèdes ; mais, quand ils se sont trompés, le peuple paie cher leurs erreurs.

En second lieu, l'homme est libre, tandis que la matière est soumise à des lois immuables. Cette liberté, qui est la raison de la responsabilité et la source de la moralité, introduit dans la vie sociale une variété, une instabilité de phénomènes et même, à ne juger que sur les apparences, un désordre qui, compliquant la tâche de l'observateur, semble lui interdire l'espérance de découvrir dans cette mêlée confuse une loi, c'est-à-dire quelque chose de fixe.

Cependant, quel intérêt y aurait-il à observer, si de la poussière des faits ramassés on était impuissant à jamais extraire par la généralisation quelque substance solide? Nous verrons dans la suite de cet ouvrage que les phénomènes sociaux se prêtent à la généralisation et s'y prêtent même parfois si bien que certains philosophes considèrent les lois qui les régissent comme non moins fatales que celles qui gouvernent la matière et que, les rôles étant renversés, la liberté a besoin d'être défendue contre les prétentions du déterminisme.

Sans nous arrêter en ce moment devant ce problème, nous nous contentons d'avoir établi que l'observation a besoin de procédés d'un genre particulier lorsqu'elle s'applique aux sciences sociales.

Le rôle de la statistique dans l'étude de la vie sociale. — La vie sociale est un mouvement perpétuel, un renouvellement incessant de phénomènes qui sont assurément très divers, mais dont la plupart peuvent se classer dans un nombre restreint de catégories. Naître, travailler, produire, échanger, administrer, contracter, voyager, mourir, autant de phénomènes de ce genre.

Ces phénomènes se manifestent par des individus qui en sont tantôt les auteurs volontaires, comme dans la production de la richesse, et tantôt sont passifs, comme dans la mort. Mais la plupart intéressent l'ensemble de la société et beaucoup ne peuvent, comme l'échange, se produire que par le concours de plusieurs individus. Ils appartiennent donc à la vie sociale et on est autorisé à dire que *les faits sociaux* (lesquels doivent être distingués des événements politiques) *sont des composés de faits individuels.*

Un commerçant inscrit sur ses livres chacune de ses opérations, achats, ventes, engagements, et tient un compte exact de son doit et de son avoir, notant les affaires qu'il fait avec chacun de ses clients et de ses fournisseurs et distinguant même, grâce aux méthodes analytiques de la tenue des livres, les principales branches de son entreprise. Il s'exposerait aux plus fâcheux mécomptes s'il ne prenait pas cette peine. Pour peu qu'il ait l'instinct de l'ordre et l'esprit du négoce, il n'est pas nécessaire de le prêcher longuement pour le convaincre que bien connaître le détail de ses affaires est une condition indispensable de succès. D'ailleurs les procédés, relativement simples, de la comptabilité lui suffisent pour se tenir au courant.

La connaissance des faits sociaux est aussi nécessaire pour le gouvernement de la société et pour l'étude des sciences qui s'y rapportent que celle des opérations d'une maison de commerce pour la gestion du patron.

Or, la statistique est un mode de comptabilité qui a pour objet l'établissement du bilan social ou, pour parler plus exactement, du bilan de certaines catégories de faits sociaux. Mais les faits sociaux, quand ils n'émanent pas d'une administration publique ou quand ils ne sont pas soumis légalement à l'enregistrement, ne peuvent pas être inscrits comme les actes de commerce d'une maison privée; car ils se produisent simultanément en mille lieux divers sans qu'il y ait quelque part un bureau qui les inscrive à la suite des uns des autres à mesure qu'ils se manifestent. Il faut les réunir par des procédés particuliers d'investigation ou de dénombrement qui exigent le plus souvent un long travail et le concours discipliné d'un grand nombre de collaborateurs : procédés d'enquête qui diffèrent de la plupart de ceux des sciences physiques et naturelles et qui conduisent à des conclusions d'un genre spécial.

L'objet de la STATISTIQUE, telle que nous l'entendons, est précisément, d'une part, de colliger les faits enregistrés par voie administrative, d'autre part, d'établir des enquêtes pour des faits qui ne sont pas enregistrés officiellement, ensuite de dresser le compte méthodique des uns et des autres et d'en discuter les résultats.

De plusieurs manières de comprendre la statistique. — Tous les statisticiens, il est vrai, ne l'entendent pas ainsi. Quoique nous ne veuillons pas discourir sur le sujet, médiocrement intéressant à notre avis, des définitions, nous croyons, pour faire comprendre la nôtre, devoir dire quelques mots du sens et de la portée que lui assignent d'autres auteurs.

Il y en a qui étendent la dénomination de statistique à toute étude procédant par des recherches numériques et consistant à dresser, comme le recommandait Bacon, des listes de présence et d'absence de tout ordre de phénomènes dont un savant peut chercher la loi. Je ne conteste pas le droit qu'ils ont de donner cette définition; pour ma part, je ne l'adopte pas, parce qu'elle s'applique aux sciences naturelles aussi bien qu'aux sciences sociales, qu'elle est, par conséquent, bien près de signifier méthode d'observation et qu'elle complique le langage scientifique par une sorte de synonymie plus qu'elle ne la précise par une attribution déterminée.

Il y en a d'autres qui considèrent la statistique comme la description de l'état des nations, de leur mode de gouvernement et de leurs ressources; ils la confondent presque avec la géographie, et particulièrement avec la branche que nous avons désignée sous le nom de géographie économique. Quelques-uns même prétendent en faire la science sociale par excellence : c'est ainsi qu'on la comprenait généralement au XVIII° siècle en Allemagne. Sans doute, entre la statistique, la géographie et la science sociale — si toutefois il n'est pas téméraire ou tout au moins prématuré de dire qu'il existe aujourd'hui *une* science sociale — il y a de nombreuses relations; ayant moi-même largement usé de la statistique pour compléter certaines notions géographiques, j'aurais mauvaise grâce à blâmer cette alliance. Mais la géographie et les sciences sociales empruntent des renseignements à la statistique sans se confondre avec elle et conservent chacune leur indépendance et leur domaine propre, dont une grande partie n'est pas accessible aux investigations de la statistique.

La statistique est l'étude numérique des faits sociaux : c'est là la définition que nous préférons, parce qu'elle est brève, suffisamment claire et précise. Dufau disait avant nous : « C'est la science qui apprend à déduire de séries numériques homogènes les lois de la succession des faits sociaux. » On peut en effet étudier une société sous des aspects divers : dans son histoire, dans sa législation, dans ses mœurs, etc. La statistique n'a pas à intervenir ou n'intervient qu'accidentellement dans l'étude de ces matières, parce que l'auteur, pour les exposer, cite, décrit, explique, apprécie, et d'ordinaire ne compte pas. Mais, si l'étude est une de celles qu'on fait en comptant certains faits et en comparant les nombres ainsi trouvés, comme cela a lieu pour l'étude des naissances, des marchandises transportées ou des crimes déférés à la justice, c'est à la statistique qu'il faut s'adresser; car il s'agit d'une étude numérique.

Nous restreignons donc plus que certains auteurs le domaine de la statistique, sans prétendre interdire à d'autres le droit de l'étendre; ce qu'il importe au lecteur de savoir pour porter son jugement sur un ouvrage, ce n'est pas s'il rentre dans une catégorie bibliographique déterminée, mais s'il est bon. Nous ne le faisons pas témérairement; car la majorité des statisticiens ont aujourd'hui sur ce point la même opinion. D'ailleurs le champ que nous lui assignons est encore pour ainsi dire indéfini, puisque nous considérons tout ce qui peut se compter dans la vie sociale comme étant de son ressort et qu'un très grand nombre de faits, surtout de l'ordre économique, rentrent dans cette catégorie ou y rentreront à mesure que les gouvernements comprendront mieux l'utilité de ces investigations.

Des faits sociaux qui peuvent être l'objet d'une statistique. — Les manifestations de la vie sociale ne fournissent pas toutes matière à une statistique, parce qu'il n'est pas toujours possible de les dénombrer.

Pour savoir s'ils peuvent l'être, il faut tenir compte de la nature des faits et du milieu dans lequel ils se produisent.

Ainsi, on peut dresser la statistique des individus condamnés pour crimes puisqu'il suffit pour cela de relever sur les registres le nombre des condamnations en cour d'assises ; mais on ne peut pas dresser la statistique des bonnes et des mauvaises actions, parce que la société ne saurait en tenir registre et que l'appréciation même de la qualité des actes est si délicate qu'il serait impossible de préparer les cadres d'un tel enregistrement.

On peut dresser la statistique des récoltes ; toutefois il faut se résigner à n'obtenir qu'un résultat moins précis que celui des condamnations, parce que les renseignements sur la récolte proviennent non du dépouillement de registres officiels, mais de déclarations faites peut-être avec légèreté ou avec une arrière-pensée d'intérêt personnel par des cultivateurs et des officiers municipaux. S'il s'agit de la production d'une industrie sur laquelle l'administration exerce un contrôle direct, comme celle de la fabrication du sucre, la statistique sera plus digne de confiance, à moins que la fraude n'en soustraie une portion notable à l'impôt. S'il s'agit, au contraire, de profits industriels, la statistique restera très imparfaite, parce qu'il n'y a pas de signe certain et apparent de la somme des profits réalisés, et le résultat sera d'autant plus imparfait que les industriels auront ou croiront avoir plus intérêt à dissimuler.

Un bon chef de statistique doit se rendre compte d'avance de la valeur probable de ce résultat. Il ne doit — autant qu'il est en son pouvoir de commander les recherches — ne les faire porter que sur des sujets propres à fournir des renseignements instructifs, afin d'éviter, d'une part, les efforts superflus et, d'autre part, l'illusion, toujours dangereuse, d'une connaissance. Les naïfs subissent cette illusion d'autant plus facilement que la notion se présente à eux revêtue d'une estampille officielle, sous la forme rigoureuse des nombres ; les habiles savent parfois profiter de cette apparence pour tromper la crédulité publique.

On trouve dans d'anciennes statistiques de l'enseignement primaire en France un classement des élèves par catégories de ceux qui savent bien, qui savent passablement, qui savent mal : appréciation arbitraire sur laquelle il n'y a pas de mesure commune pour des inspecteurs ou pour des instituteurs chargés de fournir le renseignement ; les maîtres sévères et consciencieux se trouvaient, toutes autres choses égales d'ailleurs, les plus mal partagés ; les données n'étaient pas comparables d'une école à l'autre et, par suite, les totaux étaient sans valeur. Aujourd'hui la Commission de statistique de l'enseignement primaire ne pose pas cette question : loin d'appauvrir ainsi les publications du Ministère de l'instruction publique, elle les a améliorées.

Une statistique, qui est possible par sa nature, ne l'est pas dans tous les temps et dans tous les pays. Il faut que le milieu social soit préparé. Par milieu social nous entendons, d'une part, l'administration qui dresse les questionnaires et publie les résultats, et, d'autre part, la population qui fait les réponses. Nous parlerons dans la seconde partie de cette introduction des qualités requises pour bien administrer la statistique.

Nous faisons d'ailleurs au ministre qui ordonne une enquête l'honneur de supposer qu'il n'impose jamais au statisticien une opinion préconçue dans un intérêt gouvernemental — ce qui n'est pourtant pas sans exemple — et qu'il la prescrit pour guider et non pour dérouter la conscience publique. S'il prescrivait de travailler dans une autre intention, le document qui sortirait de ses bureaux serait de la fausse monnaie ; il ne serait pas du ressort de la science qui nous occupe. Le Gouvernement qui l'accréditerait agirait comme les souverains du moyen-âge lorsqu'ils altéraient la monnaie, et risquerait, comme eux, de perdre, tôt ou tard, plus qu'il ne croyait gagner à mettre sciemment et officiellement des erreurs en circulation.

En France, où je me plais à prendre des exemples que je trouverais aussi dans d'autres pays, on constate que le milieu social a été autrefois plus réfractaire à la statistique qu'il ne l'est aujourd'hui, mais qu'il a encore beaucoup de progrès à faire pour qu'on y comprenne tout à fait l'intérêt de ce genre d'informations. Par exemple, on n'avait jamais fait avant 1789 un dénombrement de la population, et des hommes éclairés traitaient alors de chimérique une pareille entreprise (1). En 1841, il y a eu à Toulouse une émeute à propos du sixième dénombrement, parce que les habitants, comprenant mal l'opération, l'ont confondue avec une révision du cadastre et se sont imaginé qu'elle était liée à un projet d'aggravation d'impôts. Tout récemment même on a vu, en mai 1886, des journaux, aspirant à produire une agitation politique, présenter à leurs lecteurs ignorants le recensement comme un acte inquisitorial et les engager à protester par le silence, et, en 1888, des députés protester à la tribune contre l'opération statistique qui avait pour objet l'évaluation de la propriété bâtie.

Assurément nos mœurs, après quatre-vingt-cinq ans d'expérience, comportent aujourd'hui un recensement de la population. Cependant, si les résultats de cette opération sont encore à plusieurs égards insuffisants, n'est-ce pas parce que les recensés et certains agents du recensement ne sont pas assez intelligents pour en saisir le véritable caractère ou assez instruits pour fournir des renseignements exacts ?

On a plusieurs fois demandé en France le culte des recensés ; le renseignement est intéressant. Cependant on y a renoncé — avec trop de résignation peut-être, — parce qu'on a craint que la question ne soulevât des passions religieuses et que les réponses ne fussent pas sincères (2).

On demande la profession des recensés ; mais on n'ignore pas que, depuis 1872, ce document est trop sommaire pour éclairer beaucoup l'administration et la science ; cependant, la crainte de compliquer un bulletin déjà chargé de questions et d'aggraver les frais du dépouillement n'a pas permis jusqu'ici de perfectionner

---

(1) « Il n'existe, écrivait le chevalier des Pommelles en 1789, et il n'a jamais existé aucun dénombrement général du royaume. Il est difficile de ne pas douter au moins de la possibilité, et surtout de l'exécution d'une telle opération. » La même opinion est exprimée par NECKER dans l'*Adm. des finances de la France.* — Voir plus loin liv. I, ch. XI, l'état de la population au xviiie siècle.

(2) Un député (séance du 13 février 1882) a déposé un projet de loi ayant pour objet le dénombrement des opinions religieuses ; il demandait que tous les cinq ans, le jour de Pâques (jour qu'il regardait comme étant celui de la plus grande fréquentation des églises), les officiers municipaux se rendissent dans les églises pour y recevoir les déclarations des fidèles qui auraient communié et que, le 14 juillet, des registres fussent ouverts sur lesquels les libres-penseurs viendraient signer. Un tel procédé d'enquête ne serait pas fait pour calmer les passions religieuses.

cette partie du dénombrement, ni même de la maintenir au niveau qu'elle avait atteint en 1866 (1).

Du degré d'utilité des relevés de la statistique. — Quand une statistique est possible et quand le milieu social est convenable, il importe, avant de procéder à l'exécution, de savoir si le résultat sera proportionnel à la peine, c'est-à-dire si l'utilité que la statistique procurera est en rapport avec la dépense qu'elle occasionnera et avec le temps des employés qu'elle coûtera.

On a fait en Allemagne la statistique de la couleur des cheveux des écoliers ; le résultat n'y a pas été sans intérêt pour l'anthropologie qui en a tiré, peut-être avec un peu de complaisance, des conclusions sur les origines ethniques de la population. Mais on peut concevoir quelque doute sur l'utilité qu'aurait la même entreprise à Paris où la population est très mêlée et où il serait — comme partout ailleurs — difficile aux instituteurs de fournir les éléments d'un classement précis des chevelures si les catégories de nuances consignées au questionnaire étaient nombreuses (2). Au contraire, pour l'ensemble de la France, elle pourrait peut-être fournir un renseignement instructif ; elle a été tentée récemment par un savant dont l'entreprise est d'autant plus digne d'encouragement qu'ayant un caractère privé, elle ne peut encourir le reproche de gaspiller le temps et l'argent de l'administration. Si la notion de la couleur des yeux et des cheveux peut contenir un enseignement, celle des robes ou des pantalons n'en renfermerait guère, et une statistique sur cette matière, si elle était jamais prescrite par un Gouvernement, prêterait sans doute à rire.

L'utilité d'une statistique — nous parlons d'une statistique

---

(1) Les cadres de la statistique des professions ont été cependant quelque peu étendus dans le recensement de la population de la France et surtout dans celui de la population de Paris en 1886. Le Conseil supérieur de statistique a émis un vœu en 1887 par lequel il a demandé un recensement spécial des professions. Des recensements de ce genre ont été faits en 1882 par l'empire Allemand, en 1887 par la Belgique.

(2) Cependant M. Alphonse Bertillon a imaginé, pour constater et enregistrer la couleur des yeux, une classification qui paraît donner à la Préfecture de police des résultats satisfaisants. M. Topinard, qui a entrepris de dresser, comme œuvre privée, cette statistique en France, a adopté une classification qui, ne comportant que trois nuances, peut donner des résultats à peu près satisfaisants.

sérieuse — croît avec l'intérêt que les peuples prennent à se rendre compte des mouvements de leur vie sociale. Notre curiosité à cet égard est un des caractères de notre civilisation. Nous pouvons ajouter qu'elle est une des raisons du progrès des institutions et redire à ce propos qu'on n'administre bien que ce qu'on connaît bien.

De notre temps, il importe de scruter les secrets de la vie sociale d'une nation en dressant périodiquement des inventaires de ses forces productives et de ses produits afin d'en constater les changements, accroissement ou diminution, non seulement en vue de disserter pertinemment à l'intérieur et entre concitoyens sur la chose publique, de l'administrer et d'appliquer, s'il y a lieu, des mesures propres à favoriser les bonnes tendances et à enrayer les mauvaises, mais aussi à cause du contact et de la concurrence des nations entre elles. Cette concurrence, qui se manifeste sous les formes les plus diverses, est devenue plus vive et pour ainsi dire plus immédiate qu'elle n'était dans le passé. C'est un des effets du perfectionnement des moyens de communication. Pour en discerner nettement les conditions et pour se tenir toujours prêt à soutenir la lutte, il faut pouvoir comparer les inventaires de son propre pays à ceux des autres Etats et mesurer ses ressources et ses progrès aux ressources et aux progrès des autres nations civilisées. C'est pourquoi la statistique internationale a pris une importance qui est considérable (1) et qui s'accroîtra encore.

Aujourd'hui la statistique internationale est encore peu avancée. Malgré les efforts faits par le Congrès de statistique dont nous parlerons plus loin, malgré de nombreux travaux dont beaucoup sont utiles et dont plusieurs sont remarquables, il y a peu de séries de faits qui puissent être l'objet d'une comparaison détaillée entre plusieurs Etats, à plus forte raison entre tous les Etats civilisés et dont les relevés fournissent des données suffisantes pour une statistique. Ce sont souvent les matériaux qui sont incomplets ; ce sont plus souvent l'uniformité des cadres et l'identité des espèces qui font défaut. Il y a sous ce rapport de grands progrès à accomplir.

---

(1) Voir à ce sujet les judicieuses réflexions de M. de Inama Sternegg, président de la Commission centrale de statistique d'Autriche (25ᵉ *anniversaire de la Société de statistique de Paris,* p. 315 et suiv.).

De ce qui précède, il résulte que la statistique, qui recueille les faits sociaux, qui les classe, les combine et les présente sous leurs divers aspects, est une auxiliaire indispensable pour les études de l'homme d'Etat et de l'économiste. Il n'est pas nécessaire que tous les politiques et tous les publicistes soient statisticiens, parce que chacun doit borner le champ de ses études ; mais il serait désirable qu'ils fussent tous en état de comprendre les résultats de la statistique et d'apprécier, sommairement au moins, la valeur des procédés par lesquels ils ont été obtenus.

La statistique est la lumière de l'économie politique. Elle ne lui est sans doute pas nécessaire pour l'établissement des principes fondamentaux qui sont évidents ou faciles à prouver par un petit nombre d'observations sans qu'il soit besoin de recourir à ses recherches et qui d'ailleurs relèvent de la logique presqu'autant que de l'expérience ; Adam Smith écrivait son grand ouvrage à une époque où la statistique était encore trop jeune et trop mal armée pour lui prêter un secours efficace (1). Mais aujourd'hui la statistique peut répondre à un très grand nombre de questions que posent les économistes ; elle est capable de confirmer par des démonstrations expérimentales certains principes, d'en mieux déterminer la portée et d'éclairer des problèmes qui ne peuvent être élucidés qu'à l'aide d'une quantité considérable de faits bien classés ; car c'est elle qui se charge de préparer et de coordonner les matériaux.

Il est rare qu'en faisant cette œuvre préparatoire le statisticien se borne au rôle de simple appareilleur de pierres. Il veut être architecte et construire un monument. On ne saurait que louer une ambition qui dénote une certaine largeur de vue ; car, si ce statisticien est économiste, il possède la science qui l'autorise à conclure en matière économique et, s'il ne l'est pas, il ferait une tentative téméraire, même en choisissant les matériaux et en pré-

---

(1) Cependant, vers la fin du xviiie siècle, Lavoisier (Avertissement de son mémoire *De la Richesse territoriale du Royaume de France*) signalait déjà l'intérêt qu'il y avait à pouvoir appuyer les théories sur la connaissance des faits. « Qu'il me soit permis d'observer que le genre de combinaisons et de calculs dont j'ai cherché à donner ici quelques exemples, est la base de toute l'économie politique. Cette science, comme presque toutes les autres, a commencé par des discussions et des raisonnements métaphysiques : la théorie en est avancée ; mais la science pratique est dans l'enfance et l'homme d'Etat manque à tout instant de faits sur lesquels il puisse reposer ses spéculations. »

tendant les disposer en séries. En effet, la statistique,
simple préparation, ne peut être maniée avec pro
pour des recherches relatives à une science quelco
une personne déjà versée dans la connaissance de
ainsi que la leçon d'un chimiste ne saurait être
danger par une personne étrangère à la chimie.

Tous les économistes ne sont pourtant pas d'acco
de la statistique : ils se partagent en deux camps.
la théorie pure où se trouvent, entre autres, les es
on pense que, les principes fondamentaux une fois
sonnement, secondé par un petit nombre d'obser
pour déterminer chacune des lois économiques, et que
n'ayant d'autre résultat que de constater ce qui
société à un certain moment, sans distinguer ce qui
qui est mauvais, troublent parfois plus qu'elles n'éc
des grandes lignes. Dans celui de l'expérience, on jug
qu'une science d'observation ne saurait jamais n
d'observations, sauf à faire ensuite un choix raisonn
méritent d'être étudiées et à rejeter les autres; qu
quent, toute statistique économique consciencieuse
un document intéressant pour l'économie politique
à confirmer les principes fondamentaux, soit à
étendre les horizons et à éclairer le détail des con
science. Nous nous plaçons volontiers dans le second
tons toutefois que nous employons la méthode dog
notre enseignement et que l'économiste qui emplo
méthode doit toujours dominer son sujet et savoir
informations numériques sans laisser étouffer l'ind
son esprit sous l'amas des chiffres et paralyser son
leur apparente rigueur.

Entre les statisticiens disciples de la méthode expér
procèdent par l'étude des masses et concluent par des
moyennes, et certains moralistes qui ne conçoivent
hors de l'individu et jugent exclusivement le mo
exemples particuliers, il y a un désaccord d'un aut
derniers, parmi lesquels se comptent beaucoup de
risquent de se tromper et de tromper ceux qui
choisissant mal l'exemple qu'ils produisent comme
tation de tout un groupe.

Il convient toutefois de classer dans une caté

l'école de Le Play qui considère la monographie, c'est-à dire la description méthodique, minutieuse et chiffrée de toutes les conditions d'existence d'une famille déterminée, comme étant l'instrument par excellence des études sociales, mais qui ne dédaigne pas pour cela les enseignements de la statistique.

A quoi bon, d'ailleurs, en cette matière comme en tant d'autres, opposer, par esprit d'exclusion, école à école ? Dans les problèmes si complexes de la vie sociale, on ne saurait trop multiplier et diversifier les moyens d'investigation : c'est l'opinion des économistes qui croient à l'expérience. Les portraits et les types mettent en scène l'être vivant. La monographie de l'école de Le Play a, en outre, l'avantage de faire, pour ainsi dire, l'anatomie de l'individu ; mais, appliquée par un esprit prévenu ou inhabile, elle risque soit de déformer les choses en faisant entrer dans un moule précis ce qui n'est pas par nature susceptible de précision, soit de prendre l'exception pour la règle et de donner une anomalie comme un type. La statistique fournit des chiffres qui ont le défaut d'être des abstractions, mais ses abstractions ont le mérite de représenter — nous ne parlons que des bonnes statisques — la moyenne des faits. Les totaux et les moyennes, qu'on accuse de n'être que des médailles frustres, ne suffisent sans doute pas pour la plupart des études sociales ; mais ils sont au nombre des éléments de la connaissance ; ils complètent les recherches de détail qui les complètent à leur tour, ceux-là servant surtout à marquer le ton général et le niveau, celles-ci à accuser les nuances et les accidents.

M. de Foville, dans une lecture faite au Jubilee-meeting de la Société de statistique de Londres, en 1885, a dépeint spirituellement les dangers que court la statistique à être mal comprise ou mal interprétée. Elle a, en effet, des ennemis de deux espèces : ceux qui la discréditent parce qu'ils la font mal ou qu'ils l'emploient de travers et ceux qui la calomnient parce qu'ils ne la connaissent pas. L'auteur regarde les premiers comme les plus dangereux. Il a peut-être raison ; car les mauvais statisticiens trahissent la cause qu'ils prétendent servir en présentant des nombres sans valeur ou en appuyant des thèses politiques et sociales sur des rapports chimériques : ils ébranlent ainsi la confiance du public. On leur appliquerait justement la définition que M. Thiers avait le tort d'adresser, un jour de mauvaise humeur, à l'ensemble des recherches de ce genre : « La statistique est l'art de préciser ce qu'on ignore. »

Les discours politiques et les articles de journaux fourmillent de sophismes étayés ainsi sur des chiffres ; un auteur va cueillir dans les recueils ceux qu'il croit propres à illustrer sa thèse, sans regarder à côté ; son adversaire cueille à son tour dans les mêmes recueils ceux qui lui semblent avoir le sens opposé, et l'un et l'autre proclame ensuite avec assurance que les millions sont avec lui.

La statistique rencontre dans la nature des choses et dans l'insuffisance de ses procédés assez de causes d'imperfection pour ne pas se plaindre vivement lorsqu'elle voit, en outre, sa situation empirée par l'incurie ou le charlatanisme ; car elle n'ignore pas que ces imperfections et ces témérités motivent le scepticisme d'une partie du public.

Parmi les ennemis de la dernière espèce, les uns sont des indifférents qu'elle ne ramènera jamais à elle : les chiffres ne leur disent rien et le chemin des connaissances qu'on acquiert à l'aide des nombres leur est fermé.

D'autres sont des frondeurs ; ils regardent les choses par le petit côté ; sachant que, « dans leur village », le maire est un bon homme que la paperasserie ennuie et qui ne répond aux questionnaires du préfet ou du ministre que par des vagues estimations, d'après le dire du garde-champêtre ou de l'instituteur, ils croient et ils répètent volontiers que tout cela est pure fantaisie. D'ailleurs il n'est pas rare d'entendre les mêmes critiques, après une sortie véhémente contre la statistique, soutenir presqu'au même moment que la France comptait naguère plus de moutons qu'aujourd'hui ou que notre commerce n'a pas fait depuis quinze ans autant de progrès que celui du Zollverein et passer ainsi de plain-pied d'une incrédulité moqueuse à une foi inconsciente. A mesure que la statistique sera mieux faite et mieux comprise, il est à espérer que le nombre de ces détracteurs diminuera : en attendant et pour hâter l'éducation de l'esprit public, il faut s'appliquer à faire de bonne statistique.

La statistique est-elle une science ? — Cette réflexion nous conduit à dire quelques mots d'une question souvent controversée entre statisticiens : la statistique est-elle une science ?

Avouons d'abord qu'à nos yeux la question, comme toutes les querelles de mots en général, a peu d'importance. Nous serons d'autant plus à l'aise pour déclarer que nous ne considérons pas la statistique comme une science.

Dans l'ordre des sciences d'observation il y a incontestablement, suivant nous, matière pour une science particulière chaque fois qu'il se rencontre une série distincte de phénomènes, physiques ou moraux, dépendant d'une même cause ou de causes liées les unes aux autres et se reproduisant de la même manière, dans les mêmes circonstances. Cette science existe quand on est parvenu à déterminer, par l'observation et l'induction, les rapports constants ou régulièrement variables de ces phénomènes entre eux, c'est-à-dire à découvrir les lois scientifiques.

Or, la statistique s'applique non à une série unique, mais à des séries très diverses de phénomènes ; car elle compte les habitants d'un pays, les hectolitres de froment récoltés, les tonnes de houille extraites des mines, les condamnations prononcées par les tribunaux, les voyageurs par chemins de fer, les navires sortis des ports, et elle éclaire ainsi par ses chiffres la démographie, l'économie agricole et industrielle, la justice, l'administration ; on ne saurait donc dire que ses conclusions convergent vers la connaissance d'une seule cause. Elle exploite beaucoup de riches mines de faits, elle en extrait des matériaux qui peuvent être utilisés pour des travaux aussi variés que nombreux ; elle ne possède pas la matière propre d'une science. C'est pourquoi nous voyons en elle une méthode de recherches, un instrument et non une fin.

Définir ainsi son action n'est pas abaisser son rôle ; car cet instrument, ainsi que nous l'avons déjà dit, est très efficace pour le perfectionnement des sciences sociales.

D'ailleurs nous n'insistons pas. Nous savons qu'on pourrait nous objecter que notre définition ne s'applique qu'aux sciences que la langue philosophique pourrait caractériser par l'épithète d'objectives, c'est-à-dire aux sciences qui ont un objet particulier et déterminé, et non aux sciences subjectives comme la géométrie, qui consiste en purs concepts de l'esprit, quoique ses lois trouvent leur application dans le monde extérieur, nous savons aussi que c'est précisément à cause de sa méthode et non de ses résultats que beaucoup de théoriciens de la statistique revendiquent pour elle le titre de science.

Il est certain que la statistique a une manière d'observer qui la distingue ; elle n'analyse pas un fait au scalpel ou au microscope ; elle opère par masses en groupant un grand nombre de faits de même nature, d'ordinaire même tous les faits de l'espèce qui se sont produits dans un lieu et dans un temps déterminés, et, à l'aide de calculs appliqués à ce groupe, elle établit l'état moyen du fait même et les rapports dans lesquels il se trouve avec d'autres groupes de faits ; elle conduit ainsi à la connaissance de la loi qui règle la collectivité. Elle a donc sa méthode propre de recherche et d'expression que des mathématiciens et des géomètres ont constituée et perfectionnée peu à peu par le calcul des rapports et par l'étude des représentations graphiques. En se montrant sous cet aspect, la statistique peut soutenir ses prétentions à être classée au nombre des sciences.

La démographie. — Il y a toutefois une étude qui constitue assurément une science et qui est si étroitement liée avec la statistique, qu'on l'a confondue souvent avec elle : c'est la *démographie.* On a désigné et on désigne encore la démographie sous le nom de « Statistique de la population, » — expression à peu près exacte, quoiqu'un peu étroite, — ou simplement de « Statistique, » — expression inexacte. — La démographie est la science de la population ; elle en constate l'état, elle en étudie les mouvements, principalement dans la naissance, le mariage, la mort et dans les migrations, et elle s'efforce de parvenir jusqu'à la connaissance des lois qui la régissent. C'est la science de la vie humaine dans l'état social ; c'est bien réellement une science dans le sens que nous donnons à ce mot, puisqu'elle a un objet distinct, nettement déterminé. Si elle a été parfois confondue avec la statistique, c'est que cette dernière est la méthode par laquelle elle procède dans la plupart de ses investigations et la mine de laquelle elle tire la plupart de ses matériaux.

Le présent ouvrage ne traite pas de toutes les matières statistiques ; il a pour objet la démographie. Nous y exposons la démographie telle que nous venons de la définir, en mettant au premier plan les trois grands faits de la vie : naissance, mariage et mort, ainsi que l'accroissement et le déplacement des populations, et en indiquant au second plan l'état moral des hommes vivant en société et les rapports de la population et de la richesse.

Plusieurs auteurs ont donné au mot « démographie » un sens plus étendu (1) ; nous aurions craint, en acceptant leur définition,

---

(1) Voir plus loin, 3ᵉ partie de l'introduction, la définition de M. Guillard. Voir aussi M. Block, *Traité théorique et pratique de statistique*, p. 88.

de nous laisser entraîner à composer un livre qui aurait embrassé presque toute la vie sociale de la France, au lieu d'être limité à la population proprement dite.

Les trois catégories de faits que relève la statistique. — Avant d'aborder notre sujet, il nous reste encore à donner quelques explications préliminaires sur la statistique en général.

Les faits qui sont du ressort de la statistique peuvent être, d'après le mode d'information, groupés en trois catégories :

1° Les *faits administratifs*. Les condamnations prononcées par les tribunaux appartiennent à cette catégorie, ainsi que la levée des impôts, le recrutement de l'armée, etc. Ce sont des faits régulièrement enregistrés. La statistique qui les compte est certaine, pourvu qu'elle procède avec soin, de n'en omettre aucun et d'obtenir un dénombrement complet. Les résultats qu'elle fournit sont en général ceux qui méritent le plus de confiance ; quelquefois même ils sont d'une exactitude absolue.

Il ne faut pourtant pas s'y fier sans réserve. L'administration peut être mal informée ou peu clairvoyante et tirer une conclusion inexacte de nombres exactement enregistrés. C'est ainsi que les comptes-rendus de la mortalité des enfants assistés ont donné lieu à de graves erreurs d'appréciation, lorsque les administrateurs l'ont comparée à la mortalité générale des nouveaux-nés, sans tenir compte de l'âge auquel ces enfants entraient à l'hospice (1). C'est ainsi, dans un autre ordre de faits, que la statistique de l'enseignement primaire en France confond parfois dans un même total deux éléments d'origine et de valeur différentes, les écoles libres, qui ne sont pas d'ordre administratif et sur lesquels elle n'a que des renseignements approximatifs, et les écoles publiques qui, appartenant à l'administration, donnent des résultats certains non seulement sur le nombre des établissements et des directeurs, mais aussi sur celui des maîtres adjoints (2).

2° Les *faits* qui, sans être d'ordre administratif, sont *enregistrés par l'administration* à mesure qu'ils se produisent. Tel est le mouvement de la population, comprenant les naissances, les

---

(1) Voir plus loin, liv. II, chap. VIII.

(2) Avec les lois nouvelles et les règlements actuels sur l'instruction primaire, il n'y a presque plus d'incertitude sur le nombre des adjoints et des adjointes des écoles publiques ; il y en avait encore avant 1882.

mariages et les décès ; telles sont aussi l'importation et l'exportation des marchandises du commerce extérieur. On dresse ce genre de statistique en dépouillant des registres officiels et on obtient un résultat dont l'exactitude est proportionnelle à celle de l'enregistrement. Ainsi, il est évident qu'aucun mariage ne peut échapper à la statistique, puisque le mariage n'est légalement contracté que devant l'autorité municipale, tandis que les déclarations incomplètes ou les fraudes des commerçants et des voyageurs rendent imparfait l'enregistrement des douanes.

3° Les *faits* qui ne sont *ni administratifs, ni enregistrés par l'administration.* La statistique les saisit, par un dénombrement, par une enquête ou par quelque autre mode d'information.

C'est par un dénombrement que l'on connaît le nombre des habitants et l'état de la population d'un pays. C'est par une enquête administrative que l'on connaît la production minérale et métallurgique de la France ; les ingénieurs des mines sont chargés d'en dresser la statistique, à l'aide de renseignements qu'ils ont le droit de demander aux chefs d'établissement. C'est aussi par une sorte d'enquête administrative faite par les maires sur l'ordre des préfets, que l'on établit chaque année l'état des récoltes (1).

Il est inutile d'insister pour faire comprendre que les statistiques de la troisième catégorie offrent moins de garantie que celles des deux premières et qu'elles diffèrent considérablement en précision, suivant l'état général des esprits dans le pays, la nature des faits à colliger, la diligence des enquêteurs, les défiances et les intérêts privés des administrés.

Du degré de confiance à accorder aux statistiques. — Il ne faut jamais accepter sans contrôle un nombre inscrit dans une statistique en fondant sa confiance sur ce motif qu'étant un nombre, il doit participer de l'exactitude des mathématiques, et qu'étant officiel, il a droit à une autorité incontestable. Il y a beaucoup de degrés dans la confiance que méritent les statistiques. La statistique s'exprime en chiffres, c'est vrai, mais parce que les chiffres sont sa langue ; elle doit être précise dans tous ses

---

(1) En France, le Ministère de l'agriculture a procédé autrement pour les enquêtes décennales agricoles ; il a adressé ses questionnaires aux Commissions cantonales et à des agriculteurs ; les résultats de ces enquêtes sont en général plus voisins de la réalité que les informations fournies sommairement par les maires.

calculs, parce qu'ils sont des opérations d'arithmétique. Cependant, si l'enquête, pour une raison quelconque, n'est pas de nature à saisir la réalité à plus d'un dixième d'approximation, le total ne saurait avoir plus de valeur que les éléments qui le composent.

L'administration a le droit d'attribuer à ses chiffres une valeur absolue et un caractère légal en vue de l'application de certaines lois : c'est ainsi que le nombre des habitants des communes constaté par le recensement détermine pour cinq ans le taux de certains impôts. Mais, comme l'administration n'a pas la connaissance innée des faits sociaux, elle est impuissante à dresser une statistique parfaite avec des données imparfaites.

Il faut en prendre son parti. Lorsque le gouvernement du Chili a exécuté le dénombrement de 1875, il a cru, afin de se rapprocher de la réalité, devoir majorer de 10 pour cent les nombres obtenus par le recensement et il a eu vraisemblablement raison. Lorsque M. Elliot a essayé de dresser avec les décès par âges relevés à l'occasion du recensement des Etats-Unis en 1870 une table de survie, il a dû de même les majorer de 10 pour cent, tant les omissions lui paraissaient graves, et il n'espérait pas obtenir, avec de tels éléments, la vérité absolue.

Aucune statistique, autre que celle des actes administratifs qui sont régulièrement enregistrés, ne saurait prétendre à une parfaite exactitude. Dans le mouvement de la population dont nous ferons un fréquent usage pour l'étude de la démographie française, les mariages seuls sont connus avec cette exactitude (1) ; les naissances et les décès, quoiqu'enregistrés administrativement, approchent de très près de l'exactitude absolue, sans peut-être y atteindre (2). Pour l'état de la population, les recensements sont condamnés à rester presque toujours au-dessous de la réalité ; cependant l'écart entre le nombre obtenu et le nombre vrai peut être considérablement réduit par la bonne volonté des administrés et par les soins d'une administration éclairée ; dans la plupart des Etats d'Europe — particulièrement en France, malgré les critiques qu'on peut à juste titre adresser à nos dénombrements — les résultats approchent assez de la réalité pour que, depuis 1801, et surtout depuis 1851, les grandes lignes, lorsqu'on les compare, concordent à peu près

---

(1) Encore ne peut-on pas l'affirmer pour l'Angleterre et pour l'Irlande.
(2) En France, sinon dans tous les pays civilisés.

d'une époque à l'autre et que les rapports présentent des ressemblances frappantes qui sont une garantie d'exactitude.

On peut en dire à peu près autant de certaines statistiques très critiquables dans le détail, très utiles cependant dans l'ensemble, comme celle des récoltes et du mouvement commercial. Sans doute, quand on met en regard les chiffres de l'exportation consignés dans la statistique douanière d'un Etat et ceux de l'importation correspondante dans un autre État, on est le plus souvent surpris et quelquefois même découragé par la discordance ; on ne réfléchit peut-être pas assez que les deux totaux ne sauraient, par la nature même des choses, être identiques, la marchandise valant nécessairement moins au moment où elle sort du pays d'exportation qu'au moment où elle entre dans le pays d'importation, et qu'en outre, les valeurs étant obtenues par appréciation, de pareilles statistiques ne sont jamais tout à fait précises (1).

La statistique des récoltes est un des plastrons sur lesquels s'exercent volontiers les sceptiques, qui trouvent plus commode de se débarasser d'elle par une moquerie que d'examiner ses assertions chiffre par chiffre. « Le préfet demande aux maires, dit-on, combien d'hectares ont été emblavés et combien d'hectolitres de froment ont été récoltés dans l'année ; le maire demande à son tour au garde-champêtre ce qu'il faut répondre et, suivant l'opinion que ce dernier se fait de la moisson, il ajoute ou retranche quelques centaines d'unités aux nombres fournis l'année précédente à l'administration préfectorale. Celle-ci fait les additions avec plus ou moins de soin en corrigeant par estimation les chiffres qui lui paraissent choquants et envoie ses tableaux au Ministère qui opère de la même manière. Voilà sur quoi se fondent ensuite les économistes et les politiques qui raisonnent d'agriculture ! »

La critique, quoiqu'un peu chargée, a du vrai. Mais, même dans ce cas, la collection de 36,000 réponses faites sur place par des gens habitant la commune et se trouvant ainsi en situation de voir de près les choses, constitue un renseignement mieux fondé

---

(1) Ce qui ne veut pas dire qu'elles ne puissent pas être améliorées et qu'il ne faille pas s'appliquer à le faire. Ainsi, les deux statistiques du commerce de l'Algérie publiées, l'une par la Direction générale des douanes, l'autre par le Gouvernement général de l'Algérie, ont présenté pendant plusieurs années des différences considérables, qui ont été jusqu'à une centaine de millions, parce que les prix de marchandises qui servaient aux calculs n'étaient pas les mêmes. Depuis 1885, une entente entre les deux administrations a en partie fait disparaître cette dissidence.

et vraisemblablement plus voisin de la vérité que l'évaluation que fournirait un agronome travaillant seul et sans documents dans son cabinet.

Nous pourrions en dire autant de la statistique des salaires que publie chaque année le Ministère du commerce et de l'industrie, statistique beaucoup plus imparfaite encore, parce que la moyenne pour chaque groupe d'industrie ne saurait être bien établie ; qu'il faudrait, pour se rapprocher de la réalité, des soins que ne prennent guère les administrateurs interrogés par le ministre et que les extrêmes eux-mêmes sont très difficiles à fixer. Néanmoins, quelques justes critiques qu'on ait adressées à ce travail, il vaut mieux chercher à l'améliorer peu à peu que le supprimer : car, si chaque donnée est contestable, la série des années forme cependant un ensemble qui représente approximativement le mouvement général du salaire et qui a été utilement consulté par des économistes. Il en est à peu près de même de la statistique des prix qu'établit tous les ans, avec beaucoup plus de compétence, mais non sans prêter aussi à la critique, la Commission des valeurs des douanes.

Les statistiques que nous venons de prendre pour exemples ne doivent ni être dédaignées à cause de leur origine imparfaite, ni être acceptées aveuglément à cause de leur étiquette officielle. Il faut s'en servir en contrôlant les chiffres officiels d'une année par ceux des années précédentes, par des renseignements particuliers et par les notions générales de l'agronomie. N'oublions pas d'ailleurs que ces notions générales mêmes se sont en partie formées peu à peu et s'enrichissent encore par des statistiques de ce genre.

De l'imperfection des nombres insérés dans la plupart des statistiques nous avons à tirer une leçon. Quelques savants croient donner plus de précision aux rapports et aux moyennes qu'ils calculent en poussant jusqu'à plusieurs décimales. A rechercher ainsi l'absolu par les infiniments petits, il y a souvent une erreur et un danger ; on trompe le lecteur devant lequel on affirme que le rapport entre deux faits ne diffère que de quelques millièmes, tandis que c'est à peine si on a pu compter à un dixième près les faits mêmes. Ceux qui commettent cette faute manquent, en outre, à une règle élémentaire de l'art d'enseigner qui est de présenter chaque chose sous sa forme la plus simple et la plus claire.

La même observation s'applique aux nombres absolus. Le statisticien est sans doute obligé, en faisant le total d'une colonne, de tenir compte des unités aussi bien que des millions pour obtenir une addition exacte ; mais, en raisonnant, il négligera le plus souvent les unités d'ordre inférieur pour ne commenter que les gros nombres et il ne s'arrêtera pas sur des différences minimes qui peuvent provenir de la manière dont les faits ont été recueillis aussi bien que de l'état même de ces faits ; il fera même bien, s'il met une introduction à ses tableaux, de dire comment il procède et pourquoi il procède ainsi. Le lecteur intelligent fera comme le statisticien lorsqu'il consultera les tableaux pour se faire une opinion.

De la classification des matières de la statistique. — Nous terminons cette partie de l'introduction en groupant dans le tableau ci-joint les principales matières qui sont l'objet de la statistique (1). Sur toutes ces matières il existe, en France (2) et dans la majorité des Etats européens (3), des documents officiels, publiés périodiquement ou à intervalles inégaux, qui constituent un fonds considérable de matériaux utiles pour l'administration, la politique et la science. Cependant les renseignements qu'ils fournissent sont encore loin d'épuiser la matière ; beaucoup de questions restent sans réponse, soit parce que les statistiques n'existent pas, soit parce qu'elles ne présentent pas de séries assez prolongées ou qu'elles ne sont pas assez précises ou assez analytiques. On a déjà beaucoup fait pour remplir les cadres : il reste cependant encore bien des lacunes à combler.

---

(1) Le lecteur pourra comparer à ce tableau le projet de classification présenté par sir Rawson W. Rawson dans la session de l'Institut international de statistique tenue à Rome en 1887.

(2) Le lecteur trouvera dans le 25e *anniversaire de la Société de statistique de Paris* (1885) un mémoire intitulé la *Statistique officielle en France* dont la première partie, rédigée par M. Levasseur, est une histoire sommaire des services et des publications de la statistique en France et dont la seconde partie, composée par des membres de la Société appartenant aux divers ministères, contient la liste des publications de statistique faites par chacun de ces ministères. Le lecteur trouvera des renseignements bibliographiques du même genre dans l'*Annuaire statistique de la France.*

(3) Parmi les Etats qui font le plus de publications sur ces matières, il faut placer l'Angleterre, l'Italie, l'Empire allemand et les Etats d'Allemagne, la Belgique, la Suède, la Norvège, l'Autriche, les Etats-Unis. On trouvera aussi dans le 25e *anniversaire de la Société de statistique de Paris* et dans les volumes publiés par le Congrès international de statistique, la liste des principales publications de statistique faites par les Etats d'Europe.

PRINCIPAUX OBJETS DE LA STATISTIQUE

CHOSES...

- **État de la richesse**
  - **Territoire et propriété immobilière**
    - superficie et circonscriptions du territoire
      - État
      - départements ou provinces
      - communes
      - longueur des côtes
      - longueur des cours d'eau et voies navigables
      - zones d'altitude, etc.
    - domaine privé et domaine public
    - propriété foncière
      - non bâtie
      - bâtie
      - maisons habitées et non habitées
      - portes et fenêtres
      - propriétaires et locataires
    - mode d'exploitation
      - par le propriétaire
      - par un fermier
      - par un métayer
      - par une collectivité
    - étendue des cultures
    - améliorations foncières
      - irrigations
      - drainage
      - amendements, etc.
    - édifices publics
      - civils
      - militaires
      - religieux
      - écoles
      - musées
    - travaux publics
      - ponts et chaussées, routes et chemins
      - canaux et autres voies navigables ou flottables
      - chemins de fer
      - tramways
      - ports et phares
  - **Propriété mobilière**
    - animaux et bétail
      - animaux de ferme
      - autres animaux
    - outillage
      - agricole
        - charrues
        - outils
        - machines agricoles
      - industriel
        - machines, métiers, outils
      - matériel de transport
        - voitures
        - machines à vapeur
        - marine
    - assurance sur les biens
      - biens assurés
      - sinistres
    - transmission de la propriété
      - par vente
      - par donation et succession
- **Mouvement de la richesse...**
  - chasse et pêche
    - chasse
    - pêche
      - en eau douce
      - maritime
      - pisciculture
  - agriculture
    - modes de culture
    - produits des terres arables
    - prairies
    - culture maraîchère
    - arbres fruitiers, etc.
    - forêts
      - production en bois
      - produits divers
    - animaux et bétail (v. plus haut)
    - concours et expositions
  - mines
    - eaux minérales
    - marais salants
    - carrières
    - mines
  - industrie
    - petite industrie
    - grande industrie
    - brevets d'invention
    - salaires
    - expositions de l'industrie
  - lettres, sciences et arts
    - publications littéraires, scientifiques et artistiques
    - bibliothèques
    - représentations théâtrales
    - expositions des arts
  - transport
    - sur les routes, sur les canaux, sur les chemins de fer
    - navigation maritime
    - postes, télégraphes et téléphones
  - commerce
    - intérieur
      - octrois
      - marchés, etc.
    - extérieur
      - douanes, importations, exportations, entrepôts, transit

CHOSES. *(Suite)* | **Mouvement de la richesse** *(Suite)*

- prix et salaires . . . . | mercuriales, etc.
- numéraire et crédit . . . .
  - prix de gros et de détail
  - métaux précieux
  - monnaies
  - banques
  - effets de commerce et escompte
  - bourses
  - caisses d'épargne
  - monts de piété
- finances . . . .
  - budgets
  - impôts et revenus
  - dettes
  - mouvement des fonds publics
- consommations.
  - personnelles . . . . .
    - alimentation
    - autres consommations
      - vêtement
      - logement
      - besoins intellectuels, etc.
  - industrielles . . . .
    - matières premières
    - entretien et accroissement du matériel d'exploitation

PERSONNES.

- considérées au point de vue physiologique et démographique (dans le sens le plus restreint du mot).
  - statistique ou état de la population
    - état physique et statistique médicale
      - race
      - taille
      - infirmités physiques
      - maladies
      - épidémies
      - morts accidentelles
      - population rurale et urbaine
    - dénombrement . . . .
      - ménages
      - densité
      - état civil
      - âge
  - mouvement de la population . . . . .
    - état civil . .
      - naissances
      - mariages
      - décès
      - tables de survie
    - migration . .
      - émigration
      - immigration

- considérées au point de vue social.
  - profession . . . .
    - professions industrielles.
      - agriculture
      - mines
      - industrie
      - transports
      - commerce
    - professions libérales
    - administration
    - rentiers, etc.
  - religion . . . .
    - clergé
    - culte
    - propagande religieuse
  - instruction . . . . ,
    - primaire
    - secondaire
    - supérieure
    - technique
    - sociétés savantes et congrès
    - missions
  - politique . . . .
    - élections
    - armée
    - flotte
  - justice. . . . .
    - civile
    - commerciale
    - criminelle
    - prisons, etc.
    - classes dangereuses
  - infirmités morales . . . . | aliénés, etc.
  - bienfaisance et assistance. . . . . . .
    - hôpitaux et hospices
    - enfants trouvés et assistés
    - bureaux de bienfaisance, etc.
    - sauvetage
  - institutions de prévoyance . . . . . .
    - sociétés de secours mutuels
    - sociétés de placement, de construction, de retraite
  - associations . . . .
    - sociétés civiles
    - sociétés commerciales
    - syndicats agricoles, industriels, coopération et participation aux bénéfices.
  - assurances sur les personnes . . . . .
    - rentes viagères et pensions
    - assurances en cas de mort
    - accidents

II.

Les procédés de la statistique.

Les qualités essentielles du statisticien. — Nous n'avons pas à chercher comment on fait un livre de statistique : c'est affaire d'auteur. Mais nous voulons dire comment on dresse une statistique officielle.

Il y a d'abord deux conditions essentielles qu'aucune autre ne saurait remplacer : la science et l'expérience. Ce qui signifie qu'un fonctionnaire chargé de faire une publication statistique ou, ce qui est plus rare, un publiciste tentant de faire une enquête personnelle, doivent avoir préalablement une connaissance générale et théorique de la matière qu'ils se proposent de traiter, et qu'ils s'acquitteront d'autant mieux de leur besogne qu'ils auront davantage la pratique des travaux de ce genre.

Cependant on peut, sinon tracer des règles, du moins donner quelques conseils utiles aux statisticiens qui n'ont pas encore cette expérience. Nous l'essaierons en traitant brièvement de la recherche, de l'expression et de la comparaison des faits : division qui correspond aux trois principales opérations du statisticien.

La recherche des faits. — Nous avons déjà touché certains points de cette recherche lorsque nous avons distingué les enquêtes que l'on peut faire et celles qu'il y aurait plus d'inconvénient que d'avantage à tenter. La curiosité du savant ne connaît pas de bornes, mais les moyens d'action de l'administrateur sont limités.

Avant de procéder à la recherche, il faut la préparer. Il convient, pour cela, de rédiger d'abord le plan général de la publication et de régler l'ordre des tableaux et leurs cadres. Quoique cette disposition préalable puisse se trouver modifiée plus tard en cours d'exécution, elle est nécessaire, comme le budget l'est à un exercice financier ; il faut, dès le point de départ, apercevoir le but pour ne pas laisser divaguer l'enquête et pour rédiger le questionnaire de manière à atteindre ce but.

Or, le questionnaire doit, d'une part, n'omettre aucun des faits qu'il est intéressant d'exprimer et qu'il serait coûteux ou peut-être même impossible d'obtenir ensuite par une enquête supplémentaire et, d'autre part, ne demander aucun renseignement qui n'ait des chances sérieuses d'être utilisé; car il importe de ne pas fatiguer le public qu'on invite à répondre.

Il doit être clair. Pour lui donner cette qualité, l'administrateur se préoccupera des moindres détails de la rédaction et même de la typographie en songeant que ce qui est intelligible pour lui ne le sera peut-être pas pour la masse peu éclairée des administrés, qu'il ne sera pas présent partout pour leur donner des explications et que leurs erreurs altéreraient, probablement sans remède, le résultat définitif.

Il faut se garder, autant que possible, des questions susceptibles de froisser des intérêts, d'éveiller des appétits ou de soulever des passions, parce qu'une réponse qui n'est pas désintéressée risque de n'être pas sincère. On n'évite cependant pas toujours complètement ce genre d'inconvénient, et il peut arriver, quand les intérêts sont divers ou opposés, que les erreurs se compensent à peu près et que le résultat ne s'éloigne pas considérablement de la vérité.

La manière de recueillir les faits varie suivant leur nature et suivant la relation qui existe entre ces faits et le bureau de statistique. Je m'explique. S'il s'agit de faits relevant directement d'une administration publique, qui les crée en quelque sorte, comme les condamnations judiciaires, ou qui les enregistre sans les créer, comme les décès, la tâche est facile; elle l'est surtout si cette administration est placée sous l'autorité du même ministre que le bureau de statistique, parce que le contact est pour ainsi dire immédiat. Le ministre peut prescrire aux administrations locales de relever chaque fait à mesure qu'il se produit et d'en envoyer le relevé au bureau central chaque jour ou chaque semaine ; ce procédé, qui est le plus précis, lui permet de contrôler continuellement ses agents, de savoir lui-même et, au besoin, de faire connaître journellement l'état des choses, comme un commerçant qui, tenant bien ses livres au courant, est capable d'établir à tout instant son bilan; c'est par un procédé de ce genre que la ville de Paris parvient à publier son *Bulletin hebdomadaire* et que l'administration des douanes rédige ses *fascicules mensuels*. Dans beaucoup de cas, on se contente d'un relevé annuel, comme on fait pour le mouvement de la population en France, ou même d'un relevé sans périodicité, comme pour certaines statistiques des établissements hospitaliers.

S'il s'agit de faits qui ne sont pas d'ordre administratif, on peut interroger soit les personnes qui sont l'objet de la statistique, comme pour le recensement de la population, soit des personnes indirectement intéressées, comme les médecins pour les maladies qu'ils ont soignées, soit des commissions d'enquête, comme pour la statistique agricole, soit les préfets et les maires, comme pour la statistique annuelle des salaires. La valeur des résultats obtenus dépend beaucoup du mode d'information. On ne saurait donc trop recommander au statisticien de se mettre le plus directement possible en relation avec la matière même qu'il est chargé de dénombrer; mais il n'a pas toujours le choix.

C'est surtout pour la préparation des statistiques que les ministres peuvent utilement consulter des Conseils composés de fonctionnaires et de savants, quelquefois aussi de personnes intéressées dans la question. Ces conseils ont en général pour mission d'éclairer les bureaux qui publient des travaux de statistique, de leur signaler les améliorations à introduire dans les cadres, les lacunes à combler, les sujets nouveaux qu'il serait intéressant de traiter, les meilleures méthodes à employer pour l'exécution. Il est plus rare et il nous semble excessif qu'on leur confie le soin de diriger et d'exécuter eux-mêmes les travaux. Nous reviendrons sur cette question en traitant de l'histoire de la statistique.

Deux exemples empruntés à la statistique française donneront une idée de la manière dont se font la préparation des cadres et la recherche des faits.

La statistique de l'enseignement primaire est dressée sous la surveillance et sous le contrôle d'une Commission de statistique de l'enseignement primaire. Cette Commission a commencé par établir des cadres pour les « états de situation » que les inspecteurs d'académie adressent tous les ans au ministre de l'instruction publique et elle y a fait entrer les données nécessaires pour rédiger, d'une part, une publication annuelle et sommaire qui est intitulée : « Résumé des états de situation de l'enseignement primaire, » et, d'autre part, un volume plus complet de statistique quinquennale. Lorsqu'il y a lieu de rédiger ce volume, la Commission discute et arrête la composition des tableaux, en conservant, autant que possible, l'ordre adopté antérieurement afin de ne pas troubler les séries de nombres et de rendre possible la suite des comparaisons. Les états de situation servent ensuite de fonds au bureau de statistique pour remplir les cadres, sans que les inspecteurs et, au-dessous d'eux, les instituteurs aient, sinon par de très rares exceptions, à faire un travail supplémentaire : considération qui n'est pas à dédaigner.

Le recensement de la population est fait en France par les soins du ministère de l'intérieur ; les éléments recueillis par lui servent à deux publications : celle du ministère de l'intérieur, qui ne porte que sur la distribution de la population par communes, cantons, arrondissements et départements, et celle du ministère du commerce et de l'industrie, qui procède à une étude démographique et qui, à cet effet, rédige et remet au ministère de l'intérieur le questionnaire nécessaire. En 1881, une commission, qui avait été instituée au ministère de l'intérieur pour l'étude préparatoire du questionnaire, et en 1886, le Conseil supérieur de statistique, qui a été saisi de la question, ont donné, relativement à la rédaction, des avis que l'administration est restée libre d'adopter ou de négliger. Une brochure contenant d'abord le décret qui prescrit aux maires d'opérer le dénombrement de la population, ensuite le modèle de tous les tableaux qui doivent servir à ce dénombrement et une instruction sur la manière de les remplir est envoyé par le ministre de l'intérieur à tous les préfets ; les préfets transmettent les ordres et instructions aux maires, qui se munissent des feuilles prescrites pour le dénombrement et pour les tableaux récapitulatifs.

Le premier instrument du dénombrement est un bulletin individuel que chaque recensé doit remplir ou faire remplir, s'il ne sait pas écrire. Il contient la plupart des données qui, diversement combinées, serviront à composer les publications des deux ministères ; il est donc le document le plus important, nous pouvons ajouter le plus difficile à bien rédiger.

Les bulletins, qui sont distribués aux recensés en nombre suffisant d'après une estimation préalable des recenseurs, doivent être placés dans une feuille de ménage que rédige chaque chef de famille : cette feuille est le second instrument.

Les feuilles de ménage sont à leur tour placées dans le bordereau de la maison : troisième instrument.

La feuille du ménage est remplacée par une feuille récapitulative pour les groupes de population comptée à part, tels que les élèves d'un lycée : quatrième instrument.

A l'aide de ces quatre instruments, le maire dresse plusieurs tableaux : tableau nominatif des habitants de la commune par ménages et par maisons, avec mention de l'âge et de la profession de chacun ; tableaux récapitulatifs par sections, quartiers, rues suivant le domicile ordinaire ou la présence accidentelle des individus dans la commune; tableaux par sexe, âge, état civil, par lieu de naissance, par nationalité et par professions.

Le préfet rassemble à son tour les données des maires dans une série de tableaux indiquant par communes, par cantons, par par arrondissements, la population totale, la population agglomérée, la population comptée à part : ce renseignement est à l'usage du ministère de l'intérieur. Il dresse ensuite, pour servir au ministère du commerce et de l'industrie, le tableau des ménages et maisons, celui de la population domiciliée et de la population présente, ceux de la population classée d'après le lieu de naissance, la nationalité, le sexe, l'âge, l'état civil, la profession.

Enfin il envoie la collection de ces tableaux récapitulatifs au ministre de l'intérieur, qui met en œuvre les uns et qui transmet les autres au ministre du commerce (1).

L'expression des faits. — Lorsque tous les matériaux sont réunis au bureau central, il reste à les mettre en œuvre. Pour cette partie, comme pour la recherche des faits, la science et l'expérience, qui sont nécessaires au directeur, le sont aussi, dans une certaine mesure, à ses principaux collaborateurs. Dans les degrés inférieurs, il suffit d'employés consciencieux et bien surveillés ; on raconte que, lorsque Prony refit les tables de logarithmes

---

(1) Le procédé français ne permet pas à l'administration centrale de vérifier par elle-même l'exactitude des données, puisque les maires ne lui envoient pas les bulletins originaux, mais qu'ils transmettent seulement aux préfets les tableaux récapitulatifs. On a proposé de centraliser, comme nous le dirons plus loin, tous les documents originaux, (c'est-à-dire les quatre séries d'instruments) à Paris et d'en opérer le classement et le dépouillement par les soins d'un bureau organisé temporairement à cet effet. Il est certain que ce procédé donnerait de meilleurs résultats et il est vraisemblable qu'il ne serait pas, en réalité, plus coûteux. La différence (qui n'est pas d'ailleurs négligeable) est que la dépense incomberait presque toute à l'État au lieu de se répartir entre les 36,000 communes.

Le tableau nominatif des habitants de la commune est une garantie de sincérité (à laquelle il ne faut pourtant pas se fier absolument) ; mais ce travail rendrait plus de services, s'il était employé comme dans d'autres pays à l'imitation de la Belgique, pour constituer des registres communaux de population.

conformément au système décimal, il confia les calculs à des garçons perruquiers que la suppression des corps des métiers et le changement de coiffure des hommes laissaient sans emploi, et qu'il s'en trouva bien. Toutefois il ne faudrait pas se fier sans mesure et sans précaution à des agents inexpérimentés.

En cette matière, comme en tout genre d'administration, il importe d'abord d'avoir des bureaux convenablement organisés, où chacun ait une fonction bien déterminée, où le nombre des employés soit suffisant, sans être excessif, et où le chef de service soit assuré d'être compris et obéi.

On peut recommander, en premier lieu, le système de contrôle qui consiste à faire exécuter les opérations d'arithmétique par deux employés à l'insu l'un de l'autre et à comparer ensuite les résultats. On peut recommander aussi, lorsque des opérations de même nature se renouvellent des centaines et des milliers de fois, l'usage des barèmes, de la règle à calcul et des machines à calculer (1). Un directeur du bureau royal de Prusse (2) a employé pour le recensement, au lieu de bulletins en papier, des cartes d'un format uniforme qui étaient commodes à manier et à grouper successivement de diverses manières par catégories d'âge, de sexe, d'état civil, etc.; on les assemblait par liasses d'un nombre déterminé et il vérifiait aisément avec une balance si la liasse avait le poids et, par conséquent, contenait le nombre de fiches indiqué.

Convient-il de concentrer dans un service unique tous les travaux de statistique d'un Etat ? Ce système est incontestablement celui qui satisfait le mieux l'esprit. Ajoutons qu'il peut invoquer en sa faveur des exemples, notamment celui de la Prusse et de l'Empire allemand, où un grand nombre de ces services sont concentrés, et celui de l'Italie, dont la statistique a pris dans l'opinion des savants un des premiers rangs depuis que la plupart des publications sont confiées à un même service.

Dans ce pays, où la centralisation est plus complète que dans aucun autre pays, le directeur général a sous ses ordres un nombreux personnel réparti en cinq sections dont chacun a ses attributions déterminées, population et hygiène, enseignement, justice, industrie et statistique mathématique, finances et annuaire, et est

---

(1) La statistique générale du royaume d'Italie et la statistique de la ville de Paris en font fréquemment usage.
(2) M. Engel.

dirigée par des hommes spéciaux : un médecin est à la tête du service sanitaire, un docteur en droit à la tête du service judiciaire, un mathématicien à la tête du service mathématique. En outre, la direction générale reçoit directement les éléments premiers de ses statistiques, c'est-à-dire les bulletins des recensés ou les relevés des agents locaux, et elle les élabore elle-même au lieu de recevoir, comme dans maint autre pays, le travail tout fait de la main d'intermédiaires qui ne sont pas toujours capables ni dociles. Ce système assure à la fois la compétence dans les détails et l'unité dans l'ensemble. De cette façon, les divers travaux entrepris sous la même impulsion concordent et se prêtent en quelque sorte un mutuel appui ; le gouvernement obtient plus de résultats et des résultats meilleurs avec moins de dépense, parce qu'il y a moins de forces perdues et il les obtient plus rapidement, parce qu'il y a moins de rouages.

Pour que par la centralisation entre les mains d'un directeur général produise ces résultats, il faut non seulement que ce directeur ait lui-même une grande valeur, mais aussi, comme nous venons d'en voir un exemple, que les principales branches de la statistique soient confiées chacune à un bureau distinct et dirigées par des hommes spéciaux et compétents ; il faut aussi que l'harmonie règne entre la direction générale de la statistique et le ministère chargé d'administrer la chose qui est l'objet de la statistique. Lorsque de telles conditions sont réunies, on peut former un faisceau auquel l'union même prête de la force.

Mais ce système n'est pas applicable partout. En France particulièrement, il nous paraît impossible de le faire réussir et il serait assurément dangereux de le tenter. Car il ne manquerait pas de personnes autorisées à dire que, si la compétence est indispensable, on a plus de chance de la rencontrer dans le ministère chargé d'administrer la matière à dénombrer que dans un bureau étranger à cette administration ; que si, pour obtenir les renseignements, il y a lieu de peser d'un certain poids sur les agents départementaux, nul n'a autant d'autorité que le ministre dirigeant ; que, si ce ministre n'a pas l'honneur de la publication, il serait à craindre qu'il n'y restât indifférent et qu'il ne se désintéressât des travaux préparatoires, peut-être même qu'il ne fît pis par un sentiment inavoué de jalousie. Il serait, en outre, moins facile en France d'obtenir des Chambres pour un même ministère — et quel ministère choisir ? — le gros budget nécessaire à l'ensemble des travaux de statistique qu'une quantité de petites sommes réparties dans les budgets des divers ministères.

Nous ne demandons donc pas la concentration de tous les services de statistique pour la France ; mais nous verrions avec plaisir la concentration dans les principaux services des opérations relatives à l'établissement de la statistique dont il est chargé. Ce système nous paraît bien préférable en principe à celui de la dissémination par départements ou même par communes du travail de dépouillement. Notre observation s'applique particulièrement au recensement de la population ; il est regrettable qu'il soit élaboré presque sans contrôle dans les bureaux des préfectures et que le bureau central à Paris ne reçoive d'ordinaire que des résultats en bloc, qui ne sont pas accompagnés des pièces justificatives.

Le directeur général de la statistique du royaume d'Italie (1) écrivait à la fin d'une notice sur la statistique officielle de son pays : « Ce qui intéresse le plus, ce n'est pas de concentrer toutes les branches de la statistique sous la direction d'un seul homme, mais d'obtenir au moyen d'un Conseil supérieur, composé de représentants de la science et des différents services publics, que toutes les enquêtes soient coordonnées entre elles et ne fassent pas double emploi. Il y a une autre espèce de centralisation qui est très recommandable : celle qui consiste à charger le bureau central, pour chaque branche de la statistique, de faire le dépouillement des pièces d'origine (bulletins individuels, etc.). » Cette seconde espèce de concentration, très recommandable en effet, est appliqué, en Prusse, en Suède, en Italie, aux Etats-Unis à l'époque du recensement, et dans d'autres pays.

Ajoutons qu'il y a encore un autre cas où une certaine centralisation est nécessaire ; c'est lorsqu'un Etat publie un « Annuaire » dans lequel se trouvent rassemblés les principaux faits de la statistique recueillis par diverses administrations. Aussi la France, qui en publie un, en a-t-elle confié la rédaction au service de la Statistique générale.

C'est en vue de concilier les avantages de la division du travail et ceux de l'unité de vues qu'a été créé en France, à l'exemple de ce qu'avaient déjà fait d'autres Etats, le Conseil supérieur de

---

(1) Voir dans le 25ᵉ *anniversaire de la Société de statistique de Paris* la notice rédigée par M. L. Bodio, directeur général de la statistique du royaume d'Italie.

statistique qui conseille sans posséder lui-même les moyens d'action : institution qui rendra des services, si elle possède — ce dont je ne doute pas — assez de lumières pour éclairer réellement les questions, si elle a assez de prudence pour ne pas porter ombrage aux autres administrations en voulant sortir de son rôle et si — ce que je désire vivement — les administrations sont, de leur côté, assez désintéressées pour laisser pénétrer dans leur domaine des clartés venues de l'extérieur.

Le premier soin du chef qui reçoit les matériaux tout préparés par les administrations locales est de les faire placer provisoirement dans leurs cadres et de s'assurer, par ses connaissances générales et, s'il le peut, par la comparaison avec les statistiques précédentes (dans le cas où il en existe), si les chiffres sont vraisemblables. S'ils ne lui paraissent pas tels, il doit les renvoyer pour vérification à ceux qui les lui ont fournis. Il n'y a certainement pas de directeur qui ne se soit trouvé très souvent dans la nécessité de faire des renvois de ce genre et plusieurs ont gémi du surcroît de travail que leur imposait l'obligation de réitérer à maintes reprises leurs observations.

Il est rare d'ailleurs qu'une première statistique dans un ordre quelconque de recherches soit vraiment satisfaisante ; au début l'expérience manque à tout le monde, depuis le recensé jusqu'au directeur. Mais, à mesure que l'épreuve se renouvelle, la tradition se forme et, après un certain temps, elle est fixée. Nous avons déjà dit que, sans jamais renoncer aux améliorations, il convient dès lors de conserver, autant que possible, les cadres dans l'intérêt des comparaisons. Il est toujours fâcheux, soit de changer sans raison suffisante la périodicité ou les grandes lignes de la statistique, soit de priver par des suppressions, l'administration et la science de renseignements donnés antérieurement et reconnus utiles.

Pour maintenir ainsi la bonne tradition, perfectionner sans bouleverser, commander et coordonner la somme considérable d'efforts qu'exigent la plupart des grandes publications de statistique, il faut non seulement un ministre désireux d'être éclairé, mais un chef de statistique ayant une volonté et une autorité suffisante. C'est pourquoi nous avons dit et nous répétons que l'homme chargé de dresser une statistique doit être un savant dans l'ordre de connaissances dont traite son service, par exemple un pédagogue pour l'instruction, un économiste pour les finances, un démographe pour la population, un ingénieur pour les voies de communication.

Dans le cours des travaux exécutés par ses employés, le chef a eu souvent à intervenir. Quand enfin tous les tableaux sont remplis et que toutes les colonnes sont additionnées et les additions vérifiées, son œuvre est loin d'être terminée.

La comparaison des faits. — La partie la plus intéressante pour lui est l'étude des rapports résultant de la comparaison des nombres recueillis et de leurs totaux. Dans les calculs nécessaires pour cette étude, le directeur se fait aider légitimement par ses employés. Mais il ne doit céder à personne le soin d'établir les rapprochements, de grouper les résultats, d'examiner à l'aide de calculs, de cartes ou de graphiques les rapports qui dérivent de leur comparaison, de suivre la variation des séries d'un même phénomène, de considérer l'intensité ou la manière d'être des faits dans leurs diverses relations et de consigner en tête de la publication les principales conclusions numériques qui sont le résumé et qui renferment en quelque sorte la leçon à tirer de l'enquête : c'est là qu'il met le cachet de sa personnalité.

Il y a des chefs de statistique qui s'arrêtent au seuil de cette troisième partie, pensant que leur devoir est de donner les chiffres et non de s'aventurer dans les spéculations.

Ils ont raison si, par spéculation, ils entendent l'arithmétique politique dont les publications officielles doivent s'abstenir. Ils ont encore raison s'ils se contentent de ne pas hasarder des rapprochements téméraires entre certaines quantités qui n'auraient pas entre elles une relation suffisante. Ce dernier genre d'erreur n'est pas rare de la part des statisticiens qui se prennent d'enthousiasme pour une thèse ; tel, par exemple, fait un sophisme lorsque, divisant la population par les naissances d'une année (P/D), il en conclut que la vie moyenne de la génération présente doit être supérieure à celle des générations précédentes, sans s'inquiéter de savoir si la diminution du nombre des naissances n'a pas réduit le nombre des décès enfantins et, par conséquent, affaibli le diviseur; l'autre accumule des preuves accablantes de l'immoralité dans certaines régions et, constatant en même temps que ces régions sont au nombre de celles où l'on consomme beaucoup d'alcool ou de tabac, il accuse ces substances — que nous sommes loin d'ailleurs de vouloir innocenter complétement — de tous les méfaits qui s'y commettent.

Les chefs de statistique doivent user du droit de commenter les documents qu'ils publient ; ils en useront avec la compétence qu'ils possèdent et avec le sens discret de la mesure qu'ils sauront observer. Ils auraient grand tort de ne pas distribuer, à l'aide de rapports et de moyennes, la lumière dans les forêts de chiffres où la foule des lecteurs a rarement le courage de pénétrer et l'art de voir clair.

En publiant ces rapports et ces moyennes, ils épargnent une peine considérable à ceux qui, travaillant sur la matière, auraient à faire eux-mêmes ces calculs indispensables et ils rendent leurs œuvres, qui ne seraient à la portée que d'un très petit nombre d'élus, intelligibles et instructives pour un public beaucoup plus nombreux : c'est un succès qu'ils doivent ambitionner.

Nous aurions dû dire tout d'abord qu'ils s'éclairent eux-mêmes les premiers. Car c'est seulement après avoir comparé les résultats à l'aide des rapports qu'ils s'assurent si toutes les données de leurs tableaux concordent ; par suite, ils peuvent, en connaissance de cause, remettre à l'étude ou retrancher celles que cette épreuve leur aurait fait juger indignes de la publicité.

N'oublions pas que le statisticien étant un savant, prononce cet arrêt d'indignité non parce que le résultat peut être en contradiction avec certaines thèses politiques ou économiques et déplaire à des hommes puissants, mais parce qu'il n'approche pas assez de la vérité.

Il y a deux considérations qu'il ne faut pas négliger, celle de l'époque à laquelle l'enquête est faite et celle de l'époque à laquelle le résultat est publié.

La première, que nous aurions pu mentionner à propos de la recherche des faits, enseigne à choisir le temps où les faits sont vraisemblablement dans leur état ordinaire : ainsi, l'hiver est préférable à l'été pour dénombrer la population, parce que celle-ci se déplace moins dans la mauvaise que dans la bonne saison, ou pour constater le nombre d'élèves de l'enseignement primaire, parce que le travail des champs ne les tient pas alors éloignés de l'école.

Quant à l'époque de la publication, elle doit être aussi rapprochée que possible. Le statisticien travaille pour la pratique comme pour la théorie, et ce n'est guère qu'à condition d'être utile à la première que les Gouvernements lui accordent l'argent nécessaire pour éclairer la seconde. Or, si la théorie peut attendre, parce qu'elle recherche surtout les travaux approfondis et les

longues séries d'observations, la politique et l'administration sont
pressées et veulent connaître l'état présent des choses. De là,
l'obligation de ne pas laisser languir le travail et l'opportunité de
diviser, quand il est possible, les enquêtes en publications sommaires et rapides et en travaux de longue haleine. C'est sur ces
derniers que le chef de statistique fait porter son principal effort
et pour eux qu'il réserve ses plus amples commentaires.

Les moyennes et les rapports. — Sous le nom de moyennes,
les mathématiciens et les statisticiens comprennent des résultats
divers, que l'on peut cependant caractériser d'une manière générale par la définition suivante : « la moyenne est en quelque sorte
la résultante intermédiaire et unique d'un certain nombre de
grandeurs connues. »

On obtient la moyenne arithmétique en divisant la somme de
ces grandeurs ou quantités ; ainsi, il y a eu en France :

        936,529 naissances en 1879
        920,177   id.   1880
        937,057   id.   1881
        935,566   id.   1882
        988,944   id.   1883
    4,667,273 naissances en cinq ans ;

donc le nombre moyen des naissances annuelles de la période
quinquennale est de 933,455.

Le docteur Bertillon a désigné sous le nom de « moyenne
objective » le résultat moyen qu'on obtient en essayant d'évaluer,
à l'aide de plusieurs mesures, une quantité réelle. Quetelet en a
donné un exemple, qui est devenu pour ainsi dire classique, en
additionnant 466 observations d'ascensions droites de l'étoile
polaire faites à l'observatoire de Greenwich et en divisant le total
par 466. Ce qui intéresse la statistique, ce n'est pas la distance
même de l'étoile, mais la manière dont se groupent les observations
que Quetelet a classées en catégories différant entre elles d'un
quart de seconde au plus. Voici la série, ramenée, pour la commodité du calcul, à 1000 et disposée en ordre depuis les résultats
les plus faibles jusqu'aux plus forts :

Nombre d'observations de chaque groupe :

    2-12-25-43-74-126-150-168-148-129-78-33-10-2
                        466

C'est vers la moyenne que les observations sont le plus nombreuses, si bien que les trois groupes du centre forment presque la moitié du total ; ils pèsent en quelque sorte d'un poids plus considérable que tous les autres groupes réunis dans la balance dont l'équilibre constitue la moyenne. Les écarts extrêmes sont rares. Cette concentration vers la moyenne est d'autant plus accentuée en général que les observations ont été mieux faites.

La figure ci-jointe (voir fig. nº 1) montre comment le nombre de ces observations va en augmentant en nombre à mesure qu'on se rapproche de la moyenne et comment leur groupement dessine, conformément au théorème de Newton, ce que Quetelet a nommé une courbe binomiale. (1)

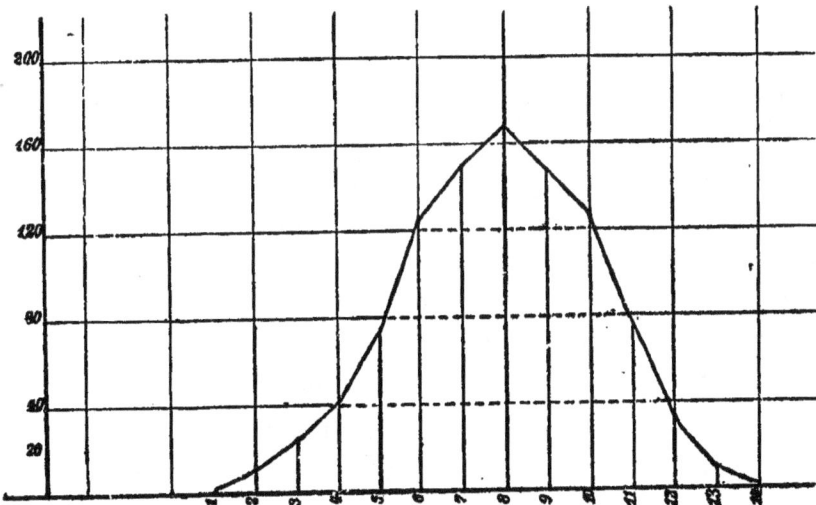

Fig. nº 1. — Eléments de la moyenne arithmétique d'une série de phénomènes concentrés autour de cette moyenne. Observations d'ascension droite de l'étoile polaire faites par Bessel, ramenées par Quetelet à 1000 et réunies par groupes d'observations différant de 10″ au plus.

Si les phénomènes voisins de la moyenne étaient en nombre proportionnellement moins considérable, et surtout s'ils étaient distribués en ordre moins régulier des deux côtés de cette moyenne, comme on le voit sur la figure ci-jointe (voir fig. nº 2) qui représente les observations de température faites par Quetelet à Bruxelles pendant le mois de juillet, de 1833 à 1842, et ramenées à 1000 (371 observations seulement sont concentrées autour de

_____

(1) Les quatre figures ci-jointes ont été dressées par M. Perozzo, membre de l'Institut international de statistique.

la moyenne), la moyenne serait encore satisfaisante, mais fournirait une expression moins rigoureuse des faits.

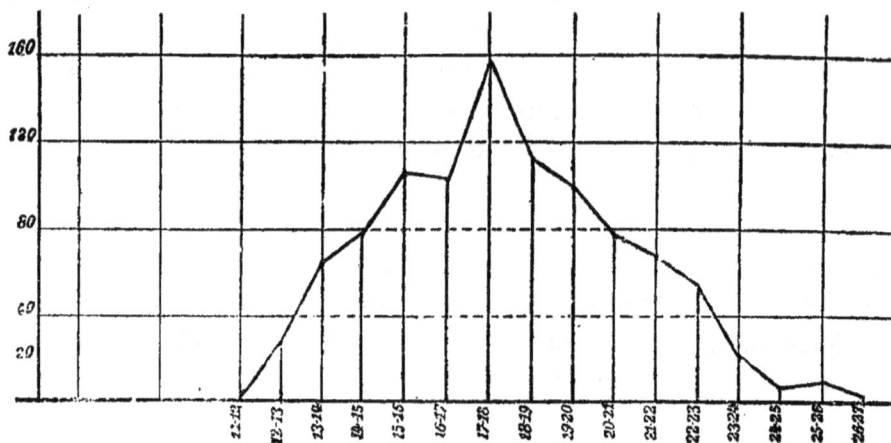

Fig. nº 2. — Eléments de la moyenne d'une série de phénomènes moins régulièrement concentrés autour de cette moyenne. (Observations faites pendant dix ans de la température à Bruxelles durant le mois de juillet, ramenées à 1000 et groupées par observations différant d'un degré au plus.

Si la courbe présentait deux sommets au lieu d'un, il serait vraisemblable que les phénomènes appartiendraient à deux séries distinctes et probablement il y aurait lieu de calculer deux moyennes, distinctes aussi, au lieu d'une.

La figure nº 3 en fournit un exemple ; elle représente les observations de température minima faites de 1831 à 1877 au Collège romain, à Rome, et présente deux points culminants.

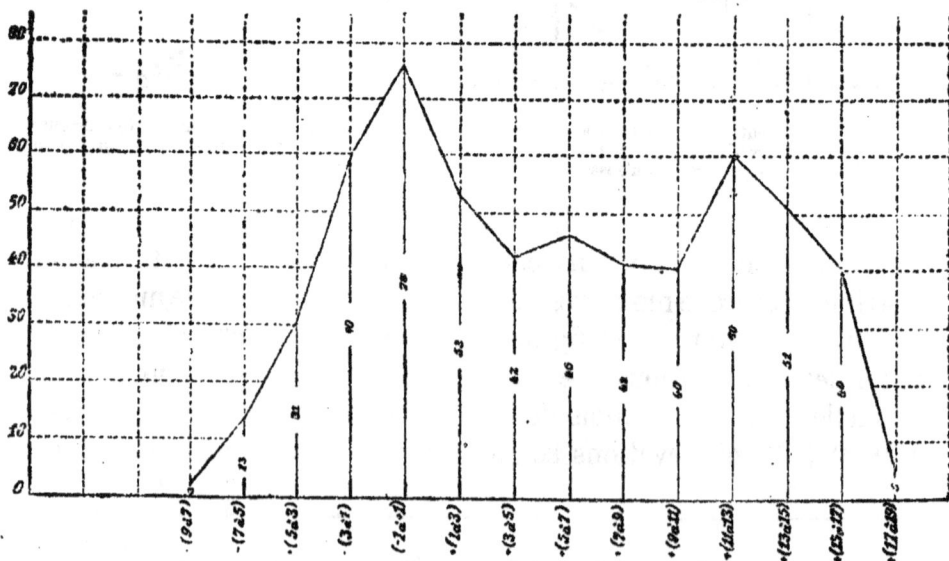

Fig. nº 3. — Groupe de phénomènes donnant lieu à deux moyennes distinctes. (Observations de la température à Rome réunies par groupes de deux dixièmes de degrés au plus).

Si les phénomènes étaient groupés de manière a engendrer une courbe sinueuse et irrégulière (voir fig. n° 4), il n'y aurait pas lieu de calculer la moyenne de phénomènes disparates et assemblés pour ainsi dire au hasard.

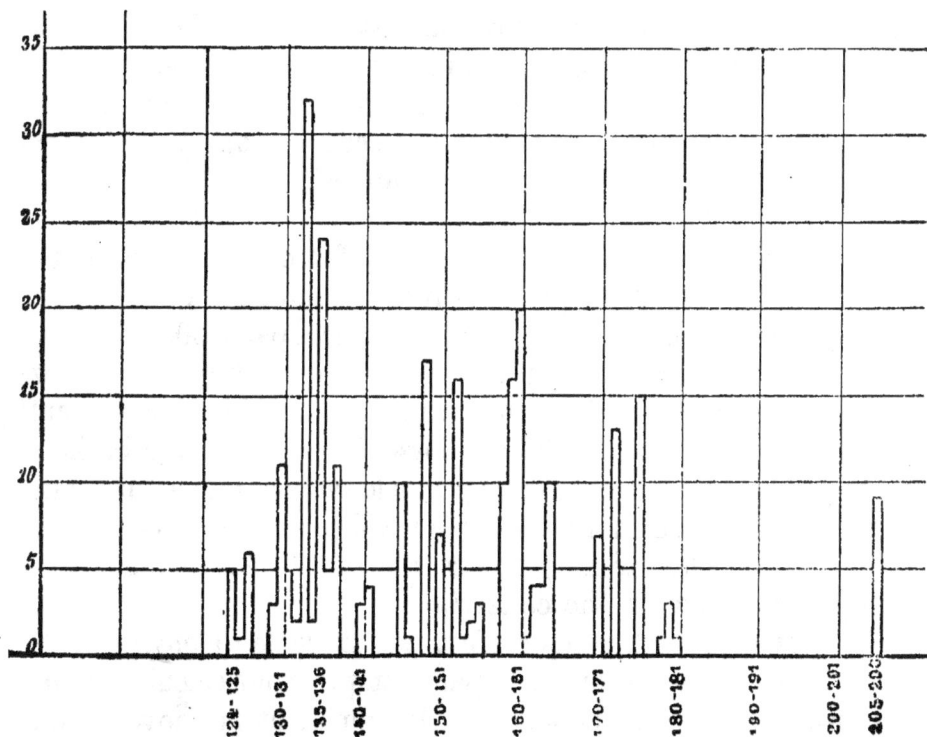

Figure n° 4. — Courbe formée d'éléments disparates.
(Prix moyens mensuels des 100 kil. d'huile d'olive sur le marché de Lucques, de 1862 à 1885).

Ces derniers éléments, qui sont les prix de l'huile d'olive sur le marché de Lucques durant la période 1862-1885, ne sont pas de nature à fournir une moyenne générale par un groupement suivant la valeur, mais ils présenteraient peut-être une courbe instructive pour l'histoire du prix de l'huile s'ils étaient groupés dans l'ordre chronologique.

Il y a une distance réelle, quelle qu'elle soit, de l'étoile polaire à la Terre, tandis que la taille moyenne d'une population est idéale ; c'est pourquoi le docteur A. Bertillon distinguait ces deux genres de moyenne et nommait le second « moyenne subjective » (1). Toutefois, comme cette idée est celle d'un type qui

---

(1) M. Block (*Traité théorique et pratique de statistique*, p. 129) n'admet pas cette distinction,

est réellement voisin de cette moyenne, il proposait de dire
« moyenne typique subjective. »

Au contraire, il désignait sous le nom de « moyenne indice »
celle qui ne représente pas un groupe naturel dont la majeure
partie des éléments soient voisins de cette moyenne. Ainsi, quand
on dit que l'âge moyen des Français est d'environ 31 ans, on ne
dit pas que le plus grand nombre des Français soient groupés
dans les âges voisins de la trentaine, puisque le groupe le plus
nombreux est celui des enfants et que ceux qui ont passé la trentaine ne compensent leur infériorité numérique que par la supériorité du nombre de leurs années.

Il y a une sorte de moyenne très différente des précédentes,
que le docteur Bertillon appelait « résultat moyen ». Par exemple,
lorsqu'on dit qu'un pays compte 30 naissances par 1,000 habitants,
cela signifie seulement qu'il est probable que, durant les douze
mois de l'année, il naîtra dans ce pays autant de fois 30 enfants
qu'il y a de milliers d'habitants ; lorsqu'on dit qu'il y a 50 habitants par kilomètre carré, on exprime le rapport moyen qui existe
entre l'étendue d'un territoire et le nombre total de ses habitants,
sans que cette densité moyenne se rencontre nécessairement sur
une partie quelconque de ce territoire.

La moyenne arithmétique n'est pas la seule qu'emploient les
statisticiens. Dans certains cas, par exemple, pour calculer le taux
d'accroissement d'une population, ils emploient la moyenne que
l'on qualifie de géométrique et que M. Cheysson propose de nommer moyenne logarithmique. La première exprime la valeur
moyenne d'un groupe de faits considérés comme variables par
des différences à peu près constantes ; l'autre se déduit d'une
série de faits dont les termes successifs varient à peu près dans
le même rapport de quotient. Ainsi, on prend une moyenne
arithmétique lorsqu'on dit, comme nous l'avons fait, que la
moyenne des naissances annuelles en France a été de 933,455
de 1879 à 1883 ; on prend une moyenne géométrique lorsqu'on
dit que le taux d'accroissement moyen annuel de la population
de l'Angleterre a été de 1.3 pour 100 pendant la période 1881-
1883 durant laquelle cette population a été en croissance continue (1).

---

(1) Quoique la partie mathématique de la statistique, laquelle doit être tractée sé-

On calcule aussi quelquefois la moyenne harmonique entre deux termes ; elle s'obtient par le double produit de ces termes divisé par leur somme (1).

Ces observations, propres à éclairer quelque peu le lecteur sur la question des moyennes en statistique, n'ont pas pour but de déterminer tous les cas ; elles suffisent pour faire comprendre que toutes les moyennes ne sont pas de même nature et n'ont pas la même valeur.

Les moyennes en effet participent de la qualité des éléments à l'aide desquels elles ont été calculées. Si ceux-ci sont exacts, la moyenne peut être précise ; s'ils sont médiocres, la moyenne

---

parément, n'entre pas dans le cadre de cette introduction, nous croyons devoir donner quelques explications nécessaires pour l'intelligence de la moyenne géométrique.

La population peut être assimilée à un capital placé à intérêt. S'il est placé à intérêt simple, sa valeur initiale a deviendra A au bout de n années; la formule pour calculer son accroissement sera :

$$A = a + a\,r\,n$$

ce qui veut dire que le capital (ou la population) deviendra égal à sa valeur initiale (a), augmentée du produit de cette même valeur ($+ a$) multipliée par le taux annuel d'accroissement (r) et par le nombre d'années de la période observée (n).

Et par conséquent, la valeur de r (taux d'accroissement) sera

$$r = \frac{A - a}{an}$$

dans ce cas, r est une moyenne purement arithmétique.

Mais l'accroissement d'une population se produit, plutôt comme celui d'un capital placé à intérêt composé que comme celui d'un capital placé à intérêt simple et c'est à la règle d'intérêt composé qu'il convient de demander la formule qui est

$$A = a\,(1 + r)\,n$$

dans ce cas, r est plus petit que dans le cas précédent.

On doit avoir recours aux logarithmes pour obtenir la valeur d'un de ces termes A, a, r, n) lorsqu'on connaît les trois autres. L'expression log. $A = n$ log. $(1 + r) +$ log. a donne l'inconnue du problème. Le terme r, déduit de la connaissance de log. $(1 + r)$, est une moyenne géométrique.

M. Turquan, dans un mémoire récompensé par la Société de statistique de Paris en 1884, n'a pas omis de rappeler que l'intérêt composé ne rend pas un compte exact, théoriquement au moins, de l'accroissement d'une population, parce que l'intérêt composé implique un accroissement intermittent, l'intérêt ne s'ajoutant au capital qu'à certaines époques déterminées, tandis que la population s'accroît d'une manière continue. Il faut alors calculer au moyen de l'intérêt continu, comme l'a fait M. Woolhouse en 1883 et, après lui M. Sprague. C'est ainsi qu'opèrent aujourd'hui les actuaires. On trouve cette méthode expliquée dans la *Théorie mathématique des assurances sur la vie* de M. Dormoy. Les démographes emploient la même formule dans laquelle r représente l'accumulation de l'intérêt continu pendant l'année.

(1) Voir sur les différents types mathématiques des moyennes l'article de M. Messedaglia (*Archivio di statistica*, anno V, 1880, livraisons 2 et 4).

l'est aussi. Si, malgré leur exactitude, ils sont en petit nombre, la moyenne a plus de valeur. Si, quoiqu'exacts, ils sont disparates et impropres à former une série graduée, la moyenne est plus médiocre encore et devient souvent un non-sens.

Quelques exemples aideront à mieux comprendre ce dernier cas. On a dit souvent, avec raison, qu'il serait absurde de donner 500,000 francs comme représentant la fortune moyenne de deux personnes dont l'une posséderait un million et l'autre n'aurait rien. On peut dire aussi qu'on commettrait une faute d'arithmétique en assignant 4 francs comme prix moyen d'une marchandise dont on aurait vendu dix unités à 6 francs pièce et cent unités à 2 francs. On est porté à taxer d'ivrognerie un pays où la statistique accuse une consommation annuelle de 5 litres d'alcool par tête, tandis qu'on innocente volontiers celui qui n'en accuse que 2 ; cependant, si une étude plus attentive révélait que, dans le premier pays, la moitié des habitants fait habitude des liqueurs, tandis que dans le second, le vingtième seulement de la population en consomme, ne serait-il pas vraisemblable que l'alcool produit des effets plus dommageables à la santé dans le second que dans le premier ?

Quand les éléments sont de même nature, qu'ils offrent des garanties suffisantes d'exactitude et qu'ils forment des séries convenablement graduées, le statisticien peut légitimement pousser le calcul des moyennes jusqu'à des fractions d'unité, sans cependant descendre jamais jusqu'à la minutie. Si les éléments sont imparfaits, il doit être plus réservé pour ne pas laisser croire à une précision qui n'existe pas. N'insistons pas davantage sur cette prudence que nous avons déjà recommandée en traitant des éléments.

Une moyenne est préférable aux éléments d'où elle est tirée quand elle établit une compensation entre des erreurs de détail qui se seraient produites en sens contraire ou entre des accidents particuliers : c'est un avantage qu'elle possède dans certains cas. Mais, si les erreurs portent toutes dans le même sens, la moyenne reste entachée de l'infirmité des données qu'elle a généralisées et elle n'a pas la vertu de les rectifier.

Les distinctions que nous venons d'établir peuvent paraître quelque peu subtiles ; il était cependant opportun de les indiquer pour l'intelligence de notre sujet. En somme, le calcul des moyennes, qui est d'un usage continuel en statistique, est une application du calcul des probabilités dont Jacques Bernoulli a fondé la théorie (1), qu'ont développé Moivre et Laplace et auquel Poisson et Bienaymé ont ajouté d'intéressants commentaires (2).

La moyenne elle-même, qui est en quelque sorte l'expression condensée d'une série d'observations, mesure la valeur moyenne des faits observés et fournit en même temps un indice de la manière dont ils se reproduiront ; elle est ainsi un des degrés par lesquels la statistique s'élève du phénomène à la loi. Cependant elle exprime presque toujours une probabilité et non une nécessité ; appliquée aux prévisions de l'avenir, elle signifie seulement que, si les causes restent les mêmes, il est vraisemblable que, sur le plus grand nombre de cas observés, la majeure partie des effets se manifesteront dans le sens et dans la mesure indiquée. Nous reviendrons sur cette question dans la seconde partie du présent ouvrage en traitant du retour régulier de certains phénomènes moraux et de la liberté humaine.

Les graphiques. — La statistique graphique est la représentation des nombres par des figures. Elle emprunte ses procédés à la géométrie dans le but de substituer une forme sensible et concrète à une notion abstraite. Nous ne nous étendrons pas longuement sur cette matière, quoiqu'elle soit très intéressante pour le statisticien et en particulier pour l'intelligence de notre ouvrage. Elle est, d'une part, un moyen d'invention et de contrôle pour l'auteur auquel les figures et principalement les courbes permettent d'apercevoir d'un coup d'œil des rapports très difficiles à démêler dans les tableaux de chiffres ou des anomalies provenant de données incohérentes, et, d'autre part, un moyen très efficace de démonstration pour le professeur ou de vulgarisation pour l'écrivain.

_____

(1) Voici à peu près les termes de l'énoncé de Bernouilli : lorsque les causes sont constantes et que par suite la probabilité d'un événement ou d'un fait quelconque reste la même pour chaque épreuve ou chaque observation, le nombre des répétitions de ces événements sur un grand nombre d'épreuves est à peu près proportionnel à la fraction qui exprime sa probabilité.

(2) M. Lexis, professeur à l'Université de Gœttingen, a proposé une nouvelle conception de l'âge moyen à laquelle il a donné le nom d'âge normal. Voir *Zur Theorie der Massenerscheinungen in der Menschlichen Gesellschaft*, 1877. Voir aussi la première session du Congrès international de démographie à Paris en 1878 et la première session de l'Institut international de statistique à Rome en 1887.

A côté des longues colonnes bourrées de chiffres dont la lecture paraît rebutante, le graphique présente une image qui fait voir de prime abord aux yeux les moins exercés toutes les variations d'une série et souvent, par le rapprochement de plusieurs courbes, la suite des rapports qui existent entre plusieurs séries de nombres. Par les graphiques, la statistique rend la science accessible à un bien plus grand nombre de personnes.

Il ne faut pas semer dans un ouvrage les graphiques au hasard pour le plaisir des yeux ; mais il est utile de les employer, a titre d'auxiliaires, partout où ils peuvent faciliter l'intelligence du texte. La peine que prend l'auteur pour les dresser est largement compensée par celle qu'il épargne à ses lecteurs et par la satisfaction qu'il éprouve de vulgariser le résultat de ses recherches.

Nous nous dispensons d'insister ici sur la construction des graphiques, parce que cette étude dépasserait la mesure d'une introduction et que nous pouvons renvoyer le lecteur au mémoire que nous avons rédigé sur ce sujet (1).

Nous nous contentons de l'avertir que les trois principales formes de graphiques que nous emploierons dans cet ouvrage sont les lignes ayant une longueur proportionnelle aux quantités qu'elles représentent (2), les courbes dont chaque point (3) indique le rapport de deux éléments (soit le nombre des naissances et l'année où ces naissances se sont produites) et dont la suite des points, constituant précisément une courbe, marque les variations du phénomène dans le temps, enfin les cartes (4) dont les hachures ou les couleurs figurent le degré d'intensité du phénomène dans chaque lieu.

---

(1) Voir *La statistique graphique* par E. Levasseur, insérée dans le volume intitulé : *Jubilee of the statistical Society of London*, 1885.

(2) Ces lignes peuvent, suivant la commodité du dessin, être horizontales ou verticales, minces ou épaisses, ombrées d'une manière quelconque : ce qui importe pour l'expression statistique, c'est la différence de longueur des lignes à comparer sur une même figure.

(3) Chaque point d'une courbe est déterminé par la rencontre de deux lignes, l'une horizontale partant de la ligne de base verticale qui forme l'extrémité gauche de la figure et l'autre verticale partant de la ligne de base horizontale qui forme le bas de la figure, ces deux lignes ayant chacune une longueur proportionnelle à la grandeur du nombre représenté.

(4) Voir dans notre mémoire sur *La statistique graphique* le mode de représentation des faits statistiques sur les cartes. Les cartes en couleur insérées dans cet ouvrage sont dressées d'après le système des deux couleurs, l'une pour les régions

III.

L'histoire sommaire de la statistique.

Sommaire. — La statistique dans l'antiquité et au moyen âge — La statistique au xvii⁰ siècle — L'enseignement de la statistique en Allemagne au xvi⁰ et au xviii⁰ siècle — L'arithmétique politique en Angleterre — Les premières tables de mortalité — Sussmilch — La statistique en France avant le xix⁰ siècle — La statistique en France dans la première moitié du xix⁰ siècle. — La statistique officielle dans les autres pays jusqu'en 1853 — Les statisticiens et les démographes — Quetelet — Quelques mots sur les statisticiens de l'époque contemporaine — Le Congrès de statistique et les expositions universelles — Les publications de la statistique officielle dans la seconde moitié du xix⁰ siècle.

La statistique dans l'antiquité et au moyen âge. — Il n'entre pas dans le plan de cet ouvrage de faire une histoire complète de la statistique ; mais, pour aider le lecteur à comprendre l'ensemble des matières qu'elle a embrassées et l'objet particulier sur lequel porte notre étude, il est bon de présenter un tableau sommaire des applications successives de la statistique et de ses développements (1).

---

au-dessus de la moyenne générale du pays et l'autre pour les régions au-dessous de la moyenne. Sur les cartes imprimées en noir, les parties au-dessous de la moyenne sont ombrées de lignes pointillées et les parties au-dessus sont ombrées de lignes pleines formant une teinte plus foncée. Sur les cartes en couleur nous avons, au lieu du bleu et du rouge que nous employons d'ordinaire sur les cartes murales, adopté, d'accord avec M. Bodio, pour les parties au-dessous de la moyenne, le jaune, qui se fond mieux avec le rouge. Sur les cartes en noir, comme sur les cartes en couleur, les nuances sont au nombre de six à sept et d'autant plus foncées que l'intensité du phénomène est plus grande. Le système des deux couleurs permet de diviser d'un coup d'œil un pays en deux régions ; celui où le phénomène a le plus d'importance (au-dessus de la moyenne) et celui où il en a le moins (au-dessous de la moyenne); les nuances de chaque couleur font voir les degrés dans le plus et dans le moins. Comme il est utile de rapprocher les parties voisines de la moyenne qui constituent un groupe particulier et intéressant, et que cependant la différence de couleur semble séparer profondément, ces parties, sur les cartes coloriées, sont semées de petites croix noires sur le jaune le plus foncé et sur le rouge le plus clair.

(1) Plusieurs auteurs ont écrit l'histoire de la statistique. L'ouvrage le plus récent et un des plus complets sur cette matière est la seconde édition (entièrement refondue) de la *Teoria general della statistica* (tome II) par M. Ant. Gabelli (1888). Voir aussi *Geschichte der Statistik, Erster Theil* (jusqu'en 1835), par M. V. John (1884) ; *Geschichte,*

On peut dire que la statistique remonte aux premiers dénombrements, soit de la population, soit d'une richesse quelconque, qu'un gouvernement ait tentés.

Lorsque le roi David envoyait son général Joab compter dans les tribus de Juda et d'Israël le nombre des hommes en état de porter les armes et que le grand prêtre lui annonçait qu'il allait être puni de cette orgueilleuse témérité, lui laissant seulement le choix du fléau, il s'agissait d'une statistique de la population (1).

Ce sont aussi des statistiques que faisait la Chine, lorsque, vingt-trois siècles avant l'ère chrétienne, elle dressait un état du territoire de l'Empire, de ses habitants, de ses cultures, de son commerce et de ses impôts et qu'à partir du douzième siècle, à une époque où l'Europe n'avait pas encore d'histoire, elle renouvelait périodiquement ces inventaires sociaux.

Plus tard, les censeurs, à Rome, accomplissaient une œuvre de statistique lorsqu'ils inscrivaient les citoyens dans les classes et les centuries d'après leur rang et leur fortune (2). Auguste, dans la notice de l'Empire, dont Tacite nous a transmis le souvenir et

---

Theorie und Technik der Statistik, par A. MEITZEN (1886) ; MOREAU DE JONNÈS, *Statistique des peuples de l'antiquité* (1851); M. BLOCK, *Traité théorique et pratique de statistique*, 2e édition.

(1) David dit à Joab : « Parcours toutes les tribus d'Israël de Dan jusqu'à Berchaba et compte mon peuple que j'en sache le nombre. » Joab et ses officiers mirent 9 mois et 20 jours à parcourir tout le pays ; puis Joab donna au roi le résultat du dénombrement qui était de 800,000 hommes en état de porter les armes dans Israël et de 500,000 dans Juda (d'après le texte de la Vulgate, IIe livre des Rois, ch. XXIV) ou de 1,170,000 hommes dans Israël et de 470,000 dans Juda (d'après la Sainte Bible de la Société biblique de France, Ier livre des Chroniques, ch. XXI, texte qui a en général moins d'autorité auprès des érudits). Quoiqu'il en soit du nombre, Dieu punit David de son orgueil en lui laissant le choix du fléau. David choisit la peste. On peut cependant demander quelle est la valeur de ce document de la statistique hébraïque et si les officiers de David, quoique répugnant à la besogne, avaient bien rempli leur mission. Or, si l'on considère comme étant en état de porter les armes les hommes de 15 à 60 ans et si l'on applique, par hypothèse, à la population d'Israël et de Juda (suivant la Vulgate) le rapport qui existe pour la population française (les individus de 15 à 60 ans y forment un peu plus de 60 pour cent de la population totale), on trouve pour les deux sexes 4,333,000 habitants; ce qui implique, étant donnée l'étendue du territoire de la Judée, plus de 150 habitants par kilomètre carré. Il n'est pas vraisemblable que le sol de la Palestine ait jamais pu nourrir une population d'une telle densité moyenne. Ce dénombrement n'est pas d'ailleurs le seul dont il soit question dans la Bible; voir, entre autres, celui des premiers nés d'Israël ordonné par Moïse (livre des Nombres, ch. III).

(2) Voici la formule du cens chez les Romains d'après la table d'Héraclée : Nomina, prænomina, patres aut patronos, tribus, cognomina et quot annos quisque eorum habet et rationem pecuniæ.

dont le texte a été en grande partie retrouvé sur des monuments, s'inspirait d'une pensée analogue. L'administration impériale paraît même avoir toujours possédé, pour l'assiette de l'impôt, des états détaillés de la contenance des propriétés, de la nature des cultures, du nombre et de la qualité des esclaves (1).

Mais il n'y avait là, ainsi que dans les registres civils des Égyptiens et dans quelques écrits de l'antiquité qu'on a souvent cités, qu'une science pour ainsi dire inconsciente ; on faisait de la statistique avant qu'il n'y eût de statisticiens, comme on faisait des actes économiques bien avant l'apparition de l'économie politique.

On peut en dire autant du *Doom's day book*, rédigé après la conquête de l'Angleterre par les Normands, des pouillés et aveux de l'époque féodale et même des relations des gouverneurs de provinces et de celles des ambassadeurs vénitiens au xviᵉ siècle : documents très-intéressants pour l'histoire économique, mais qui ne sont pas à proprement parler de la statistique.

La statistique au xviᵉ siècle. — L'italien *Fr. Sansovino,* auteur de l'ouvrage *Del Governo dei regni e republiche antiche e moderne*, publié à Venise en 1567, est le premier écrivain que réclame l'histoire de la statistique. Toutefois Sansovino se borne à décrire d'une manière générale la situation politique, administrative et économique des vingt-deux Etats, anciens ou modernes, dont il parle sans pouvoir préciser ses assertions par des nombres.

D'autres italiens, *Botero*, *Lorenzo Meder*, l'historien *Guicciardini*, le pape *Pie II* et le français *Pierre Davity* (2) n'ont

---

(1) Voici le texte du Digeste relatif à cette matière : (Dig. L. 15, 4.) — Forma censuali cavetur, ut agri sic in censum referantur, nomen fundi cujusque et in qua civitate et quo pago sit et quos duos vicinos proximos habeat : et id arvum quod in decem annos proximos statum erit, quot jugerum sit : vinea, quod vites habeat; oliva, quot jugerum, et quot arbores habeat; pratum, quot intra decem annos proximos sectum erit, quot jugerum ; pascua, quot jugerum esse videantur : item sylvæ cæduæ : omnia ipse, qui defert, æstimet. In servis deferendis observandum est, ut et nationes eorum, et ætates, et officia, et artificia specialiter deferantur. — Lacus quoque piscatoris et portus in censum dominus debet deferre. — Salinæ si quæ sunt in prædiis, et ipsæ in censum deferendæ sunt. — Si quis inquilinum, vel colonum non fuerit professus vinculis censualibus tenetur.

(2) L'ouvrage de P. Davity, publié en 1614, avait pour titre : *Les États, empires, ro-*

guère fait autre chose ; les données de la statistique manquaient absolument à cette époque. Les essais de ces auteurs et de leurs imitateurs (1), inspirés par le grand mouvement de la Renaissance, témoignent d'une curiosité nouvelle des esprits plus qu'ils ne lui donnent satisfaction.

L'enseignement de la statistique en Allemagne au XVIIe *et au* XVIIIe *siècle.* — C'est en Allemagne que ce genre d'étude a commencé à prendre corps. *Seckendorf*, professeur à l'Université de Halle et écrivain fécond, qui a joui dans la seconde moitié du XVIIe siècle d'une grande renommée et qui peut être classé parmi les fondateurs des sciences dites d'État, a décrit les principautés allemandes en s'appliquant à faire connaître les conditions géographiques de leur territoire et leur situation administrative et financière. C'est le point de vue général auquel avaient essayé de se placer Sansovino et ses contemporains.

C'est aussi celui où se plaçait *Conring*, qui, à la même époque, professait la médecine et la politique à l'Université de Helmstadt. Dans son ouvrage qui, quoique publié longtemps après sa mort (2), est l'écho de ses leçons, il rapporte, sous un appareil quelque peu pédantesque, le secret de la puissance des États à quatre causes, la cause matérielle qui consiste dans le territoire et la population, la cause formelle qui réside dans la forme du gouvernement, la cause finale qui est le but poursuivi par sa politique et la cause efficiente qui comprend le gouvernement, les finances, l'armée, etc., et il cherche à décrire méthodiquement ces diverses forces sociales, dans la mesure de l'influence que chacune d'elles a pu exercer sur la prospérité publique et sur la condition des personnes.

Conring a fait école en Allemagne. Le plus célèbre de ceux qui ont suivi sa voie est Achenwall, élève du professeur

---

yaumes, seigneuries, duchés et principautés du monde, représentés par la description des pays, mœurs des habitants, richesses des provinces, les forces, les gouvernements, la religion et les princes qui ont gouverné chaque état. C'est le premier ouvrage notable de ce genre écrit en français. Il a été plusieurs fois réédité.

(1) Parmi les imitations, nous citerons les 35 volumes publiés sous le titre de *Respublicæ* (1625-1649) par les Elzévir.

(2) *Exercitatio historico-politica de notitia singularis alicujus reipublicæ.* Ce travail se trouve dans le tome IX de ses œuvres complètes imprimées à Brunswick en 1730. L'auteur professait vers l'an 1660.

Schmeitzel, contemporain de Conring; *Achenwall*, dès l'âge de vingt-neuf ans, ouvrit à l'Université de Gœttingen (1748) un cours dans lequel, unissant la jurisprudence, la politique et la géographie, il essayait de traiter, ainsi que disait un contemporain, « une matière difficile, secrète pour les particuliers, cachée et enfermée dans les cabinets des souverains et sujette à beaucoup de changements. » Il fit paraître l'année suivante ce cours sous le titre de *Abriss der Staatswissenschaft der Europæischen Reiche* (1) et jusqu'à sa mort, en 1772, il continua à enseigner la science dont il proclamait Conring le père et qu'il avait été un des premiers à désigner sous le nom de statistique, « scientia statistica. » Pour lui, comme pour ses prédécesseurs, cette science comprenait « tout ce qui est réellement remarquable dans un État et ce qui en fait la constitution dans le sens le plus général. » Il déclarait que ce genre de connaissance était indispensable à tout homme d'État, ainsi qu'à « tous ceux qui s'intéressent aux affaires de l'univers, particulièrement aux groupes d'individus qui, en qualité de jurisconsultes ou d'hommes d'État, veulent servir leur seigneur et leur patrie. En premier lieu, l'étude de cette science est indispensable à tous ceux qui désirent juger en connaissance de cause les questions de commerce universel, à tous ceux qui veulent entreprendre à l'étranger des voyages dans un but utile, enfin à ceux qui veulent se mettre en rapport avec les pays étrangers au sujet d'affaires industrielles ou commerciales et à ceux qui s'intéressent à la politique intérieure ou extérieure. »

L'école de statisticiens qui compte parmi ses maîtres Achenwall, puis *Schlœtzer*, son successeur dans la chaire de Gœttingen, puis beaucoup d'autres après Schlœtzer et dont le champ d'études s'est étendu à mesure que les faits statistiques ont été mieux étudiés, est l'*école descriptive* ; nous l'avons déjà signalée. Elle prenait pour base la géographie, quoiqu'à cette époque la connaissance du sol et du climat ne fût pas assez avancée pour permettre de

---

(1) Plan de la science politique des États européens L'édition de 1752 portait pour titre : *Staatsverfassung der europæischen Reiche und Vœlker ;* la troisième (1756) : *Staatsverfassung der heutigen vornehmsten europæischen Reiche und Vœlker* (Constitution des principaux États et peuples actuels de l'Europe); Achenwall comprend quatre parties dans la statistique : I. Partie préliminaire, Formation politique; II. Statistique proprement dite, Pays et territoire de l'État, Habitants, Constitution de l'État, Intérêts de l'État

fixer avec précision les rapports qui existent entre la nature et
l'homme dans le développement d'une civilisation. Elle exposait
les faits sans se préoccuper beaucoup de puiser ses renseignements dans des données numériques encore fort rares et elle
songeait moins à tirer des conclusions générales qu'à connaître
les choses mêmes. Elle justifie la définition qu'en donnait
Schlœtzer : « la statistique a pour but de faire connaître tous les
objets de quelque remarque dont se compose la puissance d'un
État. L'histoire est la statistique en mouvement et la statistique
est l'histoire en repos. »

Gaspari. dans la seconde moitié du XVIIIe siècle et, au commencement du XIXe siècle, un professeur de Kiel, *Niemann,*
insistèrent sur le rôle du territoire et imprimèrent à ces recherches
sinon une direction nouvelle, du moins un caractère plus véritablement géographique (1).

L'arithmétique politique en Angleterre. — L'exemple de
l'étude numérique des faits sociaux vint d'Angleterre. Un des
membres de la Société royale de Londres, *William Petty,*
publia, de 1682 à 1691, sous le titre de *Several essays in
political arithmetic* et de *Political arithmetic,* des aperçus
très sommaires sur les richesses comparées de l'Angleterre et de
la France, dans lesquels il attribuait la supériorité à la première ;
il provoqua la contradiction d'un autre publiciste, *Davenant* (2).
Les deux auteurs, ne disposant que d'un petit nombre d'éléments
numériques, étaient exposés à conclure sans solidité.

C'étaient cependant les débuts d'une école. L'arithmétique
politique a eu des sectateurs jusque par delà la fin du XVIIIe
siècle, c'est-à-dire jusqu'à l'époque où le progrès des publications
officielles a fourni à ce genre d'études un fonds plus substantiel.
Elle en a même encore aujourd'hui ; mais beaucoup sont des
téméraires dont il ne faut pas accepter aveuglément les conclusions. En cette matière, il importe de garder la mesure. Souvent
il est utile d'éclairer l'avenir avec les lumières du passé et, par
conséquent, le statisticien, l'économiste, le politique peuvent

---

(1) Il a paru en Allemagne, de 1760 à 1830, un grand nombre de recueils relatifs à
la statistique et à la géographie.

(2) *Essay upon the probable methode of making a people gainers in the balance of
trade,* 1699.

légitimement s'appuyer sur les résultats de la statistique pour prévoir la marche probable de certains phénomènes dans l'avenir; mais on ne doit jamais faire des chiffres un tremplin pour se lancer dans la fantaisie.

Les premières tables de mortalité. — *Halley* était un mathématicien, contemporain de Petty et membre, comme lui, de la Société royale de Londres. Voulant refaire avec plus d'exactitude une table de survie qui avait été dressée, dès 1662, par l'anglais *Graunt* sur les listes mortuaires, très insuffisantes alors, de la ville de Londres, il employa, à cet effet, la statistique que venait de publier *Gaspar Neumann* et qui donnait, pour une période de cinq années (1687-1691), les naissances et les décès par âges à Breslau. La table de Halley, imprimée en 1693 dans les *Transactions philosophiques* (1), est la première œuvre de statistique mathématique qui mérite ce nom.

Quoiqu'Halley n'ignorât pas le parti que la science en pouvait tirer, il l'avait composée surtout en vue de son utilité pratique : une bonne table était nécessaire pour établir le taux des constitutions de rentes. C'est pour cet usage que déjà *Jean de Witt* en avait présenté une aux États généraux de Hollande en 1671.

Un autre hollandais, *Kerseboom*, en composa une meilleure en 1742. Le français *Deparcieux* mit à profit les listes mortuaires des tontines créées sous le règne de Louis XIV pour en calculer à son tour, en 1746, une qui est encore en usage en France (2), et, presque à la même époque, le suédois *Wargentin* disposa, pour dresser la sienne, du recensement et du mouvement de la population depuis 1749, données précieuses que la Suède seule pouvait alors fournir.

Au XIXᵉ siècle, les tables de survie se sont multipliées, calculées les unes sur des têtes choisies, comme celle de Deparcieux, les autres sur la population de certaines paroisses, comme celle que *Duvillard* publia en France au commencement du XIXᵉ

---

(1) Sous le titre : *An estimate of the degrees of the mortality of mankind, drawn from curious Tables of the Births and funeral of the city of Breslaw with an attempt to ascertain the prices of annuities upon lives.*

(2) *Essai sur les probabilités de la durée de la vie humaine.* — Paris, 1746. L'ouvrage de Deparcieux dont nous parlerons plus loin renferme plusieurs tables de mortalité.

siècle, ou sur l'ensemble de la population d'un État, comme avait fait Wargentin. Ces tables, quelqu'intérêt qu'elles aient, ne portent que sur un point spécial des études démographiques et ont été dressées au XVIIIᵉ siècle dans un intérêt financier plus que statistique.

Sussmilch. — Au milieu du XVIIIᵉ siècle, *Sussmilch* imprima à la statistique une direction nouvelle. Élargissant l'horizon des calculateurs de tables, il embrassa dans ses recherches l'ensemble des divers phénomènes de la vie humaine; mais, contrairement au programme de l'école descriptive, il borna ses recherches à cet unique objet. L'école descriptive avait développé une branche d'études que je caractériserais volontiers par l'expression de *géographie économique*, quoique ces mots n'en donnent qu'une idée incomplète. Sussmilch, envisageant des phénomènes qui sont de même nature et qui sont gouvernés par des lois, fondait une science qui est la *démographie*. Ministre protestant, animé d'une foi ardente, il était disposé à voir dans la régularité des phénomènes démographiques le doigt de Dieu conduisant l'espèce humaine et réglant son développement, et il voulait montrer aux autres par des chiffres précis ce qu'il voyait lui-même. Voici comment il s'exprime dans un passage caractéristique et souvent cité de son ouvrage :

« Le Créateur si sage qui règne sur l'univers, par sa volonté, en l'appelant à la vie, fait sortir du néant la nombreuse armée de l'humanité. L'Éternel nous fait passer durant un certain temps devant lui, jusqu'à ce que, chacun ayant rempli le but de son existence, nous disparaissions tour à tour de la scène. L'arrivée sur la place, le défilé sous les yeux du Seigneur des armées et la retraite, tout se fait dans un ordre étonnant.

» Notre arrivée sur la terre des vivants a lieu peu à peu, sans bousculades et par nombres réglés, qui sont dans une proportion constante avec l'armée des vivants, ainsi qu'avec le nombre de ceux qui se retirent. Peu avant l'arrivée sur cette terre, quelques-uns sont éliminés des rangs : ce sont les mort-nés; mais cette élimination ne se fait que dans de certaines proportions. Dans cette arrivée du néant au pays des vivants, deux choses se font remarquer, c'est d'abord qu'il arrive toujours 21 garçons pour 20 filles; c'est qu'ensuite la masse de ceux qui viennent au jour est toujours un peu plus grande que la masse de ceux qui retournent en poussière : d'où il résulte que l'armée de l'humanité s'accroît toujours un peu, mais seulement dans une certaine proportion. »

Sussmilch compte le nombre d'individus qui composent chacune de ces divisions, les pertes annuelles que la mort leur fait subir, la manière dont elles se renouvellent et grossissent par les naissances, et il conclut en disant : « Espérons que cette représentation figurée servira non-seulement à montrer l'ordre et la régularité qui règnent partout, mais aussi à prouver que le Créateur préside avec la plus grande sagesse aux lois qui se manifestent dans notre naissance, dans la durée de notre vie et dans notre mort. »

Aussi a-t-il intitulé son ouvrage : *Die gœttliche Ordnung in den Verœnderungen des menschlichen Geschlechts aus der Geburt, dem Tode und der Fortplanzung desselben erwiesen* (l'ordre divin dans les variations du genre humain prouvé par les naissances, les décès et la reproduction des hommes) (1). Il a appuyé sa démonstration sur les preuves les plus solides que la statistique pût alors fournir ; on est étonné de la précision de quelques-uns des résultats auxquels il est arrivé quand on songe à la médiocrité des ressources dont il disposait.

La statistique en France avant le XIXᵉ siècle. — Un des premiers travaux de statistique que la France ait à citer, à meilleur titre que la *République* de *Bodin* et les *Recherches de la France* d'*Estienne Pasquier,* classées à tort dans cette catégorie de travaux par quelques écrivains, est le *Secret des finances de la France* de *Froumenteau.* L'auteur a réuni sur les impôts, la gestion des finances et la population de la France pendant les guerres de religion un nombre considérable de données numériques qui sont curieuses et qui seraient beaucoup plus intéressantes encore pour la science si l'on pouvait avoir une confiance suffisante dans ses assertions, souvent très hasardées (2).

Après Davity, que nous avons cité, il est bon de rappeler l'enquête dont Colbert chargea des maîtres des requêtes de 1663 à 1665 et qui est restée inachevée (3), les *Mémoires des intendants,*

---

(1) Publié en 1741 et réédité plusieurs fois avec quelques changements dans le titre. La quatrième édition, revue par BAUMANN, est de 1775. Sussmilch était mort en 1767.

(2) *Les secrets des finances de France,* par N. FROUMENTEAU, 1 vol., 1581.

(3) Henri III en 582, et, plus tard, Sully, avaient songé (Voir Œcon, II, 290, 294) à une enquête de ce genre. Sous l'administration de Colbert, plusieurs mémoires ré-

qui, sur la demande du duc de Beauvillier, furent rédigés à la fin du xviiiᵉ siècle (1697-1700) pour l'éducation du dauphin et qui contiennent une description des forces productives de la France plus complète qu'aucun autre pays n'en possédait alors (1); le *Dénombrement du Royaume de France par généralités, élections, paroisses et feux*, publié par *Saugrain* une première fois en 1709, une seconde fois, avec additions, en 1720; la *Dîme Royale* de *Vauban,* qui avait tracé en partie le plan de l'enquête de 1697 et qui s'est servi des mémoires des intendants pour dresser un tableau de la population de la France par généralités; l'*État de la France*, par le comte de *Boulainvilliers*, qui a donné dans cet ouvrage, édité seulement après sa mort, un résumé de ces mémoires; le *Dictionnaire géographique, historique et politique de la France* et la *Population de la France*, par l'abbé *Expilly* (2); les *Recherches sur la population des généralités d'Auvergne, de Lyon, de Riom et de quelques provinces et villes du Royaume*, par *Messance* (3).

Dix ans après le travail de *Deparcieux Sur les probabilités de la durée de la vie humaine* (1746), que nous avons déjà cité et qui est le premier ouvrage substantiel et solidement appuyé de preuves numériques qui ait paru en France sur la statistique de la population (4), le *marquis de Mirabeau* publiait un livre qui

---

digés, de 1663 à 1665, ont été publiés. Il existe aussi des mémoires manuscrits d'une autre enquête ordonnée en 1687 et 1688. Colbert avait fait publier chaque mois l'état civil de Paris, de 1670 à 1684; cette publication a été reprise ensuite en 1709 et continuée jusqu'à la révolution (Voir *Statistique officielle en France*, par E. LEVASSEUR dans le 25ᵉ *anniversaire de la Société de statistique de Paris*).

(1) Les mémoires des intendants sont manuscrits. Il en existe plusieurs collections aux Archives nationales et à la Bibliothèque nationale. Le résumé qu'en a fait le comte de Boulainvilliers a paru à Londres en 1727-28, sous le titre de : *État de la France.* Le Ministère de l'instruction publique a chargé M. de Boislisle de publier dans la collection des documents inédits sur l'histoire de France le texte original des mémoires des intendants. Le premier volume *(Généralité de Paris)* a paru en 1881.

(2) Le dictionnaire forme 6 volumes in-folio publiés de 1762 à 1770; il est resté inachevé. Le livre sur la *Population de la France* est un volume in-folio, publié en 1769. Expilly s'est beaucoup servi du travail de Saugrain.

(3) *Recherches sur la population de la France (généralités d'Auvergne, de Lyon, de Riom...)*, 1768, in-4°.

(4) Paris, 1746, 1 volume in-4°. Deparcieux est connu surtout par la principale des tables qu'il a dressées, celle des tontiniers de 1689 et de 1696, dont on fait usage aujourd'hui. On connaît moins ses autres tables sur la mortalité des religieux et des religieuses, et on lit peu le mémoire qui renferme cependant des renseignements intéressants sur la vitalité de la population française au xviiiᵉ siècle. Deparcieux con-

fit un certain bruit dans le monde, l'*Ami des hommes où traité de la population* (1) ; mais, quoique l'état de la population fût le sujet et l'accroissement de cette population le but de l'ouvrage, le marquis, qui ne manquait pourtant ni de connaissances, ni d'un certain sens, défendait sa thèse par des boutades plus qu'avec des chiffres. Il ne paraît guère s'être soucié de la statistique ; il attribuait à la France beaucoup moins d'habitants que vraisemblablement elle n'en avait alors, et il s'imaginait que le monde allait se dépeuplant par la faute des gouvernements, quoique « les hommes multiplient comme les rats dans une grange, s'ils ont les moyens de subsister (2). »

C'est pour répondre au prétendu dépeuplement de Mirabeau que *Messance* commença ses recherches, à l'instigation de l'intendant La Michodière. La curiosité scientifique, d'ailleurs, s'éveillait alors avec l'école philosophique en France. On cherchait à pénétrer les secrets de la vie sociale ; l'économie politique naissait avec Quesnay et ses disciples et nombre de publicistes abordaient des recherches statistiques et des problèmes d'arithmétique politique. Parmi les plus célèbres sont *Dupré de Saint-Maur, Necker,* qui publiait son compte-rendu en 1781 et, quatre ans après, son remarquable ouvrage sur l'*Administration des finances de la France* (3), *Lavoisier*, qui composa pour l'Assemblée constituante son mémoire intitulé : *De la richesse territoriale de la France* (4), *de Tolosan*, qui rédigea (1788) un intéressant travail *Sur le commerce de la France et des*

---

naissait les tables de mortalité de Halley, de Simpson et de Kerseboom, qu'il compare aux siennes. Voir plus loin, livre II, ch. XVI.

(1) 5 volumes in-12º, 1756-1758.

(2) *L'Ami des hommes*, T. I, p. 52. Voici un passage (T. I, p. 39) qui contient à peu près le résumé des idées que Mirabeau a délayées en cinq volumes :

« Demandez encore aujourd'hui pourquoi la plupart des États de 'l'Europe se dépeuplent visiblement ; les uns nient le fait... ; les autres, convenant du fait trop visible pour être contesté de bonne foi, en accuseront le célibat des moines et des religieuses, la guerre... La vraie cause de la dépopulation ? la voici. C'est la décadence de l'agriculture d'une part, de l'autre le luxe et le trop de consommation d'un petit nombre d'habitants qui sèche dans la racine le germe des nouveaux citoyens. »

(3) 3 vol. in-12, 1785.

(4) Résultats extraits d'un ouvrage intitulé : *De la richesse territoriale du Royaume de France*, ouvrage dont la rédaction n'est pas encore achevée, remis au Comité de l'imposition, par M. LAVOISIER, de l'Académie des sciences, député suppléant à l'Assemblée nationale et commissaire de la Trésorerie, 1791. — Ce mémoire a été réédité dans le tome I des *Mélanges économiques* (édité par Guillaumin).

colonies, *Arnould*, auteur du traité *De la balance du commerce* (1791) (1).

Un écrivain, moins connu de son temps qu'il ne le méritait, mais supérieur par l'importance réelle de son travail, est *Moheau*. Son ouvrage, intitulé : *Recherches et considérations sur la population de la France* (2), qu'on a voulu sans raison suffisante attribuer à Montyon, est une œuvre d'ensemble remarquable, la plus générale et en même temps la plus précise qu'un statisticien eût produite jusque-là en France. Sans avoir les mêmes visées religieuses que Sussmilch, Moheau possède l'esprit d'observation autant que le pasteur protestant dont il paraît avoir ignoré l'œuvre ; il étonne, comme Sussmilch, par la justesse de ses appréciations, quoiqu'il n'ait disposé aussi que d'un petit nombre de données numériques et il doit être considéré comme un des fondateurs de la démographie.

Son ouvrage paraissait en 1778, deux ans après celui d'Adam Smith sur la richesse des nations ; mais, pendant qu'Adam Smith était salué comme le fondateur d'une science, le nom de Moheau restait obscur, et sa réputation, qui demeurera enfermée dans le cercle étroit des statisticiens, n'a guère commencé qu'un siècle après sa mort.

La statistique française dans la première moitié du XIXᵉ *siècle.* — La Révolution inaugurait une ère nouvelle pour l'administration française. On comprit davantage l'utilité des informations de la statistique que la philosophie du XVIIIᵉ siècle avait déjà réclamées et que quelques ministres de Louis XVI avaient essayé, sans beaucoup de succès, de procurer au gouvernement (3). « Pour

---

(1) La 2ᵉ édition est de l'an III.

(2) 1 vol. in-8º, 1778.

(3) Déjà, avant l'avènement de Louis XVI, l'abbé Terray avait, dès 1772, fait réunir annuellement les relevés de l'état civil en France. Dans le ch. XXVIII intitulé : « Idée sur l'établissement d'un bureau général de recherches et de renseignements » de son ouvrage sur l'*Administration des finances de la France*, NECKER expose le programme d'une statistique qui devait être tenue au courant, voire même de statistique internationale ou du moins d'échange de documents entre les États. « Cette collection n'existe pas, dit-il ; chaque nouveau ministre, selon le degré de son intérêt ou de son aptitude aux affaires publiques, demande çà et là quelques éclaircissements et, considérant ces renseignements comme relatifs à sa propre curiosité, il les ensevelit avec lui dans sa retraite, et le plus souvent il les brûle comme papiers inutiles. A la vérité, ce petit trésor est communément si mince qu'il n'y a pas lieu d'y avoir beaucoup de regrets. »

fonder un établissement public, écrivait Lavoisier, où viendront se confondre les résultats de la balance de l'agriculture, du commerce et de la population, où la situation du royaume, sa richesse en hommes, en productions, en industrie, en capitaux accumulés viendront se peindre comme dans un tableau raccourci, grand établissement qui n'existe dans aucune nation, qui ne peut exister qu'en France, l'Assemblée nationale n'a qu'à le désirer et à le vouloir. L'administration actuelle du royaume semble avoir été disposée d'avance pour se prêter à toutes les recherches (1). »

Quelques essais de dénombrement de la population et de statistique sur divers objets furent tentés ; mais on n'obtint de résultats que lorsque l'administration eut été centralisée par le Consulat.

Chaptal, ministre de l'intérieur, fit exécuter, en 1801, le premier dénombrement de la population française et prescrivit aux préfets de préparer sur l'état politique, écononomique et moral de leur département une grande enquête, dont plusieurs volumes ont été publiés et rappellent les *Mémoires des intendants* de Louis XIV. Napoléon, qui, dans une conversation à Saint-Hélène, définissait la statistique le « budget des choses » et qui, ayant le goût de la précision, l'avait appréciée comme un instrument précieux de gouvernement, continua la tradition et, tous les ans, jusqu'à l'époque des revers, il donna dans *l'Exposé de la situation de l'Empire*, un aperçu de l'état administratif et économique de la France. Peuchet, que Chaptal avait attaché à l'administration et chargé d'abord de dresser le plan de la grande enquête, puis, après lui, quelques autres publicistes, mettant en œuvre les renseignements statistiques réunis par l'administration, composèrent des ouvrages qui appartiennent au genre descriptif (3).

---

(1) Avertissement placé en tête du mémoire de Lavoisier intitulé : *De la richesse territoriale du royaume de France.*

(2) « L'empereur s'est arrêté sur la statistique politique. Il a beaucoup vanté les progrès et l'utilité de cette science nouvelle, si propre, disait-il, à mettre sur la voie de la vérité et à asseoir le jugement et les décisions. Il l'appelait le *budget des choses,* et sans budget, point de salut, disait-il gaiement. » Las Cases, *Mémorial de Saint-Hélène,* Paris, 1835, t. I.

(3) *Statistique élémentaire de la France,* (1 vol., 1805), par Peuchet ; *Statistique générale et particulière de la France et de ses colonies,* sous la direction de Herbin (4 vol., 1803) ; *Description topographique et statistique de la France,* par Peuchet et Chanlaire, in-4° ; *L'Industrie française* (2 vol., 1819), par le compte Chaptal, ouvrage particulièrement digne de remarque. Peuchet comprend dans la statistique les parties suivantes : Etendue et division du sol, population, production agricole, cadastre, commerce, navigation, finances, armée.

Sous le gouvernement parlementaire de la Restauration et de Louis-Philippe, le besoin d'information et de publicité fut de nouveau senti plus vivement par les Chambres et par le public. Dans un mémoire qui est resté une des œuvres fondamentales de cette espèce, Fourier fixa les règles mathématiques d'un dénombrement de la population ; c'est d'après ses instructions que fut exécuté, en 1817, le premier recensement méthodique et vraiment digne de foi de la ville de Paris (1). Pendant cette période, l'administration commença à publier les résultats de recrutement de l'armée (1818), puis ceux du commerce extérieur (1821), ceux de la justice (1825-1831), de l'instruction publique (1831). La création, en 1834, d'un bureau spécial au Ministère du commerce, dont la direction fut confiée à Moreau de Jonnès, eut pour conséquence la publication de la première série des volumes de la *Statistique générale de France* sur la population, le commerce, l'agriculture et l'industrie (2).

La statistique officielle dans les autres pays jusqu'en 1853. — C'est aussi durant la première moitié du xixe siècle que la statistique officielle a été organisée dans la plupart des Etats européens. Comme la France (3), l'Angleterre (4) a eu son premier recensement en 1801. Auparavant, les Etats scandinaves avaient seuls procédé à des opérations de ce genre (5). Depuis ce temps, la Prusse 1810) (6), la Saxe (1815), les Etats pontificaux et le

---

(1) Le mémoire se trouve dans les *Recherches statistiques de la ville de Paris,* année 1821.

(2) Nous ne donnons ici qu'un aperçu des services et des publications de la statistique officielle. Le lecteur trouvera l'historique détaillé et l'état actuel des choses dans la *Statistique officielle en France*, que nous avons déjà signalée dans une note précédente. (Voir 25e *anniversaire de la Société de statistique de Paris*).

(3) La France n'a eu régulièrement des recensements tous les cinq ans que depuis 1831.

(4) L'Angleterre a eu régulièrement des recensements décennaux depuis 1801 ; l'Irlande, depuis 1821 seulement.

(5) Cependant on mentionne : pour la Suisse des dénombrements de Zurich en 1634, 1671 et 1771, de Berne à partir de 1764, de Soleure en 1692, de Bâle en 1771 et 1774, de Lucerne et des petits cantons en 1743, de Thurgovie en 1640 et 1711 ; pour l'Autriche, des recensements depuis 1754 et, depuis 1762, le relevé du mouvement de la population ; pour l'Espagne, des recensements en 1768 et en 1797. Quant à la Suède, la loi, depuis 1686, prescrit au clergé de tenir registre des naissances, des mariages, des décès et des changements de résidence et les résultats sont publiés régulièrement depuis 1749 (la Finlande faisait alors partie de la Suède).

(6) Les recensements de la Prusse ont eu lieu tous les ans de 1816 à 1822 et tous les trois ans ensuite.

Hanovre (1816), la Bavière, le Wurttemberg, l'Autriche (1818), les Etats Sardes (1819), les Pays-Bas (1829) sont entrés dans la même voie et presque tous les peuples civilés les ont suivis.

En Angleterre, un bureau de statistique fut installé en 1832 au *Board of trade* et le *Registrar general office* créé en 1836 (1), fut confié au docteur Farr. Le royaume des Pays-Bas posséda, dès 1836, un bureau et une Commission de statistique qui ont cessé d'exister après la révolution de 1830 ; mais la Belgique institua alors un bureau spécial, dépendant du ministère de l'Intérieur, puis, en 1841, une Commission centrale qui, grâce à l'impulsion de Heuschling et de Quetelet, perfectionna les procédés de la statistique officielle et fournit à l'Europe des modèles, notamment le premier recensement belge en 1846.

La Prusse possède un bureau statistique depuis 1810 (2) ; la Bavière depuis 1813, le Wurttemberg depuis 1818 ; la plupart des autres Etats allemands en avaient un avant 1830 ; l'Autriche en a un depuis 1828 ; la Toscane depuis 1818 ; la Norvège depuis 1845. Ce dernier pays publiait déjà depuis longtemps l'état et le mouvement de sa population, ainsi que les deux autres Etats scandinaves, la Suède, qui avait dès le XVIIIe siècle une Commission de statistique, et le Danemark, qui n'organisa la sienne qu'en 1833 et qui n'a eu qu'en 1850 un bureau de statistique. Dans le royaume de Saxe, ce fut une société de statistique, fondée en 1831, qui s'occupa d'abord de provoquer et de surveiller les travaux officiels (3). En Angleterre, l'Association britannique admit presqu'à ses débuts une section de statistique (1833) ; dans ce pays riche où la vie parlementaire suscitait le goût de ces études, plusieurs Sociétés de statistique et principalement l'importante Société de statistique de Londres (1835) furent fondées.

Les statisticiens et les démographes. — Au commencement du XIXe siècle, un pasteur protestant, *Malthus*, voulant répondre à un écrivain qui prétendait que les misères de l'humanité ont pour cause les fautes des gouvernements, publia, en 1803, un

---

(1) Ceux d'Ecosse et d'Irlande n'ont été créés qu'en 1854 et en 1863.

(2) Il y avait eu, en 1805, un premier bureau qui avait eu pour chef (Geheimen direktor) Krüg, auteur d'un ouvrage sur la richesse de la Prusse et qui fut supprimé après les revers de la Prusse.

(3) Le bureau de statistique du royaume de Saxe n'a été créé qu'en 1850.

Essai sur le principe de la population qu'il développa dans plusieurs éditions successives et dans lequel il s'appliqua à montrer que l'homme était par son imprévoyance le véritable auteur de ses propres maux et qu'un accroissement inconsidéré de la population avait pour effet de multiplier les misérables. Nous ne voulons pas insister ici sur la théorie de Malthus, que nous discuterons dans le livre troisième de cet ouvrage ; il nous suffit de dire que l'auteur s'est fondé sur les documents de la statistique, encore peu nombreux et médiocrement solides à cette époque, pour établir une théorie de la population et qu'à ce titre il peut être classé au nombre des démographes.

Les statisticiens français de cette période prennent des directions différentes. *Benoist de Chateauneuf* (1) et *Villermé* (2) cherchent dans les données de la statistique le moyen de connaître la situation des classes pauvres et d'en provoquer l'amélioration ; le baron *Ch. Dupin* dénonce l'ignorance et ses tristes conséquences par la publication de la première carte de statistique (3) ; *Guerry* étudie les effets de la criminalité (4) ; *Schnitzler* publie une statistique détaillée de la France dans le genre descriptif (5) ; *Dufau*, mettant en œuvre les premières publications de la Statistique générale de France, veut montrer comment doit être interprétée la statistique et il compose à cet effet son *Traité de statistique ou l'étude des lois d'après lesquelles se développent les faits sociaux, suivi d'un essai de statistique physique et morale de la population française* (6). *Moreau de Jonnès* donne au public, en 1847, ses *Eléments de statistique* (7). Huit ans plus tard, *Achille Guillard* publie les *Eléments de statistique humaine ou démographie comparée*. Ce dernier auteur a eu l'honneur d'introduire dans le langage scientifique le mot « démographie » qu'il définissait « l'histoire naturelle et sociale de

---

(1) Voir, entre autres travaux, les *Considérations sur les enfants trouvés dans les principaux Etats de l'Europe*, 1 vol., 1824.

(2) *Tableau de l'état physique et moral des ouvriers*, 2 vol., 1840.

(3) Voir la reproduction de cette carte dans le tome II de la statistique de l'enseignement primaire, 1 vol, 1880.

(4) *Essai sur la statistique morale de la France*, 1834; *Statistique morale de l'Angleterre comparée à celle de la France* (atlas graphique), 1864.

(5) 4 vol. in-8, 1846.

(6) 1 vol. in-8, 1860.

(7) 1 vol. in-12, 1847.

l'espèce humaine » et, dans un sens plus restreint, « la connaissance mathématique des populations, de leurs mouvements généraux, de leur état physique, civil, intellectuel et moral. » Le cadre qu'il traçait à cette science était bien large : malgré le mérite de son ouvrage, il n'a pas pu le remplir entièrement (1).

Quetelet. — Guillard rendait hommage à Quetelet qui l'avait devancé et s'inspirait de sa méthode, sans adopter toutes ses conclusions.

Quetelet, en effet, a attaché son nom à une manière d'envisager la statistique qui, sans être précisément nouvelle, a exercé sur la direction des travaux et sur la recherche des conclusions une influence considérable. Comme Süssmilch et Moheau, il croyait que la constance des phénomènes révélait l'existence de lois, que ces lois s'imposaient à l'humanité non-seulement dans l'ordre physique en déterminant la proportion des naissances et des décès, mais aussi dans l'ordre moral en fixant d'avance un certain contingent de bonnes et de mauvaises actions. Il avait fait connaître dès 1824 ce système et, dans un mémoire « Sur le penchant au crime » lu à l'Académie en 1831, il l'avait expliqué en ces termes : « Il est un budget qu'on paie avec une régularité effrayante ; c'est celui des prisons, des bagnes et des échafauds ; c'est celui-là surtout qu'il faudrait s'appliquer à réduire. » Quatre ans après, il publia son *Essai de physique sociale* (2) dont le titre seul était un manifeste.

« Les lois, disait-il, qui président au développement de l'homme et que modifient ses actions, sont en général le résultat de son organisation, de ses lumières, de son état d'aisance, de ses institutions, des influences locales et d'une infinité d'autres causes toujours très difficiles à saisir : les unes sont purement physiques, les autres sont inhérentes à notre espèce. L'homme en effet possède en lui des forces morales qui lui assurent l'empire sur tous les autres êtres de l'univers ; mais leur destination forme un problème mystérieux dont la solution complète semble devoir nous échapper à jamais.

---

(1) Nous avons dit plus haut dans une note de la 1re partie de cette introduction que nous donnions au mot « démographie » une définition plus restreinte.

(2) L'ouvrage a été réédité en 1869 en 2 volumes in-8°, sous le titre de *Physique sociale ou essai de développement des facultés de l'homme.*

« ... Considéré d'une manière abstraite, comme le représentant de toute notre espèce et comme portant en lui la moyenne de toutes les qualités qu'on trouve chez les autres, l'homme prendra pour nous le nom d'*homme moyen* ; il peut être plus grand ou plus fort dans un pays que dans un autre, comme il peut être aussi plus ingénieux, plus instruit ou bien encore doué d'une moralité plus grande.

« L'appréciation des qualités physiques de l'homme moyen ne présente aucune difficulté réelle ; il n'en est pas de même de ses qualités morales et intellectuelles. Je ne sache pas même que personne ait songé à les mesurer avant l'essai que j'en ai fait sur le développement du penchant au crime.

« D'après ce qui vient d'être dit, la science aurait à rechercher :

« 1° Quelles sont les lois d'après lesquelles l'homme se reproduit ; d'après lesquelles il croît, soit pour la taille, soit pour la force intellectuelle, soit pour son penchant plus ou moins grand au bien comme au mal ; d'après lesquelles se développent les passions et les goûts, se succèdent les choses qu'il produit ou qu'il consomme ; d'après lesquelles il meurt, etc.

« 2° Quelle est l'action qu^ la nature exerce sur l'homme ; quelle est la mesure de son influence ; quelles sont les forces perturbatrices, et quels ont été leurs effets pendant telle ou telle période ; quels ont été les éléments sociaux qui ont été principalement affectés.

« 3° Enfin les forces de l'homme peuvent-elles compromettre la stabilité du système social ? »

On a critiqué avec raison l'idée de condenser les caractères physiques et moraux de l'humanité dans le type imaginaire d'un homme moyen qui ne serait qu'un assemblage bizarre, peu séduisant et même inadmissible au double point de la physiologie et de l'esthétique ; car, s'il avait la moyenne de la taille, il ne saurait avoir en même temps la moyenne du poids et de la largeur de poitrine. Il n'y a donc pas lieu de déterminer l'homme moyen ; mais il y a lieu de calculer un grand nombre de moyennes utiles à la science pour caractériser divers groupes d'hommes ou diverses manières d'être des hommes dans chaque groupe.

D'autre part, on a pris passionnément parti pour ou contre le fatalisme qui semble être la conséquence de cette doctrine. Nous discuterons à la fin de la seconde partie du présent ouvrage cette dernière question. Il nous suffit de constater en ce moment que

Quetelet a mérité l'estime dont l'honorent les statisticiens en montrant, avec plus d'autorité que ses devanciers que, derrière les faits, il y avait des lois dans l'ordre moral comme dans l'ordre physique et qu'il a fait une véritable découverte en établissant que, quelque nombreuses que soient les différences individuelles, les caractères moraux et physiques des hommes se groupent en masse autour d'une moyenne, que le nombre des excentricités devient d'autant moins nombreux qu'on s'éloigne davantage de cette moyenne et qu'elles se groupent souvent, suivant la courbe binominale, comme les erreurs d'observation sur un objet unique et déterminé.

Quelques mots sur les statisticiens de l'époque contemporaine. — Les statisticiens sont devenus une légion. Nous ne pouvons en citer, dans cette revue rapide, qu'un petit nombre. Nous choisissons de préférence ceux qui ont marqué dans l'étude de la théorie de la statistique et dans la démographie : en France (1) le docteur *A. Bertillon*, qui a fouillé avec une curiosité infatigable les statistiques relatives à la population et publié de remarquables travaux de démographie (2) ; M. *Maurice Block*, qui a embrassé les diverses parties de la statistique et qui a composé le traité le plus complet de statistique théorique et pratique qui soit écrit en langue française (3) ; MM. *A. de Foville* et *Cheysson*, qui se sont occupés surtout de la richesse mobilière et immobilière et des voies de communication ; dans les pays de langue allemande, où la statistique, depuis longtemps enseignée dans les universités, compte de nombreux adeptes, MM. *Knies* (4), *Konak* (5),

---

(1) Nous pouvons nommer aussi pour la France les deux fonctionnaires, MM. Legoyt et Loua, qui ont dirigé, après Moreau de Jonnès, la Statistique générale de France et dont les principaux travaux se trouvent dans les publications officielles et dans le *Journal de la Société de statistique de Paris.*

(2) La plupart des travaux de statistique du docteur Bertillon se trouvent dans le *Dictionnaire encyclopédique des sciences médicales.* Voir aussi le *Journal de la Société de statistique de Paris,* et les *Annales de démographie internationale.* M. Bertillon fils, qui lui a succédé dans la direction des travaux statistiques de la ville de Paris, s'est distingué aussi par ses travaux démographiques.

(3) *Traité théorique et pratique de statistique ;* 1 vol., 2e édition, 1886. Voir aussi du même auteur *L'Europe politique et sociale,* 1869, et la *Statistique de la France,* 2 vol., 2e édition, 1875.

(4) *Die Statistik als selbstandige Wissenschaft,* 1850.

(5) *Theorie der Statistik,* 1856.

Rümelin (1), *Knapp* (2), *Engel*, qui, indépendamment de ses travaux personnels, a donné à la statistique officielle de la Prusse une direction scientifique (3), *A. von Œttingen* (4), *G. Mayr*, auteur d'un traité de statistique (5), *Drobisch* (6), *Lexis*, professeur à l'université de Gœttingen ; avant eux, le savant *Wappaeus*, qui a longtemps professé dans la même chaire qu'Achenwall (7) ; *Kolb*, qui a donné plusieurs éditions d'un manuel de statistique très répandu (8) ; MM. *Becker*, directeur de la statistique impériale, *Blenck*, directeur de la statistique prussienne ; *Meitzen*, *de Neumann-Spallart*, qui s'est appliqué surtout à décrire le mouvement général de la richesse (9) et que la mort a enlevé prématurément à la science, *de Inama Sternegg*, etc.; en Italie, où la statistique est devenue une des matières obligatoires de l'enseignement dans les facultés de jurisprudence, MM. *Correnti*, *Maestri*, *Messedaglia* (10), *Bodio* (11), etc.; en Angleterre, le docteur *Farr*, qui a laissé des travaux de premier ordre sur la population et particulièrement sur la mortalité ; MM. *Jevons*, *Leone Levi*, *Giffen*, etc.

Ils se partagent en plusieurs écoles, suivant leurs aptitudes ; les mathématiciens s'appliquent surtout à déterminer les règles les meilleures pour disposer les données et en tirer par le calcul des rapports et des moyennes ; les chefs de service travaillent, chacun dans sa sphère, à présenter de la manière la plus complète et la plus claire les faits qu'ils sont chargés de recueillir ; les économistes se servent des résultats de la statistique comme d'un

---

(1) *Reden und Aufsätze,* 1875.

(2) *Die neuen Ansichten über Moralstatistik.*

(3) Voir la publication périodique intitulée : *Zeitschrift der statistischen Kon. Bureau von Preussen* publiée par le Bureau de Prusse et les autres publications officielles de ce Bureau.

(4) *Die Moralstatistik in ihrer Bedeutung für eine christliche Socialethik* ; 2me édition, 1874.

(5) *Gesetzmässigkeit im Gesellschaftsleben* ; 1 vol. in-8°.

(6) *Die moralische Statistik und die menschliche Willensfreiheit,* 1867.

(7) *Bevölkerung Statistik,* 1859.

(8) *Handbuch der vergleichenden Statistik der Völker und Staatenkunde.*

(9) *Uebersichten der Weltwerthschaft* (la dernière édition est de l'année 1887).

(10) *Studi sulla popolazione,* 1866.

(11) C'est à M. Bodio, directeur général de la statistique du royaume d'Italie, que sont dus les nombreux et importants travaux publiés en Italie depuis dix ans non seulement sur la statistique italienne, mais sur la statistique internationale et sur les questions de théorie et de méthode.

instrument de démonstration ou de recherche. Quelques publicistes s'aventurent encore dans les régions, souvent nuageuses, de l'arithmétique politique ; les géographes s'appuient sur l'ensemble des données numériques relatives à un pays pour en faire une description complète et précise (1) et continuent avec de plus abondantes ressources l'ancienne tradition allemande ; les démographes rassemblent et comparent les faits relatifs à la vie humaine pour traiter de la science de la population.

Parmi les savants qui composent des œuvres personnelles, bien peu ont l'occasion, comme les chefs de bureaux de statistique, d'ouvrir des enquêtes ; presque tous tirent des publications officielles les éléments de leur travail. Cependant on trouve chez eux la double tendance que nous avons signalée chez les directeurs de statistique. Les uns se contentent de classer et de comparer les faits relatifs à leur sujet, de calculer et de grouper des moyennes et s'abstiennent systématiquement de pousser au-delà, résolus, comme le seraient des adeptes de l'école positiviste, à ne pas sortir du domaine des faits afin de rester toujours sur un terrain solide ; ils ne s'avouent pas que la disposition seule qu'ils donnent à ces faits et les rapports qu'ils en tirent conduisent presque toujours à une conclusion forcée. Les autres, ayant plus de philosophie dans l'esprit ou plus de sincérité dans l'expression et regardant les faits enregistrés par la statistique comme le moyen et non comme le but de la connaissance, s'élèvent volontairement du fait à la conclusion et de la conclusion à la loi, quand il leur paraît possible de monter jusque-là.

Dans les productions de cette légion de travailleurs on retrouve la diversité et parfois l'opposition des points de vue qui existaient déjà au siècle passé ; mais on trouve aussi une richesse de matériaux qu'on ne possédait pas autrefois et qui permet d'édifier aujourd'hui des constructions plus solides. Les querelles qui s'élèvent encore entre les écoles sont parfois oiseuses ; car il y a place pour toutes dans la recherche et dans l'interprétation des faits sociaux qui sont innombrables et infiniment complexes.

---

(1) Nous avons nous-même traité à plusieurs reprises dans notre enseignement et dans nos publications, principalement dans *La France et ses colonies* (2 vol. in-8°), des sujets de statistique descriptive. Une des pensées qui nous ont inspiré dans la composition des *Précis* et des *Petits atlas* destinés à l'enseignement secondaire de la géographie a été de faire pénétrer dans cet enseignement quelques-uns des résultats les plus importants de la statistique.

Le Congrès de statistique et les expositions universelles. —
Deux institutions qui datent de la seconde moitié du XIXe siècle
et qui doivent leur existence surtout à la facilité des transports
par voie ferrée ont largement contribué à enrichir la statistique
contemporaine : le *Congrès international de statistique* et les
expositions universelles.

C'est en grande partie à Quetelet qu'est due la décision prise
par quelques savants de réunir un congrès international de
statistique, et c'est grâce à la première exposition universelle
(1851) qu'ils ont eu l'occasion de s'entendre à Londres et de con-
certer ce projet. Le Congrès a tenu sa première session à Bruxelles
en 1853.

Il a eu vingt-cinq ans d'existence et neuf sessions ; après
Bruxelles, celle de Paris (1855) qui a eu lieu à l'occasion de
l'exposition universelle, puis celles de Vienne (1857), de Londres
(1860), de Berlin (1863), de Florence (1867), de La Haye (1869),
de Saint-Pétersbourg (1872) et de Budapest (1876).

Dans ces réunions, les chefs des bureaux de statistique des
divers Etats d'Europe et même d'Amérique avaient l'occasion de
se rencontrer et de nouer des relations personnelles qui facilitaient
ensuite les communications officielles et l'échange de documents
ou de renseignements inédits sur des questions à l'étude. Ils s'y
trouvaient avec d'autres statisticiens, professeurs, publicistes ou
administrateurs, qui apportaient dans les conversations intimes et
dans les discussions publiques leurs vues personnelles, qui indi-
quaient parfois le défaut de concordance et les lacunes des documents officiels, et qui attiraient ainsi l'attention sur ce qu'on
nomme « les desiderata de la science. » Ce contact était profitable
aux uns et aux autres, et l'émulation excitait les chefs de statistique à entreprendre de nouvelles recherches ou à perfectionner
les publications déjà entreprises.

Le Congrès se proposait de convaincre les gouvernements de
l'intérêt qu'ils avaient à faire régulièrement l'inventaire de leurs
forces productives et de leurs richesses sociales et de les amener,
par la discussion des méthodes et l'adoption des meilleures
règles (1), à dresser des cadres uniformes pour la rédaction de ces

---

(1) A chaque session, le Congrès mettait à l'ordre du jour un certain nombre de
questions ; ces questions donnaient lieu à des mémoires raisonnés qui servaient de
programme et dont plusieurs sont des œuvres considérables. On trouvera dans le

inventaires, afin que, les résultats se rapportant partout à des faits de même espèce catalogués de la même manière, la science sociale pût étendre avec facilité ses comparaisons sur le monde civilisé tout entier. S'il n'a pas obtenu complétement l'uniformité qu'il souhaitait, on peut dire cependant qu'il a hâté le mouvement dans ce sens et que, grâce à son influence non moins qu'au progrès général du temps, les publications officielles faites depuis l'année 1850 sont beaucoup plus nombreuses, plus savamment disposées et plus comparables entre elles que celles de la première moitié du XIXᵉ siècle.

Le Congrès a lui-même donné non seulement les méthodes, mais l'exemple de leur application, en provoquant la rédaction d'une série de travaux de statistique internationale. Aux deux sessions de La Haye et de Saint-Pétersbourg, les directeurs s'étaient distribué la besogne en prenant chacun leur part dans cette série. Quelques-uns se sont acquittés de leur tâche, mais, le congrès ayant cessé de se réunir, l'ensemble de l'œuvre est et restera inachevé (1).

---

traité de statistique de M. Block la série entière pour les neuf sessions. Nous nous bornerons à donner comme spécimen le programme de la première et celui de la dernière session.

« *Bruxelles* (1853). Le Congrès a été divisé en 3 Sections, chargées chacune de plusieurs questions ; I. Section : 1. Organisation ; 2 Recensement et mouvement de la population ; 3. Territoire, cadastre ; 4. Emigration. — II. Section : 5. Recensement agricole ; 6. Statistique industrielle ; 7. Statistique commerciale. — III. Section : 8. Budget des classes laborieuses ; 9. Recensement des indigents ; 10. Instruction ; 11. Criminalité et répression.

« *Budapest* (1876). 6 Sections : I. *a)* Enseignement de la statistique ; tables de la mortalité. — I. *b)* Grandes villes : 1° finances ; 2° population ; 3° état sanitaire. — II. Récidives, registres fonciers et hypothécaires ; statistique des personnes morales (personnes civiles) — III. Épidémies ; stations balnéaires et eaux minérales. — IV. Agriculture ; sylviculture ; météorologie agricole. — V. Industrie domestique ; institutions fondées par la grande industrie en faveur des classes laborieuses ; assurance contre les accidents. — VI. Le bilan général des tableaux du commerce extérieur ; le commerce intérieur constaté par le mouvement des marchandises sur les chemins de fer. »

(1) Voici la liste des travaux de statistique internationale qui ont été publiés conformément aux décisions du Congrès :

Statistique viticole. Viticulture de la Hongrie. (Hongrie, M. Keleti).

État de la population. (Suède, MM. Berg et Sidenbladh).

Statistique internationale des Caisses d'épargne. (Italie, M. Bodio).

Statistique internationale des Banques d'émission. (Italie. M. Bodio).

Statistique internationale des grandes villes. (Hongrie, M. Kœrœsi).

L'administration de la justice civile et commerciale en Europe. (France, M. Yvernès).

Pour veiller à l'exécution de ses décisions et préparer, après chaque session, le programme de la session suivante, le Congrès avait institué, pendant la réunion de Saint-Pétersbourg, en 1872, une « Commission permanente, » qui a siégé pour la dernière fois à Paris pendant l'exposition de 1878. La Commission permanente, qui se composait presqu'exclusivement de chefs de Bureau de statistique, n'avait pas l'agrément de tous les membres du Congrès qui se plaignaient d'être mis à l'écart, et le Congrès lui-même, qui avait fini par compter un nombre trop considérable de membres, attirés par les fêtes plus que par le travail, n'était pas sans reproche aux yeux des statisticiens, qui craignaient de s'y trouver noyés dans une foule incompétente. Ces difficultés, aggravées, principalement en Allemagne, par des susceptibilités politiques à la suite de la réunion de la Commission permanente à Paris, causèrent la ruine de l'institution. Les tentatives faites, de 1876 à 1885, pour rétablir le Congrès international de statistique, sous diverses formes, n'étaient pas parvenues à lui rendre la vie (1).

Cependant, en 1885, les statisticiens réunis à Londres pour célébrer le 50e anniversaire de la Société de statistique de Londres, ont fondé une société dont le projet avait été préparé par M. de Neumann-Spallart et qui a pris le titre d'*Institut international de statistique* (2). Cette société, qui a tenu sa

---

Statistique internationale de l'agriculture. (France, MM. Deloche et Loua).

Territoire. (Russie, Général Strelbitsky).

Statistique internationale des mines. (Russie, J. Beck).

Tables de mortalité. (Belgique, Quetelet).

Navigation maritime : 1o *Jaugeage des navires ;* 2o *Les marines marchandes.* (Norvège, M. Kiær).

A cette collection on peut rattacher la *Statistique nationale de la population*, publiée en 1865 par Quetelet et Heuschling, la *Statistique pénitentiaire internationale*, publiée en 1875 par M. Beltrani-Scalia (Italie), et plusieurs programmes de statistique internationale.

(1) Parmi ces tentatives, on peut compter le Congrès de démographie qui s'est tenu à Paris pendant l'Exposition universelle de 1878 et plusieurs sessions du Congrès d'hygiène. Le congrès international d'hygiène et de démographie tient sa sixième session (qui est la quatrième session du congrès international de démographie) à Vienne en 1887. Quelques démographes reprochaient depuis longtemps au Congrès de statistique de confondre leur science avec les autres branches de la statistique qui emploient des procédés très différents.

(2) Le premier Bureau de la Société nommé à Londres en 1885 pour deux ans se composait de sir Rawson W. Rawson, président de la Société de statistique de Londres, de MM. E. Levasseur et de Neumann-Spallart, vice-présidents, L. Bodio, secrétaire général, J. B. Martin, trésorier. Il a été réélu pour deux ans dans la session de Rome en 1887.

première session à Rome en 1887, se propose, comme le Congrès, d'unir par un lien personnel les statisticiens, de contribuer à l'uniformité et au progrès des statistiques officielles et de publier dans son *Bulletin* et peut-être dans un *Annuaire* des travaux de statistique internationale ; elle espère atteindre plus sûrement le but, parce qu'étant une société libre composée d'un nombre restreint de membres, elle croit être à l'abri des dangers qui sont venus de la politique et de la foule.

Les expositions universelles ont eu, comme le Congrès, une influence très marquée sur les publications statistiques. Les États ont été jaloux de se montrer dans ces concours avec tous leurs avantages. Ils ne se sont pas contentés d'envoyer leurs produits ; ils ont voulu donner une idée complète de leurs richesses et même de leur état social et ils ont dans ce but renouvelé ou complété leurs statistiques. Plusieurs pays qui n'en publiaient pas auparavant sont entrés dans le concert ; parmi les plus empressés on a vu les colonies et les républiques américaines qui, jeunes encore, éprouvaient le besoin de faire leurs preuves de noblesse, d'obtenir un témoignage solennel de leur rapide croissance et surtout de tenter les émigrants ; car elles les considèrent avec raison comme une des plus lucratives importations qui puissent leur venir d'Europe et elles s'efforcent à l'envi de les attirer. Ces examens de conscience, qui n'ont pas été toujours exempts de forfanterie, ont profité à la statistique.

Les publications de la statistique officielle dans la seconde moitié du XIXᵉ siècle. — Nous venons de dire que le Congrès avait contribué à enrichir le fonds de la statistique et que les expositions avaient produit un effet analogue. Presque tous les États européens ont aujourd'hui des Bureaux de statistique. Si quelques-uns sont restés en arrière, comme les Pays-Bas et le Portugal, qui laissent à la Société de statistique ou à la Société de géographie les honneurs de la publication des documents, ou comme la Turquie, jusqu'ici impuissante, et la Bulgarie, trop jeune, les autres sont en progrès ; le nombre et la qualité de leurs publications ont considérablement augmenté (1).

(1) Il serait trop long d'énumérer ces publications. Nous renvoyons le lecteur aux sources que nous avons déjà indiquées : le 25ᵉ *anniversaire de la Société de statistique de Paris* et les Comptes-rendus des sessions du Congrès international de statistique

La France en particulier a plus que triplé depuis trente ans le nombre des volumes qu'elle livre annuellement à la publicité (1), et elle a fait une place à la statistique dans quelques établissements d'enseignement supérieur (2).

En Allemagne, *M. Engel* a su donner, comme nous l'avons déjà dit, au Bureau de statistique du royaume de Prusse et à ses publications un rôle considérable que ses devanciers n'avaient fait qu'ébaucher et que son successeur soutient, et il a contribué pour son enseignement à former des statisticiens ; en outre, depuis 1871, la statistique de l'Empire, dirigée par *M. Becker*, a pris une part considérable dans ce genre de travaux.

Il faut, sans viser à une énumération complète, citer l'Autriche, la Suède où le service est centralisé, la Norvège, la Belgique, parler de l'énorme quantité de matériaux statistiques que l'Angleterre élabore et de la masse de documents de ce genre que les Etats-Unis répandent à profusion pour se faire connaître de leurs nationaux et des étrangers, de l'ardeur que, dans l'Amérique du sud, des États plus tardivement sortis des embarras de la première organisation, comme la République Argentine et le Chili, mettent aussi à dresser le bilan de leur fortune croissante. Mais, voulant nous borner dans un aperçu sommaire, nous ne ferons que nommer, une seconde fois, comme exemple, le royaume d'Italie, qui, depuis qu'il jouit de l'unité politique, a constitué peu à peu l'unité administrative de sa statistique (3), donné à ce

---

(1) Parmi ces publications entreprises dans la seconde moitié du siècle, nous nous bornerons à citer l'*Annuaire statistique de la France*, qui date de 1878 et que publie le Ministère du commerce et de l'industrie ; l'*Exposé comparatif de la situation économique et commerciale de la France*, qui paraît depuis 1853 comme livraison des *Annales du commerce extérieur* ; l'*Album de statistique graphique* (depuis 1878), publication du Ministère des travaux publics ; le *Bulletin du Ministère des travaux publics* ; le *Bulletin de l'Agriculture* ; le *Bulletin mensuel de statistique et de législation comparée* du Ministère des finances. Nous renvoyons pour le reste au mémoire déjà cité et inséré dans le 25ᵉ *anniversaire de la Société de statistique*.

(2) Voir l'*Enseignement de l'économie politique et de la statistique en France* par E. LEVASSEUR dans le *Journal des économistes*, numéro de novembre 1882.

(3) Le directeur général, comme nous l'avons déjà dit dans une note précédente, est M. L. Bodio. Le budget total (personnel, matériel et impression) s'est élevé pour l'exercice 1885-1886 à 531,000 francs. Le nombre des employés en titre n'était que de 25 ; mais celui des employés extraordinaires s'élevait à 150. L'ensemble des budgets de la statistique, dans les pays où le service est divisé, revient souvent plus cher qu'en Italie ; ainsi, en Angleterre, les Bureaux de statistique ont des budgets dont le total s'élève à 1,382,000 francs, sans compter le dénombrement qui a coûté 4,830,000 francs, et plusieurs autres services de statistique qui ne relèvent pas de ces bureaux.

faisceau plus d'autorité par l'assistance d'un Conseil supérieur (1), fait chaque année d'importantes publications concernant l'Italie, et beaucoup de travaux de statistique internationale qui intéressent l'Europe entière et la science (2). Ajoutons qu'en Italie, où il y a des chaires de statistique à côté des chaires d'économie politique dans la plupart des universités, les élèves des facultés de jurisprudence apprennent à connaître le détail des faits sociaux en même temps que les lois économiques, tandis qu'en France aucune faculté de droit n'enseigne la statistique.

Si la centralisation du service de statistique n'existe que dans un nombre restreint de pays, les Conseils supérieurs ou Commissions centrales, que le Congrès international de statistique avait recommandés à plusieurs reprises (3), ont été adoptés, à l'exemple de la Belgique, par la Russie en 1852, par la Prusse en 1861, par l'Italie en 1861, par l'Autriche en 1863, par la Hongrie en 1874, par la Russie et par l'Espagne en 1873 (4), par la France en 1885. Ces conseils sont des auxiliaires utiles, lorsque le gouvernement sait s'en servir et qu'ils sont soutenus ou secondés par des administrations favorablement disposées et convenablement outillées ; sans quoi, ils ressembleraient à une façade monumentale derrière laquelle il n'y aurait que des maisonnettes isolées.

---

(1) Le Conseil supérieur, institué en 1872 et réorganisé en 1882, se compose de 27 membres, fonctionnaires désignés de droit par leurs fonctions ou choisis par les ministres, et de savants (parmi lesquels figurent M. Corenti, vice-président du Conseil ; MM. Messedaglia, Boccardo, Lampertico, Ellena, etc.), nommés par décret royal pour 3 ans. Le président est le ministre de l'agriculture, de l'industrie et du commerce. Il y a un Comité permanent, composé du directeur général de la statistique et de quatre membres du Conseil.

(2) Nous aurons souvent occasion, dans le cours de cet ouvrage, de nous servir des données de ces publications, surtout de celle qui est intitulée : *Movimento dello stato civile. — Confronti internazionali.*

(3) Voici le vœu du Congrès de Paris (1855) à ce sujet : « Qu'il soit institué dans chaque Etat une Commission centrale de statistique ou une institution analogue, formée de représentants des principales administrations publiques et d'autres personnes qui, par leurs études et leurs connaissances spéciales, puissent éclairer la pratique et résoudre les difficultés qui appartiennent entièrement à la science. »

(4) Voir dans le *Journal de la Société de statistique de Paris,* numéro d'octobre 1882, le mémoire de M. Cheysson sur le Conseil supérieur de statistique en France.

LIVRE PREMIER

LA POPULATION AVANT 1789

CHAPITRE PREMIER.

LES POPULATIONS PRIMITIVES DE LA GAULE.

Sommaire. — Observation sur la formation des races — Les périodes de l'histoire de la population française — Les sources de l'histoire de l'homme préhistorique — L'homme tertiaire et l'homme quaternaire — La période géologique actuelle et les âges de la pierre polie, du bronze et du fer.

Observation sur la formation des races. — Pour bien connaître une population, il importe de remonter aussi loin que possible dans l'histoire de ses origines : le présent a ses racines dans le passé. Si les institutions du temps actuel s'expliquent en partie par la suite des institutions des siècles antérieurs, le type d'une race s'explique mieux encore par l'histoire des groupes d'hommes qui ont contribué à le former.

Il n'y a vraisemblablement pas dans le monde une seule race d'hommes qui soit pure, pas une nation qui ne soit composée d'éléments divers. Les groupes qui se sont formés de toutes pièces sous nos yeux, comme celui des colons d'Australie, n'échappent pas à ce mélange ; à plus forte raison, les vieilles nations d'Europe qui vivent depuis des milliers d'années sur un territoire que, dans les temps antérieurs à l'histoire, des migrations pacifiques et des invasions armées avaient déjà maintes fois traversé, que des hôtes ou des conquérants s'étaient disputé et partagé, alors que les populations n'avaient pas encore pris solidement possession du sol par la culture. Depuis même que la notion du droit de propriété individuelle s'est fortifiée et que ces populations se sont fixées, l'industrie, le commerce, l'administration, la guerre ont amené fréquemment encore sur le même point des individus nés en des lieux divers et uni des familles originairement étrangères les unes aux autres.

Les Européens sont tous issus de mélanges produits par ces causes ; ils ont pour ancêtres des aborigènes et des immigrants. Dans quelle proportion ces deux éléments, très complexes eux-mêmes, — car les immigrants ont fini par passer pour des aborigènes, — se sont-ils combinés pour constituer les groupes provinciaux de la population française ? Il est impossible de faire à cette question une réponse précise.

Les périodes de l'histoire de la population française. — On peut distinguer dans l'histoire de la formation de notre nation trois grandes périodes. La première, c'est-à-dire la *période antique*, comprend elle-même deux périodes secondaires : celle des *temps préhistoriques*, où les hommes, sauvages, nomades ou à demi-nomades, n'occupaient pas la terre en masses assez compactes pour arrêter les invasions, où la férocité des mœurs et la pauvreté des ressources alimentaires autorisaient l'extermination des mâles après une victoire, où, par suite, les mélanges ont dû être plus fréquents et plus considérables que dans aucune autre période ; puis celle des *premiers temps historiques* jusqu'à la fin des grandes invasions germaniques du ve et du vi^e siècle. La *période moyenne* comprend non seulement le moyen âge avec le régime féodal qui le caractérise, mais les temps modernes jusqu'au xixe siècle exclusivement ; c'est celle où les groupes de population se constituent d'abord définitivement et demeurent établis à poste fixe sur le sol de leur canton, où les communications étant rares comparativement à ce qu'elles sont devenues de nos jours, les mélanges sont moindres qu'aux deux autres périodes et où, par suite, les populations de chaque province se distinguent davantage par le type comme par les mœurs. Vient en dernier lieu la *période contemporaine*, pendant laquelle l'unité politique et administrative de la France concourt avec les chemins de fer et le développement de l'industrie à mobiliser les populations, à en modifier le groupement, à confondre les nuances particulières dans une teinte uniforme.

De ces trois périodes, la première, qui renferme pourtant le secret de nos origines, est en très grande partie inconnue ; la seconde ne fournit à une étude scientifique que des matériaux tout à fait insuffisants ; la troisième seule, qui commence avec l'ère de la statistique, peut conduire à des résultats précis sur la composition de la population française et sur les changements que le temps et les mœurs lui ont fait peu à peu subir.

Cependant les deux premières sont l'introduction nécessaire à la troisième ; nous devons chercher quelle lumière on en peut tirer pour éclairer les préliminaires de notre sujet.

Les sources de l'histoire de l'homme préhistorique. — Jusque vers le milieu du XIXᵉ siècle, l'étude des premières populations de la Gaule était fondée uniquement sur les textes de l'antiquité ; c'est avec les seules ressources de l'érudition classique qu'Amédée Thierry a écrit son *Histoire des Gaulois.* Or, l'histoire ignorait pour ainsi dire cette contrée, ou du moins la partie de la contrée située par delà les Cévennes, jusqu'à l'époque où César en fit la conquête. Au deuxième siècle avant l'ère chrétienne, un des historiens les plus sagaces de l'antiquité, Polybe avouait cette ignorance : « Tout l'espace, dit-il, qui s'étend au nord d'une ligne joignant l'Aude aux embouchures du Tanaïs, nous est inconnu. Ceux qui parlent de ces régions, ou en écrivent, n'en savent pas plus que nous-même et ne font que débiter des fables. » Un siècle plus tard, Cicéron confirmait le témoignage de l'historien dans ses « Provinces consulaires. » « Ces contrées, disait-il, qu'aucun récit, aucun livre, aucune histoire n'avait fait connaître, dont on ignorait même le nom, notre général, nos légions, nos armées les ont traversées. »

L'anthropologie et l'archéologie préhistoriques ont été de notre temps plus perspicaces que les Grecs et les Romains ; elles ont découvert des matériaux qui ont permis, sinon de débrouiller tout le chaos de nos origines, du moins d'y pénétrer par delà les bornes de l'érudition classique.

En 1774 (1), Esper avait découvert dans une caverne de Franconie des ossements humains mêlés à des ossements d'ours « antédiluviens, » et, en 1797, John Frère avait trouvé des silex taillés, enfouis à onze pieds de profondeur, dans un terrain qui n'avait jamais été fouillé : c'étaient les premiers matériaux

---

(1) Avant cette date, à la fin du XVIIᵉ siècle, on avait trouvé dans une carrière de Londres une hache en silex du type de S. Acheul, laquelle est conservée au British Museum avec la mention : Arme britannique trouvée avec une dent d'éléphant près de Grays Lane.

d'une science nouvelle, ou pour mieux dire d'une partie nouvelle de la science anthropologique.

Mais les savants restèrent longtemps sans les mettre en œuvre. En 1825, Cuvier, dans le *Discours sur les révolutions de la surface du globe*, déclarait encore solennellement que « tout porte à croire que l'espèce humaine n'existait point dans ces pays où se découvrent les os fossiles, à l'époque des révolutions qui ont enfoui ces os. » Dix ans plus tard, quoique déjà les découvertes eussent commencé à donner lieu à de sérieuses études scientifiques en Danemark (1) et en Suède, Boucher de Perthes ne rencontrait qu'incrédulité, lorsque, de 1832 à 1840, il exhumait des terrains quaternaires de la vallée de la Somme, près d'Abbeville et de Saint-Acheul, tout un arsenal de silex taillés (2).

Le crâne d'homme fossile découvert à Engis (Belgique) en 1832 (3) et les quelques débris d'ossements tirés, en 1844, par Eymard, de la grotte de Denise, près du Puy, en Velay, n'avaient pas eu non plus le privilége de fixer l'attention. Ce n'est guère qu'à la suite des études de Lartet sur les fossiles de la grotte d'Aurignac, en 1861, que l'existence de l'homme fossile fut acceptée comme un fait incontestable (4), et que les archéologues et les anthropologistes mirent à en rechercher les traces et à discuter les conséquences de ces découvertes autant d'ardeur et parfois même autant de passion, qu'ils avaient montré d'indifférence auparavant.

L'homme tertiaire et l'homme quaternaire. — Depuis ce temps on a signalé jusque dans des terrains de l'époque tertiaire des indices de la présence de l'homme sur notre sol ; l'homme ter-

---

(1) Le directeur du musée des antiquités du Nord à Copenhague avait fait (1830-36) une première classification méthodique des monuments.

(2) C'est en 1840 que M. Boucher de Perthes présenta des haches en silex à l'Académie des sciences ; c'est en 1846 qu'il commença à publier son ouvrage.

(3) Cuvier avait eu connaissance de plusieurs découvertes d'ossements d'hommes fossiles, notamment du squelette trouvé en 1823 par Boué, dans le lœss du Rhin, à Lahr ; mais ces témoignages ne lui avaient pas paru convaincants. Il était mort à l'époque des fouilles faites en Belgique, de 1832 à 1834, par Schmerling.

(4) Presqu'à la même époque, en 1863, M. Boucher de Perthes découvrait, près d'Abbeville, à Moulin Quignon, dans le même terrain que les silex taillés, la moitié d'une mâchoire d'homme. La découverte attira sur ces lieux un grand nombre de savants qui reconnurent l'existence de l'homme fossile.

tiaire a aujourd'hui des partisans convaincus. Toutefois ces indices ne paraissent pas être encore des preuves convaincantes ; car ils consistent soit en stries qu'on croit avoir été faites sur des ossements par des instruments tranchants, soit en éclats de pierre dans lesquels les uns croient voir des instruments fabriqués par la main d'un être intelligent, tandis que les autres y voient simplement le résultat d'une chaleur intense, c'est-à-dire un simple accident de la nature. Ce problème, qui reculerait bien loin les origines de l'humanité, n'est donc pas encore résolu ; on semble seulement s'accorder à reconnaître que l'homme aurait pu vivre sous le climat de la période tertiaire, quoique la faune et le flore fussent très différentes de celles qui caractérisent aujourd'hui notre contrée (1).

Les géologues placent la fin de la période tertiaire au moment où notre continent avait reçu, d'une manière générale, sa configuration actuelle et ils désignent sous le nom de période quaternaire la longue série de siècles où les glaces et les eaux ont creusé les vallées et donné au sol son modèle actuel et où les terrains de transport ont achevé de le revêtir de sa dernière enveloppe.

Pendant toute la durée de cette période, l'existence de la race humaine dans la contrée qui est aujourd'hui la France n'est plus mise en doute. L'homme a été assurément témoin des dernières révolutions géologiques qui s'y sont produites ; il a vu les volcans d'Auvergne en éruption, les glaciers couvrant d'immenses étendues, du sommet des Alpes jusqu'au pied des Cévennes ; il a vu la Seine couler à pleins bords entre les deux lignes de coteaux qui bordent aujourd'hui sa fertile vallée. Il a été successivement le contemporain d'animaux qui ont disparu, comme le grand ours des cavernes et le mammouth, et d'animaux dont on ne retrouve plus le type générique que dans des pays plus chauds que le nôtre, comme le lion et la hyène, ou dans des contrées plus froides, comme le renne.

Pendant la période ou mieux pendant les périodes glaciaires, lorsque le ciel était plus chargé de brumes et la température plus basse qu'aujourd'hui, et pendant les périodes plus chaudes qui les

---

(1) Certains auteurs, pensant que l'homme n'a pas pu vivre à cette époque, mais que ces pierres ont été effectivement taillées, attribuent le travail à un homme-singe. Pure hypothèse qui ne fait pas avancer la science.

ont précédées ou suivies, l'homme a supporté la diversité des climats qui, malgré les changements survenus dans la faune et dans le régime des glaces, n'était peut-être pas aussi grande qu'on pourrait le supposer. D'ailleurs, n'y a-t-il pas aujourd'hui des hommes qui vivent sous le même ciel que le renne et que la hyène et ne voit-on pas les mêmes pâtres séjourner en été dans des pâturages alpestres voisins des glaciers et en hiver dans la plaine brûlante de la Crau ?

Les vestiges qu'on a découverts, qu'ils soient des ossements humains ou des outils, semblent remonter à la plus haute antiquité et sont signalés par plusieurs anthropologistes comme appartenant à des races toutes primitives, dites race de Canstadt et race de Cro-Magnon, du nom des localités où les premiers ont été trouvés.

Celle de Canstadt, dite aussi race de Néanderthal (1), devait, à en juger par le seul crâne et par les rares ossements que l'on possède, être d'un type tout à fait inférieur ; elle était très dolicocéphale et elle rappellerait par sa conformation les misérables sauvages qui vivent encore aujourd'hui en Australie et que la colonisation européenne fait disparaître à mesure qu'elle avance.

La race de Cro-Magnon indique, au contraire, une race grande de taille, fortement charpentée, dolicocéphale comme la précédente, mais avec un crâne plus étalé et d'une capacité plus grande. On en a trouvé plus de restes que de la race de Canstadt dans diverses parties de l'Europe occidentale, notamment dans les vallées de la Seine et de la Vezère (2) et sur les bords de la Méditerranée. La forme du squelette rappelle le type des Kabyles ; des savants pensent que cette race, plus avancée que celle de Canstadt, devait représenter un état de civilisation à peu près analogue à celui dans lequel vivaient les Peaux-Rouges de l'Amérique au seizième siècle ou dans lequel vivent aujourd'hui les Esquimaux.

---

(1) Canstadt et Néanderthal sont deux localités dans lesquelles on a découvert des vestiges de ce type.

(2) C'est surtout dans la grotte de Cro-Magnon aux Eyziès sur les bords de la Vezère, que les principales pièces du squelette de cette race ont été découvertes par M. Lartet. Les squelettes découverts plus récemment dans les Alpes-Maritimes semblent appartenir au même type.

Mais ce crâne ne peut-il pas être considéré comme un phénomène accidentel aussi bien que comme le spécimen d'un type ?
Il nous semble hardi d'introduire dans la science une race sur
l'indice d'un très petit nombre de fragments ; à ce titre, un
musée de monstres autoriserait à imaginer une infinité de races
humaines. Nous laissons la discussion de ce problème aux anthropologistes dont plusieurs pensent non seulement que cette race a
existé, mais qu'elle a occupé une grande partie de l'Europe occidentale et méridionale, ainsi que de l'Afrique septentrionale et
que le pays, probablement imaginaire, désigné par Platon sous le
nom d'Allantide, est son berceau.

Si ce sont bien des types, les races qu'ils représentent ont-elles
été contemporaines l'une à l'autre et ont-elles été les seules qui
aient occupé alors notre pays ? Il est probable que, dès ces temps
reculés, il y a eu plusieurs types dont on ne saurait dire le
nombre, mais qui différaient par la stature et les traits comme par
le degré de civilisation ; car, dans les mêmes sépultures, sont
rassemblés partout des types distincts. C'est que ces peuples
vivaient vraisemblablement, comme d'ordinaire les sauvages, par
petits groupes, souvent en guerre les uns avec les autres, se
disputant le territoire de chasse ou le butin, tour à tour envahisseurs ou envahis. D'après ce qu'on pense d'un pareil état social,
on peut supposer que les envahisseurs exterminaient quelquefois
les vaincus, quelquefois épargnaient les femmes et les enfants ou
peut-être même réduisaient les hommes en esclavage ; d'autres
fois ils vivaient, en amis ou en ennemis, dans des cantons voisins
les uns des autres. De toute façon, la diversité subsistait, et elle a
pu, quoiqu'altérée par des mélanges, se perpétuer de génération en
génération jusqu'à l'époque contemporaine. Les populations de
l'Europe moderne, disent MM. de Quatrefages et Hamy, ne sont
pas autre chose que des descendants des populations quaternaires.

Ce sont là les plus anciennes assises connues de la population
française. Les géologues placent les premières avant la période
glaciaire, à l'époque où le mammouth hantait nos marécages et
nos forêts. L'homme ne connaissait pas alors les métaux ; il faisait
avec du silex ou du quartzite grossièrement taillé par éclats, des
haches lourdes et massives en forme d'amande et des outils qui
indiquent un art tout à fait grossier. C'est l'époque de la pierre
taillée ou éclatée que quelques anthropologistes estiment corres-
pondre à la race de Canstadt.

Durant les périodes glaciaires, l'homme ne paraît pas avoir eu l'art de se bâtir des demeures ; il habitait des cavernes ou des abris sous des roches surplombantes : de là, le nom de troglodyte que la science moderne lui a donné. Il les trouvait le plus souvent dans les fissures des roches calcaires et il recherchait les vallées dont les cours d'eau lui procuraient du poisson et les escarpements qui le mettaient à l'abri d'un coup de main.

Cependant les rares souvenirs qui nous restent de la race de Cro-Magnon indiquent un état social très supérieur à celui de la race de Canstadt. Aux haches plus fines, aux pointes de flèches, aux couteaux de silex se trouvent associés des objets en corne et en ivoire, et sur l'ivoire apparaissent les premières empreintes de l'art : ce sont des gravures représentant les animaux de l'époque, entre autres le mammouth.

Combien de temps a duré l'ère de ces hommes quaternaires, c'est ce qu'on ignore. Elle a dû être certainement très longue. En voici un indice. Sur les bords de la Vézère est la grotte de la Madeleine, dans laquelle on a retrouvé des ossements appartenant à la race de Cro-Magnon. Quoique remontant à un temps probablement antérieur à l'histoire, cette grotte est à une faible distance au-dessus du lit du cours d'eau ; le régime des eaux a peu changé depuis le temps où ont été faites ces sépultures. Dans la même vallée se trouve une autre grotte, celle du Moutiers, qui a été habitée par une race plus primitive, armée d'instruments grossiers, contemporaine de la faune quaternaire ancienne, mammouth et rhinocéros. Quoiqu'elle soit à vingt-sept mètres au-dessus du niveau du cours d'eau, les restes qu'on a découverts étaient enfouis sous deux mètres d'alluvions. Ne doit-on pas en conclure que, postérieurement aux sépultures, le niveau de la Vézère a monté quelque peu au-dessus du sol de la grotte, et qu'ensuite il a baissé de vingt-sept mètres ? Or, il faut probablement bien des siècles pour que de pareils changements s'accomplissent dans le régime d'une rivière (1).

La période géologique actuelle et les âges de la pierre polie,

---

(1) Ces deux grottes représentent, d'après M. de Mortillet et d'autres archéologues, à peu près les deux extrêmes de la série des civilisations quaternaires. Toutefois, le type des instruments en forme d'amande de Saint-Acheul est antérieur aux silex du Moustiers.

du bronze et du fer. — Les grands transports de terrain qui caractérisent la période quaternaire étaient à peu près terminés ; on était entré dans la période géologique contemporaine, qu'on désigne sous le nom de post-glaciaire et dont il est d'ailleurs assez difficile de marquer avec précision le commencement, lorsqu'apparurent les instruments de pierre polie. C'est un âge nouveau que des archéologues désignent sous le nom de « période néolithique. » C'est peut-être alors qu'a commencé dans nos contrées la vie pastorale, succédant à la vie de chasse, qui était celle de la race de Cro-Magnon. L'homme fabrique alors des poteries et s'orne de colliers. Mais il semble qu'il ait eu d'abord un sentiment moins développé de l'art que ses prédécesseurs ; du moins, les fouilles n'ont pas amené jusqu'ici la découverte de gravures.

Après une longue durée, cet âge de la pierre polie fit place à celui du bronze. Le commerce introduisit d'abord en Gaule ce métal : les hommes s'en servaient concurremment avec les armes de pierre et possédaient une plus grande variété d'outils, d'ornements, d'armes offensives et défensives que dans les âges antérieurs. On retrouve à cette époque les premières traces d'agriculture.

Puis enfin au bronze se mêle le fer : c'est encore un âge nouveau (1). Nous sommes, à cette époque, entrés depuis longtemps déjà dans la période historique.

Ce progrès des arts est-il le résultat d'inventions successives dues aux mêmes races qui se perfectionnaient ? Ou est-il dû à des importations faites par une succession de races conquérantes et plus civilisées ?

On connaît les monuments nommés jadis druidiques, que la critique moderne, plus réservée, se contente d'appeler mégali-

---

(1) La plupart des archéologues, contrairement à l'opinion de M. A. Bertrand, font de l'époque du bronze un âge distinct ; quelques-uns même le divisent en plusieurs périodes. Voici celles que donne M. Mortillet pour toute la série :

Ages de la pierre
    (pierre éolithique   — terrain tertiaire — très douteux)
    pierre paléolithique — terrain quaternaire : type de Chelles
                                     du Moustiers
                                     de Solutré
                                     de La Madeleine
    pierre néolithique   — terrain actuel
Age du bronze
Age du fer

thiques, c'est-à-dire faits de grandes pierres, et parmi lesquels les dolmens, ou allées couvertes de dalles et terminées par une chambre sépulcrale, sont les plus importants. Malgré l'action destructive du temps et des hommes, il en subsiste beaucoup dans la région qui s'étend de la Somme au nord jusqu'à la Garonne au sud et de l'Océan à l'ouest jusqu'au bassin supérieur de la Seine et du Rhône à l'est. Hors de ces limites, on les trouve disséminés dans quelques autres parties de la France et très nombreux sur les côtes de la Baltique, de la mer du Nord et des îles Britanniques. Des archéologues y ont vu le cachet d'une population particulière que l'un d'eux, M. Alexandre Bertrand, a nommée *race des dolmens*. D'autres s'inscrivent en faux contre cette opinion et prétendent que ces constructions n'indiquent pas un type humain, mais simplement un type architectural que des races et des civilisations diverses auraient successivement adopté pour la sépulture de leurs chefs.

Quoi qu'il en soit, les peuples qui élevaient de pareils monuments funéraires et qui appartenaient sans doute encore en partie à la période préhistorique, n'étaient plus des sauvages, comme les Troglodytes. A la suite d'une baisse extraordinaire des eaux dans le lac de Zurich, en 1854, on a retrouvé pour la première fois les pilotis de bourgades en bois qu'ils bâtissaient dans les lacs pour se mettre sans doute mieux à l'abri des fauves et des tribus ennemies (1). Ils avaient des instruments très variés en pierre polie. Ils déplaçaient des pierres énormes dont ils faisaient leurs monuments funéraires ; ils possédaient nos animaux domestiques, chien, cheval, bœuf, mouton, chèvre, porc ; ils cultivaient le froment, l'orge et l'avoine ; ils fabriquaient des poteries, sans faire usage encore du tour ; ils tissaient le lin. On peut dire avec beaucoup de vraisemblance qu'ils avaient atteint un niveau supérieur à celui des Peaux-Rouges à l'époque de la découverte de l'Amérique ou à celui des peuplades actuelles de l'Afrique australe.

Il ne faut pourtant pas l'élever trop haut, ainsi que seraient tentés de le faire quelques archéologues par amour de leur art.

---

(1) L'identité des hommes des dolmens et des habitations lacustres semble démontrée par la ressemblance des objets provenant des uns et des autres. On a trouvé, non loin des habitations lacustres du lac de Neuchâtel, à Auvernier, un ciste qui rappelle la construction des dolmens.

Les Gaulois que dépeignaient César, Strabon et Diodore et qui étaient les héritiers directs ou indirects de cette civilisation, étaient bien des barbares, couchant sur la dure, prenant leurs repas par terre, assis sur des jonchées ou sur des peaux de loup, se gorgeant de viandes rôties et de vin que des marchands italiens leur vendaient contre de jeunes esclaves, ayant, comme les peuples pasteurs, de nombreux troupeaux, et attribuant, comme le font les races grossières, les plus rudes travaux aux femmes. S'ils déplaçaient d'énormes pierres, ils ne savaient ni les tailler ni les cimenter. Cependant ils étaient agriculteurs ; ils ne laissaient même, dit Strabon, aucun terrain en friche, si ce n'est les parties occupées par les marais et les bois.

D'où venaient-ils ? de l'orient probablement. En tout cas, les nombreuses haches de jade poli qu'on trouve dans leurs tombeaux attestent qu'ils avaient avec l'Asie des relations suivies.

A l'est des dolmens, dans les vallées du Danube et du Rhin et jusqu'aux bords de la Saône et de la Haute-Seine et même au-delà, s'étend une vaste région où les tombeaux sont disposés en forme de tertre ou de tumulus ; les armes et les outils prouvent que le bronze et même, à la fin, le fer, étaient d'un usage ordinaire : c'est l'indice d'une civilisation plus avancée. Les peuples qui les ont élevés et que l'archéologie déclare appartenir certainement à la période historique, semblent être venus aussi de l'ouest et avoir pénétré, comme un coin, au milieu des hommes des dolmens qu'ils auraient refoulés vers les extrémités septentrionale et occidentale du continent. On peut les regarder comme un des flots du grand courant d'émigration qui a poussé successivement vers l'ouest plusieurs tribus de la famille indo-européenne. Ce flot apportait-il, comme le pense M. A. Bertrand, une race distincte de celle des dolmens, ou, comme le croyait Henri Martin, des hommes de la même race parvenue à une autre phase de son développement ?

Etait-il formé d'hommes appartenant à la même race que ceux qui plus tard vinrent aussi de l'orient en traversant le Rhin et qui paraissent s'être fait jour les armes à la main dans le nord est de la Gaule ? Ces derniers ont laissé comme témoins de leur passage, dans la Champagne notamment, de nombreuses tombes, creusées dans un champ ou placées dans une caverne et recouvertes seulement de quelques grosses pierres ; dans ces tombes on a trouvé un mélange d'instruments de pierre et de bronze.

Ces monuments sont certains. Quoiqu'ils ne parlent pas assez clairement pour remplacer l'histoire, ils nous autorisent à supposer qu'il y a eu avant la fin des révolutions géologiques et hydrographiques de l'époque quaternaire des races diverses de peuples pêcheurs ou chasseurs sur le sol de la Gaule et qu'une des plus importantes dans tout le sud-ouest de l'Europe appartient au type de Cro-Magnon ; et même à affirmer qu'après ces dernières révolutions, des peuples pasteurs et agriculteurs, arrivant les uns après les autres de l'orient de l'Europe par la vallée du Danube ou à travers le Rhin, possédant une civilisation supérieure, ayant des armes et des outils d'abord de pierre polie, puis de bronze et de fer, construisant des monuments mégalithiques, élevant des tumuli ou creusant des tombeaux, ont, durant une longue série de siècles qu'on ne saurait déterminer, successivement envahi la Gaule et se sont substituées ou superposées aux races primitives.

CHAPITRE II.

LA GAULE BARBARE.

Les divisions générales de la Gaule. — Les monuments et les textes sont les sources de l'histoire. Nous venons d'examiner certains monuments et d'emprunter à l'anthropologie et l'archéologie préhistoriques leurs lumières pour éclairer le problème, fort obscur encore, des origines de la population française. Il nous reste, en interrogeant les textes, à chercher ce que les auteurs, contemporains des Gaulois indépendants, savaient et pensaient d'eux et jusqu'à quel point le témoignage des monuments est confirmé par l'histoire écrite.

« La Gaule entière est divisée en trois parties, dont une est habitée par les Belges, une autre par les Aquitains et la troisième par des peuples qui se nomment Celtes dans leur langue et Gaulois dans la nôtre », dit César qui est, sinon le plus impartial, du moins le plus compétent des témoins, puisqu'il est le premier qui ait bien vu la Gaule, l'ayant parcourue dans presque tous les sens pendant huit ans et l'ayant conquise. Par Gaule entière, César entendait la Gaule indépendante ; il ne comprenait, par conséquent, pas sous cette dénomination la province romaine, c'est-à-dire la région alpestre, le bassin du Rhône jusqu'au confluent de la Saône au nord et la région méditerranéenne jusqu'aux Cévennes et même à l'ouest jusqu'à la plaine de Toulouse. Il y avait donc en tout quatre parties dans la Gaule soixante ans avant l'ère chrétienne. C'est aussi la division que le plus grand géographe de l'antiquité, Strabon, contemporain d'Auguste, a adoptée.

Les Ligures. — Strabon commence sa description par la Provence, la Narbonnaise (il la nomme Ναρβωνῖτις), « qui produit, dit-il, les mêmes fruits que l'Italie, tandis que dans le reste de la Gaule, l'olivier et le figuier font défaut » (1) Moins d'un siècle après, à une époque où la civilisation romaine avait transformé plus complétement cette région, Pline l'ancien tenait à peu près le même langage et étendait la similitude aux hommes comme au climat : « La Narbonnaise ne le cède à aucune province sous le rapport de la culture des terres, de la politesse des hommes et des mœurs et de la richesse ; en un mot, c'est une Italie plutôt qu'une province » (2).

Cette partie de la Gaule, avant d'avoir été italianisée, était habitée par des peuplades que, d'une manière générale, on rattachait aux Celtes : Strabon le dit positivement (3) et, bien avant lui, Hécatée de Milet plaçait Marseille dans la Celtique (4).

Mais Hécatée désignait cette partie de la Celtique sous le nom de Ligurie. En effet, la côte de la Méditerranée à l'est du Rhône était occupée par une race distincte des Celtes, les Ligures ou, plus exactement suivant M. d'Arbois de Jubainville, les Liguses sur lesquels l'antiquité a laissé peu de renseignements et à propos desquels les érudits modernes sont divisés. M. Lagneau les rattache à la grande race des Ibères (5), M. d'Arbois de Jubainville en fait une race distincte ; M. Desjardins partageait cette dernière opinion.

D'après un texte d'Hécatée de Milet, contemporain du roi de Perse Darius Ier, on peut induire que les Ligures avaient, un peu avant le vi^e siècle, franchi le Rhône et repoussé les Ibères du Languedoc où ils s'étaient mêlés à eux (6). Ils avaient été eux-

---

(1) Strabon, liv. IV, ch. I, 2.

(2) Pline, III, V, 4.

(3) Il termine le chapitre relatif à la Narbonnaise en disant : « Voilà ce que nous disons des peuples qui habitent le gouvernement de la Narbonnaise et qu'autrefois on nommait Celtes. » IV, I, 14.

(4) Μασσαλία πόλις τῆς Λιγυστικῆς κατὰ τὴν Κελτικήν ; c'est la plus ancienne mention qui soit faite de la Celtique. Plus tard, Diodore de Sicile disait aussi : « Le nom de Celtes appartient aux peuples qui habitent au-dessus de Marseille dans l'intérieur des terres et qui vivent en-deçà des monts Pyrénées jusqu'aux Alpes. » V. 32.

(5) Nous ferons dans ce chapitre, comme dans le précédent, de nombreux emprunts à l'article *Anthropologie de la France*, par M. Lagneau (*Dict. encycl. des Sciences médicales*).

(6) « Après les Ibères qui occupent l'Espagne jusqu'à Ampurias, sont les Ligures

mêmes repoussés à leur tour vers le sud par les Celtes et il s'était formé, entre le Rhône et les Alpes, une population mixte que Strabon désigne sous le nom de Celto-Ligures (1). Ceux-ci avaient été ensuite écartés d'une partie des côtes par la fondation de colonies grecques. M. Desjardins range parmi les Ligures les peuplades des Alpes Cottiennes et Maritimes et celles du bassin de la Durance ; quelques savants supposent même que la race ligure a dû, à une certaine époque, occuper un territoire beaucoup plus étendu en Gaule. Toutefois, à la fin de la période barbare, on ne trouvait de Ligures réputés à peu près purs que dans la contrée située entre le Var et la Macra.

Tite-Live les représente comme de rudes montagnards, *durum in armis genus*. Ils étaient de petite taille, nerveux, sobres, travailleurs infatigables (2), mais fourbes et intéressés, pêcheurs et pirates sur mer, pasteurs dans la montagne, vivant du produit de leurs troupeaux, buvant du lait et de la bière d'orge.

Les Phéniciens et Grecs. — Sur la côte de la Méditerranée, le commerce avait de bonne heure attiré les Phéniciens, puis les Grecs.

Les premiers ont laissé peu de traces ; cependant ils ont eu des comptoirs dans ces parages, où l'on croit retrouver encore quelques noms d'origine phénicienne ; le culte du dieu Melkarth, devenu Hercule pour les Grecs, a été apporté par eux et Monaco (Herculis Monœci portus) était une de leurs stations.

Les Grecs passent pour avoir été les premiers civilisateurs de la Gaule. Des Phocéens avaient fondé Marseille six siècles avant l'ère chrétienne ; Marseille, devenue, après la prise de la mère-patrie par les Perses, le refuge des Phocéens et l'entrepôt du Rhône, gouvernée par une forte aristocratie, resta pendant toute la période barbare une cité florissante ; elle sema ses colonies sur toute la côte de la Provence et du Languedoc ; elle

---

mêlés aux Ibères jusqu'au Rhône », dit le Périple de Scylax, cité par M. Desjardins, *Géog. de la Gaule rom.*, II, 57.

(1) Ce sont les Salyes, habitants de la Provence méridionale que désigne ainsi Strabon, IV, VI, 3.

(2) Posidonius raconte que, parmi des ouvriers ligures des deux sexes qu'il conduisait à des travaux de terrassement, une femme, surprise par les douleurs de l'enfantement, accoucha, et se remit ensuite au travail afin de ne pas perdre le salaire de sa journée.

donna aux Gaulois du voisinage ses monnaies, son alphabet, son système de numération.

Phéniciens et Grecs s'établissaient dans ces temps reculés sur les côtes de la Gaule habitées par des barbares bien inférieurs à eux en civilisation, à peu près comme s'établissent aujourd'hui les Européens sur certaines côtes de l'Afrique.

Les Aquitains. — Dans le sud-ouest de la Gaule vivaient les Aquitains, que MM. d'Arbois de Jubainville et Desjardins regardent comme appartenant à une autre race que les Ligures, et qu'on n'a jamais confondus avec les Gaulois proprement dits. César dit expressément : « La Garonne sépare les Gaulois des Aquitains, » et Strabon : « Les Aquitains diffèrent de la race celtique par les caractères physiques et par la langue ; ils ressemblent davantage aux Ibères (1). »

Les anciens les ont décrits comme des hommes maigres, agiles, courageux, ayant une taille moyenne, des yeux bruns et grands, des cheveux noirs et bouclés. L'anthropologie moderne ajoute quelques autres traits caractéristiques, tels que la dolichocéphalie occipitale, une courbure très prononcée de l'épine dorsale qui prête à la démarche des femmes une grâce particulière.

Ne sont-ils pas parents des Sicanes, des Numides d'Afrique, des Ibères d'Espagne ? N'ont-ils pas poussé à une certaine époque leurs migrations jusque dans la partie centrale de la Gaule, très loin au nord de la Garonne, et du côté de l'est, dans le Languedoc, d'où les Ligures les auraient ensuite repoussés ? M. d'Arbois de Jubainville croit que les Ibères se sont avancés jusque dans le bassin de la Seine, avant que les Celtes ne fussent venus leur disputer ce terrain. Du temps de César, ils étaient repliés derrière la Garonne. Ils représentaient si bien une race qui pensait n'avoir rien de commun avec les Gaulois, qu'ils ne prirent pas les armes pour les défendre ; ils ne figurèrent pas dans la grande coalition sous les murs d'Alesia, et c'est seulement après la prise d'Uxellodunum que César vint recevoir leur soumission particulière. Ils se composaient de neuf peuples, auxquels Auguste laissa, avec le nom de Novempopulanie, une administration distincte, lorsqu'il étendit la province d'Aquitaine jusqu'à la Loire.

(1) Strabon, IV, II, I.

Cependant les Aquitains durent, dans la suite des temps, se mélanger avec la race celtique ou changer de langage sous l'influence de la civilisation romaine ; car jusqu'au bord de l'Adour et du gave d'Oloron, on parle des dialectes dérivés du latin ; c'est seulement derrière ce rempart que s'est conservé le peuple basque parlant l'euskara. Du mot euskaldun sont dérivés les noms de vascon, gascon, basque. Le peuple qui porte ce dernier nom n'est pas assurément de race pure, puisque M. Broca a cru retrouver dans la forme des crânes et des squelettes trois types distincts ; mais il a l'unité de la langue, et d'une langue originale qui n'a pas son analogue en Europe. Des invasions l'avaient refoulé par delà la crête pyrénéenne ; il a fait, au XIXe siècle, un retour offensif dans les vallées septentrionales qu'il occupe aujourd'hui.

Les Celtes et les Belges. — Les Celtes ont peuplé, dans des temps très anciens, la vallée du Danube : Homère disait que les Celtes et les Ibères habitaient au couchant ; Hérodote, que l'Ister avait sa source dans le pays des Celtes. Dans leurs migrations, ils s'avancèrent au sud jusqu'en Grèce ; ils s'établirent dans le nord de l'Italie, pénétrèrent au sud-ouest jusqu'en Espagne où ils donnèrent naissance à la population désignée par les Grecs sous le nom de Celtibériens. Avant ce temps, ils avaient déjà occupé la plus grande partie de la Gaule, refoulant devant eux les Aquitains et les Ligures. Ils ont longtemps dominé dans l'Europe moyenne, des bouches du Danube jusqu'en Bretagne. Il n'y a probablement jamais eu une émigration en masse et à date fixée de tout le peuple des Celtes ; il vaut mieux croire, avec plusieurs érudits contemporains, à une longue suite de petites émigrations successives, belliqueuses ou pacifiques, qui se sont heurtées aux populations déjà installées sur le sol et qui ont fini par couvrir de proche en proche la plus grande partie du territoire de la France. La Celtique se serait trouvée ainsi peuplée de races celtisées plus encore que de Celtes purs et, ainsi que l'a dit M. A. Bertrand, d'un nombre considérable de peuplades diverses par leur origine, comme par la date de leur arrivée.

Les Belges, que l'on nomme aussi Kymris, Cimbres, Galates, sont-ils d'une race différente de celle des Celtes ou sont-ils les derniers venus de la même famille? MM. H. Martin, d'Arbois de

Jubainville, Desjardins se sont prononcés pour l'unité de race ; MM. de Courson, A. Thierry, A. Bertrand, Lagneau pour la dualité. Il ne nous appartient pas de trancher un différend entre des érudits qui ont fait une étude spéciale de cette question. Mais, quelque parti qu'on prenne dans le débat (1), il paraît certain que les Belges sont venus en Gaule après les Celtes. M. d'Arbois de Jubainville ne trouve ni dans la langue, ni dans les monuments de motifs pour les distinguer les uns des autres, et nul n'a en cette matière plus d'autorité que lui. Cependant, s'il n'y a pas de distinction fondamentale de race, ne convient-il pas d'admettre au moins ce que j'appellerai des différences provinciales, puisque des contemporains éclairés, César, puis, après lui, Strabon et d'autres géographes les admettaient ? (2) Ne semble-t-il même pas que quelques-unes de ces différences aient persisté longtemps, puisqu'au IVe siècle de l'ère chrétienne l'auteur d'un dialogue fait dire à l'un de ses interlocuteurs répondant à un Gaulois du nord qui s'exprimait mal en latin : « Vel celtice aut, si mavis, gallice loquere » (3). Il y avait donc encore deux dialectes en usage à la fin de l'empire (4).

César fixait à la Seine et à la Marne la limite méridionale de la Belgique ; Strabon la portait jusqu'à la Loire. Il n'y avait pas en réalité de limite précise, parce que, d'une part, les Belges, ainsi que le pense M. Desjardins, devaient être eux-mêmes un

---

(1) Voir (comptes-rendus de l'Académie des sc. mor. et pol.) quelques réflexions à ce sujet dans le mémoire que nous avons lu à l'Académie des sciences morales et politiques en novembre 1880.

(2) Le compilateur Diodore de Sicile, qui vivait du temps de César et d'Auguste, ne met pas en doute cette distinction : « Il est bon de déterminer un point généralement ignoré : les peuples qui habitent au nord de Marseille, dans l'intérieur des terres et des Alpes aux Pyrénées, portent le nom de Celtes, ceux qui sont établis au-delà de la Celtique, dans les contrées qui sont inclinées vers le notus du côté de l'Océan ou du côté de la forêt Hercynienne et, derrière eux, les peuples qui s'étendent jusqu'à la Scythie, sont dits Galates. Les Romains ont confondu ces nations sous une même dénomination, les appelant tous Galates. » V. 32. Quoique le mot notus (sud) soit ici peu intelligible, je ne puis partager l'opinion de M. Desjardins (G. rom. 11, 194) qui refuse toute valeur à ce texte.

(3) Sulpice Sévère, Dial., 1, no 2.

(4) M. d'Arbois de Jubainville ne pense pas que ce texte puisse aider à résoudre la question. Tacite, en effet, parlant des Gaulois du nord et du sud dans la vie d'Agricola (11) dit : Sermo haud multum diversus. D'ailleurs, la langue celtique ou kimrique, qui a laissé peu de traces dans le français, était alors assez répandue pour que l'empereur Sulpice Sévère, au IIIe siècle, admette la validité des fidéicommis rédigés « lingua celtica. »

mélange de tribus d'origine complexe et non pas une nation, et que
le fait de s'être coalisés contre César ne leur constitue pas un brevet
d'unité ethnique, parce que, d'autre part, ils avaient dû, comme
les Celtes, s'avancer par flots successifs, refoulant les possesseurs
du sol ou se mélant à eux, faisant masse au nord de la Marne,
plus clairsemés entre la Seine et la Loire, pénétrant même beaucoup plus avant vers le sud, soit par la plaine du Poitou à l'ouest,
soit par la vallée de la Saône à l'est (1). Les Volces, Tectosages
et Arécomiques, dont la migration paraît postérieure au VIe siècle
avant l'ère chrétienne, sont venus se fixer à Toulouse et à Nîmes,
en pleine région ibère ou ligure.

Cette question de la dualité ou de l'unité ethnique des Gaulois
a beaucoup passionné les érudits (1). Mais pour notre sujet il
importe peu de savoir si Celtes et Belges sont deux races différentes ou deux groupes différents d'une même race. Or, nous
pouvons affirmer, avec les auteurs anciens, que, malgré certains
traits communs qui caractérisaient les Gaulois en général et qui
les distinguaient des Aquitains, il y avait entre les nombreuses
peuplades de la Celtique et de la Belgique diversité de dialectes
et de mœurs, et que celles du Nord se rapprochaient plus que les
autres du type germain (2). « La plupart des Belges, dit César,
descendent des Germains ; ils ont anciennement traversé le Rhin ».
Sur les bords du fleuve il y avait quelques peuplades germaines.
« D'ailleurs, dit Strabon, Gaulois et Germains se ressemblent et
sont de la même famille par la constitution physique et par les
institutions politiques (3). »

---

(1) Voici la conclusion de M. Desjardins (*G. rom.* II, 584) sur ce point : « Au temps
de César, nous persistons à ne voir dans la Gaule chevelue, du Rhin aux Pyrénées,
de la Provence à l'Océan, que deux races et deux peuples, les Ibéro-Aquitains et les
Gaulois ; ces derniers partagés, si l'on veut, en trois groupes, liés entre eux par la
communauté d'origine, de religion, d'institutions, de mœurs et de langues, sous
cette réserve toutefois que les Belges sont en partie mêlés de Germains. » M. d'Arbois
de Jubainville professe, avec la haute autorité de sa science, l'unité de la langue celtique.

(2) Strabon (Liv. IV, ch. I, 1). « Quelques-uns distinguaient trois peuples, qu'ils
appelaient Aquitains, Belges et Celtes, les Aquitains entièrement différents des autres
non par la langue seule, mais par les formes corporelles, se rapprochant bien plus
des Ibères que des Galates ; les autres, bien Galates d'apparence, mais n'ayant pas
tous la même langue et présentant dans leur langage de légères différences ». César
(I, 1) accuse davantage ces différences : Hi omnes lingua, institutis, legibus inter se
differunt. Mais César parle de la Gaule tout entière.

(3) Strabon, IV, IV, 2.

L'état de la civilisation. — Les uns et les autres étaient pour les Romains des barbares. Les descriptions, très brèves et très incomplètes d'ailleurs, qu'ils nous ont laissées, justifient en partie cette qualification. Les Gaulois portaient des vêtements : un sayon de laine grossière, des braies qui enveloppaient leurs jambes, une blouse. Ils relevaient leurs cheveux sur le sommet du crâne et les rejetaient en arrière sur le cou ; ils portaient de longues moustaches (1). Ils s'armaient d'une cotte de mailles, d'un grand bouclier, quelquefois d'un casque et d'un long sabre suspendu à leur flanc droit, d'une pique et d'une javeline, ou même d'arcs et de flèches. Ils se servaient de chars pour combattre.

Ils bâtissaient de vastes maisons en planches et en claies avec un toit cintré en forme de dôme recouvert de chaume ; cependant, pour fortifier leurs villes, ils savaient construire de hautes murailles en pierres sèches reliées par des poutres. Ils couchaient d'ordinaire sur la dure et, pour prendre leurs repas, ils s'asseyaient sur des tas de feuilles ou des peaux de bêtes ; près d'eux étaient allumés des feux pour rôtir les viandes ou les cuire dans des chaudières ; leur nourriture consistait en lait, en viande, surtout en viande de porc, probablement aussi en pain ; car Strabon dit que le pays était fertile en blé. Ils buvaient de la bière et, quand ils pouvaient, du vin qu'ils achetaient à des marchands italiens, donnant volontiers, dit Diodore, un enfant pour un tonneau plein ; ils sucraient ce vin avec du miel ; ils s'enivraient volontiers et étaient prompts à se quereller dans l'ivresse. Ils se faisaient servir par des enfants et laissaient aux femmes les plus rudes travaux. Cet usage, ainsi que le remarquait déjà Strabon, est le propre des races barbares.

Cette description n'est pas précisément celle de tribus de sauvages. Les Gaulois étaient parvenus à un degré de civilisation bien supérieur à celui des sauvages de l'Amérique au XVIe siècle. Ils cultivaient la terre, quoique la propiété individuelle paraisse avoir été chez eux l'exception. Strabon dit même que le pays produisait en abondance du blé, du millet, du gland, du bétail de toute espèce, et qu'excepté les marais et les bois, le sol était partout utilisé (2).

_____

(1) Diod., V, 28.
(2) Strab., IV, i, 2. Cette remarque de Strabon rend vraisemblable l'hypothèse que nous faisons un peu plus loin d'une densité de 12 habitants par kilom. carré. Un

Toutefois le spectacle des campagnes gauloises devait être bien différent de celui que présentent aujourd'hui nos champs. Les hommes sont « plutôt guerriers qu'agriculteurs » dit Strabon, et la culture, faite à peu près exclusivement par les femmes (1), qui étaient obligées de vaquer à tous les soins du bétail, n'indique pas une main-d'œuvre considérable. Le porc était le principal animal domestique ; pour que, vivant dans les champs en liberté, il devînt aussi dangereux qu'un loup (2), il fallait qu'il y eût partout de très vastes espaces abandonnés à la vaine pâture.

Les caractères physiques des peuples de la Gaule. — Des auteurs anciens ont dépeint les Gaulois comme ayant une taille élevée, une carnation molle, des cheveux blonds (3). Le portrait ne convient assurément pas à tous les Gaulois, puisqu'ils appartenaient à des races diverses. Mais ce n'est pas un portrait de fantaisie ; il ressemble aux hommes du nord, dont le type physique devait d'autant plus frapper les Romains qu'il différait davantage du leur.

Il est certain qu'il n'aide pas à expliquer la présence des hommes bruns, petits et trapus qu'on trouve dans la Bretagne et en Auvergne.

Il est certain, d'autre part, qu'il faut un effort d'imagination pour assimiler la race des Troglodytes de Cro-Magnon avec les Ibères, pour faire de la construction des monuments mégalithiques l'apanage de la race celtique et considérer les tumuli comme les jalons de la route suivie par les migrations galates.

Les mœurs des Gaulois. — César et Strabon parlent des

---

peuple sauvage, c'est-à-dire qui vit de cueillette, de chasse et de pêche, n'atteint guère une densité supérieure à 1 habitant par kilom. carré. Les régions de l'Amérique du sud habitées par des Indiens sauvages, dans la zône tropicale et dans la zone tempérée, peuvent être citées comme un exemple de ce type de densité. La densité de 10 à 12 habitants par kilom. carré atteste un commencement de civilisation agricole ; on trouve aujourd'hui ce type de densité (8 à 14 habitants par kilom. carré) dans 15 des 38 États des Etats-Unis.

(1) Il y a encore aujourd'hui en France des communes des côtes de Bretagne où, les hommes étant la plupart pêcheurs, la terre est cultivée principalement par les femmes.

(2) Strabon dit que, lorsqu'on n'était pas connu de ces animaux, il y avait autant de danger à s'en approcher que d'un loup (IV, iv, 3).

(3) Diod., V, 28.

Gaulois comme d'une race belliqueuse. Prompte à la résolution, dit le premier, mais mobile, légère, crédule, aimant les nouveautés, divisée par des factions intestines, dévouée entièrement au patron qu'elle s'est donné, bravant la mort avec insouciance, manquant de fermeté dans les revers. Portée à l'exercice de la guerre plutôt qu'aux travaux de la terre, dit le second, elle a cependant été forcée de mettre bas les armes et de s'occuper d'agriculture. Strabon ajoute que les Galates sont vifs, prompts à se battre, doués d'ailleurs d'un naturel candide et sans malice.

Deux passages de cet auteur méritent d'être cités textuellement (1) :

« Toute la race appelée aujourd'hui gallique ou galatique, a la manie de la guerre ; elle est irascible, prompte à la bataille, du reste simple et sans malice. Ainsi, une fois irrités, ils se rassemblent en foule pour courir aux combats et cela avec éclat, sans aucune circonspection, de sorte qu'ils tombent facilement sous les coups de ceux qui veulent employer contre eux la stratégie. Et, en effet, qu'on les excite, quand on veut, où l'on veut, pour le premier prétexte venu, on les trouve prêts à braver le danger, sans avoir pour entrer dans la lutte autre chose que leur force et leur audace. Si l'on agit sur eux par la persuasion, ils s'adonnent aisément aux travaux utiles, jusqu'à s'appliquer à la science et aux lettres. Leur force tient en partie à leur taille qui est grande, en partie à leur multitude. S'ils se rassemblent en grande foule avec tant de facilité, cela vient de leur simplicité et de leur fierté personnelle ; grâce à ces qualités, ils s'associent toujours à l'indignation de quiconque leur paraît victime de l'injustice. » Un peu plus loin, Strabon ajoute : « A la franchise, à la fougue se joignent chez ces peuples le défaut de sens, la fanfaronnade et le goût de la parure : ils portent des bijoux d'or, chaînes autour du cou, anneaux autour des bras et des poignets, et ceux qui sont dans les honneurs portent des habits d'étoffes teintes et brodées en or. Par suite de cette grande légèreté, ils se montrent insupportables dans la victoire et abattus dans la défaite. A leur manque de bon sens se rattache une coutume barbare, monstrueuse, inhérente au

---

(1) Cougny, *Extraits des auteurs grecs concernant la géographie et l'histoire des Gaules*, t. I., p. 131 et p. 141.

caractère des peuples du nord : au sortir du combat, ils suspendent au cou de leurs chevaux les têtes de leurs ennemis, et, quand ils les ont apportées chez eux, ils les clouent dans les vestibules de leurs maisons. »

Le portrait n'est pas flatté. Il est tracé par un Grec ; or, Grecs et Romains professaient un mépris souverain pour les barbares. Strabon l'applique à toute la race galatique habitant au delà comme en deçà du Rhin ; cependant il convient particulièrement aux Gaulois et l'on y retrouve un certain air de famille qui rappelle quelques traits des Français du xixe siècle. On distingue encore dans certaines provinces une partie des caractères physiques des anciens peuples de la Gaule et dans l'ensemble de notre nation quelque chose de leur caractère moral ; nous ne pouvons méconnaître que les Français d'aujourd'hui soient les descendants des barbares conquis par César.

Nous venons d'interroger l'anthropologie et l'histoire sur les origines de la population de notre pays. La première déclare que la France possédait ses principaux éléments ethniques dès la fin de la période quaternaire, et qu'avec l'âge du fer les grands groupes se trouvaient déjà constitués sur notre sol. La seconde montre qu'à l'époque de César, la Gaule renfermait ces groupes, et que plusieurs sont encore reconnaissables aujourd'hui. Cependant les efforts combinés des savants ne sont pas encore parvenus à identifier complètement les races et les tribus que l'histoire mentionne avec celles que l'anthropologie et l'archéologie ont découvertes.

Une hypothèse sur le nombre des habitants de la Gaule barbare. — Il est impossible de déterminer le nombre des habitants de la Gaule avant la conquête. On peut seulement affirmer, d'après l'état social que nous venons de décrire, que la densité était alors très faible. Diodore de Sicile dit que les nations gauloises les plus considérables comptaient à peine 200,000 habitants et les moindres 50,000. La moyenne était de 125,000. Mais les peuples importants étaient bien moins nombreux que les petites tribus ; la moyenne de 100,000 (1) nous semble donc plus vraisemblable.

___

(1) Voir plus loin les deux calculs qui donnent en moyenne de 70,000 à 129,000 habitants aux peuples de la Belgique.

Elle conduit pour les soixante peuples de la Gaule chevelue (1) à un total de 6 millions d'âmes et à une densité quelque
peu inférieure à 11 habitants par kilomètre carré.

Si on applique le même calcul aux vingt-cinq peuples de la
Narbonnaise, on obtient 2 millions 1/2 d'habitants et une densité
de 32 habitants par kilomètre carré (2).

La Narbonnaise, plus riche, plus civilisée, plus commerçante
que la Gaule chevelue, devait assurément entretenir une population plus dense qu'elle. Toutefois il n'est pas vraisemblable
qu'elle s'élevât au taux de 32 habitants par kilomètre carré, parce
qu'à côté de quelques peuples importants, comme les Volces, il
y avait beaucoup de petites peuplades de montagnes qui vivaient
pauvrement et qui ne devaient pas atteindre la moyenne de
50,000 habitants.

Ce sont là, dira-t-on, de pures hypothèses. M. Desjardins déclarait qu'il était impossible de hasarder un nombre qui pût satisfaire l'esprit. Nous partageons son opinion ; car nous pensons,
comme lui, que les chiffres de combattants indiqués par César
sont suspects, parce qu'ils viennent d'un général ambitieux et
intéressé à accroître le prestige de ses victoires en exagérant les
forces de l'ennemi.

Nous croyons cependant que, malgré le petit nombre et la
valeur douteuse des documents dont l'histoire dispose, il n'est pas
sans intérêt de chercher l'hypothèse la plus vraisemblable. Or,
nous remarquons que le nombre des Belges en état de porter
les armes (300,000) que citent César et Strabon, ne s'accorde pas
trop mal avec la moyenne de 100,000 habitants par peuple, que
nous avons adoptée (3) et, par conséquent, avec un total de

---

(1)   Novempopulanie.......................... 9 peuples.
Celtique au sud de la Loire................... 14 id.
Celtique du nord de la Loire................. 22 id.
Belgique...................................... 15 id.
                                              60 peuples.

(2) Il est digne de remarque que cette région, qui était alors la plus peuplée,
est celle qui aujourd'hui en a le moins (56 habitants par kilomètre carré). Voir plus
loin le tableau de la superficie et de la population. Le centre de la civilisation, qui
était sur la Méditerranée dans l'antiquité, s'est déplacé depuis la découverte de l'A-
mérique.

(3) 1° En comptant comme individus en état de porter les armes tous les mâles de

8 millions environ d'habitants pour la Gaule entière (Gaule indépendante et Narbonnaise) (1).

Ce nombre correspond à celui de 6,700,000 habitants sur le
territoire plus restreint de la France, tel qu'il est depuis 1871
(528,400 kilom. carrés). Cette évaluation ne s'éloigne pas beaucoup
de celles que plusieurs auteurs ont données avant nous, quoiqu'elle soit inférieure à une opinion assez répandue (2). Nous ne
la présentons pas comme un fait certain, ni même comme un fait
probable et appuyé sur des preuves suffisantes, mais comme
une simple hypothèse exprimée sous forme numérique, et nous
ajoutons que nous sommes porté à la considérer comme étant
au-dessus plutôt qu'au-dessous de la réalité.

La densité de la Gaule entière aurait donc été quelque peu
supérieure à 12 habitants par kilomètre carré. De nos jours, sur

---

15 à 60 ans, 2° en admettant que ces mâles de 15 à 60 ans forment les 3/5 de la
population mâle (en France la proportion au recensement de 1881 était, en effet,
des 3/5), 3° en supposant le nombre des femmes égal à celui des hommes, on trouve
un million d'âmes : 300,000 (3/5 de la population masculine) + 200,000 (2/5 de la population masculine) + 500,000 (population féminine) = 1,000,000 (population totale), soit
environ 66,666 pour chacun des 15 peuples de la Belgique. Ce nombre se trouve dans
les limites marquées par Diodore de Sicile (de 200,000 à 50,000 âmes par tribu) et il
peut être porté, sans exagération, à plus de 66,666, peut-être à 80,000 et même au-
delà. En voici trois raisons :

En premier lieu, César (*De bello gallico*, I, 29) dit que, dans le camp des Helvètes,
on avait trouvé des tablettes portant le nombre des habitants, avec distinction de
ceux qui avaient émigré, de ceux qui pouvaient porter les armes, des enfants, des
vieillards et des femmes, que le nombre total était de 368,000, et celui des hommes
en état de porter les armes, de 92,000 : c'est une proportion de 1/2 au lieu des 3/5 de
la population masculine (920,000 × 1/2 × 2 = 368,000)

En second lieu, on peut très bien supposer que les hommes en état de porter les
armes ne représenteraient pas, en effet, les 3/5 de la population mâle, parce que la
France, à laquelle nous empruntons ce rapport, a très peu d'enfants.

En troisième lieu, César (*De bello Gallico*, II, iv), dans une énumération des
15 peuples de la Belgique, compte, non sans exagération peut-être, 308,000 combattants (M. Beloch, *Die Bevölkerung der Griechisch Römischen Welt*, donne 306,000,
parce qu'il attribue aux Ménapiens 7,000 combattants au lieu de 9,000 que nous
trouvons dans le texte de César) ou même 346.000 en adoptant pour les Bellovaques
le nombre de 100,000 hommes qu'ils auraient, paraît-il, pu effectivement fournir au
lieu des 60,000 hommes qu'ils promirent. On peut donc supposer un contingent militaire de 486,000 hommes et une population de 1,286,000 âmes, soit près de 86,000
par peuple ; chiffre qui se trouve, comme le précédent, dans les limites indiquées
par Diodore (de 200,000 à 50,000 âmes par tribu).

(1) Voir dans l'*Histoire de la Législation romaine* de M. Ortolan la dissertation sur la
formation de la nation française, où la population est évaluée à 11 et à 12 millions.

(2) M. Beloch (*opere citato*, p. 453), calculant d'après la population de la Belgique
donnée par César et considérant que la Belgique devait être la moins peuplée des
trois Gaules, suppose que la population totale était de 10 millions.

le même territoire, elle s'élève en moyenne à environ 80 habitants par kilomètre carré (1). La différence entre l'état économique de la Gaule barbare et celui des sociétés modernes semble justifier à peu près celle que nous attribuons à la Gaule au temps de César.

---

(1) SUPERFICIE, POPULATION ET DENSITÉ ACTUELLE (CALCULÉE EN 1885) DES CONTRÉES COMPRISES DANS LA GAULE BARBARE A L'ÉPOQUE DE CÉSAR.

	SUPERFICIE (en milliers de kilomètres carrés).	POPULATION (par milliers d'habitants).	DENSITÉ (nombre d'habitants par kilom. carrés).
France......................	528,4	37672	71
A déduire pour la province romaine les 3 provinces de Savoie, de Provence, du comtat Vénaissin, du comtat de Nice, et pour les départements du Languedoc situés au sud des Cévennes.	78,0	4430	56
Reste pour la Gaule barbare.....	450,4	33242	73,9
Suisse (moins les cantons du Tessin et des Grisons).........	31,4	2620	83,4
Alsace-Lorraine............	14,5	1567	108
Parties des provinces rhénanes de la rive gauche du Rhin....	18,3	2181	119
Grand-duché de Luxembourg...	2,6	209	77
Belgique...... •	29,4	5336	181
Provinces des Pays-Bas situées au sud du Rhin................	9,1	899	99
Totaux........	555,7	46054	83
Totaux pour la Gaule entière, y compris la province romaine..	(*) 633,7	50484	79,7

(*) M. Beloch (opere citato, p. 449) donne 635,6.

CHAPITRE III.

LA PÉRIODE ROMAINE.

La province. — La conquête romaine transforma la Gaule. En
moins d'un siècle, les institutions, la langue, les mœurs changèrent
et une contrée naguère barbare devint une des provinces les plus
florissantes d'un empire civilisé : l'histoire offre peu d'exemples
d'une révolution morale aussi rapide et aussi complète.

A l'époque de César, la Province, constituée depuis un demi-
siècle, avait déjà subi cette transformation ; on la nommait Gallia
togata, « parce qu'elle semblait le mieux pacifiée, dit Dion Cassius, et parce que l'on s'y servait déjà de vêtements civils romains,
comme en portent les citadins » (1).

Elle avait reçu (l'an 118 avant J.-C.) une première colonie
de citoyens romains à Narbonne ; d'autres colonies furent fondées
presque immédiatement après la conquête. M. Desjardins en
compte neuf à la fin de la République (2). La proximité de l'Italie,
la beauté du climat, les ressources du commerce y attirèrent des
Romains et la population des bords de la Méditerranée, dont le
type naturel se rapprochait de certaines populations italiennes,
subit probablement l'influence de la race conquérante. On cite
encore aujourd'hui le type des Arlésiennes, qui est très remarquable et que l'on compare volontiers à celui des femmes romaines.

La Gaule transformée. — Le reste de la Gaule paraît avoir
été transformé beaucoup plus par la civilisation romaine que par
le sang romain. Une ville qui devint promptement une grande

---

(1) Dion Cassius, XLVI, 5.5
(2) Dont 7 certaines et 2 douteuses. *Géog. de la Gaule romaine*, III, 86.

cité et qui fut la métropole des Gaules, Lyon, fut fondée au confluent de la Saône et du Rhône. Mais, au nord et à l'ouest de ce fleuve, il n'y eut qu'un très petit nombre de colonies. La politique romaine se contenta d'organiser les peuples en cités, de diviser le territoire de chaque cité en domaines désignés sous le nom de « fundi » qui servirent, d'une part, à fixer les populations sur le sol et, d'autre part, à établir l'impôt, de s'attacher les grands en leur assurant, avec le titre de citoyen romain qu'elle leur offrait, la propriété certaine des terres sur lesquelles ils n'avaient auparavant qu'un droit mal défini, de se concilier les villes en leur conférant des privilèges et des titres honorifiques, de constituer des provinces que quelques fonctionnaires gouvernaient et qu'un petit nombre de légions suffisait à maintenir dans l'obéissance.

La guerre sème toujours des ruines sur son passage. César, quoiqu'il s'appliquât à gagner l'affection des vaincus et à se faire parmi eux des clients et des soldats, n'épargna pas aux Gaulois les violences de la conquête. Suétone le représente pillant les temples et détruisant les villes ; Plutarque l'accuse d'avoir enlevé à la Gaule deux millions d'hommes tués sur les champs de bataille ou emmenés en esclavage. Quelque exagéré que paraisse le chiffre de Plutarque, il est certain que le pays, traversé en tout sens pendant huit années par les légions romaines, épuisé par une longue suite de défaites et rançonné par des armées étrangères, dut, à la fin de la lutte, se trouver appauvri et dépeuplé.

Toutefois, en échange de son indépendance dont il ne se servait que pour user stérilement ses forces dans d'incessantes discordes, ce pays reçut le bienfait de la paix intérieure, de la législation romaine et d'une sorte d'unité morale qu'il n'avait jamais connue.

Grâce à ce bienfait, il répara promptement ses pertes. Des routes le traversèrent en divers sens et animèrent le commerce. Des villes se peuplèrent. Des écoles furent ouvertes ; la langue latine remplaça les idiômes indigènes. Le changement fut si rapide que Marc Antoine, 44 ans avant J.-C., disait que « la Gaule qui avait envoyé les Cimbres et les Ambrons en Italie, était cultivée aujourd'hui comme l'Italie, » et que Strabon, contemporain d'Auguste, pouvait écrire que tous les Gaulois pacifiés, asservis, vivaient soumis aux constitutions des Romains, leurs vainqueurs, et qu'on ne retrouvait plus guère les vieilles coutumes gauloises qu'au delà du Rhin ou dans les récits des auteurs (1).

Il y eut des révoltes ; mais le pays ne s'est jamais uni tout entier dans un effort commun pour secouer le joug, et, après le soulèvement de Sabinus en l'an 69 de l'ère chrétienne, les prises d'armes paraissent avoir eu pour cause l'ambition de quelques généraux plutôt que la protestation du génie gaulois contre la domination romaine.

L'élément germain et l'élément romain. — La cessation des guerres de tribus et des rivalités des chefs, la vie sédentaire, le progrès de l'agriculture et celui de l'industrie, le développement du commerce ont dû nécessairement avoir pour conséquence l'accroissement de la population.

Quel fut le chiffre de cette population sous l'administration romaine ? Nous l'ignorons. Nous ne possédons pas même de données qui permettent de calculer une hypothèse, comme nous l'avons fait pour la période barbare. Si la Gaule avait eu avant César huit millions d'habitants, on ne s'exposerait pas au reproche d'exagération en supposant qu'elle a dû en posséder plus d'une dizaine au temps des Antonins, ce qui correspondrait à 8 millions 1/2 pour le territoire de la France tel qu'il est aujourd'hui (528,400 kilom. carrés).

Rome n'avait pas introduit en Gaule l'esclavage, car le peuple gaulois vivait dans une sorte de servitude sous ses chefs. Mais elle l'avait régularisé ; c'est par les mains des esclaves que les terres ou du moins que les grandes propriétés furent cultivées, et ces esclaves, sous l'Empire, étaient amenés en grand nombre de la Germanie. Un élément nouveau s'introduisit donc qui dut modifier quelque peu le type ethnique, surtout dans les provinces voisines du Rhin. Plus tard, les empereurs appelèrent des barbares pour défendre les frontières ; ils leur donnèrent des terres et créèrent des colonies militaires. Probus l'avait fait dès l'an 277 ; son exemple fut maintes fois suivi par ses successeurs.

Il y eut ainsi, pendant la période romaine, deux influences étrangères qui agirent sur la composition de la population gauloise : l'élément romain et l'élément germain.

L'élément romain n'était pas lui-même un type déterminé,

_____

(1) Strabon, p. 195.

puisque l'Italie était peuplée de races diverses et que les citoyens romains n'étaient pas tous originaires d'Italie. Si l'on excepte la région méditerranéenne, l'influence de cet élément, malgré les quatre siècles et demi qu'a duré l'autorité romaine, a été peu considérable. Les Romains venaient en Gaule surtout comme soldats, comme administrateurs et comme marchands. Ils ont pu constituer des colonies dans certaines cités, mais ils n'ont jamais modifié les caractères ethniques de la population rurale. Les légions, qui formaient seules des groupes compacts, étaient peu nombreuses et ne comptaient dans leurs rangs qu'un petit nombre d'Italiens.

Il ne faut pas confondre les origines latines dont nous parlons avec les colonies italiennes qui, au moyen-âge et dans les temps modernes, sont venues se fixer en France, surtout dans le sud-est et dans les grandes villes où elles furent attirées par le commerce et par l'exercice de certaines professions.

Jusqu'au temps de Dioclétien, le nombre des provinces de la Gaule était de sept : Viennoise, Narbonnaise, Novempopulanie, Aquitaine, Celtique, Grande-Séquanaise, Belgique et Germanie qui n'en faisaient qu'une. Il était de dix-sept en 395. Cette division qui correspondait, il est vrai, beaucoup plus à des besoins administratifs qu'à des distinctions ethnographiques, n'était pas cependant sans quelque relation avec la distribution des groupes de population. Les deux Germanie flanquaient le Rhin ; les deux Belgique s'étendaient de l'Ardenne et des Vosges jusque dans la partie septentrionale du bassin de la Seine suivant une ligne dirigée à peu près de la source de l'Aube à l'embouchure de la Bresle ; les quatre Lyonnaise, comprenant une partie seulement du territoire de l'ancienne Celtique, occupaient le reste du bassin de la Seine et dépassaient au sud la Loire sur plusieurs points ; les trois Aquitaine, dont Auguste avait beaucoup agrandi la superficie, avaient pour limites la Loire, les Cévennes et les Pyrénées ; la Grande-Séquanaise, dont une partie seulement appartient aujourd'hui à la France, avait la Saône pour frontière occidentale ; les deux Narbonnaise et la Viennoise étaient habitées par les populations méditerranéennes, les plus anciennement latinisées ; les Alpes Maritimes et les Alpes Graies et Pennines étaient occupées par les montagnards.

La décadence. — Après une longue période de prospérité, la Gaule fléchit comme les autres parties de l'empire, sous le poids des impôts et sous les attaques fréquemment renouvelées des Barbares. La décadence commençait ; elle dura environ deux siècles pendant lesquels le contingent des Germains dut augmenter plus que celui des Romains.

Durant cette dernière période, le nombre des habitants diminua assurément et la Gaule perdit peut-être le gain de population dont elle était redevable à la civilisation romaine. Les villes, dont la population peut être consultée avec plus de confiance que celle des campagnes comme un thermomètre de la prospérité commerciale d'un peuple, se contractaient dès le temps des trente tyrans. « Citerai-je, disait un rhéteur de cette époque, les villes vides de leurs habitants ? » (1)

L'insurrection des Bagaudes qui couvrit de ruines une partie du pays, surtout dans le bassin de la Seine, détruisit, entre autres villes, la grande cité d'Autun. Plus tard, à la suite d'une irruption des Germains en Gaule, Julien écrivait aux Athéniens : « Le nombre des cités dont les murailles ont été détruites s'élève environ à quarante-cinq, sans compter les châteaux forts et les postes moins importants. » (2)

Les campagnes n'étaient pas à l'abri de ces ravages et, vingt ans après le passage des Bagaudes, le rhéteur Eumène parlait ains des environs d'Autun : « Les champs dont le produit ne paye jamais les frais de culture sont nécessairement abandonnés ; ils le sont à cause de la misère des cultivateurs qui, écrasés de dettes, ne peuvent ni diriger les eaux, ni couper les bois. Aussi tout le terrain qui avait été autrefois habitable est-il aujourd'hui empesté par des marais et hérissé de broussailles... A partir du coude que fait la route de Belgique, il n'y a plus qu'un désert inculte, qu'un sombre silence. La voie militaire est si rocailleuse, les pentes en sont si rapides que des chariots à moitié pleins ou même vides peuvent à peine y passer » (3).

---

(1) Lacat. Pacat. *Paneg. in Theodos.*, 25 et 26.
(2) *Collection des historiens de France*, I, p. 725 c.
(3) Voir E. Levasseur, *Histoire des classes ouvrières en France*, I, 87.

CHAPITRE IV.

LES INVASIONS GERMANIQUES.

Sommaire. — La grande invasion — Les Visigoths — Les Francs — Les ravages et la dépopulation — Les Sarrasins — Les Normands — Les trois ancêtres de la nation française — La distribution géographique des races — Les langues — La taille.

La grande invasion. — Les grandes invasions germaniques du vᵉ siècle ont achevé de désorganiser l'œuvre de civilisation créée en Gaule par le génie romain. Au commencement de l'année 406, de nombreuses tribus germaines, mêlées de Slaves, et fuyant peut-être les uns et les autres par crainte des Huns, passèrent le Rhin sans obstacle entre Mayence et Bâle, écrasèrent un corps de Francs qui essaya de leur barrer le passage et se répandirent de la Germanie et de la Belgique dans les Lyonnaise et dans l'Aquitaine, brûlant les maisons et les temples et chassant pêle-mêle devant eux les troupeaux et les hommes. Ils avaient débuté par l'incendie de Mayence ; ils saccagèrent ensuite Worms, Spire, Strasbourg, Reims, Tournai, Arras, Amiens. Leurs bandes se composaient principalement de Burgondes, de Vandales, de Suèves et d'Alains.

Les Burgondes, pénétrant par la trouée de Belfort, ravagèrent les provinces de l'est ; puis, avec l'autorisation des empereurs, ils s'établirent au sud des Vosges et en Savoie ; de là, ils occupèrent la vallée de la Saône et du Rhône et fondèrent le royaume des Burgondes, d'où est venu le nom de Bourgogne.

Les autres peuplades, après avoir pendant cinq ans semé de ruines leur route, passèrent la plupart en Espagne en l'an 411. Cependant des Alains paraissent s'être fixés, avec l'autorisation d'Aétius, dans l'Armorique, au sud de la Loire.

Les Visigoths. — Cependant, à travers les Alpes Maritimes, pénétraient les Visigoths. C'était aussi un peuple germain, mais à moitié civilisé par un long séjour dans les pays situés au sud du Danube, au contact des Grecs et des Romains. L'empereur d'Occident venait de leur conférer, à titre de récompense, le commandement de la Gaule pour débarrasser l'Italie de leur présence. Ils se fixèrent en effet dans le midi dès l'an 411 et fondèrent un royaume qui s'étendit sur la Viennoise, la Narbonnaise et l'Aquitaine, de la Loire à la Méditerranée et aux Pyrénées et, par delà, sur presque toute l'Espagne.

Les Bretons. — Au nombre des peuplades qui se sont fixées durant cette période en Gaule, il faut citer les Bretons. Entre la presqu'île armoricaine et l'île de Bretagne, les relations étaient fréquentes. Avant l'ère chrétienne, un grand nombre d'Armoricains avaient émigré dans la grande île où ils avaient pris le nom de Bretons. Lorsque les Pictes, puis les Angles et les Saxons envahirent à leur tour cette île, beaucoup de Bretons, refoulés vers le sud, passèrent la Manche durant le ive et le ve siècle et vinrent s'établir sur les côtes de l'Armorique d'où leurs pères étaient originaires. Ces Bretons paraissent avoir été des hommes de grande taille : les habitants du littoral se distinguent encore aujourd'hui des habitants de l'intérieur par leur haute stature (1).

Les Francs. — Au nord, une troisième peuplade germaine, celle des Francs Saliens, était déjà établie depuis le milieu du ive siècle (344) au sud du Rhin, dans la Toxandrie (Brabant septentrional) où elle avait reçu des terres sous condition de défendre la frontière. Quand la grande invasion eut mis le pays à sac, les Francs, impuissants à le défendre, voulurent au moins prendre leur part du butin et ils s'avancèrent vers le sud dans les environs de Tournai.

C'est là qu'ils se trouvaient quand une invasion plus destructive encore que les précédentes et plus terrifiante, celle des Huns, réunit pour la dernière fois, sous le commandement d'un général romain, les Gallo-Romains et les barbares également menacés par le féroce Attila.

Les Huns, vaincus aux Champs Catalauniques (451), reculèrent

---

(1) Voir livre II, ch. v.

au-delà du Rhin, non sans avoir entassé des monceaux de ruines à côté des ruines dont le sol de la Gaule était déjà couvert.

Trente ans après, les Francs, enhardis par le désordre général et par la faiblesse de l'Empire, sortaient de leurs cantonnements et se substituaient, moitié par la victoire, moitié par la force des choses, à l'administration romaine dans le bassin de la Seine. Le chef habile qui les conduisait et qui eut la bonne fortune de devenir un fondateur d'empire, repoussait une invasion nouvelle de Germains à Tolbiac, battait les Burgondes, en laissant à ses fils le soin de conquérir le pays, enlevait aux Visigoths par la bataille de Vouillé (507) le midi de la Gaule jusqu'aux Cévennes et aux Pyrénées et réunissait sous son autorité tous les Francs occidentaux et orientaux jusque par delà le Rhin.

Ce fleuve n'était plus à cette époque une limite d'Etat. Depuis qu'il n'y avait plus de légions campées sur ses bords, les Germains l'avaient franchi presque sans résistance ; les Francs Ripuaires occupaient les deux rives et s'avançaient jusqu'à la Meuse ; les Alamans tenaient la plaine de Souabe et la plaine d'Alsace et avaient porté leurs colonies jusqu'aux Vosges et même jusque sur le plateau de Langres. C'était la partie de la Gaule la plus germanisée.

Aussi l'antagonisme résultant de la différence des races, des mœurs et des institutions ne tarda-t-il pas à éclater. Il se montrait déjà avec évidence dans la querelle de Frédegonde et de Brunehaut à la fin du VIe siècle. Malgré l'effort fait par Dagobert pour réunir sous une même autorité tout l'Empire franc, les parties tendirent irrésistiblement à se séparer, obéissant chacune à ses intérêts particuliers, auxquels les affinités et les antipathies de race n'étaient pas étrangères : au sud, l'Aquitaine d'un côté et le royaume de Bourgogne d'un autre ; au nord, la Neustrie et l'Austrasie dont la lutte remplit presque tout le VIIe siècle.

L'Austrasie triompha à Testry avec Pépin d'Héristal (687), puis avec Charles Martel (719). Les grands chefs carlovingiens, Charles Martel, Pépin le Bref, Charlemagne, usèrent une partie de leur vie à conquérir ou à maintenir dans leur dépendance la Neustrie et, plus difficilement, les peuples du midi, ceux de la Bourgogne, de l'Aquitaine et de la Septimanie qui, ayant conservé l'empreinte romaine, éprouvaient le plus d'antipathie contre ces barbares du nord.

Les ravages et la dépopulation. — Les barbares étaient entrés dans l'Empire tantôt comme ennemis, tantôt comme alliés, songeant probablement moins à fonder des empires qu'à butiner et à vivre, reconnaissant volontiers l'autorité impériale et acceptant ses dons de terres et ses titres honorifiques sans cesser jamais d'être des hôtes incommodes. Ils étaient d'ailleurs relativement peu nombreux (1) : quelques centaines de mille en face de toute la population gallo-romaine. Aussi leur influence sur la race a-t-elle été médiocre. Mais ils étaient les maîtres, maîtres grossiers, batailleurs, avides, et leur influence sur l'état de richesse de la Gaule a été considérable. La longue suite de leurs invasions, de leurs guerres et de leurs conquêtes, auxquelles beaucoup de Gallo-Romains, aimant mieux être avec les loups qu'avec les moutons, finirent par prendre part, dura environ quatre siècles, de l'an 406 à l'an 800. Le couronnement de Charlemagne à Rome put paraître alors une restauration de l'ancienne *Paix romaine* sous l'égide de la race germanique ; mais cette date ne marqua qu'un arrêt de courte durée dans la transformation sociale qui s'opérait depuis la décadence de l'Empire romain et qui ne devait se terminer que par la constitution complète du système féodal.

Durant toute cette période, l'influence ethnographique a joué un rôle souvent prépondérant. Quels que fussent les liens qui unissaient les groupes de population, communauté de race, de langue ou d'institutions, c'est par ces liens que les hommes se sont trouvés reliés lorsque les cadres administratifs de la politique romaine eurent été brisés et c'est à cette époque que se sont constitués, soit par l'émigration des uns, soit par la résistance des autres contre les envahisseurs, les principaux groupes de population française dont l'originalité a persisté jusque dans les temps modernes.

C'est d'ailleurs une période d'épreuves et de misères : nous avons déjà dit qu'un pays florissant ne devient pas, pendant quatre siècles, la proie de barbares sans souffrir considérablement et sans perdre une partie de sa richesse et de sa population. La grande invasion de 406 avait dévasté le pays plat et saccagé les villes ;

---

(1) La grande invasion paraît avoir compté environ 200,000 hommes. Les Visigoths étaient environ 200,000, les Burgondes 80,000. Clovis n'avait guère que 6,000 guerriers avec lui quand il reçut le baptême. Voir M. Fustel de Coulanges, *Histoire des institutions politiques de l'ancienne France*, liv. III, ch. xiv.

l'invasion d'Attila avait été beaucoup plus terrible encore par la sauvagerie de ses pillages. « Si l'Océan tout entier avait inondé les campagnes gauloises, disait un poëte du temps, l'inondation aurait laissé subsister plus de choses. Les troupeaux manquent dans les champs ; les semences manquent aux guérets ; les bâtiments de ferme ont été détruits par la violence et par le feu ; quelques maisons désertes qui restent encore debout rendent le tableau plus triste encore (1). »

Ces invasions se renouvelèrent fréquemment au ve et au vie siècle. Le passage des armées n'était guère moins redoutable que celui des peuplades en quête de nouvelles terres. Les guerres contre les Burgondes, la conquête du royaume d'Alaric, le pillage de l'Auvergne, les querelles des fils de Clotaire, la lutte des Neustriens et des Austrasiens, plus tard les incursions des Sarrasins et des Normands ensanglantèrent et ruinèrent les plus belles contrées de la Gaule. C'étaient toujours des maisons brûlées, des villages détruits, des troupeaux d'hommes et d'animaux emmenés par les vainqueurs. Austrasiens, Neustriens ou Bourguignons, dès qu'ils entraient en campagne, ne respectaient ni ami ni ennemi ; ils pillaient partout où ils rencontraient du butin. Les cantons par lesquels avait passé une armée restaient quelquefois incultes et déserts pendant de longues années ou étaient désolés par la famine et la peste. Les villes s'appauvrissaient faute de commerce, quand elles n'étaient pas directement ruinées par les armées. Trèves, dont le sort rappelle celui de beaucoup de grandes cités de la Gaule à cette époque, a été saccagée cinq fois en soixante-cinq ans (2).

Les paysans, qui ne trouvaient pas à s'abriter derrière des remparts, étaient des victimes livrées sans défense à tout pillard.

« Ils emportèrent tant de butin, dit Grégoire de Tours en parlant de la fameuse expédition de Thierry contre l'Auvergne, qui était non un pays ennemi, mais une province de son royaume, que toute la contrée par laquelle avaient passé les envahisseurs paraissait déserte, sans habitants et sans troupeaux. Ils incendièrent, pillèrent, tuèrent sans merci, comme on fait d'ordinaire en territoire ennemi ; ils emmenèrent les hommes en captivité et

---

(1) Prolégomènes du poème de Prosper sur la Providence divine.
(2) En 398, en 411, en 447, en 450 et en 463.

les relâchèrent ensuite pour la plupart après les avoir dépouillés. Ce fléau fut suivi d'une peste qui sévit si fortement sur les animaux qu'il en restait à peine un seul et que c'était une rareté d'apercevoir dans la campagne un cheval ou une vache (1). » Ce coin de tableau suffit pour faire voir quelle était à la fin de cette période l'état de la Gaule.

Sous les Carlovingiens, les guerres de Pépin le Bref et les quarante-trois expéditions de Charlemagne, qui épuisèrent la race des hommes libres, n'améliorèrent pas sous ce rapport la situation. Charlemagne extermina les Saxons pour les soumettre ; mais ceux qu'il transporta en Neustrie vers l'embouchure de l'Orne et de la Dives, peut-être aussi dans le Saosnais (Saxonia ?), furent loin de combler les vides qu'il faisait de plusieurs autres côtés.

Les Sarrasins. — Les Maures ou Sarrasins, comme on les nommait d'ordinaire, avaient conquis l'Espagne. Ils prirent Narbonne en 718, puis la Septimanie ; ils s'avancèrent jusqu'à Lyon dont ils pillèrent quelques couvents et jusqu'à Autun (725) ; ils soutinrent le duc d'Aquitaine contre les Francs. Quoique vaincus dans la grande bataille de Poitiers (732) par Charles Martel, ils restèrent en Septimanie jusqu'à la prise de Narbonne par Pépin le Bref (759).

Un siècle après, profitant de l'anarchie qui avait suivi le démembrement de l'empire carlovingien, ils s'établirent en Provence et dans les Alpes ; le Fraxinet resta pendant près d'un siècle (888-970) le principal repaire de ces pirates.

Les Sarrassins contribuèrent à désoler la Gaule par leurs ravages. On prétend qu'ils ont laissé quelques traces de leur séjour, non-seulement dans plusieurs industries, comme l'élevage des chevaux du Limousin et la fabrication des tapis d'Aubusson qu'on leur attribue sans preuve, mais aussi dans le type de certains groupes du midi (2).

---

(1) Grégoire de Tours, liv. VI, ch. 31.
(2) Voir *Anthropologie de la France*, par G. Lagneau, p. 669. — On a dit qu'au moyen-âge certaines coutumes du comté de Thouars, entre autres la succession passant du frère aîné au frère cadet et non du père au fils, rappelaient le droit musulman. Mais les Sarrasins ne paraissent pas avoir exercé leur influence dans cette contrée, et d'autres auteurs (voir M. Glasson, *Histoire du droit et des institutions de la France,* T. I, p. 56) pensent, avec plus de vraisemblance, que cette coutume vient d'une colonie de Sarmates établie dans la cité des Pictones et citée dans la *Notitia dignitatum.*

Les Normands. — Les pirates scandinaves, connus sous le
nom de Normands, hommes du nord, n'apparurent sur les côtes
de la Gaule qu'à la fin du règne de Charlemagne et ne devinrent
redoutables qu'après le démembrement de son Empire (1). Eux
aussi furent de terribles ravageurs : les ports et les villes rive-
raines des grands fleuves l'éprouvèrent. Ils s'établirent à poste
fixe dans l'île de Noirmoutier, sur les bords de la Loire, puis sur
les bords de la Seine où Rollon occupa Rouen dès 896. En 911,
le traité de Saint-Clair-sur-Epte leur céda la Neustrie qui reçut
d'eux le nom de Normandie ; c'était une race nouvelle qui prenait
racine sur le sol de la France.

Les trois ancêtres de la nation française. — L'établissement
des Normands en Neustrie est le dernier acte des invasions armées.
A partir du xe siècle, la France appartient sans partage à la population française. Le pays ne fut pas pour cela fermé aux étrangers ;
mais ceux-ci y vinrent pacifiquement, comme des hôtes. La
banque attira dans quelques grandes villes, du xiie au xive siècle,
des Italiens que l'on désigna sous le nom générique de Lom-
bards ; les juifs furent successivement tolérés ou proscrits ; les
étudiants de toute la chrétienté affluèrent à l'Université de Paris.
Plus tard, les mariages des souverains et la politique mirent à la
mode l'Italie au xvie siècle, l'Espagne à la fin du xvie et au
commencement du xviie siècle. La fortune des armes ouvrit à
maintes reprises le territoire français à des mercenaires de tout
pays : aux Anglais pendant la guerre de Cent-Ans, aux Impériaux
et aux Espagnols pendant les guerres de la maison de France et
de la maison d'Autriche. Mais ni les banquiers et commerçants,
ni les étudiants, ni les gens de cour ou de guerre ne changèrent
l'essence de la population : il y eut çà et là quelques familles
de plus, il n'y eut pas de colonisation nouvelle.

Les soldats laissent parfois des traces de leur passage dans un
pays conquis ; mais le petit nombre de métis qui ont pu naître à
la suite d'une occupation armée et dont les mères sont portées,
d'ordinaire, à dissimuler l'origine, n'a exercé en France aucune

---

(1) Il paraît cependant qu'il y avait déjà eu des immigrations d'hommes du nord.
Au ve siècle il existait, paraît-il, une colonie de Saxons à Bayeux, une autre peut-être
dans l'île de Batz. Antérieurement, la *Notitia dignitatum* désigne sous le nom de
Littus Saxonicum une partie du rivage de l'Armorique.

influence sur la constitution ethnique. D'ailleurs, la haine est souvent un préservatif ; jamais, en effet, du x° au xix° siècle, l'invasion armée n'a amené sur notre territoire un aussi grand nombre d'hommes qu'en 1814, en 1815 et surtout en 1870-71, et cependant personne n'oserait prétendre que le séjour des armées ait augmenté dans une mesure appréciable, à ces trois époques, la proportion du sang étranger dans notre population. L'affluence des immigrants qui sont venus pacifiquement et sans bruit demander du travail et dont le nombre (comme nous le verrons dans la quatrième partie de cet ouvrage) a augmenté avec la richesse et avec la facilité des communications, a certainement produit un effet beaucoup plus sensible.

Nous pouvons donc arrêter ici l'histoire des origines de la population française et dire, en substituant au mot population une expression plus juste dans ce cas, que la NATION FRANÇAISE a une triple origine et reconnaît les *Gaulois*, les *Romains* et les *Germains* comme étant, à des titres divers, ses ancêtres.

Les Gaulois, terme qui désigne lui-même un assemblage complexe d'éléments ethniques, sont incontestablement ceux auxquels elle doit le plus ; ils lui ont transmis leur sang et, en partie, leur caractère.

Les Romains lui ont donné principalement leur langue et leur civilisation.

Les Germains lui ont apporté aussi une partie de leurs institutions et ont infusé leur sang dans les veines des Gaulois, surtout dans les régions voisines du Rhin.

La distribution géographique des races. — Si l'on pouvait s'élever dans les airs de manière à embrasser le panorama complet du territoire français, on verrait se dresser au sud et au sud-est deux hautes et épaisses murailles de montagnes, les Pyrénées et les Alpes. Au centre, on apercevrait un large relief, moins saillant, formé principalement de terrains primaires ou volcaniques, le Massif central, séparé des Pyrénées par les vallées de la Garonne et de l'Aude, des Alpes et du Jura par les vallées de la Saône et du Rhône. Au nord de ce massif, entre les terrains primaires de la Bretagne d'un côté, les terrains primaires du Morvan et les ballons des Vosges de l'autre côté, on n'aurait, à perte de vue, que des plaines, accidentées de collines.

Cette configuration du sol explique en partie l'histoire des races

et la distribution des types depuis l'époque préhistorique jusqu'à
la fin des invasions. La diversité qui les caractérisait se retrouve
encore aujourd'hui, malgré les transformations opérées par le
temps et par les mélanges ; M, Broca a fait observer que, malgré
ces mélanges, les races ont une tendance marquée à revenir à
leur type original. Voici, en effet, l'image que présente, d'une
manière générale, la carte que M. Lagneau a dressée de cette
distribution :

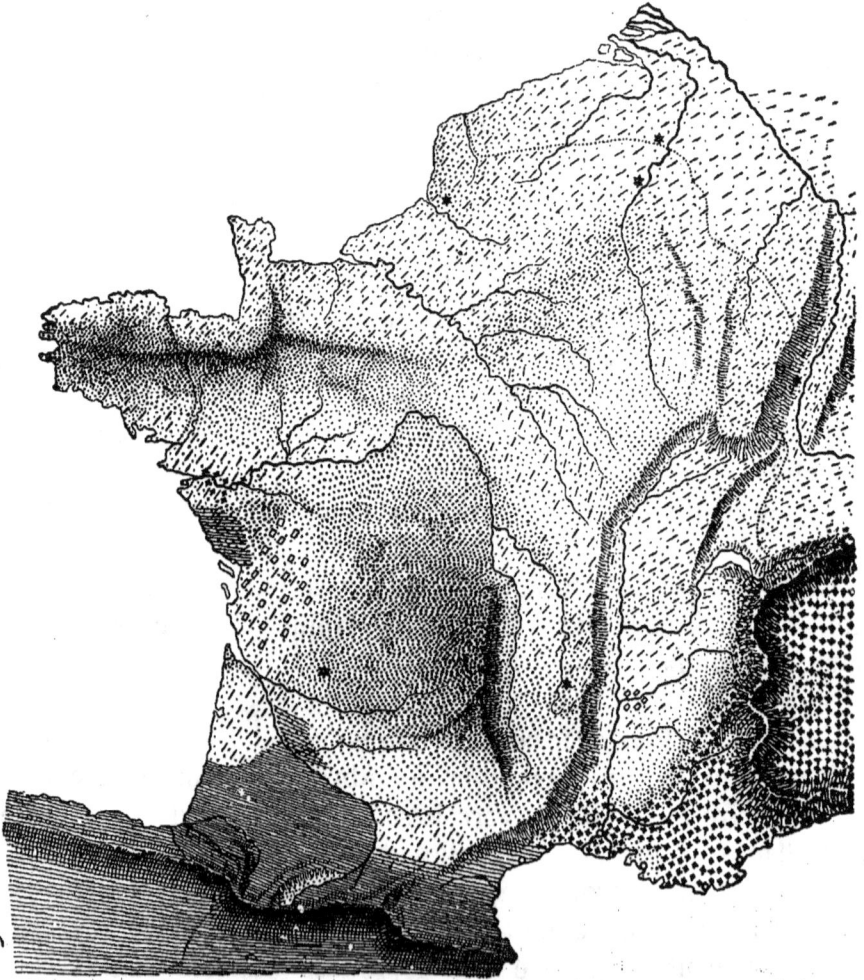

Fig. N° 5. — Distribution des races sur le territoire de la Gaule (d'après M. Lagneau) (1).

(1) M. Lagneau explique sa carte par la légende suivante (*Dict. enc. des sciences médicales*, t. V, p. 26) :
« Sur cette carte d'ensemble montrant la répartition des principaux éléments
ethniques ayant concouru à la formation de la population française, les lignes, les
points, les petits traits servent à indiquer la situation des mêmes peuples que sur
les cartes précédentes, spéciales à telle ou telle race ; mais, dans une même région,

Au massif pyrénéen correspondraient les Ibères, qui s'avancent au nord jusque dans les petites Landes et que protège le fossé de la Garonne, formant leur limite septentrionale, de La Réole à Toulouse. Ils occupent aussi, mais associés aux Bebrykes et aux

---

la présence de divers signes graphiques indique la coexistence et l'immixtion de différents peuples appartenant à plusieurs races distinctes.

« Quelques petits astérisques rappellent les localités d'Engis près de Liège, sur les bords de la Meuse, d'Enguisheim près de Colmar, du Mont-Denise près du Puy-en-Velay, de Cro-Magnon sur la Vézère, non loin de Périgueux, de Sorde au confluent du gave de Pau et d'Oloron, de Baoussé-Roussé près de Menton, où furent trouvés quelques fossiles humains se rapportant aux races très anciennes, dolichocéphales de Néanderthal et de Cro-Magnon, races dont quelques rares descendants s'observent encore actuellement.

« Les pays occupés par les peuples de la race ibérienne, comme la région sud-ouest de la France habitée par les Aquitains, sont ombrés par des lignes horizontales fines. De plus grosses lignes servent à ombrer le pays des Basques considérés comme les plus purs représentants de la race ibérienne.

« Les pays occupés par les peuples de race ligure, comme le littoral sud-ouest de la France et la chaîne des Alpes, comme le littoral nord-ouest de l'Italie, longtemps appelé Ligurie, sont ombrés par de petites croix. Sur la Basse-Loire, quelques petites croix rappellent l'ancienne présence des Ligures.

« Le pays occupé par les Bebrykes, près de l'Aude, est ombré par des lignes en zigzag.

« Les pays occupés dans le nord-ouest de l'Europe par les peuples de race celtique sont ombrés par des points plus ou moins gros et rapprochés, fins et disséminés suivant que cette race est restée plus ou moins prédominante. Assez peu nombreux dans le sud-ouest de l'Allemagne, sur les bords du Haut-Danube et auprès des Alpes, par suite de leur association avec des peuples d'autres races venues du nord et de l'ouest de la Germanie, moins nombreux, mais également en partie refoulés du nord et de l'ouest de la France par les émigrants successivement venus d'outre-Rhin, les Celtes se maintinrent surtout en grand nombre entre la Seine, l'Océan et la Germanie. Aussi leurs descendants sont-ils prédominants dans la partie centrale de l'ancienne Armorique, de notre Bretagne actuelle, et dans le centre de l'ancienne Celtique, c'est-à-dire dans nos départements du centre. Une peuplade, celle des Bituriges Vivisques, parents des Bituriges Cubes, anciens habitants des environs de Bourges, se porta au sud de l'embouchure de la Garonne, au milieu des tribus aquitaniques de race ibérienne. Ces Bituriges Vivisques avaient Burdigala, Bordeaux pour capitale. Par la vallée du Rhône, les Celtes paraissent avoir refoulé les tribus ligures jusqu'à la Méditerranée. La tribu celtique des Ségobriges s'établit sur le littoral au sud-est de l'embouchure du Rhône, auprès de Salyes. Dans les Alpes, les Caturiges, sur la Haute-Durance, étaient des Insubres, parents de ceux du pays des Eduens et de ceux de la Haute-Italie. Ségusio, actuellement Suse, sur le versant italien des Alpes, était une colonie de Ségusiaves.

« Les pays occupés par les immigrants Galates-Cimbres-Kimmériens, Belges, Francks, Visigoths, Burgundions, Saxons, Nordmanns, qui paraissent pouvoir être rapprochés ethnologiquement, sous la dénomination générale de races germaniques septentrionales, ont été laissés en blanc sur cette carte, de petits traits indiquant la direction des migrations de ces peuples. Constituant la population prédominante du nord-ouest de l'Allemagne, les descendants des Galates-Cimbres, des Belges, des Francks,

Ligures, le Roussillon et le Bas-Languedoc jusqu'aux Cévennes
et à l'embouchure de l'Aude. A l'extrémité sud-ouest, les Basques
sont le groupe le plus compact de cette population.

Au massif alpestre correspondraient les Ligures, retranchés

---

successivement immigrés, peuplent en grande partie la Hollande, la Belgique et le
nord de la France, où ils sont mêlés à une portion de la population antérieure de
race celtique, une autre partie de cette population paraissant avoir été refoulée vers
le midi. La région relativement claire du nord-est se continue le long de la Manche,
à l'ouest de la Seine, parce que successivement vinrent aussi s'établir des pirates
saxons chez les Baïocasses, anciens habitants des environs de Bayeux, et de nombreux Scandinaves ou Nordmanns, dans la partie de la Neustrie, depuis appelée
Normandie. Le littoral de la Bretagne est moins ombré que la partie centrale, vu la
présence des descendants des insulaires fugitifs venus de la Grande-Bretagne, insulaires bretons, en partie d'origine belge. La région s'étendant de la Normandie à la
Basse-Loire et au Poitou est moins foncée jusqu'à la Loire et jusqu'à l'Océan ; plus
tard, des pirates saxons et normands se seraient d'ailleurs fixés également auprès de
l'embouchure de la Loire. La partie orientale de la France a été maintenue claire
parce que de nombreux immigrants Galates, Belges, Triboques, Francks, Burgundions
envahirent et occupèrent successivement cette région où coexistent leurs descendants
plus ou moins mêlés avec les habitants antérieurs d'origine celtique. Du nord au
sud, en remontant le bassin de la Seine et descendant ceux de la Saône et du
Rhône, les immigrants Galates-Belges se trouvent rappelés par quelques petits traits
disséminés au milieu du ponctué général représentant la population celtique antérieure ; ces immigrants Galates-Belges se portèrent soit dans le midi des Gaules, soit
par le passage des Alpes dans la Haute-Italie. Entre la Loire et l'Allier, au milieu des
populations celtiques du centre de la France, se montre en clair le territoire concédé
aux Boïes par César, sur la demande des Eduens. Ces Boïes qui avaient envahi les
Gaules avec les Helvètes, étaient frères des Boïes qui ont laissé leur nom à la Bo-
hème (Boïohemun) et des Boïes résiniers qui, au sud-ouest de la Garonne et des
Bituriges Vivisques des environs de Burdigala, Bordeaux, voisins des Aquitains,
étaient fixés sur le bord de l'Océan, dans les environs du bassin d'Arcachon. Enfin,
sur les bords de la Haute-Garonne et aussi sur le littoral méditerranéen, s'étendant
des Pyrénées-Orientales au Rhône, sont également indiqués au milieu des populations
soit Celtiques, soit surtout Ibéro-Ligures de ces régions, par de petits traits disséminés, quelques immigrants de race germanique ; en effet, d'une part on a cru devoir
rattacher aux Belges les Volkes des environs de Toulouse, de Carcassonne et de
Nîmes ; d'autre part, on sait que les Visigoths, après la défaite de Vouillé, se re-
tirèrent principalement dans la Septimanie, c'est-à-dire dans cette partie du littoral
méditerranéen.

« Quelques petits carrés indiquent les localités où paraissent s'être fixés des Alains
et des Théiphales de race Sarmate. Les environs de Valence, ancienne ville des Se-
galaunes sur le Rhône, furent ainsi occupés par les Alains de Sambida. Les environs
d'Orléans, les bords de la Loire furent aussi possédés, mais passagèrement, par les
Alains de Sangileau. Dans le Bas-Poitou, dans la région répondant aux départements
actuels des Deux-Sèvres et de la Charente-Inférieure, paraissent s'être fixés des
Théiphales, peut-être des Alains.

« Quelques colonies grecques, Nico, Nice ; Antipolis, Antibes ; Citharista, La Ciotat ;
Massilio, Marseille ; Cabellio, Cavaillon ; Avenio, Avignon ; Thelini ou Arelat, Arles ;
Agatha, Agde, etc., sont indiquées par de petits cercles sur le littoral méditerranéen. »

derrière la Durance. Ils occupent le reste du Bas-Languedoc et le Bas-Rhône où ils se sont mélangés avec la race celtique et la race germanique, la Provence où ils dominent, dans une partie des montagnes de la Savoie et du Valais.

Les deux plus anciennes races historiques de notre pays, refoulées des plaines vers les extrémités méridionales du territoire, auraient donc soutenu l'effort des invasions venues du nord ou de l'est dans les forteresses naturelles que leur offraient nos deux plus grandes chaînes de montagnes.

Au centre, les Celtes ou du moins, en employant une expression plus vague et plus prudente, les populations celtisées, seraient distribuées en petits groupes.

Le plus important est celui du centre. Il tient tout le Massif central de la France, appuyé sur la Garonne et le Tarn au sud, sur les Cévennes au sud-est; il s'étend au nord-est et au nord jusqu'à la Loire et à l'ouest jusqu'à l'extrémité des monts du Limousin et à la plaine du Poitou; c'est dans le Limousin, la Marche et le Poitou oriental que la population celtique est le plus compacte. L'espace occupé par ce groupe correspond exactement aux linéaments de la France centrale : Massif central et plaine du centre.

Le second groupe est celui de la Bretagne ou de l'ouest. Il se prolonge, au sud de la Basse-Loire, sur la Vendée et, à l'ouest, sur le Maine, l'Anjou, la Touraine et une partie de l'Orléanais, rejoignant de ce côté le groupe du centre. A l'extrémité de la Vendée, les populations celtiques continuent à occuper la côte et s'avancent même au sud de la Gironde, avec les Bituriges Vivisques dont Bordeaux était la capitale.

Le troisième groupe est celui du nord-est, qui s'étend sur tout le bassin moyen et supérieur de la Seine et, de là, jusqu'à la Moselle.

Le quatrième groupe, celui du sud-est, occupe le Dauphiné, une partie de la Savoie et du Bas-Languedoc. Les Celtes avaient chassé de ces régions les Ligures ou s'y étaient mêlés à eux.

Dans toutes les régions de la Gaule qui ne sont pas le domaine des Ibères ou des Ligures, les Celtes se montrent encore, mais en minorité et mélangés aux races du nord.

D'après cette distribution géographique des Celtes, il n'est pas difficile de comprendre qu'on est encore en présence de peuples refoulés, mais ayant résisté principalement dans les positions où la nature facilitait la défense : d'un côté, dans le réduit breton, situé à l'extrémité occidentale du continent ; de l'autre, dans la grande citadelle du centre, couverte sur son front par le demi-cercle que décrit le cours moyen de la Loire. C'est, en effet, dans ces deux positions que la race celtique présente aujourd'hui ses masses les plus considérables et ses types les plus purs.

Au contraire, les grandes races blondes, Galates et Germains, ont inondé les plaines du nord. Elles se trouvent dans toute la Normandie jusqu'à la ligne de partage des eaux du bassin de la Loire ; elles sont dans le bassin inférieur de la Seine, au nord du fleuve et de l'Oise, dans le bassin moyen, au nord de la Marne et dans tout le pays à l'est de la Moselle. Elles se mêlent aux Celtes dans l'Orléanais ; elles ont pénétré jusque dans le Morvan. Au sud-est, en remontant la Loire, elles se sont avancées jusque dans la plaine de Roanne ; elles ont descendu la vallée du Rhône ; elles ont occupé à peu près tout le Jura, ainsi que la plaine de la Saône, la plus grande partie de la Savoie ; elles se mêlent aux Celtes et aux Ligures jusque dans le Bas-Languedoc où vivaient les Volces et où quelques Visigoths sont probablement demeurés. Au sud-ouest, elles ont suivi aussi les chemins parcourus avant eux par des Celtes ; elles sont dans la vallée du Clain, dans l'Angoumois, sur la rive droite de la Garonne ; sur la rive gauche de ce fleuve, elles s'étendent peut-être, avec une tribu de Boïes, jusqu'aux grandes Landes.

La Loire les a arrêtées. Si elles l'ont franchie du côté de l'Anjou et si elles dominent dans une partie du Poitou et jusqu'aux bords de la Garonne, c'est que dans cette direction s'étend une plaine continue, sans obstacles. N'est-ce pas par la même ouverture que Clovis est entré pour vaincre Alaric à Vouillé ; Charles Martel pour arrêter les Sarrasins à Poitiers ; plus tard, le roi Jean pour perdre à Maupertuis une grande bataille contre les Anglais ?

Comme ces races blondes venaient des vallées du Danube et du Rhin, elles ont dû pénétrer aisément par la trouée de Belfort ou même par le Jura dans la vallée de la Saône et, de là, dans celle du Rhône. De ce côté aussi, elles dominent. C'est par la même voie et dans un sens inverse qu'avaient passé, bien longtemps auparavant, le commerce et la civilisation des Phéniciens, des Étrusques et des Grecs.

Ainsi, des deux côtés du Massif central, demeuré l'asile des

Celtes, l'invasion a coulé, et, à l'est comme à l'ouest, elle a dessiné deux longues bandes de population galate ou germanique, correspondant aux deux plaines qui encadrent ce massif.

La distribution des races est étayée certainement sur beaucoup d'hypothèses et critiquable sur bien des points de détail. Cependant elle s'explique en partie par la géographie et elle aide à son tour à expliquer quelques grands faits de l'histoire de France antérieure à la formation de notre nationalité ; enfin elle fait comprendre certaines différences qui persistent encore dans le caractère, dans le langage et dans la constitution physique des Français.

Les langues. — MM. Tourtoulon et Octavien Bringuier, qui avaient reçu, il y a une vingtaine d'années, la mission de déterminer la limite de la langue d'oc et de la langue d'oil, ont publié une carte qui confirme à cet égard quelques-uns des résultats de l'ethnographie. Sur cette carte est marquée la ligne de séparation des races du nord et des races du midi ou du moins la limite approximative à laquelle une des deux influences semble l'avoir emportée sur l'autre ; car il n'existe pas, comme l'a souvent répété M. Gaston Paris, de limite précise et, des deux côtés, il se trouve une zone intermédiaire dans laquelle les dialectes des habitants participent des deux langues. A l'ouest, cette ligne se trouve au sud de la Gironde et traverse le fleuve à peu de distance de Bordeaux ; elle se dirige ensuite vers le nord jusqu'à l'Isle-Jourdain et à Aigurande pour envelopper le Limousin et la Marche. Du côté oriental, cette même limite, moins étudiée jusqu'ici, paraît descendre jusqu'au sud de Lyon (1).

Le serment de Strasbourg fournit un indice de la séparation de deux autres langues : la langue française à l'ouest, la langue germanique à l'est. Charles le Chauve s'est exprimé en langue tudesque afin que son serment eût pour témoins les hommes habitant à l'est du Rhin, et Louis de Germanie a pris le même engagement en langue romane afin d'être compris des hommes habitant, à l'ouest de la Meuse, le royaume de son frère. Le pays intermédiaire entre Meuse et Rhin appartenait au frère aîné Lothaire qui était alors l'ennemi commun.

Le latin, d'où dérivait le roman des Francs occidentaux, est

_____

(1) Voir plus loin livre II, ch. V.

resté le fonds de la langue française. La vieille langue celtique a laissé de nombreux souvenirs dans les noms de lieu, mais très peu dans la langue vulgaire. Le fonds de notre langue est bien le latin. Des grammairiens ont calculé que, sur les 27,000 mots qui figurent dans le dictionnaire de l'Académie française, 5,997 sont des racines et que, sur ce nombre, 20 seulement peuvent être revendiquées par le celte, autant (dans la langue vulgaire) par le grec, 420 par le tudesque qui a perdu du terrain, puisqu'on trouve dans le français du moyen-âge un millier de racines germaniques, tandis que 3,800 dérivent du latin ; le reste est d'origine inconnue ou provient d'importations étrangères faites dans des temps plus récents (1).

La taille. — La stature est un des caractères les plus apparents de la constitution physique des individus ; c'est aussi un des plus faciles à observer, grâce au recrutement militaire. Or, la taille, sur laquelle nous reviendrons avec plus de détails lorsque nous décrirons l'état actuel de la population française (2), confirme aussi jusqu'à un certain point cette distribution des races.

Si l'on classe en trois groupes les départements, en rangeant dans le premier ceux qui ont le moins de conscrits exemptés pour défaut de taille, dans la période 1831-1860 (moins de 6 %) et dans le dernier ceux qui en ont le plus (plus de 8 %), voici ce qu'on constate :

Le premier se compose, d'une part, de tous les départements

---

(1) Voici comment M. Brachet distribue ces 5,977 mots dans sa *Grammaire historique de la langue française :*

Celte..	20
Grec..................................	20
Latin	3.800
Tudesque.........	420
Italien..........................	450
Provençal.........................	50
Espagnol.... ...., ...	110
Allemand	60
Anglais	100
Slave	16
Divers...	35
Origine inconnue............	650
Origine historique........... ... . '	115
Onomatopées............	40

(2) Voir plus loin liv. II, ch. V.

du nord-est de la France depuis la Manche jusqu'au Jura, à l'exception du département de la Seine dont la population est d'origine très mélangée ; d'autre part, de deux groupes de départements, trois à l'ouest (Maine-et-Loire, Deux-Sèvres, Charente-Inférieure) ; cinq à l'est (de l'Ain aux Bouches-du-Rhône) qui occupent précisément les deux couloirs par lesquels se sont poussées vers le sud les tribus galates ou germaniques. C'est la région des hommes grands et blonds.

Le troisième groupe comprend, outre les Hautes-Alpes et les Basses-Alpes, tous les départements du centre de la France et quatre départements bretons. Ce sont les régions où la race celtique, de stature médiocre, a dominé et s'est le mieux préservée contre l'invasion des races conquérantes du nord.

Pour avoir une idée plus sensible de la comparaison entre la taille et les origines de la population française, il faut comparer la carte que nous avons insérée dans ce chapitre (fig. n° 5) et la carte des tailles dressée par M. J. Bertillon, que nous donnons dans le chapitre IV du livre II.

CHAPITRE V.

LA PÉRIODE DE TRANSITION.

La fin des invasions et les origines de la féodalité. — Nous venons de dire que l'établissement des Normands en Neustrie a été le dernier événement considérable de la période des invasions. Au mouvement de migration qui, depuis la chute de l'Empire romain avait, durant cinq siècles, poussé sur la Gaule des bandes de Germains et d'hommes du nord, succède une immobilité relative. Les populations sont fixées sur le sol : le système féodal les y retiendra.

Ce système s'est constitué par une transformation lente du mode de propriété et de l'exercice de la souveraineté. Il n'a pas apparu comme une constitution politique, à une date déterminée. Des historiens en ont découvert les premiers germes dans le colonat romain. Mais il n'a produit ses pleins effets sur la population qu'après les invasions, lorsque, d'une part, la Germanie, devenue chrétienne et féodale elle-même, a cessé de menacer la Gaule de ses hordes barbares et que, d'autre part, chaque province, chaque canton, chaque village pour ainsi dire est devenu un groupe politique sous l'autorité d'un seigneur.

On a dit avec justesse que le système féodal était le morcellement de la souveraineté. La désorganisation du système administratif de l'Empire romain ne permettait pas de concevoir alors l'idée d'un grand Etat ou du moins d'en faire fonctionner le mécanisme. Le gouvernement de la société, que le pouvoir central n'avait plus la force de retenir et qu'au-dessous de lui les ducs et comtes exerçaient souvent eux-mêmes mollement, passait aux mains des grands propriétaires ; ces derniers, confondant peu à peu le domaine et les habitants, prélevaient des redevances sur leurs fermes en même temps qu'ils rendaient la justice à leurs sujets et se montraient non moins jaloux de conserver les hommes qui exploitaient la terre et devenaient au besoin des soldats, que la terre elle-même qui, sans les hommes, serait demeurée improductive.

Le territoire de la France se trouva ainsi divisé, comme un échiquier, en petits lots. Dans chaque lot, un seigneur régnant sur son domaine, d'autant plus riche et d'autant plus puissant qu'il possédait plus de terres et plus d'hommes, retenant forcément par les liens du servage une partie des habitants, s'appliquant à garder ses tenanciers libres, cherchant même, quand il le pouvait, à en attirer de nouveaux par l'offre de terres à cultiver ou par la création de bourgs privilégiés et de marchés.

Cet ordre de choses n'assurait pas à la population la même sécurité que la « paix romaine ». Le suzerain était souvent impuissant à réprimer les violences des seigneurs ses vassaux (1), et non moins souvent indifférent quand il s'agissait de leurs rapports avec leurs tenanciers. Les petits cultivateurs libres devaient avoir beaucoup de peine à maintenir leur indépendance vis-à-vis d'un voisin puissant, ambitieux d'arrondir son domaine ; aussi les voit-on, dès la fin de la période mérovingienne, se donner en foule, par la recommandation, à des maîtres et, d'hommes libres, devenir serfs et colons censitaires par crainte ou par pauvreté. Une des formules de Sirmond nous fait connaître un des motifs qui les portait alors à renoncer à leur liberté : « Comme il est bien connu à tous que je n'ai pas les moyens de me vêtir et de me nourrir... »

Cette période de transition s'étend des derniers Mérovingiens jusque vers le onzième siècle et se confond en partie avec la période des invasions.

Le domaine de Saint-Germain-des-Prés au VIIIe siècle, d'après le Polyptyque de l'abbé Irminon. — Nous possédons un

---

(1) Ces violences, en l'absence d'un pouvoir modérateur, devaient être très fréquentes. Un capitulaire de Carloman, en 884, indique pour la Germanie un état de choses qui ne différait pas beaucoup de celui de la France : « Non est autem mirum si pagani et exteræ nationes nobis dominantur, nobisque bona temporalia tollunt, dum unusquisque proximo suo per vim tollit unde vivere debet. » Voir Flach, *Les origines de l'ancienne France*, I, 128.

document qui nous permet de voir ce qu'était un domaine seigneurial à l'époque où commence à s'organiser le régime féodal :
c'est le Polyptyque ou pour mieux dire un fragment du Polyptyque
de l'abbé Irminon, contenant un état des terres, cultures et redevances de l'abbaye de Saint-Germain-des-Prés au commencement
du IXᵉ siècle, vers la fin du règne de Charlemagne ; M. Guérard
l'a commenté et éclairé de sa lumineuse érudition (1). Ce savant
avait évalué l'étendue probable de ce domaine à près de 430,000
hectares, c'est-à-dire aux deux tiers d'un département français ;
le manuscrit conservé ne porte que sur la moitié environ de ce
domaine(2) et comprend des manses situés dans les départements
actuels de Seine, Seine-et-Oise, Seine-et-Marne, Eure-et-Loir et
même Orne, Eure et Indre.

Nous avions, dans un premier travail, calculé et raisonné
d'après les données numériques fournies par M. Guérard. Un
professeur à l'université de Gand, M. Hulin, en les rapprochant
du texte original, a découvert une grave erreur : la superficie
des bois que M. Guérard fixait à 197,750 hectares dans les manses
seigneuriaux, ne dépasse pas en réalité 20,000 hectares et est
probablement inférieure à 15,000 (3). Au lieu d'un vaste domaine
de 221,000 hectares (pour la partie du Polyptyque qui subsiste),

---

(1) Le Polyptyque de l'abbé Irminon a été publié en 2 volumes in-4° en 1834-1836,
par M. Guérard. Les Prolégomènes datent de 1844. Le texte du Polyptyque a été réédité en 1886 par M. Longnon.

Le domaine était divisé en fiscs. Nous donnons comme exemple de la composition
de ces domaines le fisc de Waniacum (Gagny). Il comprenait :

1° 23 1/2 manses ingénuiles, habités par 31 ménages :

dont 29 de colons

2 de serfs mariés avec des colones ;

dans les 29 ménages de colons, il y en avait 20 complets (mari et femme)

8 d'un colon

1 d'une colonne

et il se trouvait 54 chefs de ménage et 44 enfants, soit 98 personnes.

2° 7 manses serviles habités par 9 ménages :

dont 5 de colons { 1 d'un colon sans enfants
{ 4 de ménages complets

2 de serfs sans enfants

1 d'un serf marié à une colone

8 d'un individu sans qualification

en tout 15 chefs de famille et 12 enfants.

(2) M. Guérard donne 221,187 hectares avec les hospices et 221,080 sans les hospices.

(3) M. Hulin a calculé la superficie de chacune des forêts ou portions de bois des
manses seigneuriaux et tributaires et en a dressé le tableau. Ce tableau se trouve
dans la communication que nous avons faite à l'Académie des Inscriptions et Belles-

ayant les proportions d'une principauté, nous sommes, après cette rectification, en présence d'une propriété de 37,300 hectares environ, soit 373 kilomètres carrés.

La majeure partie du domaine (204,171 hectares d'après M. Guérard, 20,400 environ d'après le calcul rectificatif de M. Hulin), se composait de manses seigneuriaux. Le manse seigneurial, qui rappelle le fundus de la période romaine et qui constituait la terre salique durant la période mérovingienne, était un domaine exploité directement par le propriétaire ou par un concessionnaire qui exerçait, au nom du propriétaire, une certaine autorité sur les autres manses de la circonscription. C'étaient ordinairement de grandes fermes avec un groupe de bâtiments : granges, étables et écuries, ateliers ; avec la maison du maître, l'ensemble constituait la « villa » (1). Les 24 manses seigneuriaux de l'abbaye comptaient chacun, en moyenne, 251 hectares de terres labourables et, en outre, des vignes et des prés. Les bois, que le seigneur conservait presque toujours dans sa directe, parce qu'il s'y réservait le plaisir de la chasse et parce qu'il lui était plus facile de les exploiter pour son propre compte, surtout à l'aide des corvées, que de faire des cultures de labour, étaient presque tous rattachés aux manses seigneuriaux : 10,000 à 15,000

Lettres au sujet de la rectification de M. Hulin (voir le tableau des Comptes-rendus de l'Académie des Inscriptions et Belles-Lettres, année 1890).

La superficie est indiquée dans le Polyptyque de diverses manières, quelquefois en bonniers, quelquefois par le périmètre de la forêt. M. Hulin a calculé la superficie de ces dernières en supposant qu'elles étaient carrées, et il a obtenu pour tous les bois un total général de 16,992 hectares. S'il avait supposé le périmètre rond, il aurait obtenu un total de 18,542 hectares. Mais il est vraisemblable que ce périmètre était irrégulier et que la superficie, calculée par carrés, est déjà exagérée. Le total de 17,000 hectares (en nombre rond), peut donc être considéré comme un maximum. Il est cependant moins du dixième de la superficie (197,927 hectares) attribuée à ces mêmes bois par M. Guérard dans les Prolégomènes.

Comment expliquer cette erreur de calcul ? M. Hulin l'a essayé par une ingénieuse supposition qui n'est pas dénuée de vraisemblance. Un carré de 20 lieues de côté (la lieue Gauloise étant, d'après M. Guérard, de 2,222 mètres) équivaut à 197,491 hectares ; or, 20 lieues carrées (ce qui est très différent d'un carré de 20 lieues de côté, lequel contient 400 lieues carrées) font, en nombre rond, 9,870 hectares, chiffre qui n'est pas très éloigné de 14,563 hectares données dans le tableau de M. Hulin pour les 23 grands bois de l'abbaye, et qui est même peut-être plus près de la réalité, puisque tous les bois n'avaient pas la forme régulière du carré. M. Guérard ayant trouvé par l'addition des surfaces boisées 20 lieues carrées, n'a-t-il pas calculé ensuite comme s'il avait trouvé un carré ayant 20 lieues de côté ?

(1) Au musée de Namur on voit le plan d'une de ces grandes villas de la période franque (Voir sur l'administration de ces domaines le capitulaire de *Villis*).

hectares de bois (d'après le calcul de M. Hulin) appartenaient aux manses seigneuriaux, tandis que les manses tributaires n'en contenaient que 177 (1).

Les manses tributaires étaient au nombre de 1,646 ; mais leur contenance totale n'était que de 15,145 hectares, y compris les bois, ce qui porte à une dizaine d'hectares à peine leur superficie moyenne. C'étaient donc de petites exploitations.

Les manses ingénuiles semblent avoir dû être dans le principe exploités par des hommes libres ; cependant on y trouvait, au IX⁰ siècle, des gens de condition diverse, même des serfs, à côté de colons (2). Quoique vingt fois moindres en étendue que le

---

(1) Manses seigneuriaux :

D'après M. Guérard			D'après M. Hulin.
6.041	hectares de	terres labourables	(La rectification
196	id.	vignes	de M. Hulin n'a
176	id.	prés	porté que sur
6 1/2 id.		pâturages	la superficie fo-
1 1/2 id.		marais	restière)
197.750	id.	bois	14.000 environ
204.171 hectares			20.420

1.646 manses tributaires :
dont 1.430 manses ingénuiles :

14.418	hectares de terres labourables
212	id. vignes
278	id. prés
85	id. pâturages
152	id. bois
15.145 hectares	

25 manses lidiles :

318	hectares de terres labourables
13	id. prés
13	id. bois
344 hectares	

191 manses serviles :

1.352	hectares de terres labourables
19	id. vignes
36	id. prés
1	id. pâturages
12	id. bois
1.420 hectares	

Chaque manse tributaire comprenait une sella ou habitation.

(2) Les 2,396 ménages vivant dans les 1,430 manses ingénuiles que mentionne le Polyptyque, comprenaient :

8	ménages libres
1.957	id. de colons
29	id. de lides
43	id. de serfs
160	id. dans lesquels les époux étaient de condition différente.
199	id. de condition indéterminée.

manse seigneurial, le manse ingénuile était d'ordinaire la plus importante tenure parmi les tributaires. On en compte 1,430, comprenant 14,418 hectares de terres labourables, soit environ 10 hectares par manse, et, en outre, la plus grande partie des vignes et des prés de l'abbaye, peut-être parce que ces tenanciers possédaient relativement un peu plus de bétail que les autres et parce que la culture de la vigne exige des soins particuliers. M. Guérard estime que la redevance payée par ferme avait une valeur de 116 fr. environ en argent ou en denrées et de 67 fr. en services personnels. Les colons payaient le tribut de guerre.

Les manses lidiles étaient au nombre de 25 seulement.

Les manses serviles, au nombre de 191, ne contenaient guère que 7 hectares en moyenne et payaient, d'après M. Guérard, 48 fr. en argent ou en denrées et 114 fr. en services ; c'était surtout par des corvées personnelles que les plus pauvres et les plus étroitement asservis s'acquittaient à l'égard de leur maître.

Au-dessous des manses, les hospices, au nombre de 71, étaient des exploitations de bien moindre étendue encore : 1 hectare 1/2 en moyenne.

Les forêts (même après la rectification de M. Hulin) occupaient une grande place dans le domaine : à près des deux cinquièmes du sol, tandis qu'aujourd'hui elles figurent seulement pour un peu plus du sixième dans la superficie totale de la France (1).

Sur les terres de labour, l'assolement paraît avoir été quelquefois biennal avec jachère, plus souvent triennal avec un tiers des terres en blé, épeautre, froment ou avoine d'hiver, un tiers en blé

---

(1) Cependant, à en juger par quelques exemples, les forêts qui appartenaient à l'abbaye ne semblent pas avoir beaucoup changé depuis dix siècles. Le Polyptyque mentionne très sommairement l'étendue des forêts du domaine, se contentant le plus souvent d'indiquer le nombre de lieues de circuit. La plus grande, celle de Nogent-l'Artaud (à l'ouest de Montmirail), a 15 lieues de tour. Or, en adoptant avec M. Guérard 2,222 mètres comme longueur de la lieue gauloise, M. Longnon a constaté que la forêt a aujourd'hui un circuit plus grand ; il a fait la même constatation pour les fiscs des forêts de Saint Germain, etc. Il a remarqué aussi que sur divers points, les villages qui bordent les forêts ou qui sont situés dans des clairières, comme Maisons-Laffite, Saint-Germain, étaient déjà dans la même situation relativement au terrain boisé sous Charlemagne. Toutefois, de l'existence de quelques lieux habités sur la lisière de certaines forêts au ixᵉ et au xixᵉ siècle, il ne résulte pas nécessairement que toutes les forêts eussent aux deux époques la même étendue. Il est certain, au contraire, comme nous le dirons plus loin, qu'il y a eu de nombreux défrichements dans les siècles suivants.

de mars et l'autre tiers en jachère. On donnait trois ou quatre labours à la terre pendant la jachère ; on marnait parfois ; on fumait en brûlant les chaumes ou en répandant du fumier de ferme ; mais le peu d'étendue des prés, qui ne représentaient que 1/44 des terres de labour, ne porteraient pas par eux-mêmes à croire qu'on nourrît beaucoup d'animaux. Néanmoins les redevances consistaient en bétail plus qu'en céréales (1). Est-ce parce que l'abbaye préférait la viande que les moines consommaient ou que le supérieur vendait à Paris, en laissant à ses paysans les grains dont ceux-ci se nourrissaient ? Est-ce parce que les forêts suppléaient aux pâturages proprement dits ? Cette dernière supposition est légitime, car le nombre des porcs était relativement considérable (2) et aujourd'hui encore dans certains pays l'herbe des bois supplée aux cultures fourragères.

Chaque manse était exploité par un groupe qui se composait souvent de deux et quelquefois d'un plus grand nombre de ménages vivant dans une sorte de communauté. C'est ainsi que l'on compte 2,396 ménages sur les 1,430 manses ingénuiles, 67 sur les 25 manses lidiles, où l'on en trouve proportionnellement plus que dans les autres manses, dont l'étendue n'aurait pas suffi à nourrir plusieurs familles.

Ces ménages se composent de deux catégories de personnes : les chefs de ménage, hommes et femmes, et les enfants ou autres membres de la famille. La seconde catégorie n'est pas beaucoup plus considérable que la première : 4,781 chefs de ménage (dans

---

(1) M. Guérard donne la somme de 166,477 fr. comme représentant la valeur relative du total des redevances, sur lequel les céréales figurent pour :

Blé..	574 fr.	⎫
Épeautre.................................	6.800	⎬ 7.736 fr.
Avoine...................................	362	⎭

(L'épeautre, beaucoup plus cultivé qu'aujourd'hui, valait alors moitié moins que le froment, et l'avoine presque moitié moins que l'épeautre).

Les animaux de ferme figurent pour 640 fr. 80.

Chevaux..............	21 fr.	60	Porcs.................	53 fr.	76
Bœufs................	125	60	OEufs................	8	44
moutons..............	382	76	Poulets..............	48	91

(2) M. Longnon a compté les porcs qu'on pouvait engraisser et dont le Polyptyque donne le nombre pour chaque forêt seigneuriale : il en a trouvé 7,220 ; ce qui ferait environ 1 porc par 3 habitants. Il n'y a pas aujourd'hui 1 porc par 6 habitants en moyenne en France ; mais certains départements agricoles, comme Saône-et-Loire, Allier, Deux-Sèvres, Corrèze, Haute-Vienne, en possédent 1 par 3 habitants ; la Dordogne en a même 1 par 2 1/2 habitants.

2,859 ménages) et 5,410 enfants ou autres individus de cette catégorie inscrits dans le polyptyque. La proportion des enfants paraît donc très faible (1) ; il est rare que dans un ménage le Polyptyque inscrive quatre individus sous le titre de « infantes » à la suite du père et de la mère ; le plus souvent il n'en mentionne que deux (2).

Il est vrai qu'un tiers environ des ménages est formé de veufs, de veuves ou de célibataires et, quoique les veufs et veuves eûssent des enfants, nous pouvons mettre à part cette catégorie et dire que, pour ceux où le père et la mère existaient, le Polyptyque mentionne un peu plus de deux enfants par ménage en moyenne. Cette proportion est inférieure à celle que la statistique constate aujourd'hui en Europe et même en France, pays de natalité très faible.

---

(1)	Chefs de ménage.	Enfants et autres parents.
		au moins
Manses ingénuiles...............................	4.028	4.615
Id. lidiles...............................	124	331
Id. serviles.........................	558	568
Hospices.;...............................	71	85
	4.781	5.401
	10.282	

M. Deloche a relevé sur le texte du Polyptyque le nombre des enfants et celui des ménages ayant ou n'ayant pas d'enfants ; il a trouvé une moyenne de 2,03 enfants par ménage.

(2) Voici, comme spécimen de la composition des familles, un passage du Polyptyque relatif au domaine de Gagny que nous avons déjà cité.

IV. — BREVE DE WANIACO (GAGNY).

......

2. Ansegarius colonus et uxor ejus colona, nomine Ingalteus, habent secum infantes II, his nominibus, Ansegildes, Ingresina. Tenet mansum ingenuilem, habentem de terra arabili bunuaria III et quartam partem de bunuario, de vinea aripennos III. Solvit ad hostem in uno anno de argento solidos IIII, ad alium annum solidos II, in pascione de vino modios II ; arat ad hibernaticum perticas IIII, ad tramissum II ; curvadas, carroperas, manoperas, caplim, ubi ei injungitur ; pullos IV, ova XV, scindulas I.

......

8. Hildefredus colonus et uxor ejus colona, nomine Plectrudis, homines sancti Germani, habent secum infantes II, his nominibus, Hildemarus, Ademarus. Tenet mansum I ingenuilem, habentem de terra arabili bunuaria Ii et jornalem I, de vinea aripennum I. Cetera similiter.

9. Ciroldus servus et uxor ejus colona, nomine Dominica, homines sancti Germani, habent secum infantes II, his nominibus, Gislosdus, Gerardus. Tenet mansum ingenuilem I, habentem de terra arabili bunuaria IIII, de vinea aripennum I, de prato dimidium aripennum. Cetera similiter.

Mais il est très probable que malgré l'expression « infantes »
dont il se sert, l'abbé n'a pas mentionné tous les enfants en bas-
âge, parce qu'il n'y avait pas d'intérêt fiscal à le faire, et que,
d'autre part, il ne fait pas connaître les enfants mariés qui avaient
quitté le domaine (1). Donc, le nombre des enfants par famille
devait être supérieur à celui que fournit le Polyptyque. Il ne
faudrait pas cependant, comme quelques érudits seraient portés
à le faire, le grossir démesurément en ajoutant un nombre calculé
d'après la proportion de personnes au-dessous de 15 ans qui
entre aujourd'hui dans la composition de la population française
(27 p. 0/0 en 1886). Car bien avant la quinzième année, souvent
même avant la dixième, les enfants rendent des services à la
campagne ; or le Polyptyque devait enregistrer sans doute tous
les membres utiles de la communauté. En second lieu, si nous
trouvons plusieurs ménages occupant le même manse, c'est que
souvent des enfants mariés vivaient avec leurs parents (2); il est
même probable, d'après l'état social du IXe siècle, que ceux qui
continuaient à vivre sur le domaine étaient en beaucoup plus
grand nombre que ceux qui s'expatriaient.

Enfin, il ne s'agit que des enfants vivants. Beaucoup de
familles pouvaient en avoir perdu ; car on sait qu'en général la
mortalité des petits enfants est considérable chez les peuples dont
la richesse et la civilisation sont peu développées. Mais la statis-
tisque des morts, si elle existait, ne modifierait en rien l'opinion
qu'on peut se former de la composition de la famille d'après le
Polyptyque, puisque les vivants seuls comptent dans la population.

Des observations que nous venons de présenter, on ne saurait

---

(1) La *Description des serfs de l'Église de Marseille*, dont nous parlons plus loin
fait connaître l'âge des enfants et indique si les femmes et les maris sont étrangers
au domaine de l'Église. Or, il se trouve que, sur 134 ménages, il y avait 29 maris
étrangers et 24 femmes étrangères.

(2) Sur les 1,430 manses ingénuiles vivaient 2,396 ménages (dont 8 étaient des ménages libres, 1,957 des ménages de colons, 29 de lides, 43 de serfs ; 160 étaient des
ménages dont les deux époux étaient de condition différente, 199 ménages sont de
condition indéterminée). 2,321 ménages (sur les 2,396) comprenaient 1,653 ménages
dont les deux époux étaient vivants et 668 ménages de veufs ou de célibataires. Les
2,396 ménages avaient 4,615 enfants (ou personnes de la même catégorie).

Sur les 25 manses lidiles vivaient 67 ménages, dont 10 de veufs ou célibataires ; ces
67 ménages avaient 133 enfants.

Sur les 191 manses serviles vivaient 325 ménages, dont 74 de veufs ou célibataires
ces 325 ménages avaient 568 enfants.

induire qu'en général les familles de Saint-Germain fussent nombreuses, tandis que de nos jours, dans certaines provinces de France, comme la Bretagne, il n'est pas rare de rencontrer plus de quatre enfants, garçons ou filles, sortis de l'enfance, non mariés et vivant sous le toit paternel.

Deux autres documents contemporains peuvent servir à contrôler le renseignement que fournit le Polyptyque de l'abbé Irminon sur la composition des ménages.

D'après un calcul de M. Deloche, le cartulaire de l'abbaye de Reims mentionne 2,178 enfants appartenant à 762 familles ; la moyenne est de 2,8 enfants par ménage ou, en faisant entrer en compte ceux qui étaient sans enfants, de 2,7 (1). C'est une proportion médiocre, quoique moins faible que celle de l'abbaye de Saint-Germain.

Dans la « Description des serfs de l'Eglise de Marseille », document de la première moitié du IXᵉ siècle, cette proportion s'élève à un peu plus de 3 enfants par ménage si l'on calcule sur la totalité des ménages, et à 3,7 environ si l'on ne tient compte que des ménages ayant des enfants (2). Mais dans l'énumération l'Église comprend tous les membres de la famille, même les absents et les enfants à la mamelle, ce que l'abbé Irminon n'avait pas fait ou du moins ne paraît pas avoir fait complétement. Nous ne savons pas combien de terres de l'Église étaient en labour et combien en forêts ; toutefois on peut conjecturer que la culture n'était pas florissante et que la densité de la population devait être faible, puisque plus de la moitié des fermes étaient inoccupées et qu'on était à la recherche d'une douzaine de colons qui s'étaient enfuis.

De ces trois documents, qui ne portent pas sur un total d'en-

---

(1) Voici le calcul fait par M. Deloche sur les familles de cette abbaye. 2,178 enfants appartenant à 762 familles font 2,85 enfants par famille. Il y a, en outre, deux ménages avec enfants, sans que le nombre des enfants soit indiqué ; M. De'oche leur applique la moyenne. Il y a enfin 44 ménages sans enfants. La moyenne générale calculée sur 808 ménages et 2,181 enfants est de 2,7.

(2) Nous avons compté, non sans quelque risque d'erreur à cause de l'état du document, 102 exploitations rurales (colonies) occupées par 134 ménages. Sur ces 134 ménages, 106 avaient 400 enfants, dont 173 garçons, 188 filles et 39 enfants en bas-âge sans désignation de sexe ; il y avait, en outre, dans les familles, 82 hôtes et 18 personnes en fuite qu'on recherchait (ad requirendum). *Cartulaire de l'abbaye de Saint-Victor*, T. II, p. 633 à 654 M. Deloche a compté un plus grand nombre de ménages et d'enfants et a obtenu la moyenne de 3,8 enfants par ménage.

viron 15,000 âmes, nous n'avons pas la prétention de tirer une
conclusion précise. Nous nous gardons bien surtout de dire ce
qu'était alors la natalité ; car, si la mortalité des petits enfants
était très forte, il pouvait y avoir beaucoup de naissances sans
que le nombre des enfants vivants fût considérable. Nous nous
bornons à faire remarquer que les textes connus du IXe siècle,
sont loin d'autoriser à croire que les familles fussent plus nombreuses dans la Gaule carlovingienne que dans la France des
temps modernes (1).

Dans l'énumération des personnes qui composaient les ménages
du domaine de Saint-Germain, les esclaves ne sont pas compris.
M. Guérard conjecture qu'il y en avait en moyenne un par
manse. Il conviendrait d'en tenir compte si l'on tentait de calculer
le nombre total des habitants.

*Hypothèse sur le nombre des habitants de la Gaule au
temps de Charlemagne.* — De ces données, il n'est pas possible
de tirer une hypothèse suffisamment justifiée sur l'état numérique
de la population dans l'Empire franc.

Le nombre des personnes qui vivaient sur les 17,000 hectares
des manses tributaires était de 10,282 personnes, non comptés
les esclaves (2) et probablement les petits enfants : soit 60 habitants au moins par kilomètre carré. Mais combien vivaient sur
les 20,000 hectares des manses seigneuriaux ? Très peu sans
doute dans les forêts (qui occupaient environ 14,000 hectares) :
moins proportionnellement sur les terres cultivées (6,000 hectares
environ) que sur celles des manses tributaires, parce que l'abbé
faisait exécuter une notable partie des travaux de ces terres par
le moyen des corvées que les tributaires lui devaient (3). Il est
vrai que, d'autre part, il devait y avoir des ateliers et des domes-

(1) C'est le sentiment de l'auteur de *Wirthschaftgeschichte*, M. von Inama Sternegg,
qui m'écrivait à ce sujet : « Quelque incomplets que soient les documents, j'ai trouvé
avec une sûreté suffisante que dans les familles serves le nombre des enfants vivant
en même temps était restreint, soit par une forte mortalité des enfants, soit par
d'autres causes. »

(2) Si l'on admet, par hypothèse, avec M. Guérard, un esclave par manse, il y en
avait 1,646.

(3) Les tenanciers des manses tributaires devaient chacun le labour d'un certain
nombre d'arpents et, en outre, des journées de travail, des charrois et des corvées
personnelles.

tiques en plus grand nombre dans les villas seigneuriales. En comparant ces données et ces hypothèses, on obtient une densité d'une quarantaine d'habitants par kilomètre carré (1).

En supposant même que les terres de Saint-Germain-des-Prés fussent l'image exacte des autres terres de la contrée sur laquelle elles étaient disséminées, la condition agricole des environs de Paris n'était pas nécessairement celle de toutes les parties de l'Empire : seconde cause d'incertitude. Le domaine de l'abbaye ne nous fournit aucune notion sur les villes qui, quoique très

---

(1) La densité moyenne des communes rurales de la France, en 1881, était de 49,5 habitants par kilomètre carré ; mais elle était de 57 dans les départements du Maine-et-Loire, de la Sarthe, de Saône-et-Loire, régions où domine la petite culture.

En ajoutant hypothétiquement les esclaves et les enfants, nous avons trouvé sur les manses tributaires (qui avaient très peu de forêts) une densité de 72 habitants par kilomètre carré.

Sous forme d'appendice à son *Essai sur le système des divisions territoriales de la Gaule sous les rois Francs*, mémoire couronné par l'Académie des Inscriptions et Belles-Lettres en 1830 et publié en 1832, M. Guérard a donné un *Aperçu de la statistique de Palaiseau à la fin du règne de Charlemagne*. Cette statistique est tirée du Polyptyque de l'abbé Irminon. L'auteur constate que l'abbaye possédait environ les quatre cinquièmes du territoire actuel de la commune (883 hectares sur 1,064). Ce domaine ne comprenait que 3 0/0 de sa superficie en bois ; les 117 manses tributaires qu'il comptait et qui s'étendaient sur une surface de 527 hectares, étaient occupés, d'après le Polyptyque, par 645 individus. M. Guérard estime qu'on peut porter ce nombre à 758 en ajoutant les esclaves et qu'il y avait une personne par 67 ares, soit 149 habitants par kilom. carré.

Il faut observer, en premier lieu, que les manses tributaires de Palaiseau avaient une population bien plus dense que la moyenne, puisque cette moyenne n'était guère que de 72 habitants par kilom. carré, qu'à ce titre Palaiseau était une exception et ne saurait être pris pour la règle. En second lieu, M. Guérard attribue sans preuve au manse seigneurial, dont le territoire, avec celui des églises, était de 356 hectares, la même densité qu'aux manses tributaires : ce qui est au moins douteux, puisqu'une partie des travaux agricoles y était exécutée par les corvées des hommes des autres manses. Il conclut que « la population de la commune de Palaiseau étant aujourd'hui de 1,620 âmes, se sera accrue depuis Charlemagne d'environ un quarante-septième.... et que, sous le rapport de l'agriculture et de la population, le Palaiseau du ixe siècle avait peu de chose à envier au Palaiseau du xixe. »

Mais, quand même le nombre d'habitants attribué au Palaiseau du ixe siècle serait exact, il ne prouverait rien pour la densité moyenne de la population sur les terres de Saint-Germain-des-Prés, puisque, par exception, le domaine de Palaiseau avait beaucoup plus d'habitants que les autres sur ses terres de labour et qu'en outre il n'avait presque pas de forêts (3 0/0 du territoire). Cet exemple prouve qu'il est dangereux de tirer une conclusion générale d'un fait particulier.

Lorsque M. Guérard a publié, douze ans plus tard, les Prolégomènes du Polyptyque, il n'a pas cru devoir reproduire cette évaluation sur la densité de Palaiseau ; néanmoins la conclusion de 1832 est restée et d'autres écrivains, notamment M. Dureau de la Malle (*Mémoire de l'Académie des Inscriptions et Belles-Lettres*,

amoindries alors, avaient assurément une population beaucoup plus dense que les campagnes (1) : troisième cause d'incertitude.

Néanmoins le Polyptyque de l'abbé Irminon étant le seul document d'où l'on puisse essayer de tirer quelque notion sur le nombre des habitants de notre pays au ixᵉ siècle (2), nous avions essayé de le faire, lorsque, d'après M. Guérard, nous le considérions comme présentant un état numérique de la population sur une superficie de 2,210 kilomètres carrés, tout en faisant les plus expresses réserves relativement à la solidité d'une hypothèse fondée sur une base aussi étroite. La base n'étant plus que de 370 kil. carrés, nous la trouvons tellement réduite que nous renonçons à l'employer à cet usage. Le Polyptyque ne perd

---

Tome XIV, 2ᵉ partie, p. 39), ont cité cette opinion comme une autorité et en ont fait un argument pour prouver que la France avait une population nombreuse au temps de Charlemagne.

Voici ces hypothèses que nous donnons sans y attacher d'importance, les preuves faisant défaut :

10.282 personnes sur les 17,000 hectares des manses tributaires.

1.800 personnes, soit moitié moins que dans les manses tributaires, pour la culture de 6,000 hectares de terres seigneuriales.

1.800 personnes, soit autant que de cultivateurs pour les ateliers et la domesticité des manses seigneuriaux.

280 personnes, à raison de 2 par kilomètre carré, habitant les forêts.

14.162 habitants sur un territoire de 370 kilomètres carrés ; densité 38.

(1) Quant aux villes, le recensement de 1801, le premier qui ait eu lieu en France, a constaté que la population des villes de plus de 20,000 habitants formait 8 p. 0/0 de la population totale de la France. Il y avait, il est vrai, beaucoup de villes qui comptaient moins de 20,000 habitants ; mais, d'autre part, il y avait assurément une moindre proportion de population urbaine au ixᵉ siècle qu'en 1801.

On peut comparer, avec plus de vraisemblance, la population de la Gaule au ixᵉ siècle à celle de la Norvège ou de la Russie qu'à celle de la France au xixᵉ siècle. Or, en Norvège, la population urbaine ne figurait en 1865 qu'à raison de 15 p. 0/0 dans le total, et, en mettant à part les villes de la côte qui se trouvent, à cause de la pêche et de la navigation, dans une condition particulière, le nombre des habitants des villes de l'intérieur ne s'élevait pas au centième du nombre des habitants des campagnes. En Russie (Russie d'Europe et Pologne), les habitants des localités urbaines (de plus de 2,000 habitants) formaient, en 1884, 15 p. 0/0 de la population totale ; mais a proportion était beaucoup plus grande en Pologne, où il y avait 42,441 localités rurales et 464 urbaines, qu'en Russie où il y avait 481,157 localités rurales et 660 urbaines et où, malgré l'importance de Saint-Pétersbourg et de Moscou, il n'y avait guère que 10 p. 0/0 de population urbaine.

Les membres du clergé et les habitants des villes n'ajoutaient vraisemblablement pas un dixième au total de la population de la Gaule carlovingienne.

(2) Le document de l'Eglise de Marseille ne donne aucun renseignement sur l'étendue des fermes et celui de Reims n'en donne que pour certains manses.

néanmoins rien de l'intérêt qu'il a toujours présenté pour la connaissance de l'état économique des populations rurales de la Gaule au temps de Charlemagne.

Les époques de troubles, toujours préjudiciables à la population, l'affectent d'autant plus que le mal est plus persistant et plus violent ; or, la période des invasions a duré plusieurs siècles, et jamais, depuis la conquête romaine, les biens et les personnes n'avaient été aussi complètement livrés à la violence. Beaucoup de paysans avaient fui ou avaient été tués, des fermes avaient été détruites ou abandonnées, des champs étaient restés en friche. Il est donc vraisemblable que les forêts et les landes aient gagné du terrain depuis la chute de l'Empire romain.

Quand on examine de près les conditions économiques, on n'est pas étonné que la densité ait été faible sur le territoire de Saint-Germain, forêts comprises. Car il faut que l'homme vive de la terre. Or, si l'on défalque, autrefois et aujourd'hui, les forêts qui occupaient 38 0/0 de ce domaine et qui couvrent maintenant à peu près 18 0/0 du territoire dans l'ensemble de la même contrée, et si, après cette défalcation, on calcule la densité de la population agricole aux deux époques, on s'aperçoit par la comparaison que, sur la partie du domaine de Saint-Germain utilisée pour la production des vivres, vivaient plus d'hommes par kilomètre carré qu'il n'y en a de nos jours (1).

_____

(1) Voici comment le calcul nous a conduit à ce résultat. 1º Pour connaître la densité actuelle de la population agricole, nous ne nous sommes pas contenté de la population rurale donnée par le recensement (population des communes de moins de 2,000 habitants agglomérés), parce que nous avons pensé que les communes de 1,000 à 2,000 habitants agglomérés contenaient une trop forte proportion de population urbaine. Nous avons cherché la densité des communes ayant moins de 1,000 habitants agglomérés dans deux des parties les plus agricoles de cette région (département de Seine-et-Marne et arrondissement de Chartres) et nous avons trouvé 44 habitants par kilomètre carré pour le premier et 37 pour le second. Nous avons trouvé, d'autre part, 258 et 213 habitants par kilomètre carré pour la densité des communes de plus de 1,000 habitants agglomérés. Nous avons adopté comme moyenne de la densité rurale 40 et, retranchant de la superficie 15 p. 0/0 (18,3 dans Seine-et-Marne et 10,4 dans Eure-et-Loir) afin d'éliminer les parties boisées, nous avons trouvé en dernier lieu 48 pour représenter la densité de la population agricole sur le territoire utilisé pour la culture dans le département de Seine-et-Marne et dans l'arrondissement de Chartres. 2º Sur les manses tributaires, les seuls dont la population nous soit connue, nous avons trouvé 72 habitants par kilomètre carré, même sans éliminer la petite étendue de forêts (177 hectares) qui en dépendaient. Il y aurait donc eu sur chaque kilomètre cultivé en céréales, vignes ou her-

Toute la France ne ressemblait sans doute pas au domaine de Saint-Germain-des-Prés. L'abbaye était un grand propriétaire qui devait posséder une proportion de bois supérieure à la moyenne ; d'autre part, le bassin de la Seine avait été, dans les siècles précédents, plus éprouvé que certaines parties du midi par les invasions et par les levées d'hommes des princes carlovingiens (1).

Mais la partie septentrionale de la Gaule, située dans le bassin de la Meuse et du Rhin, avait encore plus que le bassin de la Seine, souffert des invasions et des guerres ; un savant allemand est arrivé par une étude consciencieuse des documents originaux à conclure que la région entre Meuse et Rhin avait vingt fois moins d'habitants en 900 qu'en 1800 (2).

Ces hypothèses combinées ne sauraient fournir matière à une connaissance positive. Elles conduiraient tout au plus, suivant notre sentiment, à penser que le territoire de la France actuelle

---

bages, plus d'hommes en l'an 800 qu'en l'an 1886 (3 en 800 contre 2 en 1886). Il fallait que ces hommes vécussent plus pauvrement qu'on ne vit aujourd'hui. Il est vrai que pratiquant des cultures moins variées, ils consacraient relativement plus de temps aux céréales destinées à faire leur pain, et que la grande étendue des forêts leur permettait de nourrir beaucoup de porcs.

(1) Cependant l'état des campagnes ne paraît pas avoir été florissant dans le midi, si l'on en juge par la « Description des serfs de l'Eglise de Marseille », puisque plus de la moitié des fermes étaient abandonnées et sans habitants ; il y avait 102 fermes (colonice) occupées, 12 dont on recherchait les colons fugitifs et 97 abandonnées.

(2) Dans la région du Rhin, plus septentrionale que celle du bassin de la Seine, la population, d'après le témoignage d'un érudit allemand qui a traité cette question, M. N. Lamprecht, était moins dense que dans les domaines de Saint-Germain-des-Prés. En effet, M. Lamprecht a calculé la population de la région rhénane située entre Bonn, Bingen et Saarbruck du xe au xixe siècle ; il s'est servi surtout des polyptyques et autres documents de l'abbaye de Prum au ixe siècle, de l'abbaye de Mettlach du xe au xiie siècle ; de l'abbaye de Saint-Maximin-de-Trèves au xiie siècle. Les résultats (hypothétiques comme les nôtres, puisque l'auteur suppose une population moyenne pour les localités dont il retrouve les noms dans les textes) qu'il a obtenus confirment complètement, et au-delà, l'hypothèse d'une très faible densité que nous assignons à la Gaule au ixe siècle.

M. Lamprecht trouve :

En l'an	900,	100 villages, soit environ....	20.000 habitants.
Id.	1000,	350	id.	
Id.	1100,	590	id.	
Id.	1237,	1.180	id.	250.000	id.
Id.	1800,	2.000	id.	450.000	id.

Ainsi, le nombre des habitants aurait été, au commencement du xe siècle, à peine la vingtième de ce qu'il était au commencement du xixe et le dixième de ce qu'il était au xiiie (Voir *Deutsches Wirthschaftsleben in Mittelalter*, tome I, p. 163).

pouvait compter, sous Charlemagne, environ 8 à 10 millions d'habitants (1) : ce qui d'ailleurs est une pure hypothèse.

(1) La première rédaction de ce chapitre avait été lue devant l'Académie des Inscriptions et Belles-Lettres et discutée dans les séances du 28 septembre, du 5 et du 12 octobre 1888 ; puis elle avait été retouchée à la suite de l'étude de la répartition des bois du domaine de Saint-Germain, que M. Longnon a bien voulu faire avec nous sur la carte de Cassini La seconde rédaction a été faite après la rectification de l'étendue des bois de l'abbaye par M. Hulin et communiquée à l'Académie des Inscriptions et Belles-Lettres dans sa séance du 12 décembre 1890.

CHAPITRE VI.

LE RÉGIME FÉODAL.

Les causes de dépopulation du IXe au XIe siècle. — Du IXe au XIe siècle, sous les derniers Carlovingiens et sous les premiers Capétiens, le régime féodal, qui était déjà en germe sous les Mérovingiens (1) et dont quelques auteurs font remonter les origines au colonat de la fin de la période romaine (2) se constitua peu à peu. La population française passa sous sa loi et y vécut.

Durant ces siècles, cette population a été cruellement éprouvée. Les Normands ont ravagé le territoire et surtout les vallées des grands fleuves qui en étaient vraisemblablement les parties les plus riches, jusqu'au jour où ils sont entrés eux-mêmes dans la société féodale en se fixant en Normandie ; des côtes ils ont pénétré au centre du pays et ils n'y ont pas fait moins de mal que les barbares du VIe siècle. Les Sarrasins ont été presqu'aussi redoutables sur les rivages de la Méditerranée que les Normands sur ceux de l'Océan. Les Hongrois, fléau de l'Allemagne dans la première moitié du dixième siècle, ont porté la terreur de leur

---

(1) Toutefois, nous devons dire qu'un historien qui fait autorité, M. Fustel de Coulanges, termine son *Histoire des institutions politiques de l'ancienne France, Monarchie franque*, en déclarant qu'alors « il n'existait rien de féodal dans l'ordre politique ».

(2) M. Flach (*les Origines de l'ancienne France*, tome I) place à cette époque les origines du droit féodal. M. Glasson (*Histoire du droit et des institutions de la France*, tome I) ne partage pas cette manière de voir.

nom jusqu'en Gaule. Les guerres privées devinrent une cause fréquente de pillages et d'incendies depuis que l'autorité royale n'eut plus la force d'imposer la paix publique. La sécurité que Charlemagne sut donner à la Gaule compensait le dommage causé à la race des hommes libres par ses continuelles expéditions, et son règne paraît avoir été une période de calme et, par suite, de prospérité relative ; les siècles pendant lesquels se démembra son empire et se constitua définitivement le régime féodal furent, au contraire, une période profondément troublée. La crainte que la chrétienté avait de la fin du monde, d'abord en l'an 1000, puis en l'an 1040, poussa un grand nombre de croyants dans la vie monastique, découragea les autres en bornant l'horizon de la vie et dut être peu favorable au progrès de la population. Les famines furent fréquentes et elles ont laissé dans les chroniques de lugubres souvenirs ; elles ont été un des plus terribles fléaux de ces temps.

Toutefois on pourrait se demander si cette pénurie d'aliments, qui était une cause d'amoindrissement de la population quand elle se produisait, n'avait pas elle-même pour cause une certaine augmentation de la population croissant plus vite que la richesse. Cette hypothèse est toutefois très hasardée et, malgré le manque de preuves directes, nous inclinons à penser que, durant les neuvième, dixième et onzième siècles, la population de la Gaule n'augmenta pas.

Les conditions semblent être devenues plus favorables à partir de la seconde moitié du XIᵉ siècle : la population a dû reprendre un certain essor. La grande masse d'hommes qui, vers la fin de ce siècle, se leva de toutes les provinces de France pour aller délivrer le tombeau du Christ, est un indice de cet accroissement. La construction des églises que les fidèles élevèrent et embellirent dans un élan de reconnaissance quand il virent que Dieu n'avait pas anéanti le monde terrestre et qui, non seulement se multiplièrent de toutes parts, mais devinrent plus spacieuses, peut être invoquée comme un autre indice de renaissance sociale.

La transformation de l'état social. — Durant ces siècles aussi, une transformation, lente sans doute, mais considérable, s'est opérée dans les rapports entre le seigneur et ses hommes. Le droit individuel qui, au temps d'Irminon, était encore nettement accusé par la distinction de la qualité des personnes et

des manses, s'effaça peu à peu derrière le droit territorial et
les paysans suivirent pour la plupart la condition de la terre
à laquelle ils étaient attachés. La liberté individuelle et la petite
propriété furent presque partout sacrifiées ou subordonnées à la
constitution des domaines féodaux (1). Un moine de la seconde
moitié du XIᵉ siècle qui, travaillant à la rédaction du cartulaire
de S. Père de Chartres, compulsait à cet effet les anciens rôles
du IXᵉ siècle, remarque que les redevances des paysans avaient
entièrement changé et se plaint de ne pas même comprendre le
sens de tous les mots du temps passé (2).

La condition des terres et des personnes. — La condition des
personnes était cependant loin d'être devenue uniforme. La diversité était même un des caractères essentiels de la société
féodale. Philippe de Beaumanoir, le premier jurisconsulte de la
féodalité, distingue trois ordres de personnes : les gentils, les
hommes francs et les serfs (3).

Les gentils étaient les nobles, lesquels devaient leur condition
à leur père et étaient en même temps les seigneurs. Ils possédaient la propriété seigneuriale, à savoir le franc-alleu qui n'était
assujetti à aucune redevance féodale et qui comprenait le franc-
alleu noble, lorsqu'une juridiction était attachée à la terre, ou
franc-alleu roturier, lorsque le domaine était sans juridiction,
et le fief qui relevait d'un suzerain et impliquait des obligations
féodales.

L'alleu s'était le plus souvent transformé en fief et était devenu
l'exception dans le nord de la France à l'époque du plein épa-
nouissement de la féodalité. Le fief était toujours une grande

---

(1) Voir *les Origines de l'ancienne France*, par M. Flach, ch. XXVIII et passim.
(2) C'est le moine Paul, rédacteur de la seconde partie du cartulaire de S. Père
de Chartres, dans la seconde moitié du XIᵉ siècle. Il s'exprime ainsi au sujet des
anciens rôles du IXᵉ siècle (Introduction du cartulaire de S. P. de Chartres, jxlij) :
« Lectori intimare curavi quod ea quæ primo scripturus sum a præsenti usu ad-
modum discrepare videntur ; nam rolli conscripti ab antiquis et in armario nostro
nunc reperti habuisse minime ostendunt illius temporis rusticos has consuetudines
in reditibus quas moderni rustici in hoc tempore denoscuntur habere, neque habent
vocabula rerum quas tunc sermo habebat vulgaris.... quædam loca scripta inveni
quorum nunc nomina ita sunt abolita ut ab hominibus penitus ignorentur, nedum
habeantur. »
(3) M. Doniol, dans son *Histoire des classes rurales en France*, regarde comme fondamentale au moyen-âge la distinction en libres, vilains et serfs (p. 30).

propriété, dont le seigneur exploitait directement une partie et concédait l'autre partie à des paysans, sur laquelle il exerçait sa justice et levait ses coutumes et dont l'héritage était le plus souvent dévolu à l'aîné dans le but de ne pas morceler la justice.

Les domaines ecclésiastiques étaient des propriétés seigneuriales.

Les hommes francs qui, dit Beaumanoir, doivent leur condition à leur mère, formaient la classe intermédiaire. C'étaient les bourgeois des villes royales et seigneuriales ou des communes, les paysans libres les campagnes.

Les villes. — Les villes paraissent avoir eu, durant la période féodale, une importance moindre qu'à l'époque romaine et en ont eu assurément une beaucoup moindre que dans les temps modernes. Nous avons dit que les invasions des barbares en avaient ruiné un grand nombre ; la plupart des grands propriétaires de la période franque avaient demeuré dans leurs villas, entourés de leurs fidèles, se plaisant à la chasse et préférant l'air libre et les grands espaces à la vie étriquée des cités. Les seigneurs féodaux, leurs descendants, vécurent, comme eux, dans leurs châteaux ; la terre les nourrissait, eux et leurs hommes, et leur luxe consistait plus dans l'abondance des denrées agricoles que dans le raffinement des produits industriels ; ils se suffisaient en grande partie à eux-mêmes. Les communications d'ailleurs étaient difficiles à cause du mauvais état des routes, du défaut de sécurité et des obstacles que le morcellement du sol en petites souverainetés opposait au transport des marchandises et au déplacement des personnes ; l'industrie et le commerce, sans lesquels les grandes agglomérations n'ont pas de raison d'être, languissaient.

Cependant, lorsque la féodalité se trouva définitivement assise sur le sol, les hommes se groupèrent au pied du château qui les protégeait ; beaucoup de seigneurs, désireux d'augmenter le nombre de leurs hommes, de faire valoir leurs biens-fonds et de se procurer des revenus, offrirent des terres à cens pour attirer des colons et créèrent des marchés ou fondèrent des bourgs, quelquefois même des villes franches. Des groupes de population se formèrent autour de la demeure, dite court (curtis) ou villa, du seigneur ; les noms de beaucoup de localités, Bessancourt, Liancourt, Romainville, etc., attestent une origine de ce genre. Mais ces groupes donnaient naissance à des villages et à des bourgs plutôt qu'à des villes.

Il faut descendre jusqu'au xiiᵉ siècle, après les premières croisades, pour trouver une ère de prospérité urbaine : le mouvement communal du xiiᵉ et du xiiiᵉ siècle est un des signes de cette renaissance.

Il convient cependant d'ajouter que la France méridionale, où la tradition romaine était restée plus vivace, n'avait pas attendu jusque-là pour avoir des cités prospères.

Les paysans libres et les serfs. — Dans les campagnes, les paysans libres cultivaient la terre à des titres divers. En Normandie, par exemple, les vavasseurs tenaient du seigneur des terres pour lesquelles ils payaient un cens fixe ; ils acquittaient le droit de relief à chaque transmission par héritage, ils assistaient aux plaids, ils divisaient et subdivisaient quelquefois, quand ils y étaient autorisés, le domaine, l'aîné seul étant, dans ce cas, en rapport direct avec le seigneur envers lequel il était comptable des redevances ; ils pouvaient même exercer certains droits de justice sur les hommes de leur terre ; d'autre part, ils devaient certains services personnels, comme de labourer une étendue déterminée du domaine seigneurial et de fournir un cheval pour les transports. Dans toutes les provinces, on trouvait sous des noms divers des colons, disposant à peu près librement de leur personne et cultivant, moyennant un cens fixe, payable en nature ou en argent, une terre du seigneur ; on trouvait aussi de véritables fermiers, exploitant en vertu de baux dont la durée variait de un an à neuf ans et plus : la Normandie en fournit de nombreux exemples.

Quelquefois les petits aloïers, c'est-à-dire les propriétaires d'alleux, se confondaient avec les colons.

A un niveau plus bas prenaient place les hôtes et les bordiers qui exploitaient de très petits héritages.

Les affranchissements, très rares au xᵉ et au xiᵉ siècle, devinrent très fréquents au xiiiᵉ. En 1315, Louis Le Hutin, dans la fameuse ordonnance par laquelle il accordait à tous les serfs du royaume la faculté de se racheter, proclamait avec les légistes de son temps le droit à la liberté individuelle. « Comme selon le droit de nature, chacun doit naître franc et par aucuns usages et coutumes, qui de grant ancienneté ont été introduites et gardées jusques cy en nostre royaume et par aventure par le meffet de leurs prédécesseurs, moult de nostre commun peuple soit escheus en lieu de servitudes et de diverses conditions qui moult nous déplaist ; nous considérons que nostre royaume est dit et nommé le royaume des Francs et voullant que la chose en vérité soit accordant au nom..., nous avons ordené et ordenons que genéramment par tout nostre royaume... telles servitudes soient ramenées à franchise... Pour ce que les autres seigneurs qui ont hommes de corps preignent exemple à nous de eux ramener à franchise (1). »

La Normandie n'avait pas attendu l'exemple du roi pour émanciper ses paysans. « A l'époque où Philippe de Beaumanoir écrivait, dit M. L. Delisle dans ses *Études sur la condition de la classe agricole et de l'agriculture en Normandie au moyen-âge*, ce qu'il dit des serfs avait cessé depuis longtemps d'être vrai pour la Normandie. Depuis près de deux siècles, le nom et l'état de serf étaient inconnus dans cette province. »

Les serfs cependant, qui formaient la troisième catégorie de personnes, étaient encore très nombreux, même à la fin du XIII⁰ siècle. Le moine qui rédigea le cartulaire de S. Père de Chartres dit qu'ils étaient plus libres au XIᵉ siècle qu'ils ne l'avaient été au IXᵉ, et il paraît certain qu'ils l'ont été davantage encore au XIVᵉ. A cette dernière époque, ceux de l'église de S. Père de Chartres n'étaient astreints qu'à payer quatre deniers de capitation par an et la taille, à faire quelques corvées, à demeurer sur la terre du seigneur et à ne pas se marier sans son consentement, moyennant quoi ils cultivaient leur héritage, jouissaient des fruits et étaient très rarement dépossédés.

Beaumanoir reconnaît des degrés dans le servage. Il y avait des serfs qui étaient entièrement dans la main de leur seigneur : celui-ci pouvait prendre de leur vivant ou à leur mort tout ce qu'ils avaient et même les retenir en prison sans qu'il y eût, comme dit Beaumanoir, « entre lui et son vilain d'autre juge que Dieu ». Il en existait d'autres dont le seigneur ne pouvait, tant qu'ils ne commettaient pas de méfait, exiger que les redevances coutumières ou contractaires, mais dont les biens lui étaient dévolus s'ils mouraient sans héritiers directs vivant avec lui en ménage ou s'ils épousaient une femme franche dont les enfants auraient ainsi échappé à sa mainmorte.

Les paysans, libres ou serfs, placés sous l'autorité du seigneur,

(1) Voir Levasseur, *Hist. des classes ouvrières* I, 175.

étaient souvent désignés sous le nom de vilains, quoiqu'à proprement parler les vilains fussent des hommes libres. Des uns aux autres la supériorité n'était pas toujours tellement sensible que tous les serfs fussent disposés à acheter à haut prix leur liberté. En voici un exemple : dans les *Olim* se trouve une requête au Parlement, présentée par des serfs de Pierrefonds ; Philippe III les avait affranchis moyennant une rente annuelle de 20 livres parisis, avec cette clause que ceux qui épouseraient une serve retomberaient dans le servage ; or, ils demandent à y rentrer et par suite à être affranchis de la redevance, parce qu'ils ont épousé des femmes serves (1).

Les hôtes et les colliberts participaient de la condition des serfs ou du moins paraissent avoir été des variétés de mainmortables.

Les violences de la féodalité. — L'établissement du régime féodal avait donné à la société une assiette plus stable, et le désordre était moindre qu'il n'avait été pendant les longs siècles des invasions et de la transition. Il ne faut pas cependant, sur la foi des chartes et des érudits amoureux du passé ou chagrins contre le présent, croire que cette société fût un modèle d'ordre et qu'il suffisait d'avoir divisé le territoire en seigneuries comme les cases d'un damier et d'en avoir relié les fragments par la hiérarchie féodale, pour que les populations vécussent à l'abri de la violence et de l'arbitraire. La subordination du vassal était le plus souvent nominale ; le suzerain avait d'ailleurs très rarement le droit, plus rarement encore la volonté, de s'immiscer dans l'administration intérieure des fiefs appartenant à ses vassaux. Le mainmortable et le vilain étaient entièrement dans la main du seigneur ; or, chaque fois que l'homme est livré à l'homme, sans contrôle et sans recours, le caprice, la cupidité et les autres passions ont beau jeu.

Nombre de seigneurs ressemblaient à ceux que dépeint Sully et que Louis le Gros avait entrepris de plier sous la discipline royale. « Le seigneur de Méréville, dit-il, prenait violemment, autant de fois qu'il voulait et avec qui il voulait, gîte chez les habitants ; il dévorait à pleine bouche les biens des paysans ; il levait la taille et, au temps de la moisson, il emportait le blé, le

---

(1) *Olim*, II, p. 74, VIII, ann. 1276.

tout à titre de redevance seigneuriale; deux ou trois fois par an il faisait charrier son bois par les habitants; il imposait des contributions écrasantes en porcs, agneaux, oies, poules. Telle fut l'oppression et tant elle se prolongea que le village se changea presque en désert. »

Les châteaux forts devenaient parfois des repaires de brigands, comme celui d'un certain seigneur de Montreuil en Anjou qu'un chroniqueur représente « enfermé comme un lion dans son antre derrière de formidables défenses, en sortant rarement, mais alors escorté d'un grand nombre d'hommes d'armes, les plus redoutables qui se pussent voir et qu'il avait infectés de son venin, ravageant les villages et tous les districts d'alentour, dévastant les églises, soumettant au joug de la servitude les hommes des abbayes et les petits propriétaires ». Pour contenir les appétits de ces despotes, il n'y avait souvent que la force morale de la religion; quand elle n'avait pas de prise sur leur nature brutale, la tyrannie était sans frein.

Au XIIᵉ siècle, Pierre le Vénérable, abbé de Cluny, écrivait : « Il est connu de tous à quel point les seigneurs laïques oppriment leurs paysans et leurs serfs, hommes ou femmes ; non contents des obligations imposées par l'usage, ils revendiquent sans cesse et sans merci les biens avec les personnes, les personnes avec les biens. Outre les cens accoutumés qu'ils exigent, ils mettent trois, quatre fois par an, tant qu'il leur plaît, les biens au pillage ; ils accablent les personnes d'innombrables services ; ils les grèvent de charges lourdes, insupportables, si bien que la plupart sont obligées d'abandonner la terre qui leur appartient et de se réfugier chez des étrangers. Et ce qui est pire encore, ils ne craignent pas de vendre pour un vil argent ces personnes que le Christ a rachetées de son précieux sang. »

« Les moines, ajoutait-il, n'agissent pas de même. Ils ne demandent aux paysans que les services légitimement dus ; ils ne les vexent pas d'exactions ; ils ne les chargent pas d'impôts intolérables ; dans le besoin, ils les nourrissent ; quant aux serfs et aux serves, ils les considèrent comme des frères et des sœurs. » (1)

---

(1) Voir M. Flach (*Origines de l'ancienne France*, p. 450, 451, 466 et 467), à qui nous empruntons ces citations.

Sans doute les moines n'étaient pas tout à fait impartiaux, quand
ils racontaient des méfaits dont ils étaient les victimes et faisaient
leur propre éloge (1). Ils chargeaient peut-être les couleurs ; cependant, par lui-même, le tableau paraît avoir été souvent sombre.

Qu'il y ait quelques traits forcés en mal d'un côté et en bien
de l'autre, nous l'admettons volontiers ; cependant, nous pensons
que l'adage « il fait bon vivre sous la crosse » a eu quelque
raison d'être au moyen-âge, et que les témoins qui ont déposé
ainsi contre la féodalité laïque ont pu avoir le tort d'exagérer
et de généraliser leurs doléances, mais qu'ils n'ont pas inventé
les faits dont ils gémissaient.

La diminution des guerres privées ne signifie pas que ces
guerres eussent entièrement cessé durant cette période. On se
ferait une très fausse idée de la France féodale, si l'on s'imaginait
que la paix publique y fût assurée comme dans la Gaule romaine
ou dans la France moderne. Nous renvoyons le lecteur à l'histoire
générale qui raconte la longue rivalité des rois de France et
d'Angleterre, la guerre des Albigeois, la lutte de Blanche de
Castille contre les grands vassaux, les expéditions de Philippe
le Bel en Flandre et nous nous bornons à citer deux exemples des
tueries que ces luttes occasionnèrent. Lorsqu'en 1152, Louis VII,
ayant envahi la Champagne, incendia Vitry, treize cents personnes furent brûlées dans une église, et c'est pour expier ce
crime que le roi prit la croix ; pendant la croisade des Albigeois,
vingt mille personnes périrent dans le massacre de Béziers, chiffre
authentique donné par le légat dans son rapport à Innocent III.

Une ferme au XIIIe siècle. — Nous venons de dire quelle
était la condition légale des populations rurales de la France. Il
reste à chercher dans quelle condition matérielle elles vivaient.
Assurément, il y avait alors, comme il y a de tout temps, des
différences considérables à cet égard, selon les contrées et selon
les personnes.

Nous pouvons cependant citer comme exemple de la condition
d'un paysan aisé, un hébergement, c'est-à-dire une grande ferme

---

(1) L'histoire de ce seigneur de Montreuil, dont les moines du prieuré de Méron
avaient dû se reconnaître tributaires et dont ils surent adroitement se délivrer
lorsque le seigneur eut été vaincu par le comte d'Anjou, en est une preuve.

de la Beauce, qui, au XIIIᵉ siècle, faisait partie des domaines de Notre-Dame de Chartres. Cette ferme était entourée d'un mur très élevé en pierre ou en terre, avec un fossé large et profond à l'extérieur ; on entrait par un grand portail au-dessus duquel se trouvaient des greniers, et par une poterne ; c'était une sorte de camp retranché qui, en temps ordinaire, était un enclos pour le bétail et qui, en cas d'attaque, pouvait servir de refuge aux habitants.

Dans l'intérieur de la cour se trouvaient la maison du métayer, voisine ordinairement du portail, recevant le jour par la partie supérieure de la porte ou par une fenêtre, puis les étables, le poulailler, la porcherie, le pressoir, le four ; dans un coin s'élevait le colombier en forme de tour ; dans le fond étaient relégués les granges, le jardin potager, quelquefois un vivier ; les bâtiments étaient couverts en tuiles, en chaume ou en bardeaux. Les masures du pays de Caux rappellent encore aujourd'hui la disposition générale de l'hébergement du moyen-âge.

Au fermier, nous pouvons sans invraisemblance supposer un mobilier analogue à celui que nous a fait connaître M. Siméon Luce par l'inventaire des biens d'un paysan aisé de Normandie, et placer dans cette ferme un cheval, deux poulains, cinq veaux, deux vaches, dix brebis, deux agneaux (quoique le nombre des poulains et des veaux ne semble pas être en rapport avec le reste des animaux), quatre charrettes, une charrue, deux herses, etc., et garnir la maison de lits de plume, de tables, en remarquant que le maître ne possédait qu'une serviette, tandis qu'il avait huit draps de lit (1). Chaque temps a ses mœurs ; alors on se souciait probablement plus d'être bien couché que d'avoir beaucoup de linge de toilette (2). Cet inventaire est assurément celui d'une exploitation importante et indique une existence relativement large.

---

(1) Objets mentionnés dans l'inventaire d'un paysan aisé de Normandie : 1 cheval, 2 poulains, 2 truies, 5 veaux, 2 vaches, 3 génisses, 10 brebis, 2 agneaux, 6 oiseaux ; — 4 poêles, 2 pots de métal, 4 huches, 2 écrins, 2 lits de plume, 3 tables, 1 petit écrin, 1 bois de lit, 1 pelle en fer, 1 gril, 1 trou (?), 1 lanterne ; — garde-robe : 1 surcot de brunette fourré, 1 surcot de drap fourré, 8 draps de lit, 2 nappes, 1 serviette ; 9 pièces de fil préparées pour le tisserand. — Cave : 2 tonneaux, 2 cuves, 2 pipes, etc. — Instruments aratoires : 1 charrette ferrée, 3 charrettes, 1 charrue, 2 herses, 3 colliers avec traits, 1 boisseau, 1 selle, 1 paire de roues, 1 faux, 2 faucilles. — M. Siméon Luce, *Hist. de B. de Duguesclin*, p. 60.

(2) M. Siméon Luce a cependant prouvé que l'usage des bains était fréquent au moyen-âge.

La culture se faisait, comme au IXe siècle, par assolement triennal, une céréale d'hiver et une de printemps suivie d'une jachère. On utilisait le fumier de la ferme ; on pratiquait le marnage et l'écobuage. On moissonnait à la faucille, comme on le fait de nos jours dans plusieurs régions de la France : on ne ménageait pas la main-d'œuvre.

Au XIIIe siècle, on trouvait encore beaucoup de terrains boisés en Beauce. Les défrichements cependant paraissent avoir été fréquents au XIe, au XIIe et surtout au XIIIe siècle ; les procédés de culture étant restés les mêmes, on peut regarder ce fait comme le signe certain d'un accroissement de population.

L'état matériel et moral des paysans. — Il s'en fallait de beaucoup que toutes les exploitations agricoles présentassent alors le même aspect. Dans les hameaux où se groupait la population, on ne trouvait d'ordinaire que des cabanes grossières en terre, en argile, en torchis ou en lattes entrelacées avec du foin et de la paille ; au XIVe siècle, dit M. Siméon Luce, les constructions en maçonnerie étaient l'exception (1).

La plupart des exploitations étaient de très petite étendue ; un grand nombre de paysans, « hommes de corps » pour la plupart, vivaient sur les terres de Notre-Dame de Chartres comme hôtes ou à quelque autre titre, cultivant des parcelles qu'on désignait sous le nom d'arpents. Beaucoup n'avaient ni chevaux ni bœufs ; ils labouraient à la bêche ou avec une charrue sans roues que l'un tirait pendant que l'autre la dirigeait : on les nommait « pauvres laboureurs de bras ». Dans les exploitations plus importantes, le morcellement, résultant de l'accroissement des familles sur un même domaine, n'était pas rare. M. Delisle cite l'exemple d'une vavassorie de 76 acres relevant de l'abbesse de Caen qui, au XVe siècle, était divisée en cent dix parcelles que trente-neuf cultivateurs se partageaient et exploitaient séparément, tout en restant subordonnés au chef de la vavassorie : ce qui faisait, en moyenne, environ deux acres par exploitation.

Quoique les paysans eussent de la volaille et des porcs, leur nourriture consistait principalement en bouillie et en pain de seigle ; M. Delisle nous apprend qu'un vigneron recevait par

---

(1) Voir M. Siméon Luce, *Hist. de B. de Duguesclin*, ch. III, la vie privée au XIVe siècle.

jour deux pains, des pois, du lard et du sel ; que les corvéables du monastère de Benoîtville avaient un « pain de frère », des pois pour faire leur soupe, quatre œufs, un quartier de fromage et à boire à discrétion. Un tel ordinaire n'est pas l'indice d'un état misérable ; mais il ne faut pas oublier que la Normandie était une des provinces les plus riches de France et que toutes les années, même en Normandie, ne se ressemblaient pas.

Comme les terres n'étaient guère cultivées qu'en céréales et que les céréales, surtout les grains inférieurs, seigle, orge et même avoine, entraient dans l'alimentation des habitants pour une part plus grande qu'aujourd'hui, les intempéries des saisons exerçaient sur le bien-être une influence plus marquée alors que dans les temps modernes. Comme, en outre, le transport des marchandises encombrantes était très coûteux faute de routes, les blés circulaient peu et il était difficile de venir au secours d'une contrée éprouvée par une mauvaise récolte.

Les disettes, quelquefois générales, plus souvent partielles, étaient fréquentes : les chroniqueurs du moyen-âge parlent souvent de famines et de la mortalité qu'elles causaient.

Enfin l'état moral n'était guère plus satisfaisant. Un témoin impartial, M. Delisle, déclare que « pour la régularité et la douceur des mœurs, nous sommes loin d'avoir quelque chose à envier à nos pères » ; il constate en effet, d'après les registres des officialités, que l'ivrognerie, suivie de rixes, de blessures et même de mort, était très répandue en Normandie au XIIIᵉ siècle. L'official de Cerisi, dans ses visites, signale dans la plupart des ménages, « scandaleux débordements ». De tous côtés le concubinage et l'adultère appellent une répression qui reste presque toujours impuissante. Le mariage ne conserve plus la moindre dignité ; nos malheureux paysans n'y voient guère qu'un marché peu différent de ceux qu'ils concluent journellement entre eux. Rien de plus ordinaire que de voir les futurs époux plaidant l'un contre l'autre à la cour de l'official qui, tantôt renvoie les parties libres de contracter ou non le mariage, tantôt les adjuge l'un à l'autre comme mari et femme... (1) »

------

(1) Delisle. *Étude sur la condition de la classe agricole et de l'agriculture en Normandie au moyen-âge*, p. 128.

CHAPITRE VII.

L'ÉVALUATION DU NOMBRE DES HABITANTS AU COMMENCEMENT DU XIVᵉ SIÈCLE.

Sommaire. — L'accroissement de la population — L'état des paroisses et feux des bailliages et sénéchaussées de France en 1328 — Le nombre des habitants par feu — La superficie du territoire compris dans le rôle de 1328 — Le nombre supposé des habitants de la France en 1328.

L'accroissement de la population. — Malgré les imperfections du régime féodal et les misères de la vie rurale au moyen-âge, la fixité des populations sur le sol et la sécurité relative dont jouissait la majeure partie des domaines, depuis que la trève de Dieu et le progrès de l'autorité royale avaient rendu les guerres privées moins fréquentes, étaient favorables à un accroissement de la population.

Nous avons déjà distingué deux parties dans cette longue période qui s'étend jusqu'au milieu du XIVᵉ siècle : la première, de la mort de Charlemagne à la seconde moitié du XIᵉ siècle, qui est caractérisée par la formation du régime féodal et par les dernières invasions ne fut pas propice à cet accroissement ; la seconde, pendant laquelle la féodalité est constituée, l'a été davantage.

S'il y avait encore des pillards qui faisaient le vide autour d'eux, il y avait beaucoup plus de seigneurs mieux avisés qui cherchaient, ainsi que nous l'avons dit dans le chapitre précédent, à mettre leurs terres en valeur en accueillant des colons, en ouvrant des marchés, en fondant des bourgs francs. Dans la seconde moitié du Xᵉ siècle, l'évêque de Grenoble, Isarn, ayant expulsé les Sarrasins et voulant repeupler le pays qu'il avait trouvé presque désert, attira de loin des hommes de tout rang, nobles, gens de condition moyenne et pauvres, et leur donna des châteaux et des terres. Il se réservait la seigneurie et les droits (1) : c'était là son profit. Beaucoup de possesseurs de fiefs comprirent ce genre de spéculation et firent comme l'évêque de Grenoble (2).

La place ne manquait pas dans les régions où les forêts et les landes occupaient une grande partie du territoire : nous avons dit qu'on en défricha beaucoup (3). C'est par un procédé analogue que le Canada s'est peuplé au xixᵉ siècle.

M. Dureau de La Malle signale plusieurs autres causes de l'augmentation de la population ; une des principales a pu être le sentiment religieux qui interdisait aux familles de limiter le nombre de leurs enfants (4). Cependant, d'autre part, l'interdiction du mariage entre parents jusqu'au septième degré, prononcée par l'Église en vue de la moralité, a eu probablement un effet précisément contraire, en mettant un obstacle à des unions légitimes.

---

(1) Voir M. Flach, *Les Origines de l'ancienne France*, I, 398.

(2) Les chroniques de Saint-Denis fournissent un exemple de l'influence qu'exerçait au moyen-âge une bonne administration sur le recrutement de la population. Les prédécesseurs de Louis IX vendaient le titre de prévôt de Paris, et ceux qui l'avaient acheté ne se gênaient pas pour pressurer les habitants afin de tirer le plus gros revenu de leur argent. « Par les grandes rapines qui estoient faites en la prevosté, le menu peuple n'osoit demourer es autres seignorez, si que la terre le roy estoit si vague, que, quant le prevost tenoit ses plez, il y venoit si poi de gent que le prevost estoit sans oïr personne nulle qui se vosist présenter devant lui. » Ces autres seigneurs étaient presque tous des ecclésiastiques, comme l'abbé de Saint-Germain-des-Prés, l'évêque et le chapitre de Paris. Berty, dans sa *Topographie historique du vieux Paris*, dit que le « bail à cens, en appelant des familles sur les terres accensées, contribuait puissamment à l'accroissement de la ville et des faubourgs, en même temps qu'il assurait la prospérité de l'établissement possesseur du sol. Saint-Germain-des-Prés, Sainte-Geneviève, Saint-Antoine, Saint-Martin-des-Champs ont rayonné ainsi dans la campagne jusqu'aux portes de Paris, et les bourgs formés à l'ombre des cloîtres ont créé, en se soudant les uns aux autres, une seconde ville que la destruction des vieilles enceintes a incorporée à la première. »

Saint Louis racheta la prévoté et la confia, avec de gros gages, à Etienne Boileau qui fit bonne et roide justice. Le sentiment populaire changea et « le peuple laissoit les autres seignorez pour demourer en la terre le roy. » Voir M. L. Tanon, *Histoire des justices des anciennes églises et communautés monastiques de Paris*, p. 5.

(3) Voir le chapitre précédent. Voir aussi pour les défrichements de cette période, *Histoire des grandes forêts de la Gaule et de l'ancienne France*, par M. Alf. Maury.

(4) Toutefois nous ferons observer que ce sentiment existait déjà au temps de Charlemagne et que cependant les familles des hommes de Saint-Germain-des-Prés ne paraissent pas avoir été nombreuses. Nous ne pensons pas, comme M. Dureau de la Malle, que le servage fût par lui-même favorable à la multiplication des habitants ; que la population se multipliât alors, parce qu'elle n'était pas encore affectée de certain mal venu d'Amérique, ni enfin que la fixité des cens procurât l'aisance des cultivateurs, parce que l'influence de cette fixité s'est fait sentir surtout dans des siècles postérieurs, à la suite de l'abaissement de la valeur de l'argent.

Innocent III le comprit, et par un décret du Concile de Latran (1215) il autorisa le mariage à partir du quatrième degré (1).

Les villes ruinées ou amoindries pendant la période des invasions, languissantes pendant les premiers siècles du régime féodal, s'étaient, ainsi que nous l'avons dit, repeuplées peu à peu dans le cours du XIᵉ siècle ; les artisans s'étaient organisés en corps de métiers ; des communes avaient été fondées et avaient pris rang dans la hiérarchie des puissances du temps ; des villes royales ou seigneuriales avaient reçu de leurs maîtres des privilèges. Le règne de Philippe-Auguste et surtout celui de Saint Louis ont été pour la bourgeoisie une époque de renaissance pendant laquelle les populations urbaines ont augmenté.

Paris devint alors une grande ville qui comptait probablement plus de 240,000 habitants sous Philippe le Bel. Son Université attirait des milliers d'étudiants qui, de tous les pays d'Europe, venaient chercher son enseignement ; son industrie était active ; ses foires étaient très fréquentées. Celles de Champagne dans l'est et celle de Beaucaire au sud avaient beaucoup plus d'importance encore. Rouen, Toulouse, Montpellier étaient aussi des cités florissantes. Les croisades avaient fait briller le nom français d'un éclat qui n'avait pas été sans profit pour le développement économique du pays ; la langue française était parlée et la nation française était honorée à l'étranger (2).

On peut, sans crainte d'erreur, quand on considère les deux extrémités de la période, affirmer que la population totale de la France s'est considérablement accrue du IXᵉ au XIVᵉ siècle, sinon partout et d'une manière continue, du moins dans l'ensemble.

Nous avons dit (3) qu'à en juger par le domaine de Saint-Germain-des-Prés, la densité devait être très faible au IXᵉ siècle. L'accroissement fut tel durant les cinq cents ans qui ont suivi,

---

(1) « Non debet reprehensibile judicari si, secundum varietatem temporum, statuta quandoque varientur humana, præsertim cum urgens necessitas vel evidens utilitas id exposcit... Prohibitio copulæ conjugalis quartum consanguinitatis et affinitatis gradum, de cætero non excedat ; quoniam in ulterioribus gradibus jam non potest, absque gravi dispendio, hujus modi prohibitio generaliter observari. » Canon 50 du Concile de Latran (1215).

(2) Le Dante et Pétrarque viennent à Paris, Brunetto Latini choisit la langue française pour écrire son « Trésor » ; Jean de Luxembourg, roi de Bohême, fit élever à Paris son fils, qui fut plus tard (1346) l'empereur Charles IV.

(3) Voir livre I, ch. V.

qu'au commencement du xiv° siècle, la population paraît avoir
été à peu près égale à celle qu'on constatait au commencement
du xviii°.

*L'état des paroisses et feux des bailliages et sénéchaussées
de France en 1328.* — Nous possédons un document qui,
bien que très insuffisant, autorise cependant à hasarder pour la
fin de cette période féodale une hypothèse fondée sur une base
beaucoup plus large que celle du Polyptique de l'abbé Irminon.
C'est un état des « Paroisses et feux des bailliages et sénéchaussées
de France » dressé pour l'usage des officiers de finance du roi.
Voltaire connaissait ce document (1). M. Dureau de la Malle, qui
en a fait en 1829 l'objet d'une communication à l'Académie des
Inscriptions et Belles-Lettres, lui assigne la date de 1304, parce
qu'on en trouve la copie dans plusieurs manuscrits à la suite de
comptes de subsides de 1304, de 1314 et de 1328 (2). Le texte
que nous possédons aujourd'hui ne peut pas être antérieur à l'avènement de Philippe de Valois et se rapporte à la levée d'hommes
qu'il fit au début de son règne pour l'expédition de Flandre (3).

---

(1) Voir *Dictionnaire philosophique*, v° Population. Voltaire dit que l'auteur d'une
nouvelle histoire de France portait à 8 millions le nombre des feux en France, que le
calcul était fondé sur un état de subside imposé en 1328, portant 2,500,000 feux pour
les terres de la couronne, que cet auteur réduisait le feu à 3 personnes, mais que
lui, Voltaire, le comptait (comme avant lui Villaret) à raison de 4 1/2, ce qui aurait
fait 36 millions d'habitants. Voltaire ne croit pas que ce chiffre soit exact, parce
qu'il pensait que la population de la France avait augmenté depuis le xiv° siècle, et
il ajoute « qu'il est très probable qu'on se méprenait beaucoup du temps de Philippe
de Valois, quand on comptait 2,500,000 feux dans ses domaines. » Voir aussi la
remarque XIX° de l'*Essai sur les mœurs*.

(2) Dureau de la Malle fit sur ce sujet en 1829 deux lectures qui ont été publiées
dans les *Mémoires de l'Académie des Inscriptions et Belles-lettres* (Tome XIV, 2° partie,
p. 36). — Il n'avait pas donné le texte du document dans sa lecture; il le publia dans
la *Bibliothèque de l'école des Chartes* en 1840-41, t. II, p. 170. Le manuscrit reproduit
par l'auteur porte pour titre : « C'est la manière dont le subside fut faict pour l'ost de
Flandre 328 et que il monta selon ce que on peut trouver par les comptes renduz. »

(3) M. Dureau de la Malle cite deux manuscrits de la Bibliothèque nationale, H, 22,
fonds Notre-Dame et 9,745, ancien fonds français ; ces manuscrits dont le premier,
dit manuscrit d'Urfé, date de la fin du xv° siècle et dont le second, datant du xvi°
siècle et composé de pièces copiées sur les registres de la Chambre des Comptes, lui
a servi de modèle, sont cotées aujourd'hui 20,853 fonds français et 4,596 fonds français.
Il y a un troisième manuscrit, coté n° 2,833 du fonds français, qui est un *registre
original* de la Cour des Comptes datant du xiv° siècle et contenant, folio 237 et suivants, l'état de 1328 : c'est d'après ce manuscrit, plus sûr que les autres, et avec le
concours de MM. Longnon et Rocquain que nous avons dressé le tableau de la page
suivante. Il existe aussi aux Archives nationales (Reg. P, 2289) une copie faite au xviii°

On a vraisemblablement dressé souvent à cette époque des
états de ce genre qui ont servi successivement à la comptabilité
financière et qui ne diffèrent les uns des autres que par des
détails. Ils comprennent, indépendamment des sommes perçues,
le nombre par bailliages et sénéchaussées des paroisses et des
feux du domaine direct du roi et des fiefs de haute justice dans
lesquels l'impôt royal était perçu. Le total, tel qu'il résulte de
l'addition des nombres revisés sur le manuscrit, est de 24,150 paroisses et de 2,411,149 feux (1), au lieu de 24,171 paroisses

---

siècle, après l'incendie de la Cour des Comptes. M. de Boislisle a cité aussi (*Le budget
et la population de la France sous Philippe de Valois*, 1875, Ann. Bull. de la Soc. de
l'hist. de France) un état des feux du royaume en 1345 (Bib. nat., man. lat. 17,814).

(1) En comptant la vicomté de Paris et ses ressorts, d'une part, et, d'autre part,
les 33 bailliages ou sénéchaussées. Le total donné par le manuscrit pour les feux
de la vicomté de Paris doit être réduit, comme l'a indiqué M. Dureau de la Malle, de
116,986 à 113,886, et celui des autres circonscriptions doit être rectifié : il est de 23,633
paroisses et de 2,347,964 feux, au lieu de 23,670, et de 2,469,987 donnés par le manuscrit. Voici cet état, par bailliages et sénéchaussées, tel que l'auteur l'a publié
dans la *Bibliothèque de l'école des Chartes* (1850) ; nous modifions l'orthographe des
noms pour faciliter la lecture du document et nous rectifions les chiffres d'après le
manuscrit 2,833 du fonds français :

VICOMTÉ DE PARIS ET DE SES RESSORTS. — 567 paroisses, 116,986 feux, (addition
rectifiée : 113,886 feux).

	Paroisses.	Feux.
Chatellenie de Corbeil.	59	5.876
id. Gonesse	23	2.555
id. Lusarches	5	577
id. Poissy	33	3.296
id. Dammartin	25	2.452
id. Châteaufort	21	999
id. Montjay	18	1.427
id. Montmorency	28	2.556 (*)
Prévoté de Paris.	203	21.460
Villes de Meaux qui sont de la vic. de Paris et du ressort.	40	2.286
Ville de Paris et de Saint-Marcel	35	61.098
Ville de Saint-Denis	13	2.351
Ville de Chevreuse et de Maurepas	9	742
Ville de Montlhéry	51	5.533
Ville de Brie-Comte-Robert	4	578
TOTAL pour la Vicomté de Paris	567	113.786

BAILLIAGES ET SÉNÉCHAUSSÉES.

	Paroisses.	Feux.
Auvergne	727	90.624
Montagnes d'Auvergne	215	27.382
Saintonge	580	72.542
Rouergue	577	52.823
Mâcon	1.029	111.912
Caux	605	41.901
Monseigneur de Navarre (**) et Madame de Valois	323 (*)	18.349
A reporter	4.056	415.530

(*) M. Dureau de la Malle donne Montmorency, 2,656 feux ; Monseigneur de Navarre, 333 paroisses.
(**) Ces domaines se trouvaient en Normandie : les noms de Monseigneur de Navarre et de Madame de
Valois prouvent que le document n'est pas antérieur à 1328. D'ailleurs c'est en 1328 qu'a été levé le
subside pour « l'ost de Flandre ».

et 2,564,837 feux que l'auteur avait donnés dans le mémoire lu à l'Académie. Cette différence ne modifie pas d'une manière sensible un résultat qui ne saurait être qu'approximatif.

L'auteur admet deux hypothèses : la première, que le feu correspond au moins à 4 habitants 1/2 et c'est avec ce coefficient qu'il établit son calcul (1) ; la seconde, qu'il s'agit du domaine royal et que ce domaine comprenait à peine le tiers du territoire français (en 1829). Calculant sur ces données, il a obtenu un total de 7,694,511 feux et de 34,625,299 habitants pour la France entière.

Ce chiffre, quoique supérieur à celui de la population française

---

BAILLIAGES ET SÉNÉCHAUSSÉES (*suite*).

	Paroisses.	Feux.
Report...........................	4.056	415.530
Crécy-sur-Morin..........................	14	1.643
Vitry.................................	411	55.996
Bourges..............................	884	119.835
Amiens (sans le comté de Flandre)..............	1.144	115.116 (*)
Chaumont.............................	813	48.776 (*)
Gisors...............................	684	61.981
Poitou...............................	919	116.170
Troyes...............................	374	34.772
Cotentin	642	64.307
Anjou................................	701	80.808
Maine................................	586	55.333
Touraine.............................	606	74.177
Rouen................................	602	60.637
Gascogne et Agenais (sans la vicomté de Brulhois).	945	90.318
Senlis...............................	723	65.606
Valois...............................	107	9.392
Limousin	234	25.421
Meaux...............................	293	33.836
Caen (non compris le comté d'Alençon)..........	978	51.204
Bigorre..............................	394	12.378
Périgord et Quercy.....................	1.455	130.016
Vermandois...........................	1.309	130.672
Carcassonne..........................	1.084	84 271
Sens (sans Magny et Dampierre)............	1.014	153.310
Toulouse.............................	1.619	103.590
Beaucaire et Nîmes.....................	992	102.268
TOTAL donné par le manuscrit, d'après M. Dureau de la Malle, pour les 33 sénéchaussées ou bailliages.	23.671	2.469.987
TOTAL rectifié.............................	23.583	2.297.363 (**)
TOTAL général avec la vicomté de Paris..........	24.150 (***)	2.411.149

(*) M. Dureau de la Malle fixe pour Amiens, 115,716 feux ; Chaumont, 48,777.

(**) M. Guillard, qui ignorait que ce document eût été publié dans la Bibliothèque de l'école des Chartes, a lu plusieurs nombres autrement que M. Dureau de la Malle et donne un total de 2,493,763 feux.

(***) Nous rappelons que dans le mémoire inséré dans les *Mémoires de l'Académie des Inscriptions et Belles-Lettres*, les totaux donnés par M. Dureau de la Malle sont 24,171 paroisses et 2,564,837 feux.

(1) C'est en effet dans le coefficient 4 1/2 qu'il obtient 34,625,299 habitants. (Voir *Mém. de l'Ac. des Insc. et B.-Lettres*, XIV, p. 38 et 40-41). Cependant, à la même page 40, il dit qu'il compte 5 dans tous ses calculs et il répète cette assertion dans la Bibliothèque de l'école des Chartes (Tome II, 1840-1841, p. 176).

à l'époque où écrivait l'auteur, est cependant, suivant son opinion, inférieur à celui de la population au moyen-âge. Car, dans les états fiscaux du temps, les seigneurs ecclésiastiques ou séculiers, d'une part, et, d'autre part, les vilains et les serfs possédant moins de dix livres parisis paraissent n'avoir pas été comptés. Ces derniers surtout étaient très nombreux, dit M. Dureau de la Malle. L'auteur se trouve ainsi amené à conclure « qu'on sera stupéfait de l'énorme population de la France à cette époque et de la diminution de l'espèce humaine, depuis environ cinq siècles » (1).

Or, quand un calcul reposant sur une donnée hypothétique aboutit à un résultat stupéfiant, ne convient-il pas tout d'abord de se défier de l'hypothèse ?

Plus tard, un autre écrivain, qui n'était pas un érudit, mais qui connaissait les lois de la population, M. Guillard, a discuté les calculs de M. Dureau de la Malle. Considérant le domaine royal comme à peine égal aux 3/5 de la France sans la Corse et réduisant le feu à 4 habitants, il a trouvé un total de 15,850,000 habitants seulement, et il croit même ce chiffre exagéré (2).

Entre ces deux résultats, la différence est énorme.

Montesquieu croyait, comme M. Dureau de la Malle, que sous le régime féodal « il y eut dans la plupart des contrées d'Europe plus de peuple qu'il n'y en a aujourd'hui » (3). Les érudits du XIXᵉ siècle inclinent volontiers dans le sens de ces deux auteurs et sont portés à croire que la France était au moins aussi peuplée au moyen-âge que de notre temps (4) ; ceux qui se plaisent à voir

---

(1) M. Dureau de la Malle va jusqu'à une soixantaine de millions d'habitants. L'abbé Dubos, dans son *Histoire critique de l'établissement de la monarchie française*, lui avait fourni l'exemple de ce genre d'exagération.

(2) Voir *Éléments de statistique humaine ou démographie comparée*, par A. Guillard, p. 25 et suiv. Il nous semble qu'avec les éléments que l'auteur a adoptés, il aurait dû arriver à un total de 16 millions 1/2 au moins.

(3) *Esprit des lois*, liv. XXIII, ch. 24. M. Laboulaye, dans l'édition de 1877, ajoute en note : « La question soulevée par Montesquieu n'est point résolue ; elle mérite examen. »

(4) M. Babeau, dans le *Village sous l'ancien régime*, reproduit et résume en quelque sorte cette opinion en disant : « On croit que la population de la France était aussi considérable au XIVᵉ siècle qu'elle l'est de nos jours. » M. Siméon Luce (*Hist. de B. de Duguesclin*, ch. III), s'appuyant sur le témoignage de MM. Dureau de la Malle et Leber, dit qu'il est « avéré » que la population des campagnes en 1328 égalait celle de la France à la veille de la Révolution. M. L. Limayrac (*Étude sur le moyen-âge. Histoire d'une commune et d'une baronnie du Quercy*, 1 vol. 1885), va plus loin encore,

dans le régime féodal le type de la meilleure organisation sociale sont naturellement les plus affirmatifs à ce sujet.

Les économistes qui se sont occupés de la question sont moins disposés à admettre que l'état économique du XIVᵉ siècle pût fournir à une population aussi dense les moyens de subsister.

Il faut d'abord être fixé sur le sens des deux termes du problème : le nombre de personnes correspondant à un feu et le rapport de la superficie du territoire compris dans le rôle de 1328 à la superficie de la France actuelle.

Le nombre des habitants par feu. — M. Dureau de la Malle, qui cite plusieurs calculs portant à 5 le nombre d'individus par feu (1), dit « qu'on est donc certain de ne pas exagérer la population en multipliant par 4 1/2 ».

La certitude n'est pas aussi complète qu'il le pense, quoiqu'il ait pour lui l'autorité de Voltaire. Moheau, qui, sous le règne de Louis XVI, publiait un volume très instructif sur la population, dit qu'il faut se garder contre « l'illusion de la dénomination du feu qui, dans quelques pays, annonçait plutôt une faculté de payer qu'une habitation » (2).

On ne saurait, en effet, trouver un coefficient exact pour cal-

---

lorsqu'il dit, p. 155 : « Du reste, tout indique qu'à l'époque de la domination romaine et dans les temps qui suivirent (au moins du XIᵉ au milieu du XIXᵉ siècle, dirons-nous), la région du Quercy était plus populeuse, mieux percée et plus prospère que depuis l'invasion des Anglais et même de nos jours. » Mais ces assertions ne sont pas appuyées sur des preuves suffisantes.

(1) Il dit que Raynouard lui a fourni des exemples de 100 personnes par feu.

(2) Moheau, *Recherches et considérations sur la population de la France*, p. 352. — Un registre de « la réparation des feux de Castel-Sarrasin », en 1414 (Archives nat., Reg. kk, 4229), peut donner une idée de la manière dont on établissait les états de feux qui étaient des rôles d'imposition plus que des statistiques de la population.

La 1ʳᵉ page de ce registre commence ainsi :

« Sequitur informatio facta super numero focorum loci de Castro-Sarraceno... »

Et à la fin de la page :

« Et ibidem dictus commissarius (Regis Franciæ), volens procedere ad dictam informationem faciendam super dicto numero focorum... coram se venire fecit de probis viris antiquis et sufficientibus dicti loci, videlicet Ramundum etc., etc... »

2ᵉ page :

« Deinde : idem commissarius... precepit dictis... presentibus... quatinus *libros* extimationum bonorum omnium habitantium dicti loci in quibus *nomina eorum* et valores bonorum ipsorum et eorum bona estimata sunt descripta sibi apportarent...

Qui quidem pauló post dictos libros... apportaverunt, *in quibus libris nomina omnium habitantium* dicti loci et valores bonorum erant descripta... »

culer le nombre des habitants à l'aide du nombre des feux. Le feu, comme le fait observer Moheau, était surtout une unité imposable. Les gens vivant seuls, célibataires, veufs ou veuves, figuraient dans ce nombre comme les pères de famille. Une même maison pouvait renfermer plusieurs feux, comme aujourd'hui plusieurs ménages ou plusieurs chefs de famille payant la contribution personnelle mobilière. Les rois besogneux du xive siècle devaient chercher à multiplier le plus possible le nombre des feux, sauf à ne pas recouvrer toutes les taxes portées sur les rôles et à s'exposer aux réclamations des contribuables surtaxés (1). Des écrivains très autorisés du xviiie siècle, contemporains d'un système d'imposition dans lequel le feu était en usage, se déclaraient en général impuissants à faire un pareil calcul (2) ; plus éloignés du problème, les érudits du xixe siècle ne le résoudront pas plus sûrement qu'eux.

Voici quelques preuves de cette diversité. L'historien Villaret, quoique attribuant à la France de 1328 une population considérable, ne compte que trois personnes par feu. Dans l'*État de la France* par le comte de Boulainvilliers, le nombre des habitants par feu se trouve être de 5 pour l'Alsace, de 4 1/2 pour Belfort, de 2 pour Strasbourg (3).

Vauban, dont le témoignage est considérable en cette matière, calculait, au commencement du xviiie siècle, la population de la

(1) Voir M. Vuitry. *Histoire du régime financier de la France*, tome II.—Clermont, sous le règne de Charles V, réclama et prouva que le nombre des feux que le rôle lui attribuait était exagéré d'un cinquième. Chaque feu ne payait pas exactement la même somme ; mais la répartition du subside demandé par le roi se faisait par groupes de feux. Voici ce que disent les instructions de Philippe de Valois aux commissaires royaux (1337) : « Cent feux payeront le mois XXV livres, et sera levé par III mois, et i payera chascun selon ses facultés, et n'i seront en rien comptés les povres mendiants. » Les feux ne supportaient pas nécessairement chacun la même quote-part de l'impôt. Ainsi, d'après les extraits des rôles de Bourgogne publiés par M. J. Garnier (*La Recherche des feux en Bourgogne aux xive et xve siècles*), on voit que, lorsque les feux des bonnes villes étaient taillés à 13 gros, ceux des villes marchandes ayant foires et marchés l'étaient à 10 ; ceux des villes du plat pays à 6 et les feux serfs à 1 seulement ; on distinguait aussi les feux solvables et les feux misérables. Les personnes engagées dans les ordres religieux ou attachées à leur service, les nobles « vivant noblement, » les officiers et commensaux du duc ne figuraient pas au rôle.

(2) « Soit qu'on porte, avec l'auteur de *La nouvelle histoire de France*, les feux à trois, à quatre, à cinq personnes.... » Voltaire, *Dictionnaire philosophique*, voir population.

(3) Alsace, 51,422 feux et 257,000 habitants ; Belfort, 160 familles et 700 habitants ; Strasbourg, 11,300 familles et 23,000 habitants.

France d'après les mémoires des intendants, dont plusieurs contenaient seulement le nombre des feux ; il prend quatre fois le chiffre 4 pour multiple (1), une fois 4.4 (2) et une fois 4.5 (3).

Nous avons dit que Voltaire avait adopté 4 1/2.

L'abbé Expilly, dans l'avertissement de son *Dictionnaire des Gaules et de la France*, dit qu'une moyenne de 5 personnes par feu ne lui paraît pas exagérée, mais que plusieurs écrivains de son temps avaient préféré le facteur 4 (4).

En 1766, un ingénieur des ponts et chaussées, composant un savant mémoire sur la province de Touraine, déclarait préférer le facteur 4 à 4 1/3 qu'un certain nombre de paroisses avaient adopté pour obtenir à l'aide du nombre des feux celui des habitants (5).

Dans un rapport officiel présenté à l'assemblée d'élection de Clermont-en-Beauvoisis en 1787, que M. le comte de Luçay a fait connaître, le nombre des habitants de l'élection est obtenu en multipliant le nombre des feux par 3 1/2 (6).

Trois documents de la fin du règne de Louis XIV fournissent pour l'étude de ce problème un élément qui ne peut pas être négligé : le dénombrement par tête fait en 1697 dans l'élection de Provins par l'intendant, lequel donne un total de 11,992 âmes, et deux recensements des feux de la même élection faits en 1709 et en 1713 qui sont loin de concorder et qui donnent 4,158 (ou 3,968, addition rectifiée) et 4,023 feux (7), et dont le rapport est, par conséquent, un peu inférieur à 3 habitants par feu.

---

(1) Pour les généralités de Bordeaux, de Riom, de Caen et de Rouen, voir le tableau de la population en 1700, livre I, chapitre X.

(2) Pour la généralité de Châlons.

(3) Pour la généralité de Limoges.

(4) « Plusieurs personnes qui ont écrit avant nous sur cette matière ont déterminé la population du royaume d'après le nombre des feux qu'on y compte et elles ont trouvé que, puisque selon les états d'affouagement la France ne contenait que quatre millions de feux ou environ, on ne devait y compter que seize millions d'âmes, à raison de quatre personnes par feu. Mais les écrivains n'ont pas fait attention que l'affouagement n'est pas le même dans toutes les provinces du royaume »…. Expilly, *Dictionnaire des Gaules,* avertissement, p. 2.

(5) Voir plus loin le chapitre XI.

(6) Dans le texte, le résultat de ce calcul est 36,099 habitants. Il aurait dû être 34,811, le nombre des feux étant de 9,946. Un recensement fait en 1791 donna 41,489 habitants ; ce qui indique que le multiple 4 (donnant 39.784) eût été préférable. Voir un *Essai de statistique rétrospective. L'assemblée d'élection de Clermont-en-Beauvoisis et le plumitif de l'intendant de Soissons en* 1787, par M. le comte de Luçay (Extrait du *Bulletin du comité des sciences économiques et sociales,* 1884).

(7) Voir ces trois recensements par paroisses dans l'introduction (p. XXVIII) du

Dans 105 paroisses où un recensement par tête a été fait de 1762 à 1763, Messance évalue qu'il y avait en moyenne 3 personnes 1/2 par famille.

Moheau attribue aux quatre généralités de Riom, Lyon, Rouen et Tours 35,581 familles et 151,008 habitants, soit 4 personnes 1/4 par famille.

Le même auteur calculait que la cote de capitation dans une partie de la généralité de La Rochelle correspondait à 3 personnes 67/68 (1).

D'un recensement fait dans plusieurs cantons de la Normandie en 1790, il ressort que le feu équivalait à 4 personnes en moyenne (2).

Nous possédons un recensement, détaillé et fait, dit M. Babeau, avec un soin exceptionnel, de la ville de Troyes en 1774. Le nombre des feux, nobles, ecclésiastiques et roturiers est de 5,845 et celui des habitants, adultes et enfants, de 22,524 soit 3,8 personnes par feu (3).

Un des ouvrages les plus importants qui aient été publiés sur la population avant 1789, le *Dénombrement de la France*, de Saugrain, donne pour la fin du règne de Louis XIV un total de 39,016 paroisses et de 3,547,940 feux ; le facteur 4 fournirait cette

---

Mémoire de la généralité de Paris, publié par M. de Boislisle. Or, de 1697 à 1713, il y avait eu appauvrissement et il est probable que le nombre des feux avait diminué plutôt qu'augmenté.

(1) 13,662 cotes et 54,446 habitants.

(2)

	feux	habitants
Canton de Cany	2.436	9.295
— Saint-Valéry-en-Caux	2.543	10.395
— Veules	1.934	8.194
— Fontaine-le-Dun	1.453	5.826
District de Cany	18.202	74.657
— Gournay	9.175	38.038
— Montivilliers	24.134	93.260
— Dieppe	23.224	98.557
	83.101 feux	338.873 habitants

(3) *La population de Troyes au* xviiie *siècle* par M. A. Babeau, Troyes 1873. Il n'était pas rare de trouver moins de personnes par feu dans les villes que dans les campagnes. Il n'est pas rare non plus, quand plusieurs estimations sont faites à peu près à la même époque pour la même localité, de les trouver en discordance. Dans un autre document, rédigé par l'administration des gabelles et datant de 1787, le nombre des feux est porté à 7,252, tandis qu'à la même époque les feux de l'administration des tailles étaient au nombre de 6510, et celui des habitants de 21,828 ; mais les enfants au-dessous de 8 ans ne sont pas comptés et M. Babeau estime que la population était d'environ 30,000 âmes. Les documents officiels varient de 25,000 à 32,000 pour la population de Troyes à cette époque. Dans le document de 1787, les veuves, filles et garçons sont comptés pour des demi-feux.

fois un nombre d'habitants qui nous paraît trop faible (1), malgré les pertes considérables que la population avait faites pendant la guerre de la succession d'Autriche.

Au commencement de la Révolution, le département de la Dordogne dressa, comme beaucoup d'autres, les rôles de sa population. Les Archives nationales possèdent ce document qui fournit par district le nombre des chefs de famille, celui des feux et celui des habitants ; on voit que le nombre des personnes varie dans cette région et à cette époque de 4 à 5,1 (2).

Il est vrai que les expressions de feu, de famille, de cote, de capitation, sur lesquelles nous venons de raisonner, quoique très voisines, ne désignaient pas toujours exactement les mêmes groupes d'individus (3).

Un document financier du XVIIIᵉ siècle, que nous citerons plus loin, prouve, même que le nombre des feux pouvait augmenter dans une localité en même temps que le nombre des habitants diminuait (4).

Il ne faut pas non plus confondre la maison et le feu (5). Entre les deux, l'analogie est grande sans doute. Dans les villages, Moheau supposait 4 habitants 1/3 par maison et il ajoutait : « estimation

---

(1) Voir plus loin le chapitre XI.

(2) DÉPARTEMENT DE LA DORDOGNE (*vers* 1792).

DISTRICTS.	NOMBRE de chefs de famille domiciliés à demeure dans la commune.	NOMBRE de feux.	POPULATION effective.	NOMBRE de personnes par feu.
Périgueux.........	10.837	10.837	52.973	4.8
Nontron..........	9.153	8.545	44.122	5.1
Montignac........	9.647	9.647	43.747	4.5
Bergerac.........	11.996	12.420	50.071	4.0
Sarlat...........	10.141	9.875	45.397	4.6
Mussidan.........	8.832	8.484	37.013	4.3

(3) « Le nombre des cotes de capitation n'est pas absolument le même que celui des familles, d'autant que le père et le fils marié, la veuve et un fils mineur, ayant quelque bien, doivent former des articles d'impositions séparés et cependant ne composent qu'une seule famille. Mais ces règles de finances ne sont pas exactement observées pour le peuple, et le nombre des cotes de capitation, des feux et des familles donne un chiffre d'habitants à peu près égal. » (Moheau, p. 31).

(4) Voir Liv. I. chapitre XI.

(5) Cependant Ducange, s'appuyant sur la loi burgonde (titre XXXVIII, § 1, 9) et sur des chartes bourguignonnes de 1279 et de 1291, déclare que focus, domus et familia sont synonymes.

forte » ; on en a trouvé beaucoup qui ne donnent pas 4 (1). Mais, la différence est considérable dans les villes : Rouen, par exemple, avait 6 habitants par maison, et Paris 25 du temps de Moheau.

Des différences du même genre se produisent de nos jours. Ainsi, le recensement de 1851, le premier qui ait fait connaître la population par maison, donne comme moyennes générales pour la France entière 4,8 habitants par maison et 3,9 personnes par ménage, et comme moyennes départementales, des nombres qui varient de 4,7 personnes par ménage (Finistère) à 2,8 (Aube) ; le département de la Seine, qui peut être mis hors de cause comme étant une exception, avait 2,7 personnes par ménage et Paris 35 habitants par maison (2).

Nous avons multiplié à dessein les exemples, afin de prouver que le feu ne saurait représenter, au XIVe siècle, non plus que dans les siècles suivants, un nombre précisément déterminé d'habitants. Celui de 5, malgré l'autorité des savants qui l'ont adopté pour les pays de taille et de fouage (3), nous paraît exagéré. Le feu, suivant les cas, peut signifier 5, 4 1/2, 4 et moins de 4. Aucun de ces nombres ne s'impose ; par conséquent, si la moyenne arbitrairement choisie par un auteur conduit à un résultat invraisemblable, c'est que le choix n'est pas judicieux. Il ne faut pas s'attacher à un résultat obtenu avec un tel multiplicateur sous prétexte que le vrai peut quelquefois n'être pas vraisemblable, comme on pourrait faire si l'on avait découvert un véritable dénombrement de la population, car on est en présence d'une hypothèse de l'auteur et non d'une réalité. M. Dureau de la Malle ne l'a pas senti. Quant à nous, nous sommes porté à prendre de préférence le nombre 4, que les textes autorisent aussi bien que celui de 4 1/2, pour multiplicateur des feux dans l'évaluation du document de 1328.

La superficie du territoire compris dans le rôle de 1328.

---

(1) Moheau, p. 29. « Les villes et les campagnes réunies, dit-il encore, on peut estimer qu'on trouverait dans le royaume cinq habitants par maison. »

(2) Une comparaison du détail de la population de Rethel en 1765 et en 1876 (voir *La population de l'arrondissement de Rethel*, (communication faite par M. Jadart au Congrès de l'association pour l'avancement des sciences en 1881), montre que, dans la ville de Rethel, la composition des ménages différait peu de celle de nos jours ; il n'y avait pas plus d'enfants par ménage, mais proportionnellement un peu moins de femmes veuves, et autant de garçons et de filles tenant ménage.

(3) MM. Delisle, de Beaurepaire, de Boislisle sont au nombre des érudits qui ont calculé d'après ce taux.

— La seconde question à examiner est celle de l'étendue des territoires que désigne le rôle de 1328 et du rapport de cette étendue à celle de la France actuelle.

MM. Dureau de la Malle et Guillard ont considéré ces territoires comme composant alors le domaine royal. Si, comme eux, nous calculions approximativement la superficie des provinces du domaine royal mentionnées au rôle, nous trouverions qu'elle représente près des 2/5 de la superficie de la France actuelle sans la Corse (1) : c'est une fraction plus forte que celle de M. Dureau de la Malle.

Mais le rôle porte le total des paroisses sur lesquelles les baillis ou sénéchaux du roi levaient l'impôt, et non celles du domaine royal proprement dit qui était plus restreint ; il est dressé en vue d'un acte de souveraineté et non d'un droit seigneurial. En effet, on trouve dans la vicomté de Paris, Dammartin et Montmorency qui appartenaient à des seigneurs ayant droit de basse et de haute justice ; « Monseigneur de Navarre et Madame de Valois » jouissaient de tous les droits seigneuriaux sur leurs terres, ainsi que le comte de Rodez dont le domaine paraît cependant avoir été compté dans les feux de la sénéchaussée du Rouergue ; le comté de Mâcon n'avait pas deux cents paroisses (2) et pourtant le bailliage de Mâcon est coté comme ayant 1029 paroisses, parce qu'il comprenait la partie du duché de Bourgogne sur laquelle le bailli levait l'impôt, quoique le duc fût un grand seigneur, très indépendant. Si le texte porte la mention que les paroisses du bailliage d'Amiens sont comptées à l'exclusion de celles de Flandre,

---

(1) L'appréciation de la superficie du domaine est très difficile à cause des enclaves et du défaut de concordance des circonscriptions actuelles avec les circonscriptions du XIV⁰ siècle. Cependant nous avons dressé approximativement les limites de ce domaine d'après le document de 1328 ; nous les avons portées sur une carte de France à l'échelle du 5,000,000⁰, quadrillée par centimètres carrés. En comptant ensuite les carrés, nous avons trouvé que le domaine royal comprenait 81 centimètres carrés et la partie hors du domaine 113 centimètres, soit le rapport de 8 à 12 ou de 2 à 3. Henri Martin estimait que les provinces du rôle de 1328 occupaient environ 40 départements et il en concluait qu'elles représentaient à peu près la moitié du territoire. Nous avons trouvé ce même nombre de départements (39 entiers ou en grande partie et deux partagés à peu près par moitié) ; mais le nombre des départements et la superficie sont choses distinctes.

(2) Dans le *Dénombrement de la France*, par Saugrain (année 1709), le Mâconnais n'est porté que pour 176 paroisses ; Charlieu qui appartenait aussi au domaine royal, n'ajoutait guère à ce total qu'une dizaine de paroisses.

c'est que la Flandre, quoique indépendante aussi, relevait de ce bailliage, mais que le roi ne pouvait pas demander le subside au comte même pour lui faire la guerre. Il convient donc d'évaluer ce territoire non par la superficie approximative du domaine royal, mais par le nombre des paroisses, quel qu'en fût le seigneur, sur les feux desquelles portait l'impôt (1). Ce nombre est de 24,150. En admettant que le nombre total des paroisses existant en 1328 sur le territoire actuel de la France (428,400 kilom. carrés) fût de 42,800, comme il l'était à peu près en 1790, et que la superficie moyenne des paroisses fût la même dans la région imposée en 1328 et dans la région non imposée, on trouve que la première formait un peu plus de la moitié de la superficie totale de la France (2). Afin de tenir quelque compte du premier mode d'évaluation et de prendre un rapport simple sans risque d'exagération, nous admettrons qu'elle représente exactement la moitié.

Le nombre supposé des habitants de la France en 1328. — En calculant avec le multiple 4, la population des 2,411,148 feux du territoire imposé était, en nombre rond, de 9,650,000 âmes, soit près de 100 feux ou de 400 habitants en moyenne par paroisse (3). Elle serait de 10,856,000 avec le facteur 4 1/2.

Les paroisses de Paris comprenaient naturellement beaucoup de feux (plus de 1,700 en moyenne). Les autres paroisses mentionnées au rôle en renfermaient en moyenne 97, proportion qui

---

(1) MM. Siméon Luce et Longnon m'ont suggéré ce mode d'évaluation.

(2) Elle formait environ les 24/43 du total, Corse comprise. Voici les éléments de ce calcul hypothétique. En supposant que le nombre des paroisses de l'ancien régime fut partout supérieur d'un quart à celui des communes actuelles, il faut retrancher 1,200 environ des 44,000 paroisses : le reste est de 42,800. La France, depuis 1790, a gagné la Savoie et Nice (734 communes) et perdu l'Alsace-Lorraine (1690 communes), voir *La France et ses Colonies*, I, p. 357. Les 528,400 kilomètres du territoire actuel possèdent donc 956 communes de moins que le territoire français de 1790 (y compris le comtat Venaissin, Mulhouse et Montbéliard).

(3) Les communes de France avaient en moyenne 1058 habitants en 1886. Mais il y a aujourd'hui beaucoup plus de grandes villes qu'au xiv⁰ siècle ; la population de la seule ville de Paris a plus que décuplé (la superficie en a augmenté à peu près autant) ; d'autre part, la paroisse représente en moyenne un territoire moindre que la commune : Ainsi Paris avait 35 paroisses. — Au contraire, il semble que dans les premières années du xviii⁰ siècle, les paroisses aient été moins peuplées qu'au xiv⁰, car les 39,016 paroisses et les 3,547,940 feux que mentionne M. Saugrain dans le *Dénombrement de la France* donneraient, avec le multiple 4, à peine 300 habitants par paroisse. (Voir plus loin, ch. XI).

retrouve à peu près la même dans huit circonscriptions de la
:omté de Paris et dans six autres bailliages ou sénéchaussées
âcon, Crécy, Amiens, Cotentin, Touraine, Vermandois). La
)portion était sensiblement inférieure dans cinq circonscriptions
la vicomté de Paris, tandis qu'elle n'y était supérieure que
1s les deux villes de Saint-Denis et de Brie-Comte-Robert. Ce
:tait donc pas dans les environs de Paris que se trouvaient les
:oisses les plus populeuses, ni dans le nord-ouest où la plupart
; bailliages étaient aussi au-dessous de la moyenne (1), ni dans la
;ion pyrénéenne (2). Au contraire, cette moyenne était dépassée
1s le centre de la France (Anjou, Poitou, Touraine, Saintonge,
rri, Limousin, Auvergne) et dans le Bas-Languedoc. Cette
·niére province, où se trouvaient de grandes villes florissantes,
nptait en moyenne 163 feux par paroisse, tandis que le bail-
;e de Caen n'en avait que 52.
:e groupement a beaucoup d'analogie avec celui que présentent
ourd'hui les communes des mêmes contrées : ainsi, celles du
)artement de l'Hérault ont près de 2,000 habitants en moyenne,
dis que celles du Calvados n'en ont pas 1,000 (3).
Vlais le nombre moyen des feux par paroisse en 1328 diffère
iucoup de celui que fournit le premier dénombrement complet du
·aume de France par paroisses et par feux que nous possédions
]ui date des premières années du XVIIIe siècle (4). Ce nombre,
effet, n'est que de 88 (Paris non compris) dans ce document.
population était vraisemblablement moindre après les guerres
grand roi qu'avant la guerre de Cent ans ; cependant la diffé-
:ce est telle que nous n'osons affirmer que les circonscriptions
·itoriales comprises sous le nom de paroisses ou les désigna-

---

) Caux, domaine du roi de Navarre et de madame de Valois, Chaumont, Gisors,
1e, Senlis, Valois, Caen.
Bigorre, Gascogne et Agenais, Toulouse.
Il y a moins de 1,000 habitants par commune dans les départements de la
me, de l'Aisne, de l'Oise, de Seine-et-Oise, de l'Eure, de la Seine-Inférieure, du
ados et un peu plus de 1,000 dans les départements de l'Orne, de Seine-et-
1e, de la Côte-d'Or, de la Haute-Garonne, des Hautes-Pyrénées, qui correspondent
deux principales régions des petites paroisses en 1328. Il y a plus de 2,000 habi-
; par commune dans les départements de Maine-et-Loire, d'Indre-et-Loire, du
·, de l'Allier, de la Vienne, de la Vendée, de la Haute-Vienne, de la Corrèze, du
al qui se trouvent dans la région des paroisses ayant beaucoup de feux en 1328.
Voir *Dénombrement du royaume de France par généralités, électeurs, paroisses et*
, publié par Saugrain, 1709.

tions de feux aient été précisément les mêmes aux deux époques.

Au nombre qui résulte de la multiplication des feux par 4 (ou par 4 1/2), il conviendrait d'ajouter, d'une part, les privilégiés, nobles et clercs, qui ne figuraient pas sur les rôles d'imposition et dont on peut hypothétiquement fixer le nombre au vingtième de la population ; et, d'autre part, les pauvres qui n'étaient pas taxés. Mais il faut considérer aussi que les bailliages et sénéchaussées imposés occupaient principalement le bassin de la Seine, le bassin inférieur de la Loire et une partie de la Garonne, qu'ils ne comprenaient ni les Vosges, ni le Jura, ni les Alpes, ni les Pyrénées, ni les Landes à l'exception de quelques cantons, c'est-à-dire qu'ils étaient situés dans la partie de la France la plus fertile et vraisemblablement la plus peuplée alors, comme aujourd'hui, si l'on fait abstraction de la Bretagne. Cette différence compense largement l'omission des privilégiés (1).

Donc, si nous admettons que le rôle de 1328 comprît les paroisses de la moitié du territoire actuel de la France, nous pouvons dire en nombre rond que les 528,400 kilomètres carrés de ce territoire pouvaient avoir 20 à 22 millions d'habitants environ à la veille de la guerre de Cent ans : soit une densité de 38 à 41 habitants par kilomètre carré (2).

Nous présentons ces nombres comme une hypothèse. La base sur laquelle elle repose est, comme nous l'avons dit, plus large que celle que nous possédons pour le IXe siècle ; mais, d'autre part, elle paraît moins précise, parce qu'on connaît moins bien la valeur du feu et l'étendue du territoire imposé, que le nombre des hommes des manses tributaires et des arpents de Saint-Germain-des-Prés.

---

(1) Les 38 départements (39 avec le département de la Seine) compris entièrement ou en grande partie dans le rôle de 1328 avaient, en 1886, une densité moyenne d'environ 89 hab. par k. c.; nous excluons du calcul le département de la Seine dont l'énorme densité (6182) fausserait la moyenne. Les 44 départements situés hors du domaine avaient une densité moyenne d'environ 65, quoiqu'ils comprissent la Bretagne qui est très peuplée. Nous disons « environ », parce que n'ayant besoin que d'un résultat approximatif, nous avons considéré les départements comme ayant tous la même superficie. Nous n'avons laissé en dehors du calcul que la Seine-et-Marne et l'Yonne (dont le domaine ne possédait guère que la moitié), le territoire de Belfort et la Corse.

(2) Le multiple 4 donne 19,300,000 ; le multiple 4 1/2, 21,712,000. Henri Martin, dans son Histoire de France, se montre disposé à accepter 25 millions d'habitants et M. Baudrillart regarde ce chiffre comme « probable ». Voir La population en France au XVIIIe siècle par M. Baudrillart, Journal des économistes, mai et juin 1885.

Le chiffre de 20 à 22 millions représente une population relativement forte pour le xive siècle, car elle est au moins égale à celle que nous attribuons à la même contrée au xvie siècle et dans le premier quart du xviiie, et elle suppose un accroissement continu et rapide depuis le milieu du xie siècle où, par une hypothèse toute gratuite, nous admettons qu'elle pouvait être tombée jusqu'à 7 millions. Toutefois, cet accroissement n'est pas invraisemblable, puisqu'il est bien inférieur à celui de l'Europe au xixe siècle (1).

L'examen des textes justifie à peu près cette évaluation. L'argument des 30,000 hommes, sur lesquels s'appuie M. Dureau de la Malle et que s'applique à combattre M. Guillard, n'est sans doute pas convaincant (2) ; mais la comparaison de la population dans quelques provinces en 1328, d'après le document que nous analysons, et en 1876, d'après le dénombrement, l'est davantage, bien qu'il n'y ait pas coïncidence entre les circonscriptions administratives du xive siècle et celles du temps présent.

	Population en 1328 — 1876	
Normandie..........................	1.233.000 (3)	2.455.000 (3)
Poitou.............................	464.380	1.076.000
Touraine.....	296.600	324.000
Anjou..............................	322.300	517.000
Ile-de-France, Picardie et Champagne (sans Paris)......................	3.078.820	3.940.000
	5.395.100	8.312.000

(1) L'Europe avait environ 175 millions d'habitants en 1800 (voir dans le *Bulletin de l'Institut international de statistique*, année 1886, le mémoire sur *la superficie et la population des contrées de la terre*, par M. E. *Levasseur*) et environ 350 millions en 1888 ; la population a donc doublé en moins de 90 ans, et les contrées agricoles, comme la Russie, ne sont pas celles où le progrès a été le moins rapide. Or, en supposant un accroissement moitié moindre et en admettant le chiffre de 7 millions pour la population qui habitait en 1050 le territoire actuel de la France (528,400 kilom. carrés), on trouve 10 millions 1/2 (7 + 3 1/2) en 1140, 15 millions 3/4 (10 1/2 + 5 1/4) en 1230, 23 millions 5/8 (13 3/4 + 7 7/8) en 1320.

(2) En 1356, les États généraux promirent 30,000 hommes à raison d'un homme équipé et soldé par 400 feux ; d'où M. Dureau de la Malle induit qu'à 5 personnes par feu, il y avait 15 millions d'habitants dans la Langue d'oil, qui était à peine le tiers de la France. D'autre part, s'appuyant sur un texte qui porte que le prince Noir obtiendrait un subside de 1,200,000 fr. par un impôt d'un franc par feu, il en conclut qu'il y avait (toujours sans les serfs et les privilégiés), plus de 6,000,000 habitants sur le territoire cédé aux Anglais par le traité de Brétigny.

(3) La ville de Rouen n'est pas comprise dans le total de 1328 ; pour établir la compensation, M. Guillard a ajouté Rouen à son total en lui supposant, d'après Expilly, 14,130 habitants, ce qui est bien peu.

Ainsi, la population en Normandie et en Poitou paraît avoir été moindre environ de moitié ; moindre d'un tiers, dans l'Anjou, l'Ile-de-France, la Picardie, la Champagne ; presque aussi considérable en Touraine. Dans l'ensemble, ces provinces renfermaient, en 1328, 65 0/0 de la population actuelle (1). D'après notre calcul, cette population était donc, contrairement à l'opinion de M. Dureau de la Malle, inférieure à celle qui vit aujourd'hui sur le même territoire et cependant, contrairement à l'opinion de M. Guillard, elle était déjà nombreuse.

M. Géraud attribue à Paris 216,000 habitants en 1292 et 274,000 en 1328 ; ces chiffres sont peut-être un peu trop forts (2), mais ils indiquent que la population de la capitale était déjà considérable et qu'elle s'était accrue au commencement du XIVe siècle.

Un document plus ancien, le pouillé du diocèse de Rouen, par Eudes Rigaud, (3) rédigé du temps de Saint Louis (1248-1275), donne le nombre des paroissiens et le chiffre de leur tribut pour les 1,370 églises ou chapelles du diocèse, qui étaient réparties en 30 doyennés. En prenant comme exemple le doyenné de Gisors et en adoptant le taux de quatre personnes par paroissien, c'est-à-dire par chaque chef de famille contribuable mentionné dans le document, on obtient un total de 9,088 habitants au XIIIe siècle pour les trente-trois paroisses de ce doyenné qui peuvent être comparées à 33 communes actuelles ; ces communes contenaient, en 1876, 14,736 habitants (4). La population, répartie autrement aujourd'hui, aurait en somme augmenté d'environ

---

(1) Le calcul est fait à raison de 4 habitants par feu. S'il l'avait été avec le coefficient 4 1/2, on aurait obtenu 6,077,000, c'est-à-dire les 3/4 de la population actuelle des cinq groupes de provinces.

(2) M. Géraud, dans l'introduction de *Paris sous Philippe le Bel* (collection des *Documents inédits sur l'histoire de France)*, donne 245,861 habitants en 1292 et 274,491 en 1328 ; mais il calcule d'après le taux de 4 1/2 par feu qui, pour Paris surtout, nous paraît trop élevé. Sur le rôle de 1328, « la ville Paris et de Saint-Marcel » est comptée en effet pour 35 paroisses et 61,098 feux. M. Dureau de la Malle attribue à Paris 303,490 habitants en 1328. En adoptant le facteur 4, on trouve 244,000 habitants.

(3) Inséré dans le tome XXIII des *Historiens de France*. Voir aussi le mémoire de M. de Beaurepaire, inséré dans le tome XXVIII des *Antiquaires de Normandie*.

(4) Sans compter les 1,583 habitants de la commune de Charleval, il y avait 6,710 habitants en 1876 appartenant à des communes pour lesquelles la comparaison n'est pas possible (21,446 — 6,710 = 14,736). Il est bon de remarquer que la ville de Gisors n'entre pas dans la comparaison et que la population des villes a, en général, plus augmenté que celle des campagnes depuis le moyen-âge.

60 0/0. En acceptant même le taux de 5 personnes par paroissien,

---

DECANATUS GISORTII. — (44 paroisses, plus de deux chapelles de lépreux).

	Tribut	Parrochiani	Nombre hypothétique d'habitants vers 1270, en multipliant le nombre des paroissiens		Habitants au recensement 1876.
			par 5	par 4	
Eccl. St-Hilaire d'Amecours..	18ᶫⁱᵛ.	60	(30)	240	214
St-Denis de Ferment...	40	160	(80)	640	476
Tierceville	25	80	Fait partie de Bazincourt.		
Le Coudray-en-Vexin..	20	52	(250)	208	229
Beauvois-en-Lions......		120	(600)	480	1.009
Sancourt.............	12	45	(225)	180	154
Puchay.............	12	50	(250)	200	652
Martagny	20	60	(300)	240	295
Le Tronquais.........		60	(300)	240	880
Bazincourt	15	34	(170)	156	466
Gisors					4.047
Rosay-en-Vexin		84	(400)	336	825
St-Éloi-de-Bézu..	20	50	(250)	200	701
Lorleau..............	20	50	(250)	200	296
Bernouville	20	60	(300)	240	209
Bézu-le-Long.		80	N'est-ce pas la même comm. que B. St-Eloi?		
Doudeauville..........	12	90	(450)	360	220
St-Pair-en-Vexin.......	12	40	(200)	160	104
Neaufle	30				717
Lilly................	20	42	(200)	168	155
Fleury-la-Forêt.......	10	48	(250)	192	604
Morgny-la-Forêt.......	10	34	(150)	156	817
Transières (*)	10	14	(70)	56	532(*)
Mainneville..........	30	104	(520)	416	539
Mesnil-sous-Varclive ...	15	30	(150)	120	386
Le Til-en-Vexin	20	58			284
Heudicourt..........	45	110	(550)	440	623
Varclive		80			
St-Martin-au-Bosc......	20	30	(150)	120	357
St-Aubin-de-Corval	10	30	(150)	120	474
(St-Aubin Celloville, hameau de Boos)..........					
Hébécourt...........	30	70	(350)	280	557
Bezu-la-Forêt........	24	60	(300)	240	390
Lions-la-Forêt........	60	225	(1.225)	900	1.323
Mesnil-sous-Vienne	16	70	(350)	280	170
Gaillardbois..........		40	(200)	160	400
Lisors	25	80	(400)	320	411
Noyjeon-le-Sec........	30	140	(700)	560	363
Toufreville-St-Louis...	30				348
Neufmarché-en-L......					657
Longchamp...........	30				657
Laussay-la-Vache......	60	80	(400)	320	319
Bouchevilliers........	30	40	(200)	160	118
			(11.360)	9.088	21.446

(*) Transières dépend de la commune de Charleval qui a 1,583 habitants et qui n'existait peut-être pas au XIIIᵉ siècle.

la population de 1876 serait encore d'un tiers environ plus considérable que celle du xiiie siècle (1). Mais il ne faut pas oublier que, de Saint Louis à Philippe de Valois, le nombre des habitants a dû beaucoup augmenter, puisqu'il y a eu une très grande quantité de défrichements en Normandie dans la seconde moitié du xiiie siècle ; il était donc vraisemblablement un peu plus considérable en 1328 qu'en 1270 (2).

M. Bordier, a compté, à raison de 5 habitants par feu et à l'exclusion des clercs, des nobles et des indigents, 23,598 habitants dans 54 localités des pays et comté de Clermont, qui avaient une population de 27,274 âmes en 1868. S'il avait calculé, comme nous, à raison de 4, il aurait eu, même en ajoutant hypothétiquement un vingtième pour les clercs, nobles et indigents, environ 20,000 âmes, c'est-à-dire une population à peu près égale aux trois quarts de la population actuelle (3).

En étendant la comparaison à des périodes plus longues, M. de Beaurepaire (4) a calculé, en premier lieu, que, du xiiie siècle au commencement du xviiie (1707), la population avait augmenté, peu ou beaucoup, dans 15 doyennés et diminué dans 12 doyennés du diocèse de Rouen (5); en second lieu, que du xiie à la fin du xviiie siècle (en l'an ii de la République), elle avait presque doublé dans 67 paroisses et diminué dans 12 du district de Rouen (6), mais qu'elle avait plutôt diminué qu'augmenté dans l'arrondissement de Neufchâtel.

---

(1) En calculant avec le coefficient 5, on trouve que 14 paroisses avaient plus d'habitants que n'en ont aujourd'hui les communes correspondantes ; que 15 en avaient moins et que 4 en avaient à peu près autant. Mais le coefficient 5 nous paraît, pour les raisons que nous avons données, trop élevé. Avec le coefficient 4, on trouve que 12 paroisses avaient plus d'habitants et que 21 en avaient moins que n'en ont aujourd'hui les communes correspondantes.

(2) Nous possédons des témoignages de cet accroissement de population durant ce laps de temps. Ainsi, M. de Beaurepaire a trouvé pour les 29 paroisses des doyennés de Pavilly et de Cailly, 2,106 paroissiens au xiiie siècle et 2,880 en 1347, et, calculant sur 860 paroisses mentionnées dans le pouillé d'Eudes de Rigaud et dans un « rôle de la debite » (redevance d'un denier par paroissien que les curés devaient payer à l'archevêque en venant au synode de la Pentecôte) un peu antérieur à l'année 1346, il a trouvé 62,445 paroissiens au xiiie siècle et 68,859 au xive. (Voir tome xxviii *des Antiquaires de Normandie*).

(3) M. Bordier, *Philippe de Remi, sire de Beaumanoir*, 1246-1296, p. 143 et suiv.

(4) Voir tome XXVIII des *Antiquaires de Normandie*.

(5) L'augmentation est de 66 0/0 dans le doyenné de la Chrétienté, de 39 0/0 à Gisors, de 2 seulement à Gamaches. La diminution est de 42 0/0 à Longueville.

(6) 3,739 paroissiens au xiiie siècle et 6,094 feux en l'an II. Le district de Rouen est

Un fait digne de remarque, c'est que les groupes de population qui existent actuellement étaient déjà à peu près tous formés au XIII° siècle ; ce qui signifie que le sol était mis en culture, sinon par les mêmes procédés et avec les mêmes résultats, du moins presque sur la même superficie qu'aujourd'hui. Il n'est même pas rare de constater l'existence, au moyen-âge, de hameaux qu'on ne retrouve plus après la guerre de Cent ans (1). On se tromperait si l'on voulait, sur la foi de quelques érudits, donner ce fait comme l'indice d'une densité de la population rurale plus considérable au XIV° qu'au XIX° siècle. Ces hameaux ont pu disparaître dans une période de décadence, sans se reformer ensuite dans une période de prospérité, parce que la population s'est groupée d'une autre manière ; des changements de ce genre ont pu être une conséquence de l'amélioration des chemins permettant aux habitants de cultiver leurs champs sans y résider et de se réunir dans les villages où ils trouvaient mieux les commodités de la vie (2).

Le mouvement de concentration et de dissémination de la population rurale paraît d'ailleurs avoir varié suivant les temps comme suivant les lieux. Durant les siècles d'insécurité du moyen-âge et surtout pendant la guerre de Cent ans, les paysans se sont, dans beaucoup de provinces, groupés sous l'abri du château féodal ; la crainte du pillage a pu produire, dans beaucoup de cas, un effet analogue à celui que la facilité des communications produit de nos jours. Il convient d'être très réservé sur les conclusions à tirer de quelques faits isolés dont les chartes nous fournissent le témoignage.

---

une région industrielle où la population a subi d'autres influences que dans les campagnes.

(1) M. Longnon, en composant le Dictionnaire topographique, encore inédit, de la Marne, s'est assuré qu'il y avait au XIV° siècle un nombre de paroisses plutôt supérieur qu'inférieur au nombre des communes actuelles ; que presque tous les hameaux et les fermes isolées du temps actuel existaient et même qu'un certain nombre de hameaux d'autrefois n'existent plus aujourd'hui. Au XIV° et au XV° siècle, on trouve beaucoup de petites localités dites non habitées à « cause des guerres ». M. Jadart, dans sa communication sur la population (1881), cite plusieurs hameaux et villages qui ont disparu dans notre siècle ou dans les siècles passés, pendant que d'autres groupes de population se formaient.

(2) Dans le Polyptique de l'abbé Irminon au IX° siècle, on trouve des vignes en mainte localité où l'on n'en voit plus de nos jours et qui ne pouvaient donner qu'un très mauvais vin. Leur disparition n'est pas un signe d'appauvrissement, mais l'indice d'une viabilité meilleure, qui a permis de faire venir de loin le vin consommé par les habitants, ou nécessaire pour la célébration de la messe.

M. Molinier a trouvé que la sénéchaussée du Rouergue comprenait, en 1341, 578 paroisses et 50,125 feux, soit, à raison de
4 par feu, environ 200,000 habitants et peut-être 230,000 avec
les clercs, les nobles et les mendiants. Or, le département de
l'Aveyron, qui correspond à peu près au Rouergue, avait, au recensement de 1886, 415,075 habitants. La différence est grande
et nous ne voudrions pas soutenir, faute des preuves, que le multiplicateur 4 soit suffisant ; mais nous estimons assurément excessif
celui de 5 1/2 qu'a adopté l'auteur (1).

M. de Boislisle a publié dans l'*Annuaire de la société de l'histoire de France* un état des feux de la châtellenie de Pontoise
en 1332 ; il l'a comparé au nombre des feux indiqué pour l'année
1720 dans l'ouvrage de Saugrain et à la population des communes
correspondantes en 1856. Les 81 paroisses ou groupes de hameaux
de 1332 se composaient de 6041 feux. En 1720, on n'en trouve
plus que 4398 ; mais la corrélation entre toutes les localités n'est
pas exactement établie, et la ville de Pontoise accuse une diminution des deux tiers qui nous cause quelque étonnement (2).
L'auteur, multipliant ces feux par 5, conclut « que la population
de ce territoire, sous Philippe VI, était au moins aussi dense
qu'aujourd'hui ». Si nous nous contentons du multiplicateur 4,
nous trouvons 24,000 habitants en 1332, 17,500 en 1720 et 28,074
en 1856 (3), c'est-à-dire un état de la population au xive siècle qui
est de peu inférieur à l'état actuel. Quant à la situation en 1720,
nous en parlerons dans un autre chapitre (4).

L'ensemble des résultats que nous venons d'indiquer pour
la France n'est pas en désaccord avec celui qu'un savant allemand

<hr>

(1) Voir *La sénéchaussée de Rouergue*, par M. Molinier, dans la Bibliothèque de
l'école des Chartes, 1883, 5e et 6e liv. Le manuscrit donnait 577 paroisses et 52823 feux ;
M. Molinier a rectifié les additions.

(2) 2150 feux en 1332 et 650 en 1720.

(3) Voir *Le budget et la population de la France sous Philippe de Valois*, par M. A.
de Boislisle (extrait de l'Annuaire-bulletin de la Soc. de l'histoire de France), brochure,
Paris, 1875. M. de Boislisle s'est servi du Dictionnaire des postes de 1859 ; les chiffres
de population qui y sont indiqués sont ceux du recensement de 1856. Il n'a pas addi-
tionné le nombre des feux, ni celui des habitants ; nous le faisons pour résumer et
comparer la situation aux trois époques.

(4) Moheau dans ses *Recherches et considérations sur la population de la France* dit
(p. 254) : « On placerait plutôt l'époque de la plus grande population vers le commencement du xive siècle. »

a trouvé pour les pays rhénans : il leur attribue 20,000 habitants en l'an 900, 250,000 en l'an 1237 et 450,000 en l'an 1800 (1).

Il n'est donc pas téméraire de supposer que, dans la première moitié du XIVᵉ siècle, la France avait une densité moyenne d'une quarantaine d'habitants par kilomètre carré : c'est sans doute le maximum qu'elle ait atteint sous le régime féodal.

Cette densité ne paraît pas exagérée, quand on compare l'état social de la France sous Philippe de Valois à celui des pays d'Europe qui ont aujourd'hui cette même densité. Ainsi, en France, d'après le recensement de 1886, 21 départements ont une densité inférieure à 50, parmi lesquels six (Aube, Cantal, Côte-d'Or, Gers, Loir-et-Cher, Haute-Marne), ont entre 44 et 40 habitants par kilomètre carré, et dont un, les Basses-Alpes, descend au-dessous de 29. Hors de France, l'Irlande, pays essentiellement agricole comme la France du moyen-âge et présentant, comme elle, un mélange de très grandes propriétés et de très petites exploitations, compte 61 habitants par kilomètre carré en moyenne et 46 seulement dans le Connaught ; la Transylvanie a une densité de 37 et la moyenne de tout le royaume de Hongrie est de 49. Celle de l'Espagne n'est que de 33 ; celle des dix-neuf gouvernements de la Grande-Russie, quoique Moscou y soit compris, est seulement de 30 ; celle de la Petite-Russie (4 gouvernements), plus riche en céréales, est de 44. Ce sont des pays où la vie rurale prédomine, mais n'exclut pas l'existence d'un certain nombre de grandes villes d'industrie et de commerce. Malgré la diversité des territoires et des climats, la distribution des habitants dans ces pays donne une certaine idée de ce qu'elle pouvait être dans les provinces, très diverses aussi, de la France sous Philippe de Valois (2).

---

(1) M. Lamprecht, voir chap. V.

(2) La densité peut même, dans une région essentiellement agricole, être beaucoup plus considérable, sans qu'on puisse induire de cette nombreuse population un état de richesse correspondant. C'est ainsi qu'en 1881 la Sicile comptait en moyenne 113 habitants par kilomètre carré, tandis que la France n'en avait que 72. Nous traiterons cette question dans le livre III de cet ouvrage.

CHAPITRE VIII

LA GUERRE DE CENT ANS

Sommaire. — La peste noire — La guerre de Cent ans et les gens d'armes — Les ravages de la guerre — La dépopulation — Paris — Les provinces

La peste noire. — Le xiiie siècle a été la période la plus florissante du régime féodal en France ; c'est avec raison que les historiens qui glorifient ce régime cherchent dans l'état social de cette époque des témoignages favorables à leur thèse.

Avec l'avènement des Valois, la scène se modifie. Des forêts et des landes avaient été défrichées et, quoique les procédés de culture eussent peu changé, du moins la superficie cultivée en céréales s'était-elle étendue ; au xve siècle, au contraire, beaucoup de terres sont abandonnées et de vastes espaces restent en friche. L'activité de l'industrie et du commerce dans les villes attestait un progrès de la richesse au xiiie siècle ; la misère sévit au xve sur les villes et sur les campagnes. La population avait été en croissance depuis plus de deux cents ans ; elle diminue à partir de la seconde moitié du xive siècle.

Avant la mort du premier des Valois, un fléau terrible, la peste noire, apportée d'Orient, s'abattit sur la France. Elle avait passé par Florence où, au milieu de la consternation générale, elle inspirait à Boccace la pensée de tromper les ennuis du temps par le récit de ses contes grivois. Après avoir désolé l'Italie du nord, elle atteignit la Provence à la Toussaint de l'an 1347 ; cette province perdit, croit-on, les deux tiers de ses habitants en 1349. La Chronique de S. Denis prétend que la mortalité fut si grande en Provence et en Languedoc, qu'il n'y « demeura pas la sixième partie du peuple » et qu'elle y dura huit mois et plus. Il est probable que cette proportion n'a pas une rigueur mathématique et qu'elle comprend, non seulement ceux qui étaient morts, mais aussi ceux que la crainte de la contagion avait fait fuir (1). Il paraît même que Montpellier n'aurait conservé qu'un dixième de sa population (2) et que, sur les douze consuls, neuf avaient succombé. A Narbonne, où la peste commença avec le carême de l'an 1348, il y eut 30,000 décès. A la fin d'août de la même année, le fléau envahit les pays de Languedoyl, d'abord Paris et ses environs, puis il se répandit par tout le royaume.

Le continuateur de Nangis écrit : « Dans beaucoup de lieux, sur vingt habitants il n'en restait plus que deux et dans l'Hôtel-Dieu de Paris la mortalité fut telle que pendant longtemps on en emporta chaque jour cinq cents morts dans des chars au cimetière des Innocents. »

L'épidémie dura un an et demi. Froissart, qui n'en parle qu'incidemment, se borne à écrire, sans s'émouvoir, mais non sans exagérer, que « la tierce partie du monde mourut ». Le manque d'ouvriers fit renchérir la main-d'œuvre. Le roi Jean dont le règne commençait, voulant arrêter cette hausse, publia une longue ordonnance (février 1350, c'est-à-dire, suivant le calendrier actuel, février 1351), qui fixait le prix des journées et des façons pour un grand nombre de métiers et qui se terminait par une clause générale (art. 231) : « nulle personne qui prenne argent pour son salaire, pour journée ou pour ses œuvres, ou pour marchandise qu'il face de sa main ou face faire en son hostel pour vendre et desquels il n'est ordonné en ces présentes ordonnances, ne pourra pour sa journée, salaire ou deniers, prendre le tiers plus de ce qu'il prenoit avant la mortalité, sur les peines ci-dessus contenues. »

La peste de 1348 est la plus fameuse de cette époque. Mais elle n'a pas été la seule ; il y a eu des épidémies du même genre en 1361, en 1362, en 1363 ; il y a eu des famines fréquentes comme on en avait vu aux plus mauvais jours de l'époque féodale. La guerre multipliait alors ces fléaux.

La guerre de Cent ans et les gens d'armes. — Elle avait commencé en 1337 entre Philippe VI, le premier roi de France de

---

(1) Voir Dom Vic et Dom Vaissette. *Histoire du Languedoc*, IV, 267.
(2) Voici l'extrait d'une lettre des consuls de Montpellier au roi, citée par M. Germain (*Histoire de Montpellier*, II, 262) : « La mortalité qui a esté si grande en ladite ville que, de tous qui y vouloient estre, la disième partie n'y est pas demourée et est close la graigneur partie des maisons d'icelle ville ».

la branche des Valois,et Edouard III, roi d'Angleterre et préten-
dant à la couronne de France. Elle dura jusqu'en 1453. Sous le
règne de Charles V et grâce à l'habile politique du prince, le pays
put respirer un certain temps. Mais la guerre reprit et les trêves
qui firent cesser les hostilités entre les princes n'eurent pas même
l'avantage de procurer un repos momentané aux populations
opprimées.

La guerre de Cent ans, dont la durée a dépassé en réalité un
siècle, n'a coûté à l'Angleterre que de l'argent et des soldats. La
France, qui a servi de champ de bataille pendant toute
cette période, a non seulement dû payer ses armées et sa rançon,
mais elle a fourni une grande partie des mercenaires qui s'enrô-
laient sous la bannière anglaise et elle a eu constamment à sup-
porter tout le poids de la gendarmerie, indisciplinée et pillarde,
à quelque parti qu'elle appartînt. Le plat pays est resté, pendant
tout ce temps, à la merci des soudards qui vivaient sur les
paysans et contre lesquels les seigneurs eux-mêmes ne trouvaient
pas toujours un abri derrière les murailles de leurs domaines ; il
a été ravagé pendant la guerre par le passage des troupes,
ravagé durant les trêves par les bandes de partisans qui devenaient alors d'autant plus redoutables qu'ils ne recevaient plus
de solde.

La bataille de Poitiers détruisit la force et le prestige de la
noblesse. Les seigneurs n'avaient pas défendu le pays ; morts ou
prisonniers, ils n'étaient pas rentrés dans leurs châteaux. Les
paysans, ayant perdu le respect et ne sentant plus le joug, se
soulevèrent et, livrés à des instincts brutaux de vengeance, ils brû-
lèrent et saccagèrent les châteaux ; la Jacquerie couvrit l'Ile-de-
France et la Normandie de plus de ruines que n'en avait fait
encore la guerre étrangère.

Au milieu de la misère générale, le métier des armes était un
de ceux qui offraient le plus de chance de vivre. Des aventuriers,
nobles ou roturiers, recrutaient un petit corps d'armée ou une
compagnie et offraient, moyennant salaire, leurs services tantôt
à leur parti, tantôt même au parti qui payait le plus cher. Quand
ils ne trouvaient pas à se vendre, ils s'installaient dans un
canton, rançonnant les propriétaires, se faisant ouvrir, par la
force de leurs armes ou par la seule terreur qu'ils inspiraient,
quelques châteaux et ils attendaient, en épuisant ce canton, l'occasion d'aller faire ailleurs quelque autre bon coup. Ils ne man-

quaient pas d'hommes; ils arrachaient les uns de leurs chaumières;
ils en accueillaient d'autres qui venaient en grand nombre chercher,
comme eux et chacun suivant son rang, la vie aventureuse et la
subsistance sans travail. Puisque tout était désordre et que le
laboureur n'était jamais sûr de faire la moisson du champ qu'il
ensemençait, à quoi bon prendre tant de peine et ne valait-il pas
mieux se mettre du côté de ceux qui mangeaient sans labourer?
Beaucoup de paysans raisonnaient ainsi et, même dans les villes
appauvries, nombre d'artisans imitaient leur exemple. Un poète
du temps, Eustache Deschamps, dépeint cet état des esprits :

. . . .
Mais chascuns veut escuier devenir ;
A peine est-il aujourd'hui nul ouvrier.

C'est ce qui fait chierté, faulte et ennui,
Prandre, piller, derober et ravir,
Les gens tuer et vivre de l'autrui,
Guerre et mouvoir, feu bouter et traïr.
Hélas! qu'on doit tels larrons justicier
Et contraindre de leur mestier tenir :
A paine est-il aujourdhui nul ouvrier.

Les ravages de la guerre. — L'Allemagne a éprouvé plus
tard, pendant la guerre de Trente ans, des maux du même genre
et a été livrée à une soldatesque dont les gravures de Callot ont
popularisé les mœurs farouches ; ces gravures, que nous invo-
querons plus loin en témoignage, ne présentent qu'une image
affaiblie des horreurs qu'a subies la France pendant la guerre
de Cent ans. Pétrarque, qui avait vu le pays prospère au
commencement du règne de Philippe de Valois, le traversait de
nouveau vers la fin du règne de Jean le Bon. « Je pouvais à
peine, écrivait-il, reconnaître quelque chose de ce que je voyais.
Le royaume le plus opulent n'est plus qu'un monceau de cendres ;
il n'y avait pas une seule maison debout, excepté celles qui étaient
protégées par les remparts des villes et des citadelles. Où donc
est maintenant ce Paris qui était une si grande cité ? »

Et cependant on n'était encore qu'à la première partie, la
moins douloureuse, de cette néfaste période. La situation fut bien
pire, lorsqu'après le règne réparateur de Charles V, la guerre

(1) Lettre de Pétrarque, *Senilium* L. X, p. 2.

étrangère se compliqua d'une guerre civile et que, sous un roi
en démence, le pouvoir fut disputé pendant trente ans par des
factieux et que l'autorité, impuissante à administrer, ne fut guère
employée qu'à satisfaire de grossiers appétits. Du fond de son
monastère, l'écrivain qui rédigeait en latin la chronique de
Charles VI, a tracé de ce désordre un tableau dont tous les documents du temps confirment l'exactitude :

« Le meurtre, la rapine, l'incendie, le pillage des églises, le viol
des jeunes filles et tout ce qu'une rage sarrasine peut imaginer
s'en était suivi. La France n'avait pas seulement à gémir de se
voir ainsi maltraitée par ceux qu'elle avait doucement élevés et
qui, montés sur des chevaux caparaçonnés, portant casque
et aigrette, se disaient nobles ; mais ce qu'elle regardait comme
affligeant au delà de toute mesure, c'est que des paysans et des
vilains, laissant l'agriculture et les arts manuels (c'est la même
plainte que fait entendre E. Deschamps), sortissent armés des
forêts et des retraites et dépouillassent les voyageurs et ceux qui
portaient les marchandises du pays ou de l'étranger dans les villes ;
c'est aussi avec une profonde amertume de cœur qu'elle avait vu
ses habitants se livrant à des révoltes et à des incendies détesta-
bles dans leurs propres villes ; de là, une infinité de crimes lorsque
partout les Français, poussés par un instinct diabolique, se jetaient
les uns les autres à la face ce reproche : toi, tu es bourguignon
et tu appartiens au duc de Bourgogne ; toi, tu es partisan du
Dauphin et des Armagnacs (1). »

La dépopulation. — Depuis les invasions des barbares qui
avaient ruiné l'œuvre de la civilisation romaine, le territoire de
la France n'avait pas subi une si grande suite de désastres. La
dépopulation fut considérable. Aux États généraux de 1484, c'est-
à-dire une génération après la fin de cette guerre, les plaintes des
provinces nous apprennent que le temps n'avait pas encore effacé
la trace de tant de malheurs. Jean Masselin parlait ainsi : « La
population était réduite à si peu qu'on a pensé que le pays de
Caux n'avait conservé qu'à peine la centième partie de ses
habitants ; car il avait été peuplé et heureux. Dans ce pays on
rencontre une infinité de villages qui renfermaient autrefois cent

---

(1) Voir, pour le texte latin, *Chronique de Charles VI*, liv. LIV, ch. 1.

feux ou familles et qui aujourd'hui n'en ont que quarante. (1) » Il confirmait, sans le savoir, le témoignage de l'abbé de Fécamp, qui, à l'époque de la lutte des Armagnacs et des Bourguignons, signalait un grand nombre de ses terres ruinées et dépeuplées par la guerre, comme ne lui donnant plus de revenu (2).

M. de Beaurepaire a réuni diverses preuves de cette dépopulation dans la Haute-Normandie ; il a pu comparer 221 paroisses dans lesquelles il a trouvé 14,992 paroissiens au XIIIe siècle et 5,976 au XVe entre les années 1460 et 1495, et 12 paroisses qui comptaient 941 paroissiens en 1420 et 246 en 1450 ; 55 paroisses qui, d'après un pouillé du XIIIe siècle, avaient 4,095 paroissiens et qui n'en possédaient plus que 2,222 sous Louis XIII (3).

Les fouages de la seigneurie de Longueville, qui rapportaient 129 livres en 1387, et qui n'en rendaient plus que 81 en 1458, mais se relevaient déjà à 102 en 1468, sont encore un témoignage de la désolation de cette partie de la France.

La Normandie était, il est vrai, au nombre des provinces les plus éprouvées. Rouen, « moult diminuée et despeuplée », présentait à peu près le même spectacle que Paris « avec ses maisons démolies, chues et tournées en ruyne » (4).

La vicomté de Coutances avait perdu, en 1428, la moitié de ses habitants, et un peu plus au sud-ouest, sur les confins de la Bretagne, la chronique du mont Saint-Michel nous apprend que la population de La Roche-Tesson était tombée de 80 habitants à 3 et qu'à Pontorson, en 1433, il « ne demeure aucune personne sauf les gens de guerre » (5).

En Champagne, la guerre avait eu les mêmes conséquences. Deux ans après l'expulsion définitive des Anglais, en 1455, Charles VII, qui se préoccupait beaucoup de relever le pays de ses ruines, accordait une exemption de droits à onze villages de

---

(1) Ce chiffre de 100 est en effet d'accord avec le calcul que nous avons fait dans le chapitre précédent (page 166), nous avons dit aussi et nous dirons plus loin (ch. XI) qu'au commencement du XVIIIe siècle on ne comptait que 88 feux par paroisse.

(2) « Les rentes et la terre de Fontaines-le-Bourg n'ont été semblablement d'aucune valeur, pour ce que pour l'occasion de la guerre... » Cette plainte, dit M. de Beaurepaire qui cite le texte, revient souvent dans l'état des rentes de l'évêque de Fécamp en 1418.

(3) M. de Beaurepaire. — Tome XXVIII des *Antiquaires de Normandie.*

(4) Voir pour cette dépopulation le chapitre XI de notre *Histoire des classes ouvrières.*

(5) *Chronique du mont Saint-Michel*, publiée par Siméon Luce dans la collection de la *Société des anciens textes français*, t. I, p. 251 ; II, p. 19).

cette province qui avaient exposé au roi leur misère et l'état de leurs églises et de leurs maisons, lesquelles « allocasion des guerres et divisions qui ont eu cours, ont été derroutes, démolies et abattues (1). »

Les foires de Champagne, déjà quelque peu amoindries sous les derniers Capétiens directs, ne se sont jamais relevées depuis cette guerre, le commerce ayant pris une autre direction. Provins, que ces foires avaient rendu florissant et qui comptait 3,200 métiers à tisser au XIVᵉ siècle, n'en avait plus que 30 sous Charles VII. A l'autre extrémité de la même province, dans le bailliage d'Auxois, qui relevait du duc de Bourgogne, la paroisse de Chassenay, qui comptait 70 feux en 1397 (dont 1 feu franc et 69 feux serfs), n'en avait plus que 23 en 1442 et les habitants du hameau de Chassenay, ainsi que ceux des villages voisins, « ont été tous destrués des Escorcheurs en ceste présente année » (2).

Les archives de Reims renferment diverses pièces qui montrent que cette grande ville n'avait pas été plus épargnée que la campagne. En 1371, le roi ne demandait à la ville qu'une imposition réduite pour les motifs suivants : « Les gens de compaigne, ennemis du royaume, par trois fois et en diverses années, ont été devant ladicte ville de Reims et en tout le pays d'environ, y demourent longuement, ardirent, tuèrent, mirent le peuple à rançon et firent tant d'autres meschiez que ladicte bonne ville et tout le plat pais furent essillez et tous leurs biens hors d'icelle ville perduz ; ait aussi puis dix ans en ça en eu ladicte ville plussieurs grans mortalitez dont ladicte ville est forment dechue et appeticié... » En 1416, le roi consent encore à une nouvelle réduction d'impôt, parce que « le peuple par mortalitez et autrement y est telement diminué et amenry en faculté et nombre de personnes que l'en n'y treuve pas plus de 2000 feux (3) ou mesniages de gens taillables, les deux tiers desquels a payne ont de quoy vivre ». En 1451, nouvelle réclamation au sujet de l'impôt ; un délégué est envoyé « pour exposer au roy la misère de la ville, la mortalité depuis douze ans qui a diminué la population

---

(1) *La Population de Reims et de son arrondissement* par M. Jadart, broch. 1882, p. 25.

(2) Voir la *Monographie de la commune de Vic-de-Chassenay*, par M. Victor de Saint-Genis, 1884.

(3) 2,600 feux en général, d'après un factum du clergé ; 2,000 feux taillables d'après les lettres du roi.

de moitié. » En 1486, un procureur de l'échevinage constatait que « le nombre des contribuables aux tailles de la ville de Reims n'estoit que de 1001 mesnagiers contribuables bons ou mauvais » (1). C'était une diminution de moitié depuis le commencement du siècle.

La diminution n'était peut-être pas moindre dans le midi. Cette contrée n'avait été à l'abri de la désolation que parce qu'elle était loin de Paris. Les partisans du prince Noir et ceux du roi de France s'y faisaient la guerre. Sous Charles V, le passage des troupes de Duguesclin et la rivalité de Pierre le Cruel et de Henri de Transtamare occasionnèrent bien des ruines dans la région pyrénéenne (2). En 1374, le duc d'Anjou quittait Toulouse pour chasser les compagnies qui saccageaient alors les sénéchaussées de Carcassonne et de Beaucaire et pour porter quelque secours aux habitants de Montpellier, de Nîmes et autres lieux que désolait une « grande mortalité ». En 1416, c'est le duc de Berri qui se met en campagne parce qu'il a appris que « plusieurs conne-tables et capitaines de routes, accompagnés de grosses compagnies, commettaient une infinité de brigandages en Languedoc et en Guienne, comme en pays ennemi, et des exécrations pires que les Anglais. »

Les protecteurs étaient parfois aussi redoutables que les mal-faiteurs. Par exemple, en 1427, le roi étant venu en Languedoc, « commet la défense du pays au comte d'Armagnac qui s'établit à Nîmes avec corps de gens d'armes et de trait et qui y fit un séjour de six mois : ce qui, joint à la mortalité et à la stérilité précédentes, appauvrit extrêmement les habitants de cette ville.... Le comte chassa entièrement les brigands de la sénéchaussée de Beaucaire.... En partant, il laissa 400 hommes d'armes et de trait qui y commirent une infinité de désordres » (3).

Dès la fin du règne de Charles V, les villes et villages des sénéchaussées du Languedoc ne cessent d'adresser des suppliques

---

(1) D'après les registres des tailles, Reims paraît avoir eu, en 1360, 15 à 20,000 habi-tants. On y comptait 1,101 mesnagiers contribuables en 1481, d'après Foulquart ; en 1482, 10,678 habitants et 2,000 pauvres, d'après une note de Nogier ; en 1495, 12,000 ha-bitants, d'après le livre des conclusions. (Voir *La Population de Reims et de son arron-dissement*, par M. Jadart, 1882.

(2) Des bourgs du Roussillon qui avaient eu 80 feux, n'en comptaient plus que 30 en 1419 (Voir *Archives départementales des Pyrénées-Orientales*, B. 212).

(3) Dom Vaissette, *Histoire du Languedoc*, IV, 470 ; voir aussi IV, 437, 581.

au roi pour obtenir des dégrèvements d'impôt motivées sur la diminution du nombre de leurs feux (1).

Quelques années après la fin de la guerre de Cent ans (1459), les états représentaient au roi « la stérilité dont souffroit la province depuis trois ans, le tiers du peuple ayant manqué de pain, les ravages de la peste et de la mortalité, en sorte que depuis dix ans le tiers des habitants avait péri » (2).

Toutes les provinces atteintes par la guerre offraient donc alors, quoiqu'à des degrés divers, le spectacle de la désolation. Quelques régions s'étant trouvées presqu'à l'abri des ravages, comme la Flandre, avaient continué à prospérer et présentaient un contraste d'autant plus frappant avec le reste du royaume (3). Mais, d'autre part, dans une contrée qui était restée entièrement étrangère à la guerre, parce qu'elle ne faisait pas alors partie du royaume, celle des Alpes du Dauphiné, la population paraît avoir été moitié moins dense au xve qu'au xviiie siècle (4). Dans le duché même de Bourgogne, malgré le luxe de la Cour de Dijon,

---

(1) Ces demandes de dégrèvement composent au moins la cinquième partie des pièces enregistrées à la chancellerie royale ou au trésor des chartes pendant cette période ; chacune de ces demandes est désignée sous le nom de reparatio focorum, c'est-à-dire redressement ou révision, en d'autres termes, demande en diminution de feux. — Note communiquée par M. Siméon Luce.

(2) Dom Vaissette, *Histoire du Languedoc*, V, 21. On retrouve les mêmes plaintes en 1467, en 1471, etc. *(ibidem*, V, 34, 52). Voir aussi, entre autres preuves de l'influence de la guerre et de la peste dans le midi, *Une châtellenie du Rouergue* par M. de Castelnau et *Le repeuplement du Bas-Quercy après la guerre de Cent ans* (Bulletin de la Société archéologique de Tarn-et-Garonne, 1881) par M. l'abbé Galabert.

(3) « En Flandre, l'opulence régnait partout et tous les genres de commerce avaient pris un grand essor. La France, au contraire, était si désolée que non seulement on n'y ensemençait plus les terres, mais que les bruyères et les mauvaises herbes, croissant partout, lui donnaient l'aspect d'une immense forêt d'où sortaient les loups pour attaquer et emporter les hommes. » *Annales Flandriæ*, anno 1429, liv. XVI, fol. 273. (Voir *Histoire des classes ouvrières avant 1789*, par E. Levasseur, t. I, p. 430).

(4) Voir *Tableau historique du département des Hautes-Alpes*, par M. J. Roman, 1887. En additionnant les nombres donnés par l'auteur pour un grand nombre de paroisses ou communes de ce département, on trouve 45,472 habitants vers 1470, 90,160 pour la période 1700-1728 et 103887 pour le recensement de 1881. Les localités qui ont plus de 2,000 habitants aujourd'hui sont celles qui ont le plus augmenté ; voici leur population aux trois époques :

	Vers 1470	En 1700-1728	En 1881
Briançon.	920	3.600	5.439
Gap.	6.525	4.670	10.765
Monetier de Briançon.	1.175	2.111	2 287
Embrun.	1.935	3.525	4.008

des bandes de mercenaires avaient pillé le plat pays (1), des hameaux isolés avaient été abandonnés et les habitants emportant leurs meubles et emmenant leur bétail, avaient été chercher un refuge au pied des châteaux forts et des églises fortifiées ; les rôles d'imposition constatent que plus de la moitié des habitants étaient « mendians et quérans leur pain » ; les villes, même la capitale, n'étaient pas dans une situation moins triste, puisqu'indépendamment des feux dits « misérables » qui ne payaient pas l'impôt, il y avait à Dijon 492 feux de « mendians et quérans leur pain » sur un total de 771 en 1431, de 126 sur 474 à Beaune, de 24 sur 80 à Nuits (2).

Il est inutile de multiplier les exemples pour prouver la misère dans chacune des provinces du royaume ; mais il importe d'insister sur cette considération que, dans beaucoup de régions, les villes murées avaient souffert presque autant que le plat pays.

Paris. — Paris en est, comme Reims, un mémorable exemple. Sous Charles VII et surtout pendant l'occupation anglaise, elle ne ressemblait plus à la florissante cité de Philippe le Bel. « Les halles, dit un auteur du temps, sont à présent en tel état et disposition de ruine que la greigneur partie d'icelles sont comme inhabitables.... La plupart des étaux sont tombés en ruine tellement que les demourants à l'entour des dites halles y viennent faire leurs voieries et immondices. » Ces halles étaient désertes, parce qu'il n'y avait plus de sécurité sur les routes ni d'acheteurs

---

(1) En 1375 et en 1376, des aides furent levés sur les habitants de la Bourgogne pour solder les troupes qui devaient débarrasser le pays des compagnies de Tard-Venus.

(2) Nombre de feux :

	1376	1391	1431	1470	1786
Dijon............................	2.353		771	2.614	
Beaune............................		565	474	626	
Nuits........		108	80	142	
Les 10 premières paroisses inscrites sur le rôle du bailliage de Dijon...		751	516	889	

Voir *La Recherche des feux en Bourgogne aux* xive *et* xve *siècles*, par J. Garnier, p. 4, 5, 6 et 7. M. Garnier, pour obtenir la population, à l'aide des feux, prend le multiplicateur 5 qu'il dit emprunter à M. Dureau de la Malle. Celui-ci cependant avait pris 4 1/2 que nous trouvons déjà trop fort.

Le total des feux pour les trois villes est 3,382 ; en multipliant par 4 on obtient 13,528 habitants. La population de ces trois villes (population totale des communes) était de 76,642 en 1886. C'est un exemple de la grande différence qui existe entre les populations urbaines du moyen-âge et celles de notre temps.

sur le marché : la consommation avait diminué avec le nombre des consommateurs. D'après un témoignage contemporain, vingt-quatre mille maisons étaient abandonnées ; beaucoup menaçaient ruine et étaient devenues un danger parce qu'elles pouvaient écraser les passants par leur chute : ordre fut donné de les démolir. A plusieurs reprises, des ordonnances royales attribuèrent la propriété des maisons désertes à ceux qui voudraient les occuper ; mais en général on trouvait plus avantageux d'en vendre les matériaux que de les réparer (1).

Même après la retraite des Anglais, Paris resta en quelque sorte bloqué par leurs troupes qui tenaient la campagne. Il fallut mettre garnison à Saint-Denis pour protéger les moissonneurs contre l'ennemi. En 1438, la peste vint mettre le comble à la désolation ; elle fit plus de quarante mille victimes. Le pays était si abandonné que les loups pullulaient dans les bois de Vincennes et de Boulogne et faisaient la terreur des Parisiens ; on racontait qu'ils étaient venus enlever un enfant jusque dans le marché des Innocents (2).

Nous ne savons pas combien il y avait alors d'habitants à Paris ; mais de tels faits attestent que la diminution avait été énorme et autorisent à dire que jamais, depuis les invasions des barbares, Paris n'avait été réduit à un état de misère aussi lamentable.

Les provinces. — On ne peut pas davantage fixer le nombre des habitants de la France à cette époque. Mais les textes que nous avons cités plus haut prouvent que la diminution avait été énorme dans les provinces que la guerre avait touchées ; il n'y a vraisemblablement pas d'exagération à supposer qu'elle était de plus du tiers dans le bassin de la Seine et le bassin moyen de la Loire (3). Malgré les documents que nous venons de citer, nous

---

(1) Voir *Histoire des classes ouvrières en France avant* 1789, t. I, p. 426.
(2) Voir, dans le tome IX des *Mémoires de la société de l'histoire de Paris*, le mémoire de M. Siméon Luce sur les menus du prieur de S. Martin-des-Champs.
(3) Voici ce qu'on lit dans un texte de l'an 1405 (*Chronique des religieux de S. Denis*, liv. XXVI, ch. XXIII) : « .... Toutes les villes et tous les villages de France dont ils évaluaient le nombre à 1,700,000. Ils n'en exceptaient que 70,000 qui avaient été ruinés par les malheurs de la guerre et les épidémies. » Nous reviendrons dans le chapitre suivant sur le nombre 1,700,000 qui est absurde ; nous remarquons seulement ici qu'un contemporain de cette guerre supposait que la destruction avait porté sur plus du tiers des lieux habités.

inclinons à croire qu'elle n'était pas tout à fait aussi considérable dans le midi.

Enfin, comme nous venons de le voir, il n'y avait pas eu non plus une diminution considérable dans certaines provinces qui, quoique relevant de la couronne de France, n'avaient pris que très rarement part aux hostilités, comme la Flandre, et dans les provinces alors étrangères au royaume, comme la Lorraine et la Provence. Quelques villes même, telles que Lille, prospéraient. Dans le midi, Bordeaux, devenu le centre du commerce entre le bassin de la Garonne et l'Angleterre, s'enrichissait sous la domination britannique et regretta, quelque temps, sous Charles VII, les avantages que cette situation lui procurait.

CHAPITRE IX

LES GUERRES DE RELIGION

Sommaire. — Le relèvement lent de la France à la fin du xv⁰ et au commencement du xvi⁰ siècle — La mendicité — Les guerres de religion et la population de la France, d'après Froumenteau.

Le relèvement de la France à la fin du XV⁰ et au commencement du XVI⁰ siècle. — Il faut bien des années de travail et de paix pour réparer des ruines telles que la guerre de Cent ans les avait faites. Or, dans la seconde moitié du quinzième siècle et la première du seizième, la paix ne fut qu'intermittente ; la lutte de Louis XI contre son redoutable vassal Charles le Téméraire, les guerres d'Italie et la rivalité de François Iᵉʳ et de Henri II contre la puissante maison d'Autriche coûtèrent beaucoup d'argent, beaucoup d'hommes et amenèrent plus d'une fois des armées ennemies sur le sol français.

Néanmoins, ces entreprises n'épuisèrent pas le pays.

L'armée avait une organisation à peu près régulière et une solde ; on ne voyait plus que par exception des bandes armées vivant de pillage. Les paysans purent cultiver sans crainte de voir brûler leurs maisons et enlever leurs récoltes ; les seigneurs s'efforcèrent d'attirer des métayers et des fermiers pour mettre de nouveau en valeur les terres abandonnées (1).

Nous avons dit que les revenus de la seigneurie de Longueville, dont les fouages étaient tombés de 129 livres (en 1387) à 81 (en 1458), s'amélioraient déjà au commencement du règne de Louis XI en se relevant à 100 livres. Charles VII et Louis XI s'appliquèrent à ranimer la vie économique de la nation par des encouragements, des privilèges, des exemptions

---

(1) Voir la *Normandie (passé et présent)*, par M. Baudrillart, p. 63.

d'impôts (1) ; ils instituérent des foires, confirmérent les statuts des corps de métiers qui se rétablissaient, veillérent à la sécurité des routes. « Les marchands commencèrent à traverser de pays à autre et à faire leurs négoces », écrit un contemporain de Charles VII, lorsque ce prince eut, après la Praguerie, réprimé les pilleries des gens de guerre.

La mendicité. — Cependant les mendiants pullulaient à la fin du xv⁰ siècle. Ils ont été une des plaies de la société au xvi⁰ siècle ; beaucoup de familles de condition diverse avaient été jetées hors des cadres dans lesquels la population, immobilisée en quelque sorte sur le sol, avait vécu pendant la période féodale ; les misères de la guerre de Cent ans, les habitudes d'oisiveté contractées par les soudards, les changements que la révolution économique du xvi⁰ siècle introduisit dans la propriété territoriale, l'accroissement des villes résultant du progrès de l'industrie et du commerce sont au nombre des causes qui ont alors amené un déclassement des personnes et aggravé la lèpre de la mendicité.

Trente ans après l'expulsion des Anglais, les députés aux États-généraux de 1484 traçaient de leurs provinces un tableau dont ils assombrissaient peut-être à dessein les couleurs, mais dont les traits accusent un état véritablement misérable. « De Dieppe jusqu'à Rouen, disait l'un d'eux, on ne saurait reconnaître la trace d'un chemin ; on ne rencontre ni fermes, ni hommes, à l'exception de quelques brigands qui infestent encore la campagne... N'est-ce pas un spectacle affreux et pitoyable que celui d'une contrée tout entière dont les habitants sont morts ou expatriés, les maisons renversées et beaucoup de villages détruits sans même laisser de ruines ? » En résumé, dit l'écrivain qui rend compte de cette tenue d'États, il n'y avait aucun député qui ne se plaignît, excepté quelques représentants de la généralité de Paris.

La première moitié du xvi⁰ siècle fut relativement plus favorable que la fin du xv⁰. Le temps cicatrisa une partie des blessures ; le commerce grandit et les villes prospérèrent encore une fois. La France, écrivait en 1561 un ambassadeur vénitien dans sa relation, est « très peuplée... tout lieu y est habité autant qu'il peut l'être ». Mais il peut l'être différemment suivant l'état de la civilisation.

---

(1) Voir Levasseur, *Histoire des classes ouvrières avant* 1789.

Les guerres de religion et la population de la France d'après Froumenteau. — Les guerres de religion interrompirent le développement de richesse propice au développement de la population. Le désordre administratif, les querelles des partis, les excès des gens de guerre (1), les proscriptions et l'émigration protestante qu'elles déterminèrent (2) firent perdre à la population française une partie de ce qu'elle avait regagné (3) et la misère désola de nouveau les campagnes : l'anarchie est toujours funeste.

Un Italien, qui habitait Paris pendant le siège de la ville par Henri IV, nous apprend que des recherches furent faites pour constater la quantité de grains et le nombre des bouches et qu'on « reconnut ainsi que la population se montait au chiffre de 200,000 individus qui pouvaient être nourris pendant un mois avec les grains qu'on possédait ». Il ajoute : « Pendant le siège, la moitié du peuple manquait du nécessaire, parce que, en temps de paix, il gagnait facilement sa vie dans cette ville dont la population s'élevait, avant les événements, à près de 400,000 âmes (4). » Il

---

(1) Froumenteau (*Secret des finances*) se plaint amèrement, dans plusieurs passages de son livre, des pillages des gens de guerre, de leurs exigences et exactions quand ls logeaient dans les villages.

(2) Sous Henri II, 1,400 familles françaises de protestants se fixèrent à Genève ; de 1569 à 1575, plus de 15,000 reformés passèrent en Alsace et en Allemagne ; après la S. Barthélemy, environ 6,000 réformés quittèrent la Normandie pour l'Angleterre et les îles anglo-normandes. D'autres allèrent en Hollande, en Suède, en Danemark. (Note communiquée par M. Puaux).

(3) « Le pauvre peuple de Normandie est en présent réduit, en telle nécessité qu'il n'a moyen de manger chair ; ainsi se nourrissent de fructages et letages, qui est cause en partie de la contagion (1584). » « Ce que faisaient faire vos pauvres sujets par leurs vallets et serviteurs avec une charrue bien attelée de bœufs, chevaux ou juments, c'est une chose lamentable de voir un père de famille, sa femme et ses enfants servir de bêtes et la corde sur l'épaule tirer à force de reins une petite charrette. » (1593) Remontrances aux États géréraux, citées par M. de Beaurepaire.

(4) Relation du siège de Paris par Henri IV, par Filippe Pigafetta, publiée en italien en 1591, traduite en français dans les *Mémoires de la société de l'histoire de Paris et de l'Ile-de-France*, Tome II, 1876, p. 44 et 48. Le même auteur fait connaître que Paris était défendu par 1,200 vieux soldats allemands, 500 suisses, 800 arquebusiers français et qu'en outre tout le peuple enrolé par compagnies fournissait environ 50,000 hommes à raison d'une compagnie de 3,000 hommes et plus par quartier. On trouve aux Archives nationales deux ordres du prévôt des marchands, en 1589 et en 1590, prescrivant aux quarteniers de faire dresser « les rôles fidèlement et au vray de tous les bourgeois, manaux et habitants ». Les Archives ne possèdent pas ces rôles qui sont peut-être les recherches désignées par Pigafetta, mais qui fourniraient un renseignement plus authentique que son assertion. Les ambassadeurs vénitiens de la seconde moitié du XVIe siècle ont donné des chiffres très divers pour la population de Paris : de 300,000 à 700,000 ; et l'un d'eux a déclaré (en 1577) qu'il était impos-

y avait donc eu encore, comme pendant la guerre de Cent ans, une dépopulation énorme.

Moheau, qui écrivait en 1778, regardait les guerres de religion comme une des périodes néfastes de l'histoire de la population (1). Un contemporain de Henri III, Froumenteau, a publié sous le titre de *Secret des finances de France* un volume dans lequel il se proposait de calculer les ressources du royaume et l'étendue des pertes occasionnées par ces guerres. Malgré le soin que l'auteur prétend avoir pris pour en rassembler les éléments (2), la fantaisie a une large part dans la précision qu'il affecte ; cependant on peut regarder son livre comme un premier essai de statistique, et le résultat, quelque hypothétique qu'il soit, est intéressant pour la question que nous essayons d'éclairer.

L'auteur évalue le nombre total des paroisses ou clochers du royaume à 132,000 (3) et celui des familles ou maisons à 3,500,000, y compris celles des pauvres et misérables (4).

Si nous continuons à prendre 4 pour multiple, nous trouvons une population de 14 millions (5). Mais l'expression de famille,

---

sible de rien préciser à cet égard à cause des déménagements fréquents du peuple et de l'affluence des étrangers.

(1) *Recherches et considérations sur la population de la France*, p. 255.

(2) Voir Froumenteau, *Le secret des finances de France*, 1 vol. in 8°, 1581.

(3) « Y compris, dit-il, plusieurs hameaux ou branches d'aucunes parroisses qui prennent colte et departement particulier pour leur taille non pas des esleus mais de gré à gré de leurs marguillers et parroissiens (p. 377). » « La preuve de ce nombre, dit-il plus loin (p. 414), se treuve par les contrerolles de 20 liv. levez sur chacun clocher de ce royaume, par les contes des decimes et par les roolles que les evesques ou autres delivrent aux receveurs de la subvention. »

(4) P. 399. — L'auteur ajoute (p. 414) : « La preuve par les cahiers et departemens des tailles par le registre et livres de raison de ceux qui portent les baux à ferme des aydes des électeurs de ce royaume. »

(5) Le mémoire de l'intendant de la Généralité de Paris, rédigé en 1700, (édité en 1881 par M. de Boislisle, p. 148) dit : « Du temps de Charles IX, il fut fait un dénombrement des peuples et habitants du royaume de France, qui se trouva monté à vingt millions de personnes. » Il n'existe aucune trace d'un dénombrement de ce genre. On trouve dans le même mémoire qu'il y avait alors 27,500 lieux peuplés à clocher. L'intendant a peut-être pris, comme Montesquieu, le nombre de 20 millions dans quelque auteur du temps. Le *Journal du duc de Nevers* évalue la population du royaume à 15 millions en 1577. C'est le chiffre que M. Moreau de Jonnès a adopté. M. Alfred des Cilleuls (*La population de la France avant* 1789, broch. 1885) attribue, pour la période 1580-1589, 13 millions d'habitants au territoire compris dans les limites du royaume en 1520 et 15 millions dans les limites de 1789. Mais le travail de M. des Cilleuls, dont la partie relative aux mémoires des intendants est très instructive, est tout hypothétique pour la partie antérieure et ne saurait faire autorité ; l'auteur admet, sans aucune preuve,

assimilée à celle de maison, est plus vague encore que celle de feu, et on est en défiance contre un statisticien qui attribue 132,000 paroisses ou clochers au royaume, lorsqu'on sait que ce même royaume, malgré ses agrandissements, comptait à peine, (sans les hameaux, il est vrai), 40,000 paroisses cent ans plus tard (1). La superficie du royaume ne représentait guère alors que les 7/10 de la France continentale (2), telle qu'elle est depuis 1871 et le calcul donnerait 20 millions d'habitants pour toute la France. Cette évaluation, très incertaine, paraît plutôt trop forte que faible ; elle est néanmoins la seule qui, entre les années 1328 et 1700, puisse être fondée sur un document de quelque importance ; elle repose sur l'affirmation d'un contemporain et, après tout, elle n'est pas invraisemblable (3).

Il est vrai que cet auteur est un statisticien aventureux qui ne recule pas devant le calcul des maisons détruites ou des femmes violées (4), et que la confiance avec laquelle il procède à cet égard peut ébranler celle du lecteur.

---

un coefficient de fécondité supérieur en moyenne au xvi siècle à celui du xvii et décroissant en général de 1520 à 1789.

(1) Saugrain, dans la récapitulation placée à la fin de son *Dénombrement* (1709), donne 39,016 paroisses. Il est vrai que les villes avaient plusieurs paroisses et que, dans les campagnes, beaucoup de paroisses avaient des succursales. Saugrain ne compte chaque village que pour une unité et ne mentionne qu'exceptionnellement les succursales. Froumenteau les compte. Il est néanmoins surprenant que la différence entre les deux manières de compter soit si considérable.

(2) Sur la carte au 5,000,000· qui nous a servi à calculer approximativement la superficie du domaine royal en 1328 (voir ch. VII), nous avons trouvé environ 134 centimètres carrés pour les territoires comptés dans le royaume et 60 pour les territoires hors du royaume sous Henri III.

(3) Voltaire dans l'article « Lois » (esprit des) du *Dictionnaire philosophique* se moque de Montesquieu qui attribuait 20 millions d'habitants à la France sous Charles IX et il ajoutait qu'il avait pris cette erreur dans Puffendorf qui allait jusqu'à 29 millions. Mais Voltaire parlait de la France avec l'étendue qu'elle avait alors et nous parlons de la France avec l'étendue qu'elle a aujourd'hui. Montesquieu (liv. XXIII, ch. 24) cite en effet Puffendorf (*Histoire de l'Univers*, ch. V, de la France) comme attribuant 20 millions d'habitants à la France sous Charles IX. Machiavel lui en attribue 25 à 30 millions.

(4) Il donne comme résultats de la guerre :

765.200 occis ;
12.300 femmes violées ;
9 villes brûlées ;
252 villages brûlés ;
4.256 maisons brûlées ;
124.000 maisons détruites ;
4.750.000.000 livres tournois levées sur le pays.

A propos des femmes et filles violées, il ajoute : « la preuve est plus patente que je

Les chiffres, quand ils ne sont que de simples conjectures comme ceux que nous venons de citer, se prêtent plus encore que les raisonnements à d'étranges divagations : on sent moins l'absurdité.

L'auteur de la satire Ménippée nous en fournit un exemple qui se rapporte précisément à la période du xvie siècle. Il fait tenir au recteur de l'Université le langage suivant : « En France a dix-sept cent mille clochers dont Paris n'est compté que pour un ; qu'on prenne de chacun clocher un homme catholique, soldoyé aux dépens de la paroisse et que les deniers soyent maniez par les docteurs en théologie ou pour le moins graduez nommez, nous serons douze cent mille combattans et cinq cent mille pionniers. » Alors tous les assistans furent veus tressaillir de joye et s'escrier : « O coup du ciel ! »

La satire Ménippée raillait ; mais elle n'inventait pas. Un projet d'impôt fondé sur ce nombre fantastique de 1,700,000 clochers avait été présenté au Conseil du roi sous Charles VI ; ce nombre fabuleux (1) avait encore cours au xvie siècle, car il est reproduit avec crédulité ou démenti dans plusieurs ouvrages du temps.

---

ne voudrais et, au lieu de 12,300 qui se trouvent violées par les procès-verbaux et autres diligences sur le faictes, l'on peut bien doubler, voire quadrupler le nombre. » (p. 409).

(1) Voir à ce sujet un article de M. Meyer qui cite le texte de la *Chronique des religieux de S. Denis,* liv. XXVI, ch. xxiii, année 1405, où pour la première fois ce chiffre de 1,700,000 villes et villages se trouve produit ; mais le chroniqueur ajoute qu'on tourna bientôt en ridicule les auteurs de la proposition, d'abord accueillie avec quelque faveur.

CHAPITRE X

LE XVIIᵉ SIÈCLE ET LA POPULATION D'APRÈS LES MÉMOIRES
DES INTENDANTS

Sommaire. — Le règne de Henri IV et celui de Louis XIII — La population de 1643 à 1700 et la révocation de l'édit de Nantes — Les mémoires des intendants et le premier relevé de la population de la France.

Le règne de Henri IV et celui de Louis XIII. — Le règne de Henri IV donna à la France quinze années de paix. Les villages et les villes se relevèrent de leurs ruines, les champs furent cultivés et la population put réparer quelque peu les pertes que la guerre civile lui avait causées (1). Cependant la discorde et le désordre reparurent sous la minorité de Louis XIII et le mal se prolongea jusque sous le ministère de Richelieu. Le cardinal, avec sa main de fer, réduisit les protestants à l'obéissance et maintint les seigneurs dans le devoir ; il délivra le pays en même temps que l'autorité royale d'une foule de tyranneaux, en faisant éventrer les tours ou démolir entièrement les châteaux forts dans lesquels ils se retranchaient pour opprimer les paysans et rançonner les marchands : les ruines de Pierrefonds portaient encore au milieu du XIXᵉ siècle l'empreinte de cette terrible, mais salutaire exécution. La population dut bénéficier de la sécurité qu'il assura. Cependant elle n'avait pas été à l'abri de la brutalité des gens de guerre et elle ne fut pas, même sous le glorieux ministère, préservée des disettes (2), des exactions des gens de finance et,

---

(1) Nîmes, par exemple, avait gagné 5,000 habitants de 1592 à 1654. Voir *Mémoires de l'Académie de Nîmes*, 1884, p. 478.

(2) Nous empruntons au mémoire déjà mentionné de M. de Beaurepaire (Tome XXVIII des *Antiquaires de Normandie*) deux citations qui l'attestent. Année 1621 :... « Chacun sait comme il (le paysan) est indignement traité par aucuns de la noblesse ;

par suite, de la misère (1). La guerre de Trente ans est tristement fameuse en Allemagne par les atrocités que commettaient les gens de guerre : Callot a immortalisé ces horreurs par ses dessins. Les troupes se comportaient en France comme en Allemagne, vivaient à discrétion sur le pays, levaient des taxes, pillaient les habitants et violaient les femmes. Le fisc aggravait le mal en pressurant les contribuables pour payer les dépenses de la guerre. « Il y a dix ans que la campagne est ruinée, disait Omer Talon dans une remontrance adressée à la reine en 1648, les paysans réduits à coucher sur la paille, leurs meubles vendus pour le payement des impositions auxquelles ils ne peuvent satisfaire, et que des millions d'âmes innocentes sont obligées de vivre de pain, de son et d'avoine (2). »

La population de 1643 à 1700 et la révocation de l'édit de Nantes. — Sous Louis XIV, la population a eu des fortunes diverses.

Les troubles de la Fronde ne lui ont pas été propices; cette guerre, frivole par les causes qui l'avaient suscitée, légère par le caractère et les intrigues des seigneurs qui la fomentèrent, fut cruelle pour la population, victime des ravages des armées. Le livre que M. Feillet a légitimement intitulé la *Misère au temps de la Fronde* abonde en documents qui prouvent que cette misère fut excessive (3).

---

ce soldat impieux le bat, le viole, le vole. » Plus tard, Boulainvilliers (t. III, p. 387, édition de 1737) reproduisant un passage du mémoire de l'intendant d'Alsace en 1698, disait : « Avant la guerre de Suède (guerre de Trente ans), l'Alsace était d'un tiers plus peuplée ; mais la désolation y a été si grande qu'il y a peu d'exemples dans l'histoire d'une aussi grande ruine. » Année 1633 : ... « telle disette que plusieurs paysans ont été contraints de paître l'herbe ».

(1) Les témoignages de la misère à cette époque sont nombreux dans les écrits du temps. Voici un document qui fournit une sorte de mesure de la pauvreté et de la mendicité dans la ville de Compiègne en 1627. C'est un état officiel des habitants de la ville ; il y avait 1,970 chefs de ménage dont 1,572 hommes et 398 femmes (filles ou veuves probablement). Sur ce nombre, on comptait 29 ecclésiastiques et 54 autres personnes jouissant d'exemptions, 225 chefs de ménage classés comme pauvres ou chargés d'enfants et probablement exempts de taxes à ce titre et 95 mendiants. Voir *La population de Compiègne en 1627,* par M. le comte de Marsy.

(2) Voir le tableau que trace des provinces, à la fin du règne de Louis XIII et au commencement du règne de Louis XIV, M. Feillet dans le chapitre III de l'ouvrage cité dans la note suivante.

(3) *La misère au temps de la Fronde et saint Vincent de Paul* ou *un chapitre de*

Le ministère de Colbert, malgré les disettes qui ont éprouvé alors les campagnes, a été réparateur. L'histoire de la population est étroitement liée à l'histoire générale : la population prospère et d'ordinaire elle augmente dans les temps de prospérité publique ; elle s'arrête dans son développement ou même se contracte pendant les crises.

Cependant, au milieu des splendeurs du grand règne, elle a souffert des guerres. Celle de Hollande paraît l'avoir peu affectée, et on peut considérer les dix années qui ont suivi le traité de Nimègue comme la période où la France du XVIIe siècle a possédé le plus d'habitants. Celle d'Allemagne a coûté beaucoup plus d'hommes et a aggravé le fardeau des impôts et des dettes publiques.

Durant cette dernière, la famine a cruellement sévi, particulièrement en 1693 et en 1694 (1). Dès la fin de l'année 1691, le Limousin était dans un affreux dénûment ; le blé, les vignes, les châtaigniers avaient gelé ; les habitants avaient vendu leurs bestiaux et leurs meubles pour vivre et pour ensemencer leurs champs. L'intendant écrivait au contrôleur général que, sans parler des villes où les pauvres trouvent quelques ressources, il a compté en janvier 1692 plus de 70,000 personnes « réduites à mendier leur pain avant le mois de mars » (2). La famine per-

---

l'histoire du paupérisme en France, par Alph. Feillet (1 vol. in-12, 1862). Voir principalement les chapitres VI, VIII, XI, XII, XVI, XVIII, XIX. Voici, entre autres textes cités par l'auteur, un passage d'une lettre de la mère Angélique écrite (7 janvier 1649) de Port-Royal à la sœur Geneviève : « C'est une chose horrible que ce pauvre pays ; tout y est pillé ; les gens de guerre se mettant dans les fermes, font battre le blé et n'en veulent pas donner un pauvre grain à ceux qui leur en demandent par aumône. On ne laboure plus, il n'y a plus de chevaux, tout est volé... » (Feillet, p. 127.)

(1) Les mémoires des intendants (voir plus loin, même chapitre) parlent de la mortalité causée par ces famines ; on y trouve que dans la généralité d'Alençon la population avait « beaucoup diminué » en 1693 et 1694 ; que dans la généralité de Lyon elle était réduite d'un sixième ; qu'en Flandre « autrefois il y avait dix fois plus de peuples » (l'intendant fait allusion à la Flandre très prospère du moyen-âge, mais évidemment il exagère) et, en 1698, un cinquième de la population vivait d'aumônes.

(2) Lettre de M. Bouville, intendant à Limoges, au contrôleur général, 12 janvier 1692 : « Vous serez sans doute surpris d'apprendre qu'après avoir examiné l'état des paroisses de Limousin avec toute l'exactitude imaginable, j'ai trouvé plus de soixante et dix mille personnes de tous âges et des deux sexes qui se trouvent réduites à mendier leur pain avant le mois de mars, vivant dès à présent d'un reste de chastaignes à demy pourries, qui seront consommées dans le mois prochain au plus tard. Je ne comprends point dans ce nombre de pauvres tous ceux qui habitent dans les villes et les paroisses circonvoisines. Je me suis rendu aux paroisses qui n'ont aucune

sistant, il faisait l'année suivante un sombre tableau de la situation :
« Il meurt tous les jours un si grand nombre de pauvres qu'il y
aura des paroisses où il ne restera pas le tiers des habitants. C'est
une chose bien douloureuse de voir mourir des gens sans les
pouvoir secourir (1). »

Dans le Bas-Armagnac, la disette de 1694 réduisit les paysans
à vivre « en beaucoup d'endroits de vieux pépins de raisin et de
racines de fougère qu'on faisait moudre (2). »

L'Auvergne était longtemps restée dans une situation meilleure
que le Limousin, son voisin. L'intendant faisait savoir au contrôleur
général en 1688 et en 1689 que « la population augmente plutôt
qu'elle ne diminue » et que « la province est si peuplée qu'on
ne s'aperçoit pas des grandes levées que le roy a fait faire » (3).
Cependant la disette l'atteignit aussi et produisit de funestes effets
sur une population qui ne se nourrissait principalement que de
blé noir. « Outre la disette et la cessation du commerce, le nombre des habitants est diminué de plus d'un tiers (4). »

La dépopulation avait parfois d'autres causes que la disette. A
Tours, en 1699, c'est la cherté de la soie et la stagnation des
affaires qui réduisaient mille ouvriers sans ouvrage à mendier
leur pain (5) ; dans le Mantois, c'est l'aggravation d'un impôt sur

---

ressource, ni par les chastaignes que la gelée a gastées, ni par la vente des bestiaux
ou des meubles, la plupart des habitants les ayant vendus pour vivre et semer
l'année dernière. » *Correspondance des contrôleurs généraux*, par M. de Boislisle,
T. I, p. 294.

(1) *Ibidem*, I, 319.

(2) Evêque de Montauban au contrôleur général (avril 1694) I, 319 :

« Dans le Bas-Armagnac, il ne nous reste pas le tiers des âmes qui y estoient il y
a trois ans ; les maladies ou les désertions ont presque tout emporté. La plupart des
terres n'ont pas été cultivées. On a vécu en beaucoup d'endroits de vieux pépins de
raisin et de racines de fougère qu'on faisoit moudre. » *Ibidem*, I, 360.
Cette assertion de l'évêque est confirmée par une lettre de l'intendant de mai 1695.
Ibidem, p. 391.
Baville au contrôleur général (août 1699) à propos du diocèse d'Albi : ... « il n'est
que trop vray que les hommes y manquent et que les terres y sont abandonnées ».
Ibidem, I, 536.

(3) *Correspondance des contrôleurs généraux*, I, 151 et 186.

(4) *Ibidem*, I, 405.

(5) Intendant de Tours au contrôleur général, novembre 1699 : « A l'égard de la
ville de Tours, la désolation y est infinie, par le nombre de plus de 3,000 hommes et
femmes, presque tous ouvriers en soie à façon, qui sont sans aucun ouvrage, demandant l'aumône par attroupements, le commerce étant très altéré et les marchands
chargés de plus de 150,000 fr. d'étoffes qu'ils ne trouvent à vendre dedans ni dehors

le transport des vins qui, ruinant le commerce, contribue à mettre les habitants dans l'impossibilité de payer la taille et les oblige à quitter le pays (1).

Avant que la guerre d'Allemagne ne fût déclarée, la révocation de l'édit de Nantes, un des actes de Louis XIV les plus préjudiciables à la population et à la richesse du royaume, avait fait des vides considérables, surtout dans les provinces du sud et du sud-ouest. Le funeste édit de 1685 et la longue suite de mesures vexatoires qui l'avaient précédé avaient chassé de France, dit-on, de 250,000 à 300,000 protestants, peut-être même davantage (2), obligé les autres à cacher leur culte, rendu les mariages difficiles,

---

le royaume. Les soies, cependant, diminuent de prix ; mais on n'en donnera à mettre en œuvre que les anciennes étoffes ne soient débitées.... Le froid avec la pauvreté causeront les derniers désordres, s'il n'y est pourvu par les habitans, fort peu émus de ce qui est de la charité. » *Correspondance des contrôleurs généraux*, II, p. 12.

(1) Intendant de Paris au contrôleur général, 3 décembre 1699 : « Il y a vingt ou trente ans, l'élection de Mantes était fort bonne. Elle payait 200,000 livres de taille jusqu'en 1680. Mais on a augmenté de 2 livres 5 sols à 7 livres un droit sur le transport des vins par eau et arrêté le commerce qui se faisait avec Rouen. De plus, la vigne a été horriblement grêlée en 1698. La taille ne rapporte plus que 119,000 livres et il a fallu faire de grandes remises aux contribuables : 40,000 livres en 1699. Mais, comme la plupart des habitants étoient absolument hors d'état de pouvoir rien payer, cela ne les a pas empêchés de quitter leurs maisons, de les abattre pour en vendre les matériaux et de quitter le pays pour aller chercher leur vie ou travailler ailleurs ; en sorte que cela a causé une grande diminution de peuple dans le pays, ce qui ne se peut rétablir qu'en plusieurs années. » *Ibidem*, II, 17.

(2) On ne connaît pas le nombre des protestants qui ont quitté le royaume. Le pasteur Jurieu pensait qu'en 1687 il s'élevait déjà à 200,000, ce qui est très vraisemblablement une exagération ; Vauban écrivait à Louvois en 1688 que la France avait perdu 100,000 personnes. — M. Weiss *Histoire des réfugiés protestants en France*, p. 100 dit qu'on n'est pas loin de la vérité en supposant que, sur une population de 21 millions (20 millions de catholiques et 1 million de protestants), la perte a été de 250,000 à 300,000 habitants de 1685 à 1700. M. Puaux estime que le nombre de 500,000 français ayant quitté leur patrie pour cause de religion, de 1660 à 1725, n'est pas exagéré et il cite comme indices les faits suivants : en 1687, un espion du comte d'Avaux lui fait savoir qu'il y avait en Hollande environ 75,000 français et dans l'armée du prince d'Orange 696 officiers français ; en novembre 1687 on avait déjà constaté à Genève le passage de 28,000 réfugiés se rendant en Suisse, et en 1703, on y vit arriver 2,000 réfugiés d'Orange ; la diaconie de Francfort-sur-le-Main qui assistait les réformés français réfugiés en Allemagne en a compté dans ses registres officiels 14,468 de 1685 à 1689, 17,770 de 1689 à 1701, 27,582 de 1705 à 1725 ; le recensement du Brandebourg en 1720 accusait 16,932 réfugiés français, sans compter les militaires qui formaient plusieurs régiments ; en 1700 il y avait à Londres et dans les environs 30 églises protestantes, en 1687 on avait dû y secourir 15,500 français réduits à la misère, et le nombre total des réfugiés dans cette ville s'élevait peut-être à 60,000 ; il y avait, pense-t-on, près de 20,000 réfugiés dans l'Amérique du nord ; il y en avait en Suède, en Danemark, en Russie, à Constantinople, à Tunis et jusqu'au Cap.

enlevé les enfants à leurs parents et appauvri le pays en le privant de commerçants, d'artisans et de cultivateurs laborieux.

« La plus grande partie des marchands ou négociants, disait en 1698, dans son mémoire, l'intendant de la généralité de Caen, qui étaient religionnaires et les plus riches ont passé dans les pays étrangers et ont abandonné ledit commerce, de sorte que ceux qui restent ne sont pas en pouvoir de le rétablir. »

A la même époque, les intendants disent que la Normandie avait perdu 184,000 habitants, que dans le gouvernement de Calais le nombre des familles protestantes avait été réduit de 3,000 à 300, et à Paris de 1202 à 731.

La persécution religieuse et, plus encore, la guerre et les impôts avaient, en 1698, réduit de moitié l'industrie de la sayetterie à Lille, anéanti celle des draps à Melun, laissé sans emploi plus du quart des métiers à tisser en Picardie, la moitié à Reims, plus des neuf dixièmes en Touraine, ruiné la plupart des papeteries du Limousin et de la Provence, appauvri le commerce de Lyon et de Marseille. Il était impossible que le nombre total des habitants de la France n'eût pas été affecté par une crise si intense et si longue. « Le peuple a été autrefois plus nombreux dans la Généralité qu'il n'est présentement », dit dans son mémoire de 1698 l'intendant de la généralité de Paris : la plupart des mémoires rédigés à cette époque par les intendants renferment un aveu du même genre. On pourrait extraire de l'ouvrage de Boulainvilliers maint exemple du genre de celui-ci : « Il est certain que le nombre du peuple est considérablement diminué par la retraite des Huguenots, la mortalité, la misère et les milices : mais on s'en aperçoit moins à la campagne que dans les villes qui sont presque abandonnées ; au reste, on est également touché de voir partout la moitié des maisons périr faute de réparation et d'entretien : les propriétaires n'y sont pas à couvert le plus souvent, et la pauvreté répand partout une tristesse et une férocité qui surprend (1). »

La persécution qui avait forcé les protestants à fuir ou à se cacher en 1685, reprit avec une recrudescence de cruauté après la paix de Ryswick contre ceux qu'on se plaisait à nommer officiellement les « nouveaux convertis ». Les pasteurs étaient con-

----

(1) Voir Boulainvilliers, *État de la France, généralité d'Alençon*, T. IV, p. 106.

damnés au supplice de la roue ; les religionnaires, envoyés aux
galères où ils étaient traités avec une barbarie inouïe tant qu'ils
refusaient de prendre part aux cérémonies du culte catholique.
Dans le Languedoc, sous l'administration de Lamoignon de
Bâville, ils étaient traqués comme des fauves quand ils tenaient
leurs assemblées du désert. L'excès de la souffrance souleva les
paysans des Cévennes, et la guerre que les Camisards soutinrent
pendant deux années acheva de désoler une contrée déjà naturellement pauvre. Les protestants du midi, courbés sous le joug,
étaient de cœur avec les révoltés ; on en expulsa beaucoup. C'est
à cette époque que M. de Grignan, lieutenant général du roi en
Provence, fit sortir de la principauté d'Orange les protestants qui
y étaient restés ; on connaît la phrase par laquelle il terminait la
lettre écrite au contrôleur général pour lui rendre compte de
cet exode : « Ce petit pays aura besoin d'un peu de temps pour
réparer les pertes qu'il fait, surtout par rapport au commerce,
par cette retraite des religionnaires, et je chercherai et proposerai
les moyens de le bonifier, pour faire jouir les sujets catholiques et
les nouveaux convertis qui y resteront du bonheur d'avoir passé
sous la domination de S. M. » (1).

Longtemps avant la révocation de l'édit de Nantes, Colbert
s'était préoccupé soit de la diminution, soit du peu d'accroissement de la population rurale et avait cherché les moyens de
procurer des bras au travail des champs et des fabriques. Dans
tous les temps, de tels moyens sont presque toujours sans effica-
cacité : la multiplication des hommes dépend de causes trop
générales et trop profondes pour être réglée par ordonnance.

Ainsi Colbert avait songé à inscrire sur le rôle des tailles tous
les garçons à partir de la vingtième année et à exempter jusqu'à
l'âge de vingt-trois ans ceux qui se marieraient, à mettre des
conditions restrictives à l'entrée des jeunes filles au couvent (2).
Par édit de novembre 1666, il exempta de la taille personnelle

---

(1) *Correspondance des contrôleurs généraux,* II, 146. Il les avait fait partir par Nice.
Il dit que, de Genève, on leur avait envoyé de l'argent pour les attirer; que le consul
anglais de Nice était chargé de leur en donner et il ajoute : « On prétend que c'est
principalement pour M. l'Électeur de Brandebourg que tout ce petit mouvement
s'est fait. »

(2) « Faciliter le mariage et rendre plus difficiles les vœux de religion, examiner
soigneusement toutes les raisons pour et contre cette proposition. Rechercher tout

les pères de famille ayant dix enfants vivants ou morts au service militaire. On ne voit pas qu'il ait exercé par là quelque influence sur le peuplement, et une déclaration de janvier 1683 supprima ce privilège qui, servant de prétexte à des exemptions non justifiées, aggravait la taille des autres contribuables de la paroisse (1).

Les mémoires des intendants et le premier relevé de la population de la France. — Les quinze dernières années du XVIIe siècle ont été une période de déclin pour la population française. Ce siècle allait finir lorsque « le roi, voulant être pleinement informé de l'état des provinces du dedans de son royaume », prescrivit aux intendants de dresser des mémoires sur la généralité qu'ils administraient. Le duc de Beauvillier, gouverneur du duc de Bourgogne, qui avait demandé que ce travail fût entrepris pour l'instruction du prince et qui avait rédigé le questionnaire de concert avec Fénelon et Vauban (2), avait attiré d'une manière particulière l'attention des intendants sur la question de la population ; il se préoccupait vivement du vide causé par la révocation de l'édit de Nantes.

---

ce qui a été fait dans la République romaine et dans tous les États bien policés sur le même sujet.

Moyens pratiques proposés : Expédier une déclaration pour mettre à la taille tous les garçons à l'âge de vingt ans ; exempter de taille jusqu'à vingt-trois ans tous ceux qui se marieront à vingt ans et au-dessous ; exempter de taille tous les cotisés qui auront dix enfants vivants. Outre ces moyens, ces messieurs en pourront encore trouver d'autres pour faciliter les mariages et faire souhaiter à tous les sujets du roi d'avoir beaucoup d'enfants. Pour rendre les vœux de religion plus difficiles, remettre l'âge des vœux à vingt-cinq ans s'il se peut. Examiner tout ce qui se peut faire pour réduire les dots de toutes les religieuses qui sont excessives. Examiner si tous les couvents de filles ont pouvoir de prendre des pensionnaires en bas-âge et avant l'année de la probation. Comme l'envie de mettre des filles en religion vient des pères faute de pouvoir donner des dots à leurs filles, il faut examiner précisément tous les moyens que l'on pourra pratiquer pour régler les dots des filles, en sorte que les pères y puissent satisfaire, quelque nombre qu'ils en aient ; étant certain qu'il n'y a que la comparaison des lots des uns aux autres qui produise ce mauvais effet, et que, si l'on peut parvenir à établir une règle générale, tout le monde s'y conformera sans peine. » *Correspondance de Colbert*, publiée par P. Clément.

(1) Plus tard, de 1768 à 1787, les intendants furent autorisés à accorder dans certains cas des exemptions de ce genre.

(2) Le duc de Beauvillier s'était mis directement en rapport avec les intendants. Voir la lettre de Lebret, intendant de Provence, dans la *Correspondance des contrôleurs généraux...*, t. 1, p. 477.

Son questionnaire portait : « Nombre des villes ; nombre des hommes à peu près en chacune ; nombre des villages et des hameaux, total des paroisses et des âmes de chacune. — Consulter les anciens registres pour voir si le peuple a été autrefois plus nombreux qu'aujourd'hui ; causes de sa diminution ; s'il y a eu des huguenots et combien en est-il sorti ? » Les instructions furent envoyées dans les provinces vers la fin de l'année 1697 et les mémoires furent rédigés dans les années 1698, 1699 et 1700.

Les instructions du duc n'ont pas été suivies avec précision et les mémoires sont de valeur très inégale. Les intendants n'ont pas procédé de la même manière, les uns donnant le nombre de tous les habitants, d'autres n'y comprenant pas certaines catégories de personnes, d'autres ne comptant que les feux, ici tous les feux, là les feux taillables seulement, d'autres calculant la population d'après les rôles de la capitation, un enfin, celui de Bourgogne, ne fournissant pas de chiffres d'ensemble. Ils constituent cependant le document le plus considérable et le plus complet que nous possédions sur l'état économique et administratif de l'ancienne France et le seul relevé général de la population française avant 1780 qui ait un caractère officiel.

Les mémoires des intendants n'ont pas été publiés (1) ; mais de nombreuses copies en ont été faites (2) et ont circulé à la cour et dans les bureaux des ministères. Le duc de Boulainvilliers, tout en les jugeant avec une sévérité excessive, entreprit, en 1711, d'en donner une analyse qui, après sa mort, fut publiée à Londres (3 volumes, 1727-1728) sous le titre d'*État de la France*. Avant lui, Vauban avait dressé dans la *Dîme royale*, écrite en 1704 et publiée en 1707, le tableau de la population par généralités d'après ces mémoires et avait trouvé un total de **19,064,146 habitants** pour le royaume (3).

---

(1) M. de Boislisle a été chargé en 1876 par le ministre de l'instruction publique de la publication des *Mémoires des intendants sur l'état des généralités dressés pour l'instruction du duc de Bourgogne*. — Le premier volume de cette publication, consacré au *Mémoire de la généralité de Paris*, a été publié en 1881.

(2) Pour la généralité de Paris, M. de Boislisle cite 27 manuscrits et ajoute que l'énumération n'est pas complète.

(3) « Les plus anciens de ces dénombrements, dit-il, sont ceux de Bourgogne et d'Alsace, qui n'ont pas plus de douze à quatorze ans ; celui de Paris peut en avoir dix ; tous les autres sont du commencement du siècle et ont été faits par les inten-

« Voilà sans doute, dit l'auteur, un grand sujet d'étonnement pour ceux qui croient la France si dépeuplée et de quoi surprendre le célèbre Vossius (1), s'il était encore en vie, d'avoir écrit qu'elle ne contenait que cinq millions d'âmes. » Vauban substituait en effet un nombre authentique à une évaluation de fantaisie. Ce nombre n'était pourtant pas à l'abri de la critique. Le maréchal disait, avec vraisemblance, que Paris ne devait pas renfermer les 720,000 habitants qu'il lui assignait d'après un dénombrement exécuté en 1694 (2), et il n'arrivait lui-même à établir la population de plusieurs généralités que par des procédés indirects et très imparfaits (3).

Malgré les critiques qu'on peut adresser au travail des intendants, le premier essai fait par l'autorité pour compter la population de la France a une trop grande importance pour que nous n'y insistions pas. Aussi donnons-nous le tableau dressé par Vauban, avec les observations de M. A. des Cilleuls.

---

dants des provinces, en conséquence des ordres qu'ils ont reçus de la Cour, lesquels vraisemblablement n'y ont pas épargné leurs soins. Cependant je ne puis me figurer que Paris soit aussi peuplé qu'on le fait et que lui seul contienne presque autant que sa généralité »..... — Voir *Économistes français du XVIII° siècle* (collection Guillaumin), p. 122.

(1) Vossius écrivait en 1685.

(2) M. de Boislisle, dans l'introduction du *Mémoire sur la généralité de Paris* (p. XXI), donne dix-huit évaluations de la population de Paris au xviii° siècle, qui varient de 900,000 à 500,000 âmes. Moheau, un des écrivains qui ont le mieux traité ces matières, donne 670,000 âmes, en 1778 ; Necker et l'Encyclopédie, 640,000 à 680,000. — (Voir plus loin, chapitre XI, ces évaluations).

(3) L'addition de Vauban n'est pas tout à fait exacte (très légère de différence d'ailleurs, 19,094,123 au lieu de 19,094,146) et les éléments dont il s'est servi sont disparates. Sur 32 circonscriptions, 23 intendants seulement indiquent le nombre d'habitants ; quelques-uns le donnent d'après des dénombrements faits en vue de la capitation, d'autres d'après la connaissance des feux, d'autres d'après une simple évaluation ; un d'eux a omis la population des villes ; un autre a négligé les valets et servantes qui n'étaient pas nés dans le pays ; un seul, M. de Bâville, dans le Languedoc, paraît avoir procédé par un recensement direct. Huit intendants ne donnent que le nombre de feux ; c'est en multipliant ce nombre tantôt par quatre, tantôt par quatre et demi que Vauban a calculé la population de leurs provinces : or, le multiplicateur, quoique vraisemblable, n'est rien moins que certain et la manière dont les intendants enregistraient les feux, les uns comptant tous les feux, d'autres les feux taillables seulement, complique le problème. — (Voir *La population de la France avant 1789*, par M. A. des Cilleuls, broch. in-8°, 1885).

NOMS DES PROVINCES.	CHIFFRES CITÉS PAR VAUBAN.	CHIFFRES RÉELLEMENT FOURNIS par les manuscrits des intendants.	
Généralité de Paris......................	1,576,938	856,948 habitants. (non compris Paris).	(1)
Languedoc...............................	1,441,000	1,441,896 habitants.	(2)
Provence...............................	639,895	1,044,350 Id.	(3)
Dauphiné...............................	543,585	543,585 Id.	(4)
Généralité de Bordeaux.................	1,482,304	373,326 feux.	(5)
Béarn..................................	241,094	198,000 habitants.	(6)
Généralité de Bourges..................	»	201,232 Id.	(7)
Id. Montauban..................	788,600	798,600 Id.	(8)
Id. Limoges	585,000	130,000 feux.	(9)
Id. La Rochelle	360,000	360,000 habitants.	(10)
Id. Poitiers....................	612,621	363,729 Id.	(11)
Id. Tours.....................	1,069,616	266,524 feux.	(12
Id. Moulins...................	324,332	324,232 habitants.	(13
Id. Riom	557,068	139,267 feux.	(14
Id. Orléans..	607,165	126,033 Id.	(15
Bretagne...............................	1,655,000	1,700,000 habitants.	(16
Généralité de Caen.....................		119,551 feux.	(17
Id. Rouen.....................	1,540,000	164,245 Id.	(18
Id. Alençon...		404,817 habitants.	(19
Id. Amiens	519,500	497,351 Id.	(20
Artois.................................	211,869	211,869 Id.	(21
Généralité de Lyon.....................	363,000	363,000 Id.	(22
Flandre wallonne.......................	337,956	160,937 Id.	(23
Id. flamingante..................	158,836	158,836 Id.	(24
Hainaut................................	85,449	201,012 Id.	(25
Trois-Évêchés..........................	156,599	362,063 Id.	(26
Généralité de Châlons..................	693,244	151,751 feux.	(27
Id. Soissons..................	611,004	322,500 habitants.	(28
Bourgogne..............................	1,266,359	»	(29
Franche-Comté....	340,720	340,720 Id.	(30
Alsace.................................	245,000	235,000 Id.	(31
Roussillon	80,369	»	(32
Total...................	19,094,146		
Addition rectifiée..................	19,094,123		

OBSERVATIONS DE M. A. DES CILLEULS.

(1) Recensement des adultes dans les villes ; Vauban ajoute 720,000 pour le nombre des habitants de Paris, qu'il prétend faire ressortir d'un dénombrement de 1694 (1).

(2) Recensement direct ; population classée en catholiques et protestants, nobles et non nobles.

(3) Détail par viguerie.

(4) Détail par commune.

(5) Vauban a voulu évidemment compter 4 personnes par feu, ce qui aurait dû lui donner 1,493,304.

(6) Recensement pour la capitation (1696).

(7) Pas de renseignements sur la fixation de ce chiffre ; on a pris vraisemblablement les feux comme point de départ (66,475).

(8) Détail par élection, en prenant pour base le nombre des feux (209,175).

(9) Vauban suppose 4,5 par feu.

(10) Pas de renseignements sur les moyens d'évaluation.

(11) Détail par élection, en prenant pour base le nombre des feux (108,463).

(12) (Tant en franchises que taillables) ; en calculant sur une moyenne de 4 personnes par feu, on arrive à 1,066,096 habitants, le mémoire porte 1,066,496.

(13) Dénombrement fait le 22 février 1696 pour la capitation.

(14) Vauban suppose 4 personnes par feu.

(15) Non compris Orléans, Montargis, Blois et Chartres.

(16) Recensement fait pour la capitation.

(17) Chiffre représentant le nombre des feux taillables seulement.

(18) Vauban, pour cette généralité comme pour celle de Caen, multiplie par 4 le nombre des feux.

(19) Détail par élection (à 1 unité près, sauf pour celle d'Argentan).

(20) Détail par commune, sans renseignement sur les moyens d'évaluation.

(21) Détail par bailliage.

(22) Chiffre estimatif déduit du rapprochement de divers modes d'évaluation.

(23) Dénombrement effectué, suivant toute apparence, pour la capitation.

(24) Id. — L'ensemble des deux parties de la Flandre contenait donc 319,773 habitants.

(25) Avec les pays conquis ; en décomposant les éléments, le chiffre de Vauban paraît exact.

(26) Non compris les « valets » et les « servantes non natives des Trois-Évêchés. » Il semble donc y avoir eu un recensement.

(27) A raison de 4 hab. 425 par feu, on arrive à 693,371 habitants, nombre adopté par Vauban.

(28) Détail par élection déduit du nombre des feux (92,995).

(29) Pas de chiffre d'ensemble ; Vauban paraît avoir supputé la population d'après la quantité estimative de sel consommé en pays de gabelle (49,748 minots à raison de 16 l. 8 par tête, ce qui était fort exagéré).

(30) Dénombrement pour la capitation.

(31) Évaluation d'après le nombre des feux (45,579).

(32) Nous n'avons pu nous procurer le mémoire sur cette province ; il n'en existe d'exemplaire ni à la Bibliothèque nationale ni aux archives des affaires étrangères.

(1) Les évaluations pour la généralité de Paris varient de 1,576,000 à 1,626,000 habitants dans les documents de la fin du siècle et jusqu'à 1,892,000 dans un document un peu postérieur. On n'était pas complètement d'accord même sur le nombre des paroisses : 2,091 et 2,084 dans le mémoire de l'intendant, 2,082 et 2,088 dans des documents de la même époque. Voir, dans la *Collection des documents inédits sur l'histoire de France*, le volume contenant la *Généralité de Paris*, par M. de Boislisle.

Nous ne croyons pas devoir reproduire la critique minutieuse que M. A. des Cilleuls a faite de ces données et dire par quel calcul il est conduit à substituer un total de 20,069,011 habitants à celui du tableau de Vauban.

Les éléments ne sont pas assez précis pour mériter qu'on s'arrête à de petits détails. Mais l'ensemble permet de dire qu'en 1700 le royaume de France avait, en nombre rond, 20 millions d'habitants, sur un territoire d'environ 500,000 kilomètres carrés (1). La densité moyenne était donc de 40 habitants par kilomètre carré ; elle semble, par conséquent, avoir été à très peu près égale à celle du XIVᵉ siècle.

En supposant la même densité aux paroisses qui sont devenues françaises et qui ne l'étaient pas alors, on trouve par le calcul 21,136,000 habitants pour le territoire de la France actuelle (2).

---

(1) Dans l'*Annuaire du Bureau des longitudes* (voir année 1887, p. 476) nous avons donné 499,849 kilom. carrés, et 19,600,000 habitants. Depuis 1700, la France a gagné la vallée de Barcelonnette, la Lorraine (moins les Trois-Évêchés), la Corse, les Comtats, Nice et la Savoie, soit environ 45,000 kilom. carrés ; elle a perdu l'Alsace-Lorraine 14,510 kilom. carrés, et auparavant le marquisat de Saluces, Landau, Philippeville, Marienbourg, etc., dont nous n'avons pas la superficie exacte. Elle a aujourd'hui (en 1888) environ 528,400 kilom. carrés. Or, 528,400 + 14,509 — 45,000 = 497,509 kilom. carrés. Cette mesure diffère très sensiblement des 30,000 lieues carrées de 25 au degré que Vauban attribuait à la France et que l'abbé Expilly a acceptées (article *France*) ; mais à l'époque de Vauban, il n'y avait encore ni cadastre ni carte topographique.

(2) 500,000 : 20,000,000 :: 528,400 : 21,136,000.

CHAPITRE XI

L'ÉTAT DE LA POPULATION AU XVIIIe SIÈCLE

Sommaire. — La statistique au xviiie siècle — La tradition des mémoires des intendants et le libraire Saugrain — Le marquis de Mirabeau — Les désastres de la fin du règne de Louis XIV et le nombre des habitants en 1715 — Les disettes de la misère pendant la première moitié du règne de Louis XV — Les évaluations de la population de la France dans la seconde moitié du xviiie siècle — Les tentatives de dénombrement — L'accroissement de la population dans la seconde moitié du xviiie siècle — La répartition de la population sur le territoire — Les villes et l'émigration des campagnes — Les professions — L'instabilité des conditions — La misère dans la seconde moitié du xviiie siècle — Le progrès du bien-être dans la bourgeoisie — Les grands domaines et la petite propriété — Le témoignage de Moheau sur la condition des paysans — Les salaires — Un village autrefois et aujourd'hui.

La statistique au XVIIIe siècle. — Le xviiie siècle forme une période distincte dans l'histoire de la population française. Il sert de transition entre les siècles précédents pour lesquels, faute de documents généraux sur l'état de cette population, on est réduit à des conjectures et le xixe siècle avec lequel ont commencé, en même temps que la statistique, les études de démographie.

Pour cette science, comme pour la plupart des sciences naturelles et sociales, le xviiie siècle est un précurseur. Curieux et réformateur, il a recherché et amassé des faits, il les a livrés à la publicité ; il a conclu quelquefois avec précipitation sans posséder les matériaux nécessaires pour une construction solide, mais il a entrevu des horizons nouveaux.

La tradition des mémoires des intendants et le libraire Saugrain. — Les écrivains de ce siècle se sont peu souciés de contrôler les idées contenues dans les mémoires des intendants. Ils n'en connurent d'abord l'ensemble que par la *Dime royale* de Vauban, et certains détails que par la publication du libraire Saugrain intitulée *Dénombrement du royaume de France* (1709, réédité en 1720) (1) et par l'*Etat de la France*, du comte de Boulainvilliers (1727) (2).

Saugrain, toutefois, est loin de reproduire servilement, surtout dans la seconde édition, les chiffres des intendants. Il fournit une énumération beaucoup plus détaillée que celle de la plupart de leurs mémoires et, dans cette énumération, il diffère d'eux non seulement par le nombre des feux que la guerre avait beaucoup diminués, mais parfois aussi par le nombre des paroisses (3) ; il n'est pas d'accord pour les feux avec deux autres publications contemporaines et il ne l'est même pas complétement avec lui-même (4). Ce défaut de concordance avertit qu'il ne faut accepter

---

(1) Le *Dénombrement du royaume...* . a été édité en 1709 en deux parties in-12 ; le *Nouveau dénombrement du royaume* l'a été en 1720 en deux parties in-4º. « ... Nouvelle édition, dit l'éditeur, si différente de la première, qu'il semble que ce soit un autre ouvrage. »

(2) Voir la 3e partie de l'introduction.

(3) Par exemple, le mémoire de l'intendant, M. Pommereuil, donne 1,315 paroisses pour la généralité d'Alençon ; Saugrain (édition de 1720) donne 1270.

(4) Saugrain imprimait hâtivement les documents à mesure qu'il les recevait. Aussi sa publication manque-t-elle d'unité ; les additions sont parfois fautives et il y a des généralités dont le nombre des feux et même des paroisses paraît beaucoup trop faible ; le lecteur pourra s'en convaincre en comparant le tableau de Saugrain avec celui des habitants par généralités, d'après Necker et Calonne, que nous donnons plus loin (ch. XI). Par exemple, les généralités de Montauban, de Bretagne et d'Aix ne sont portées que pour 7,308; 32,427 et 3,320 feux, tandis qu'elles avaient au moins 492,000; 1,103,000 et 659,000 habitants en 1787. Saugrain a placé à la fin de la seconde édition deux récapitulations alphabétiques des généralités avec le nombre des paroisses et des feux ; mais les nombres diffèrent d'un tableau à l'autre pour Auch, la Flandre et le Roussillon, et les totaux ne sont pas les mêmes dans les deux tableaux : 38,584 paroisses et 3,559,005 feux dans l'un, 39,016 et 3,547,940 dans l'autre. Nous croyons inutile de comparer ici le *Nouveau dénombrement* de Saugrain avec le tableau des feux par généralités en 1698-1700 (*Mémoires des intendants*), en 1713 (*Manuscrit de la Bibliothèque nationale*), et en 1726 (*Dictionnaire universel de la France*), comme l'a fait M. A. des Cilleuls (*La population de la France avant* 1789, p. 10); mais nous donnons les chiffres du second des deux tableaux de Saugrain en suivant l'ordre dans lequel se trouvent les généralités dans le volume (et non dans le tableau).

	Paroisses.	Feux.
Paris...................... 750.000 habitants.	—	—
GÉNÉRALITÉS.		
Paris (sans Paris)............................	2.103	209.670
Amiens......................................	1.238	109.780
Soissons....................................	1.119	92.591
Orléans.....................................	1.153	137.914
Bourges.....................................	723	68.285
Moulins.....................................	1.248	80.700
Lyon..	739	90.759
Riom..	942	135.986
A reporter............................	9.235	925.685

qu'avec réserve les dénombrements de feux de l'ancien ré.ime, et à plus forte raison le nombre des habitants qu'on en déduit.

Voici un exemple qui prouve que les rôles ne correspondaient pas toujours à la population. En 1764, l'intendant de Bordeaux, inquiet de l'émigration des paysans vers les villes, demanda à ses subdélégués un état comparé des anciens rôles de la capitation datant de 1728 avec les rôles actuels ; le subdélégué de Condom, qui trouvait sur ses registres 6,224 articles au rôle de 1728 et 6,290 au rôle de 1764, lui répondit : « Par les différents éclaircissements que j'ai pris, il paraît que la population n'est pas tout à fait aussi étendue aujourd'hui qu'elle l'était il y a trente-quatre ou trente-cinq ans. Il semblerait, par la comparaison du nombre des articles de capitation, qu'il y a aujourd'hui plus de monde qu'il n'y en avait en 1728 ; mais ce jugement porteroit à faux, parce que l'on a capité depuis quelques années beaucoup de domestiques qui ne l'étaient pas en 1728 » (1).

GÉNÉRALITÉS (suite).	Paroisses.	Feux.
Report..............................	9.235	925.685
Poitiers..............................	1.008	159.841
La Rochelle..........................	728	106.411
Limoges..............................	907	114.296
Bordeaux............................	2.073	259.762
Tours................................	1.576	268.281
Auch................................	1.746	64.962
Béarn................................	376	9.305
Navarre..............................	102	2.000
Montauban..........................	1.004	7.308
Grenoble	990 (*)	5.000 (*)
Champagne..........................	2.252	177.253
Rouen................................	1.845	160.518
Caen................................	1.228	156.341
Alençon..............................	1.270	132.177
Bourgogne (Dijon)....................	2 432	144.203
Toulouse.............................	1.130	121.060
Montpellier..........................	1.582	192.437
Franche-Comté	1.979	86.127
Bretagne (Nantes)	1.445	32.427
Provence (Aix).......................	653	3.320
Roussillon............................	339	41.003
Metz................................	625	30.801
Alsace...............................	1.027	61.785
Artois (Arras)........................	727	196.778
Hainaut..............................	231	17.407
Flandre	506	71.452
TOTAL	39.016	3.548.940
ADDITION RECTIFIÉE..................	»	3.547.940

(*) Pour la généralité de Grenoble, le nombre 990 représente des communautés et non des paroisses ; le nombre 5,000 est celui des feux taillables seulement ; il y avait en outre 1,500 feux nobles d'après Saugrain, 1,320 d'après notre addition.

(1) *Archives de la Gironde*, 2860.

Le marquis de Mirabeau. — Mirabeau le père mit la question de la population à la mode en publiant l'*Ami des hommes* ou *Traité de la population.* L'ouvrage (1) quoiqu'il soit mal composé, bizarre, languissant, et qu'il ne repose sur aucune donnée statistique, fit du bruit ; la verve originale de l'auteur (2) et la vigueur avec laquelle il dénonçait le luxe comme cause de dépopulation, séduisirent une société qui n'était pas moins amie du paradoxe que du luxe même. Mirabeau attribuait à la France une population de 18,107,100 habitants et croyait qu'elle se dépeuplait : nombre et opinion arriérés et probablement inexacts en 1754, date de la publication de l'ouvrage. Mais cette opinion était alors très répandue ; plus d'un écrivain n'hésitait pas à affirmer que la population de toute l'Europe était en décroissance (3). « La vraie cause de la dépopulation, la voici, disait Mirabeau, c'est la décadence de l'agriculture d'une part, de l'autre le luxe et le trop de consommation d'un petit nombre d'habitants qui sèche dans la

---

(1) Voir la 3º partie de l'introduction.

(2) Dans son Avertissement (p. 4, 5 et 6), il expose son but et se défend ironiquement contre ses contradicteurs : « *La population est-elle utile ou non ?* Il semble au premier coup d'œil que cette question soit l'équivalent de celle-ci : *Le soleil éclaire-t-il ou non ?* Mais on verra que j'arriverai d'inductions en inductions jusqu'à une morale si austère, que je révolterai bien des gens. Je vais créer une infinité d'hommes ; que d'embarras pour les gouverner ! Je vais les rendre laborieux et riches ; combien de gens m'ont dit sagement qu'il ne falloit pas que le peuple connût une aisance qui le rendoit insolent ! Je vais diminuer le nombre des chevaux et des équipages, et mettre leur augmentation au niveau de l'incendie et du parricide ; je vais prouver enfin, oui, démontrer que le luxe est, proportion gardée, l'abyme d'un grand Etat plutôt encore que d'un petit. En supposant donc que mes principes soient avoués, qu'ils se trouvent exactement liés les uns aux autres, et que les conséquences en sortent naturellement, combien de gens en qui la corruption du cœur n'a pas offusqué les lumières de l'esprit, voudroient peut-être revenir en arrière, et soutenir, attendu qu'ils tiennent dans l'Etat actuel le haut bout, que l'homme est plus heureux étant au large, comme on est aujourd'hui, que s'il se trouvait serré par ma nouvelle peuplade ! Mes très-chers et très-doux Epicuriens, vous êtes plus dangereux en France que par-tout ailleurs, où la mollesse abrutit ; ici, elle rend l'esprit faux et délicat, et c'en est assez pour être prophète parmi nous.

» C'est à vous donc que je parle ; et je dis qu'il est bon d'être plusieurs ensemble : 1º de peur d'être mangés des loups ; 2º afin que les bons cuisiniers soient moins rares. 3º Que de belles voix et de jolies filles naîtront parmi cette colonie que j'annonce ! Voilà tout ce qu'il vous faut, je vous le promets ; soyez tranquilles, et nous laissez spéculer, nous qui ne valons pas la peine de nous aimer nous-mêmes, mais qui aimons nos frères et leurs neveux, qui aimons l'homme comme le plus utile, le plus aimable et le plus reconnoissant des animaux, et le plus propre à tout genre de plaisirs, de travail, d'embellissement, et d'utilité. »

(3) Voir *Histoire de l'Académie des sciences*, année 1779, p. 461.

racine le germe de nouveaux citoyens » (1). Et il s'indignait de voir les terres que les seigneurs laissaient en friche, les grandes propriétés presque vides d'habitants, et les riches consommant en dépenses d'apparat la subsistance de beaucoup d'hommes.

Mirabeau avait sous les yeux l'original qu'il peignait ; il employait, il est vrai, des couleurs trop chargées et confondait à tort les excès du luxe avec le développement du bien-être. Mais il avait raison de recommander l'agriculture comme le véritable moyen d'accroître à la fois la richesse du pays et d'améliorer l'état des habitants. « *Aimez, honorez l'agriculture*, c'est le foyer, ce sont les entrailles et les racines d'un Etat. Nouveaux Cadmus, les hommes sortiront pour vous du sein de la terre et ne se battront pas comme firent ceux de ce temps là (2). »

Les désastres de la fin du règne de Louis XIV et le nombre des habitants en 1715. — Mirabeau parlait de dépopulation en moraliste plutôt qu'en statisticien. De lugubres souvenirs pouvaient faire croire à une décadence qui ne fut que trop réelle. La fin du règne de Louis XIV avait été désastreuse ; la guerre de la succession d'Espagne avait ruiné le royaume et décimé les habitants ; la famine de 1709 avait fait de terribles ravages (3). Fénelon écrivait au roi, peut-être avec l'exagération d'un cœur sensible, assurément avec la conscience d'un honnête homme et avec une franchise de langage dont on use rarement à l'égard des rois : « La culture des terres est presque abandonnée ; les villes et les campagnes se dépeuplent ; tous les métiers languissent et ne nourrissent plus les ouvriers. Tout commerce est anéanti. Par conséquent, vous avez détruit la moitié des forces réelles au dedans de votre Etat pour faire et pour défendre de vaines conquêtes au dehors. Au lieu de tirer de l'argent de ce pauvre peuple, il faudrait lui faire l'aumône et le nourrir. La France entière n'est plus qu'un grand hôpital désolé et sans provision (4). »

Le témoignage de Duval, qui a eu comme bibliothécaire à

---

(1) L'*Ami des hommes*, 1756, 1re partie, p. 39.

(2) *Ibidem*, p. 431.

(3) Paris, qui est loin d'avoir été éprouvé comme certaines campagnes par la famine, peut donner une idée de la mortalité causée par le fléau ; le nombre des décès a été de 29,288 en 1709, et en 1711, après la disette, de 15,920 seulement. En Angleterre aussi il y a eu une disette désastreuse en 1710.

(4) Lettre de Fénelon à Louis XIV.

Vienne une certaine célébrité, donne une idée des terribles effets
de l'hiver de 1709 et du contraste que présentait alors la France,
épuisée par les impôts et la guerre avec les pays voisins qui
jouissaient relativement de la paix. Duval avait alors quatorze ans ;
errant, malade de la petite vérole, il dut son salut à un paysan
de la Brie qui le sauva en l'enterrant dans le fumier de sa bergerie et en le nourrissant d'un peu de bouillie et de pain bis « que
la gelée avait tellement durci qu'on avait été obligé de le couper
à coups de hache. » Quand il fut guéri, la misère l'obligea à
chercher un autre asile. Il traversa la Champagne. « L'indigence
et la faim sembloient avoir établi leur séjour dans ces tristes lieux.
Les maisons couvertes de chaume et de roseaux s'abaissoient
jusqu'à terre et ressembloient à des glaciers. Un enduit d'argile,
broyée avec un peu de paille, étoit le seul obstacle qui en défendit
l'entrée. Quant aux habitants, leur figure quadroit à merveille
avec la pauvreté de leurs cabanes ; les haillons dont ils étoient
couverts, la pâleur de leur visage, leurs yeux lourds et abattus,
leur maintien languissant, morne et engourdi, la nudité et la
maigreur de quantité d'enfants que la faim desséchoit, et que je
voyois dispersés parmi les haies et les buissons pour y chercher
certaines racines qu'ils dévoroient avec avidité. » Il passa de là
en Lorraine, hors de France, et il fut frappé de la différence.
« La jeunesse n'y connaissoit les horreurs de la guerre que par
la crainte et les perpétuelles allarmes des peuples voisins, et, à
l'égard des enfants, leur air de santé, la vivacité de leurs mouvements, le coloris et l'embonpoint qui reluisoient sur leurs
visages, les auroient fait prendre pour autant de Cupidons en
comparaison des languissantes momies qui avoient excité ma
compassion huit jours auparavant. Ici les maisons méritoient
d'être habitées par des hommes, elles étoient spacieuses et solides,
bâties de bons murs et couvertes de tuiles.... J'eus le plaisir de
voir (dans l'église) une foule de paysans sans sabots, habillés
d'étoffe, ayant la plupart leurs poignets ornés de boutons d'argent. Les femmes auroient pu figurer, par la propreté de leurs
ajustements, avec les plus belles bourgeoises que j'eusse encore
vues. Mais ce qui me frappa encore davantage fut de voir plus
de jeunes garçons dans cette église que je n'en avais vus dans
une partie de la province que je venois de parcourir (1) ».

(1) Œuvres de M. Duval, t. I, p. 58-61.

La population était très vraisemblablement tombée bien au-dessous de 19 millions qu'avaient fournis pour l'année 1700 les mémoires des intendants lorsque le grand roi mourut. Forbonnais estime qu'elle était de 16 à 17 millions à l'époque de la Régence (1), ce qui correspondrait à 18 millions d'habitants environ sur les 528,400 kilomètres carrés qui sont le territoire actuel de la France.

Les 39,016 paroisses de 3,530,940 feux du *Nouveau dénombrement* de Saugrain indiqueraient même une population bien moindre, puisqu'en multipliant ces feux par 4 et en ajoutant 750,000 pour la population de Paris on trouverait à peine 15 millions (en multipliant par 5 on aurait un peu moins de 18 millions 1/2). Mais, comme il est certain que, pour quatre provinces au moins, le nombre des feux quadruplé ou même quintuplé ne correspond nullement à la population réelle (2), nous pourrons admettre que les tableaux de Saugrain ne contredisent pas l'opinion de Forbonnais.

Les disettes et la misère pendant la première moitié du règne de Louis XV. -- La population se releva pendant la période

---

(1) D'après un document extrait par M. Avenel des archives Nicolaï (fonds Simiau), la population du Dauphiné aurait été réduite de 6 à 5 vers le commencement du XVIIIe siècle. Cependant un autre document (*Tableau historique des Hautes-Alpes*, par M. Roman, 1887) montre que la population des Hautes-Alpes avait doublé de 1470 à la première moitié du XVIIIe siècle ; en effet, en additionnant les nombres donnés par M. Roman pour la population des paroisses ou communes, on trouve 45,472 en 1470, 90,160 vers 1728, 103,887 en 1881.

(2) Nous avons cité plus haut dans une note les trois généralités de Montauban, de Bretagne et d'Aix, portées par Saugrain comme ayant en tout 43,055 feux, soit environ 172,000 hab. (avec le multiple 4) et par Calonne comme ayant 2,254,000 habitants ; le multiple 5 ne suffirait pas à combler la différence. En outre, la généralité de Grenoble n'est portée que pour ses 5,000 taillables, abstraction faite de 1,500 nobles mentionnés dans le résumé de Saugrain ; mais, quel que soit le multiple, 6,500 feux ne sauraient concorder avec les 649,000 habitants de 1787. La même observation s'appliquerait à Auch et à Pau, à la Bourgogne (bien que dans une moindre mesure), à la Franche-Comté, à Metz, à l'Alsace, au Hainaut. Dans le sens opposé, la généralité d'Alençon est portée pour 132,117 feux correspondant à 528,000 habitants avec le multiple 4 et cependant, sous Louis XVI, à une époque où cette généralité, quoiqu'ayant déjà une médiocre fécondité, avait dû participer de l'accroissement général de la population, Necker lui attribue 526,000 habitants et Calonne 472,000. Ces observations montrent qu'il ne faut pas accorder aux chiffres de Saugrain une entière confiance ; nous en concluons que le nombre des habitants de la France, calculé d'après le total des feux qu'il a enregistrés, doit être augmenté d'au moins un million pour se rapprocher de la vérité.

de paix qui suivit (1). Ce n'est pas assurément qu'elle ait été exempte de misères ; on pourrait composer un volume entier des doléances des contemporains sur la fréquence des disettes sous le règne de Louis XV, sur le dénûment dans les campagnes et la mendicité dans les villes. En 1739, d'Argenson raconte dans ses mémoires comment le duc d'Orléans déposa un jour sur la table du roi pendant une séance du Conseil un pain sans farine et dit : « Sire, voilà de quel pain se nourrissent aujourd'hui vos sujets » ; il ajouta : « Dans mon canton de Touraine, il y a déjà plus d'un an que les hommes mangent de l'herbe. » Massillon écrivait de Clermont-Ferrand au cardinal de Fleury : « Le peuple de nos campagnes vit dans une misère affreuse, sans lits, sans meubles, la plupart même, la moitié de l'année, manquent de pain d'orge et d'avoine qui fait leur unique nourriture et qu'ils sont obligés d'arracher de leur bouche et de celle de leurs enfants pour payer les impositions. J'ai la douleur, chaque année, de voir ce triste spectacle devant mes yeux, dans mes visites. » Dix ans après, pendant une nouvelle disette, un vieux curé de Touraine disait à d'Argenson qu'il n'avait jamais vu une aussi grande misère, même en 1709, et le marquis ajoutait : « Dans la campagne où je suis, j'entends dire que la peuplade et le mariage y périssent absolument de tous côtés. Dans ma paroisse qui a peu de feux, il y a plus de trente garçons ou filles qui sont parvenus à l'âge plus que nubile ; il ne se fait aucuns mariages et il n'en est pas seulement question entre eux. On les excite et ils répondent tous la même chose, que ce n'est pas la peine de faire des malheureux comme eux (2). »

---

(1) Un mémoire de M. Babeau, intitulé *La population de Troyes au XVIIIᵉ siècle* (1873) qui fournit la moyenne annuelle des naissances dans cette ville pendant tout le siècle, peut servir pour ainsi dire de mesure ou du moins d'indice à ces mouvements divers de la population française :

Période.	Nombre moyen de naissances annuelles.
1701 — 10	830
1711 — 20	675
1721 — 30	707
1731 — 40	797
1741 — 50	831
1751 — 60	813
1761 — 70	892
1771 — 80	1.117

Le nombre des feux avait beaucoup augmenté à Troyes de 1728 (3,925 feux) à 1774 (5,845 feux).

(2) Voir M. Taine, *Les origines de la France contemporaine*. L'auteur a cité (p. 430-440)

Les évaluations de la population de la France dans la seconde moitié du XVIII° siècle. — Mirabeau, avons-nous dit, n'attribuait à la France que 18,107,100 habitants. L'assertion était sans preuve et l'évaluation, qui aurait été probablement trop forte en 1715, devenait trop faible en 1754 (1). Voltaire avait plus de bon sens, quoiqu'il n'eût pas plus de preuves, lorsqu'il donnait le chiffre de 20 millions. Messance calculait, d'après des documents plus précis, que pour trois généralités au moins (Auvergne, Lyon, Rouen), la population, de 1700 à 1762, avait augmenté dans la proportion de 51 à 55.

L'abbé Expilly, qui s'était livré à de patientes et nombreuses recherches, proteste, dans l'Avertissement de son *Dictionnaire géographique, historique et politique des Gaules et de la France* contre ces assertions pessimistes et il donne lui-même, à l'article « Population », 20,794,357 âmes (2) sans Paris, la Lorraine et le Barrois, et en y comprenant la capitale et ces deux provinces, mais non la Corse, 22,014,357.

C'est à la même époque que Messance, excité par le paradoxe de Mirabeau et soutenu par les encouragements et peut-être par la collaboration de l'intendant la Michodière dont il a été le secrétaire (3), fit relever les naissances et les mariages dans les

---

un grand nombre de textes qui prouvent qu'il y avait alors beaucoup de misère et qu'il n'était pas rare de voir le pain manquer, même à la halle de Paris.

(1) « Il y a environ 20 ans qu'on ne comptait en France que 15 à 16 millions d'habitants, » dit Moheau en 1778 (p. 62). Il y avait donc dans ce temps des pessimistes plus exagérés que Mirabeau. En effet, le premier supplément au *Mémoire des députés du commerce* en faveur de la liberté du commerce des céréales (1764) estime que la population de la France était de 16 à 17 millions.

(2) « Quant à la population du royaume, nous l'avons suivie non-seulement province par province, mais encore par bailliages, par élections et même par communautés. D'après cette méthode que nous croyons plus sûre et plus exacte qu'aucune autre, nous avons trouvé que le royaume est plus peuplé qu'on ne le pense communément, au moins de deux millions d'âmes. » *Dictionnaire des Gaules et de la France,* Avertissement, année 1762, p. 2. Expilly paraît avoir beaucoup emprunté au *Dénombrement* de Saugrain. Le dictionnaire est resté inachevé. L'article « population » se trouve dans le tome V, édité en 1768.

(3) Plusieurs auteurs ont, d'après Grimm, attribué l'ouvrage à la Michodière qui l'aurait publié sous un pseudonyme. Cette opinion n'est pas appuyée de preuves. L'ouvrage (Paris, Durand, 1766, in-4°) porte pour titre : *Recherches sur la population des généralités d'Auvergne, de Lyon, de Rouen et de quelques autres villes du royaume, avec des réflexions sur la valeur du blé, tant en France qu'en Angleterre, depuis 1674 jusqu'en 1764.* — Une autre édition a paru à Lyon en 1788 sous le titre de *Nouvelles recherches sur la population de la France avec des remarques sur divers objets d'administration.*

greffes des justices royales des généralités d'Auvergne, de Lyon, de Rouen et procéda au dénombrement de la population dans plusieurs paroisses rurales et petites villes. Il obtint ainsi des coefficients à l'aide desquels il calcula que la France devait avoir, en 1766, 23,109,250 habitants. Buffon donnait : 22,672,000 âmes. Moheau (1776), dit que, d'après la moyenne des naissances des cinq dernières années et à raison de 2 naissances par 51 habitants, on devait « compter en France 23,500,000 ou 24,000,000 d'habitants » (1); les naissances lui fournissaient : 23,687,409 ; les mariages, 23,000,000 et plus; les décès, 23,817,930 (2). Pour 1770, nous adoptons le nombre de 24 millions d'habitants, chiffre basé sur le territoire actuel de la France.

Necker, fondant aussi son calcul sur les naissances, décès et mariages dont on envoyait régulièrement au roi les relevés depuis le ministère de Terray, mais employant des éléments plus nombreux que ses prédécesseurs (3), trouva 24,802,580 habitants ; il ajoutait même qu'il était fermement persuadé que la population de la France, y compris la Corse, s'élevait à près de 26 millions d'âmes (4).

A la veille et au commencement de la Révolution, les évaluations se multiplient : la question de la population se lie aux

---

(1) Expilly, dans un tableau présenté au roi en août 1779, disait « plus de 24 millions. »

(2) Moheau, p. 65. — L'*Encyclopédie méthodique, économie politique* (article Population), calculant sur les trois années 1770-71-72, donne à peu près les mêmes résultats : 23,205,122 ; 22,487,235 ; 23,811,259.

(3) Moheau avait calculé sur les cinq premières années ; Necker possédait les dix années 1771 à 1780 et il calcule sur les cinq dernières.

(4) *De l'administration des finances de la France*, 1785. Il déclare qu'il donne ce chiffre pour ne pas trop s'écarter des idées communes, mais que le nombre des naissances, y compris la Corse, dépasse 1 million, ce qui indiquerait une population de près de 26 millions d'âmes. Tome I, p. 171. — « Il y a sans doute, ajoute-t-il (p. 174), des secousses momentanées dans la population et les maladies épidémiques, les disettes, les rigueurs de l'hiver, dans certaines années la guerre et les émigrations funestes à la France ont occasionné des diminutions sensibles dans le nombre de ses habitants ; mais tel est le progrès annuel de la régénération, qu'au bout d'un certain nombre d'années, la population d'un pays industrieux et commerçant se rapproche de la mesure des subsistances. » Parmi les causes qui arrêtent le progrès de la population, Necker signale encore les impôts, le luxe, l'état militaire, le célibat, la grande misère du peuple des campagnes. Necker, dans le chapitre X et dans le tableau récapitulatif par généralités qu'il donne (p. 252), ne compte que 24,676,000 habitants sans la Corse à laquelle il attribue (ch. X et XII) 124,000 habitants. Malthus (*Essai sur le principe de population*, p. 217 et 234, éd. Guillaumin) pense que Necker a estimé la population trop bas.

grandes réformes sociales qui s'agitent dans les esprits et qui donnent naissance à d'innombrables brochures. Les chiffres donnés pour les habitants de la France varient de 23 millions à 28,900,000 (1) ; nous croyons qu'on n'est pas éloigné de la vérité en disant que le royaume de France avait, en 1789, environ 26,300,000 habitants (2).

Si nous retranchons de ce total la population de l'Alsace-Lorraine et si nous y ajoutons la population présumée des Comtats, de la Savoie et de Nice, nous trouvons que le territoire actuel de la France (528,400 kil. carrés) renfermait alors environ 26 millions d'habitants.

---

(1) 1783. *Essai pour connaitre la population du royaume,* mémoire présenté à l'Académie des sciences par MM. du Séjour, le marquis de Condorcet et de La Place 25,000,000

1785. Dupont de Nemours au Comité de l'agriculture .... 23 à 24,000,000

1787. Evaluation de Calonne, avec la Corse (Arch. nat., carton H, 1444). 23,052,475

1789. Chevalier des Pommelles (*Notes et observations sur la population de la France*) 25,065,883

1789. Bonvallet des Brosses 27,957,157

1790. Comité des impositions de l'Assemblée constituante, cité par Arthur Young 26,363,074

1790. Assemblée constituante, Comité pour l'assiette de l'impôt et la nomination des députés, 1re évaluation 28,896,000

                                  2e évaluation 26,363,000

1791. Lavoisier (Extrait de *La richesse territoriale du royaume de France*) 25,000,000

1791. Condorcet, Peyssonnel et le Chapelier (*Bibliothèque de l'homme public*) 25,500,000

1791. Rapport de Montesquiou à la Constituante 26,300,000

1791. Rapport sur les taxes (Assemblée constituante) 27,100,000

(2) Ce nombre de 26 millions est rendu vraisemblable surtout par le premier dénombrement de la population de la France, celui de 1801, qui a donné 27,445,297 habitants. Ce dénombrement, qui paraît être plutôt au-dessous qu'au-dessus de la réalité (Voir livre II, ch. 2), suppose, avec un nombre initial de 26 millions, un taux annuel d'accroissement d'environ un demi pour cent, ce qui n'est pas invraisemblable, malgré les troubles de la Révolution, mais ce qui autorise à croire qu'il y avait au moins 26 millions (y compris le comtat Venaissin) en 1789. Quelques auteurs (M. Fayet, voir *Journal des Economistes*, t. XII, p. 216 ; M. Raudot, *La France avant la Révolution*), ont prétendu induire de la comparaison des recensements du xixe siècle et du mouvement de la population, que la France avait une trentaine de millions d'habitants en 1789. Cette opinion, qui est en contradiction avec les assertions des contemporains et avec les vraisemblances de la démographie, témoigne seulement du désir qu'avaient ces auteurs de pouvoir dire que la population française avait diminué pendant la Révolution. Nous ne pouvons pas accorder plus d'autorité au nombre de 26,970,000 que M. A. des Cilleuls assigne à la population française pour l'année 1789, malgré le soin qu'a pris l'auteur pour calculer année par année la population de 1770 à 1789 ; mais il part d'une donnée initiale (25,348,000 habitants en 1770) qui n'est qu'une hypothèse et, sur cette donnée, il calcule d'après une natalité (nombre d'habitants pour une naissance) qui est aussi une hypothèse.

En terminant cette étude sur le nombre des habitants de la France vers 1789, nous insérons le tableau récapitulatif de l'évaluation fournie par de Calonne à l'Assemblée des notables, parce qu'il est le dernier document officiel de l'ancienne monarchie comprenant tout le royaume, et que nous le croyons inédit. Il diffère très peu du tableau donné par Necker dans son ouvrage (*De l'administration des finances*, t. I, p. 252) pour les superficies (1) ; mais il en diffère sensiblement pour la population des provinces et pour celle de la France entière et il nous semble être au-dessous de la réalité. La comparaison des deux documents montre combien les renseignements de cette espèce, même provenant des sources les plus autorisées, étaient encore peu concordants à la veille de la Révolution et combien est limitée la confiance qu'ils méritent.

RÉCAPITULATION de la population du royaume par généralités et par lieues carrées dont chaque généralité est composée, année 1787 (Archives nationales, H, 1444).

(Comparée au tableau publié par Necker en 1785).

GÉNÉRALITÉS.	NOMBRE des HABITANTS d'après Necker.	NOMBRE des HABITANTS d'après le document de 1787.	NOMBRE des LIEUES CARRÉES.	GÉNÉRALITÉS.	NOMBRE des HABITANTS d'après Necker.	NOMBRE des HABITANTS d'après le document de 1787	NOMBRE des LIEUES CARRÉES.
Ville de Paris .	1,781,700	600,000	»	*Report*.....	11,716,400	10,938,075	12,869
Général. de Paris		1,092,900	1,157	Lyon	633,600	580,825	416
Alençon	528,300	492,150	463	Metz	349,300	323,875	513
Alsace.	626,400	576,650	529	Montauban.....	530,200	492,525	583
Amiens.	533,000	499,450	458	Moulins.......	564,400	503,200	896
Pau et Auch....	813,000	629,275	1,077	Orléans...	709,400	641,600	1,021
Auvergne	681,500	633,000	651	Poitiers........	690,500	648,625	1,057
Bordeaux	1,439,000	1,477,775	1,895	Rouen.	740,700	692,875	587
Bourges........	512,500	479,525	686	Soissons	437,200	411,125	445
Caen	644,000	600,450	583	Tours.	1,338,700	1,253,050	1,388
Chalons.	812,800	758,175	1,226	Bourgogne	1,087,300	987,700	1,162
Grenoble.	664,600	649,525	1,023	Flandre et Artois	734,600	691,025	414
Dombes.	Comprise dans la Bourgogne.	27,450	41	Haynault.......	265,200	244,975	257
Besançon	678,800	625,425	871	Languedoc	1,699,200	1,584,400	2,140
La Rochelle	479,700	449,800	463	Provence	754,400	659,950	1,146
Limoges	646,500	571,175	853	Roussillon	188,900	173,000	286
Lorraine	834,600	775,350	893	Bretagne.	2,276,000	2,103,400	1,774
				Isle de Corse ...	124,000	122,150	»
A reporter..	11,716,400	10,938,075	12,869	TOTAL	24,800,000	23,052,375	26,954

(1) Il n'en diffère sensiblement que pour les généralités d'Auch et de Bordeaux, par suite d'une répartition différente ; car le total des deux généralités est le même dans les deux documents. Le total général est de 26,950 7/12 dans Necker et de de 26,954 dans le document de 1787.

Les tentatives de dénombrement. — Il n'y a eu aucun dénombrement de toute la population française et il n'a été publié, ni fait au XVIII° siècle aucune enquête générale du genre de celle des mémoires des intendants de 1700 (1) ; les deux documents cités dans le tableau précédent n'étaient que des évaluations administratives. C'est avec raison que le chevalier des Pommelles écrivait en 1789 qu'il « n'existe et n'a jamais existé aucun dénombrement général du royaume. » Mais il y eut des relevés provinciaux ou paroissiaux. M. des Cilleuls en a cité plusieurs (2) ; Messance et l'abbé Expilly avaient fondé leurs conclusions sur ceux qu'ils purent recueillir ou qu'ils firent exécuter eux-mêmes. En 1786, le recensement de la Bourgogne, considéré comme le meilleur de ceux qui ont été entrepris sous l'ancien régime, accusa 1,105,408 habitants ; celui de la généralité de Montauban, 722,900 ; en 1788, celui de la généralité d'Amiens, 789,573. Quelques intendants avaient peut-être, comme celui de Valenciennes, l'habitude d'envoyer tous les ans des états de population au contrôleur général, mais ces états ne paraissent pas avoir été conservés (3).

Quand on cherche à se rendre compte par le menu de l'accroissement ou de la diminution de la population, en comparant à diverses époques une paroisse ou un canton, l'esprit est troublé par la diversité des phénomènes qui peuvent se produire suivant les circonstances locales et manque de base solide pour fixer son jugement. C'est ainsi que, sur 75 paroisses de l'élection de Clermont en Beauvaisis, il s'en trouve 36 qui possédaient en 1787 plus d'ha-

---

(1) En 1858, le ministre de l'agriculture prescrivit à chaque préfet de rechercher dans les archives départementales s'il n'existait pas de recensements antérieurs à l'année 1790. Beaucoup répondirent qu'ils ne possédaient rien ; beaucoup envoyèrent des états du mouvement de la population dans certaines localités; plusieurs purent même les fournir pour la totalité des élections et bailliages de la généralité. Mais ces documents, dont nous parlerons dans le chapitre suivant, remontent très rarement au-delà de 1770. L'enquête de 1858 semble prouver qu'il n'existe aucun recensement général du royaume que l'on puisse exhumer des archives. Les dossiers de cette enquête se trouvent aux Archives nationales. C'est à tort que dans le volume de la *Statistique de la France, territoire, population,* publié en 1837, M. Moreau de Jonnès a donné comme un document officiel (sous le titre de population en 1762 d'après les dénombrements individuels et les feux), des chiffres empruntés à l'abbé Expilly et les a placés à côté du tableau dressé par Vauban d'après les mémoires des intendants de 1700.

(2) *La population de la France avant* 1789. On trouve aussi des relevés de population indiqués par Morand (*Hist. de l'Académie des sciences,* 1779, p. 472) pour le Berri et le Dauphiné.

(3) *Histoire de l'Académie des sciences,* 1783, p. 705.

bitants que les communes correspondantes en 1881, et 39 qui en
avaient moins, quoique dans l'ensemble, la population, plus concentrée aujourd'hui qu'autrefois, ait gagné 17 p. 0/0 (1) ; un auteur qui
aurait prétendu tirer une conclusion générale de l'étude de quelques-
unes des 36 premières paroisses aurait gémi à tort sur la dépopulation de la France, et celui qui aurait exalté l'accroissement, parce
que la commune de Clermont, aujourd'hui chef-lieu de canton, a
augmenté de 174 p. 0/0 (2), se serait fait illusion sur le progrès.

Les vues d'ensemble éclairent un peu mieux. Cependant les
chiffres comparables sont rares. Pour la Normandie, nous trouvons
1,540,000 habitants dans les mémoires des intendants (1700),
1,625,449 dans Expilly (1762), 1,913,000 dans Necker (1784) et,
ce qui supposerait un accroissement invraisemblable, 2,389,000 (3)
dans le recensement de 1801 : nous pouvons conclure à un accroissement dans une région où cette population tend aujourd'hui à
diminuer. Pour la Bourgogne, nous trouvons 1,266,359 dans la
Dîme royale, 1,043,375 dans Expilly, 1,105,408 dans le dénombrement de 1786 (4) et 1,410,000 (5) dans le dénombrement de
1801. Ces nombres, sans cadrer exactement, accusent une diminution au commencement du xviiie siècle et une augmentation,
un peu trop forte il est vrai, à la fin du même siècle qui concordent à peu près avec nos évaluations générales.

En comparant la population de la Touraine (qui a été l'objet
d'une étude très détaillée en 1766) et celle du Maine et de l'Anjou
à quatre époques, nous voyons qu'elle était estimée à 1,113,184
en 1698 (6), à 1,244,826 en 1762 (7), à 1,338,700 en 1784 et que

(1) Voir *Un essai de statistique rétrospective*, par M. le comte de Luçay. L'élection
comprenait 100 paroisses ; M. de Luçay n'a pu établir la comparaison que pour 74.
— Moheau (tableau IV, p. 179) donne un exemple du même genre pour 15 paroisses
d'Auvergne, dont la population totale a augmenté de 1/43 de 1756 à 1771 et dont
5 ont perdu des habitants, pendant que 10 en gagnaient.

(2) 2,051 habitants en 1791 et 5,628 (population totale de la commune en 1881).

(3) Population des cinq départements en 1801.

(4) Necker en 1784 donne 1,087,300.

(5) Population des quatre départements de l'Yonne, de la Côte-d'Or, de Saône-et-
Loire et de l'Ain en 1801.

(6) L'auteur du mémoire de 1766, qui était ingénieur des ponts et chaussées de la
Touraine, qualifie très sévèrement le travail de l'intendant de 1698, M. de Miromesnil,
qui (dit il, p. 228), « trop décrié avec raison pour obtenir la confiance du public, ne
mérite aucune attention ». Voir *Tableau de la province de Touraine*, 1762-1766, dans les
Ann. de la Soc. d'agr. d'Indre-et-Loire, année 1862.

(7) L'auteur du mémoire de 1766 dit qu'il a obtenu ce nombre en calculant à raison

le recensement de 1801 assigne 1,337,000 âmes (1) aux quatre départements qui ont remplacé ces provinces : là encore il y a vraisemblance dans le rapport des termes, quoique l'influence dépressive du commencement du XVIII° siècle ne se manifeste pas.

Mais les dénombrements partiels, aussi bien que les estimations des auteurs, étaient très imparfaits et il faut reconnaître avec Moheau qui avait dirigé plusieurs opérations de ce genre, qu'un dénombrement « peut devenir et devient souvent très fautif par l'inapplication ou le défaut d'ordre des rédacteurs », que, si « la prévention du peuple lui fait voir des impôts » dans l'entreprise du gouvernement, « cette idée affaiblit les déclarations » et que, si l'administration lui présente une perspective de secours, « l'espoir et l'avidité créent nombre de citoyens qui n'existèrent jamais. »

L'accroissement de la population dans la seconde moitié du XVIII° siècle. — La fin du règne de Louis XIV avait été désastreuse pour la population et nous avons vu que le peuple fut encore cruellement éprouvé par la misère sous son successeur. Cependant, si le gouvernement de Louis XV n'a pas été glorieux dans la politique extérieure, il a été relativement pacifique. Moheau remarque que « depuis 1715 jusqu'à nos jours (1778), la France a respiré et la population a dû prospérer » (2), et que, malgré les quatre guerres qu'il a soutenues, « ce n'est encore que 15 ans de guerre sur 59 », que « les ennemis n'ont pénétré en

---

de 4 personnes par feu, et il ajoute que s'il avait calculé à raison de 4/3, comme l'indiquait le relevé des tailles de 603 paroisses, il aurait obtenu le nombre 1,290,806.

(1) Voir une comparaison approximative (les circonscriptions ayant changé), à cinq époques.

1698.			1762.			1784	XIX° siècle.	
MÉMOIRE DE L'INTENDANT			MÉMOIRE DE L'INGÉNIEUR des ponts et chaussées.			NECKER.	RECENSEMENT	
Habitants.	prêtres curés, vi- caires.	religieux et reli- gieuses.	habi- tants.	prêtres, curés, vi- caires.	religieux et reli- gieuses.	Géné- ralité de Tours	de 1801.	de 1886.
Touraine. 246,872	5,750	5,270	279,391	6,287	3,358	1.253.050	268.924	329,160 Ind.-et-Loire
Anjou..,.. 459,208			523,877				375.544	523,491 M.-et-Loire.
Maine...... 396,384			431,963				305.654	344,881 Mayenne.
							388.143	438,917 Sarthe
		1,113,184			1.244,876		1.338.265	1,636.449

(1) P. 250. Voir aussi le témoignage de Necker, *De l'adm. des finances*, p. 172 et suiv.

France que dans quelques parties et pour quelques instants » et qu'il n'y a eu « aucune guerre intestine ». Il en a été de même pendant le règne de Louis XVI jusqu'en 1789 (1). La politique explique donc comment, après être descendue dans les quinze dernières années du règne de Louis XIV au-dessous de vingt millions, nombre calculé d'après les mémoires des intendants, la population a pu remonter jusqu'aux vingt-six millions que nous admettons pour l'année 1789.

Le progrès a probablement commencé dès 1715. Entre cette date et 1762, la population s'est peut-être élevée à 22 millions environ ; puis entre 1762 et 1789, de 22 à 26 millions : ce qui représente un accroissement moyen annuel de 6.2 par 1,000 habitants pour la première partie de la période (2) et de 6.4 pour la seconde (3).

Le taux de 6 à 6 1/2 n'est assurément pas excessif. Si, au lieu

----

(1) Nous avons dit à plusieurs reprises que l'exemple d'une localité ne pouvait pas être cité comme une preuve démonstrative de l'état général de la population. Nous citons cependant l'exemple de la commune de Brétigny fourni par M. Lacabane ; malgré certaines variations difficiles à expliquer, il concorde à peu près dans l'ensemble avec les grands changements qui ont eu lieu au xviiiᵉ siècle :

1692 — 96..	354	personnes.
1697 — 1701.......................................	272	id.
1702 — 6..	320	id.
1707 — 11...	354	id.
1712 — 16...	272	id.
1717 — 21...	333	id.
1722 — 26...	436	id.
1727 — 31...	520	id.
1732 — 36...	419	id.
1737 — 81...	460	id.
1782 — 91	703	id.
1792 — 1802.....	760	id.

(2) Si Messance n'assigne qu'un accroissement correspondant à 1.3 par 1,000 habitants et par an pour les trois généralités qu'il a étudiées, c'est qu'il embrasse toute la période de 1700-1762. Entre autres témoignages de l'accroissement de la population dans le second quart du siècle, on peut consulter le mémoire de Morand sur la population de Paris, lu à l'Académie des sciences en 1779. L'auteur croit à un accroissement, malgré les plaintes des parlements de Bordeaux (1765) et de Dijon (1767) sur la dépopulation. Il cite le Berri qui aurait augmenté d'un dixième de 1729 à 1762, le Dauphiné qui avait 572,318 habitants en 1700 et 645,566 en 1769, et il ajoute : « Comment, diront quelques personnes, accorder ces trois faits (population augmentée, diminution de mortalité, longévité) comme incontestables, avec la dépravation excessive des mœurs, avec le luxe, la débauche qui règnent dans les capitales ? Pour les provinces, est-il plus facile de concilier les faits avec la misère qui y est répandue généralement ? »

(3) Le rapport de 6,4 ne semble pas sensiblement trop fort lorsqu'on le compare (voir plus loin, ch. XII, p. 5) avec l'excédent des naissances sur les décès, de 1771 à 1780, lequel accuse un accroissement de 4,9 p. 1,000 et accuserait moins s'il est vrai que la population fût en 1780 supérieure à 25 millions. Peut-être corrigerait-on cette différence si on admettait que la population française dépassât 22 millions en 1762.

de calculer à partir de 1715, on embrasse toute la période 1700-1789 sur laquelle pèse la dépopulation des premières années du siècle ; on trouve un taux beaucoup moindre : celui de 3.3 par 1000 par an pour les quatre-vingt-dix premières années du xviii° siècle, tandis que dans les quatre-vingt-cinq premières années du xix° siècle (1801-1886), la population française, à laquelle pourtant on reproche une croissance trop lente, a eu, d'après les recensements, un accroissement moyen annuel de 3.7 par 1,000. Ces rapports, qu'on pourrait contester (1), quoiqu'ils soient bien l'expression de la réalité, prouvent sinon que la population s'accroissait moins vite sous l'ancien régime que dans l'état actuel, du moins qu'il est téméraire d'opposer comme un modèle en cette matière, le passé au présent.

La démographie possède trop peu de données pour trancher souverainement la question de l'accroissement de la population avant 1789, dont beaucoup de publicistes décident avec légèreté au gré de leurs préjugés. Elle voit bien, comme nous le constaterons dans le chapitre suivant, que les naissances étaient alors plus nombreuses que de nos jours, mais elle voit que la mortalité était aussi plus forte et que les fléaux de la guerre, de la disette et des épidémies sévissaient plus fréquemment. Ce qui est certain, c'est que les deux seuls documents officiels et généraux qu'elle puisse comparer, à savoir les 20 millions des mémoires des intendants et les 27 millions 1/2 du recensement de 1801, attestent que l'accroissement, secondé par l'adjonction de la Lorraine, de la Corse et du Comtat Venaissin, a été de 7 millions 1/2, soit de 37 p. 0/0, en cent ans, et que, de 1801 à 1886, l'accroissement, secondé par l'annexion de Nice et de la Savoie et contrarié par la perte, beaucoup plus considérable, de l'Alsace et d'une partie de la Lorraine, a été de près de 10 millions 1/2, soit 39 p. 0/0 en quatre-ving-cinq ans. Donc la population s'est accrue plus lentement encore pendant la durée du xviii° siècle que pendant le xix°.

---

(1) Si l'on suppose que vers 1715 la population était d'environ 18 millions, l'accroissement moyen annuel pour une période de 75 ans s'élèverait à 4.4 p. °/oo (voir chapitre XII, le taux d'accroissement), tandis que pour les 65 dernières années du xix° siècle (1821-1886), après les guerres de l'empire, elle n'est que de 3,3 p. °/oo. Cette manière de calculer donnerait l'avantage au xviii° siècle ; mais elle ne tient pas compte, d'une part, de l'acquisition de la Lorraine et de la Corse au xviii° siècle, et, d'autre part, de la perte de l'Alsace-Lorraine que l'acquisition de Nice et de la Savoie est loin d'avoir compensée.

La répartition de la population sur le territoire. — Moheau attribuait à la population française une densité moyenne de 872 habitants par lieue carrée (1), soit environ 44 habitants par kilomètre carré ; ce chiffre est vraisemblablement inférieur à la réalité. Necker trouvait 916 habitants par kilomètre carré, sans tenir compte, il est vrai, de la Corse ; la première évaluation de la population par départements que fit l'Assemblée constituante correspond à 50 habitants par kilomètre carré (2). Moheau signale de grandes différences entre les généralités, depuis la Flandre qui avait 1,700 habitants par lieue carrée jusqu'à la généralité d'Auch, qui n'en avait que 500. Dans les premiers rangs, parmi les plus peuplées, figuraient la Flandre, la Bretagne, les généralités de Lyon, de Rouen, d'Amiens, d'Alençon, de Caen et l'Alsace. Les moins favorisées étaient la Champagne, l'Orléanais, le Dauphiné, le Roussillon, les généralités de Moulins et d'Auch (3). Ces rangs correspondent à peu près à ceux qu'occupent aujourd'hui les départements qui ont remplacé ces généralités. Nous ne saurions donner une idée plus exacte de la répartition des habitants sur le territoire français à la fin de l'ancien régime, qu'en plaçant ici (voir fig. n° 6) la carte de la densité de la population par départements en 1790 (4) ; le département est en effet une circons-

---

(1) Calculée sur 24 millions d'habitants.

(2) Necker donne, sans la Corse, 26,951 lieues carrées et 24,676,000 habitants (*Administ. des fin.*, I, 182). La superficie du territoire français (que les documents officiels ne nous fournissent pas encore avec précision en 1888) est très diversement évaluée au xviiie siècle. Au commencement de ce siècle, Vauban l'estimait à 30,000 lieues carrées, d'après la moyenne de quatre évaluations variant de 26,386 à 31,278, et cela à une époque où la France ne possédait pas la Lorraine et la Corse.

(3) Moheau signalait déjà quelques-unes des causes de la densité. « Le pays de vignoble, dit-il (p. 68), est, après les côtes, celui qui fournit la plus forte population » ; au troisième rang et « à une grande distance, les pays à blé, puis ceux de pâture et au dernier rang les forêts et les landes. » Il attribue avec raison la densité de la population bretonne à l'étendue et à la nature de ses côtes qui favorisent la pêche et la navigation pendant que « l'intérieur est inculte et presque désert. » L'*Essai pour connaître la population du royaume*, présenté en 1783 à l'Académie des Sciences, indique aussi une répartition qui rappelle celle du temps présent. Ainsi, la densité de la campagne (villes non comprises) était dans les environs de Paris (feuille 1 de la carte de Cassini) de 1,250 habitants par lieue carrée ; elle était, dans les environs d'Avranches et de Domfront (feuille 95), de 933, et dans le pays Chartrain (feuille 27), de 490.

(4) Cette carte est dressée d'après un état émanant de l'Assemblée constituante qui a été reproduit par A. Young dans ses *Voyages* et qui est le premier document faisant connaître la population de la France par départements. Nous l'avons cité plus haut dans le présent chapitre.

cription moindre que les anciennes généralités et l'évaluation de la
Constituante semble être plus précise que celles de Necker et de
Calonne. En outre, la comparaison avec les cartes qui indiquent
la densité de la population française au XIXe siècle (voir Livre II)
sera plus facile.

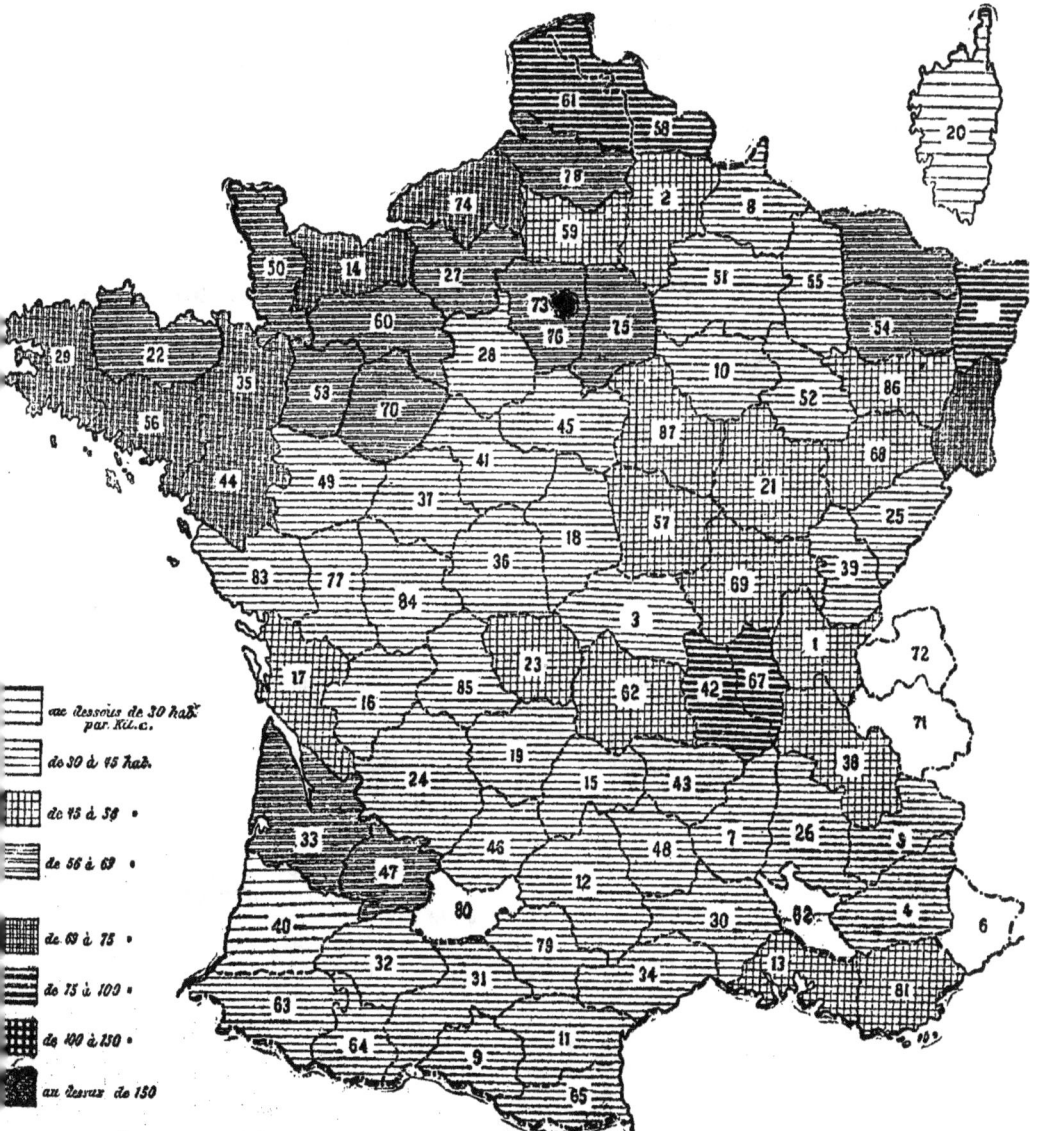

Fig. 6. — Densité de la population de la France par département en 1790 (1).

(1) Les numéros de cette carte correspondent aux numéros et aux noms des départements de la liste qui se trouve dans le chapitre VI « La densité et ses variations », du Livre II.

Les villes et l'émigration des campagnes. — Au XVIIIe siècle, les contemporains se plaignaient, comme on le fait de nos jours, de la dépopulation des campagnes. « Les villes, dit vers le milieu du siècle Deparcieux, ne sont si peuplées pour la plupart qu'aux dépens des campagnes » (1). Si quelques auteurs, comme Moheau, constataient la tendance à déserter l'agriculture pour les travaux des cités sans en faire un grief contre l'état social, un seul, à notre connaissance, exprimait alors le regret que cette tendance ne fût pas plus prononcée : c'est Arthur Young. Il prétendait, en effet, que dans un pays bien ordonné, la moitié de la population doit vivre dans les villes et il affirmait que celles de France n'en renfermaient que le quart (2).

Cependant, alors comme aujourd'hui, l'industrie et la domesticité attiraient un grand nombre de paysans dans les villes (3) ; comme aujourd'hui aussi, la misère et plus spécialement la disette chassaient les villageois (4) qui affluaient dans les grands centres, espérant y trouver du travail ou des secours (5).

---

(1) *Essai...*, p. 92.

(2) Cette proportion est inférieure à celle qu'admettait Lavoisier, lorsque sur un total de 25 millions d'âmes ils disait que 8 millions habitaient les villes et les gros bourgs, sans compter les agents de l'agriculture demeurant dans les villes et bourgs. Mais qu'entendait-il par bourg ? Le chevalier des Pommelles a calculé, d'après les naissances, que la population des campagnes était de 19,524,000 et celle des villes, y compris Paris, de 5,541,000. Mais qu'entendait-ils par ville ?

(3) Voici un témoignage de ce genre fourni par le subdélégué de l'élection d'Agen dans un mémoire adressé en 1764 à l'intendant de Bordeaux :

« Si le nombre des cultivateurs a diminué dans 24 communautés de cette délégation, on ne doute point que la façon dont on faisait ci-devant les milices n'y ait donné lieu, nombre de païzans, lesquels s'aperçoivent que leurs enfants approchoient l'âge de 16 ans, tachoient à les placer domestiques dans quelque grosse maison qui peut les mettre à l'abry du sort, ou ils leur donnoient un métier. Les premiers, prenant du goût pour leur nouvel état, moins pénible que le premier, y restoient ; les autres, avec leur métier, faisoient ce qu'on appelle le tour de France. Il n'est pas douteux que ces deux partis n'ayent beaucoup préjudicié à l'agriculture. »

(4) Le marquis d'Argenson écrit dans ses Mémoires à l'époque d'une disette :

« J'ai vu un intendant d'une des meilleures provinces du royaume, qui m'a dit qu'on n'y trouvait plus de fermiers, que les pères aimaient mieux envoyer leurs enfants vivre dans les villes, que le séjour de la campagne devenait chaque jour un séjour plus horrible pour les habitants... Un homme instruit dans les finances m'a dit qu'il était sorti cette année plus de deux cents familles de Normandie, craignant la collecte dans leurs villages. » — A Paris « on fourmille de mendiants ; on ne saurait s'arrêter à une porte que dix gueux ne viennent vous relancer de leurs clameurs. »

Dans une autre circonstance, attristé de la misère qu'il a sous les yeux à la campagne, d'Argenson écrit : « Par ce qu'ont dit mes voisins, la diminution des habitants va à plus du tiers... Les journaliers prennent tous le parti d'aller se réfugier dans les petites villes. Il y a quantité de villages où tout le monde abandonne le lieu. J'ai plusieurs de mes paroisses où l'on doit trois années de taille. »

(5) Moheau dit (p. 37) : « Les villes renferment des établissements et des personnes

Voici la liste des villes de France de plus de 10,000 habitants, que nous avons extraite, comme le tableau de la population par généralités cité plus haut, du document présenté par Calonne à l'assemblée des notables. Ces villes étaient, sans Paris, au nombre de 78 et renfermaient 1,949,911 habitants ; aujourd'hui, on compte sans Paris, 234 villes (y compris Vierzon et les deux communes voisines) qui ont plus de 10,000 habitants de population totale et qui renferment (population municipale agglomérée et population comptée à part qui forment à peu près la population urbaine, non compris, par conséquent, la population éparse de la commune) 3,400,000 âmes. Les 78 villes de 1787 ont gagné (1) en un siècle 2,433,368 habitants, soit 166 p. 0/0 (2).

Population des principales villes.

(Extrait du Document redigé en 1787 et intitulé *Population du royaume* ; Archives nationales, H 1.444).

VILLES.	POPU-LATION.	VILLES.	POPU-LATION.	VILLES.	POPU-LATION.	VILLES.	POPU-LATION.
Lyon	135.207	*Report*. . .	1.025.495	*Report*. . .	1.452 498	*Report*. . .	1.634.272
Marseille. . . .	89.829	Tours	28.161	La Rochelle . .	17.253	Châlons	12.609
Bordeaux. . . .	75.824	Toulon. . . .	27.540	Lunéville. . . .	17.091	Issoudun. . . .	12.584
Rouen (3). . .	68.040	Brest	26.568	Poitiers.	16.902	Colmar. . . .	12.331
Lille.	65.907	Aix	25.400	Saint-Malo. . .	16.767	Blois	12.286
Nantes	51.057	Dunkerque. . .	25.245	Lorient.	16.470	Beauvais. . . .	11.961
Toulouse. . . .	48.023	Saint-Etienne. .	24.154	Arles.	16.281	Rochefort. . . .	11.934
Metz	45.090	Limoges . . .	24.003	Saint-Omer. . .	16.254	Niort.	11.908
Nismes	43.146	Grenoble. . . .	22.896	Cambray. . . .	14.877	Bayonne. . . .	11.715
Strasbourg. . .	41.715	Le Havre (3). .	22.059	Nevers	14.661	Castres. . . .	11.475
Orléans. . . .	41.040	Arras.	21.492	Montauban. . . .	14.634	Laval. . . .	11.076
Amiens.	37.935	Clerm.-Ferrand	21.357	Moulins. . . .	14.445	Thiers	10.816
Versailles. . .	37.530	Valenciennes. .	20.952	Le Puy. . . , ,	14.391	Chartres . . .	10.719
Nancy.	35.397	Dijon.	20 925	Sedan.	14.118	Vitré. . . .	10.530
Rennes.	33 021	Le Mans . . .	20.628	Perpignan . . .	13.662	Alais. . . .	10.422
Caen	31.266	Bourges. . . .	20.574	Riom.	13.635	Vannes. . . .	10.341
Reims (5) . . .	30.132	Loudéac . . .	19.942	Carcassonne . .	13.608	Auxerre. . . .	10.314
Troyes	29.682	Dieppe (3). . ,	18.954	Alençon	13.149	Verdun. . . .	10.098
Montpellier. . .	28.836	Abbeville (4). .	18.198	Béziers.	13.149	Saumur . . .	10.218
Besançon. . . .	28.350	Douay	17.955	Angoulême. . .	12.717	Morlaix. . . .	10.010
Angers.	28.188						
		A reporter. .	1.452.498	*A reporter*. .	1.634.272	TOTAL. . . .	1.949 911
A reporter. .	1.025.495						

riches qui soldent le travailleur, assurent l'emploi de la main-d'œuvre et la subsistance de l'indigence, procurent une existence meilleure, et conséquemment attirent l'habitant du lieu voisin ; et des raisons contraires dépeuplent les campagnes. »

(1) Elles ont 4,383,279 habitants ; calcul fait sur la population totale en 1886 et sur le recensement de 1885 pour Metz, Strasbourg et Colmar.

(2) Ce rapport doit être considéré comme au maximum, puisque nous le calculons sur la population totale des communes en 1886 et que, en 1787 nous ne pouvons pas savoir s'il ne s'agit pas pour certaines de la population agglomérée seulement.

(3) D'après Necker (1874), Rouen avait 72,000 habitants, le Havre 18,000, Dieppe 17,000.

(4) D'après Boulainvilliers (Résumé des mémoires des intendants), Abbeville avait 17,982 habitants.

(5) Reims en 1777 aurait eu, d'après l'Almanach de Reims, 25,676 habitants.

Paris avait alors, comme de nos jours, un rang exceptionnel. On ne connaissait pas exactement le nombre de ses habitants ; il est très vraisemblable que ce nombre se place entre six cent et six cent cinquante mille à l'époque de la Révolution (1) ; il approche aujourd'hui de 2 millions 1/2.

Les professions. — D'une population dont on ne sait pas même exactement le nombre il est impossible de connaître d'une manière satisfaisante la répartition par professions.

L'ancien régime en était réduit aux conjectures relativement au nombre des clercs et des nobles.

Le consciencieux Moheau était peut-être un peu au-dessous de la réalité lorsqu'il jugeait trop élevé le nombre de 194,000 personnes vouées au célibat ecclésiastique, dont 130,000 hommes et 64,000 femmes (2), nombre calculé d'après une enquête faite dans

---

(1) Voir une savante dissertation sur la population de Paris et de la généralité de Paris dans l'introduction au *Mémoire de la généralité de Paris*, par M. de Boislisle. Voici quelques-unes des évaluations de la population de Paris données par les auteurs du XVIIᵉ et du XVIIIᵉ siècle. Paris a-t-il eu réellement plus d'habitants à la fin du règne de Louis XIII et sous la Régence que sous Louis XVI ? Les chiffres le disent, mais le fait paraît peu vraisemblable.

1637. — 415,000 « La ville et faubourgs de Paris peut contenir vingt mille trois ou quatre cents maisons. Le nombre des habitants peut être de quatre cent douze à quinze mille. » (Man. Joly de Fleury, cité par M. de Boislisle, *Mémoire de la généralité de Paris*, p. 656).

1675. — 540,000 ⎰ *Annuaire du Bureau des Longitudes,* cité dans le mémoire pré-
1682. — 720,000 ⎱ senté par M. Morand à l'Académie des Sciences en 1779.

1684. — 92,352 Prétendu dénombrement des 16 quartiers de Paris, très insuffisant.

1694. — 720,000 Vauban, *Dîme royale.*

1710. — 720,000 Man. de la Bib. nat., cité par M. de Boislisle.

1719. — 509,640 Calcul de Messance sur les naissances.

1720. — 750,000 Saugrain.

1721. — 800,000 Man. Joly de Fleury, cité par M. de Boislisle.

1709-1719. — 509,640 ⎰ Extrait des *Rech. sur la population,* de Messance, qui calcule
1752-1762. — 576,630 ⎱ en multipliant les naissances par 30 (p. 175-185).

1746. — 800,000 Deparcieux, nombre calculé sur les naissances.

1760. — 600,000 Abbé Expilly, cité dans le mém. de M. Morand et adopté par Buffon.

1760. — 700,000 ⎰ Opinion commune rapportée par Buffon, citée dans le mémoire
1767. — 658,000 ⎱ de M. Morand.

1763. — 576,630 Evaluation de Deparcieux.

1778. — 670,000 Messance, qui croit ce nombre exagéré, et Moheau (p. 69).

1784. — 620,000 D'après Necker (*Admin. des Fin.*)

1788. — 599,000 *Annuaire du Bureau des Longitudes.*

1790. — 660,000 Des Pommelles.

1790. — 593.070 Lavoisier.

(2) A cette époque, l'abbé Expilly donnait 406,000. Boiteau (*État de la France en 1789*) donne 200,000 à 250,000 ; M. Taine (*Origines de la France contemporaine*), s'appuyant

quatre généralités de 1756 à 1762 ; mais il avait raison de blâmer
« l'esprit de parti » de ceux qui attribuaient jusqu'à 500,000
ecclésiastiques à la France. Ce nombre d'ailleurs avait diminué
depuis le dix-septième siècle, puisqu'un état fourni à Colbert en
1667 le portait à 260,000 (1). Moheau estimait que, depuis 1762,
il y avait eu encore diminution, « soit par l'effet des réglemens
qui ont retardé l'époque de l'émission des vœux, soit par un relâ-
chement dans la dévotion ; les évêques se plaignent que le service ecclésiastique est prêt à manquer et les chefs d'ordres du peu
de sujets qui se présentent pour entrer en religion (2). »

Le même auteur déclare ne pas savoir le nombre des nobles ;
dans telle province, il en trouve un sur 344 habitants, dans telle
autre 1 sur 280, ailleurs davantage. Un relevé fait en Champagne
en 1773, document dont il n'a pas eu connaissance, donne environ
8 ménages nobles par 1,000 feux (3). Un recensement de la Flandre
wallonne, un peu plus ancien (4), accuse à peine 1 p. 0/0 de
la population pour les privilégiés, dont 9/10 pour le clergé et
1/10 seulement pour la noblesse (5). Bonvallet-Desbrosses, qui
exagérait beaucoup, portait le nombre des familles nobles à 52,000
et le nombre des membres de ces familles à 220,000. Lavoisier,
au contraire, réduisait à 83,000 le total des personnes nobles ; il

en partie sur le témoignage de Siéyès, admet seulement 130,000 personnes vouées au
culte (70,000 pour le clergé séculier, puis 37,000 femmes et 23,000 hommes pour le
clergé régulier. De nos jours le nombre des personnes vouées au culte dépasse 200,000 :
le recensement de 1876 accusait 229,000 personnes, dont 106,000 pour le clergé sécu-
ier et les ministres protestants et 123,000 pour les religieux et religieuses.

(1) Clergé séculier....................................... 100,000
    id. régulier. — hommes. 80,000
    id.   femmes.................................... 80,000

(2) Moheau, p. 101.

(3) Nombre de feux ou ménages en 1773, document envoyé au contrôleur général
« pour la formation des États généraux de la population de cette province » (Archives
nationales, H, 1,444).

Nombre de feux ou ménages en 1773 :
  Ecclésiastiques, couvents ou monastères. 2,535
  Jouissant des droits de la noblesse.......................... 1,573
  Roturiers.. 192,723
        TOTAL... 196,831

(4) Ce recensement fait en 1764 par le comte de Mury, commandant de la Flandre
wallonne, a porté sur 181 localités. Il est cité par Expilly, art. *Population*.

(5) Dans la communication faite par M. Jadart à l'Association pour l'avancement
des sciences, en 1881, la population totale des élections de Rethel et de Reims, en
1787, est de 217,273 dont 1129 privilégiés, soit environ 1/2 p. 0/0.

s'appuyait évidemmment sur l'estimation du généalogiste Cherin qui comptait seulement 17,000 familles nobles et, dans ce nombre, 3,000 seulement dont les titres remontassent à quatre cents ans. Cette noblesse ne se maintenait que par le sang et souvent aussi par l'argent de la bourgeoisie qui s'alliait à elle ou qui entrait dans ses rangs par l'achat de terres ou de charges (1).

« Il n'est peut-être point de pays où l'administration emploie autant d'agens qu'en France, » (2) parole de Moheau que bien des publicistes ont répétée de notre temps : c'est en effet un des traits de ressemblance de l'ancien régime avec la France contemporaine.

Moheau dit encore avec raison que le nombre des personnes adonnées à chaque profession variait suivant les provinces et les localités ; c'est pourquoi on peut, au sujet de cette répartition, fournir des exemples (3), mais non tenter une statistique par induction.

---

(1) « En général, on veut que la noblesse ne peuple pas, et ce préjugé est fondé par rapport à celle de la cour ou des villes très opulentes ; mais les mariages des nobles vivant dans leurs campagnes sont peut-être plus féconds que ceux du peuple parce que, quoique leur situation ne soit pas aisée, ils sont plus à portée que le peuple de se bien nourrir et de bien élever leurs enfants... Cependant il pourrait arriver que cet ordre de citoyens, s'il n'était pas recruté par le peuple, s'éteignît ou diminuât sensiblement, parce qu'il est spécialement voué à un métier destructif, et parce qu'il est proportionnellement plus de filles nobles que de roturières qui prennent le voile, enfin, parce que les cadets désavantagés par les lois et souvent par leurs parents, se marient rarement » (Moheau, p. 107). Le dénombrement de la Flandre wallonne de 1764 (cité par Expilly, v⁰ *Population*) fournit une preuve numérique de la tendance de la noblesse à placer au couvent les filles qu'on ne pouvait pas marier. Parmi les roturiers il y avait à peu près égalité entre les deux sexes (sexe masculin : 27,056 au-dessous de 16 ans et 43,064 au-dessus ; sexe féminin : 27,200 au-dessous de 16 ans et 45,448 au-dessus). Parmi les nobles, au contraire, il y a beaucoup moins de femmes et de filles au-dessus de 16 ans que d'hommes (sexe masculin : 21 au-dessous de 16 ans et 45 au-dessus ; sexe féminin : 23 au-dessous de 16 ans et 25 au-dessus). D'autre part, il y avait 565 religieuses et 314 religieux.

(2) p. 109.

(3) Voici, entre autres, un exemple, pris dans la population des campagnes et remontant à la fin du xviiᵉ siècle (voir *État de la France* par le Comte de Boulain-villiers, généralité d'Orléans).

Fermiers ou laboureurs	23,812
Meuniers	2,121
Bergers	3,176
Journaliers	38,444
Valets	18,000
Servantes	13,696
Artisans	12,172
TOTAL	111,421

sans compter les femmes et enfants autres que valets et servantes.

Le nombre des domestiques était considérable. On constatait qu'il variait de 1/9 à 1/16 de la population dans quatre généralités où un dénombrement de ce genre avait eu lieu (1). Saugrain attribue, en 1720, à Paris 150,000 domestiques sur 750,000 habitants, soit le cinquième de la population. Le chiffre paraît exagéré, et d'ailleurs nulle ville de France, excepté Versailles, n'en comptait autant. Moheau déplore l'état moral dans lequel vivaient la plupart des domestiques des grandes villes « où l'exemple des maîtres les porte à la débauche. »

L'instabilité des conditions. — Le chancelier d'Aguesseau s'exprimait en ces termes dans sa première mercuriale, prononcée à la Saint Martin de l'année 1698 :

« Tel est le caractère dominant des mœurs de notre siècle : une inquiétude généralement répandue sur toutes les professions : une agitation que rien ne peut fixer, ennemie du repos, incapable de travail, portant partout le poids d'une inquiète et ambitieuse oisiveté, un soulèvement universel de tous les hommes contre leur condition ; une espèce de conspiration générale dans laquelle ils semblent être tous convenus de sortir de leur caractère ; toutes les professions confondues, les dignités avilies ; les bienséances voilées ; la plupart des hommes hors de leur place, méprisant leur état et le rendant méprisable. Toujours occupés de ce qu'ils veulent être et jamais de ce qu'ils sont ; pleins de vastes projets ; le seul qui leur échappe est de vivre contents de leur état (2). »

La rhétorique emportait probablement le chancelier par delà les bornes de la vérité. Cependant, en parlant ainsi, il devait viser certains travers de son siècle. En tout cas, son exagération même est un avertissement pour ceux qui aujourd'hui se laissent emporter à leur tour et opposent, dans des tableaux de fantaisie, l'ordre et le calme du « bon vieux temps » à l'inquiète mobilité des esprits de notre siècle. Sans doute, une société démocratique, dont l'organisation sociale est fondée sur le double principe

(1) Provence, Tours, Riom, Lyon, Rouen. (Voir Moheau p. 116). Un dénombrement des gens soumis à la milice attribue à Paris 38,808 domestiques mâles de 15 à 40 et à la France entière 110,807 (voir Fr. Büsching, *Magazin für die neue historie und geographie*, 1769, 2° vol.), mais les domestiques de la noblesse de cour n'y sont pas compris, et Moheau déclare que cet état, qu'il a connu, est tout à fait inexact.
(2) *Œuvres de M. le chancelier d'Aguesseau*, 1719, tome I, p. 44 et 45.

de l'égalité et de la liberté et où les plus hautes perspectives sont ouvertes à tous, comporte plus de changements dans la condition des personnes et dans la fortune des familles qu'une société aristocratique ; mais le fond de la nature humaine reste toujours le même et partout les hommes, à moins d'être retenus de force dans l'immobilité, s'ingénient à améliorer leur sort et se trompent parfois dans leur ambition.

La misère dans la seconde moitié du XVIIIe *siècle.* — Si, sous Louis XV, la population a joui de plus de calme que sous Louis XIV, elle a cependant plus d'une fois souffert de la faim, et la seconde moitié du dix-huitième siècle n'a pas été exempte des calamités qui avaient affligé la première. M. Taine, dans ses *Origines de la France contemporaine*, a accumulé des textes pour le prouver (1). Il nous suffira d'extraire une page de son ouvrage pour faire comprendre quel était alors l'état du pays (2).

« En 1750, six à sept mille hommes en Béarn s'assemblent derrière une rivière pour résister aux commis ; deux compagnies du régiment d'Artois font feu sur les révoltés et en tuent une douzaine. En 1752, une sédition dure trois jours à Rouen et dans les environs ; en Dauphiné et en Auvergne, les villageois attroupés forcent les greniers et prennent le blé au prix qu'ils veulent ; la même année, à Arles, deux mille paysans armés viennent demander du pain à l'hôtel de ville et sont dispersés par les soldats. Dans la seule province de Normandie, je trouve des séditions en 1725, en 1737, en 1739, en 1752, en 1764, 1765, 1766, 1767, 1768, et toujours au sujet du pain. « Des hameaux entiers, écrit le Parlement, manquant des choses les plus nécessaires à la vie, étaient obligés par le besoin de se réduire aux aliments des bêtes... Encore deux jours, et Rouen se trouvait sans provisions, sans grain et sans pain. » Aussi la dernière émeute est terrible, et, cette fois encore, la populace, maîtresse de la ville pendant trois jours, pille tous les greniers publics, tous les magasins

---

(1) Il est vrai qu'à ces témoignages on pourrait opposer des témoignages du contraire. Ainsi Horace Walpole écrivait en 1765 : « Je trouve ce pays-ci prodigieusement enrichi depuis vingt-quatre ans que je ne l'avais vu... Les moindres villages ont un air de prospérité et les sabots ont disparu. » *Lettres,* p. 17 de l'édition de 1873.

(2) *Origines de la France contemporaine,* p. 436.

des communautés. — Jusqu'à la fin et au-delà, en 1770 à Reims, en 1775 à Dijon, Versailles, Saint-Germain, Pontoise et Paris, en 1782 à Poitiers, en 1785 à Aix en Provence, en 1788 et 1789 à Paris et dans toute la France, vous verrez des explosions semblables.

« Les habitants ne vivent presque que de sarrazin, » et depuis cinq ans, les pommes ayant manqué, ils n'ont que de l'eau pour boisson. » Là, en pays vignoble, chaque année, « les vignerons sont en grande partie réduits à mendier leur pain dans la saison morte. » Ailleurs, les ouvriers, journaliers et manœuvres ayant été obligés de vendre leurs effets et leurs meubles, plusieurs sont morts de froid ; la nourriture insuffisante et malsaine a répandu des maladies, et dans deux élections on en compte trente-cinq mille à l'aumône. Dans un canton reculé, les paysans coupent les blés encore verts, et les font sécher au four parce que leur faim ne peut attendre. L'intendant de Poitiers écrit que, « dès que les ateliers de charité sont ouverts, il s'y précipite un nombre prodigieux de pauvres, quelque soin qu'on ait pris pour réduire les prix et n'admettre à ce travail que les plus nécessiteux. »

Aussi les mendiants et les vagabonds pullulaient-ils dans les villes (1) et les villages et les vagabonds infestaient-ils les routes. Je cite encore une page de M. Taine : je n'ai que l'embarras du choix (2).

« Sur 1,500 habitants de Saint-Patrice, 400 sont à l'aumône ; sur 500 habitants de Saint-Laurent, les trois quarts sont à l'aumône. » A Marbeuf, dit le cahier, « sur 500 personnes qui habitent notre paroisse, 100 sont réduites à la mendicité, et, en outre, nous voyons venir des paroisses voisines 30 à 40 pauvres par jour ». A Boulbonne, dans le Languedoc, on voit tous les jours aux portes du couvent « une aumône générale à laquelle assistent 300 ou 400 pauvres, indépendamment de celle qu'on fait aux vieillards et aux malades, qui est la plus abondante ». A Lyon, en 1787, « 30,000 ouvriers attendent leur subsistance de la charité publique ». A Rennes, en 1788, après une inondation, « les deux tiers des habitants sont dans la misère. »

---

(1) Necker (*Adm. des fin,,* III, 145) nous fait savoir que les dépôts de mendicité renfermaient de son temps 6 à 7,000 vagabonds. Dans les hôpitaux passaient par année environ 40,000 infirmes, vieillards, etc., 25,000 malades, 40,000 enfants trouvés,

(2) *Ibidem,* p. 507 et 509,

« Les vagabonds, dit Letrosne, sont pour la campagne le fléau le plus terrible ; ce sont des troupes ennemies qui, répandues sur le territoire, y vivent à discrétion et y lèvent des contributions véritables... Ils rôdent continuellement dans les campagnes, ils examinent les approches des maisons et s'informent des personnes qui les habitent et des facultés du maître. — Malheur à ceux qui ont la réputation d'avoir quelqu'argent !... Combien de vols de grand chemin et de vols avec effraction ! Combien de voyageurs assassinés, de maisons et de portes enfoncées ! Combien d'assassinats de curés, de laboureurs, de veuves qu'ils ont tourmentés pour savoir où était leur argent et qu'ils ont tués ensuite ! »

Le progrès du bien-être dans la bourgeoisie. — L'observateur qui s'arrêterait à ces tableaux n'aurait vu que des ombres et peindrait de couleurs trop noires la société du xviiie siècle ; le lecteur ne comprendrait pas comment dans de telles conditions la population a pu s'accroître. Il y avait aussi des rayons de lumière.

Voici un petit tableau peint sans prétention par le subdélégué de Nérac en 1764, pour répondre à une question de son intendant ; il nous fait voir une population, pauvre sans doute, mais qui se soutient à peu près sans faire de progrès.

« Parmi les gens de travail qui restent dans la juridiction, la population se soutient bien ; leurs femmes sont très fécondes, ils ont un très grand nombre d'enfans ; mais, bien loin que le païs profite de ce grand nombre d'enfants, il n'en reçoit que du dommage. Ou ils vont à l'aumône jusqu'à l'âge de 10 à 12 ans, ce qu'ils font presque tous et ce qui gesne les aisés, ou ils appauvrissent leurs parents qui les nourrissent et entretiennent dans le bas âge, et, d'abord qu'ils peuvent travailler (filles et garçons), ils s'en vont dans les villes voisines entrer en service, où, après un certain temps, ils se marient ; en sorte qu'un père n'est remplacé dans le païs pour l'habitation que par un seul de ses enfans, soit que sa maison ne suffise pas à deux frères, soit que le bien ou le païs ne paroisse pas pouvoir les nourrir, soit qu'ils se trouvent mieux ailleurs.

» Dans cet état des gens de travail on ne voit pas de célibataires, à moins qu'ils ne soient très difformes de corps ou d'esprit ; mais parmi la bourgeoisie on trouve des célibataires âgés, et même ceux d'entre ces bourgeois qui se marient ont peu d'enfans ;

en sorte qu'il semble que ces époux encore jeunes, après avoir eu un ou deux enfans, aient fait un vœu naturel de chasteté ; se contiendroient-ils par la crainte d'avoir des enfans pauvres en les multipliant ? » (1).

Près de là, à Bordeaux, chef-lieu de l'intendance, on trouvait un commerce actif, de grandes fortunes et beaucoup de luxe. Arthur Young, vingt-cinq ans après la déposition du subdélégué, remarquait que les maisons et magasins étaient sur un grand pied, que les négociants menaient une vie somptueuse, donnant souvent de grands dîners, étalant de la vaisselle plate et jouant gros jeu.

Un grand luxe régnait aussi à Paris chez quelques négociants, et un grand nombre de bourgeois vivaient dans l'aisance. Mirabeau témoigne, dans la boutade que voici, du progrès déjà accompli vers le milieu du siècle (1).

« Soit : chacun à son état, et doit se conformer aux mœurs de son temps, c'est bien dit ; mais il s'ensuit que ce marchand qui dort aujourd'hui la grasse matinée et se fait remplacer dans sa boutique par un garçon de surcroît chèrement loué, dont la femme porte couleurs, rubans, dentelles et diamans, au lieu du noir tout uni qu'elle ne mettait encore qu'aux bons jours ; qui brûle de la bougie (quoique feue Madame la duchesse de Bourgogne avouoit n'en avoir vû dans son appartement que depuis qu'elle étoit en France), qui prend le caffé et fait journellement sa partie de quadrille : il s'ensuit, dis-je, que ce marchand, obligé, pour vivre selon son état, de fournir toutes ces choses à sa très-digne moitié, et de son côté de figurer comme les autres (car c'est le mot), peut en conscience prélever cette dépense sur les fournitures. Il faut encore qu'il gagne de quoi faire à ses enfans élevés dans ce train-là un établissement à peu près pareil à sa propre fortune : on sent à quel taux tout cela porte le prix de la main-d'œuvre. Même calcul pour l'artisan, même, qui pis est, pour le fabricant ; ce qui porte le prix de nos ouvrages et marchandises à un taux que les étrangers, obligés de payer argent comptant, trouvent encore plus rude que les citoyens qui laissent le tout à payer à leurs enfans, abus qui petit à petit oblige les Danois même à se faire des manufactures, et à se passer de nous.

(1) Cette note du subdélégué de Nérac à l'intendant de Bordeaux fait partie du document que nous avons déjà cité (Archives de la Gironde, 2860).

(1) L'ami des hommes, première partie, p. 404 et 405.

» Si le mépris et l'oubli de toute économie ouvrent la porte à mille inconvénients dont je ne fais qu'ébaucher quelques-uns, un des plus considérables est le défaut de sobriété. On n'en connoît plus dans cette ville bruyante, où le *sui profusus, alieni appetens,* est devenu la devise de tout le monde, du plus grand au plus petit. Outre que la consommation intérieure a sextuplé partout, la partie du peuple destinée au travail, dépense tout son gain en parties, courses et guinguettes. Chaque bourgeois, commerçant, artisan même un peu aisé, a sa maison de campagne où tout va par écuelles, comme l'on dit. Les ouvriers du premier ordre, comme jouailliers, orfèvres et autres, font les dimanches et fêtes des dépenses en collations où les vins muscats, étrangers etc. ne sont pas épargnés. Les femmes et filles de ce genre de société y assistent et donnent le ton, tout s'y consomme ; et si quelque jeune ouvrier plus sensé veut éviter ces sortes de dépenses, la coûtume contraire a tellement prévalu, qu'il se verrait isolé et frappé d'une sorte d'excommunication parmi les gens de sa profession. Le bas artisan court à la guinguette, sorte de débauche protégée, dit-on, en faveur des Aides. Tout cela revient ivre et incapable de servir le lendemain. Les maîtres artisans sçavent bien ce que c'est, pour les garçons, que le samedi court jour, et le lundi lendemain de débauche ; le mardi ne vaut pas encore grand'chose ; et s'il se trouve quelque fête dans la huitaine, ils ne voient pas leurs garçons de toute la semaine. »

Les grands domaines et la petite propriété. — Un des vices de l'organisation agricole était l'abandon dans lequel beaucoup de seigneurs laissaient leurs vastes domaines. Arthur Young, dans ses voyages, le signale en mainte circonstance. Il se trouve près de Dax, sur les terres du duc de Bouillon : « En quelque temps et en quelque lieu que ce soit, écrit-il, si vous voyez des terres abandonnées, bien que susceptibles d'améliorations, dites : elles appartiennent à un grand seigneur. » Plus tard, il traverse la forêt de Villers-Cotterets qui appartenait au duc d'Orléans : « Les récoltes de ce pays sont en conséquence, dit-il, des lièvres, des faisans, des cerfs et des sangliers » (1).

---

(1) *Voyages d'Arthur Young*, t. I, p. 75 et 124.

Le marquis de Mirabeau raconte au sujet de la mauvaise tenue des terres seigneuriales une anecdote piquante (1) :

« Le territoire d'un canton ne sçaurait être trop divisé : c'est cette répartition, cette différence *du tien* au mien, principe de tous les maux, disoient autrefois les poëtes, qui fait toute la vivification d'un État.

» Je me promenais un jour sur une terrasse rustique ; deux voyageurs passoient au bas dans le chemin : « Je parie, dit l'un, regardant un enclos qui étoit au-dessous, que ce bien appartient au Seigneur. » — « Oui, Monsieur, » se hâta de dire un paysan, qui peut-être de sa vie n'avait trouvé occasion d'enseigner que cela. — « Je m'en étois bien douté, reprit le voyageur, à le voir couvert de ronces et d'épines. » — «Je fus un peu honteux ; car j'étois ce Seigneur là : mais je me corrigeai, subdivisant mon enclos à plusieurs paysans qui y devinrent laborieux, déracinèrent les épines, y ont bien fait leurs affaires et doublé mon fonds. »

Il n'en était sans doute pas ainsi partout. Car le même voyageur admire à Liancourt l'installation et les œuvres du duc de Larochefoucauld. Il visite la belle bergerie de Chanteloup, mais il fait malicieusement observer que, si le duc de Choiseul était resté à Versailles, Chanteloup n'aurait pas été ainsi aménagé. L'absentéisme (2) était en effet une des grandes causes de ce délaissement ; les seigneurs riches préféraient à la solitude des champs le séjour de la cour ou de la ville et y dépensaient leur revenu, sans songer à améliorer leurs domaines. Les seigneurs pauvres, comme la plupart de ceux du Limousin et de la Franche-Comté (3), vivaient bien sur leurs terres, mais les capitaux leur manquaient pour faire des améliorations (4).

« Le sol en France est bon, remarque A. Young ; comment se fait-il que le produit soit si faible et la rente si élevée ? Cela vient

---

(1) *L'ami des hommes,* première partie, p. 119.
(2) M. de Tocqueville (*L'ancien régime et la Révolution,* p. 207), en trouve une preuve dans les rôles de la capitation qui, pour la grande noblesse, se percevait toute à Paris.
(3) Voir de Tocqueville, *L'ancien régime et la Révolution,* p. 145.
(4) Mais cette noblesse, riche ou pauvre, faisait retomber la plus lourde charge des impôts sur les roturiers. On connaît cette lettre citée par M. de Tocqueville (p. 131) d'un seigneur à l'intendant de la généralité pour lui demander une réduction de taxe. « Votre cœur sensible ne consentira jamais à ce qu'un père de mon état fût taxé à des vingtièmes stricts, comme le seroit un père du commun. »

de la misère des gens de la campagne. Les fermiers n'y sont guère plus riches que les journaliers et les métayers sont très pauvres. L'impôt est écrasant et la crainte d'une aggravation paralyse en quelque sorte le bien-être » (1). Et le voyageur oppose à ce tableau, non sans une orgueilleuse satisfaction, le contraste de l'agriculture anglaise. Mais il ne s'aperçoit pas que le portrait qu'il trace convenait déjà alors à l'Irlande : la France a changé, et l'Irlande est encore sous ce rapport dans la même situation

Quoique partisan déterminé de la grande propriété, il est obligé de reconnaître qu'il y a en France, à côté des vastes domaines, beaucoup de petites propriétés, que celles ci l'emportent même sur les grandes dans le Quercy, le Languedoc, la Gascogne, le Béarn, les Pyrénées, une partie de la Guyenne, l'Alsace, la Flandre, la Lorraine, et que dans la plupart de ces pays la population est relativement heureuse (2). « En prenant la route de Monein, dit-il, je suis tombé sur une scène si nouvelle pour moi, que je pouvais à peine croire mes yeux. » Il voyait en effet une longue suite de chaumières bien bâties et bien closes, construites en pierre, entourées d'un petit jardin ; il entendait le bruit des métiers qui battaient et il s'assurait que les fermiers mettaient de la viande dans leur soupe : il se trouvait en Béarn, pays de petite propriété.

Le témoignage de Moheau sur la condition des paysans. — L'agriculture était plus en honneur dans la seconde moitié du XVIIIe siècle qu'au XVIIe. La doctrine des physiocrates, les édits sur la libre circulation des grains, la mode même y avaient contribué. Il y avait eu des terres défrichées et des tentatives d'amé-

---

(1) On connaît, p r les Confessions, l'anecdote de J.-Jacques Rousseau dans la chaumière où la paysanne cachait son pain pour paraître misérable. On connait aussi par de Tocqueville (p. 216) le projet qu'avait eu, en 1761, la Société d'agriculture du Maine, de donner des bestiaux en prix aux meilleurs cultivateurs. « Elle a été arrêtée, dit-elle, par les suites dangereuses qu'une basse jalousie pourrait attirer contre ceux qui remporteraient ces prix et qui, à la faveur de la répartition arbitraire des impositions, leur occasionnerait des vexations dans les années suivantes. »

(2) « Le nombre des petites propriétés, dit-il, est si grand, que je penche à croire qu'elles forment le tiers du royaume, » et il pense que cet état de choses est cause de mariages prématurés et d'une population trop nombreuse (t. II, p. 214). De nos jours, il y a des publicistes qui reprochent à la petite propriété d'arrêter le développement de la population. N'y a-t-il pas de part et d'autre un peu d'illusion ou de passion ?

liorations dans la culture ; le nombre des manufactures s'était augmenté (1). S'il est impossible de mesurer le progrès, il n'est pas difficile d'en trouver le sentiment dans les écrits du temps. Nous citerons en témoignage le passage suivant de l'ouvrage de Moheau qui était un homme de sens, instruit et sans passion (2).

« Si l'on parcourt les villes de France, on ne trouve aucune comparaison des habitations anciennes aux habitations actuelles ; dans toutes les provinces, les anciennes cités et les nouvelles villes paraissent de deux pays différents, et les maisons subsistantes sont, sans contredit, plus grandes, plus commodes, et plus saines que celles qu'elles ont remplacées : si nous fixons notre attention sur celles des campagnes, nous reconnaîtrons partout l'empreinte de la misère ; cependant, quoiqu'il existe peu de vestiges des habitations anciennes des pauvres, on peut observer qu'il y en a un moindre nombre composées de torchis, que les nouvelles sont moins resserrées et mieux aérées, que les lieux d'habitation bien situés ont gagné en population ce que les autres ont perdu ; ainsi nous trouvons amélioration dans le lieu de la résidence, et dans la forme de l'habitation.

» Nous ne considérerons de même le vêtement que par rapport aux pauvres, parce que c'est la plus grande partie de la nation. Le paysan français est mal vêtu, et les lambeaux qui couvrent sa nudité, le protègent faiblement contre la rigueur des saisons ; cependant il paraît que son état, par rapport au vêtement, est moins déplorable qu'il ne l'était autrefois. L'habit pour le pauvre n'est pas un objet de luxe, mais une défense nécessaire contre le froid : la toile, vêtement de beaucoup de paysans, ne les protège pas suffisamment contre la rigueur des saisons ; mais depuis quelques années, ces sortes d'habits sont moins nombreuses, et il est un bien plus grand nombre de paysans qui portent des vêtements de laine : la preuve en est facile ; car il est certain que depuis quelque temps il se fabrique dans le royaume une plus grande quantité de grosses étoffes de laine ; et comme elles ne s'exportent point, elles sont nécessairement employées à vêtir un

---

(1) Voir Necker, *De l'administration des finances de la France*, t. I, p. 172. Necker déclare qu'on ne sait pas l'étendue des terres défrichées, mais que, de 1766 à 1780, des autorisations de défrichement ont été données pour 950,000 arpents, (t. III, p. 205).

(2) Moheau, p. 261 et suiv. Nous pourrions citer aussi, parmi les écrivains contemporains, M. Babeau, *Le village sous l'ancien régime*, dernier chapitre.

plus grand nombre de Français. Le vêtement du pauvre est certainement bien préférable à celui dont il était couvert avant que
le linge fût connu, et devenu d'un usage général ; la gale, la
teigne, et toutes les maladies cutanées, et autres dont l'origine
est le défaut de propreté, n'étaient autrefois si communes que par
défaut de linge.

» Mais le vêtement et le logement sont bien moins importants
que les aliments ; c'est là le grand intérêt, celui auquel tout autre
est subordonné ; et sur cet article, l'humanité a été cruellement
maltraitée dans ces derniers temps. Témoin de la calamité, j'ai vu
la dernière période de la misère ; j'ai vu la faim transformée en
passion, l'habitant d'un pays sans récolte, errant, égaré par la
douleur, et dépouillé de tout, envier le sort des animaux domestiques, se répandre dans les prés pour manger l'herbe, et partager
la nourriture des animaux sauvages. Si ces horreurs ont été
concentrées dans une petite contrée, la calamité a pourtant été
générale : d'un bout du royaume à l'autre, un cri national s'est
élevé sur le manque d'aliments, et il n'est presque aucune ville,
aucune province, dont la subsistance n'ait été compromise ;
cependant quels que soient ces malheurs, il n'est pas vraisemblable
qu'ils aient été moindres autrefois, et les traces qu'ils ont laissées,
font conjecturer que les famines ont été, dans les siècles précédents, plus fréquentes, plus générales et plus terribles.

» Dans l'état habituel de la consommation du peuple, on a pu
observer que dans plusieurs provinces ou contrées, dont les
habitants se nourrissaient anciennement de pain de blé sarrazin,
d'orge ou de seigle, l'espèce du pain est devenue meilleure (1) :
nous ne pourrions assurer s'il y a un plus grand nombre d'hommes
dans les aliments desquels entre la viande ; mais certainement, il
en est beaucoup plus qui boivent du vin, excellente boisson pour
les pauvres, non-seulement parce qu'elle est alimentaire, mais
parce qu'elle est aussi un très bon antiputride (2). »

Les salaires. — Le prix du blé s'était élevé dans la seconde
moitié du siècle et les cultivateurs avaient ressenti quelque

---

(1) A. Young (t. II, p. 275) dit que la moitié du peuple ne connaît pas le froment
et se nourrit de châtaignes, de maïs, de haricots, de sarrazin.
(2) Moheau p. 264.

bien-être (1). Cependant, dans beaucoup de campagnes, les denrées restaient à vil prix, faute d'écoulement (2).

Le salaire des ouvriers avait augmenté au XVIIIᵉ siècle de 20 p. 0/0 environ en vingt ans, d'après la supposition d'Arthur Young; mais cet auteur parait avoir placé trop haut la moyenne en la fixant à 19 sous en 1789 et il croit, à tort suivant nous, que le prix de la vie avait augmenté davantage (3). Des statisticiens autorisés pensent que la moyenne du salaire agricole n'était guère que de quatorze sous à la veille de la Révolution, ce qui est assez vraisemblable (4). Dans le Toulousain, une des régions de la France où les salaires, il est vrai, étaient réputés les plus bas, le journalier recevait par an, vers 1780, une somme d'environ 160 francs, valeur de 9 hectolitres de froment (5); vers 1865, le journalier, dans le même pays, recevait une somme équivalant à 18 hectolitres 1/2, c'est-à-dire le double.

---

(1) Voici, d'après les *Archives statistiques*, publiées en 1837 par la Statistique générale de France, le prix moyen du blé en France à diverses époques :

1756-1765	10 fr. 70	1776-1785	14 fr. 13
1766-1775	15 72	1786-1790	17 16

Le prix moyen s'est élevé à 21 fr. 90 en 1789 et s'était abaissé à 12 fr. 61 en 1780. La moyenne variait d'ailleurs beaucoup d'une généralité à l'autre : en 1785. elle était de 11 fr. 94 dans la généralité d'Amiens et de 20 fr. 98 dans celle de Provence. Les moyennes générales que nous donnons ici diffèrent de celles qu'a données M. Beauregard (*Essai sur la théorie du salaire*, p. 76) ; mais les unes et les autres marquent une élévation des prix.

(2) Voici le témoignage du subdélégué de Toulouse écrivant à l'intendant du Languedoc, cité par Théron de Montaugé, année 1780 : « Le produit des vins a été très abondant l'année dernière et cette denrée offre une très belle apparence pour cette année ; il y a à présumer que si la récolte prochaine est abondante, le prix en sera si modique qu'il ne saurait faire face aux frais des travaux et des impositions, années 1781-1784. « A l'égard du vin, il n'est que trop abondant, puisqu'il ne récompense pas les travaux. Mais d'un autre côté, c'est un bonheur parce que le peuple oublie par cette boisson le poids de la misère qui l'accable de toute part. »

(3) L'ingénieur de la Touraine dit que le froment, qui se vendait 12 liv. 13 sols 6 den. le setier en 1764, s'était élevé à 34 liv. en 1770 et il attribuait cette énorme augmentation à la liberté de l'exportation (*Ann. de la Société d'agr. d'Indre-et-Loire*, année 1862, p. 126). Mais il s'en fallait de beaucoup que l'augmentation du prix eût été aussi grande partout.

(4) On ne peut en effet donner plus de 14 sous comme moyenne du salaire agricole en 1789. Voir *Les salaires au XIXᵉ siècle* par M. Chevallier (p. 30) et *Essai sur la théorie du salaire* par M. Beauregard (p. 35). Les salaires étaient alors en Angleterre (Malthus, *Essai sur le principe de population*, éd. Guillaumin, p. 232) doubles de ceux de la France.

(5) De 9 1/2 (valeur dans le Lauraguais) à 8 1/3 (valeur à Toulouse). Voir Théron de Montaugé *L'agriculture et les classes rurales dans le pays Toulousain*.

L'ouvrier agricole à la journée n'était pas toujours occupé pendant l'année entière. A Caraman « les ouvriers n'ont rien à faire pendant huit mois » ; à Bruyères, le curé déclare, en 1763, que « tous les habitants sont gens de journée et, pour peu que l'hiver soit mauvais, ils sont tous à l'aumône (1). »

Il n'en était sans doute pas ainsi partout. L'ouvrier des villes gagnait en général un peu plus d'une livre par jour, et les bons salaires dépassaient 2 livres à Paris. Ils étaient bien loin cependant du niveau qu'ils ont atteint de nos jours. L'administration, au lieu de considérer le salariat comme un contrat libre, pesait sur l'ouvrier pour le maintenir dans une humble condition. M. Théron de Montaugé (2) nous apprend qu'un arrêt du Parlement de Toulouse, rendu vers la fin du règne de Louis XIV, autorisait les municipalités à déterminer le prix de la journée en rapport avec le prix des denrées, et cite un arrêté de commune (commune de Blagnac) qui fixait ce prix à 6, 8 et 10 sous suivant les saisons pour les hommes et à 4 et 5 sous pour les femmes, « le tout à compter du soleil levant jusqu'au soleil couché, et le travail vitement fait. » Les mêmes faits se reproduisirent sous le règne de Louis XV ; une ordonnance de 1762 fixa le maximum des journées sous peine de 5 livres d'amende et même de prison, laissant aux propriétaires la faculté « de convenir avec les ouvriers de prix plus bas que ceux énumérés ci-dessus. » Néanmoins les salaires s'élevèrent alors au taux de 8 à 15 sous, suivant les saisons.

Necker comprenait que la richesse avait augmenté au xviiie siècle, mais que la bourgeoisie en avait beaucoup plus profité que la classe ouvrière. « Il ne faut point perdre de vue, disait-il, que les rétributions assignées à tous les métiers qui n'exigent point un talent distingué, sont toujours proportionnées au prix de la subsistance nécessaire à chaque ouvrier » (3). Cette théorie du salaire qui, dans ces termes absolus, serait très contestable de nos jours (4), était à peu près exacte alors, parce que les ouvriers de l'industrie étaient tenus dans la dépendance par le régime des corporations, et que ceux de la campagne vivaient

_____

(1) Théron de Montaugé. *L'agriculture et les classes rurales dans le pays toulousain.*
(2) Ibidem.
(3) *Administr. des fin.*, III, 83.
(4) Voir la *Théorie du salaire*, par E. Levasseur, *Journal des économistes*, année 1888.

dans une condition très humble. Necker qui parlait, non sans emphase, de leur sort et de leur résignation (1) ajoutait : « C'est plutôt lorsqu'on est instruit par une sorte d'aisance, c'est lorsqu'on jouit déjà des commodités de la vie qu'on devient jaloux du luxe des autres. »

Nous pouvons résumer les faits, très divers, que nous venons d'exposer en disant que l'état des personnes en France s'était amélioré et était un peu plus satisfaisant sous le règne de Louis XVI que sous celui de Louis XIV ; qu'il y avait plus de denrées qui se vendaient mieux et plus d'industrie ; que cependant la grande majorité de la population, vivant du travail des champs, était encore dans la pauvreté et souvent même dans le dénûment, malgré le progrès de la richesse (2).

Un village autrefois et aujourd'hui. — Depuis cette époque, il s'est accompli durant notre siècle un grand changement dans la manière de vivre des Français et surtout dans la condition de nos populations rurales. Dans la suite de cet ouvrage nous verrons que, quelles que soient les infirmités du temps présent, l'ensemble de notre situation matérielle, est très supérieur à celui du siècle dernier. Dans le détail, on distingue une infinité de nuances, et il faudrait pour ainsi dire autant de monographies qu'il y a de communes et de familles pour établir le parallèle des deux époques. Nous n'avons pas le dessein d'entreprendre cette tâche ; mais nous terminerons ce chapitre en citant, comme un exemple et non comme un type général, la commune des Mazures, d'après un état comparé que l'abbé Genet en a présenté (3).

La commune des Mazures, qui possède un territoire de 3,614 hectares et une population de 1,194 habitants, est située au centre de la forêt de Montcornet, qui était autrefois une dépendance de la grande forêt des Ardennes. « Le village des Mazures, dit M. l'abbé Genet, est aujourd'hui d'un accès facile, et, en outre, son territoire, où aboutissent quatre belles voies de grande com-

---

(1) *Administr. des fin.*, III, 103.
(2) Malthus (*Essai sur le principe de pop.*, éd. Guillaumin, p. 233), conclut « de l'état d'abaissement où étaient alors les classes ouvrières en France », que « la population y tendait fortement à outrepasser la limite des subsistances. »
(3) Voir *Travaux de l'Académie nationale de Reims*, 71e volume, année 1881-1882, n°s 3 et 4.

munication, se couvre tous les ans de produits agricoles qui ne
sont pas sans importance. Mais ce sont là des améliorations tout-
à-fait modernes : elles remontent pour les premiers essais à un
demi-siècle environ. »

Au XVIIIe siècle, le seigneur de Wartigny et le seigneur de
Lonny étaient seigneurs des Mazures, le premier pour un tiers,
le second pour deux tiers, et avaient pour suzerain le duc d'Aiguillon, marquis de Montcornet. Les deux seigneurs avaient
moyenne, haute et basse justice, et percevaient les amendes, les
droits de vesture, lods et ventes qui étaient de vingt deniers pour
livre et que payait tout acquéreur de bien-fonds, avec droit de
préemption pour le seigneur, les droits de cens et de surcens,
portant sur tous les héritages, terres et prés du territoire et consistant en argent ou en poules, les droits de tonlieu portant sur
toutes les marchandises qui s'achètent et sortent des Mazures et
consistant en 15 deniers par charrette et en 10 deniers par bête
de somme, le droit d'étalage consistant en 2 deniers que chaque
bourgeois (on en comptait 110) devait payer le jour de la Saint-
Remi, le droit de rouage (ce droit appartenait au seigneur de
Wartigny seul) consistant en 20 deniers par char, 10 deniers par
bête de somme, 2 deniers par personne chargée passant par ledit
lieu des Mazures, 12 deniers par bête de somme lorsque les
passants étaient des étrangers, le droit d'assorage consistant en
un pot et demi de vin, un pain, un quartier de fromage et une
tête d'ail par chaque pièce vendue au détail, droit que les seigneurs
abandonnaient ordinairement aux échevins, le droit de confiscation
en vertu du principe « qui confisque le corps confisque les biens »,
le droit d'épave sur toute chose trouvée et non réclamée, le droit
de terrage consistant dans la treizième gerbe de tous grains
récoltés, droit que dans les défrichements de la forêt le seigneur
de Wartigny partageait avec le marquis de Montcornet, le droit
de soigneux consistant en 5 deniers à payer à la Saint-Remi pour
chaque porc, sous peine de confiscation, et ayant pour origine la
permission d'envoyer les porcs à la glandée dans la forêt, le droit
de bourgeoisie consistant en 18 deniers et 2 poules à payer par
chaque bourgeois et en 15 deniers 2 poules pour les forains,
c'est-à-dire pour les propriétaires qui n'occupaient pas leur maison,
les avoines des chiens consistant en 5 quartels d'avoine payables
par chaque bourgeois le jour de Noël. Le seigneur avait, en outre,
un moulin banal. Ce n'étaient pas d'ailleurs les seules charges

fiscales que portaient les habitants. Le prieur des Mazures avait quelques droits de dîme et autres sur certaines terres. Les religieux de Saint-Nicaise de Reims prélevaient la grosse dîme qui était de la treizième gerbe sur le seigle, la dîme de mars qui était de la treizième gerbe sur l'avoine et du quatorzième de la récolte du sarrazin, après le battage, la même dîme de cour qui consistait en poulets, la dîme du chanvre et du lin, les novalles ou droit sur les terres défrichées transformées en jardins.

Le produit de ces dîmes, dont le curé des Mazures était le fermier, imposait au bénéficiaire l'obligation de faire les réparations nécessaires aux églises du lieu. Ces réparations devaient coûter peu ; car les habitants durent, en 1798, reconstruire entièrement leur église qui menaçait ruine.

L'instruction primaire ne coûtait pas non plus beaucoup aux Mazures, quoiqu'on trouve, dès l'année 1676, des actes dans lesquels est mentionné le nom du « maître descholle aux » Mazures ». « Jusqu'ici, dit un document officiel de 1774, l'école était tenue chez les habitants, chacun à leur tour, tantôt chez l'un, tantôt chez l'autre et cet usage donnait lieu à beaucoup d'inconvénients que le projet de construction d'école spéciale fera disparaître. » En effet, un bâtiment composé d'une pièce au rez-de-chaussée servant d'école pour les deux sexes, et d'une pièce au premier servant de salle au Conseil municipal, fut construit à cette époque. Ce n'est qu'en 1831 que Mazures eut une école spéciale pour les filles, et en 1868 que l'école des garçons fut installée dans un bâtiment mieux approprié.

Le village était alors comme perdu au milieu des bois, sans autres voies de communication que des charrières qui n'étaient praticables que pour les chariots du pays. « On ne cultivait, dit l'abbé Genet, qu'un petit terrain tout resserré entre les bois ; sur ce terrain on n'apercevait que de pauvres récoltes de sarrazin, d'avoine, de seigle et de pommes de terre, et c'était là tout le fonds d'alimentation des habitants. » Ceux-ci avaient, en outre, dans la forêt des droits d'usage, qui leur occasionnèrent à plusieurs reprises des démêlés avec leurs seigneurs, et des prairies dont ils n'obtinrent qu'en 1758 de mettre les regains à l'abri de la pâture commune. Ils cultivaient le chanvre et même le lin, et, comme le commerce avec les autres paroisses était presque nul, les femmes filaient, plusieurs tisserands faisaient de la toile, la seule dont on fit usage dans le pays.

La communauté était administrée par un maire assisté de quatre échevins ; M. Genet donne les noms des maires qu'il a pu retrouver depuis 1629 ; ils changeaient à peu près tous les ans dans les siècles passés, tandis que de 1804 à 1877, il n'y a eu que quatre maires.

Les distractions de la population n'étaient pas toujours exemptes d'inconvénients. Elles consistaient, entre autres choses, « en des réunions baladoires avec des fusils, pistolets, fusées aux jours de baptême et de mariage, en des pratiques de mascarades aux jours gras et aussi en l'habitude de faire parcourir le village, ayant un âne pour monture et au milieu d'un nombreux cortège, à celui des habitants qui, étant marié, s'était laissé battre par sa femme ». M. Genet ajoute qu'on avait reconnu que tous ces jeux occasionnaient le plus souvent soit des accidents, soit des scandales, soit des actes de haine et de vengeance et que le bailli de Lonny ordonna leur suppression en 1779.

La Révolution supprima les droits féodaux et convertit les biens des seigneurs émigrés et de la fabrique en biens nationaux.; mais elle agita peu la population des Mazures. Le curé continua à résider au presbytère. En 1814, la forêt de Montcornet fut rendue aux héritiers du duc d'Aiguillon, des seigneurs de Lonny et de Wartigny. Il y eut cependant plus tard, de 1838 à 1845, procès pour déterminer les droits des communes et des particuliers et opérer un cantonnement.

Deux forges établies, l'une en 1805, l'autre en 1818, donnèrent une vie nouvelle à la commune ; puis une clouterie fut fondée en 1845. Les communications manquaient ; on se mit à l'œuvre en 1831 et surtout après la promulgation de la loi de 1836 sur les chemins vicinaux : en 1843, un chemin de grande communication, dont la construction avait coûté 48,000 francs, reliait les Mazures à la route royale. « A l'aide de ces routes, dit l'abbé Genet, les exportations des produits indigènes, bois, écorces, charbon, foin, paille et les importations de tout ce qui fait l'objet de l'industrie et du commerce occasionnent beaucoup moins de frais et favorisent le déve-loppement de la richesse ». Ajoutons que, grâce à cette facilité des transports, l'industrie, surtout celle de la ferronnerie, a pris l'essor. En effet, on ne fait plus de toile et on ne cultive plus le chanvre, parce que le commerce approvisionne les Mazures ; mais le village, suivant l'expression de M. Genet « regorge de petits ateliers de ferronnerie », parce que là se trouvent le minerai et le bois.

Les 80 hectares de prés, qui étaient maigres, donnent aujourd'hui de bon foin ; les terres labourées ont doublé d'étendue et sur les 400 hectares aujourd'hui en culture on récolte même le froment ; les 3,120 hectares de bois donnent des produits qu'il était impossible autrefois de vendre au loin. Les habitants ne buvaient que de l'eau dans l'enfance de l'abbé Genet ; ils boivent maintenant de la bière et du vin. « On a construit de nouvelles maisons dans un très bon goût ; l'aspect général du village en est tout à fait changé. » Nous pouvons ajouter que c'est surtout le progrès de la viabilité, secondé par l'émancipation de la propriété foncière et stimulant l'industrie et le commerce, qui a fait ce changement ; ce petit village, caché dans un coin de la forêt des Ardennes, est un exemple de l'influence que les voies de communication ont exercée de notre temps sur l'état économique du monde.

M. l'abbé Genet se demande en terminant si « cette existence mouvementée des Mazurois n'est pas la cause d'une certaine décadence morale et si elle leur a donné le bonheur ». La question peut être posée non seulement pour les Mazures, mais pour toute région où le mouvement économique a changé l'ancien équilibre des existences. La réponse n'est pas aisée, parce que le bonheur dépend d'un grand nombre de causes diverses et que celles qui proviennent de l'état moral des personnes exercent souvent plus d'influence que celles qui tiennent à l'état matériel de leur fortune. Mais s'approche-t-on plus de la solution en se complaisant à regretter la pauvreté passée, ou en recherchant les institutions les plus propres à concilier l'amélioration du bien-être avec celle de la moralité ?

CHAPITRE XII.

LES PREMIÈRES ÉTUDES SUR LE MOUVEMENT DE LA POPULATION AU XVIIIe SIÈCLE.

Sommaire. — Les relevés du mouvement de la population — Les naissances — Les mariages et la fécondité des familles — Les décès — Le mouvement de la population par généralités, bailliages, etc., en 1783 ou en 1787 — L'excédent des naissances sur les décès — La comparaison avec l'étranger — La population d'après l'état civil — La population par âges — La vie moyenne — Les enfants trouvés — L'émigration et l'immigration — Les colonies — Conclusion sur le mouvement de la population.

Les relevés du mouvement de la population. — Si, jusqu'à la fin du XVIIe siècle, date de la rédaction des mémoires des intendants, on est réduit à des hypothèses pour apprécier le nombre des habitants de la France, on est encore moins renseigné sur la composition et sur le mouvement de la population, c'est-à-dire sur l'âge, le sexe, l'état civil, les naissances, les mariages et les décès.

Depuis le règne de François Ier (édit de Villers-Cotterets, 10 août 1539, art. 51 et suiv.) les curés étaient tenus, sous le contrôle des officiers de judicature, d'enregistrer les baptêmes, les mariages et les enterrements (1). Colbert avait fait publier ces documents pour la ville de Paris (2) ; mais aucun contemporain ne paraît

_____

(1) Prescription renouvelée par l'ordonnance de mai 1579, art. 81. Il y a des communes qui possèdent encore les registres de leur état civil depuis l'ordonnance de Villers-Cotterets ; j'ai pu, par exemple, examiner ceux de Ploubalay, chef-lieu de canton des Côtes-du-Nord, qui remontent à l'année 1540. A Reims, les premiers registres des naissances datent de 1571. C'est à l'aide de ces registres de paroisses que M. Maggiolo a pu dresser pour deux périodes, du XVIIe siècle (1686-1690) et du XVIIIe (1786-1790), l'état numérique des conjoints ayant signé leur acte de mariage dans 15,928 communes.

(2) La publication de l'état civil de Paris a été faite, par mois, de 1670 à 1684, puis interrompue jusqu'en 1709. Les résultats généraux ont été reproduits dans un tableau

avoir tiré de cette publication des conclusions démographiques. Le dix-huitième siècle, qui rendit cet enregistrement plus régulier (1), est le premier qui, en France, ait appliqué à cette matière la curiosité scientifique et constaté par des recherches méthodiques que la vie humaine est soumise à des lois. Ce n'est guère d'ailleurs avant 1750 que cette curiosité s'est manifestée par des œuvres. Nous avons dit qu'en Allemagne, le pasteur Süssmilch avait eu, dès le milieu du siècle, conscience de l'existence de ces lois : le titre de son ouvrage *L'ordre divin*, suffit pour l'attester (2).

Les premiers écrivains français n'ont pas donné à leurs recherches l'esprit philosophique que le sentiment religieux inspirait au protestant allemand. Mais ils ont étudié et analysé les faits ; un d'eux, Moheau, que nous avons souvent cité, l'a même fait avec une précision qui étonne quand on songe au peu de ressources dont la statistique disposait de son temps. Avant lui, Deparcieux avait mis en œuvre les registres des tontines pour dresser, en 1746, à l'exemple de Halley, les premières tables de mortalité françaises dans son *Essai sur les probabilités de la durée de la vie humaine* (3) ; Messance avait étudié les mouvements de la population pour en déduire par le calcul le nombre des habitants. Expilly, Dupré de S. Maur, Moheau, Lavoisier et d'autres dressèrent des tables de population par âges.

En 1772, l'abbé Terray, contrôleur général des finances, donna

---

du second volume des *Recherches statistiques sur la ville de Paris*, moins les années 1676 et 1677 qui n'ont pas été retrouvées. Le même tableau contient l'état civil de 1709 à 1821. La bibliothèque de l'Institut possède deux volumes portant un titre manuscrit : *État des baptêmes, des mariages et des mortuaires de la ville et faubourgs de Paris*, qui contiennent les publications annuelles de l'état civil (par mois et par paroisses) de 1713 à 1788 et, en outre, le fascicule de l'année 1789 qui n'est pas relié.

(1) La déclaration du 9 avril 1736 prescrivit (art. 17) aux curés, vicaires, desservants, chapitres supérieurs des communautés ou administrateurs des hôpitaux, de déposer chaque année au greffe du bailliage royal le double de leurs registres de baptêmes, mariages et sépultures. La prescription, comme Terray l'apprit en 1773 par une lettre de l'intendant de La Rochelle, n'a pas toujours été exactement observée. Cette déclaration prescrivit aussi la tenue, par les officiers de police, de registres des décès pour les personnes auxquelles la sépulture ecclésiastique serait refusée. La déclaration de novembre 1787 en fit autant pour les naissances, mariages et décès des personnes non catholiques.

(2) Dans un mémoire de l'Académie de Berlin (1760) Euler cherche à déterminer la mortalité et rend justice aux savantes recherches de Süssmilch sur lesquelles il s'appuie.

(3) Voir plus loin dans le Livre II, le chapitre XVI, *Tables de survie*.

aux intendants l'ordre de faire tous les ans, d'après un modèle déterminé, le relevé des naissances, mariages et morts de leur généralité, en remontant jusqu'à l'année 1770 (1). L'ordre fut

(1) Ce document, peu connu et important pour l'histoire de la population en France, mérite d'être cité textuellement :

« A Compiègne, le 14 août 1772.

» MONSIEUR,

» Il est très important pour l'administration de connaître exactement l'état de la population du Roiaume, et cette connaissance ne sera pas moins utile à chacun de MM. les Intendants des provinces. Je vous prie, en conséquence, de vouloir bien faire travailler chaque année à un relevé exact de la population de votre Généralité, conformément au modèle d'état que vous trouverez cy joint. Ce n'est pas un dénombrement par personnes, ménages ou feux que je vous demande, ce dénombrement, quoique facile, exigerait trop de temps et de soins pour être renouvellé chaque année ; c'est un relevé que je vous prie de vous faire remettre tous les ans par les greffiers des juridictions roialles, des naissances, mariages et morts dans chaque paroisse, chapitres, communautés séculières ou régulières et hôpitaux ou autres églises qui seraient en possession de célébrer les mariages, d'administrer les baptêmes ou de faire des inhumations, auquel vous ferez ajouter le nombre des sujets de l'un et de l'autre sexe qui auront fait profession en religion et qui seront décédés dans les monastères et maisons d'hommes et de filles tenant des registres de professions et mortuaires. Les états que je vous demande doivent renfermer huit colonnes : la 1re contiendra le nom des paroisses ; la 2e, celui des chapitres, communautés, hôpitaux ou autres églises où l'on tient des registres de baptêmes, mariages ou sépultures ; la 3e, le nombre des naissances ; la 4e, celui des mariages ; la 5e, celui des morts ; la 6e, celui des professions en religion ; la 7e, celui des sujets morts dans cet état ; enfin la 8e servira pour les observations que vous jugerez à propos de faire, soit sur les causes de mortalité ou dépopulation, s'il en survient de notables, soit sur les autres objets qui vous paraîtront susceptibles d'être mis sous les yeux de l'administration. Vous terminerez cet état par une récapitulation par chaque élection et vous y joindrez la récapitulation générale de votre département. Pour mettre plus d'uniformité dans ce travail et y répandre plus de clarté, vous voudrez bien observer de ranger dans chaque élection vos paroisses par ordre alphabétique, cette manière de les distribuer les placera chaque année dans le même ordre.

» Je vous prie de vous livrer dès ce moment à cette opération et de commencer ce travail par les années 1770 et 1771 qui seront distinguées par des états séparés pour chacune de ces deux années. Je pense que vous serez bien servi par les greffiers des bailliages en les intéressant un peu. Si le ressort de leur juridiction s'étendait sur plusieurs généralités, vous ne leur demanderez que le relevé des paroisses qui seront situées dans votre département. Plus cette opération présente d'utilité, plus j'espère que vous y apporterez de zèle et d'exactitude. Elle est d'ailleurs d'une exécution facile.

» Vous sçavez, Monsieur, qu'aux termes de l'article 17 de la déclaration du 9 avril 1736, les curés, vicaires, desservants, chapitres supérieurs des communautés ou administrateurs des hôpitaux sont tenus de déposer chaque année au greffe du bailliage roïal dans le ressort duquel ils sont situés, un double de leurs registres de baptêmes, mariages et sépultures. Le relevé que vous demanderez aux greffiers deviendra un motif pour ces personnes d'envoyer ces registres, et aux officiers des siéges roïaux de les exiger régulièrement. Ce n'est point le dépouillement de ces registres nom par nom que vous demanderez, mais seulement, comme je vous l'ai observé, le nombre exact des naissances, mariages, sépultures, professions et morts en religion.

» Il faut obtenir des greffiers qu'ils distinguent avec soin à l'article des naissances

exécuté et jusqu'en 1789 l'administration centrale a connu, pour la première fois, chaque année le mouvement général de la population. Elle ne l'a pas publié régulièrement ; mais Moheau (1), Necker (2) et d'autres en ont eu communication et ont pu raisonner à l'aide de ce document sur la natalité et la mortalité et en tirer un coefficient pour calculer le nombre des habitants. De 1781 à 1784, les résumés de ces relevés ont été déposés à l'Académie des Sciences et imprimés dans ses Mémoires ; les Archives nationales possèdent des tableaux de détail par paroisses qui ont servi au comité de division pour partager le territoire en districts et départements (3).

Les naissances. — Tous les auteurs s'accordent à attribuer à la population française de la seconde moitié du XVIII° siècle une natalité supérieure à celle du temps présent. Expilly et Messance qui écrivaient avant le ministère de Terray, donnent, le premier, 1 naissance par 25 habitants 1/2 ; le second, 1 naissance par 25 habitants en Auvergne, 1 par 24 dans la généralité de Lyon et 1 par 27 1/2 dans celle de Rouen (4). La Normandie avait déjà à cette époque, comme aujourd'hui, une natalité faible. Moheau, après avoir dit que la proportion varie à peu près de

---

et des morts le nombre des sujets de l'un et de l'autre sexe. Cet état formé pour l'universalité du roïaume fera connoître en peu d'années s'il naît ou s'il meurt plus de mâles que de femelles et dans quelle proportion : pour faciliter aux greffiers cette opération, je crois qu'il seroit à propos de leur faire remettre des états imprimés dont ils n'auront que les colonnes à remplir, et afin qu'ils ne se trompent point sur les paroisses qui sont de votre généralité, vous voudrez bien leur faire imprimer le nom des paroisses dans la première colonne qui, étant rédigée dans l'ordre que je vous ai indiqué, ne sera point sujette à variation. Je vous prie de vouloir bien prendre toutes les mesures nécessaires pour qu'il ne se glisse, s'il est possible, aucune erreur dans cette opération que je recommande avec beaucoup d'instance à votre zèle ordinaire pour ce qui peut intéresser le bien du service.
» Je suis, Monsieur, votre très humble et très obéissant serviteur.
(Collationné : *L'Archiviste*, DE RICHEMOND.)   TERRAY.   C, 182.
Le Ministre réitéra ses ordres (6 mai et 14 juin 1773), puis (17 août 1773) félicita l'intendant de la Rochelle de la manière dont il s'était acquitté de sa tâche.
(1) Moheau ne connut que les 5 premières années ; encore lui manquait-il trois généralités.
(2) Les nombres donnés par Necker ne concordent pas tous avec ceux de Moheau.
(3) Nous donnons plus loin ces tableaux. Les Archives nationales possèdent, en outre, (H, 1444), un grand nombre de documents de ce genre recueillis dans l'enquête de 1858.
(4) Résultat de la moyenne des naissances de dix années et d'un dénombrement par tête dans 105 paroisses.

23 (1) à 28 1/2, s'arrête au taux moyen de 1 naissance par 25 habitants 1/2 (2). Six ans plus tard, Necker adoptait 25 3/4 comme facteur de son calcul de la population (3). Ces deux derniers termes correspondent au taux d'environ 39 naissances par 1,000 habitants. Mais en calculant avec 26,300,000 habitants et 966,000 naissances (période 1778-1787 d'après des Pommelles), elle n'a que 36,7 par 1,000 habitants.

Le sexe masculin avait, comme aujourd'hui, la supériorité sur le sexe féminin dans la natalité : 21 garçons contre 20 filles suivant Messance, 16 contre 15 suivant Moheau (4) ; 106 contre 100 suivant des Pommelles, avec une proportion généralement plus forte dans le midi que dans le nord. Cependant il est permis de penser qu'alors, comme de nos jours, on comptait dans la population française plus de femmes que d'hommes (5).

Moheau estimait que la fécondité des villes était inférieure à celle des campagnes, « soit que les habitants y soient moins robustes, soit que le goût du luxe et la perversité des mœurs y fassent redouter une nombreuse famille. » Le perspicace statisticien ne se laisse pas tromper par les apparences ; car il remarque que les villes paraissent fournir plus de naissances qu'elles n'en donnent réellement (6), parce qu'on vient « de la campagne

---

(1) Il donne même 20 1/8 pour l'île de Ré.

(2) Page 42. Il hésite entre 25 et 26 (Voir p. 35 et 36). Si nous adoptons, ainsi que nous l'avons fait dans le chapitre précédent, 26 millions pour représenter la population de la France durant la seconde moitié du règne de Louis XVI et 1 million pour le total des naissances, ainsi que l'a fait Necker (voir plus loin même chapitre), nous trouvons aussi le rapport de 1 à 26.

(3) D'après Necker, le nombre moyen annuel des naissances, de 1771 à 1779, a été de 940,935. « Le nombre des naissances est à celui des habitans de 1 à 23 et 24 dans les lieux contrariés par la nature ou par des circonstances morales ; ce même rapport, dans la plus grande partie de la France, est de 1 à 25 et 26 ; enfin dans les villes, selon leur commerce et leur étendue, chaque naissance répond à 27, 28, 29 et jusques à 30 habitants et même à davantage pour la capitale. » *Administ. des finances*, t. I, p. 168 (éd. en 3 volumes, de 1785). Plusieurs relevés de l'état civil ont servi à l'administration centrale pour dresser des tableaux de population ; elle a calculé en général à raison de 26 hab. par naissance. Voir aux Arch. nat., H, 1444, et comité de division, D IV⁶, § 1, 43 et suiv.

(4) Suivant Buffon, 27 sur 26 à Paris et 17 sur 16 ailleurs. Le rapport aujourd'hui est d'environ 105 naissances masculines sur 100 féminines, et la proportion est moindre, comme autrefois, pour Paris, où il y a beaucoup de naissances illégitimes, lesquelles fournissent d'ordinaire une moindre proportion de garçons.

(5) En Auvergne, Messance trouvait 45 personnes 1/3 du sexe masculin pour 46 personnes 1/3 du sexe féminin.

(6) Il constate même dans les villes une natalité absolue moindre que dans les

accoucher dans la ville, soit pour cacher ses couches, soit pour se procurer plus de secours (1). » Il en est de même aujourd'hui.

Alors aussi, comme aujourd'hui, les mois de mars, janvier, février étaient ceux où l'on comptait le plus de naissances ; juin, décembre et novembre ceux où l'on en comptait le moins. Buffon faisait au sujet des naissances quelques autres observations judicieuses qui s'appliquent encore en partie au temps présent, particulièrement lorsqu'il disait que la fécondité dépend de l'abondance des subsistances.

Les mariages et la fécondité des familles. — Les mariages paraissent avoir été un peu plus nombreux dans la seconde moitié du dix-huitième siècle que dans la seconde moitié du dix-neuvième où leur taux annuel a été de 7.9 par 1,000 habitants (2). Expilly donne 1 mariage par 137 habitants, soit 7.3 par 1,000 habitants ; Messance donne 1 par 113 pour la généralité de Rouen, par 111 pour celle de Lyon, par 114 pour l'Auvergne ; Moheau, 1 par 113, en faisant observer que le rapport varie de 110 pour la généralité de Lyon à 129 pour celle de Paris, les grandes villes non comprises ; Necker, 113 1/3. Ce dernier terme, qui peut être pris comme moyenne, correspond à 8.8 mariages par 1,000 habitants ; ou 8 avec 26 millions d'habitants.

S'il y avait au dix-huitième siècle une proportion de mariages supérieure à celle de nos jours et une proportion beaucoup plus forte de naissances, c'est que la fécondité moyenne était plus grande. Cette fécondité peut être calculée avec plus de précision que la natalité proprement dite, puisqu'elle résulte du rapport des naissances et des mariages qui étaient enregistrés, sinon sans lacunes, au moins assez régulièrement pour servir de base à un calcul, tandis que la natalité repose sur une hypothèse partout où il n'existe pas de dénombrement. Moheau trouve 24 enfants par 5 mariages (3), soit 4 naissances 4/5, et, déduction faite du nombre probable des naissances illégitimes, 4 1/2 par

campagnes : en Touraine, 1 naissance sur 23 2/3 habitants pour les communautés et 1 sur 33 pour les 4 villes chefs-lieux d'élection ; dans la généralité de Rouen, 1 naissance sur 26 habitants pour 95 communautés rurales et 1 sur 29 pour les 10 villes.

(1) Page 144.

(2) De 1880 à 1887, la nuptialité n'a été que de 7.5 ; mais c'est à une période de faible nuptialité. Voir livre II, ch. X.

(3) Messance donne 70 naissances 1/2 par 16 mariages, soit 4 enfants 7/8 par mariage.

mariage (1). Buffon assigne à Paris, déduction faite des enfants trouvés, 3 1/3 naissances par mariage ; relativement les mariages de Paris étaient alors, comme aujourd'hui, peu féconds (2). Des Pommelles, calculant sur le mouvement de l'état civil de 1778 à 1787, a trouvé 4.2 naissances pour 1 mariage.

Nous estimons de nos jours à 3 environ la fécondité moyenne par mariage en France (3) ; mais nous perdons moins d'enfants. Moheau croyait que sur 50 familles il n'y en avait guère qu'une qui possédât 6 enfants vivants ou plus (4), et que les familles de plus de 9 enfants formaient une très rare exception.

C'est qu'il ne suffit pas de mettre au monde des enfants ; il faut pouvoir et savoir les élever. On se plaît à vanter les nombreuses familles de l'ancien régime et on en cite quelques exemples tirés des généalogies de la noblesse ou des livres de raison ; on ne réfléchit pas que ce sont là des cas particuliers qu'on peut rencontrer dans tous les temps, quoiqu'ils soient probablement plus rares aujourd'hui. Il est certain néanmoins, quelle que soit la proportion exacte, que les ménages donnaient naissance à plus d'enfants que de notre temps.

Mais ceux qui cherchent à enfler cette fécondité sans preuves statistiques le font dans le désir de donner une opinion favorable de la France ancienne ; ils ne s'aperçoivent pas que, si leur prétention était justifiée, elle aboutirait au contraire de leur dessein ; car, puisque la population a augmenté lentement de 1700 à 1789 — ce qui est un fait démontré — plus on suppose la natalité forte, plus il faut aussi admettre une mortalité considérable (5), et par conséquent un mauvais état économique de la population.

---

(1) Messance donne (page 136), pour 10 généralités, des proportions variant de 5 4/25 (Tours) à 4 7/29 (Rouen) et une moyenne générale de 4 13/16.

(2) Il n'y avait pas que Paris dans ce cas. Voir plus haut (en note), ch. XI, le témoignage du subdélégué de Nérac en 1764.

(3) Voir livre II, ch. VII.

(4) Voir p. 134. Le calcul (table IV) de Moheau est établi sur 27,335 familles des généralités de Paris, de Lyon, d'Auvergne, de Rouen et de la Rochelle ; ces généralités ne fournissent que 930 familles ayant au moins 6 enfants, 65 ayant 9 enfants ou plus, et 3 familles seulement ayant 12 ou 13 enfants... Une autre table (table III, p. 133) portant sur 5,283 familles, en compte 1,444 qui n'avaient pas d'enfants (mais l'auteur ne dit pas le nombre d'années de ménage) et une seulement qui avait 10 enfants. Messance (p. 146) avait trouvé une proportion plus forte : sur 25 familles, 1 famille ayant plus de 6 enfants.

(5) Voir, entre autres exemples, *Histoire d'une famille de Provence*, tirée du livre de raison des Pellicot, 1862 (brochure anonyme ; l'auteur est M. Teissier). La généa-

Les décès. — La mortalité était en effet plus considérable que de nos jours.

Paris, dont l'état civil existe depuis 1670, en donne une idée. Au dix-septième siècle, sur les 13 années que l'on connaît (1), 7 ont eu plus de décès que de naissances ; au dix-huitième, on trouve aussi plus de décès pour 9 années, de 1730 à 1749 ; pour 11, de 1750 à 1769 ; pour 7, de 1770 à 1789 ; pour 9, de 1790 à 1809. En groupant les nombres par périodes, on trouve que, dans celle du xviie siècle et dans trois de vingt ans au xviiie (1730-1749, 1750-1769, 1790-1809), la somme des décès a dépassé celle des naissances et qu'il n'y a eu excédent de naissances que pour deux périodes du dix-huitième siècle, tandis que sur douze périodes quinquennales de notre siècle (1821-1880). il n'y a excédent de décès que pour deux périodes, lesquelles sont des années de choléra (2).

---

logie des Pellicot remonte à 1469. Un d'eux, Ignace de Pellicot, né en 1698, a eu 24 enfants ; un autre en a eu 16. Cependant beaucoup de Pellicot ont dû mourir sans postérité, car l'auteur (qui, il est vrai, ne suit pas toutes les branches), mentionne seulement sept représentants en 1810, appartenant à quatre branches. La onzième génération naissait à cette époque (1807-1814) dans deux branches ; ce qui correspond à une durée moyenne de 34 ans par génération. L'ensemble n'atteste pas une multiplication très considérable de la famille. A cet exemple on opposerait avantageusement celui d'une centenaire du recensement de 1886 qui avait 95 descendants, et celui de M. Jean Dollfus, de Mulhouse, qui, célébrant ses noces d'or, avait réuni à sa table plus de 100 personnes, enfants, petits-enfants, gendres et brus.

(1) 1676 à 1684, moins les années 1676 et 1677.

(2) Voir *Archives statistiques de la ville de Paris*, t. II. Nous donnons ici en note la liste des années, depuis 1730, dans lesquelles il y a eu plus de décès que de naissances. Ajoutons toutefois que Deparcieux (*Essai...*, p. 102) dit que cet état est « fait avec trop peu de soin pour qu'on doive y compter » ; mais son observation porte surtout sur des omissions de décès, et Deparcieux fait remarquer que, s'il y a plus de naissances que de décès, c'est qu'il vient beaucoup d'adultes à Paris et que beaucoup d'enfants de Paris vont mourir en nourrice. L'état que nous présentons peut donc être considéré comme représentant une mortalité inférieure à la mortalité réelle.

Périodes : 1730-1749.	1750-1769.	1770-1790.	1790-1809.
1731	1753	1771	1792
1736	1754	1772	1794
1738	1755	1776	1795
1739	1757	1780	1796
1740	1758	1783	1801
1741	1760	1784	1803
1742	1762	1785	1804
1743	1763		1806
1748	1766		1807
	1767		
	1768		

Les deux périodes quinquennales contemporaines où il y a eu excédent de décès

La mortalité pour la France entière était évaluée par Buffon à 1 décès par 35 habitants (1), par Moheau à 1 décès par 30 habitants (2), par Necker à 1 décès par 29 habitants 3/5. Sous le règne de Louis XVI, les statisticiens les plus autorisés portaient donc la mortalité à 33.3 par 1,000 habitants, soit 30 en calculant sur 26 millions d'habitants, tandis qu'aujourd'hui elle n'est, en nombre rond, que de 23. C'est là une des différences démographiques les plus tranchées entre le passé et le présent.

Le chevalier des Pommelles a calculé qu'il y avait (période 1778-1787) 105 décès du sexe masculin contre 100 du sexe féminin.

Le mouvement de la population par généralités, bailliages, etc., en 1783 et en 1787. — Les Archives nationales possèdent une collection de relevés des naissances, mariages et décès par paroisses, bailliages et généralités que les intendants adressaient au Contrôleur général et qui ont servi à l'Assemblée nationale constituante pour établir la division de la France en départements et en districts. L'état de cette collection, qui est incomplète, autorise à croire que les documents de ce genre n'étaient pas conservés avec beaucoup de soin dans les bureaux de l'administration centrale (1). Néanmoins, il est possible d'en tirer la connaissance du mouvement de la population pour la plus grande partie de la France vers la fin du règne de Louis XVI. Les renseignements du chevalier des Pommelles nous ont servi à donner comme

---

sont 1831-1835 (26,283 naissances, 44,363 décès) et 1846-1850 (30,141 naissances et 48,121 décès).

(1) Buffon (*De l'homme*, t. XIII, p. 198) ne croit pas au rapport de 32 ou 33, et préfère celui de 1 par 35 ; mais il parle de Paris et il n'ignore pas qu'à Paris le grand nombre d'adultes et l'envoi des enfants en nourrice atténuent la mortalité. Il est vrai qu'à Montbard il constate le rapport de 1 par 36. Deparcieux (*Essai*, p. 95), qui donne 1 décès par 40 habitants dans les très grandes villes, fait les mêmes remarques.

(2) Moheau (p. 55) considère d'ailleurs ce rapport comme peu certain. Il donne plusieurs rapports qui varient suivant les localités de 26 à 31 habitants pour 1 décès.

(1) Nous devons à M. Rocquain la découverte de ces documents qui sont contenus dans cinq cartons de la section administrative des Arch. nationales (D IV bis, 43 à 47) Dans ces cartons il manque Paris, la Corse et les généralités d'Alençon, de Tours, de Paris et de Poitiers. L'Assemblée constituante paraît n'avoir obtenu que pour un certain nombre de généralités le document de l'année 1787 ; pour d'autres, ce document date de 1783 ; pour plusieurs, les mariages manquent ; pour celle de La Rochelle, le chiffre des habitants est porté à deux époques, mais sans le mouvement de la population. Sur chaque dossier se trouve inscrit au crayon le nombre des habitants de la circonscription calculé à raison de 26 habitants pour 1 naissance.

complément ou comme contrôle, les totaux et les moyennes de chaque généralité (1).

Le tableau suivant contient les naissances, décès et mariages (ce dernier renseignement fait défaut pour plusieurs généralités) par bailliages, sénéchaussées, etc., pour les circonscriptions où le nombre des naissances dépasse 2,000 et en bloc pour les autres. L'Assemblée constituante s'était servi de ces documents pour calculer le nombre des habitants : calcul quelque peu hypothétique. Nous nous en servons nous-même pour calculer l'excédent des naissances sur les décès et le nombre des naissances par mariage : rapports qui sont plus précis, puisque les deux termes en sont connus.

---

(1) La brochure du chevalier des Pommelles, publiée en 1789, est devenue très rare. Elle forme un petit volume in-4° intitulé *Tableau de la population et rapport des naissances, mariages et morts.* Elle se termine par un tableau contenant pour chaque généralité la superficie en lieues carrées, le nombre moyen annuel des naissances, mariages et décès par lieue carrée pour la période 1778-1787, le rapport des naissances masculines aux naissances féminines, ceux des naissances aux décès et des naissances aux mariages, le nombre des habitants par généralité.

Le but que se proposait principalement le chevalier était de déterminer le nombre des habitants. Il fait remarquer que non seulement il n'y a pas eu de dénombrement général, mais qu'il était difficile de procéder à des dénombrements partiels de province ; car l'assemblée provinciale d'Auch, qui avait tenté d'en faire un, a été obligée en 1786 d'interrompre son travail ; plusieurs intendants en ont dressé pour leur département, mais les additions se sont trouvées en général défectueuses et le résultat très médiocre. Il déclare qu'il n'a pu parvenir à connaître le nombre ni des nobles, ni des ecclésiastiques. Il pense qu'il y a une émigration assez considérable provenant de désertions ; « on assure, dit-il, qu'il y a 70,000 déserteurs français dans les armées de Prusse et de l'Empire » ; il affirme que la population a augmenté en dix ans de 2/7 en Alsace, de 1/6 en Lorraine, et qu'elle a diminué de 1/17 en Touraine et de 1/24 dans le Bourbonnais ; mais son tableau qui confirme cette affirmation pour trois provinces, le contredit pour le Bourbonnais (voir généralité de Bourges dans le tableau). Il insiste sur l'excédent des décès en Bretagne qui est, dit-il, plus fort qu'il ne paraît, puisqu'il faudrait ajouter aux décès enregistrés ceux des marins qui ne reviennent pas.

Plusieurs des nombres qu'il donne pour population des généralités et qu'il calcule en multipliant par 25 3/4 le nombre moyen annuel des naissances, diffèrent beaucoup de ceux que nous avons donnés plus haut (p. 248) d'après deux documents officiels. Nous reproduisons ici à titre de terme de comparaison, les chiffres du chev. des Pommelles (la Corse manque) en les énonçant par milliers d'unités :

Ville de Paris. .	660	Bourges	550	Lyon	654	Tours	1.309
Génér. de Paris.	1.147	Caen.	625	Metz	396	Bourgogne. . . .	1.120
Alençon	494	Châlons	785	Montauban. . . .	542	Flandre et Artois	766
Alsace.	655	Grenoble.	690	Moulins	648	Hainaut.	289
Amiens	554	Besançon.	717	Orléans	724	Languedoc. . . .	1.799
Pau et Auch . .	887	La Rochelle . . .	460	Poitiers	686	Provence.	756
Auvergne	701	Limoges	669	Rouen	732	Roussillon. . . .	116
Bordeaux	1.281	Lorraine	923	Soissons.	448	Bretagne.	2.297

TABLEAU des naissances, mariages et décès et leur rapport par généralités, bailliages, etc., en **1783** ou en **1787** (*comparé avec le Tableau du chevalier* DES POMMELLES).

BAILLIAGES, SÉNÉCHAUSSÉES, etc.	NAISSANCES.	MARIAGES.	DÉCÈS.	SUR 1,000 décès, nombre de naissances.	NOMBRE de naissances par mariage.
GÉNÉRALITÉ D'ALENÇON (1787) (1).					
(*D'après le chevalier des Pommelles*)....	19.168	5.231	18.586	1.026 (2)	3.6 (2)
GÉNÉRALITÉ D'ALSACE (1783).					
Belfort.............	2.677	577	2.228	1.201	4.6
Colmar.............	5.680	1.296	5.566	1.020	4.3
Strasbourg..........	8.286	1.889	7.337	1.129	4.3
Wissembourg........	2.149	481	1.728	1,243	4.4
4 subdélégations ayant de 1.000 à 1,999 naissances (3).........	5.834	1.195	4.502	1.295	4.8
1 subdélég. (Schlestadt) ayant moins de 1,000 naissances...	978	196	868	1.126	4.9
TOTAUX et moyennes générales (4).....	25.604	5.634	22.229(5)	1.200	4.5
(*D'après le chevalier des Pommelles*),....	25.440	5.448	19.890(6)	1.279	4.6
GÉNÉRALITÉ D'AUCH (178..).					
Auch............ ...	5.066	»	4.166	1.218	»
Lectoure...........	2.627	»	1.829	1.436	»
Toulouse...........	5.111	»	3.809	1.368	»
Pamiers............	3.024	»	2.393	1.263	»
Bigorre............	3.199	»	2.736	1.169	»
Oloron.............	2.035	»	1.792	1.135	»
A reporter.....	21.062	»	16.725	»	»

(1) Le document manque aux Archives nat. dans les cartons du comité de division.

(2) C'est par erreur que le tableau du chev. des Pommelles porte 1,035 pour l'excédent des naissances et 5.6 pour le nombre des enfants par mariage. Nous avons rectifié, lorsqu'il y a eu lieu, les chiffres du Chevalier et nous indiquons en note la différence lorsqu'elle est assez considérable pour mériter une mention. Nous devons ajouter que nous ne possédons pas directement le nombre des naissances, mariages et décès dans la brochure du Chevalier ; mais, comme il donne pour chaque généralité la superficie en lieues carrées et le nombre des naissances, mariages et décès par lieue carrée, il a été possible de retrouver les nombres primitifs. Les circonscriptions par bailliages, sénéchaussées, etc., qui sont d'ordre judiciaire, ne correspondent pas exactement dans la plupart des généralités aux élections, bailliages, etc., qui se trouvent dans l'Almanach royal de 1787 et qui étaient d'ordre administratif.

(3) Subdélégations de Ferrette, Haguenau, Saverne, Landau.

(4) Les naissances se répartissaient ainsi d'après le culte catholique : 19,986 ; — Luthériens, 4,734; — Calvinistes, 249 ; — Juifs, 635 ; — Anabaptistes, 30.

(5) A ce total, il faut ajouter 40 décès de personnes mortes en religion.

(6) Les calculs du chevalier des Pommelles portent sur la moyenne des naissances, mariages et décès de la période décennale 1778-1787.

BAILLIAGES, SÉNÉCHAUSSÉES, etc.	NAISSANCES.	MARIAGES.	DÉCÉS.	SUR 1,000 décès, nombre de naissances.	NOMBRE de naissances par mariage.
Report......	21.062	»	16.725	»	»
3 sénéchaussées ayant de 1,000 à 1,999 naissances (1).....	4.581	»	4.183	1.095	»
36 sénéchaussées ayant moins de 1.000 naissances (2)..........	6.933	»	5.171	1.340	»
TOTAUX et moyenne générale.	32.576	»	26.079	1.249	»
(*D'après le chevalier des Pommelles*) (3).	»	»	»	»	»
GÉNÉRALITÉ DE BOURGES (1782).					
Issoudun...	3.002	»	3.145	954	»
Châteauroux.	4.139	»	4.601	899	»
Bourges..	*3.718	»	4.038	921	»
4 bailliages et sénéchaussées ayant de 1,000 à 1,999 naissances (4)........	5.894	»	5.671	1.039	»
19 bailliages et sénéchaussées ayant moins de 1,000 naissances (5)	5.717	»	5.858	975	»
TOTAUX et moyenne générale.	22.470	»	23.313	963	»
(*D'après le chevalier des Pommelles*)....	21.403	5.213	20.238	1.057	4.1
GÉNÉRALITÉ DE BORDEAUX.					
Sarlat.	3.126	»	3.043	1.026	»
Libourne...........	2.627	»	2.616	1.004	»
Périgueux..........	4 377	»	3.355	1.304	»
Marmande.	2.090	»	1 984	1.053	»
Agen.	2.882	»	2.146	1.343	»
Bordeaux.	9.744	»	6.794	1. 441	»
9 subdélégations ayant 1,000 à 1,999 naissances (6)	14 663	»	11.420	1 283	»
8 subdélégations ayant moins de 1,000 naissances (7).........	5.258	»	3.853	1.390	»
TOTAUX et moyenne générale.	44.767	»	35 211	1.271	»
(*D'après le chevalier des Pommelles*)....	49.725	13.162	42.087	1.180	3.8

(1) Sénéchaussées de : Pau, Morlaas et Orthez.
(2) Sénéchaussées de : Condom, Isle Jourdain, Saint-Gaudens, Quatre-Vallées, Gimont, Samatan, Saint-Béat, Aspet, Aurignac, Montrejeau, Isle-en-Dodon, Galan, Pardiac, Saint-Sever-de-Rustau, Frontignan, Rivière-Basse, Tournay, Vic-Fezensac, Nogaro, Marciac, Jégun, Beaumarchais, Mauvezin, Caudecoste, Mielian, La Plume, Sauveterre, Saint-Palais, Soule, Mixe, Cizos, Ossun, Gramont, Grenade, Estampures et Sainte-Foy.
(3) Le chevalier des Pommelles n'a pas pu se procurer de renseignements pour cette généralité.
(4) Bailliages ou sénéchaussées de : Dun-le-Roy, Montmorillon, Moulins (élection de Saint-Amand), Saint-Pierre-le-Moutier (élection de la Charité).
(5) Bailliages ou sénéchaussées de : (quelques bailliages ou sénéchaussées sont comptées plusieurs fois parce que leur territoire était partagé entre plusieurs élections) Concressault, Châtillon, Mehun, Vierzon, Moulins (élection de Bourges), Saint-Pierre-le-Moutier (élect. de Bourges), Blois (élect de Bourges), Blois (élect. d'Issoudun) Blois (élect. de Châteauroux), Tours (élect. de Châteauroux), Loches, Dorat, Poitiers, Saint-Pierre-le-Moutier (élect de St-Amand), Auxerre, Montargis, Moulins (généralité de Bourges), Saint-Pierre-le-Moutier (généralité de Bourges), Blois (génér. de Bourges).
(6) Subdélégation de : Ribérac, Thiviers, Nontron, Bergerac, Condom, Bazas, Sainte-Foy, Castillonnès, Villeneuve et Médoc.
(7) Subdél. de : Casteljaloux, Montpont, Méracq, La Réole, Clairac, Monflanquin, Blaye et Vitrezais.

BAILLIAGES, SÉNÉCHAUSSÉES, etc.	NAISSANCES.	MARIAGES.	DÉCÈS.	SUR 1,000 décès, nombre de naissances.	NOMBRE de naissances par mariage.
GÉNÉRALITÉ DE BOURGOGNE (1787).					
Dijon...............	2.817	615	2.313	1.218	4.8
Mâcon.............	5.229	1.125	4.024	1.299	4.6
Châlon.............	6.656	1.477	5.503	1.209	4.5
Bourg.............	6.189	1.415	5.110	1.211	4.3
Belley.............	4.063	929	3.683	1.102	4.3
8 bailliages, ayant de 1.000 à 1,999 naissances (1).........	12.394	2.836	11.393	1.087	4.3
11 bailliages, ayant moins de 1,000 naissances (2).........	7.535	1.803	6.851	1.099	4.1
TOTAUX et moyennes générales......	44.883	10.700	38.877	1.154	4.2
(*D'après le chevalier des Pommelles*)....	42.387	9.945	40.611	1.043	4.2
GÉNÉRALITÉ DE BESANÇON (1783).					
Besançon..........	2.049	488	2.309	887	4.2
Doïe..............	2.491	485	3.399	732	5
Gray..............	2.790	546	2.834	984	5.1
Vesoul............	8.060	1.601	7.860	1.025	5
6 bailliages, ayant de 1,000 à 1,999 naissances (3).........	9.218	1.860	8.146	1.132	4.9
3 bailliages, ayant moins de 1,000 naissances (4).........	1.823	332	1.668	1.091	5.4
TOTAUX et moyennes générales......	26.431	5.312	26.216	1.008	4.9
(*D'après le chevalier des Pommelles*)....	26.872	5.574	23.604	1.188	4.8
GÉNÉRALITÉ DE BRETAGNE (1787).					
Saint-Pol-de-Léon....	4.737	962	4.530	1.045	4.9
Brest..............	3.174	622	2.375	1336	5
Saint-Brieuc........	5.854	1.350	6.065	965	4.3
Lannion...........	5.054	1357	5.352	944	3.7
Nantes............	14.078	3.456	15 055	935	4
Vannes............	2.222	528	2.884	770	4,2
Ploërmel...........	9.379	2.121	11.744	790	4.4
Fougères..........	2.359	557	2.357	1.000	4.2
Rennes............	11.570	2.582	13.155	879	4.4
Hennebont.........	3.740	1.071	6.211	602	3.5
Dinan.............	3.850	736	3.274	1.175	5.2
(*) A reporter....	65.957	15.342	73.002	»	»

(1) Bailliages de : Châtillon-sur-Seine, Auxerre, Semur-en-Auxois, Beaune, Autun, Charolles, Auxonne, Trévoux.
(2) Bailliages de : Bar-sur-Seine, Noyers, Avallon, Saulieu, Arnay-le-Duc, Nuits, Montcenis, Bourbon-Lancy, Semur-en-Brionnais, Saint-Jean-de-Losne et Gex.
(3) Bailliages sont : Baume, Poligny, Lons-le-Saunier, Orgelet, Pontarlier et Saint-Claude.
(4) Bailliages sont : Ornans, Salins et Arbois.
(*) Sans le détail pour Rennes.

BAILLIAGES, SÉNÉCHAUSSÉES, etc.	NAISSANCES.	MARIAGES	DÉCÈS.	SUR 1,000 décès, nombre de naissances.	NOMBRE de naissances par mariage.
Report.	65.957	15.342	73.002		
5 sièges royaux ayant de 1,000 à 1,999 naissances (1)........	7.690	1 664	7.833	981	4.6
11 sièges royaux ayant moins de 1.000 naissances (2)...... ..	7 080	1.902	9.342	757	3.7
Totaux et moyennes générales..	80.787	18.908	90.177	895	4·2
(*D'après le chevalier des Pommelles*)....	89.054	21.110	97.215	915	4·2

GÉNÉRALITÉ DE CAEN (1787).

Caen................	3.582	1.033	3.313	1.081	3.4
Coutances..........	3.358	803	2.440	1.376	4.1
Valognes............	2.836	839	2.575	1.101	3.3
Avranches..........	2.323	468	1.759	1.320	4.9
Mortain............	2.124	485	1.494	1.421	4.3
Vire............... .	2.482	554	2.083	1.191	4.4
1 bailliage ayant de 1,000 à 1,999 naissances (3)...... ..	1.420	457	1.391	1.021	3.1
5 bailliages · ayant moins de 1,000 naissances (4)..........	3.770	1.022	3.195	1.179	3.6
Totaux et moyennes générales...	21.895	5.661	18.250	1.199	3·9
(*D'après le chevalier des Pommelles*)....	24.311	6.121	22.445	1.082	3·9

GÉNÉRALITÉ DE CHAMPAGNE (1785).

Chalons............	2.242	550	2.366	959	4
Reims.............	4.884	1.199	4.920	992	4
Troyes.............	3.628	766	3.596	1.009	4.7
Langres............	3.271	719	3.394	964	4·5
Sainte-Menehould. ...	4.474	1.042	3.911	1.144	4 2
Chaumont..........	6.203	1.324	6.959	891	4.6
2 bailliages ayant de 1,000 à 1,999 naissances (5)..........	3.122	639	3.094	1.009	4.7
4 bailliages ayant moins de 1,000 naissances (6)..........	1.377	544	1.627	864	3.9
Totaux et moyennes générales.......	29.984	7.163	30.741	975	4·1
(*D'après le chevalier des Pommelles*)....	30.404	7.110	29.178	1·042	4 2

(1) Sièges de : Jugon, Morlaix, Carhaix, d'Auray, Châteaulin
(2) Sièges de : Gourin, Quimperlé, Concarneau, Bazouges, Antrain, Quimper, Châteauneuf, Guérande, Rhuis, Hédé, Saint-Aubin-du-Cormier.
(3) Bailliage de Bayeux.
(4) Bailliages de : Saint-Sauveur-Lendelin, Carentan, Thorigny, Cérences et Saint-Sauveur-le-Vicomte.
(5) Bailliages de : Vitry et Sézanne.
(6) Bailliages de : Saint-Dizier, Epernay, Châtillon et Fismes.

BAILLIAGES, SÉNÉCHAUSSÉES, etc.	NAISSANCES.	MARIAGES.	DÉCÈS.	SUR 1,000 décès, nombre de naissances.	NOMBRE de naissances par mariage.
ILE DE CORSE (1).					
Corse.............. (D'après le chevalier des Pommelles)....	5.594 »	1.237 »	4.164 »	1.343 »	4.5 »
GÉNÉRALITÉS DE FLANDRE ET ARTOIS (1783).					
Lille................	8.681	1.951	8.513	1.019	4.4
Cassel..............	2.228	578	2.796	797	3.8
Arras...............	2.833	742	3.028	935	3.8
9 subdélégations ayant de 1,000 à 1,999 naissances (2).........	13.525	3.587	14.187	953	3.8
7 subdélégations ayant moins de 1,000 naissances (3)..........	2.623	605	2.855	918	4.3
TOTAUX et moyennes générales........	29.900	7.493	31.579(4)	904	3.9
(D'après le chevalier des Pommelles....	29.726	7.079	26.910	1.105	4.
GÉNÉRALITÉ DE GRENOBLE (1786).					
Vienne..............	7.402	1.895	5.351	1.383	3.9
Graisivodan.........	6.125	1.452	4.810	1.273	4.2
Saint-Marcelin.......	4.104	992	3.378	1.214	4.1
Gap................	2.351	448	1.731	1.358	5.2
3 bailliages ayant de 1,000 à 1,999 naissances (5).........	4.279	884	4.485	954	4.8
6 bailliages ou judicatures ayant moins de 1,000 naissances (6).	3.605	813	3.173	1.136	4.4
TOTAUX et moyennes générales........	27.866	6.484	22.928	1.215	4.3
(D'après le chevalier des Pommelles)...	26.826	6.528	24.276	1.105 (7)	4.1
INTENDANCE DU HAINAUT ET CAMBRÉSIS (1787).					
Cambrai............	2.859	»	1.837	1.556	»
A reporter.....	2.859	»	1.837	»	»

(1) Le document manque dans les cartons du comité de division et dans le tableau du chev. des Pommelles. Celui que nous donnons se trouve dans le carton K 1228 des Archives nationales.

(2) Subdélégations de : Douai, Dunkerque, Bergues, Lens, Saint-Omer, Béthune, Bapaume, Hesdin et Saint-Pol.

(3) Subdélégations de : Gravelines, Bourbourg, Bailleul, Merville, Aire, Lillers et Saint-Venant.

(4) En ajoutant 241 décès en religion, le total s'élève à 31,820. Le document ajoute que cet excédent de décès est dû à des maladies contagieuses, qu'il y avait eu excédent de naissances en 1782 et qu'en 1783 l'augmentation des mariages faisait espérer une natalité plus forte pour l'année suivante.

(5) Bailliages de : Embrun, Valence et Montélimart.

(6) Bailliages ou judicatures de : Orange, St-Paul-Trois-Châteaux, Briançon, Romans, Crest et Buis.

(7) Le chevalier des Pommelles a donné 1,227, rapport que ses chiffres ne justifient pas.

BAILLIAGES, SÉNÉCHAUSSÉES, etc.	NAISSANCES.	MARIAGES.	DÉCÈS.	SUR 1,000 décès, nombre de naissances.	NOMBRE de naissances par mariage
Report	2.859	»	1.837	»	»
4 bailliages ou prévôtés ayant de 1,000 à 1,999 naissances (1).	6.394	»	4.012	1.597	»
11 bailliages ou prévôtés ayant moins de 1,000 naissances (2).	3.485	.	2.207	1.579	»
TOTAUX et moyenne générale.........	12.738	»	8.056	1.581	»
(*D'après le chevalier des Pommelles*)....	11.230	2.672	7.864	1.428	4.2
GÉNÉRALITÉ DU LANGUEDOC.					
Annonay...........	3.459	715	3.002	1.153	4 8
Villeneuve de Berg...	6.972	1.213	4.468	1.560	5.7
Le Puy.	6.317	1.601	5.699	1.108	3.9
Nîmes.	14.518	4.906	13.675	1.061	2.9
Montpellier.	4.622	1.067	4.353	1.061	4.3
Castres............	4.313	1.020	3.091	1.395	4.2
Carcassonne.	5.858	1.403	5.240	1.117	4.1
Limoux............	4.831	1.077	3.645	1.325	4.5
Toulouse...........	14.508	3.193	11.339	1.279	4.5
1 sénéchaussée ayant de 1,000 à 1,999 naissances (3).........	1.206	273	1.084	1.112	4.7
TOTAUX et moyennes générales......	66.604	16.468	52.516	1.268	4.
(*D'après le chevalier des Pommelles*)....	69.978	14.766	56.496	1.238	4.8
GÉNÉRALITÉ DE LIMOGES.					
Limoges.	7.872	1.992	7.845	1.003	3.9
Angoulême...:......	6.778	1.577	5.420	1.250	4.3
Tulle.	4.282	1.137	4.001	1.070	3.7
Brive.............	2.613	603	2.000	1.306	4 3
2 sénéchaussées ayant de 1,000 à 1,999 naissances (4).........	2.601	667	2.368	1.098	3.9
6 sénéchaussées ayant moins de 1,000 naissances (5).........	2.600	665	2.542	1 022	3.9
TOTAUX et moyennes générales........	26.746	6.641	24.176	1.106	4.
(*D'après le chevalier des Pommelles*)....	25.931	6.738	23.372	1.109	3.8

(1) Bailliages ou prévôtés de : Valenciennes, Maubeuge, Le Quesnoy et Bouchain.
(2) Baillinges ou prévôtés de : Avesnes, Landrecies, Philippeville, Mariembourg, Fumay, Condé, Bavay, Agimont, Le Cateau, Saint-Amand et Mortagne.
(3) Celle de Castelnaudary.
(4) Sénéchaussées de : Montmorillon et Uzerche.
(5) Sénéchaussées de : Saint-Yrieix, Dorat, Bellac, Civray, Poitiers, Guéret.

BAILLIAGES, SÉNÉCHAUSSÉES, etc.	NAISSANCES.	MARIAGES.	DÉCÈS.	SUR 1,000 décès, nombre de naissances.	NOMBRE de naissances par mariage.
GÉNÉRALITÉ DE LORRAINE (1786).					
Nancy.	2.870	»	2.582	1.111	»
Lunéville.	2.302	»	1.767	1.302	»
Remiremont.	2.430	»	1.528	1 590	»
10 bailliages ayant de 1,000 à 1,999 naissances (1).	12.034	»	9.540	1.261	»
21 bailliages ayant moins de 1,000 naissances (2).	10.753	»	8.367	1.285	»
TOTAUX et moyenne générale.	33.539	»	26.455	1.267	»
(D'après le chevalier des Pommelles).	35.898	7.144	30.540	1.167	5
GÉNÉRALITÉ DE LYON.					
Lyon.	11.529	»	9.734	1.183	»
Villefranche.	4.775	»	3.229	1.478	»
Montbrison.	2.439	»	2.011	1.212	»
Saint-Etienne.	3.519	»	2.605	1.350	»
1 bailliage ayant de 1,000 à 1.999 naissances (3).	1.052	»	930	1.131	»
TOTAUX et moyenne générale.	23.314	»	18.509	1.259	»
(D'après le chevalier des Pommelles).	24.668	5.824	20.384	1.210	4.2
GÉNÉRALITÉ DE METZ (1787).					
Metz.	3.810	»	2.333	1.633	»
Vic.	2.226	»	1.555	1.431	»
4 bailliages ayant de 1,000 à 1,999 naissances (4).	5.395	»	3.615	1.492	»
15 bailliages ou prévôtés ayant moins de 1,000 naissances (5).	4.333	»	3.267	1.326	»
TOTAUX et moyenne générale.	15.764	»	10.770	1.463	»
(D'après le chevalier des Pommelles).	13.819	2.719	11.988	1.152	5

(1) Bailliages de : Vézelize, Darney, Neufchâteau, Dieuze, Sarreguemines, Boulay, Bouzonville, Saint-Mihiel, Lamarche et Saint-Dié.

(2) Bailliages de : Blamont, Rozières, Pont-à-Mousson, Nomeny, Mirecourt, Charmes, Chatas, Bourmont, Epinal, Bruyères, Château-Salins, Bitche, Lixheim, Fénétrange, Schambourg, Commercy, Thiaucourt, Etain, Briey, Longuyon et Villers-la-Montagne.

(3) Bailliage de Bourg-Argental.

(4) Bailliages de : Toul, Verdun, Thionville et Sedan.

(5) Bailliages ou prévôtés de : Sierck, Yvoy-Carignan, Mouzon, Château-Regnault, Marville, Montmédy, Sarrelouis, Sarrebourg, Phalsbourg, Longwy, Clermont, Dun, Jametz, Montignons et Stenay.

BAILLIAGES, SÉNÉCHAUSSÉES, etc.	NAISSANCES.	MARIAGES.	DÉCÈS.	SUR 1,000 décès, nombre de naissances.	NOMBRE de naissances par mariage.
GÉNÉRALITÉ DE MONTAUBAN (1783).					
Montauban..........	3.804	888	3.189	1.221	4.2
Cahors..............	4.307	1.074	3.413	1.261	4
Figeac.............	3.870	921	3.307	1.170	4.2
Villefranche........	3.250	788	2.797	1.161	4.1
Rodez.............	3.106	733	2.657	1.168	4 2
Millau.............	3.015	627	2.577	1.169	4.8
3 sénéchaussées ayant de 1,000 à 1,999 naissances (1).........	4.282	1.037	3.329	1.286	4.1
TOTAUX et moyennes générales.......	25.634	6.068	21.269	1.158	3.8
(D'après le chevalier des Pommelles)....	21.454	4.955	16.965	1.300	4.2
GÉNÉRALITÉ DE MOULINS.					
Moulins.............	9.425	2.391	9.530	988	3.9
Guéret.............	6.218	1.625	4.546	1.367	3.7
Saint-Pierre-le-Moutier	6.961	1.822	6.323	1.100	3.8
Riom..............	3.863	1.087	3.197	1.208	3.5
5 bailliages ayant moins de 1,000 naissances (2).........	741	187	528	1.398	3.9
TOTAUX et moyenne générale........	27.208	7.112	24.124	1.127	3.8
(D'après le chevalier des Pommelles)....	25.177	6.720	24.640	1.021 (3)	3.8
GÉNÉRALITÉ D'ORLÉANS (1783).					
Gien...............	2.448	585	3.127	782	4.1
Romorantin.........	2.223	574	2.636	843	3.8
Montargis..........	2.195	588	2.566	855	3.7
Châteaudun.........	2.964	837	2.928	1.012	3.5
Chartres..........	3.761	1.448	4.292	876	3.2
Blois..............	2.256	630	3.304	698	3.5
Orléans............	4.626	1.273	5.954	777	3.6
5 élections ayant de 1,000 à 1,999 naissances (4).........	6.568	1.712	7.388	898	3.6
TOTAUX et moyenne générale..... ...	27.041	7.347	32.195	839	8.9
(D'après le chevalier des Pommelles)....	28.077	7.147	28.281	992	3.9

(1) Sénéchaussées de : Lauzerte, Gourdon et Martel.

(2) Bailliages de : Cusset, Charolles, Châteauroux, Issoudun et Saulieu.

(3) Le tableau du chevalier des Pommelles porte 1,042.

(4) Élections de : Vendôme, Dourdan, Clamecy, Beaugency et Pithiviers.

BAILLIAGES, SÉNÉCHAUSSÉES, etc.	NAISSANCES.	MAQIAGES.	DÉCÈS.	SUR 1,000 décès, nombre de naissances.	NOMBRE de naissances par mariage.
VILLE DE PARIS (1787).					
Ville de Paris (1)....	20.378 (2)	5.505	18.139 (3)	1.123	3.7
(*D'après le chevalier des Pommelles*)....	»	»	»	»	»
GÉNÉRALITÉ DE PARIS.					
Comté de Paris (4)....	»	»	»	»	»
(*D'après le chevalier des Pommelles*)....	44.313	10.644	42.587	1.040	4.1
GÉNÉRALITÉ DE PICARDIE (1787).					
Amiens et dépendances	8.606	»	6.033	1.426	»
Péronne.	3.024	»	2.360	1.281	»
Montdidier..........	2.386	»	1.863	1.280	»
Abbeville et dépendances..........	2.678	»	1.769	1.513	»
Boulogne............	2.136	»	1.322	1.615	»
2 généralités ayant de 1,000 à 1,999 naissances (5)..........	2.985	»	1.935	1.503	»
5 généralités ayant moins de 1,000 naissances (6)..........	1.984	»	1.647	1.204	»
TOTAUX et moyenne générale........	23.699	»	16.979	1.395	»
(*D'après le chevalier des Pommelles*)....	21.483	5.312	19.510	1.100	4
GÉNÉRALITÉ DE POITIERS.					
Comté de Poitiers (7).	»	»	»	»	»
(*D'après le chevalier des Pommelles*)....	26.636	6.976	26.425	1.008	3.8
GÉNÉRALITÉ DE PROVENCE (1783).					
Draguignan........	2.399	488	3.306	725	4.9
Aix...............	5.264	1.127	5.656	930	4.6
Arles..............	2.873	599	2.893	993	4.8
Toulon.............	2.694	706	3.248	829	3.8
Marseille..........	2.389	954	3.520	678	2.5
A reporter.....	15.619	3.874	18.623	»	»

(1) Les renseignements sont extraits du registre des baptêmes, etc., de la ville de Paris, qui se trouve à la Bibliothèque de l'Institut. L'année 1787 a été une bonne année sous le rapport démographique à Paris. Le nombre des baptêmes et celui des mariages ont été supérieurs à ceux des années précédentes ; le nombre des décès a été inférieur.

(2) On a compté cette année 5,912 enfants trouvés, dont 4,120, ayant été baptisés dans les paroisses et hôpitaux de Paris, sont portés dans ce total et dont 1,792, ayant été baptisés à la Maison de la Couche, n'y figurent pas.

(3) Sur ce total, on compte 195 décès de personnes mortes en religion. Il y a eu, d'autre part, 107 personnes qui sont entrées en religion dans l'année.

(4) Le document manque dans les cartons du comité de division aux Archives nat.

(5) Bailliages de : Saint-Quentin et Calais.

(6) Bailliages de : Roye, Clermont, Beauvais, Montreuil et Ardres.

(7) Le document manque aux Archives nat. dans les cartons du comité de division.

BAILLIAGES, SÉNÉCHAUSSÉES, etc.	NAISSANCES.	MARIAGES.	DÉCÈS.	SUR 1,000 décès, nombre de naissances.	NOMBRE de naissances par mariage.
Report.......	15.619	3.874	18.623	»	»
5 sénéchaussées ayant de 1,000 à 1,999 naissances (1).........	8.225	1.521	8.326	987	5,4
12 sénéchaussées ayant moins de 1,000 naissances (2).........	3.082	626	3.173	970	4,8
TOTAUX et moyenne générale........	26.926	6.021	30.122	893	4.4
(*D'après le chevalier des Pommelles*)....	29.337	6.188	25.785	1.137	4,7
GÉNÉRALITÉ DE LA ROCHELLE.					
Saint-Jean-d'Angély..	2.534	»	»	»	»
Saintes.............	7.104	»	»	»	»
Rochefort..........	4.773	»	»	»	»
La Rochelle........	3.415	»	»	»	»
TOTAUX.......	17.826(3)	»	»	»	»
(*D'après le chevalier des Pommelles*)....	17.825	4.583	19.121	937	3.8
GÉNÉRALITÉ DE RIOM.					
Riom..............	18.926	»	16.133	1.173	»
Clermont...........	5.142	»	4.775	1.076	»
Aurillac...........	3.025	»	2.652	1.140	»
3 sénéchaussées ayant moins de 1,000 naissances (4).........	2.004	»	1.601	1.251	»
TOTAUX et moyenne générale........	29.397	»	25.161	1.168	»
(*D'après le chevalier des Pommelles*)....	27.211	6.219	22.589	1.204 (5)	4.3
GÉNÉRALITÉ DE ROUEN (1787).					
Rouen.............	8.338	»	6.507	1.281	»
Pont-Audemer......	2.056	»	1.538	1.336	»
Caudebec..........	2.245	»	1.451	1.547	»
Arques...........	3.018	»	2.213	1.363	»
7 bailliages ayant de 1,000 à 1,999 naissances (6).........	10.280	»	7.733	1.329	»
A reporter.....	25.937	»	19.442	»	»

(1) Sénéchaussées de : Sisteron, Digne, Forcalquier, Grasse, Brignolles.
(2) Sénéchaussées de : Barcelonnette, Castellane, Hyères, Boulbon, Carcès, Grignan, Grimon, Le Luc, Martigues, Oraison, Sault et Saint-Saturnin.
(3) Le document des Archives nationales donne seulement la population, calculée à raison de 26 habitants en moyenne pour 1 naissance (période 1783-1787). Nous en avons tiré par calcul le nombre approximatif des naissances.
(4) Sénéchaussées de : Saint-Flour, Vic et Montaigut.
(5) Le tableau du chevalier des Pommelles porte 1,217.
(6) Ces bailliages sont : Pont-de-l'Arche, Honfleur et Charleval, Montivilliers, Cany, Neufchâtel Evreux et Le Havre.

BAILLIAGES, SÉNÉCHAUSSÉES, etc.	NAISSANCES.	MARIAGES.	DÉCÈS.	SUR 1,000 décès, nombre de naissances.	NOMBRE de naissances par mariage.
Report........	25.937	»	19.442	»	»
6 bailliages ayant moins de 1,000 naissances (1).........	4.189	»	4.120	1.016	»
TOTAUX et moyenne générale.........	30.126	»	23 562	1.278	»
(D'après le chevalier des Pommelles)....	28.410	8.042	26.356	1.077	3.5
VIGUERIES DE ROUSSILLON (1787).					
Roussillon...........	3.380	735	3.592	941	4.6
Conflent.............	1.025	231	948	1.081	4.4
Cerdagne............	342	95	275	1.243	3.6
TOTAUX et moyennes générales.	4.747	1.061	4.815	981	4.4
(D'après le chevalier des Pommelles)....	4.513	946	4.604	980	4.7
GÉNÉRALITÉ DE SOISSONS (1787).					
Soissons............	2.138	»	1.531	1.396	»
Guise...............	3.258	»	2.111	1.543	»
Laon................	4.086	»	2.702	1.512	»
3 bailliages ayant de 1,000 à 1,999 naissances (2)..........	3.826	»	2.800	1.366	»
14 élections et bailliages ayant moins de 1,000 naissances (3).	5.365	»	3.950	1.358	»
TOTAUX et moyenne générale...	18.673	»	13.094	1.426	»
(D'après le chevalier des Pommelles)....	17.355	4.049	15.441	1.123	4.2
GÉNÉRALITÉ DE TOURS (1787).					
Tours................	6.198	»	5.637	1.081	»
Saumur..............	3.959	»	3.489	1.134	»
Le Mans.............	13.131	»	12.952	1.050	»
Laval...............	2.451	»	2.716	902	»
Chinon..............	2.564	»	2.059	1.245	»
Angers..............	9.682	»	9.361	1.034	»
7 bailliages ayant de 1,000 à 1,999 naissances (4).........	9.856	»	8.177	1.205	»
9 bailliages ayant moins de 1,000 naissances (5).........	3.892	»	3.737	1.041	»
TOTAUX et moyennes générales........	51.727(6)	»	48.108	1.075	»
(D'après le chevalier des Pommelles)....	50.800	13.186	53.299	955	3.8

(1) Bailliages de : Pont-l'Évêque, Abbeville, Amiens, Chaumont, Magny et Nonancourt.
(2) Bailliages de : Chauny, Clermont et Château-Thierry.
(3) Élections, bailliages, etc., de : Soissons, Laon, Guise, Noyon, Clermont, Crépy, Château-Thierry, Ham, Crépy, Villers-Cotterets, Marle, Noyon, Coucy-le-Château, la Fère.
(4) Bailliages de : Château-du-Loir, Mamers, Vendôme, Loches, La Flèche, Château-Gontier et Baugé.
(5) Bailliages de : Loudun, Beaumont-le-Vicomte, Montrichard, Langeais, Mondoubleau, Châtellerault, Beaufort, Fresnay et Sainte-Suzanne.
(6) Sans compter les 6 paroisses de Blois et les 2 de Lanville enclavées dans la généralité de Tours.

Ce tableau, dans lequel les calculs du chevalier des Pommelles concordent, sauf quelques exceptions, assez bien avec les états officiels, confirme certaines moyennes que nous avons déjà indiquées plus haut : 4.2 naissances par mariage et 1,086 naissances

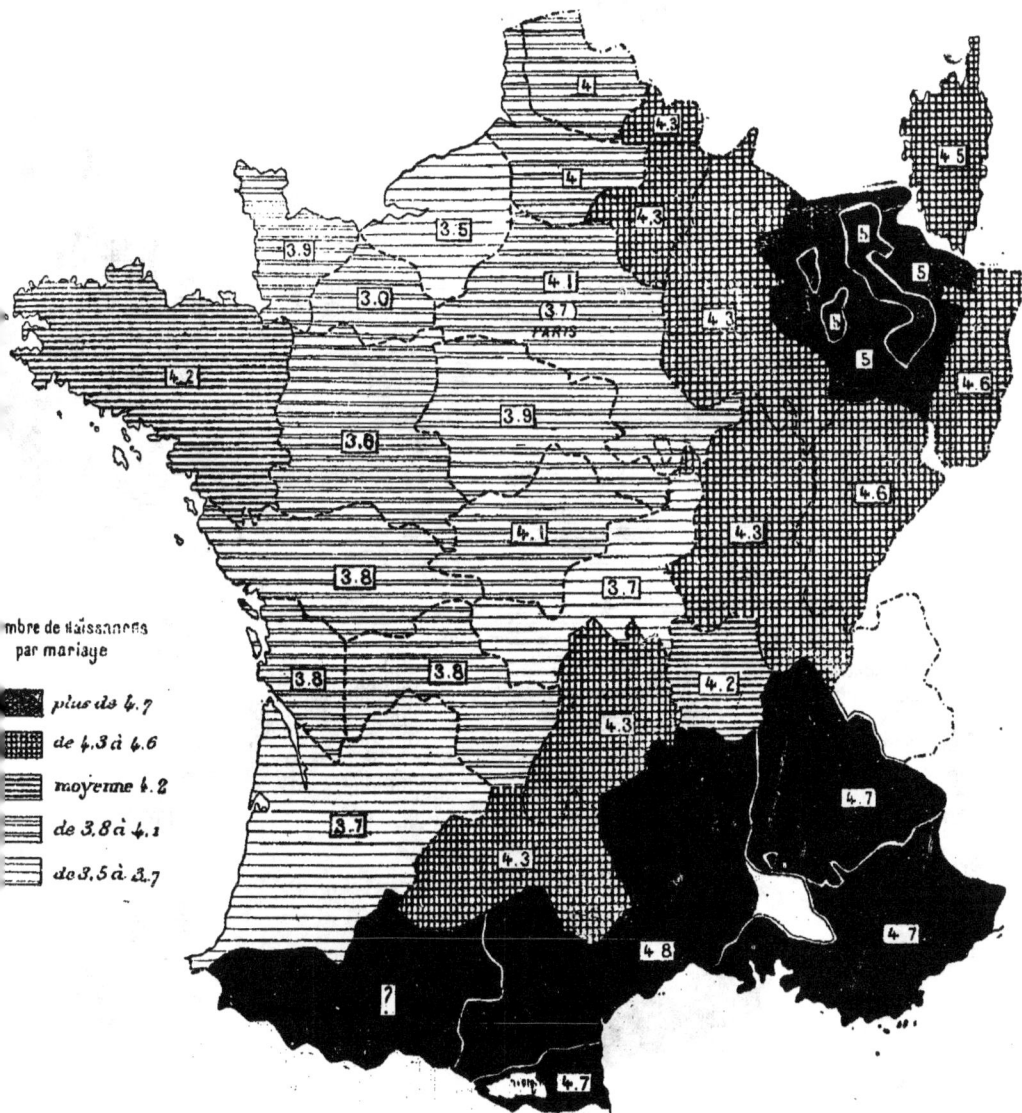

Fig. 7. — Nombre de naissances par mariage, figuré par généralité, période 1778-1787.

contre 1,000 décès. L'excédent de 86 correspond à un accroissement annuel d'environ 3 par 1,000 habitants (1), en calculant

---

(1) Il dit lui même dans son mémoire que l'accroissement a été de 840,000 habitants en dix ans : ce qui fait environ 3.4 p. 1,000 par an.

d'après le taux de 26 habitants pour 1 naissance, qui était alors
regardé comme le plus vraisemblable. Natalité forte et faible
accroissement de la population impliquent nécessairement (quand
il n'y a pas une émigration considérable) une mortalité forte.

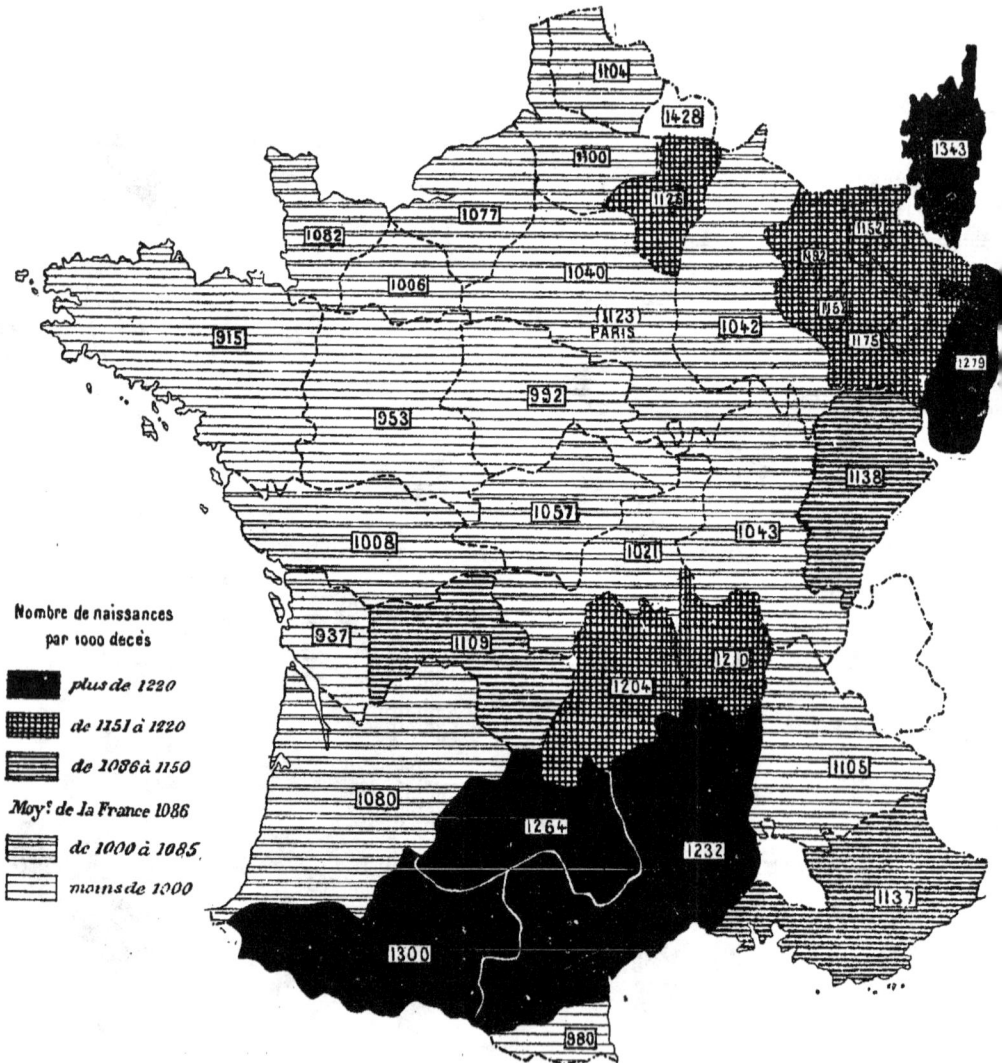

Fig. 8. — Comparaison du nombre des naissances et des décès par généralité, période 1778-1787.

Cette natalité était au-dessous de la moyenne (4.2) dans toutes
les généralités qui occupaient la moitié occidentale de la France ;
la Bretagne seule y atteignait cette moyenne ; mais les généralités de Bordeaux et, plus à l'est, celle de Moulins ne dépas-

saient pas 3.7 ; celle d'Alençon, 3.6 ; celle de Rouen, 3.5. La Normandie était déjà au bas de l'échelle de la natalité française. L'est au contraire et le sud-est s'élevaient au-dessus de la moyenne ; la Lorraine et Metz atteignaient 5 ; Grenoble, Aix, Perpignan, 4.7, et même le Languedoc, 4.8. (Voir la carte fig. 7).

L'excédent des naissances sur les décès. — L'excédent de 86 naissances par 1,000 décès se produisait surtout dans la région où il naissait le plus d'enfants. Nous voyons cet excédent s'élever jusqu'à 343 par 1,000 décès en Corse ; il est de 238 dans la généralité du Languedoc et même, dans le sud-ouest, de 300 et de 264 dans les généralités de Montauban et d'Auch. Toute la région du sud, à l'exception du Roussillon où il se trouve plus de décès que de naissances, celle de l'est et celle du nord fournissent un excédent de naissances supérieur à la moyenne de 86. Toute la région de l'ouest, de la Somme à la Gironde, et presque toute la région du centre, au nord du Massif central, restent au-dessous de cette moyenne ; plusieurs généralités même, La Rochelle, Tours, Orléans et la Bretagne, qui ont aujourd'hui une situation démographique tout autre, accusent un excédent des décès sur les naissances (voir la carte fig. 8).

En calculant le taux d'accroissement d'après la différence entre le total des naissances et celui des décès, de 1771 à 1780, qui se trouvent dans l'ouvrage de Necker (1), on trouve un taux sensiblement plus élevé : 4.9 par 1,000 habitants, si l'on suppose que la population de la France était de 24,800,000, et un taux de 4.6, si l'on admet, comme nous l'avons fait, 26 millions. Quel que soit le taux qu'on adopte, il reste au-dessous de celui que nous avons tiré de la différence du nombre des habitants de la France à deux époques (2) ; mais ce dernier était déduit de nombres hypothétiques, tandis que ceux qui résultent de l'enregistrement de l'état civil reposent sur des chiffres officiels.

En effet, il ne faut pas oublier que les chiffres du mouvement de la population, au XVIIIᵉ siècle n'ont pas la précision que leur

---

(1) Necker donne comme moyenne des dix années (1771-1780) 940,933 naissances et 818,491 décès. L'excédent est de 122,442 ; en admettant avec Necker une population de 24,800,000 habitants, on trouve un taux d'accroissement de 4.9 p. %.

(2) Voir plus haut, chap. XI. A Paris cependant quatre de ces années sur dix ont eu plus de décès que de naissances.

donnent, au XIXe, les dénombrements quinquennaux et les relevés
annuels de l'état civil.

Messance opérait à l'aide de quelques dénombrements partiels,
douteux même, et de relevés, partiels aussi, des naissances ; et
quand il avait calculé le rapport, il l'appliquait à la population
entière de la France. Moheau et Necker possédaient, il est vrai,
pour quelques années, la suite des relevés généraux de l'état civil,
mais il ne connaissaient le nombre des habitants que par conjecture (1). En outre, l'enregistrement des naissances, des décès et
même des mariages était moins complet que de nos jours, parce
qu'on ne tenait presque jamais compte des enfants morts avant le
baptême et que, par conséquent, les morts-nés étaient omis, que
les non-catholiques l'étaient souvent aussi et que certaines parties
de provinces ne figuraient pas dans les listes envoyées par les
intendants (2). Necker n'était pas éloigné de croire que le nombre
des naissances, dont la moyenne calculée pour les dix années
1771-1780 était de 940,935, dépassait en réalité un million ; il en
était de même pour les décès.

Les rapports de 8.8 à 8 mariages, de 39 à 36.7 naissances et de
33 à 30 décès par 1,000 habitants sont, ainsi que nous venons de le
dire, supérieurs à ceux que fournit actuellement notre population.
Il est possible qu'on ait à s'applaudir d'une forte natalité ; mais
il est certain qu'on doit regretter une forte mortalité ; quant au
taux élevé de la nuptialité, il explique peut-être en partie comment
beaucoup de ménages prématurés ou pauvres contribuaient à
donner naissance à beaucoup d'enfants qui mouraient bientôt.

La comparaison avec l'étranger. — On trouve aujourd'hui
en Europe plusieurs pays qui se rapprochent de l'état démographique de la France au XVIIIe siècle et qui peuvent donner une
idée de ce qu'était alors la condition sociale de la masse de sa
population. Ainsi la Prusse, les États de la Thuringe, l'Autriche
cisleithane rappellent aujourd'hui (moyenne de 1865-1883) à peu

_____

(1) Les relevés des naissances, mariages, décès par paroisses, élections et généralités que fit exécuter Necker, avaient aussi l'inconvénient de ne pas être accompagnés d'un dénombrement.

(2) « Récemment, dit Necker (t. I, p. 170), l'on vient encore de découvrir que le
Clermontois, sous l'administration particulière de la maison de Condé, n'avait jamais
été compris dans les états de population. »

près la France du xviiiᵉ siècle par leur nuptialité (8,4, 8,9, 8,5 mariages par 1,000 habitants) ; l'Empire allemand, la Pologne russe, l'Autriche cisleithane la rappellent par leur natalité (39, 38,7, 38,4 naissances par 1,000 habitants) ; l'Autriche cisleithane, le Wurttemberg, la Russie, par leur mortalité (31, 31,5 35,7 décès par 1,000 habitants). La Hongrie a une nuptialité, une natalité et une mortalité bien plus fortes que la France (10,1 mariages, 42,9 naissances, 38,2 décès par 1,000 habitants) (1).

Au xviiiᵉ siècle, la mortalité paraissait être faible en juillet, forte en octobre (2) ; décembre et les premiers mois de l'année étaient les plus funestes aux Parisiens. Les enfants avaient à redouter surtout les mois de septembre et d'octobre ; les vieillards, les mois d'hiver.

Les décès du sexe masculin étaient plus nombreux que ceux du sexe féminin. Deparcieux remarque « qu'on vit plus longtemps dans l'état de mariage que dans le célibat » (3).

La plupart de ces traits conviennent à la démographie du xixᵉ siècle aussi bien qu'à celle du siècle dernier.

La mortalité des enfants était très forte. Expilly a calculé que la vie moyenne à la naissance n'était que de 25 ans environ ; Deparcieux a compté que, pour 3,700 enfants nés à Paris, elle n'était que de 23 ans 1/2. « C'est vraisemblablement, dit-il, l'endroit de la France où la vie moyenne est la plus courte », car il s'est assuré que « du côté de Laon elle dépasse 37 ans et dans le Bas-Languedoc 41 ans. Mais, à Paris, les gens riches seuls prennent des nourrices dans la ville et dans les environs et voient souvent leurs enfants » ; l'auteur reproche aux Françaises de ne pas faire comme les Anglaises et les Allemandes qui les nourrissent elles-mêmes : Rousseau n'avait pas encore mis l'allaitement à la mode. « Le bas peuple qui n'a pas le moyen de payer cher », prend des nourrices éloignées et « il en meurt un peu plus de moitié entre leurs mains » (4). « Les hommes petits et chétifs, ajoute-t-il, sont communs aux environs de Paris ».

Dans une table composée de 50,517 décès relevés dans neuf régions différentes, Moheau enregistre 26,094 décès d'enfants de

---

(1) Voir Livre II, ch. xiv (dans le tome II).
(2) Buffon et Moheau (p. 230 et suiv.) ne s'accordent pas tout à fait sur ce point.
(3) *Essai*, p. 99.
(4) *Ibid.*, p. 70.

1 à 10 ans (1), c'est-à-dire 5,2 p. 100, tandis que, de 11 à 20 ans, il n'en compte que 2,351 (2), c'est-à-dire 4,5 p. 100. Aujourd'hui, sur 100 décès, il y en a environ 33 de 0 à 10 ans et 4,4 de 11 à 20 ans (3).

La population d'après l'état civil. — Les célibataires, dit Moheau, forment un peu plus de la moitié de l'humanité : 52 célibataires pour 48 (4) personnes mariées (37,5) ou veuves (10,5) (5). Les enfants de 12 ans et au-dessous forment à eux seuls presque les 2/7 de la population. Des Pommelles donne 16 au-dessous de 18 ans contre 25 au-dessus de cet âge. Les proportions ne sont plus les mêmes aujourd'hui parce que les enfants sont moins nombreux et parce que la vie moyenne est plus longue (6). « Que dans un pays, dit Necker, le plus grand nombre des habitants jouisse à peine d'un étroit nécessaire : entraînés cependant par les plaisirs des sens, ils auront peut-être le même nombre d'enfants

---

(1) Messance, reproduit par Expilly dans l'article *Population*, donne pour les généralités de Lyon et de Rouen 2,457 décès de 9 à 10 ans (dont 2,167 de 0 à 5 ans) sur un total de 4,884 décès. Deparcieux (*Essai*, p. 162), relevant l'état des morts de 1715 à 1744 sur les registres de la paroisse de S. Sulpice, trouve sur un total de 47,833 décès, 25,484 décès de 0 à 10 ans, dont 13,240 de garçons et 12,244 de filles, et dont 10,333 (soit 22 °/₀) de 0 à 1 an, 12,018 de 1 à 5 ans et 3,133 de 2 à 10 ans.

(2) P. 157.

(3) Voici les rapports comparés :

Ages.	NOMBRE DE DÉCÈS SUR 100 :	
	D'après Moheau.	De nos jours.
De 0 à 10 ans...............................	52	33.5
De 11 à 20 ans...............................	4.5	4.4
De 21 à 50 ans...............................	20.5	21.1
De 51 à 70 ans...............................	14*	21
De 70 à 100 ans...............................	9*	20
	100	100

(*) La proportion est plus faible que de nos jours parce qu'il y avait moins de vieillards et parce que la proportion des décès enfantins était plus forte.

(4) Lavoisier, en 1790, donne, d'après Moheau, sur 25 millions d'habitants, 11 millions de gens mariés, 0,6 de veufs et 1,2 de veuves. Les célibataires formaient le reste de la population.

(5) Le chevalier des Pommelles propose 5 personnes mariées contre 6 célibataires.

(6) Le recensement de 1886 a donné 52,8 p. 0/0 de célibataires, 39,4 de gens mariés, 7,8 de veufs, veuves et divorcés. Il est encore aujourd'hui vrai de dire, avec Moheau (p. 83), qu'il y a à peu près deux veuves contre un veuf. Moheau doute cependant quelque peu du rapport et pense qu'il y a exagération de veuves parce que ses exemples sont pris dans des provinces voisines de la mer.

que s'ils vivaient dans l'aisance ; mais, après avoir fait quelques efforts pour les élever, trop pauvres pour leur donner ou une nourriture suffisante ou des secours dans leurs maladies, la plus grande partie de cette génération ne passera pas l'âge de trois ou quatre ans, et il se trouvera que dans un tel pays le nombre des enfants en bas âge sera constamment en disproportion trop grande avec le nombre des adultes et des hommes faits. Alors un million d'individus ne présenteront ni la même force ni la même capacité de travail qu'un pareil nombre dans un royaume où le peuple est moins misérable (1). »

La population par âge. — La composition par âge, a en effet une grande importance pour apprécier la valeur économique d'une population ; mais le problème a deux faces ; la valeur présente et la puissance future. Necker n'en envisageait qu'une. Si l'on prend 15 ans comme l'âge moyen auquel l'éducation de l'enfant est terminée et où l'homme commence à se suffire, on trouve que, sur 1,000 habitants, il y en avait au-dessous de cet âge environ 350 d'après Expilly, dont le calcul embrassait la France entière moins Paris et la Lorraine, 315 en Auvergne d'après Messance (2), 321 en Bourgogne d'après le dénombrement de 1786 (3), 312 vers 1789 d'après la table de Duvillard, tandis que la France contemporaine n'en comptait que 284 dans la période 1849-1859, 277 en 1866, 268 en 1881 et 269 en 1886. En 1866, la Prusse en avait 353, l'Angleterre 354, l'Autriche 321.

Il n'est pas possible de grouper d'une manière très exacte la population française par âge dans la seconde moitié du XVIIIe siècle à l'aide des documents du temps. On peut toutefois en donner comme nous le faisons dans le tableau de la page suivante, une approximation qui ne laisse pas d'être instructive.

---

(1) Necker, *De l'adm. des fin.*, I, 179.

(2) Ce chiffre est calculé par approximation, Messance donnant 298 sur 1,000 à 14 ans.

(3) Il a été fait, à la date du 1er juin 1786, un dénombrement de la Bourgogne qui est le document le plus précis que l'ancien régime nous ait transmis sur la population par âge dans une province. Le document original se trouve aux Archives nationales, F. $\frac{20}{8}$.

AGES.	EXPILLY (1)			MOHEAU (2).		DÉNOMBREMENT DE LA BOURGOGNE EN 1786.			LAVOISIER (3).		RECENSEMENT DE 1876. (Proportion p. 100 habitants).
	Ages et groupes d'âges.	Nombres absolus exprimés par milliers d'unités.	Proportion p. 100.	Nombres donnés par Moheau.	Proportion p. 100.		Nombres absolus exprimés par milliers d'unités.	Proportion p. 100.	Nombres absolus exprimés par milliers d'unités.	Proportion p. 100.	
Ans. De 1 à 10	1 an à 5 ans.	7.263	33	1/4	25	0 à 15 ans.	3?5	32.1993	6.348	25	18.4
De 11 à 20	6 à 20 ans.	1.856	8	4/21	19.04	16 à 30 ans.	301	27.?	4.823	19.34	17.4
De 21 à 30				2/13	15				3.718	14.9	15.8
De 31 à 40	21 à 50 ans.	8.319	39	1/7	14	31 à 50 ans.	2?5	24.9	3.376	13.5	13.9
De 41 à 50				1/8	12.5				3.079	12.7	12.4
De 51 à 60	51 à 70 ans.	2.686	12	1/13	7.4	51 à 60 ans.	102	9.2	1.902	7.6	10.3
De 61 à 70				1/20	5	60 à 100 ans.			1.234	4.9	7.35
De 71 à 80	71 à 80 ans.	519	2	1/55	1.8	61 à 100 ans.	72	6.5	453	1.8	3.6
De 81 à 90	Plus de 80 ans.	1.515	6	1/480	0.2	Centen.	»	0.0007	52	0.2	0.8
De 91 à 100				1/1600	0 06				15	0.06	0.05
		22.158	100	1	100		1.105	100	25.008	100	100

Si l'on présente ces données sous forme graphique (voir la figure n° 9), en dressant les uns au-dessus des autres les groupes d'âges en manière de pyramide, on saisit mieux la différence du temps passé et du temps présent, ainsi que le caractère distinctif de la population française par âge au XVIIIᵉ siècle.

Nous savons que la proportion des enfants était plus considérable alors qu'aujourd'hui. Elle semble même avoir été plus forte au milieu qu'à la fin du XVIIIᵉ siècle : indice d'une amélioration vers la fin de l'ancien régime.

Dans un livre sur *Les artisans et les domestiques d'autrefois*, où M. Babeau décrit, avec un sentiment plutôt indulgent que chagrin pour le passé et en même temps avec un soin minutieux de l'exactitude, un des côtés de la vie économique de l'ancien régime, on voit un orfèvre de Paris, marié en 1750, s'élevant par le travail jusqu'à une certaine aisance, ayant eu douze enfants et n'en ayant conservé que quatre, deux filles qu'il dote et deux fils

---

(1) *Dictionn. des Gaules*, article *Population*. Dans le calcul d'Expilly ne sont compris ni Paris et ses faubourgs, ni la Lorraine.

(2) *Recherches et considérations sur la population de la France*, p. 75. Tableau dressé d'après le dénombrement de dix paroisses ayant en tout 4,800 habitants et d'après quelques autres renseignements sur la mortalité. L'auteur dit que cette table « offre un exemple assez juste de la division par âges, mais qu'il serait désirable de poursuivre ces recherches sur une base plus étendue. »

(3) Lavoisier, *De la richesse de la France*, p. 594 de l'édition Guillaumin. *Mélanges d'économie politique*, tome I. Lavoisier attribue la supériorité numérique au sexe féminin de 0 à 10 ans et au sexe masculin de 11 à 50, ce qui paraît peu vraisemblable.

qui, à l'âge de vingt-neuf ans, sont encore ouvriers (1). Un seul exemple n'est pas une preuve ; celui-ci concorde cependant avec ce que nous avons dit plus haut de l'état général de la population.

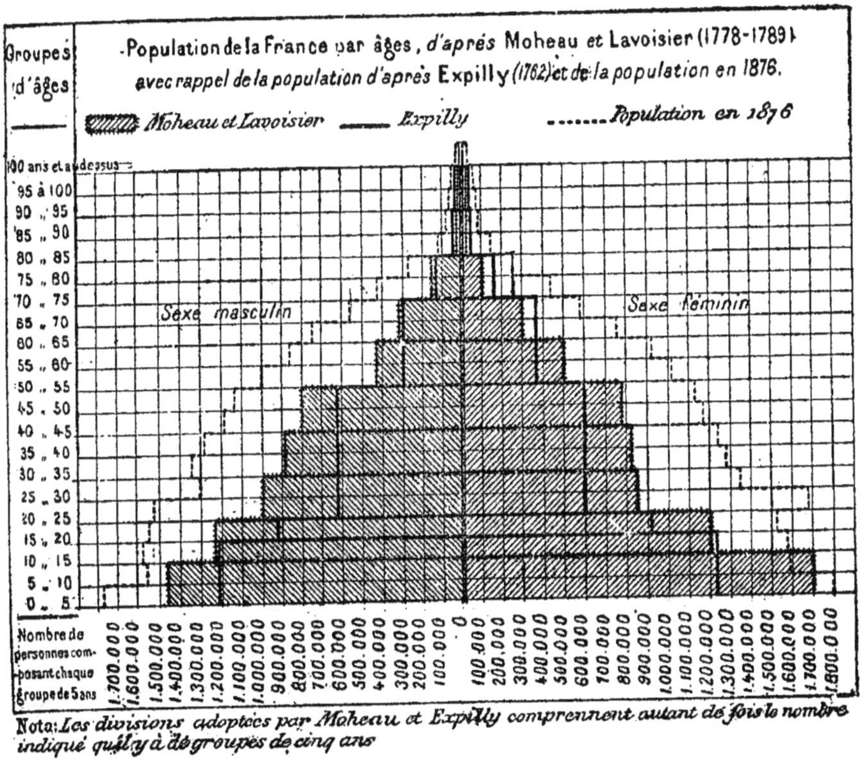

| Groupes d'âges | Population de la France par âges, d'après Moheau et Lavoisier (1778-1789) avec rappel de la population d'après Expilly (1762) et de la population en 1876. |

Moheau et Lavoisier ——— Expilly ········· Population en 1876

Sexe masculin   Sexe féminin

Nota: Les divisions adoptées par Moheau et Expilly comprennent autant de fois le nombre indiqué qu'il y a de groupes de cinq ans

Fig. 9. — Pyramide de la population par âges et par sexes au XVIII° siècle comparée à la population actuelle de la France (la partie ombrée représente la population d'après Moheau et Lavoisier ; les lignes noires représentent la limite des groupes de population par âges, d'après Expilly ; cette population était moins nombreuse et autrement composée sous Louis XV que sous Louis XVI. La ligne ponctuée représente la limite des groupes de population en 1876. Cette population était, d'après le recensement, beaucoup plus considérable que celle du XVIII° siècle.

La vie moyenne. — De tout ce qui précède il résulte que la vie moyenne devait être moindre que de nos jours. « La règle de destruction du genre humain, dit Messance (2), est telle que les

---

(1) *Les artisans et domestiques d'autrefois*, par M. Babeau, p. 198. Le nombre des maîtres de la corporation des orfèvres de Paris était limité ; c'est peut-être parce qu'ils n'avaient pas eu l'occasion, faute de place, d'acquérir la maîtrise, que ces deux jeunes gens restaient ouvriers.

(2) P. 172. Nous parlerons plus loin (l. III, ch. XVI : Tables de survie), de la longévité et des centenaires. Nous pouvons dire ici qu'il y avait alors des centenaires. Le recensement de la Bourgogne, en 1786, portait 8 centenaires sur 1,105,468 habitants. En 1771, il y avait à l'Hôtel des Invalides 914 vieillards de 70 ans au moins, dont trois avaient de 100 à 103 ans (*Hist. de l'Académie des sciences*, 1771, p. 845).

deux tiers des hommes n'existent plus au bout de 30 ans, qu'il n'en reste qu'un sixième après la révolution de 60 ans et enfin qu'il faut 100 ans pour qu'une génération entière soit détruite. » Expilly, raisonnant d'ailleurs d'après Messance, attribue, avons-nous dit, 25 ans à la durée moyenne de la vie des Français à partir de leur naissance (1). Les exemples que cite Moheau portent sur des groupes trop restreints pour faire autorité.

Alors, comme aujourd'hui, la condition des personnes influait beaucoup sur leur longévité. Ainsi, pendant que l'ensemble de la population, riche et pauvre, de 8 paroisses de la généralité de Rouen, avait en perspective une vie moyenne de 30 ans 9 mois à l'âge de 20 ans et de 25 ans 6 mois à l'âge de 30 ans (2), les religieux de S. Maur avaient en perspective, aux mêmes âges, une vie moyenne de 36.6 à 39.4 ans et de 29.5 à 32.2 ans ; les religieuses observées aussi par Deparcieux en avaient une de 40.2 et de 33.2 ans et les tontiniers une de 40.3 et de 34.1 ans (3). Nous reviendrons sur cette question dans le second livre de cet ouvrage (4).

Les enfants trouvés. — Le grand nombre d'enfants trouvés qui étaient à la charge des seigneurs et qui encombraient les hospices peut être considéré comme une des causes secondaires de la mortalité du jeune âge. Necker en évaluait le total à 40,000, dont le plus grand nombre était mis en pension dans les campagnes (5), et ce nombre est jugé avec raison par l'auteur de l'*Histoire des enfants délaissés et abandonnés* comme inférieur à la réalité.

---

(1) Voir Moheau, (p. 158 et suiv. et p. 203 et suiv.). Il cite, entre autres, d'après Buffon, Paris et les paroisses voisines où la vie moyenne est de 33 ans à la naissance ; mais nous savons que la composition de la population parisienne n'était pas normale et que Buffon préférait 35 pour Paris.

(2) Moheau, p. 161 et suiv.

(3) Deparcieux, *Essai*, table XIII.

(4) Livre II, ch. XVI.

(5) M. Lallemand (*Hist. des enfants abandonnés et délaissés*, p. 239), fait remarquer qu'on ne peut comparer le nombre des enfants assistés, qui était au 18 janvier 1883 de 48,500, avec le nombre donné par Necker, parce que, sous l'ancien régime, ce dernier nombre ne comprenait que les enfants trouvés admis en bas âge et élevés jusqu'à un âge variant de 6 à 16 ans suivant les localités (âge à partir duquel ils étaient considérés comme des pauvres à la charge des hôpitaux généraux), tandis qu'aujourd'hui les enfants assistés comprennent non seulement les enfants trouvés, mais les enfants abandonnés et les orphelins et qu'ils sont admis jusqu'à l'âge de 12 ans.

Il a augmenté rapidement dans le cours du xviii° siècle. Ainsi, la maison de la couche à Paris a reçu en moyenne 1786 enfants par an dans la période 1700-1709 et 6,703 dans la période 1770-1779 (1) ; Paris, il est vrai, était, comme toutes les grandes villes, un centre où les misères confluaient d'autant plus que les communications devenaient plus faciles ; beaucoup d'enfants y étaient envoyés de province, et l'étaient dans des conditions telles que la majorité mourait en route ou dans les premiers mois après leur entrée à l'hospice ; des enfants légitimes s'y trouvaient confondus avec les enfants naturels (2). Mais, comme on voit le même accroissement se produire dans d'autres villes, à Pau par exemple où, de 1770 à 1788, le nombre des admissions avait presque septuplé (3), il est probable que l'augmentation était à peu près générale.

Indépendamment de ceux qui mouraient en route, il y avait à l'intérieur une mortalité considérable. Les registres de l'hôpital général portent que, de 1765 à 1772, le nombre des décès dans la maison même de la couche s'est élevé au tiers environ du nombre des entrées. On ne saurait déterminer avec précision la mortalité par âges, parce qu'on ne connaît pas l'âge d'admission des enfants ayant moins d'un mois ; mais on peut dire, avec M. Lallemand,

---

(1) Moyenne annuelle des admissions à l'hospice des enfants trouvés par périodes (voir *Annuaire statistique de la ville de Paris*, année 1880) :

1640-1649	305	1720-1729	2.063
1650-1659	360	1730-1739	2.671
1660-1669	453	1740-1749	3.291
1670-1679	688	1750-1759	4.457
1680-1689	1.027	1760-1769	5.611
1690-1699	2.115	1770-1779	6.703
1700-1709	1.786	1780-1789	5.713
1710-1719	1.739		

Dans un arrêt du 10 janvier 1779 l'administration se plaignait qu'il vînt plus de 2,000 enfants par an de provinces éloignées et que la plupart de ces enfants mourussent, et on prescrit certaines mesures qui ont réduit le nombre des admissions.

(2) Necker, en 1784, se plaignait avec d'autres philanthropes du grand nombre d'enfants légitimes que l'on déposait dans les hospices d'enfants trouvés. Cependant il résulte de l'examen des procès-verbaux de la maison de la couche en 1760 que sur 5,032 admissions il y en a eu 4,297 enfants illégitimes et seulement 735 enfants légitimes, et que la plainte est vraisemblablement exagérée. Le nombre des enfants légitimes déposés a été de 14.6 p. °/o en 1760 et de 15.6 p. °/o en 1860 (voir *Annuaire statistique de la ville de Paris pour* 1880, p. 470).

(3) A l'hospice de Pau, 47 enfants ont été admis de 1769 à 1773 et 330 de 1784 à 1788 (voir Lallemand, p. 470).

que le groupe des enfants de 0 à 30 jours, considéré en masse, perdait, en 1751, 70 p. °/₀ de son effectif dans l'année, tandis qu'il n'en perdait que 35 p. °/₀ dans la période 1877-1881 (1). Les chiffres des hôpitaux de province fournissent à cet égard des résultats très divers ; il serait téméraire d'en tirer une conclusion numérique, parce que la manière dont sont groupés les nombres dans une statistique de ce genre influe très sensiblement sur la moyenne calculée, et que nous ne savons pas comment les statistiques étaient dressées. On sait cependant qu'à Marseille, il survivait à l'âge de 1 an révolu moins de la moitié des enfants admis de 1768 à 1772, et qu'à Aix il n'en restait guère que le cinquième (2).

L'émigration et l'immigration. — Si la population du dernier siècle présentait beaucoup de traits communs avec celle de notre siècle qui en est issue, elle paraît en avoir différé sous le rapport de l'émigration et surtout de l'immigration. « Beaucoup d'étrangers voyagent en France, peu s'y établissent, dit Moheau, les ports de mer sont les lieux où l'on trouve le plus d'étrangers.... les campagnes n'ont presque point d'étrangers, les grandes villes en ont peu, les manufactures seules nous en donnent (3) ».

Aujourd'hui (1886) le nombre des étrangers recensés en France dépasse un million (4) et on se plaint que les Français émigrent peu, tandis que Moheau, Necker et d'autres s'affligent de voir les Français porter leur activité au dehors. « Dans toutes villes considérables, dit le premier, on voit des chirurgiens, des perruquiers, des tailleurs, des brocanteurs français (5). »

Necker nous a laissé un état de la population des colonies françaises (sans les établissements de l'Inde), en 1779 (6) d'où il

---

(1) Lallemand, p. 207.

(2) Lallemand, p. 247.

(3) Moheau, p. 274.

(4) 1,126,000 en 1886.

(5) Moheau dit, sans affirmer l'exactitude des chiffres, qu'il y avait, une quinzaine d'années avant la publication de son livre, 30,000 Français à Londres, 8,000 en Espagne, 5 à 600 en Portugal, 15,000 en Italie, 10,000 dans les États du Grand Seigneur, que la Hollande est pleine de Français, qu'à Berlin et à Saint-Pétersbourg il y a des quartiers peuplés de Français, que dans les Isles de France et de Bourbon il y avait près de 8,000 Français.

(6) Necker ne garantit pas la parfaite exactitude de ces renseignements, le service

résulte que le nombre des blancs, à l'époque de la guerre d'Amérique, s'élevait à 74,000 âmes et que la population totale, dont les esclaves formaient la grande majorité, était d'environ 580,000 âmes (y compris Tabago). La France avait perdu depuis longtemps l'Acadie et, depuis une vingtaine d'années, le Canada et la Louisiane. Mais le Canada n'avait guère reçu en tout que 3,000 colons venus de France (1) et il ne faut pas oublier que, lorsque Louis XV le céda, il ne renfermait pas 70,000 habitants (2) ; c'est après la séparation que la population française, abandonnée à elle-même, s'est multipliée par les naissances.

On ne connaissait pas le nombre des émigrants qui sortaient de France. Moheau, d'après un relevé dont il a eu communication, l'évaluait à 3,500 (4,600 avec les gens morts en mer, lesquels étaient des marins ou des passagers et non des émigrants) (3). Nous ne connaissons pas non plus aujourd'hui le nombre de nos émigrants ; cependant nous avons des motifs de croire qu'il est à

---

des colonies n'étant pas sous l'inspection du ministre des finances ; c'est cependant le document général le plus autorisé que nous possédions sur ce sujet :

	Blancs.	Gens de couleur.	Esclaves.	Total.
Saint-Dominique.....	32.650	7.055	249.098	288.803
La Martinique	11.619	2.892	71.268	85.779
Guadeloupe	13.261	1.382	85.327	99.970
Cayenne	1.358	»	10.539	11.897
Sainte-Lucie........	2.397	1.050	10.752	14.199
Tabago.............	?	?	?	?
Isle de France.......	6.386	1.999	25.154	32.739
Isle de Bourbon	6.340	»	26.175	32.515
	74.011	14.378	478.313	565.902

(1) L'historien du Canada, Garneau, dit que de 1675 à 1759, le nombre des Français qui étaient venus se fixer dans le pays n'était guère que de 3,000. M. Garneau fils, dans une réédition de l'ouvrage de son père, a donné le nombre des émigrants vivant au Canada en l'an 1700 et nés en France ; il en a trouvé 1976. Ces colons étaient originaires de l'Ile-de-France, de la Normandie, du Poitou, de l'Aunis, de l'Orléanais, de la Bourgogne, etc.

(2) En 1765, le Canada avait 69,810 habitants. A ce nombre il convient d'ajouter les habitants de l'Acadie qui étaient 16,000 en 1749.

(3) Moheau dit (p. 244) que, d'après les relevés pris sur deux années de paix, il mourait en mer annuellement 1,100 personnes, qu'il en passait dans les colonies 2,500 et en pays étrangers par voie de mer, 1,000 : total, 4,600. Les décès en mer sont une perte, mais non une émigration et il n'aurait pas dû réunir ces deux quantités. Il ajoute qu'on ne connaît pas l'émigration par terre, qui doit être peu considérable. Il compte, en outre, comme perte, 4,000 déserteurs qui, dit-il, ne passent pas tous à l'étranger et il arrive (je ne sais comment) à un total de 13,000. Des Pommelles assure que dans les armées de Prusse et de l'Empire il y avait 70,000 déserteurs français.

peu près quadruple de celui que donne Moheau (1) et nous possédons, dans l'Algérie seule, un nombre de Français triple de celui des blancs de toute nationalité qui résidaient d ̶ ̶ ̶ ̶ ̶ nies françaises sous le règne de Louis XVI.

Conclusion sur le mouvement de la population. — Le mouvement de la population française, dans la seconde moitié du xviiie siècle, confirme à peu près ce que nous avons dit de l'état de cette population. Il ne faut pas espérer y trouver le degré (encore insuffisant aujourd'hui même, dans certains cas) de précision, que les documents contemporains permettent d'atteindre, parce que la base d'un dénombrement général manque et que l'état civil a des lacunes. C'est pourquoi il ne conviendrait pas de raisonner sur des différences minimes. Il y a cependant quelques points de comparaison qu'il est possible d'établir : 1° la natalité et la mortalité étaient plus fortes alors qu'aujourd'hui ; 2° le taux d'accroissement de la population sous le règne de Louis XVI était presque double du taux actuel, si l'on calcule d'après l'excédent des naissances pendant les dix années dont Necker nous a conservé la série (1771-1786) et n'était supérieur que de peu au taux actuel, si l'on accepte les calculs du chevalier des Pommelles qui portent sur la période 1778-1787. De toute façon, il est, d'une part, faible relativement à celui qu'on constate de notre temps dans plusieurs États de l'Europe (2) et, d'autre part, il est supérieur à la moyenne générale de l'accroissement en France pour l'ensemble de la période 1700-1789 ; 3° la population possédait moins d'adultes et avait une longévité moyenne moindre dans la seconde moitié du xviiie siècle que dans la seconde moitié du xixe.

Cependant, en somme, si l'état social au xviiie siècle était différent du nôtre, les conditions démographiques ne l'étaient pas

---

(1) Voir livre III, ch. x et xi. La population française en Algérie était de 4,300 en 1834, 92,000 en 1856, 227,323 en 1881 (y compris l'armée).

(2) Taux d'accroissement pendant la période 1861-1883 :

Saxe..	14 pour 1,000
Angleterre...	13	id.
Prusse..	9	id.
Belgique..	8	id.
Italie..	6	id.

Voir livre III, chap. vii.

autant qu'on le suppose ordinairement. Dans chaque grande région du monde, la population a son caractère propre dont les traits essentiels résistent très longtemps à travers les vicissitudes de la politique et survivent même à de grandes révolutions sociales. Nous sommes bien les fils de nos pères. Mais ces fils, ayant plus de bien-être, ont contracté certaines habitudes qui, suivant le point de vue où l'on se place pour les juger, paraissent sensées ou blâmables. Ce n'est pas encore le moment d'examiner la question (1).

Il suffit dans ce chapitre d'établir le véritable état des choses. La réalité ne répond pas à ce qu'a imaginé un enthousiasme irréfléchi pour le passé. Elle est ce qu'elle est : il est bon de la connaître. Pour rappeler, en terminant, un exemple de l'inconvénient qu'il y a à substituer dans ces matières des évaluations de fantaisie à l'examen des faits, disons que beaucoup de publicistes, voulant donner une leçon à notre génération, ont loué nos ancêtres d'avoir été de grands colonisateurs : or, il se trouve qu'ils n'émigraient probablement pas plus que nous et que les représentants de notre race dans nos colonies, quoique trop peu nombreux aujourd'hui, le sont cependant plus qu'à la fin de l'ancienne monarchie.

---

(1) Voir le livre III, ch. ii et iii.

CHAPITRE XIII.

LE RÉSUMÉ DES ÉVALUATIONS DU NOMBRE DES HABITANTS DE LA FRANCE AVANT 1789.

Sommaire. — Les périodes de l'histoire de la population française avant 1789 — Tableau de la population supposée de la France à diverses époques.

Les périodes de l'histoire de la population française avant 1789. — Le sujet principal de ce premier livre est la recherche du nombre des habitants de la France avant 1789. Nous avons cru devoir ajouter, au second plan, l'étude de leur condition matérielle, parce qu'il existe une étroite relation entre la densité et l'état social d'une population et qu'on peut jusqu'à un certain point expliquer l'une par l'autre.

C'est pour ainsi dire la recherche de l'inconnu que nous avons poursuivie ; on pourrait dire presque de l'introuvable. Car il n'existe, avant le XIXᵉ siècle, aucun fondement bien certain de connaissance démographique ; il faut demander à l'érudition les documents qui sont presque tous fragmentaires, et les interpréter, à très peu d'exceptions près, à l'aide d'estimations ou de calculs hypothétiques.

Néanmoins, lorsqu'on les rapproche, on aperçoit entre ces évaluations une suite et une sorte de logique qui leur prête de la vraisemblance.

Avant la conquête romaine, la Gaule était habitée par des tribus barbares, souvent hostiles les unes aux autres, qui cependant cultivaient la terre et qui ne manquaient pas d'une certaine industrie. La population était peut-être cinq à six fois moins dense qu'aujourd'hui. Nous l'évaluons, d'après quelques témoignages vagues des anciens auteurs sur la force des tribus, à 8 millions pour la Gaule entière et à 6,700,000 âmes pour le territoire actuel de la France.

Nous n'insistons pas sur le nombre que nous avons indiqué pour la Gaule romaine sous les Antonins parce qu'il n'est qu'une hypothèse dénuée de tout fondement.

Les invasions des barbares germains désolent le pays qu'avait civilisé Rome, le couvrent de ruines et le dépeuplent. Les villes sont délaissées et amoindries. De nouveaux maîtres dominent, qui s'installent surtout dans les campagnes. Une douloureuse transformation sociale s'opère et se prolonge pendant quatre cents ans, presque autant qu'avait duré la pacifique et bienfaisante autorité de Rome sur la Gaule.

Charlemagne, voulant rétablir l'ordre, achève d'épuiser les provinces en levant ses armées. Le polyptyque de l'abbé Irminon fournit un document précieux pour connaître l'état de la population à cette époque, mais insuffisant pour hasarder une hypothèse sur le nombre des habitants de la France. Il est probable qu'après tant de ravages et d'oppressions, la population n'avait, sous le successeur du grand empereur, qu'une faible densité. Par une hypothèse, toute gratuite, qui nous paraît cependant vraisemblable, nous proposons, sans aucune preuve, le chiffre de 8 à 10 millions d'habitants pour le territoire actuel de la France.

Pendant les cinq siècles qui suivent, la population, malgré les maux dont elle souffre et dont les guerres privées et les famines ne sont pas les moindres, s'asseoit et se repose en quelque sorte dans les cadres de la féodalité. Fixée sur le sol, elle y multiplie. La France se repeuple ; l'industrie renaît ; les villes prospèrent. Dans le premier quart du xive siècle, avant la guerre de Cent ans, cette population atteint la plus grande densité à laquelle elle soit peut-être parvenue jusqu'au règne de Louis XIV. Quel était alors le nombre exact des habitants ? Il est impossible de le savoir exactement. Le seul texte que nous possédions ne donne que le nombre des feux pour la moitié environ du territoire ; il a été interprété très diversement par les auteurs suivant l'idée préconçue que ceux-ci avaient de l'état social à cette époque. Nous avons calculé qu'il représente 20 à 22 millions d'habitants pour le territoire actuel de la France, et nous adoptons ce chiffre.

La guerre de Cent ans, qui a duré en réalité plus d'un siècle, arrêta ce développement, désola la France, ruina les villes et fit la solitude dans les campagnes, comme avaient fait auparavant les invasions germaniques. Le pays perdit une grande partie de sa population, peut-être le tiers, peut-être plus ; on ne sait.

Il se rétablit encore une fois, peu à peu, dans la seconde moitié du règne de Charles VII et sous ses premiers successeurs. La royauté fit sans doute un usage regrettable de ses forces renais-

santes en se lançant étourdiment dans les expéditions d'Italie.
Cependant, malgré les grands sacrifices en hommes et plus encore
en argent que ces expéditions ont coûtés, malgré l'agitation
causée, soit par les idées de la Renaissance, soit par l'affluence
des métaux précieux et l'accroissement rapide de la fortune
mobilière, la première moitié du XVIᵉ siècle a été relativement
un temps prospère. Pendant un siècle environ (1453-1560), la
population put et dut vraisemblablement réparer, en grande partie,
les pertes cruelles que lui avait infligées la période précédente.

Mais les guerres de religion éclatèrent et ce nouveau fléau,
quoiqu'il ait eu à peine un demi-siècle de durée, causa des maux
considérables. Froumenteau s'est appliqué à en dresser un inventaire, qui a le défaut de paraître quelque peu imaginaire. Pourtant
ses chiffres nous ont servi à établir l'hypothèse d'une population
de 14 millions d'âmes pour le royaume, dans ses limites de 1590,
et de 20 millions pour la France actuelle.

Avec Henri IV, sous le régime de la tolérance, de l'ordre et de
l'économie, la France entra dans une période de calme ; elle pansa
ses blessures. Le règne de Louis XIII et celui de Louis XIV,
jusqu'à la mort de Colbert, quoique plus troublés que les quinze
dernières années du règne de Henri IV par les discussions intestines ou par les guerres étrangères, sont la continuation de cette
période durant laquelle nous estimons que, malgré les nombreuses
preuves d'une misère persistante que l'histoire fournit, la population a dû augmenter ; mais nous ne pouvons pas donner la
preuve statistique de cette augmentation.

La population décroît encore une fois avec les dernières guerres
de Louis XIV et avec la révocation de l'édit de Nantes. C'est
durant cette période que nous rencontrons le premier document
qui permette de calculer, sur pièces officielles, le nombre des
habitants pour le royaume entier. Ce document ne constitue pas,
en réalité, un dénombrement et, quand on étudie de près chacun
des mémoires des intendants, on s'aperçoit que la plupart sont
très imparfaits ; ils constituent néanmoins le seul ensemble qui,
antérieurement aux dernières années du règne de Louis XIV, ait
un caractère à la fois général et authentique. On en a tiré le
chiffre de 20 millions d'habitants pour le royaume de France en
l'an 1700 ; ce qui correspond à environ 21,136,000 âmes pour le
territoire de la France actuelle.

Après l'année 1700, les causes de dépopulation continuent à

agir, plusieurs même, comme la guerre, la famine et la misère, avec beaucoup plus d'intensité ; le nombre des habitants que les mémoires des intendants signalaient comme ayant diminué, avant 1700, a beaucoup plus diminué après cette date, et le total devait être tombé notablement au-dessous de 20 millions à l'avénement de Louis XV, peut-être à 18 millions.

Le règne de ce prince a été en général pacifique. L'industrie s'est relevée ; l'agriculture s'est trouvée, durant la seconde moitié du xviiie siècle, dans des conditions plus favorables qu'au xviie. La population a suivi le mouvement ascendant de la prospérité. Des publicistes de la seconde moitié du siècle ont tenté de déterminer le nombre des habitants autrement que par de vagues hypothèses et se sont appuyés pour la première fois sur le rapport des naissances, des mariages et des décès avec la population. Presque toutes leurs évaluations, ainsi que celles de l'administration à l'approche de 1789, nous paraissent un peu trop faibles, si on les rapproche du recensement de 1801 ; c'est pourquoi nous les avons légèrement forcées en portant à 24 millions le nombre des habitants du territoire actuel de la France en 1770 et en attribuant pour 1789, conformément au résultat présenté par le Comité des impositions de l'Assemblée constituante, environ 26 millions au territoire actuel de la France. Le royaume de France, tel qu'il était alors, sans le comtat Venaissin, Nice et la Savoie, mais avec toute la Lorraine et l'Alsace, devait avoir environ 26,300,000 habitants (1).

---

(1) Les calculs (hypothétiques aussi) qu'a faits M. Jadart (La population de l'arrondissement de Rethel, 1881) sur la population de cet arrondissement, à savoir :

50,000 habitants en	1300
38,000	—	1675
44,000	—	1735
53,000	—	1777
52,000	—	1790

concordent à peu près avec les périodes que nous venons de résumer. En Italie, M. J. Beloch a fait un travail intéressant sur la population de l'Italie, aux xvie, xviie et xviiie siècles (*Bulletin de l'Institut international de statistique*, t. III). Il trouve : 1° vers 1770 une densité moyenne de 57 habitants par kilomètre carré, laquelle est un peu supérieure à celle de la France en 1789, comme elle l'est encore de nos jours ; 2° un accroissement du xvie au xviie et un accroissement plus rapide dans presque tous les pays d'Italie du xviie au xviiie siècle ; en France l'accroissement a été relativement plus rapide au xviiie qu'au xviie. Le Piémont, par exemple, avait 1,050,000 habitants en 1565, 1,550,000 en 1733, 2,300,000 en 1773.

Le tableau suivant résume et présente sous une forme synoptique la population de la France telle que nous l'avons calculée pour diverses époques.

TABLEAU de la population supposée de la France à diverses époques.

Habitants de la France.

ÉPOQUES.	NOMBRE d'habitants sur le territoire de la France tel qu'il est aujourd'hui (528,400 kil. carr.)	OBSERVATIONS.
Gaule barbare à l'époque de César............	6.700.000	8 millions pour la Gaule entière. Hypothèse fondée sur l'évaluation du nombre des individus composant les tribus de la Gaule.
Gaule romaine sous les Antonins	8 millions 1/2	Hypothèse sans preuve.
Gaule carlovingienne au temps de Charlemagne.	8 à 10 millions	Hypothèse sans preuve.
France dans la première moitié du XIVe siècle..	20 à 22 id.	Hypothèse fondée sur le rôle des feux soumis à l'impôt royal (soit environ la moitié de la France actuelle) en 1328
France vers la fin du XVIe siècle......	20 millions.	Hypothèse fondée sur le nombre des familles du royaume en 1581 que donne Froumenteau et qui, pour le royaume de France et avec l'étendue qu'il avait alors, correspond à 14 millions d'âmes.
France en 1700........	21.136 000	Calcul qui résulte pour la première fois d'évaluations officielles portant sur tout le royaume et consignées dans les mémoires des intendants. La population du royaume de France, avec l'étendue qu'il avait alors, était évaluée à 20,069,011 âmes.
France vers 1715........	18 millions	Hypothèse fondée sur la dépopulation pendant les dernières années du règne de Louis XIV et sur une assertion de Forbonnais.
Frrance vers 1770.......	24 millions 1/2	Messance, en 1767, donne 23,109,250 âmes. Expilly, en 1780, donne 22,014,357 âmes, y compris la Lorraine. Moheau, en 1778, donne 23 1/2 à 24 millions.
France en 1789.........	26 millions	Necker, en 1789, donne 24,802,000 et pense qu'il faut presque dire 26,000,000. Le chevalier des Pommelles, en 1789, donne 25,065,883. Bonvallet-Desbrosses, en 1789, donne 27,957,157. Lavoisier, en 1791, donne 25,000,000. Arth. Young, en 1790, d'après le Comité d'imposition, donne 26,363,000. La *Bibliothèque de l'homme public* (Condorcet, Peysonnel, Le Chapelier), en 1791, donne 25,500,000. Montesquiou, en 1791, donne 26,300,000.

LIVRE II

DÉMOGRAPHIE FRANÇAISE COMPARÉE

CHAPITRE PREMIER.

LES ÉLÉMENTS DE LA STATISTIQUE AU XIXᵉ SIÈCLE.

Sommaire. — Le passé et le présent — Les dénombrements des nations civilisées. Date des recensements de la population dans les États d'Europe et hors d'Europe.

Le passé et le présent. — Avec la Révolution de 1789 commence la France nouvelle. Les institutions, les lois et les mœurs changent jusqu'à un certain point. L'état démographique se modifie aussi ; car, dans tout temps et dans tout pays, il subit l'influence du « milieu physique », lequel a très peu varié à travers les âges historiques, et celle du « milieu social », c'est-à-dire des conditions de la vie économique lesquelles n'ont plus été les mêmes au XIXᵉ siècle que dans les siècles passés.

Il n'y a pourtant pas d'abîme entre le passé et le présent. La chaîne des générations n'est pas rompue par un événement politique, quelque important qu'il soit. Les contemporains de cet événement avaient vécu sous les deux régimes et ils ont transmis à leurs enfants, avec leur sang, quelque chose de leurs idées et de leur manière de vivre. Les Français de nos jours sont bien les descendants des Français de l'ancien régime ; ils en ont les qualités et les défauts : l'histoire l'atteste.

L'étude de la démographie française confirme à cet égard l'enseignement de l'histoire.

Néanmoins il existe de notre temps une chose entièrement nouvelle, c'est la constatation régulière et officielle des faits démographiques. Nous savons que l'ancien régime n'avait jamais fait un véritable dénombrement de la population (1) et qu'il n'avait

(1) Nous avons cité l'opinion de Necker qui écrivait : « Il n'était pas possible, sans doute, de faire le dénombrement général d'un si vaste pays. »

donné que très tardivement le relevé général des naissances, mariages et décès.

Les deux éléments essentiels de la démographie faisaient défaut. Le dix-neuvième siècle, éclairé par les travaux préparatoires des publicistes du xviiie siècle et sollicité par les besoins de l'administration (1), s'est appliqué à les recueillir.

La France a procédé à son premier dénombrement en 1801, et, depuis cette date, elle enregistre régulièrement le mouvement annuel de sa population.

Les dénombrements des nations civilisées. — Nous savons aussi que les trois États scandinaves avaient des dénombrements depuis 1750 et 1769 ; que les États-Unis d'Amérique, qui ont inauguré en 1790 la série de leurs dénombrements décennaux, avaient devancé aussi la France dans cette voie et que l'Angleterre y est entrée la même année que la France. Les autres États ont suivi peu à peu l'exemple, et les matériaux se sont multipliés. Il n'y a plus qu'un très petit nombre de pays civilisés qui ne procèdent pas à époque fixe ou qui n'aient procédé au moins une fois au dénombrement de leur population (2) et presque tous, en Europe du moins, publient des relevés du mouvement de leur population (3).

Les statisticiens ont mis ces matériaux en œuvre et ont établi sur des fondements, sinon parfaits, du moins solides, la science démographique dont leurs devanciers du xviiie siècle avaient esquissé le plan par induction ; ils ont même sollicité les administrations publiques à répondre à leurs questions et, par leurs

---

(1) La connaissance du nombre des habitants est nécessaire pour l'exécution de plusieurs lois, notamment pour l'assiette de la contribution des portes et fenêtres, de la contribution personnelle, mobilière, des patentes, des droits d'entrée sur les boissons, du nombre des adjoints, du nombre des députés et conseillers municipaux, pour la création ou l'entretien de certaines écoles.

(2) Nous rappelons que le premier recensement ayant un caractère vraiment scientifique est celui de la Belgique, en 1846, et qu'il est dû en grande partie à Quetelet e à Heuschling. Le premier recensement fait dans le même genre en Allemagne est celui de 1871.

(3) La Turquie, la Roumanie et la Russie sont les seuls États d'Europe qui n'aient pas fait de recensement véritable de leur population entière. Cependant la Finlande et l'ancien royaume de la Pologne ont des recensements ; la Russie les remplace par le relevé des registres de police.

analyses et leurs critiques, ils leur apprennent encore chaque jour à devenir plus curieuses et plus exigeantes.

Nous avons parlé dans l'introduction de l'heureuse influence qu'a exercée à cet égard le Congrès international de statistique.

Date des recensements de la population dans les États d'Europe et hors d'Europe. – La session de Saint-Pétersbourg (1872), dans laquelle on s'est occupé spécialement des dénombrements, a recommandé de distinguer la population de fait, qui est généralement regardée comme la plus précise pour les travaux de statistique, la population domiciliée, c'est-à-dire la population résidant habituellement dans la localité, et la population de droit ; de procéder à un recensement au moins tous les dix ans en choisissant une année dont le millésime se termine par un zéro et en opérant, autant que possible, en un seul jour à l'aide de bulletins individuels ; de relater sur ces bulletins les noms, le sexe, l'âge avec la date de la naissance, l'état civil, la profession, le culte, l'instruction, la langue, le lieu de naissance, la nationalité, le domicile, les infirmités, et de grouper les individus recensés sur des bulletins récapitulatifs par ménage.

Ces recommandations ne sont pas devenues la règle universelle des dénombrements ; mais elles ont pénétré déjà en grande partie dans l'usage et il est désirable que partout les directeurs de recensement s'en inspirent dans le double intérêt de la précision des résultats et de l'uniformité des cadres qui rend ces résultats comparables.

Après la France et la Grande-Bretagne qui ont eu leur premier recensement en 1801, la Prusse (depuis 1810), la Saxe (depuis 1815), la Bavière (depuis 1818), Bade (depuis 1816), l'Autriche (depuis 1818) ont suivi l'exemple avant 1820. En 1870, tous les États européens, à l'exception de la Russie et des pays de la péninsule Pélasgique avaient fait au moins un recensement ; ceux de l'Europe occidentale et centrale en faisaient périodiquement.

Voici le tableau des recensements opérés depuis 1870 par les États et colonies des cinq parties du monde (1).

_____

(1) Ce tableau est extrait du tableau plus complet que nous avons donné dans le tome I, 3ᵉ livraison 1886, du *Bulletin de l'Institut international de statistique* et qui comprend toute la période de 1749 à 1886.

DATE DES RECENSEMENTS [1].

ÉTATS.	1870	1871	1872	1873	1874	1875	1876	1877	1878	1879	1880	1881	1882	1883	1884	1885	1886	1887	1888	1889
I. — EN EUROPE.																				
Royaume-Uni :																				
Angleterre		71										81								
Écosse		71										81								
Irlande		71										81								
Pays-Bas										79										
Luxembourg		71				75					80					85				
Belgique							76				80									
France			72				76					81					86			
Empire allemand		71				75					80					85				
Suisse											80								88	
Lichtenstein											80							87		
Autriche-Hongrie :																				
Autriche											80									
Pays de la couronne Hongroise											80									
Bosnie										79						85				
Portugal					74				78											
Espagne								77												
Andorre																				
Italie		71										81								
Grèce	70									79 (2)		(81) (3)								
Bulgarie												(81) (4)			84 (5)					
Serbie					74				78						84					
Russie (Empire de)							(76)		(Registres de population)											
Pologne	(70)		(72)																	
Finlande						75					80									
Suède (6)	(70)					(75)					(80)									
Norvège						75														
Danemark	70										80									
2. — HORS D'EUROPE (7).																				
Algérie			72				76					81					86			
Basse-Égypte													82							
Empire des Indes			72			(75)	(76)					81								
Japon					74												86 (8)			
Australasie britannique		71										81								
Hawaii			72						78						84					
Canada												81								
États-Unis	70										80									
Mexique			72										(82)							
Guatémala			72																	
Salvador									78											
Colombie	70																			
Vénézuéla		71		73								81								
Brésil			72																	
Paraguay (9)				(73)				(77)		(79)										
Uruguay																	86			
République argentine(10)																				
Chili						75														
Bolivie											80	—	82							
Pérou							76													

(1) Les noms en italiques sont ceux des colonies, des petits États et des États faisant partie d'un autre État. — Les nombres entre parenthèses indiquent la date d'évaluations officielles qui n'ont pas été de véritables recensements. — (2) Ancien territoire. — (3) Nouveau territoire. — (4) Bulgarie. — (5) Roumélie orientale. — (6) Depuis 1860, les relevés des paroisses sont considérés comme des dénombrements. — (7) La plupart des colonies européennes ont eu des recensements en même temps que les métropoles ; nous ne mentionnons que les plus importantes. — (8) Le Japon a donné en 1886 la population par âge et état civil provenant vraisemblablement d'un recensement. — (9) Le Paraguay n'a eu que deux véritables recensements : ceux de 1852 et de 1860. — (10) La capitale a eu un recensement en 1887.

CHAPITRE II.

LA SÉRIE DES DÉNOMBREMENTS DE LA POPULATION FRANÇAISE.

Sommaire. — La définition de l'état de la population — Les premiers essais de dénombrement pendant la Révolution — Les deux recensements du premier Empire — Le recensement de 1821 — Les quatre recensements du règne de Louis-Philippe — Les recensements de 1851, de 1856, de 1861 et de 1866 — Les recensements sous la troisième République — Résultat général des recensements en France.

La définition de l'état de la population. — Les statisticiens distinguent l'*état de la population* et le *mouvement de la population*. L'état de la population est la description numérique, à un moment donné, de la population et des différentes catégories dans lesquelles peuvent être classés les individus qui la composent ; il est en quelque sorte l'image de cette population à ce moment avec le détail plus ou moins complet de ses traits caractéristiques. Il a pour instrument de connaissance le dénombrement.

Le mouvement de la population, dont nous traiterons plus loin, fait connaître les changements survenus dans l'état de la population par la naissance, la mort, le mariage, etc. Il a pour principal instrument les registres de l'état civil ou ceux des paroisses.

Chaque état d'une population décrite par un recensement marque une étape de l'histoire de cette population. Le mouvement remplit en quelque sorte l'intervalle entre deux états et explique les différences qui se sont produites et qui se manifestent par la comparaison du second état avec le premier.

Les premiers essais de dénombrement pendant la Révolution. — L'Assemblée constituante et la Convention ont essayé de fournir à l'Administration l'instrument qu'on appelle dénombrement ; si elles n'ont pas réussi dans cette entreprise, elles ont eu du moins le mérite de l'avoir tentée pour la première fois.

Un décret du 28 juin 1790 prescrivit aux directeurs de département de dresser le tableau de toutes les municipalités, avec le montant de la population active et des impositions (1). Quelques jours après, une instruction du Comité de mendicité (9 juillet 1790) demanda un dénombrement complet, en vue de la distribution des secours (2).

---

(1) Décret du 28 juin 1790, art. 5.

(2) Les tableaux transmis par chaque directeur aux districts, par les districts aux municipalités devaient relater : 1º la population, 2º le nombre de feux, 3º le nombre d'individus ne payant pas la taille, 4º le nombre d'individus ne payant que 1 ou 2 jours de travail, 5º les vieillards hors d'état de travailler, etc.

Le document qu'Arthur Young a inséré dans ses voyages (ch. xvi, De la population de la France) et qui se trouve aussi dans un rapport de l'abbé Montesquiou en 1791, fournit pour la première fois le nombre des habitants par département et donne un total de 26,363,074, dont 5,709,270 pour les villes et 20,654,804 pour les campagnes. Il paraît provenir de cette source ; Young dit en effet, que « l'assemblée nationale a tout récemment ordonné ces recensements qui s'approchent davantage de la parfaite exactitude. On y est parvenu au moyen des relevés de taxe dans lesquels on a fait entrer toutes les personnes non sujettes à ces charges. » C'était beaucoup préjuger en leur faveur. Cependant, si certains détails paraissent suspects, le total général est vraisemblable, quoique dans l'édition française de Young de 1860, les additions soient défectueuses.

Parmi les erreurs, M. de Beaurepaire a découvert que, pour la Normandie, A. Young a pris la population rurale pour la population totale. De certains témoignages du temps, il semblerait résulter aussi que beaucoup de villes, désireuses d'être choisies comme chef-lieu de département ou de district, exagérèrent leur population et que le total est peut-être un peu trop fort ; cependant il ne paraît pas outré quand on le compare au recensement de 1801 (voir la note plus loin).

Les Archives nationales possèdent quatre cartons (comité de division, div. IV bis, § 1, 50 à 53) qui contiennent entre autres documents, des listes par communes et départements remontant aux années 1790 et 1791 : le nombre des habitants pour les quatre départements dont nous avons trouvé le total diffère beaucoup de la liste d'Arthur Young. Ain, 288,282 au lieu de 293,866 dans A. Young ; Aisne, 406,900 au lieu de 392,053 ; Ardennes, 246,926 au lieu de 175,360 ; Basses-Pyrénées, 376,203 au lieu de 286,955.

Un député à l'Assemblée Constituante, M. de Pinteville Cernon remit à la tribune de l'Assemblée deux documents, un *Nouveau dictionnaire géographique de la France* et 83 tableaux de la superficie et de la population par départements, districts et cantons, avec indication des juges criminels, juges de district, juges de paix. L'Assemblée ordonna l'impression des deux documents, mais le second fut remis au Comité de division qui le garda sans le faire imprimer, malgré les réclamations de l'auteur. Le dictionnaire a été imprimé (1 vol. in-12, imprimerie nationale, 1792) et contient en appendice le résumé des 83 tableaux dont M. de Pinteville Cernou avait conservé la copie. C'est le seul document imprimé qui fournisse pour tous les districts un chiffre de population. Mais, quoiqu'il y ait en note « la population a été envoyée par les départements » ou peut-être même parce qu'elle émane d'autorités qui croyaient avoir intérêt à enfler les chiffres, le total est de 27,400,151 et tous les chiffres diffèrent, presque toujours en plus, quelquefois en moins et souvent d'une quantité considérable de ceux qu'a reproduits A. Young.

La loi du 20-21 juillet 1791 sur la police municipale porte (art. 1) que les· Corps municipaux doivent faire constater l'état des habitants, soit par les officiers municipaux, soit par les commissaires de police, soit par des citoyens commis à cet effet, que chaque année, dans le courant de novembre et décembre, cet état sera vérifié de nouveau et qu'on y fera les changements nécessaires (1). L'ordre fut renouvelé par les décrets du 11 août, du 20 août 1793, du 2 octobre 1795 (2) ; mais les recensements n'ont pas eu lieu, ou les résultats n'ont pas été réunis par l'Administration centrale (3).

La comparaison de ces deux documents et des manuscrits des Archives montre combien les données sur la population de la France manquaient encore de précision à cette époque.

(1) C'est la loi sur laquelle s'appuient encore aujourd'hui les décrets de dénombrement. Dans le département de la Seine-Inférieure (et dans les autres départements vraisemblablement) une circulaire fut adressée, le 25 février 1792, par les administrateurs du département aux municipalités, avec des feuilles imprimées pour le recensement ; une autre circulaire (18 octobre 1792) fut adressée par le Conseil général aux districts. On trouve encore dans les Archives nationales des lettres de rappel qui font comprendre que les ordres n'étaient pas exécutés.

(2) La loi du 2 octobre 1795 (10 vendémiaire an IV) porte : Titre II, art. 1er : « Il sera fait et dressé dans chaque commune de la République un tableau contenant les noms, âges, états, ou professions de tous les habitants au-dessus de 12 ans, le lieu de leur habitation et l'époque de leur entrée dans la commune. » C'était d'ailleurs une mesure de police plutôt que de statistique.

(3) M. de Beaurepaire a trouvé dans les Archives de la Seine-Inférieure les statistiques dressées et envoyées au chef-lieu par quelques districts. Le total porte sur 83,101 feux et sur 338,873 individus : ce qui donne pour cette région 4 personnes environ par feu. Les quatre cartons des Archives nationales cités plus haut (50 à 53) contiennent pour la plupart l'état de population des municipalités par districts que le comité de division de la Convention nationale avait demandé par les lois des 11 et 20 août 1793 ; mais la collection étant incomplète, il n'est pas possible d'en former le total de la population de la France. Nous citons quelques-unes des lettres d'excuses qui se trouvent dans les dossiers et qui prouvent que la tâche des districts n'était pas facile et n'a pu être accomplie partout.

Nièvre, 8 août 1793 (Moulins Engilbert).

« CITOYENS,

» Si nous ne vous avons pas encore fait passer le dénombrement exact de toutes les municipalités organisées du territoire de ce district et leur population respective, ce sont les retards qu'apportent ces mêmes municipalités à nous répondre qui nécessitent les nôtres à votre égard, nous allons les presser de nouveau....... »

Nevers, 9 pluviôse an VIII.

Le directoire du département au comité de division de la Convention nationale.

« CITOYENS REPRÉSENTANTS,

» Il n'existe dans nos bureaux aucuns états de population des districts dressés

Sous le Directoire, François de Neufchâteau, qui pendant son ministère créa un bureau de statistique et ouvrit la première exposition des produits de l'industrie, donna aussi l'ordre d'un recensement général. Il obtint seulement quelques résultats partiels (1). L'organisation administrative n'était pas alors assez centralisée pour que de pareils ordres fussent exécutés dans toute la France.

Comment la population française s'est-elle comportée durant la période révolutionnaire ? La guerre, les dissensions civiles, la disette, le discrédit, la langueur du commerce intérieur et l'interruption du grand commerce maritime n'étaient pas des conditions favorables à un accroissement. Si ces causes avaient agi seules, nul doute que le recensement de 1801 n'eût constaté un nombre inférieur aux évaluations de la fin de l'ancien régime. Or, il en a trouvé un qui est supérieur, et cependant ce recensement lui-même semble pécher par omission. Faut-il en conclure que les dernières et diverses évaluations de l'ancien régime, parmi lesquelles nous avons adopté le chiffre de 26 millions, étaient au-dessous de la réalité, ou que l'émancipation des paysans avait contrebalancé l'influence de la crise politique ? Les campagnes en effet n'ont pas souffert de la disette autant que les villes ;

---

d'après le recensement des communes et conformément aux tableaux dont vous nous avez envoyé les modèles.

» Nous avons eu le plus grand soin de vous faire passer les états de population dont l'envoi nous avait été fait par les districts. »

Perpignan, 15 pluviôse an second.

Le président du directoire des Pyrénées-Orientales aux citoyens membres du comité de division de la Convention nationale.

« CITOYENS,

» Dès votre lettre reçue au sujet des états de population des districts, je leur ai écrit pour la troisième et dernière fois pour leur enjoindre de satisfaire aux vues bienfaisantes de la Convention. Je ne cesse de leur demander ces états ; mais je dirai avec vérité que tous ces objets qui demandent le concours des municipalités sont lents (?), les uns par ineptie, les autres par négligence. »

Bas-Rhin, 29 thermidor an II.

Directoire du district de Wissembourg.

« Il est vrai que l'inertie de quelques-unes de nos municipalités a tardé la confection de ces états. »

(1) PEUCHET, *Statistique élémentaire de la France*, p. 44. En l'an VI cependant le bureau du cadastre attribuait à la France une population de 26,048,234 habitants, et en l'an VII Depère donnait 33,501,094 habitants, dont 28,810,694 pour l'ancienne France. (Voir Malthus, p. 222).

elles ont profité de la suppression des droits féodaux et des dîmes, de l'achat des terres confisquées ou du partage des terres communes ; elles n'ont guère porté, grâce au payement en assignats, le poids de l'impôt foncier et les paysans, propriétaires ou non, ont été affranchis de la taille personnelle et des charges que l'ancien régime faisait peser sur eux. Il est donc vraisemblable que la population a augmenté, c'est l'opinion qu'a soutenue Malthus contre un écrivain français hostile à la Révolution et, sur ce point, Malthus avait raison (1).

Les deux recensements du premier Empire. — Sous le Consulat, l'Administration, fortement concentrée, put exécuter ce que la Révolution avait projeté.

Lucien Bonaparte, puis Chaptal, l'un après l'autre ministres de l'intérieur, imprimèrent une vigoureuse impulsion à la statistique. Peuchet fut chargé de dresser les cadres d'une enquête générale (2) ; les préfets furent invités à composer un état de leur département (3) conformément à ces cadres ; en même temps un recensement de la population, prescrit en vertu de la loi du

---

(1) Malthus, en 1803, disait que la population de la France, « après une lutte si longue et si destructive, semble n'avoir souffert aucune diminution..... Pendant le cours de la Révolution, la population a crû plutôt que diminué. Tout nous porte à croire qu'il y a eu une addition notable à la somme des mariages annuels. Quoique la France ait beaucoup souffert dans ses manufactures, on semble reconnaître généralement que son agriculture a plutôt prospéré..... La petite culture a toujours une forte tendance à encourager la population..... Les naissances ont augmenté et les morts ont diminué parmi ceux qui sont restés au pays. » (*Essai sur le principe de pop.* Ed. Guillaumin, p. 211 et suivantes). Francis d'Ivernois, que Malthus contredit, suppose au contraire que la population de la France a diminué, que les pertes des troupes de terre et de mer se sont élevées à un million et demi d'hommes, que les naissances ont diminué de 1/7 en France et que la Révolution, avec ses guerres et ses discordes, a empêché 12 millions d'enfants de naître, « épouvantable brèche qu'on ne pourra mesurer que dans l'avenir ». Or, la mesure, c'est-à-dire le recensement, a fait voir un accroissement. De l'analyse des procès-verbaux des Conseils généraux en l'an IX, il résulte, d'après Malthus, que, sur 78 départements, 6 pensent que l'agriculture est améliorée, 10 qu'elle est détériorée, 32 se plaignent de la multiplication des défrichements, etc.; il ne faut pas oublier que ce sont surtout les grands propriétaires qui parlent.

(2) Il les publia sous le titre : *Essai d'une statistique générale de la France*, qui fut imprimé à un petit nombre d'exemplaires et envoyé aux préfets.

(3) Les premiers mémoires remis au ministre parurent insuffisants. Une instruction détaillée leur fut adressée en germinal an IX. Un grand nombre de préfets y répondirent par des mémoires dont plusieurs ont été imprimés et sont des documents très instructifs.

28 pluviôse an VIII (17 février 1800) sur la division du territoire français et de la circulaire ministérielle du 26 floréal an VIII (16 mai 1800), puis de la loi du 8 pluviôse an IX (28 janvier 1801) sur la réduction des justices de paix, fut fait en l'an IX (1801) et publié l'année suivante (1).

Ce recensement, qui paraît avoir été exécuté par communes, mais sans règle uniforme, probablement même par une simple évaluation dans beaucoup de cas, accusait 33,111,962 habitants. La France comprenait alors 98 départements ; sur ce total, le territoire que le traité de 1815 devait lui laisser plus tard en renfermait 27,349,003 (27,347,800 d'après l'addition rectifiée) (2).

Un second recensement fut fait sous le premier Empire. La circulaire de 1805, qui en prescrivait l'exécution, recommandait « d'éviter les erreurs dans lesquelles un faux calcul d'intérêts

---

(1) La publication faite en l'an X (1802) porte le titre : *Tableau général de la nouvelle division de la France en départements, arrondissements, communes et justices de paix, d'après les lois des 28 pluviôse an VIII et 8 pluviôse an IX, indiquant la population, l'étendue territoriale et le nombre des communes par chaque justice de paix et arrondissement communal.*

Peuchet (*Statistique de la France*, p. 228) ne paraît pas faire un cas particulier de ce recensement qu'il désigne ainsi : « Le relevé des états fournis, dans les ans 9 et 10, aux ministères de la justice et de l'intérieur par les préfets et d'après lesquels on a fait le travail de la réduction des justices de paix. » Il donne lui-même (p. 253) un autre état dressé en l'an XIII pour l'inscription maritime et la levée du contingent en l'an XIV, et dont le total pour l'ensemble des départements de ce temps est de 34,518,385 habitants.

Les chiffres diffèrent tous de ceux des recensements de 1801 et de 1806. Exemples

	1801	An XIII	1806
Aisne.......................	425.981	450,623	442,726
Allier........	248,864	272,616	260,046
Côtes-du-Nord...	504,303	499,927	516,428

D'autre part, les Archives nationales possèdent des relevés de population pour 19 départements par districts (un par arrondissement) pour l'an VIII qui sont classés (j'ignore pourquoi) dans les cartons du Comité de division (div. IV bis, § 51, N° 54). La plupart sont conformes aux résultats du recensement de 1801 ; cependant la Charente porte 320,000 au lieu de 299,000 ; le Haut-Rhin, 377,000 au lieu de 303,000 ; la Haute-Saône, 288,000 au lieu de 291,000.

On peut juger par là de la médiocrité en général de ces premières statistiques.

(2) Le texte imprimé dans le 1er volume de la *Statistique générale de France* (p. 163) porte 27,349,003 ; l'addition faite plus tard aux Archives nationales sur les documents originaux par M. Legoyt, lui a donné 27,445,297 ; nous avons trouvé (voir plus loin, ch. VI, le tableau de la population par arrondissement) 27,347,800. Le nombre 33,111,962 se trouve aussi dans le tome premier de la *Statistique générale et particulière de la France, publiée par P. E. Herbin, à Paris, l'an XII, en 7 volumes.* Le docteur Bertillon propose, mais sans preuves suffisantes à l'appui, 27,350,000.

opposés a entraîné les auteurs des dénombrements qui ont eu lieu jusqu'à ce jour ; les uns ont exagéré la population, croyant donner par là plus d'importance à la ville qu'ils habitaient ; d'autres l'ont diminuée, dans l'espérance de se dérober aux charges publiques » (1). Elle prescrivait d'enregistrer sur la liste tous les domiciliés du département, qu'ils fussent ou non présents.

Le résultat fut de 29,107,425 habitants pour le territoire resté français après le traité de 1815.

Ce nombre indique une augmentation tout à fait invraisemblable de 1,758,422 individus en cinq ans. Il y a donc erreur, soit dans le chiffre de 1801, qui serait trop faible, soit dans celui de 1806, qui serait trop fort. Les deux hypothèses peuvent être soutenues, surtout la seconde (2) ; l'une et l'autre cause ont peut-être influé sur le résultat général.

L'administration n'avait pas alors, en cette matière, un respect scrupuleux de l'exactitude. « Les préfets de l'Empire, dit un contemporain, évaluaient souvent la population en masse ; ils avaient le don de connaître le chiffre de la population sans avoir fait relever celui de chaque commune » (3). Il est vrai que cette critique s'adressait surtout à la publication faite dans l'exposé de la situation de l'Empire en 1811, qui ne fut qu'une simple estimation des préfets et qui donna 29,092,734 habitants sur le territoire resté à la France en 1815.

---

(1) Au commencement du Consulat, on faisait le même reproche aux premiers essais de dénombrement du commencement de la Révolution. « La population dans le recensement de 1790 a dû être exagérée, chaque ville portée à exagérer pour devenir chef-lieu, chaque commune pour augmenter le traitement de son curé fixé d'après la population. » *Mémoire statistique du dép. des Deux-Sèvres*, an XII, p. 200-203.

(2) Le nombre donné par évaluation pour 1811 est inférieur à celui de 1806. Deux statisticiens, calculant d'après l'excédent des naissances sur les décès, ont cru pouvoir réduire le nombre de 1806 : M. Legoyt à 27,785,089 ; M. Bertillon à 27,902,000. Il est possible qu'on ait enregistré les militaires dans certaines communes, sans tenir compte de ceux qui étaient morts et dont le décès n'avait pas été notifié. D'autre part, M. Legoyt pense que la population flottante tout entière avait été omise ; ce qui serait une raison d'augmentation. M. Moreau de Jonnès regarde le recensement de 1806 comme inférieur à celui de 1801. « Le recensement de 1801 fut exécuté avec un soin et un succès qui semblent surprenants quand on considère l'époque de ces opérations ; celui de 1806 paraît avoir été moins favorisé par les circonstances » (*Statistique de la France*, 1837, p. 23). Moreau de Jonnès, ancien officier des guerres de la République, ne se laissait-il pas influencer par son peu de sympathie pour l'Empire ? Nous retrouvons la même opinion chez M. Bertillon.

(3) Extrait du Bulletin de la Commission de statistique belge et cité par M. Block (*Traité de Statistique*, p. 340).

Le recensement de 1821. — La Restauration ne procéda pas autrement au début. Le nombre de 30,024,209 habitants qu'elle donna en 1816, résulte d'un calcul fait à l'aide du recensement de 1806 et du mouvement de la population pendant les années suivantes ; plus tard, celui de 31,858,937 habitants pour l'année 1826 (circulaire ministérielle du 26 juin 1826) a été obtenu par le même procédé (1).

Le seul recensement de la Restauration est celui de 1821, prescrit par circulaire ministérielle du 26 juin 1820, exécuté sur des cadres semblables à ceux de 1806 (2) et inséré au *Bulletin des lois* (ordonnance des 16-23 janvier 1822). La population recensée s'y trouve être de 30,461,875 âmes (3).

L'ordonnance de janvier 1822 portait que les résultats de ce dénombrement seraient considérés comme authentiques durant cinq ans ; c'est pourquoi le gouvernement de Charles X crut devoir publier en 1826 un nouvel état.

Les quatre recensements du règne de Louis-Philippe. — Les recensements ne devinrent réellement quinquennaux que sous le règne de Louis-Philippe.

Le premier est celui de 1831. L'Administration, qui commençait à prendre plus de souci de ce genre de travail, ordonna aux maires de dresser un tableau nominal des individus par ménage, avec leur âge et leur profession ; toutefois elle ne recueillit pas ces renseignements complémentaires, lesquels n'ont jamais été publiés. Le dépouillement général, publié par l'ordonnance du 4 mai 1832, accusa 32,569,223 habitants, résultat qui paraît, relativement à celui de 1821, trop faible quand on le rapproche de

---

(1) Le même procédé a donné à M. Legoyt 31,996,956 et à M. Bertillon 31,976,141. C'est donc à tort que, dans le second volume de la *Statistique générale de France* (*Territoire et population* 1837), M. Moreau de Jonnès a inséré les chiffres de 1826 comme provenant d'un recensement).

(2) Le recensement de 1821 avait été précédé du recensement de Paris terminé en février 1817 d'après une méthode tracée par Fourier. Le comte de Chabrol, préfet de la Seine, fit connaître dans son rapport au Ministre (3 juillet 1818) cette méthode, et établit qu'on ne pouvait éviter des « erreurs considérables » si les états statistiques donnaient seulement les nombres et non le nom de chaque personne recensée. Cette méthode ne fut pourtant appliquée qu'en 1836 au recensement général.

(3) Ce nombre est tiré du volume de la *Statistique générale* (p. 179). L'ordonnance insérée au *Bulletin des lois* porte 30,465,291. Les sommes partielles diffèrent pour 9 départements dans les deux documents.

l'excédent des naissances sur les décès durant les dix années antérieures (1).

En 1836, on tint plus compte qu'on ne l'avait fait jusque-là des sages instructions contenues dans le mémoire rédigé par Fourier pour le recensement de la ville de Paris en 1817. Aux états purement numériques, qui exposent à des graves erreurs, on substitua des états nominatifs, c'est-à-dire des bulletins individuels ; mais, au lieu de demander le domicile de fait, on demanda le domicile de droit : les résultats ont dû se trouver affectés par ce changement de forme (2). Le total est de 33,540,910 âmes (3).

En 1841, on abandonna, avec raison, le domicile légal pour la résidence habituelle, qui est une base meilleure, et, pour la première fois, on tint compte de la population flottante, que l'on avait jusque-là en grande partie négligée et qui fut dès lors comptée à part. Dans certaines régions, les populations ignorantes virent dans cette opération une menace d'impôt ; il y eut des résistances, même parmi les maires ; dans le midi, particulièrement à Toulouse, où elle coïncidait avec la confection du cadastre, l'inquiétude dégénéra en émeute. Le résultat définitif de ce recensement a donné 34,230,178 habitants (4), nombre vraisemblablement inférieur à la réalité.

Le dernier recensement du règne de Louis-Philippe, fait en

(1) La comparaison des recensements de 1821 et de 1831 indique une augmentation de 2,107,348. L'excédent des naissances sur les décès pendant la même période est de 2,485,519. Aussi le calcul fournit-il pour l'année 1831 une population de 32,947,000 à M. Legoyt et de 33,059,000 à M. Bertillon.

(2) M. Moreau de Jonnès, alors chef de la statistique, s'en est plaint (*Éléments de statistique*, page 75).

(3) Le calcul, d'après l'excédent des naissances sur les décès, aurait donné, d'après M. Legoyt, 33,822,000, et d'après M. Bertillon 33,639,000.

Les premiers recensements de 1801 à 1836 se trouvent réunis dans le second volume de la *Statistique générale de France* (in-folio publié en 1837). Dans le tome II de la 2e série se trouvent les recensements de 1841, 1846 et 1851, avec un résumé in-folio publié à part. Les autres recensements ont été publiés séparément et forment chacun un volume in-folio jusqu'en 1866, un volume in-folio et un volume grand in-8° pour 1872, un volume grand in-8° pour 1876, pour 1881 et pour 1886. Ces volumes contiennent la statistique détaillée de la population. Le ministère de l'intérieur publie, de son côté, au *Bulletin des Lois* le nombre des habitants par départements, arrondissements, cantons, communes importantes. Depuis 1876, il a publié un volume séparé dans lequel se trouve la population de toutes les communes.

(4) On avait trouvé et publié d'abord 34,217,719 en 1841 et 35,400,486 en 1846 ; des rectifications faites ont donné les résultats définitifs. M. Bertillon calcule que la population aurait dû s'élever, en 1841, à 34,480,000 environ.

1846, accusa 35,401,500 habitants. La population flottante avait été recensée à jour fixe : ce qui constituait encore une amélioration.

Les recensements de 1851, de 1856, de 1861 et de 1866. — Sous la présidence du prince Napoléon et sous le second Empire, il y a eu, comme sous le règne de Louis-Philippe, quatre recensements quinquennaux, en 1851, en 1856, en 1861 et en 1866. Le nouveau directeur du bureau de statistique avait le goût des études de ce genre et le public commençait à apprécier davantage l'intérêt qu'elles présentent.

Nous savons qu'en 1846 la Belgique avait donné l'exemple d'un recensement général fait avec méthode et comprenant un grand nombre de détails utiles à la démographie. Le Congrès international de statistique le recommanda et contribua, depuis 1853, à éveiller sur ce point la curiosité scientifique des administrateurs et à perfectionner les procédés.

En 1851, on publia pour la première fois (1) des renseignements relatifs à l'âge, à la nationalité, à la profession, au culte, aux infirmités. En 1856, on évita les questions de nationalité et de culte qui avaient soulevé des réclamations, mais on améliora les cadres de la statistique des professions et ceux de la population flottante. Le recensement de 1866, fait en avril et mai, est le plus riche en renseignements que la France possède jusqu'ici ; il traite de l'état civil, de l'âge de la population urbaine et rurale, des ménages et des maisons, de l'origine et de la nationalité des habitants, de leur instruction, des cultes, des infirmités et des professions ; l'analyse a été poussée jusque dans un détail que les dénombrements ultérieurs n'ont pas atteint.

La statistique des animaux domestiques fut recueillie en même temps que celle de la population (2).

---

(1) On avait déjà recueilli en 1836, mais sans les publier, des renseignements sur l'âge des recensés. L'Angleterre, la Belgique, la Suède, etc., faisaient alors des recensements détaillés.

(2) Il y a un inconvénient à assigner plusieurs objets divers à une même enquête. Les résultats d'une statistique purement agricole méritent plus de confiance que ceux d'un questionnaire agricole dressé sur le dénombrement de la population. Aussi la tentative n'a-t-elle pas été renouvelée et les statistiques du bétail ont fait dès lors l'objet d'enquêtes spéciales.

Les recensements n'étaient cependant pas à l'abri d'erreurs. En 1851, le nombre de 35,783,179, qui fut trouvé, était inférieur à celui qu'indiquait l'excédent des naissances sur les décès (1) ; il est vrai que l'émigration des années 1847 à 1851 peut expliquer en grande partie la différence.

En 1856, au nombre de 36,039,364 (2) que le recensement donnait, on substitua celui de 36,204,364, lorsque le chef de la statistique eut constaté que 165,000 hommes de l'armée de Crimée avaient été omis.

En 1861, le chiffre de 37,386,313 présentait une augmentation considérable par suite de l'annexion de Nice et de la Savoie (3) ; cependant l'armée d'Algérie (environ 60,000 hommes) avait été omise et le nombre réel des habitants aurait dû être porté à 37,446,313.

En 1866, il y eut encore omission totale ou partielle des troupes qui étaient alors en Algérie, à Rome, au Mexique ; le total doit être porté, de 38,067,064, nombre donné par le recensement, à 38,192,064 habitants (4).

Ces omissions ne doivent pas faire penser que les recensements de cette période aient été exécutés avec plus de négligence que les précédents ; la constatation des erreurs atteste, au contraire, le soin que le bureau de statistique prenait de contrôler les résultats.

Les recensements sous la troisième République. — Les désastres de l'année 1871 ne permirent pas de procéder au dénombrement, lequel n'eut lieu qu'au mois de mai de l'année suivante et fut beaucoup plus sommaire que ceux de la période impériale (5).

---

(1) 36,110,000 d'après M. Bertillon ; 35,922,000 d'après M. Legoyt. Le docteur Bertillon se sert de la population par âges pour démontrer qu'il doit y avoir environ 400,000 enfants de 0 à 5 ans omis dans le recensement. Nous signalerons dans les derniers dénombrements, des erreurs du même genre.

2) L'*Annuaire de la statistique de la France* porte 36,139,364, sans doute pour indiquer le complément à ajouter, en ne modifiant qu'un des chiffres du résultat primitif. Le calcul (excédent des naissances sur les décès) a donné 36,110,000 à M. Legoyt et 36,540,000 à M. Bertillon.

(3) Sans les provinces annexées, le nombre eût été de 36,717,254. En comprenant les provinces annexées, le calcul indique 37,650,000 (Bertillon).

(4) 38,380,000 d'après le calcul de Bertillon (excédent des naissances sur les décès).

(5) Entre autres lacunes regrettables, il faut noter celle de la population par professions qui a été écourtée.

On trouva 36,102,921 habitants. C'était la première fois qu'un document de ce genre attestait un amoindrissement de la population (1). La perte de l'Alsace-Lorraine enlevait à la France plus d'un million et demi de concitoyens et, sur le territoire qui lui restait, les misères de la guerre en avaient fait disparaître, par la mort ou par l'émigration, environ 800,000 (491,905 résultant de la différence de deux recensements et plus de 300,000 résultant de l'accroissement probable dè la population de 1866 à 1870) (2), ou mieux 700,000, si l'on tient compte des omissions vraisemblables du recensement de 1872 (3).

Trois recensements ont eu lieu depuis cette époque, en 1876, en 1881 et en 1886, conformément à la règle. Sur la demande de la Société de statistique, qui reproduisait elle-même un vœu du Congrès international de statistique, l'opération a été faite en 1876 et en 1881 au mois de décembre, à une époque de l'année où les populations sont plus stationnaires qu'en été; en 1881 et en 1886, la population a été recensée sous deux aspects, comme population de résidence habituelle et comme population de fait.

Nous savons ce qu'on entend par population de résidence habituelle ou population domiciliée : c'est celle que les recensements ont enregistrée depuis longtemps en France. La population de fait comprend les individus qui se trouvent dans chaque commune le jour du recensement (4). Entre l'une et l'autre, il peut y avoir, dans beaucoup de cas, de notables différences. En effet, une foire dans un bourg, la saison d'hiver dans les villes d'eaux du midi, les bains de mer et les stations thermales en été, la construction d'un chemin de fer attirent en certains lieux une

---

(1) Population en 1866, 38,192,064
       Id.   1872, 36,102,921

       Différence, 2,089,143 dont 1,597,238 en Alsace-Lorraine,
                             491,905 dans le reste de la France.
(2) La population devait, en juillet 1870, dépasser 38 millions et demi d'habitants. Le calcul de l'excédent des naissances sur les décès pour 4 ans (à raison de 2,5 par 1000 habitants et par an) donne 38,450,000. Le docteur Bertillon a adopté le nombre de 38,698,000 pour 1869, et l'*Annuaire statistique de la France* celui de 38,329,000 pour 1868, mais en tenant compte de l'immigration.
(3) Voir la note 1 à la page suivante, rec. de 1876.
(4) Ceux, d'après les arrêtés ministériels, qui ont passé dans la commune la nuit du 17 au 18 décembre 1881 pour le recensement de 1881 et la nuit du 30 au 31 mai pour celui de 1886.

grande affluence, tandis qu'une émigration momentanée de travailleurs fait des vides dans d'autres groupes. Le second procédé décrit la population telle qu'elle est en fait au moment du recensement ; le premier la décrit telle qu'elle serait s'il n'y avait pas eu de déplacements. Une commission instituée auprès du Ministère de l'intérieur pour préparer le recensement de 1881 avait demandé l'emploi simultané des deux méthodes ; il lui paraissait intéressant de contrôler l'une par l'autre.

Le recensement de décembre 1876, qui n'a porté que sur la population de résidence habituelle, a donné 36,905,788 habitants (1).

Celui de décembre 1881 a donné 37,672,048 pour la population domiciliée (2) et 37,405,290 seulement pour la population présente (3). Ce second mode de dénombrement a donc laissé un

---

(1) Le recensement de 1872 portait 36,102,000 âmes en nombre rond.

L'excédent des naissances sur les décès pour les 4 années et demie (mai 1872, décembre 1876) a été de   599,700

la différence entre le nombre des étrangers en 1872 et en 1876, a été de   71,000

Total 36,772,700, nombre inférieur d'environ 132,000 à celui qu'a donné le recensement de 1876. D'où il semble résulter qu'il y a eu des omissions en 1872 et que, par conséquent, la diminution du nombre des habitants a été un peu moindre que les données officielles ne le font supposer.

(2) De 1877 à 1881, l'excédent des naissances a été de 507,600 et l'accroissement des étrangers a été de 200,000 ; nombres qui, ajoutés aux 36,905,000 habitants de 1876, donnent un total de 37,612,000, lequel diffère peu des 37,672,048 recensés en 1881. La différence, qui est de 60,000 seulement, s'explique d'autant mieux que le million d'étrangers a été recensé dans la population présente et que par conséquent, il est probablement entaché d'omissions.

(3) En réalité, on a recensé séparément, en 1881, quatre catégories de personnes, qui, dans l'opération du recensement, ne sont pas toujours exactement distinguées.

1° Les individus présents à leur résidence, lesquels fournissent un bulletin individuel et sont portés sur le bulletin de ménage ;

2° Les individus momentanément absents de leur résidence habituelle (lycéens, enfants en nourrice, soldats sous les drapeaux, etc.) qui sont inscrits sur le bulletin de ménage fourni par le chef de famille et ne fournissent pas de bulletins individuels ;

3° Les hôtes de passage (voyageurs, mariniers, etc.) qui ont passé dans la maison la nuit du recensement et qui sont inscrits sur le bulletin de ménage fourni par le chef de famille ; ils fournissent, en outre, un bulletin individuel. Ils sont considérés comme représentant la seconde catégorie, c'est-à-dire comme momentanément absents de leur domicile ordinaire et n'ayant pas eu à y rédiger leur bulletin individuel ;

4° La population comptée à part (armée, prisons, hôpitaux, lycées et pensions,

déficit d'environ 1 pour cent. Comme il devrait y avoir vraisemblablement un excédent dans la population de fait à cause des étrangers qui voyagent en France, et qu'on est autorisé à croire plus nombreux que les Français voyageant à l'étranger, il y a lieu d'admettre que le total des omissions a dépassé en réalité 1 pour 100.

C'est probablement sur les enfants en nourrice (1), sur les personnes séjournant dans les hôtels, sur les voyageurs en route et sur les troupes hors de France que portent ces omissions (2). En tout cas, le contrôle qu'on pouvait espérer n'a pas été possible.

Le recensement de 1886, dans la publication duquel de notables améliorations, notamment des cartes de statistique, ont été introduites, a relevé, comme celui de 1881, la population domiciliée qui était de 38,218,903 personnes et la population présente qui était de 37,930,759 (3). Les formulaires et les cadres avaient été

---

couvents, etc.) qui est recensée sur des listes spéciales et qui a fourni des bulletins individuels.

Les quatre catégories ont donné :

1re..	35,894,623 personnes
2o..	780,480
3e..	513,722
4e..	996,945
	38,185,770

Pour obtenir la population de fait ou la population présente, on retranche du total général la 2ᵉ catégorie (38,185,770 — 780,480 = 37,405,290).

Pour obtenir la population de résidence habituelle, on retranche du total général la 3ᵉ catégorie (38,185,770 — 513,722 = 37,672,048). La différence entre les deux nombres trouvés par l'un et l'autre mode est de 266,758.

(1) Nous verrons plus loin qu'une partie des enfants (vraisemblablement des enfants en nourrice) de 0 à 2 ans a été omise dans le recensement. Dans d'autres pays, on a observé, comme en France, de nombreuses omissions dans le recensement des petits enfants. La majorité des États qui ont recensé dans ces dernières années leur population à ce double point de vue, ont trouvé, pour diverses raisons, une population de résidence habituelle supérieure à la population présente ; elle est en France de 7 p. 100; en Italie de 17 p. 100 (rec. de 1881); en Belgique de 2 p. 100 (rec. de 1880) ; en Grèce de 30 p. 100 (rec. de 1879) ; en Norvège de 6 et demi (rec. de 1875). D'autre part, la Prusse a trouvé une population présente supérieure de 2 p. 100 (rec. de 1880) ; la Hongrie de 14 p. 100 (rec. de 1880).

(2) Les chemins de fer ayant transporté, en 1881, environ 180 millions de voyageurs, la moyenne est de près de 500,000 par jour. Quoiqu'on voyage beaucoup moins en hiver qu'en été et que la moindre partie des voyageurs passent la nuit en chemin de fer, une omission de 266,000 peut en partie s'expliquer par des causes de ce genre, quoique le recensement de 1881 ait enregistré 513,722 individus de passage, c'est-à-dire n'ayant pas leur résidence habituelle dans la commune où ils ont été recensés.

(3) Voici les résultats du recensement de 1886 (voir *Introduction du dénombrement de 1886*, p. 65).

préalablement examinés par le Conseil supérieur de statistique qui avait proposé plusieurs modifications ; l'administration n'a tenu compte que d'une partie de ses vœux, entre autres de celui qui a trait au nombre d'enfants par famille.

Le chiffre de la population de fait et celui de la population domiciliée ne concordent pas non plus parfaitement. La différence d'ailleurs reste au-dessous de 1 pour 100 et n'est pas assez considérable pour ébranler la confiance dans le résultat général.

Par un changement regrettable, que le Conseil supérieur de statistique avait été loin de conseiller, la date du recensement a été reportée de décembre en mai. Ce changement a eu le triple inconvénient de rompre, sans raison suffisante, la régularité de la période quinquennale en avançant l'opération de plus de six mois, de la placer à une époque où les populations sont plus mobiles qu'en hiver (1) et d'aggraver cette circonstance défavorable par le choix de la nuit d'un samedi, jour où un certain nombre de citadins vont à la campagne. L'excédent des nais-sances sur les décès ayant été d'environ 400,000 du 18 décembre 1881 au 31 mars 1886 et l'accroissement de la population (population résidente) ayant été de 546,855 d'un recensement à l'autre, l'immigration a dû combler la différence : le recensement a, en effet, constaté que le nombre des étrangers avait augmenté de 125,441 (2).

POPULATION	Résidents présents	Résidents absents	Population comptée à part	Hôtes de passage	Total
Résidente......	36 484 167	719 012	1 015 724	..	38 218 903
Présente.......	36 484 167	..	1 015 724	430 868	37 930 759

Cette différence de 288,144 (719,012 résidents absents d'une part et 430,868 hôtes de passage d'autre part) provient vraisemblablement en grande partie des omissions faites dans le recensement des hôtes de passage. Au nombre des omissions de la population de fait figure celle des troupes qui se trouvent hors du territoire à l'époque du dénombrement. Elles se composaient pour l'armée de mer et l'armée de terre (Algérie, Tunisie, Tonkin) d'environ 90,000 hommes. Il y a eu vraisemblablement une partie de ces hommes qui ont été enregistrés dans la population domiciliée comme membres absents de la famille.

(1) La différence entre ces deux modes de recensement qui était de 266,758 en 1881, a été de 288,144 en 1886, soit 8 p. 1000. Il faut probablement attribuer ce défaut plus marqué de précision à l'époque choisie pour le recensement. Aussi, dans le département de la Creuse d'où beaucoup d'ouvriers du bâtiment émigrent pour travailler dans les villes pendant la belle saison, le préfet a-t-il fait savoir que si le recensement avait eu lieu deux mois plus tôt, son département aurait compté une trentaine de mille habitants de plus.

(2) Il manque environ 20,000 pour combler la différence. On trouve ce complément

Le dénombrement fondé principalement sur la population de fait, comme Quetelet l'avait pratiqué en Belgique en 1846 et comme le recommandait le Congrès international de statistique, n'a pas donné, en 1881 et en 1886, des résultats tout à fait satisfaisants (1) ; ce n'est pas une raison pour condamner une méthode qui est rationnelle. La pratique a, sans aucun doute, besoin d'en être améliorée; elle peut l'être. Elle le serait plus sûrement si l'Administration se décidait quelque jour à centraliser le dépouillement des bulletins (2). Déjà le développement qui a été donné

---

dans les étrangers naturalisés français qui étaient 77,046 en 1881, et 103,886 en 1886. Si ces 26,840 étrangers ne s'étaient pas fait naturaliser, ils auraient compté parmi les étrangers non naturalisés dont ils auraient augmenté le total.

(1) Le double recensement de 1881 a été critiqué en France, surtout par l'administration qui a vu dans cette méthode une complication et, par suite, une cause d'erreurs. Il est certain que lorsqu'on examine de près les chiffres, on aperçoit de nombreuses imperfections. En voici un exemple : le département de l'Isère comptait, en 1876, 36,757 garçons et 36,573 filles de 6 à 13 ans (période de l'âge scolaire); ce qui était vraisemblable : en 1881, on y a enregistré 35,465 garçons et 28,629 filles, différence tout à fait invraisemblable. Nous avons déjà dit que le nombre des enfants recensés de 0 à 2 ans ne concorde pas avec les naissances, déduction faite des décès enfantins. Dans beaucoup de localités le dénombrement et les additions ont été défectueux : nous en avons eu des preuves. Le 2 février 1886, une proposition de loi a été présentée à la Chambre des députés pour centraliser au ministère de l'intérieur les opérations du dénombrement et du dépouillement des bulletins. Cette proposition n'a pas été discutée ; mais il est certain, ainsi que nous l'avons dit dans l'introduction, que la centralisation du dépouillement est le seul moyen qui permette un contrôle efficace.

(2) Nous rappelons dans cette note en terminant ce sujet, la manière dont sont publiés les résultats du dénombrement. Le recensement quinquennal de la population est fait par les soins du Ministère de l'intérieur de concert avec le Ministère du commerce, qui prépare une partie des formules et des cadres adressés aux préfets et aux maires. Il en résulte deux publications. L'une, qui émane du Ministère de l'intérieur et qui est insérée, sous forme de décret, au Bulletin des lois et forme même, depuis 1876, comme nous l'avons déjà dit, un volume distinct (*Ministère de l'intérieur, Dénombrement de la population*, 1881, Paris, Imp. nat. 1 vol. in-8°, 1882 ; item pour 1886, 1 vol. in-8°, 1887) renferme par département, arrondissement, canton et commune la population légale, c'est-à-dire la population de résidence habituelle, laquelle se divise en population normale ou municipale, subdivisée elle-même en agglomérée et éparse, et en population comptée à part ; cette population est dite légale, parce qu'elle est adoptée, jusqu'au recensement suivant, comme étant la base officielle de l'établissement de certains impôts, etc. L'autre, qui émane du Ministère du commerce et de l'industrie (*Ministère du commerce, Service de la statistique générale, Résultats statistiques du dénombrement de* 1881, *France et Algérie*, Paris, Imp. nat., 1 vol. grand in-8°, 1883. *République française, Ministère du commerce et de l'industrie (Division de la comptabilité et de la statistique). Statistique générale de la France, Résultats statistiques du dénombrement de* 1886, Paris, Berger-Levrault, 1 vol. grand in-8°, 1888) est le document statistique dont les cadres ont

à l'Introduction du dénombrement de 1886, les graphiques et les cartes qui l'accompagnent témoignent de l'intérêt que le Ministère prend à cette œuvre.

Le dénombrement de la population est un document d'une importance considérable, nécessaire non seulement pour l'application de certaines lois, mais pour la connaissance de l'état social et pour l'étude de plusieurs questions économiques ; loin de le réduire par crainte des critiques que le questionnaire soulève, il importerait de le perfectionner, en s'appliquant chaque fois à lui donner plus de précision et, sur certains points même, plus d'étendue.

Le résultat général des recensements en France. — Les recensements fournissent à la démographie une base indispensable pour la plupart des rapports qu'elle calcule. Nous venons de voir que la solidité de cette base n'est pas complète ; il est plus difficile d'obtenir un bon recensement qu'un relevé exact des naissances, mariages et décès, et, par suite, l'état de la population est exposé à plus d'imperfections que le mouvement de la population. Il ne faut cependant pas exagérer les inconvénients de ce défaut. Nous avons dit dans l'Introduction que quelques erreurs de détail peuvent jusqu'à un certain point se compenser, à moins qu'un motif particulier ne les ait multipliées et ne les ait fait incliner toutes dans le même sens ; par conséquent, les résultats généraux d'un recensement peuvent être utilement employés pour les besoins de l'administration ou de la science, quand on a constaté que les rapports déduits des éléments dont ce recensement est formé, concordent suffisamment entre eux et sont en harmonie avec les données générales de la science.

Le tableau suivant qui présente les résultats généraux de ces dénombrements, donne :

1° Le nombre fourni par le recensement ;

2° Le même chiffre rectifié, quand il y a eu lieu, d'après les corrections proposées, pour la plupart, par le chef de la Statistique générale de France ;

Les nombres qui, dans l'une ou dans l'autre colonne (col. 2 et 3)

---

varié à diverses époques et dans lequel la population est envisagée sous ses divers aspects démographiques : nombre, densité, sexe, âge, état civil, nationalité, profession, etc.

sont imprimés en caractères gras, sont ceux qui représentent le plus exactement le résultat du recensement. Ce sont ceux que la figure 10 reproduit sous forme graphique ;

3° Le calcul de la population d'après l'excédent des naissances sur les décès fait, d'une part, par le chef de la Statistique, d'autre part, par le docteur Bertillon (1) ;

4° l'accroissement total d'un recensement à l'autre et l'accroissement moyen annuel de la population par 1,000 habitants ;

5° la superficie de la France et la densité de sa population.

Les nombres portés dans les colonnes 2 et 3 sont exprimés jusqu'aux unités ; ils reproduisent exactement ceux du document d'où ils sont extraits. Cette apparente rigueur ne doit pas faire illusion ; nous nous sommes expliqué à ce sujet et nous savons que les recensements sont loin d'exprimer à une unité près le nombre des habitants de la France à l'époque où ils ont été exécutés. L'unité que le degré d'approximation de la statistique autorise à utiliser pour les calculs démographiques n'est guère que le million avec les dixièmes de million, c'est-à-dire avec les centaines de mille pour expression fractionnaire : c'est l'unité que nous avons employée pour les évaluations des colonnes 4 et 5.

C'est aussi afin de ne pas prêter aux rapports que nous calculons un semblant de précision que les éléments ne comportent pas, que nous nous sommes borné à donner une seule décimale pour exprimer l'accroissement annuel et pour la densité.

(Voir le tableau à la page 313, et à la page 314 la figure n° 10 qui reproduit sous forme graphique les données numériques des colonnes 2 ou 3 du tableau).

---

(1) Pour faire un calcul de ce genre, il faut prendre un recensement pour base. Le docteur Alp. Bertillon part de celui de 1801 qu'il déclare particulièrement soigné et il néglige entièrement celui de 1806 qu'il trouve « ridiculement exagéré. » C'est une question de savoir si celui de 1806 est très exagéré et si celui de 1801 n'est pas, au contraire, trop faible. L'*Annuaire statistique de la France* prend pour point de départ le recensement de 1806 qu'il accepte tel quel.

DATES.	RECENSEMENT (donnée première).	RECENSEMENT (Nombre rectifié).	Nombre résultant du calcul de l'excédent des naissances sur les décès et de l'immigration entre deux recensements.		ACCROISSEMENT		SUPERFICIE de la France en kilom. carrés	DENSITÉ (nombre d'habitants par kilomètre carré).
			Calculs de la Statistique générale de la France.	Calculs du docteur Bertillon	total d'un recensement à l'autre (par milliers d'habitants)	moyen annuel par 1,000 habit.		
1	2	3	4	5	6	7	8	9
1801	27 349 003	27 347 800 (1)	...	27.3	+ 1 662 ?	12.5 ?	530.323 (10)	51.6
1806	29 107 420	..	27.8	27.9			...	54.9
(1811)	(29 092 734)	...	29.9	28.8			...	..
(1816)	(30 024 209)	...	29.2	29.7	+ 1 345	3.0	...	..
1821	30 461 875	...	...	30.8			...	57.4
(1826)	(31 858 937)	...	31.8 / 32.0	32.0	+ 2 107	6.7	...	..
1831	32 569 223	...	32.9	33.0	+ 971	5.9	...	61.4
1836	33 540 910	...	33.8	33.6	+ 689 ?	4.1 ?	...	63.2
1841	34 217 719	34 230 178 (2)	...	34.5	+ 1 171 ?	6.8 ?	...	64.5
1846	35 400 486	35 401 500 (3)	35.1	35.5	+ 381	2.1 ?	...	66.7
1851	35 783 170	...	...	36.1	+ 421	2.3	..	67.5
1856	36 029 364	36 204 364 (4)	36.1	36.5	+ 677 (6) / + 669 (7)	3.2 / 3.6 } 6.8	...	68.3
1861	37 386 313	37 446 313 (5)	...	37.6	+ 752	4.0	...	69.0
Avril-Mai 1866	38 067 064	38 192 064 (5)	..	38.4	— 1 598 (8) / — 492 (9)	— 9.4 / — 5.4 } 14.8	542.900 (11)	70.3
Avril-Mai 1872	36 102 921	...	...	...	+ 802	5.5	528.400 (12)	68.4
Décembre 1876	36 905 788	...	36.7	...	+ 766	4.1	...	69.8
Décembre 1881	Pop. { domiciliée 37 672 048 / de fait.. 37 405 290	...	...	...			...	71.3
Mai.... 1886	Pop. { domiciliée 38 218 903 / de fait.. 37 930 759	...	...	...	+ 547	3.3	...	72.3

Nota. — Les nombres entre parenthèses sont ceux de populations calculées d'après les naissances et les décès. Ils ont été publiés comme officiels par l'administration, sans qu'il y ait eu de dénombrement.

(1) Voir plus loin le tableau du chapitre VI.
(2) Addition rectifiée à la suite d'une erreur constatée pour le département du Doubs.
(3) Voir plus loin le tableau du chapitre VI.
(4) Rectification faite par la *Statistique générale de France* après addition des troupes qui étaient alors en Crimée.
(5) Avec addition faite par M. Legoyt des troupes d'Algérie, pour 1861, et des troupes d'Algérie, de Rome et du Mexique pour 1866, qui avaient été omises.
(6) Accroissement résultant de l'excédent des naissances sur les décès et de l'immigration sur l'émigration.
(7) Accroissement résultant de l'annexion de la Savoie et de la partie du comté de Nice cédée à la France.
(8) Diminution résultant de la perte d'Alsace-Lorraine.
(9) Diminution résultant de l'excédent des décès sur les naissances et de l'émigration sur l'immigration.
(10) Cette superficie est celle de la France après les traités de 1815 ; la population inscrite dans les colonnes précédentes est celle du territoire demeuré français après 1815.
(11) Agrandissement de la France par suite de l'acquisition d'une partie du comté de Nice et de la Savoie.
(12) Territoire de la France après la perte d'Alsace-Lorraine. Le nombre de 528,400 kilo-

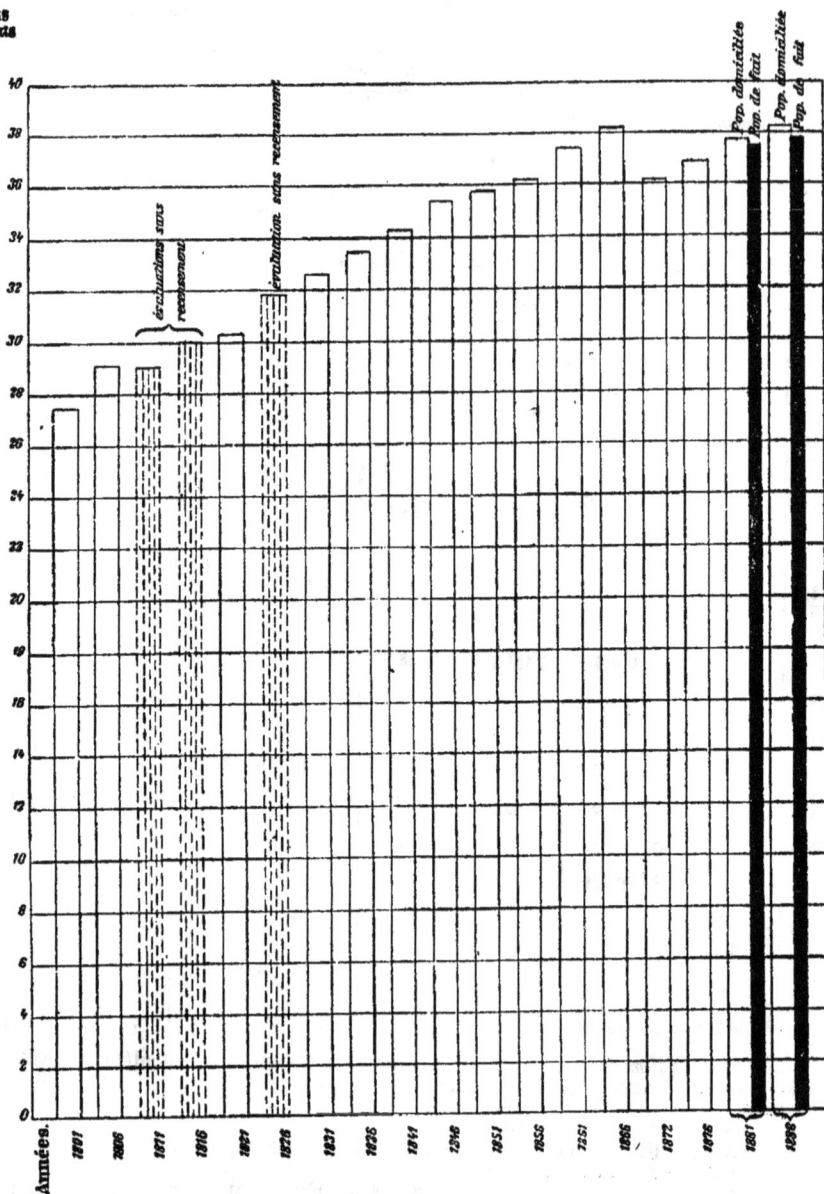

Fig 10. — Population de la France au xixe siècle d'après les recensements (1801-1886).

mètres carrés est donné par l'*Annuaire du Bureau des Longitudes* (1887), dans la partie « Géographie et statistique » que nous avons rédigée. La superficie de la France n'est pas exactement connue. En 1846, le cadastre étant moins avancé qu'aujourd'hui, les données sur la superficie qu'on trouve dans diverses publications officielles, différaient des données actuelles pour presque tous les départements : ce qui explique les différences de densité, suivant qu'on a calculé avec les chiffres anciens ou avec les chiffres nouveaux de la superficie. Les nombres donnés par les administrations publiques varient aujourd'hui de 52,700,680 à 52,910,373 hectares ; ils sont fondés sur le cadastre qui est encore inachevé (en 1888) pour la Corse et les deux

La population de la France a donc été recensée quinze fois depuis le commencement du siècle ; chaque dénombrement, à l'exception de celui de 1872, a fourni un nombre d'habitants plus grand que le dénombrement précédent. Mais l'accroissement a toujours été faible (voir fig. 10). Si, de 1801 à 1806, la moyenne annuelle a été de 12 pour 1000, il faut peut-être attribuer ce rapport exceptionnel autant à l'imperfection des premiers recensements qu'au croît réel de la population. Jamais, depuis cette époque, cette moyenne n'a atteint 7, et, balance faite, elle se trouve être à peu près de 4 $\frac{1}{2}$ pour 1000, car, entre le premier dénombrement (1801) et le dernier (1886), l'accroissement total est de 10,763,000, soit de 40 pour 100 environ en 85 ans.

Nous avons montré qu'au XVIIIe siècle l'accroissement avait été seulement de 25 pour 100 en cent ans, et nous avons conclu que, lent au XIXe siècle, le progrès de la population française apparaissait cependant, contrairement à un préjugé accrédité, plus lent encore au XVIIIe siècle, lorsqu'on considère l'ensemble des résultats séculaires. Ajoutons, comme on s'accorde à le dire, que ce progrès est aujourd'hui de beaucoup inférieur à celui des autres nations européennes. Nous reviendrons sur cette question dans le troisième livre de cet ouvrage.

Les changements de territoire qui ont eu lieu en 1860 et en 1871 masquent quelque peu le taux véritable de l'accroissement au XIXe siècle. C'est pourquoi nous donnons ce taux par périodes de vingt ans pour le même territoire (1), celui qui est resté à la France après le traité de Francfort (1871).

ANNÉES.	HABITANTS (Nombres exprimés par millions).	NOMBRES PROPORTIONNELS (la population initiale étant représentée par 10).	TAUX MOYEN ANNUEL de l'accroissement sur 1,000 habitants par périodes de 20 ans.
1801...................	26.9	10	5.6
1821...................	29.9	11.1	5.9
1844...................	33.4	12.4	3.6
1861...................	35.8	13.3	2.7
1881...................	37.7	14.0	...
1886...................	38.2	14.2	

départements de la Savoie, et qui omet systématiquement le lit de certains grands cours d'eau, les glaciers, etc. Dans un travail sur la superficie de l'Europe que la Russie a entrepris à l'instigation du Congrès international de statistique, le général Strelbitsky assigne à la France une superficie de 533,479 kilom. carrés d'après une mesure planimétrique prise sur la carte d'état-major au 320,000°. Par suite d'un vœu exprimé par le Conseil supérieur de statistique, le ministre de la guerre a entrepris de faire mesurer sur la carte d'état-major au 80,000° la superficie des départements de la France. Ce travail, qui n'est pas entièrement terminé en décembre 1888, a donné comme résultat provisoire 536,400 kilom. carrés, en comprenant, en général, dans le total la laisse de mer sur les côtes de l'Océan.

(1) D'après le calcul de M. Loua.

Comme, de 1872 à 1886, il ne s'est pas écoulé vingt ans, nous indiquons le taux d'accroissement d'un recensement à l'autre :

PÉRIODES.	ACCROISSEMENT MOYEN ANNUEL	
	en nombre absolus.	par 1,000 habitants.
1872 avril-mai à 1876 décembre..............	172.044	4.8
1876 décembre à 1881 décembre..............	153.252	4.1
1881 avril-mai à 1886 mai..................	123.816	3.3
1872 mai à 1886 décembre..............	151.142	4.2

Donc, sous quelque forme que les chiffres soient groupés, le taux reste à peu près le même : environ 4 $\frac{1}{2}$ pour 1000 pour la période entière. Si on décompose cette période en deux périodes secondaires, on trouve un peu plus de 5 dans la première moitié du siècle, un peu moins de 4 dans la seconde, sans, d'ailleurs, que le ralentissement soit en moyenne plus marqué pendant les quinze premières années de la troisième République que sous le second Empire ; toutefois, il s'est accentué dans la période 1881-1886. Les indications de la natalité, ainsi que nous le verrons plus loin, confirment à cet égard celles des recensements.

CHAPITRE III.

LA POPULATION DES ÉTATS D'EUROPE ET DE QUELQUES PAYS HORS D'EUROPE.

Sommaire. — La superficie et la population des États d'Europe à diverses époques — La superficie et la population des autres parties du monde.

La superficie et la population des États d'Europe à diverses époques. — Nous sortirions des limites de notre sujet, si nous faisions une étude détaillée des recensements en Europe ; nous avons seulement à constater, en vue des comparaisons qui se trouvent dans la suite de cet ouvrage, le résultat général de ces recensements et le nombre des habitants de l'Europe et même de la Terre.

Le tableau ci-joint (voir page 318 et 319) fait connaître : 1° la superficie (col. 3 et 4) d'après les données officielles de chaque État et d'après le général Streslbitsky qui a exécuté le travail ; 2° leur population recensée au dernier dénombrement et leur population calculée approximativement pour 1888 (col. 5, 6 et 7), d'après le taux moyen d'accroissement de chaque population ; 3° la densité de leur population ; 4° la superficie en 1830 des principaux États d'Europe ; 5° la population à la même date de ces États ; 6° la population en 1830 du territoire actuel de ces mêmes États ; 7° le taux moyen annuel d'accroissement de leur population.

La figure qui accompagne le tableau (voir fig. 11, p. 320) fait voir la population proportionnelle des États d'Europe aux deux époques (1830 et 1886), et la *carte de la densité de la population en Europe* fait connaître avec plus de détail la densité comparée des États d'Europe par province (1). Nous examinerons plus loin dans le troisième livre, les conséquences de ces rapports.

_____

(1) Voir cette carte à la fin du volume.

SUPERFICIE, POPULATION ET DENSITÉ DE LA POPULATION DES ÉTATS D'EUROPE (1)

(Les noms des possessions coloniales et des terres inhabitées sont en *italiques*).

Nos D'ORDRE	ÉTATS ET RÉGIONS	SUPERFICIES EXPRIMÉES		ÉTAT ACTUEL. POPULATION		Population probable (fin de 1888) exprimée en mill. d'habit.	DENSITÉ PROBABLE Nombre d'habit. par kil. carr., en 1888.	ÉTAT EN 1830.		Population en 1880 (par millions d'hab.) sur le territoire actuel des États europ.	Taux moyen annuel d'accroissement géométrique depuis 1860 par 1,000 habitants (3)
		en kilom. carrés (Données officielles de chaque État).	en milliers de kil. carr. (D'après le général Strelbitsky).	au dernier recensement.	Date du dernier recensement.			SUPERFICIE ET POPULATION des États tels qu'ils étaient en 1830 — Superficie exprimée en milliers de kilom. carr.	Population exprimée en millions d'habitants.		
1	2	3	4	5	6	7	8	9	10	11	12
1	Royaume-Uni de Grande-Bretagne et d'Irlande (avec Jersey, Guernesey, etc.).	312.931	314,6	35.241.482	1881	37,8	121	314,6	24,4	24,4	13,2
2	Pays-Bas	33.000	33,0	4.012.693	1879	4,5	136	29	2,6	2,6	10,2
3	Grand-Duché de Luxembourg	2.587	2,5	213.283	1885	0,2	77	»	»	0,7	»
4	Belgique	29.457	29,5	5.520.009	1880	6,0	204	26,9	3,8	3,8	8,4
5	France	528.400	533,5	38.218.903	1886	38,5	73	530,3	32,5	32,4	2,5
6	Monaco	21,6	»	10.108	(1883) (6)	»	»	»	»	»	»
	Europe occidentale..	906.396,6	913,1	»	»	87,0	96	»	»	»	»
7	*Heligoland* (à l'Angleterre).	2,5	»	2.001	1881	»	»	»	»	»	»
8	Empire allemand	540.515	540,8	46.855.704?	1885	48,7	90	632,5 (9)	35,8 (9)	29,7	8,4
9	Suisse (avec les lacs)	41.347	41,4	2.934.057	1888	3,0	73	37,4	2,0	2,2	6,2
10	Liechtenstein	157	0,2	9.124	(1880) (6)	»	58	»	»	»	»
11	Autriche-Hongrie (avec la Bosnie)	674.246	625,6 (2)	39.205.437	1880	40,7	60	677,7	32,0	29,9	6,3
	Europe centrale.....	1.256.267,5	1.208,0	»	»	92,4	73	»	»	»	»
12	Andorre	452	0,4	5.800	(1875) (6)	»	13	»	»	»	»
13	Portugal	88.863	89,1	4.160.315	1878	4,8	54	94,6	3,1	3,0	7,0?
14	Espagne	497.163	500,6	16.338.825	1881	17,1	34	484,2?	11,1	11,1	3,3
15	Gibraltar										

N°	Pays	Superficie (km²)	Superficie (milliers km²)	Population	Date	Pop. (millions)	Densité	(col. 9)	(col. 10)	(col. 11)	(col. 12)
17	Saint-Marin........	60	»	7.816	(1874)(6)	»	»	»	»	»	»
18	Malte (à l'Angleterre)	303	0,3	160.553	1881	0,2	660	»	»	»	»
19	Grèce................	63.581	64,7	1.979.147	1879-81(7)	2,1	33	39,6	0,6	0,8	12,6?(11)
20	Turquie d'Europe (sans la Bosnie et la Roumélie orientale)...	182.182	260,6(3)	4.290.000?	»	4,6	25	544,0	9,5	»	»
21	Bulgarie et Roumélie orientale................	99.872	62,9(4)	2.992.919	1880-84(8)	3,0	30	»	»	»	»
22	Monténégro............	9.030	9,4	236.000	»	0,3	33	»	»	»	»
23	Serbie................	48.586	48,6	1.903.541	(1884)(6)	2,0	41	55,0	0,4(10)	1,1	»
24	Roumanie.............	131.401	131,4	4.424.961	1860	5,4	41	»	4,3(10)	1,2	»
	Europe méridionale...	1.408.092	1.456,5	»	»	69,5	49	»	»	»	»
25	**Russie ou Europe orient.**	5.477.089	5.477,1(3)	92.946.900	(1886)(6)	94,0?	17	4.384,4	45,5	45,5	12,9?(11)
26	Suède.....	442.126	450,6	4.565.668	1881	4,8	11	436,1	2,8	2,8	7,7
27	Norvège..............	322.968	325,4	1.806.900	1875	2,0	6	318,4	1,1	1,1	7,6
28	Danemark.............	142.464	142,1	2.052.704	1880	2,1	15	135,3	2,0	1,2	10,1
29	Spitzberg et autres îles boréales (Jan Mayen, île aux Ours, etc.)........	70.500	»	»	»	»	»	»	»	»	»
	Europe septentrionale	978.058	918,1	»	»	8,9	9	»	»	»	»
	Europe..............	10.025.903,1	9.972,8(5)	»	»	351,8	35	»	21,6	»	»

(1) Les 6 premières colonnes de ce tableau sont conformes (excepté pour la Roumanie et la Russie), à celui que nous avons donné dans l'*Annuaire du Bureau des Longitudes* de 1889. Les colonnes 9, 10 et 11 sont tirées de notre *Statistique de la superficie et de la population des contrées de la terre.* (*Bulletin de l'Institut international de Statistique.* (Tomes 1 et 2). La colonne 12 est empruntée au *Movimento dello stato civile. Confronti internazionali,* 1863-1883.

(2) Sans la Bosnie. — (3) Avec la Bosnie. — (4) Sans la Bosnie. — (5) Le général Strelbitsky donne 5514,6, parce qu'il comprend dans le total la mer d'Azov (37,5) ; ce qui modifie également le total de l'Europe. — (6) Les parenthèses signifient qu'il y a eu à la date indiquée une évaluation officielle et non un recensement. Les guillemets signifient qu'il n'y a même pas eu d'évaluation précise. — (7) 1879 pour la Grèce, 1881 pour la Thessalie. — (8) 1881 pour la Bulgarie et 1884 pour la Roumélie orientale. — (9) La superficie et la population en 1830 sont celles de la Confédération germanique. — (10) Cette population est celle de la Valachie et de la Moldavie. — (11) Ce taux d'accroissement se rapporte à la Russie sans la Finlande, tandis que les autres chiffres relatifs à la Russie comprennent la Finlande.

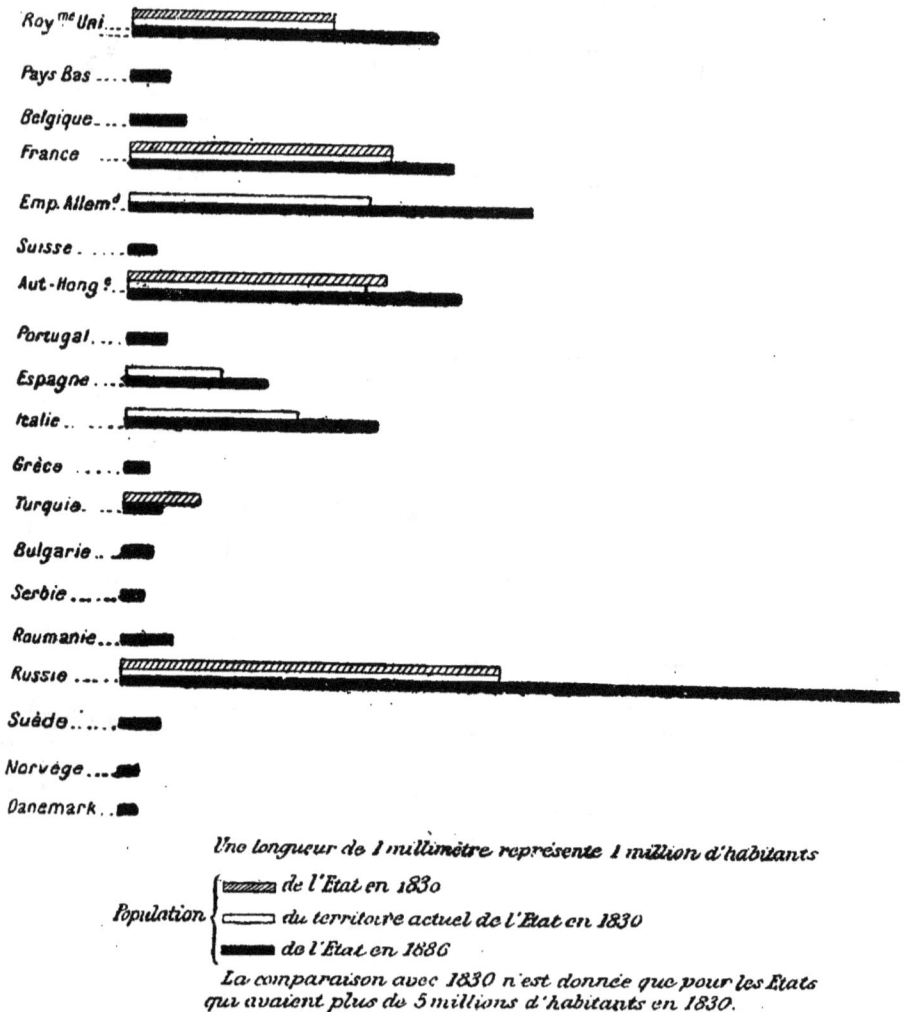

Une longueur de 1 millimètre représente 1 million d'habitants

Population {
 ▨▨ de l'État en 1830
 ▭ du territoire actuel de l'État en 1830
 ▪▪ de l'État en 1886

La comparaison avec 1830 n'est donnée que pour les États
qui avaient plus de 5 millions d'habitants en 1830.

Fig. 11. — Population comparée des Etats d'Europe en 1830 et en 1886,

La superficie et la population des autres parties du monde.
— Hors d'Europe, le nombre des pays qui font des recensements
est restreint. Excepté les États-Unis et le Canada, il n'y en a
pas dont on puisse comparer, à l'aide de documents de ce genre,
la population actuelle avec celle de 1830.

Le Canada avait, en 1830, environ 920,000 et, en 1881,
4,324,000 habitants : le rapport est celui de 100 à 470.

Les États-Unis avaient, en 1830, 12,866,000 habitants et
50,155,000 en 1880 : rapport de 100 à 397.

L'Europe est la partie du monde dont la densité moyenne est
la plus forte ; mais elle est la dernière sous le rapport de la super-

ficie et elle possède à peine le quart des habitants de la Terre. L'Asie est certainement de beaucoup la plus peuplée ; elle possède dans la Chine et dans l'Inde deux des trois principaux groupes d'hommes qui composent la race humaine.

Le tableau suivant indique la population probable des cinq parties du monde en 1886 (1) ; il faudrait y ajouter peut-être une dizaine de millions pour obtenir le chiffre de la population actuelle qui approche d'un milliard et demi. Les données qui ont servi à calculer ce total n'ont, hors d'Europe, de véritable caractère statistique que pour l'Amérique du nord et pour certains États de l'Amérique du sud, pour certaines colonies ou posséssions européennes et pour le Japon ; ce sont de simples évaluations pour une portion de l'Asie et de l'Océanie et une pure hypothèse pour presque toutes les régions de l'Afrique et nous inclinons même à penser que le chiffre de 197 millions que nous donnons est trop fort. Si l'on connaît mal aujourd'hui la population de la Terre, on la connaissait bien moins encore en 1830, et tout calcul par lequel on essayerait d'en mesurer l'accroissement serait sans valeur scientifique.

	SUPERFICIE exprimée en millions de kil. c.	POPULATION évaluée en millions d'habitants pour l'année 1886.	DENSITÉ. Nombre moyen d'habitants par kil. c.	RAPPORT de la population de chaque partie du monde à la population totale de la Terre.
Europe..................	10.0	347	34.7	23.4
Afrique..................	31.4	197	6.3	13.3
Asie.	42.0	789	18.8	53.2
Océanie..................	11.0	38	3.4	2.6
Amérique . { du nord	23.4	80	3.4	5.4
du sud........	18.3	32	1.7	2.1
	136.1	1.483	10.9	100

Nous donnons, en outre, la *carte de la densité de la population dans les cinq parties du monde en 1885*, par États ou par régions (2).

(1) Voir dans le *Bulletin de l'Institut International de statistique* notre travail sur la *Statistique de la superficie et de la population des contrées de la Terre.*

(2) Voir cette carte à la fin du volume. Elle est extraite, comme celle d'Europe, du *Bulletin de l'Institut international de statistique* (t. I et II). La carte principale est coloriée d'après la même gamme que la carte d'Europe afin de faciliter la comparaison. La petite carte qui y est jointe est coloriée d'après la densité moyenne de la terre (10 habitants par kilomètre carré).

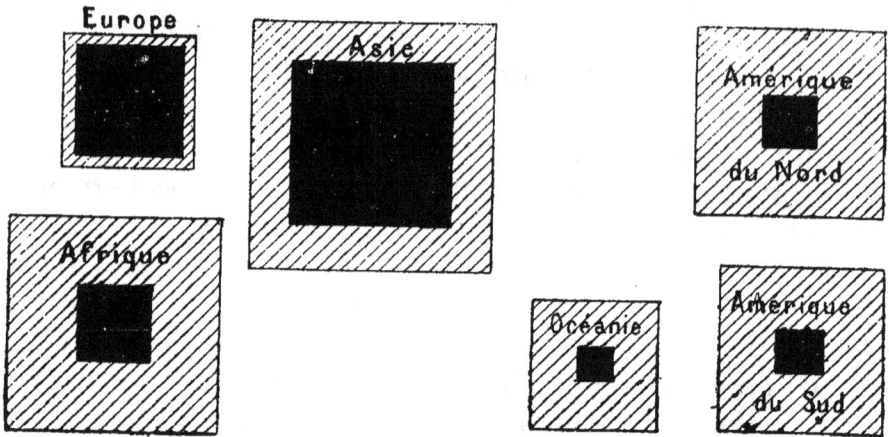

1 millimètre carré = 50.000 kilomètres carrés
*   „   „   „   = 2 millions ½ d'habitants*

Fig. 12. — Superficie et population comparées des cinq parties du monde.

Dans le tableau suivant nous donnons la superficie et la population comparées des principaux États de la Terre classés par ordre d'importance (voir le tableau ci-après et la figure n° 13).

TABLEAU DES ÉTATS DE LA TERRE AYANT UNE POPULATION DE PLUS DE 10 MILLIONS D'HABITANTS (EN 1886) OU UN TERRITOIRE DE PLUS D'UN MILLION DE KILOMÈTRES CARRÉS (1).

	SUPERFICIE en milliers de kilomètres carrés.	POPULATION en millions d'habitants.
Empire chinois.	11.572	404
Empire britannique.	23.616	307
Empire russe.	21.915	109
France.	2.949	71
Etats-Unis.	9.345	58
Empire allemand.	1.665	48
Empire ottoman.	6.107	41
Autriche-Hongrie.	674	39
Japon.	382	38
Pays-Bas.	1.741	31
Italie.	287	30
État indépendant du Congo.	2.074	29
Espagne.	940	25
Brésil.	8.337	13
Mexique.	1.946	10.4
Portugal.	1.917	7.9
Perse.	1.650	7.9 ?
République argentine.	2.836	3.0
Pérou.	1.049	2.6
Vénézuéla.	1.639	3.1
Bolivie.	1.300	2.0

(1) Extrait de la *Statistique de la superficie et de la population des contrées de la Terre*.

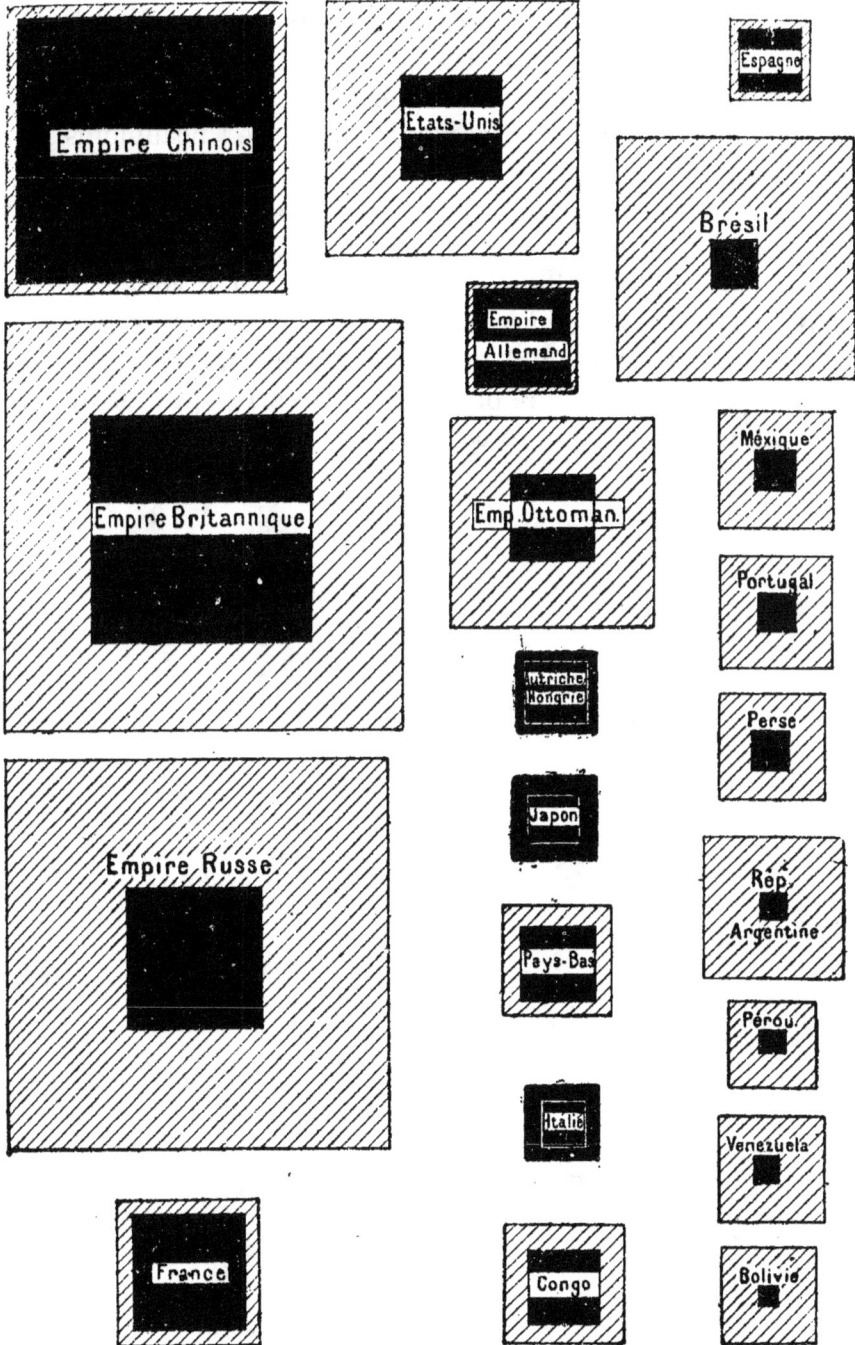

Population : 400.000 habitants par millimètre carré
Superficie : 10.000 kilom. c par millimètre carré

Pour les États qui ont plus de 40 hab.* par kil. c. et occupent par conséquent sur la figure plus de place que le territoire, le carré représentant le terr*-toire est figuré par un pointillé blanc dans l'intérieur du carré noir.

Fig. 13. — Superficie et population comparées des États du monde ayant une population de plus de 10 millions d'habitants ou une superficie de plus d'un million de kilomètres carrés.

Ces renseignements ne sont assurément pas d'une parfaite précision, parce que nous comprenons les possessions coloniales dans le contingent des puissances européennes et que la plupart d'entre elles n'ont qu'une connaissance médiocre de l'étendue et de la population de leurs domaines hors d'Europe ; néanmoins ils ne manquent pas d'intérêt.

La figure donne une idée sommaire de la densité de ces États. Ceux où elle est faible, comme la Russie, le Brésil, le Pérou, ne présentent qu'une petite surface noire sur un grand carré gris, tandis que pour ceux où elle est forte (les trois plus caractéristiques sont des États qui n'ont pas de colonies), le noir qui représente la population couvre presque tout le carré figuratif du territoire ou même plus que ce carré.

CHAPITRE IV.

LES GROUPEMENTS DIVERS DE LA POPULATION RECENSÉE.

Sommaire. — La population agglomérée et non agglomérée — La population rurale et la population urbaine — Les ménages — Le sexe — L'état civil — Le culte — L'instruction — L'origine et la nationalité — Les infirmités en général — L'aliénation mentale — Les autres infirmités — La population par grands groupes d'âges — Le recensement des professions — Les professions industrielles — Les professions agricoles et les propriétaires ruraux.

La population agglomérée et non agglomérée. — Le recensement de la population, tel qu'il est publié au *Bulletin des lois*, comprend les divisions suivantes :

	1872	1886
Population municipale { agglomérée ...	21.865.625	23.367.061
éparse	13 447.320	13 836.118
Population comptée à part (armée, hôpitaux, collèges, communautés, etc)....	789.976	1.015.724
	36.102 921	38.218.903

Il convient presque toujours d'ajouter la population comptée à part à la population agglomérée lorsqu'on veut obtenir le chiffre de l'agglomération réelle.

C'est principalement dans les départements frontières (Meurthe-et-Moselle, Meuse, Vosges, Territoire de Belfort, Savoie, Hautes-Alpes, Var) qu'on recense, à cause des garnisons, le plus de population comptée à part ; c'est aussi, pour une cause analogue, dans les ports militaires et dans les grands centres de population, comme le Rhône et Seine-et-Oise.

La population agglomérée forme plus de 60 p. 0/0 de la population totale dans tous les départements du nord de la France, du Calvados au Jura, et dans les départements riverains de la Méditerranée ; elle figure au contraire pour moins de 45 p. 0/0 dans toute la Bretagne, dans une partie de la Normandie et du Poitou, dans une grande partie du Massif central et des Alpes.

La population tend à s'agglomérer : la suite de cette étude confirmera cette assertion.

La population rurale et la population urbaine. — Le rapport de la population rurale à la population urbaine en est une première preuve.

Sous la dénomination de « population urbaine » sont comprises, depuis 1846, toutes les communes ayant plus de 2,000 habitants agglomérés (1).

RAPPORT DE LA POPULATION URBAINE ET DE LA POPULATION RURALE.
(La population totale étant exprimée par 100).

	1846	1851	1856	1861	1866	1872	1876	1881	1886
Population urbaine.........	24.42	25.52	27.31	28.86	30.46	31.06	32.44	34.76	35.95
Population rurale..........	75.58	74.48	72.69	71.14	69.54	68.94	67.56	65.24	64.05
Augmentation (pour 100) de la population urbaine d'un recensement à l'autre.......		+ 5.6	+ 7.8	+ 9.6	+ 7.5	— 3.1	+ 6.6	+ 9.3	+ 5.1

La population urbaine, qui était de 8,646,743 en 1846 et de 13,766,508 en 1886, a constamment augmenté (excepté en 1872, conséquence de la perte subie par la population totale) ; d'autre part, la population rurale, qui était de 26,753,743 en 1846 et de 24,452,395 en 1886, a presque toujours été en diminuant (voir la fig. n° 14).

Si l'on calcule le rapport d'accroissement ou de diminution, les tendances divergentes des deux populations paraissent encore plus accusées (voir la fig. n° 15).

C'est généralement dans les régions industrielles et commerçantes que se trouve la plus forte proportion de population urbaine. Les grandes villes, comme Paris, Lille, Reims, Rouen et le Havre, Bordeaux, Toulouse, Marseille, Lyon, Saint-Etienne, élèvent leur département dans les premiers rangs sous ce rapport. Toute la côte de la Méditerranée a, en général, beaucoup de population urbaine, parce que les communes y sont importantes

(1) La population comptée à part ne figure pas dans l'établissement de ce nombre d'habitants.

et les habitations agglomérées. A l'autre extrémité se placent les régions, tout agricoles, du Massif central, des Alpes, des Landes, du Poitou, de la Bourgogne et de la Bretagne. Ces dernières ont presque toutes, comme nous le constaterons plus loin, une faible densité. Tel n'est pas cependant le cas de la Bretagne, dont les communes comptent, pour la plupart, beaucoup d'habitants, mais

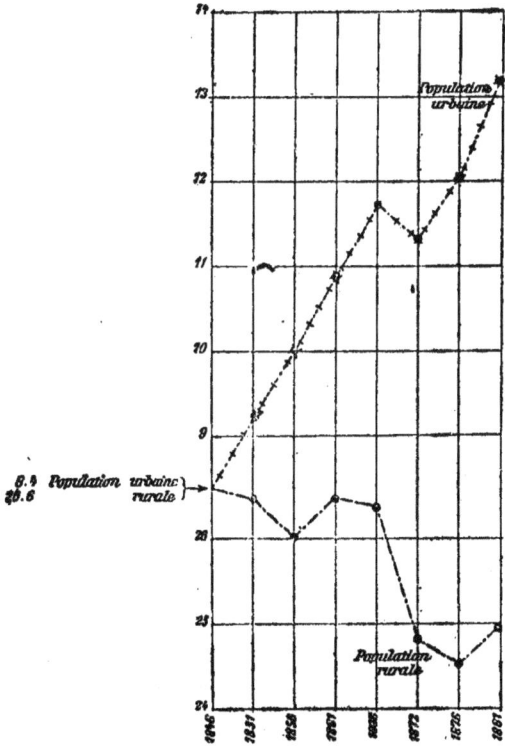

Fig. 14. — Population urbaine et population rurale de 1846 à 1881.

L'espace entre deux lignes horizontales représente 1 million d'habitants. Le point de départ des deux courbes est le même : 8..... pour la population urbaine et 26..... pour la population rurale en 1846. La partie supérieure fait voir l'augmentation de la population urbaine ; la partie inférieure, la diminution de la partie rurale.

qui vivent disséminés dans de petits hameaux (voir la figure n° 16, représentant, d'après le recensement de 1881, le rapport de la population urbaine à la population rurale par département).

Le phénomène de concentration n'apparaît pas encore ainsi avec toute son énergie. Pour le mesurer, il faut tenir compte des naissances qui, étant plus nombreuses dans les campagnes que dans les villes, auraient dû donner pour la population rurale d'un recensement à l'autre, une proportion plus forte au lieu d'une proportion plus faible (1).

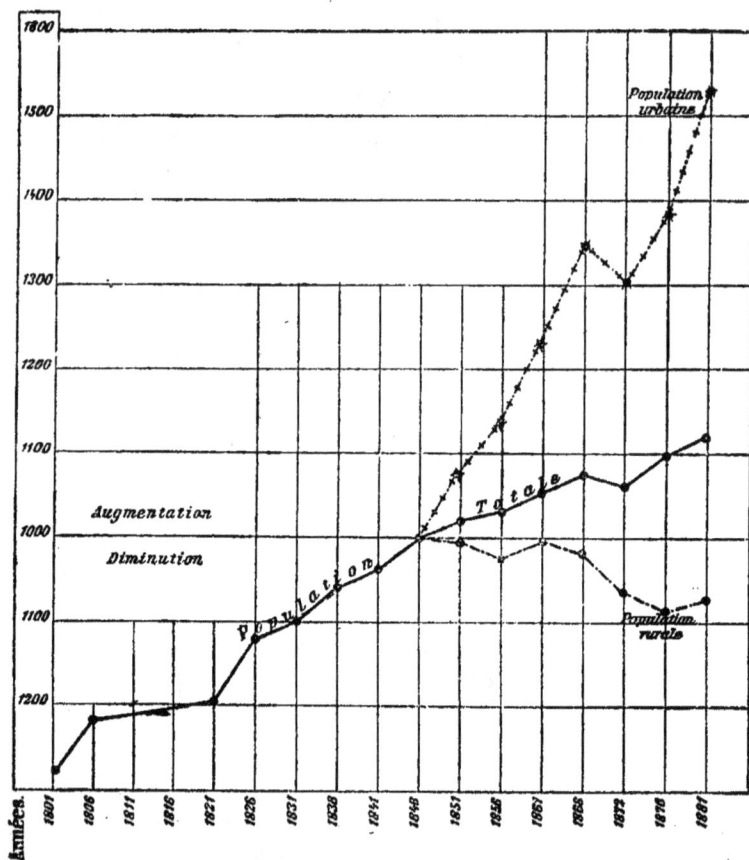

Fig. 15. — Proportion d'accroissement ou de diminution de la population urbaine et de la population rurale de 1846 à 1881.

(Chacune des deux populations, ainsi que la population totale, est représentée par 1000 en 1846).

(1) Ainsi :

	POPULATION urbaine.	POPULATION rurale.
Le recensement de 1876 avait donné................	11.977.396	24.928.392
L'excédent des naissances de 1877 à 1881 a été de......	38.480	468.497
La population au recensement de 1881 aurait donc dû être.	12.015.876	25.396.889
Le recensement de 1881 a donné....................	13.096.542	24.575.506
Différence................	+ 1.080.666 résultat de l'immigration.	— 821.383 résultat de l'émigration.
Le recensement de 1881 a donné....................	13.096.442	24.575.506
L'excédent des naissances de 1882 à juin 1886 a été de..	43.665	332.543
La population au recensement de 1886 aurait donc dû être.	13.140.207	24.907.949
Le recensement de 1886 a donné....................	13.766.568	24.452.395
Différence................	+ 626.361 résultat de l'immigration.	— 455.554 résultat de l'émigration.

Entre le recensement de 1881 et celui de 1886, il n'y a que 13 départements (Ain, Basses-Alpes, Calvados, Gard, Haute-Loire, Manche, Nièvre, Puy-de-Dôme, Tarn, Var, Vaucluse, Vendée,

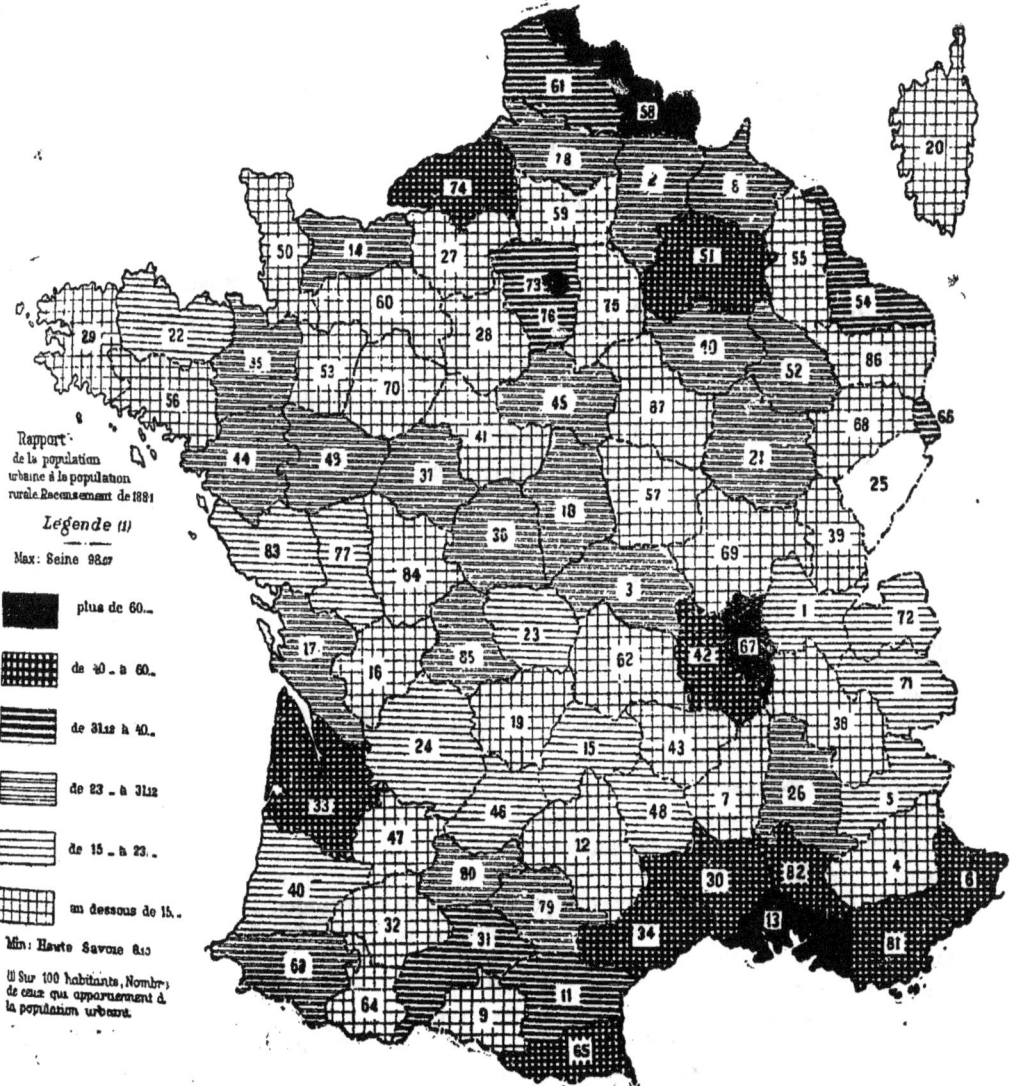

Rapport
de la population
urbaine à la population
rurale Recensement de 1881

Légende (1)

Max: Seine 98.57

▮ plus de 60..

▦ de 40 a 60..

▤ de 31.12 à 40..

▤ de 23 a 31.12

▤ de 15 a 23..

▦ au dessous de 15..

Min: Haute Savoie 8.13

(1) Sur 100 habitants, Nombre
de ceux qui appartiennent à
la population urbaine.

Fig. 16. — Carte du rapport de la population rurale à la population urbaine par département en 1881.

(1) Les numéros qui se trouvent sur cette carte et sur les autres cartes de France sont les numéros d'ordre alphabétique des départements; ils correspondent aux numéros du tableau « Superficie, population, densité des départements et arrondissements en 1801, en 1846 et en 1886, » qui se trouvent au commencement du chapitre VI, La Densité...

Vosges) dont la population urbaine ait diminué et il y en a 62 dont la population rurale s'est amoindrie. Le Pas-de-Calais et la Vendée sont les deux seuls départements où l'augmentation de la population rurale de 1876 à 1881 ait été supérieure au chiffre de 10,000 habitants.

Les ménages. — D'après le recensement de 1886, le nombre des ménages (1) est de 10,582,251. Il correspond exactement au nombre des logements occupés. Il y avait, en outre, 571,965 logements inoccupés, soit en tout 11,154,216 logements d'habitation, sans compter 1,194,437 locaux séparés et servant d'atelier, de boutique ou de magasin. Le nombre des maisons était de 7,706,137, dont 252,817 inoccupées. La moyenne ressort à 3.6 individus par ménage (2), à 100 ménages pour 73 maisons et à 495 habitants pour 100 maisons (3). En 1861, on avait compté 490 habitants par 100 maisons et 3.8 individus par ménage. Le nombre des individus par ménage paraît donc être quelque peu en décroissance (4), soit parce qu'il y a plus de célibataires vivant isolés (ce qui ne veut pas dire plus de célibataires, (voir, dans ce chapitre, le § *état civil*), soit surtout parce qu'il y a moins d'enfants dans les familles. Sur 100 ménages, on en comptait, en 1886, 14 d'individus isolés, 41.3 composés de 2 ou 3 personnes, 29.8 de 4 ou 5 personnes, 14.5 seulement de 6 personnes ou

---

(1) Par ménage, le Bureau de statistique entend non une famille, mais une personne vivant isolée ou un groupe de personnes demeurant ensemble. Un célibataire vivant seul forme un ménage; un propriétaire, vivant dans sa maison avec sa famille et ses domestiques, forme un ménage. Il y a donc autant de ménages que de logements occupés. En 1886, sur 100 ménages, il y en avait 14 de 1 personne, 21 de 2 personnes, 20 de 3, 17 de 4, 13 de 5, 15 de 6 personnes et plus. En 1861, la proportion des ménages de 1 ou 2 personnes était de 30 p. º/o.

(2) Sur 37,930,759 habitants (population présente).

(3) Le nombre des maisons par kilomètre carré est en général en rapport avec la densité de la population; c'est ainsi qu'on compte plus de maisons par kilomètre carré dans le nord-ouest et l'ouest de la France et dans la vallée du Rhône que dans les autres régions et que, pendant que le département du Nord possède 57 maisons par kilomètre carré, les Hautes-Alpes n'en ont que 5.

(4) On comptait : en 1851, 3,95; en 1861, 3,84, en 1866, 3,83; en 1872, 3,71; en 1876, 3,57 individus par ménage. Tous les États d'Europe en comptent aujourd'hui plus de 4 : depuis 4,5 en Saxe jusqu'à 5,20 en Irlande où les mariages sont peu nombreux. Les États-Unis, en 1880, comptaient 5,04 individus par ménage. Cet état particulier de la France est en grande partie la conséquence du petit nombre d'enfants, dont nous parlerons plus loin.

plus, tandis qu'en 1861 les mêmes groupes figuraient dans la proportion de 10.7, de 39.4, de 31 et de 18.8 pour 100.

C'est dans les départements où la natalité est forte, ainsi que nous le verrons plus loin, que le nombre des individus isolés (ménage de 1 personne) est relativement le moindre (4) : Corrèze (1, 3 par 100 hab. en 1886), Corse, Dordogne, Haute-Vienne, Finistère, Territoire de Belfort, Côtes-du-Nord, Tarn, Aude, Creuse (2.3 par 100 habit.) ; c'est dans les départements où elle est faible et dans ceux où l'on immigre qu'il est en général le plus considérable : Orne (5.7 par 100 habitants), Rhône, Meuse, Marne, Calvados, Aube, Charente-Inférieure, Seine (10.9 par 100 habitants).

En prenant comme termes de comparaison les recensements de 1856 (au lieu de 1861) et de 1886, dont les cadres sur ce sujet ont été semblables et dont les résultats sont comparables, on constate que les ménages de 1, de 2 et même de 3 personnes ont augmenté en nombre, que ceux de 4 et 5 personnes ont diminué proportionnellement au total, quoiqu'il y en ait plus aujourd'hui qu'en 1856, et que ceux de 6 personnes et plus ont subi une diminution non seulement relative, mais absolue (1). La tendance à la réduction du nombre des individus par famille est donc manifeste. Mais comme cette tendance est beaucoup plus accusée que celle de la natalité à diminuer, il faut y voir un effet non seulement de l'affaiblissement de la natalité, mais de la facilité des déplacements et de l'émigration qui tend à disperser les membres de la famille.

Pour la première fois en 1886, le recensement a enregistré le

(4) Cependant dans les départements maritimes, comme les Côtes-du-Nord, il peut y avoir un assez grand nombre de ménages isolés quoique la natalité soit forte, parce qu'il y a beaucoup de veuves de marins.

(1) Proportion pour un total de 100 ménages en

	1856,	en 1886
Ménages d'individus isolés	10.4	14.4
De deux personnes	18.5	20.8
Trois personnes	19.9	20.5
Quatre personnes	18.2	17.2
Cinq personnes	13.3	12.6
Six personnes	19.7	14.5

En 1856, il y avait 914,788 ménages d'individus isolés et 1,733,229 ménages de six personnes et plus; en 1881, il y en avait 1,543,662 des premiers et 1,542,532 des seconds.

nombre d'enfants légitimes actuellement vivants par famille. Il a fourni une moyenne générale de 2,07 enfants par famille. Il a constaté qu'il y avait, d'une part, 2,073,205 familles, soit 120 p. 100 du total, n'ayant aucun enfant vivant, soit qu'elles n'en eussent jamais eu, soit qu'elles eussent perdu leurs enfants, soit, enfin, que le mariage datât de moins d'un an (1); qu'il y avait, d'autre part, 8,352,116 familles ayant en moyenne, 2, 6 enfants (2): proportion plus forte et plus conforme au rapport qui existe entre la nuptialité et la natalité (3). Le nombre des enfants s'établissait ainsi : 2,542,611 familles avec un enfant; 2,265,317 avec 2 enfants; 1,512,054 avec 3, 936,853 avec 4; 549,693 avec 5; 313,400 avec 6; 232,188 avec 7 enfants ou plus. Ce qui ne signifie pas que les ménages qui n'avaient que 1 ou 2 enfants en 1886, n'en devaient plus avoir davantage dans la suite. On peut dire que, si 20 pour 100 des familles françaises n'ont pas encore, n'ont plus ou n'auront jamais d'enfants, 60 pour 100 ont 1, 2 ou 3 enfants et près de 20 pour 100 en ont 4 ou plus (4). Dans les Hautes-Alpes, l'Ardèche, les Basses-Pyrénées, l'Aveyron, l'Isère, la Savoie et la Haute-Savoie, la Corse, le Morbihan, les Deux-Sèvres, les Côtes-du-Nord, le Finistère, tous départements montagneux (sauf les Deux-Sèvres) où départements bretons, la moyenne a été forte à 3 à 3.4 enfants par famille ; il n'y a même que les régions montagneuses, la Bretagne et le Poitou (Savoie, Haute-Savoie, Isère, Hautes-Alpes, Ardèche, Aveyron, Côtes-du-Nord, Finistère, Morbihan, Vendée, Deux-Sèvres), où le nombre

---

(1) Les ménages mariés depuis moins de deux ans (environ 570,000) ne sauraient être comptées comme des ménages stériles, parce qu'ils n'ont pas encore d'enfant.

(2) Le nombre total des enfants légitimes ainsi recensés a été 2,611,000. Le nombre total des chefs de famille, de 10,425,321, nombre qui concorde à peu près avec celui de 10,582,251 ménages dans lequel, d'une part sont compris les célibataires isolés, mais d'autre part, ne sont, comptées que pour une unité, plusieurs familles vivant ensemble. Le nombre annuel des naissances légitimes étant d'environ 3 pour 1 mariage contracté dans l'année et la mortalité des enfants étant évaluée à peu près à 20 p. 100, on trouve environ 2 enfants 1/2 vivants par ménage : nombre peu différent de celui que le recensement a fourni.

(3) L'introduction au dénombrement de 1886 (p. 126) fait remarquer qu'en 1884 il a eu 298 naissances par 100 mariages avec une mortalité de 25 p. °/o, il resterait 2. 3 enfants par ménage.

(4) Si l'on exclut les ménages de veuves et de divorcés, on trouve qu'un quart (24.6 p. 100) des ménages composés du père et de la mère ont 1 enfant et que 61.7 p. 100 ont 1, 2 ou 3 enfants. Les familles ayant 7 enfants ou plus (232,188) ne forment guère que 2. 2 p. 100 du total.

des familles ayant au moins sept enfants soit supérieur à 4 p. 100 du nombre total des familles. Au contraire, elle a été inférieure à 1 p. 100 dans les départements de Seine-et-Oise, de l'Hérault, de la Haute-Garonne, de Tarn-et-Garonne, du Gers, du Lot, de Lot-et-Garonne, des Landes et de la Gironde, de l'Orne, du Rhône, de la Seine, de Seine-et-Oise, qui appartiennent pour la plupart au bassin de la Garonne ou à la Normandie et qui renferment les deux plus grandes villes de France. Il n'y a que les départements de l'Orne, de la Seine, de la Sarthe, de l'Eure, de la Seine-Inférieure, de la Meuse, de la Manche et du Calvados où l'on ait trouvé plus de 25 p. 1,000 de ménages sans enfants.

Le sexe. — Le sexe féminin a eu, à chaque recensement, la supériorité du nombre (voir le tableau ci-joint et la fig. n° 5).

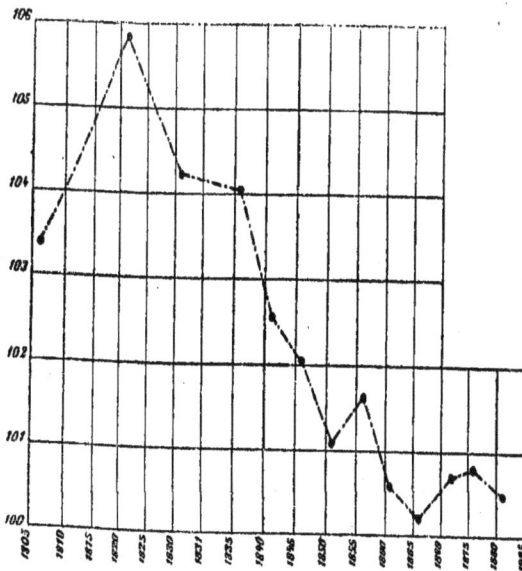

Fig. 17. — Rapport du nombre des femmes au nombre des hommes d'après les recensements.

Sur 100 habitants.	POPULATION DOMICILIÉE.													POPULATION présente.	
	1801	1806	1821	1831	1836	1841	1846	1851	1856	1861	1866	1872	1876	1881	1886
Sexe masculin..	48.70	49.17	48.57	48.97	49.01	49.38	49.50	49.73	49.59	49.87	49.95	49.80	49.79	49.83	49.82
Sexe féminin...	51.30	50.83	51.43	51.03	50.99	50.62	50.50	50.27	50.41	50.15	50.05	50.20	50.21	50.12	50.18
Nombre de femmes pour 100 hommes....	107.49	102.84	105.94	105.59	105.76	102.49	101.80	101.09	101.67	100.51	100.21	100.77	100.86	100.49	100.69

L'influence de la guerre est sensible : la différence, qui avait
atteint son maximum en 1821 après le premier Empire, s'est
atténuée peu à peu, puis a augmenté de nouveau à la suite des
évènements de 1870. La supériorité du sexe féminin est cependant
quelque peu moindre en France que dans la plupart des États
européens, à cause, sans doute, de l'immigration étrangère.

En 1886, le sexe masculin prédominait surtout dans l'est et le
sud-est (Belfort, Hautes-Alpes, Drôme, Var, Basses-Alpes,
Pyrénées-Orientales, Meurthe-et-Moselle, Meuse ; de 54 à 51. 2
hommes sur 100 habitants); le sexe féminin, dans l'ouest et le
nord-ouest (Creuse, Côtes-du-Nord, Manche, Haute-Garonne,
Basses-Pyrénées, Morbihan ; de 54 à 51. 2 femmes (1) pour 100
habitants).

L'état civil. — Du classement de la population d'après l'état
civil, il ressort que les enfants (dénomination sous laquelle sont
compris les individus n'ayant pas l'âge du mariage, c'est-à-dire
les garçons au-dessous de 18 ans et les filles au-dessous de 15
ans) forment plus du quart des habitants de la France, les
célibataires adultes, un peu plus du cinquième et les gens mariés
ou veufs, près de la moitié. Ces proportions, que nous donnons
dans le tableau suivant pour les recensements de 1861, de 1872,
de 1881 et de 1886, n'ont pas varié depuis un quart de siècle ;
cependant les célibataires adultes, parmi lesquels la guerre de
1870-1871 avait fait des vides, ont gagné quelque peu (environ
1 pour 100) au détriment des gens mariés (2).

La figure 18 fait voir le changement qui s'est produit à cet
égard de 1770 (d'après Moheau) à 1866 et à 1886 (d'après les
dénombrements).

---

(1) Trois de ces départements ont beaucoup de marins.
(2) Le docteur Alp. Bertillon, comparant les données de Moheau (fin du règne de
Louis XV) et celles du recensement de 1866, indique à peu près les proportions suivantes (voir fig. 8) :

	Louis XV	1866
Enfants (au dessous de 15 ans révolus)	36	27.3
Célibataires adultes	19	25.3
Mariés	47	40.0
Veufs et veuves	8	7.4
	100	100.

Les enfants étaient alors plus nombreux qu'aujourd'hui.

	1861	1872	1881	1886	NOMBRES ABSOLUS EN 1886 (exprimés en milliers d'unités).		
					SEXE		TOTAL.
					masculin.	féminin.	
Enfants (filles au-dessous de 15 ans, garçons au-dessous de 18 ans)	29.55	29.59	29.36	29.49	6.106	5.084	11.190
Célibataires adultes	22.51	21.58	22.48	23.27	4.313	4.509	8.822
Mariés	40.50	40.61	40.16	39.44	7.472	7.487	14.959
Veufs et veuves	7.44	8.22	8 00	7.77	1.003	1.944	2.947
Divorcés	..	..	..	0.03	5	6	11
	100.00	100.00	100.00	100.00	18.899	19.030	37.929

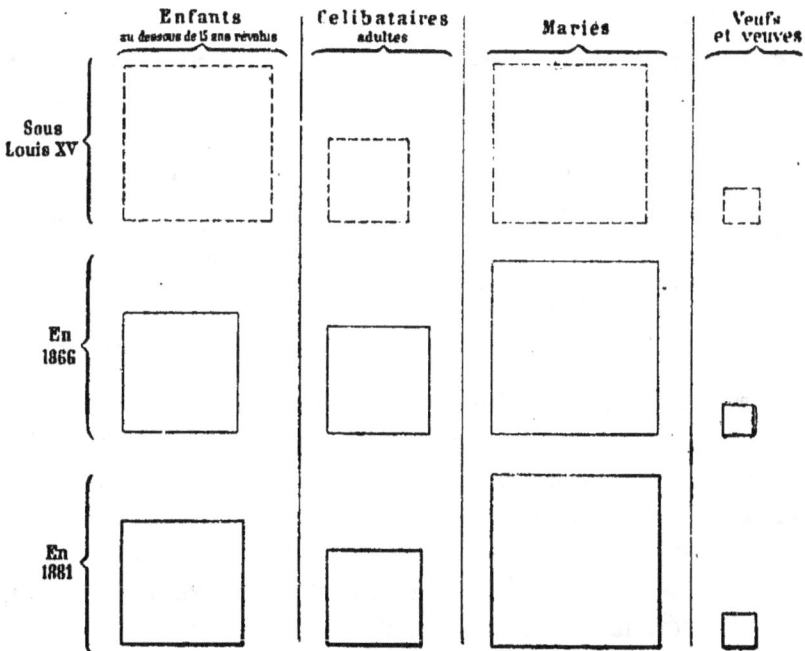

Fig. 18. — Rapport à trois époques (1770, 1866, 1881) de la population groupée d'après l'état civil.

En réunissant les célibataires enfants et adultes, on obtient les rapports suivants qui montrent l'accroissement proportionnel du nombre des gens mariés et des veufs jusqu'en 1876. Cet accroissement ne signifie pas qu'on se marie davantage, mais qu'il naît et qu'il meurt relativement moins d'enfants aujourd'hui qu'autrefois. D'ailleurs, depuis 1876, il se produit un mouvement en sens contraire : la diminution du nombre des mariages a réduit la proportion des gens mariés au profit de la catégorie des célibataires.

ANNÉES (1)	CÉLIBATAIRES (enfants et adultes).	MARIÉS.	VEUFS.
1806...................	57.44	35.93	6.63
1821...................	56.33	36.99	6.68
1831...................	56.00	37.17	6.83
1841...................	55.30	37.81	6.89
1851...................	54.00	38.94	7.06
1861...................	52.68	40.04	7.28
1872...................	51.17	40.61	8.22 (3)
1876...................	50.79	41.07	8.14
1881 (2)...............	51.84	40.16	8.00
1881...................	52.76	39.44	7.77 + 0.03 divorcés.

Le rapport des sexes aux deux dates extrêmes de la série montre plus clairement encore l'accroissement de la proportion des adultes :

		1806	1886
Célibataires	Sexe masculin.	28.95	27.46
	Sexe féminin.	28.49	25.30
Mariés....	Sexe masculin.....................	17.96	19.70
	Sexe féminin.	17.97	19.74
Veufs..		2.26	2.64
Veuves.......................................		4.37	5.13
Divorcés (hommes et femmes)..................		..	0.03
		100.00	**100.00**

La France compte aujourd'hui plus de gens mariés et moins de célibataires, surtout moins d'enfants, qu'au commencement du siècle ; cependant la proportion (mais non le nombre absolu) des gens mariés a diminué, avons-nous dit, depuis 1876. Elle a plus de veufs. Le nombre des veuves a toujours été beaucoup plus considérable que celui des veufs. Un des premiers écrivains français qui aient traité sérieusement cette matière, Deparcieux, écrivait au milieu du XVIIIe siècle : « On voit plus de femmes veuves que d'hommes veufs (4). » Plusieurs raisons expliquent cette différence : la femme, étant, en général, plus jeune que son mari, a chance de

---

(1) Dans le recensement de 1801, la distinction des mariés et des veufs n'existe pas.

(2) Les données, étant celles de la population de fait, ne sont pas entièrement semblables aux données des recensements précédents et paraissent sur certains points médiocrement exactes, notamment sous le rapport des célibataires du sexe féminin.

(3) La guerre est la cause de la forte proportion des veuves en 1872.

(4) *Essai sur la probabilité*..... p. 99.

lui survivre; la femme veuve éprouve moins le besoin ou trouve moins l'occasion de se remarier; enfin la vie moyenne de la femme est un peu plus longue que celle de l'homme.

Si l'on établit le rapport seulement d'après la population adulte, à l'exclusion des enfants au-dessous de 15 ans, on trouve pour l'année 1881 :

Sur 100 individus des deux sexes :	Sur 100 individus du sexe masculin :	Sur 100 individus du sexe féminin :
34.2 célibataires	37.1	31.4
54.9 mariés	55.3	54.4
10.9 veufs	7.55	14.2

Parmi les régions où le nombre des gens mariés est le moindre (de 28 à 34 par 100 habitants) relativement au reste de la population adulte, figurent la Bretagne, les départements montagneux des Alpes et du Massif central, les Landes et le Nord où la natalité, en général, est forte ; au contraire, les départements où il y en a le plus (de 48 à 52 sur 100 habitants), comme l'Eure, le Tarn-et-Garonne, l'Yonne, l'Aube, le Lot-et-Garonne, sont, en général, au nombre de ceux qui ont peu d'enfants (1). Il y a, d'ailleurs, en France moins de célibataires adultes, plus de gens mariés et plus de veufs que dans les autres pays d'Europe, la Hongrie exceptée (2).

---

(1) Voir dans le compte rendu de l'Académie des sciences morales, année 1885, le mémoire de M. Lagneau sur le célibat en France.

(2) En 1880, la Hongrie comptait, 26.09 célibataires, 62.58 mariés, 10.05 veufs, 0.11 divorcés par 100 habitants. La proportion des gens mariés varie, d'après les derniers recensements, de 46.78 p. 0/0 (Écosse) à 53.68 (Italie) ; au-dessus de l'Italie se placent la France et la Hongrie, d'après les *Confronti internazionali* du recensement faits par l'Italie en 1880. Ces résultats diffèrent quelque peu de ceux que donnait dix ans auparavant M. G. Mayr (voir *Gesetzmaessigkeit im Gesellschaftsleben*, p. 173) et de ceux qu'a donnés en 1876 M. Kiær (*Bidrag til en norsk Befolkningsstatistik*, Études démographiques sur la statistique de la population norvégienne, recensement de 1876, p. 59).

	NOMBRE DES GENS MARIÉS sur 100 vivants de plus de 15 ans.			NOMBRE DES GENS MARIÉS sur 100 vivants de plus de 15 ans.	
	époux.	épouses.		époux.	épouses.
Hongrie..........	64.7	64.8	Pays-Bas..........	50.8	48.3
France..........	56.4	55.0	Norvège..........	51.0	47.0
Angleterre........	55.9	52.2	Ecosse..........	50.2	43.9
Italie.	52.6	52.8	Belgique........	46.4	46.3
Canada..........	51.5	54.0	Suisse............	47.0	44.7
Autriche..........	54.5	50.5	Irlande..........	44.3	42.0
Allemagne........	52.5	49.7			
Suède............	52.1	47.2	*Moyennes*.....	53.3	52.2

En Bretagne et dans la plupart des régions montagneuses la proportion des célibataires est considérable, non seulement quand on fait entrer en ligne tous les célibataires (proportion qui dans ce cas est affectée par la forte natalité de ces régions), mais quand on compare les célibataires adultes seuls au reste de la population.

On comprend pourquoi le département de la Seine est celui qui compte le plus de divorcés (143 sur 100,000 hab. en 1886) et même pourquoi le recensement en a trouvé plus dans les départements manufacturiers du nord que dans les départements agricoles du centre, pourquoi le nombre des veuves l'emporte de beaucoup sur celui des veufs dans la Seine ; mais il y a cependant dans la répartition de la population d'après l'état civil certaines particularités dont on n'aperçoit pas tout d'abord la cause, comme celle d'un grand nombre de divorcés dans l'Aube et de veuves dans Indre-et-Loire.

Le culte. — C'est en 1851 que la question du culte a été posée pour la première fois ; elle a donné lieu à des réponses d'une exactitude très douteuse et soulevé des difficultés assez graves pour qu'on n'ait pas cru devoir la renouveler en 1856. Cependant elle a été dans la suite de nouveau posée et elle figure dans la publication des recensements de 1861, de 1866 et de 1872. Ce dernier recensement a donné les chiffres suivants (exprimés par milliers d'unités) :

Catholiques	35.388		
Calvinistes	468		
Luthériens	80	581 protestants.	
Autres cultes protestants	33		Total.
Israélites	49		36.103
Autres cultes	3		
Personnes ayant déclaré n'être d'aucun culte ou dont le culte n'a pu être constaté	82		

Si l'on compare les trois recensements de 1861, de 1866 et de 1872, on trouve les rapports suivants (1) :

(1) Entre les recensements de 1861 et de 1866 qui ont été exécutés à peu près de la même manière, le progrès a été de 0.33 p. % pour les catholiques, de 1.10 pour les protestants, 2.27 pour les israélites. Cependant les rapports qui résultent du culte varient peu : en général, les enfants étant presque toujours élevés dans la religion de leurs parents et chacun, qu'il pratique ou non, s'inscrit d'ordinaire comme

Sur 10,000 habitants Nombre de :	1861	1866	1872
Catholiques	9.763	9.748	9.802
Protestants.................	214	223	160
Israélites	21	23	14
Autres cultes inconnus	2	6	24

La diminution du nombre des protestants et des israélites en 1872 s'explique pour la perte des provinces de l'est qui étaient, avec la région du Rhône, les parties de la France comptant le plus de protestants. La crainte de soulever des passions religieuses a empêché l'Administration de publier en 1876 et même de demander en 1881 et en 1886 ce renseignement intéressant.

Les protestants, en 1872, figuraient donc à raison d'un peu plus de 1 1/2 pour 100 dans le total de la population et les israélites à raison d'un peu moins de 1 1/2 pour 1,000.

La proportion depuis 1872 est vraisemblablement restée, comme de 1861 à 1872, à peu près la même dans chaque département(1), quoique le nombre des israélites ait augmenté, surtout depuis 1881.

C'est dans le département de la Seine, dans le Languedoc et jusque sur la rive gauche du Rhône, dans la vallée de la Garonne, dans les Charentes et le Poitou, dans certaines parties de la Franche-Comté et dans les villes de la Seine-Inférieure et du Nord qu'on rencontre le plus de protestants. Ils sont encore groupés dans les contrées où l'histoire les trouve combattant pour leur foi au XVI⁰ siècle et formant au XVII⁰ une population moralement séparée de la masse des catholiques.

Ils sont, au contraire, très rares dans l'ouest et le centre de la

---

professant la religion dans laquelle il a été élevé. Ainsi, en Bavière où la religion catholique et la religion protestante ont l'une et l'autre une grande importance, on a trouvé :

	Catholiques	Protestants
En 1840..........	71.08	27.45 %
» 1852........ .	71.10	27.54 »
» 1867..........	71.33	27.54 »
» 1871..........	71.33	27.61 »
» 1880........	71.22	27.91 »

Cependant l'accroissement des déclarations anti-religieuses dans le recensement français de 1872 a été une des raisons qui ont fait supprimer la question de religion.

(1) En 1851, l'Administration, pour des considérations particulières, s'est abstenue de publier la répartition des département.

France, ainsi que dans les Alpes et les Pyrénées (voir la carte ci-après, fig. 19).

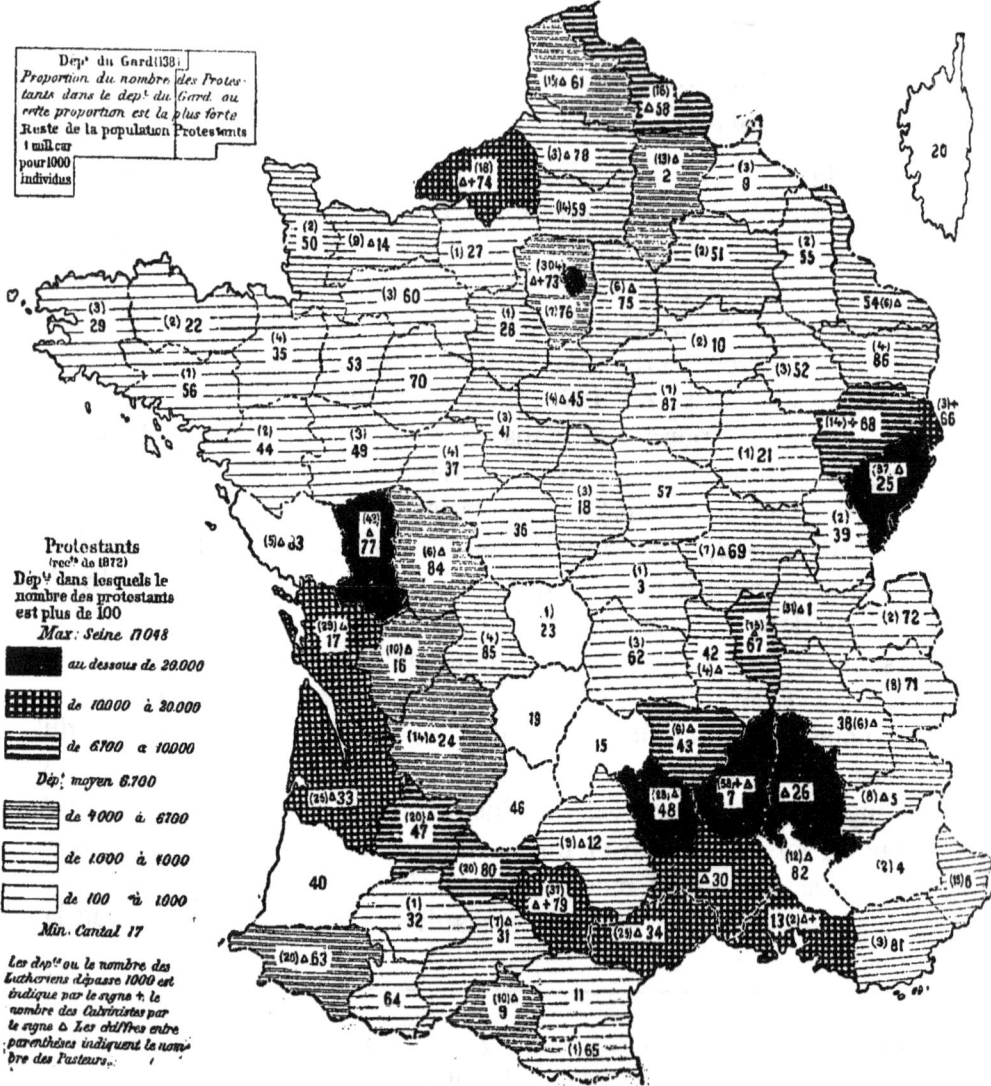

Dép¹ du Gard (138)
Proportion du nombre des Protestants dans le dép¹ du Gard, où cette proportion est la plus forte
Reste de la population Protestants
1 mill. car pour 1000 individus

Protestants
(rec¹ᵉ de 1872)
Dép⁹ dans lesquels le nombre des protestants est plus de 100
Max: Seine 11048

au dessous de 20.000
de 10000 à 20.000
de 6700 à 10000
Dép! moyen 6.700
de 4000 à 6700
de 1000 à 4000
de 100 à 1000
Min. Cantal 17

Les dép¹ˢ où le nombre des Luthériens dépasse 1000 est indiqué par le signe +, le nombre des Calvinistes par le signe △ Les chiffres entre parenthèses indiquent le nombre des Pasteurs.

Fig. 19. — Carte de la répartition des protestants en France par département (recensement de 1872).

Les israélites, dix fois moins nombreux, ne constituent des groupes quelque peu importants que dans le département de la Seine, dans l'est, dans les grandes villes de commerce, comme Marseille, Bordeaux, Lille, et dans les Basses-Pyrénées (voir la carte ci-jointe, fig. 20) (1).

_____

(1) Voici quel était, d'après les relevés, les uns scrupuleusement exacts, les autres

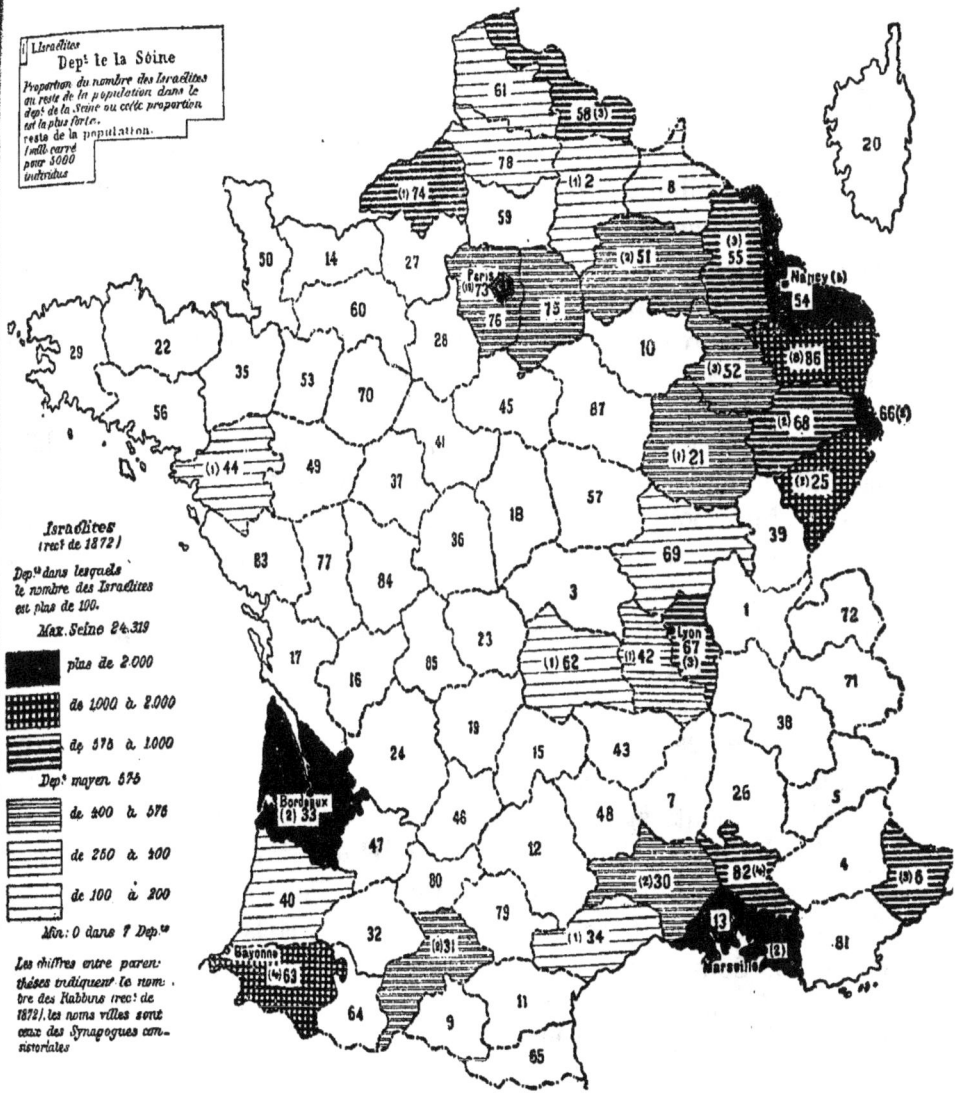

Fig. 20. — Carte de la répartition des israélites en France par département (recensement de 1872).

approximatifs, le nombre des consistoires et la population israélite en 1887 :

Consistoire de Paris.....	45.000 âmes.		Report.......	57.320 âmes.
— Lille.......	2.660 —	Consistoire de Lyon......	2.471
— Nancy.....	3.275 —	— Marseille..	5.000 —
— Vesoul.....	4.385 —	— Bayonne ..	2.000 —
— Besançon ..	2.000 —	— Bordeaux ..	3.000 —
A Reporter....	57.320 âmes.			69.791 âmes.

Ce nombre est de près de moitié plus élevé que celui du dénombrement de la population en 1872 (49,439) et indique qu'il doit y avoir eu, malgré l'accroissement de la population israélite depuis dix ans, beaucoup d'omissions en 1872.

L'instruction. — La question de l'instruction primaire a été posée deux fois dans les recensements : en 1866 et en 1872. A cette dernière date, 30 pour 100 des individus âgés de plus de 6 ans (27.4 pour 100 pour le sexe masculin, 33.5 pour 100 pour le sexe féminin) étaient entièrement illettrés. La répartition des lettrés et des illettrés par département concordait d'ailleurs assez exactement avec les renseignements que fournissent sur ce sujet la statistique du recrutement de l'armée et celle des époux et épouses qui ont signé leur acte de mariage.   •

Nous nous réservons de revenir sur cette question dans le chapitre consacré à l'instruction (1).

L'origine et la nationalité. — D'après le recensement de 1886, les individus nés dans la commune où ils ont été recensés représentent 59.3 pour cent de la population française, et les individus nés dans une autre commune du département 23.1 (2) ; il y a donc en tout plus des quatre cinquièmes (82.4 pour cent) de la population qui sont à peu près stationnaires. Le reste (17 pour 100) est venu d'un autre département, d'une colonie française ou de l'étranger. La proportion de la population stationnaire diminue à mesure que les voies de communication facilitent les déplacements : elle était de 88.2 pour 100 en 1861. Ce sont, en général, les départements agricoles, pauvres ou montagneux : Lot, Côtes-du-Nord, Landes, Corrèze, Finistère, Haute-Savoie, Corse, Pyrénées-Orientales qui renferment le moins d'éléments étrangers (de 1 à 6 pour 100), et les départements industriels et commerçants, comme la Seine, Seine-et-Oise, le Rhône, les Bouches-du-Rhône, Belfort, Meurthe-et-Moselle, la Gironde, qui en renferment le plus (de 60 à 24 pour 100).

Le nombre des étrangers a constamment augmenté en France : il était de 380,831 en 1851, premier recensement qui constate le fait ; de 635,495 en 1866 avant la perte de l'Alsace-Lorraine et de 1,126,531 en 1886 (3).

---

(1) Voir Livre II, ch. XX.

(2) Cette proportion s'élève à 60.5 pour 100 nés dans la commune et 23.5 pour 100 nés dans une autre commune du département, si l'on ne considère que les Français ; la proportion se trouve affaiblie par le contingent des étrangers qui, sur cent individus, n'en compte que 25.4 nés dans la commune et 7 nés dans une autre commune du département.

(3) 1,115,214 suivant la population domiciliée et 1,126,531 suivant la population de fait.

Le rapport du nombre des étrangers à la population totale a été successivement (1) :

En 1851..........	1.06 pour cent		En 1876..........	2.17 pour cent	
1861..........	1.33	id.	1881..........	2.67	id.
1866..........	1.67	id.	1886..........	2.97 (2) id.	
1872..........	2.03	id.			

Le nombre des individus d'origine étrangère qui avaient été naturalisés français, était, en outre, de 103,886 en 1886 (3). Il a presque décuplé depuis 1851 où il n'était que de 13,525, et même depuis 1872 où il n'était que de 15,303. La naturalisation des Alsaciens-Lorrains a une part considérable dans ce rapide accroissement.

Le nombre des individus nés à l'étranger est minime pour les Français (266,393, soit 0,7 pour 100 de la population française) ; il est relativement considérable pour les étrangers (695,108, soit 61.7 pour 100). Il doit en être ainsi ; ces étrangers représentent la première génération qui a immigré en France.

De 1872 à 1886, le nombre des étrangers, naturalisés ou non, a augmenté de 64 pour 100, tandis que la population totale n'augmentait que de 5 pour 100.

Toutes les nations voisines de la France ont participé à l'accroissement de cette immigration. Voici à trois époques le nombre des représentants en France des sept principales nations :

---

(1) De 1872 à 1886, le nombre des étrangers s'est accru de 3 1/2 p. 0/0 par an en moyenne. L'accroissement le plus rapide a été celui de la période 1876-81 :

ANNÉES.	ACCROISSEMENT MOYEN ANNUEL du nombre des étrangers en France.	
	Nombre absolu.	p. 100 étrangers.
1872-76........................	13.090	1.8
1876-81........................	39.867	5.0
1881-86........................	28.404	2.8

(2) Parmi les étrangers, les hommes (617,586), qui émigrent plus facilement que les femmes (508,945), sont en majorité. En Europe, il n'y a que la Suisse qui, étant un petit État où les montagnes attirent les étrangers autant que le travail, en compte (7.44 p. 0/0) plus que la France. Les autres États en comptent généralement moins de 1 p. 0/0. (Empire allemand, 0.6 p. 0/0 ; Italie, 0,2 ; Autriche cisleithane, 0.7, etc.)

(3) Depuis 1872, voici le nombre à chaque recensement des naturalisés : 1872 : 15,303 ; 1876, 34.510 ; 1881, 77,046 ; 1886, 103,886.

LES ÉTRANGERS EN FRANCE

(Nombres exprimés par milliers d'unités).

	1851	1866	1886
Belges........................	128	276	482
Italiens.......................	63	99	264
Allemands.....................	57	106	100
Espagnols.....................	29	32	79
Suisses	25	42	78
Hollandais.........	?	16	37
Anglais	20	30	36

Trois autres pays fourniront en 1886 plus de 10,000 représentants : les Austro-Hongrois, 12,000 ; les Russes, 12,000 ; les Américains, 10,000. Les Suédois et Norvégiens en comptaient 2,400 ; les Grecs en avaient 1,300 ; les Roumains, Serbes et Bulgares, 1,150 ; les Turcs et Africains, 1,600 ; les Asiatiques, 350.

Les Allemands seuls paraissent avoir diminué depuis 1866 ; mais ils ont beaucoup augmenté depuis 1876 où le recensement n'en comptait que 59,000. En 1866, la statistique confondait les Autrichiens et les Allemands, qu'elle distingue aujourd'hui, et il est possible qu'un certain nombre de sujets de l'Empire allemand aient masqué leur nationalité sous le nom d'Autrichiens ou même de Hollandais. Il convient de remarquer aussi que 46,000 Allemands habitaient les pays annexés à la suite de la guerre 1870-71. Il est regrettable que des convenances politiques ne permettent pas à l'Administration de demander combien sont Alsaciens parmi les individus enregistrés comme Allemands.

Paris, qui offre plus qu'aucun lieu de France des ressources au travail et des occasions au plaisir, est le principal foyer d'attraction des étrangers : le département de la Seine en comptait à lui seul 214,000 en 1886. Cependant le département du Nord, où les ouvriers belges se trouvent, pour ainsi dire, chez eux, le dépasse avec un total de 306,000 étrangers, dont 299,000 Belges. Les Bouches-du-Rhône, qui viennent au troisième rang, en ont 78,000. Il y a sous ce rapport des différences notables entre le recensement de 1866 et celui de 1881 ; elles proviennent peut-être, en partie du moins, du recensement qui n'a pas été exécuté de le même manière aux deux époques.

Les départements de la frontière sont ceux qui ont le plus d'étrangers et sont en général ceux où leur nombre a le plus augmenté (1). Hors de là ils sont rares ; on n'en trouve que très peu dans le Massif central et dans la Bretagne ; il y a quelques colonies dans la plaine de la Basse-Loire où la douceur du climat fixe des Anglais et où des travaux de terrassement occupent des Italiens et des Belges ; çà et là, des groupes isolés dans les villes manufacturières et sur les bassins houillers. En général, chacun va au plus près et s'établit en France dans le voisinage de son pays natal. Les Belges, qui ont de beaucoup la supériorité du nombre, se trouvent dans la région du nord (Nord, Seine, Ardennes, Pas-de-Calais, Oise, Seine-et-Oise, Aisne, etc.) ; les Allemands dans l'est (Seine, Meurthe-et-Moselle, Vosges, Belfort, Marne, Meuse, etc.) et dans les ports de mer ; ils ne forment que de très petits groupes au sud de la Loire. Les Italiens sont dans la vallée du Rhône (Bouches-du-Rhône, Alpes-Maritimes, Var, Corse, Rhône, etc.) et s'avancent jusqu'à Paris ; d'ailleurs, on les rencontre par petits groupes dans un grand nombre d'autres départements. Les Espagnols occupent la région pyrénéenne (Basses-Pyrénées, Pyrénées-Orientales, etc.) ; les Suisses à l'est (Doubs, Rhône, Haute-Savoie, etc.) et à Paris (voir la carte ci-jointe, fig. nᵒ 21).

Le faible accroissement de la population française laisse des vides dans les emplois industriels que les étrangers viennent remplir, attirés par le taux élevé des salaires.

Nous reviendrons plus loin sur cette question, lorsque nous traiterons de la fécondité et de l'émigration (2).

Les infirmités en général. — Il serait intéressant de constater les infirmités physiques qui affligent une population ; mais à de telles questions il est rare que l'administration du recensement reçoive des réponses satisfaisantes.

La Statistique générale de France a cessé de les poser depuis 1876, malgré les recommandations du Congrès de St-Pétersbourg

---

(1) La proportion des étrangers a augmenté de 1881 à 1886 dans tous les départements de la frontière du nord et de la frontière de l'est ; les Alpes-Maritimes seules font exception parce que le recensement de 1886 a eu lieu en mai, à une époque où les étrangers ne fréquentent pas les stations méditerranéennes comme en hiver. La proportion a augmenté aussi dans tous les départements côtiers, quoique plusieurs de ces départements, comme ceux de la Bretagne, ne renferment qu'un très petit nombre d'étrangers.

(2) Voir Livre III, ch. VI.

et l'exemple de plusieurs nations d'Europe (1). Elle avait obtenu

Fig. 21. — Carte de la répartition par département des étrangers résidant en France (recensement de 1881).

les résultats suivants, qui ne donnent qu'une image sans doute très imparfaite des véritables rapports : sur 10,000 habitants on comptait :

---

(1) Les différences que présentent à cet égard les résultats des statistiques indiquent la difficulté et l'imperfection de ce genre de recensement. Ainsi, le Portugal donne 22 aveugles pour 10,000 habitants, tandis que la Hollande n'en accuse que

ANNÉES.	NOMBRE DE			
	crétins et idiots.	aliénés.	aveugles.	muets.
1851	(?)	12.5	10.3	8.3
1861	11.1	11.4	8.2	5.7
1866	10.5	13.3	8.4	5.6
1872	11.4	(1)	8.3	6.2
1876	12.0	12.2	7.7	5.7

L'aliénation mentale. — C'est surtout dans les départements qui ont des asiles d'aliénés qu'on a recensé le plus d'individus privés de raison. En reportant le nombre des fous internés au compte du département qu'ils habitaient avant l'internement, on trouve que les dix départements qui en avaient le plus (de 3 à 1.7 par 1,000 habitants) à l'époque du recensement de 1866 (qui paraît être le plus exact sous ce rapport comme sous plusieurs autres) étaient : Seine-et-Oise, Indre-et-Loire, Seine, Loire-Inférieure, Sarthe, Rhône, Haute-Marne, Haute-Loire, Calvados, Seine-Inférieure.

La plupart de ces départements possèdent une forte proportion de population urbaine et appartiennent à la catégorie des régions riches, tandis que ceux qui comptaient moins de 1 aliéné par 1,000 habitants étaient presque tous agricoles (2). C'est surtout parmi les célibataires adultes qu'on compte le plus d'aliénés et le plus de crétins ; on ne peut guère tirer de conclusion de ce fait, sinon que les fous et les idiots ne trouvent pas à se marier. L'imperfection des données statistiques ne permet pas d'insister longuement sur ce point dans une étude démographique.

Les asiles d'aliénés fournissent des renseignements qui sont beaucoup plus précis, mais qui, ne s'appliquant qu'à une partie des fous, ne donnent pas la vraie mesure de l'aliénation mentale (3).

---

4 1/2. On peut dire cependant que beaucoup d'États se rapprochent des moyennes de la France et qu'il est vraisemblable que les pays du sud aient plus d'aveugles que ceux du nord.

(1) Le recensement de 1866 avait compté 50,726 aliénés (30,992 dans les asiles et 19,734 à domicile) ; celui de 1872 n'en compte que 20,020, différence invraisemblable ; celui de 1876 en a donné 46,131, dont 38,200 dans les asiles et 7,931 à domicile : ce dernier nombre est certainement au-dessous de la réalité.

(2) Voici les dix derniers départements de la série : Haute-Vienne, Alpes-Maritimes, Vendée, Indre, Gers, Hautes-Pyrénées, Landes, Basses-Pyrénées, Charente et Cher.

(3) Si l'on consulte les recensements des pays qui, de 1847 à 1860, ont enregistré cette infirmité, on trouve des proportions trop différentes pour qu'on les accepte

Néanmoins ces renseignements, utiles à consulter, montrent que, depuis la loi de 1838, la proportion des aliénés renfermés dans les asiles a triplé : de 4.3 par 10,000 habitants, pendant la période 1840-44, elle s'est élevée à 12.9, pour la période 1880-84 (1). Il est vrai que le nombre des asiles a augmenté et la loi a pu être appliquée d'une manière plus complète à une époque qu'à une autre. S'il est vraisemblable que les cas de folie soient devenus plus fréquents dans une société plus agitée qu'autrefois par les passions de la politique et par les fluctuations de la richesse, il est probable cependant que l'aggravation du mal n'est pas proportionnelle au nombre des personnes internées (2).

Les deux sexes sont à peu près également frappés (3), et les fous, quel que soit leur sexe, sont exposés à une mortalité plus forte que le reste de la population française (4).

---

comme vraisemblables : de 6.7 aliénés (folie et idiotie) par 10,000 habitants en Silésie, à 82.2 dans le canton de Lucerne.

(1) Moyenne quinquennale du nombre des aliénés se trouvant dans les asiles publics ou privés au 1er janvier pour 10,000 habitants de la France.

1835-39.............	3.4	1861-64.....................	8.4
1840-44.....................	4.3	1865-69.....................	9.5
1845-49.....................	5.3	1871-74.....................	10.6
1850-54.....................	6.3	1875-79.....................	12.0
1855-60.....................	7.2	1880-84.....................	12.9

(2) Sur les 50,713 aliénés existant dans les asiles au 1er janvier 1884, il y en avait :

595 dans l'asile national ;
30,582 dans les asiles départementaux ;
6,164 dans les quartiers d'hospice ;
11,524 dans les asiles privés recevant des indigents ;
1,848 dans les asiles privés proprement dits.

50,713

Ils se répartissaient de la manière suivante d'après la nature de la folie :

Folie simple........................... 36,101
Folie paralytique...................... 2,906
Démence sénile. 5,596
Idiotisme et crétinisme............... 6,110

50,713

(3) Il y a toujours plus de femmes que d'hommes dans les asiles (23,854 hommes et 26,859 femmes en janvier 1884), et il en est ainsi (pour la folie) dans la plupart des pays. Cependant il entre tous les ans plus d'hommes que de femmes (7,842 hommes et 7,363 femmes en 1884) ; mais il sort, par décès ou autrement, plus d'hommes que de femmes (7,221 hommes et 6,673 femmes en 1885).

(4) Leur mortalité est environ cinq fois plus forte que celle des Français en général ; elle est considérable, surtout pour les individus atteints de démence sénile ou de folie paralytique : on n'en guérit d'ailleurs que 0.2 à 0.4 pour 100, tandis qu'on guérit 7 aliénés pour 100 de la folie simple.

Les chances d'aliénation mentale sont très diverses suivant la profession. Une statistique résultant de 19,817 cas (sur 32,876 individus qui avaient passé par les asiles en 1853) a établi que, sur 1,000 individus exerçant une des professions suivantes d'après le recensement de 1851, le nombre des aliénés était de :

9.6 pour les artistes ;
8.5 pour les hommes de loi ;
4.1 pour les ecclésiastiques ;
3.8 pour les médecins et pharmaciens ;
3.5 pour les professeurs et hommes de lettres ;
1.4 pour les fonctionnaires et employés du Gouvernement ;

2.0 pour les militaires et marins ;
1.5 pour les domestiques et journaliers ;
1.1 pour les ouvriers de l'industrie ;
1.0 pour les rentiers et propriétaires ;
0.4 pour les commerçants ;
0.2 pour les ouvriers agricoles.

On est en droit de conclure que le développement et l'exercice des facultés intellectuelles est une des causes qui prédisposent à la folie (1), que le bien-être exempt de soucis et le calme de la vie agricole sont, au contraire, des causes d'immunité (2). En effet, parmi les causes les plus fréquentes de folie, figurent les déceptions de la fortune et de l'ambition, l'abus des plaisirs des sens qui se rencontre beaucoup plus chez les hommes que chez les femmes, l'amour et la jalousie, les maladies cérébrales, l'exaltation religieuse (3) et surtout l'abus des boissons alcooliques.

Les autres infirmités. — Les autres infirmités constatées par le recensement de 1866, sans offrir de suffisantes garanties d'exactitude, présentent cependant une certaine régularité dans leur

---

(1) Si l'on considérait les nombres absolus de chaque catégorie d'aliénés, et non les nombres proportionnels à chaque profession, le résultat serait tout autre ; mais ils ne renseigneraient pas relativement à l'influence de la profession sur la folie.

(2) Le census de 1850 aux États-Unis semble confirmer ce rapport ; car sur 10,000 individus de chaque catégorie il a constaté :

7.6 cas de folie proprement dite pour la population blanche ;
7.1 cas de folie proprement dite pour la population de couleur, libre.
1.0 cas de folie proprement dite pour la population de couleur, esclave.

(3) Voir l'article *Aliénation* dans le *Dictionnaire encyclopédique des sciences médicales.* La France ne paraît d'ailleurs pas être, sous le rapport de l'aliénation mentale, dans une condition pire que les pays voisins. Voici le nombre, par 10,000 habitants, d'aliénés placés dans des établissements spéciaux en 1869 :

France. 10
Angleterre. 15
Écosse . . . . 17 } par 1,000 habitants.
Belgique 13
Suisse. 11

distribution géographique, ainsi qu'on peut le voir sur la carte ci-après (voir fig. 22). Les crétins et idiots et les goîtreux se trouvent surtout dans les parties montagneuses du territoire : Alpes, Massif central, Pyrénées, Vosges et Lorraine ; les sourds-muets, surtout dans les Alpes ; les aveugles, dans les Alpes, le Languedoc, une partie du Massif central, les Vosges et dans plusieurs autres départements du nord et du nord-ouest.

Il n'est pas toujours facile de tirer de ces données une règle générale. On voit cependant que les pays de montagnes, où la masse de la population vit pauvrement, sont les plus affligés d'infirmités, surtout de goître et de crétinisme. Une enquête spéciale faite en 1864 a constaté qu'il existait en Savoie 5 crétins par 1,000 habitants ; une autre enquête de 1873 en a signalé jusqu'à 22 par 1,000 habitants dans les Hautes-Alpes, beaucoup plus que le recensement de 1866 n'en avait accusé (1).

Les médecins discutent sur les causes de cette infirmité, l'attribuant soit à la mauvaise qualité des eaux, soit à l'absence de soleil pendant une partie de la journée, soit à la mauvaise nourriture. Quelles qu'elles soient, il est certain que le bien-être et la propreté, qui en est souvent une conséquence, peuvent beaucoup contre elle : à Varangéville et à Rosiéres, près de Nancy, les goîtreux étaient très nombreux jadis ; depuis que l'exploitation du sel a enrichi ces villages, ils sont devenus rares.

On comprend que le soleil (ajoutons la poussiére des pays où la pluie est rare) ait une action sur l'organe visuel, qu'il y ait par conséquent beaucoup d'aveugles dans le midi et qu'on en ait recensé dans la région du sud-est (13 départements) 11.2 par 10,000 habitants, pendant que la moyenne générale de la France n'était que de 8.4. C'est pour la même raison qu'on remarque beaucoup d'ophthalmies chez les Arabes. On comprend moins pourquoi les recensements ont toujours (1851, 1856, 1866) indiqué qu'il en existait aussi beaucoup dans le nord-est (10.7 par 10,000, moyenne des dix départements du nord-est).

Néanmoins on ne saurait nier que la richesse et le climat aient une influence marquée sur les infirmités.

Le recrutement fournit à cet égard quelques notions plus

---

(1) Ce recensement en avait accusé 3.8 en Savoie, 1.8 dans la Haute-Savoie et 2.6 dans les Hautes-Alpes par 1,000 habitants.

précises que le dénombrement; mais il ne s'applique qu'à une partie de la population. Le résultat général calculé pour la période 1858-59 est le suivant : pour obtenir 1,000 hommes du contingent sous le régime de la loi de 1832, il fallait en examiner environ 2,000 sur lesquels 105 étaient exemptés pour défaut de taille, 541 pour infirmités (1) et 354 pour d'autres motifs.

Nous parlerons de la taille dans un autre chapitre (2).

Les infirmités se répartissaient de la manière suivante par 1,000 exemptions :

15.6 pour maladies de la peau ;
10.3 pour calvitie et alopécie ;
44.4 pour maladies des yeux ;
11.1 pour maladies de l'ouïe ;
45.8 pour maladies de la bouche et des dents ;
12.9 pour maladies des organes de la voix ;
2.0 pour maladies du nez ;
30.2 pour goîtres ;
20.4 pour maladies des voies respiratoires ;
68.5 pour hernie ;
263.2 *à reporter*.

263.2 *report.*
3.4 pour maladie du bas-ventre ;
58.5 pour varicocèles et autres infirmités des organes génito-urinaires ;
54.3 pour perte de l'usage des bras ou des jambes ;
70.2 pour varices et pieds plats ;
47.5 pour pieds-bots, etc.;
29.9 pour gibbosité ;
7.9 pour maladies du système nerveux;
14.7 pour crétinisme, folie, etc.;
326.8 pour faiblesse de constitution ;
124.6 pour infirmités diverses.
1,000

Parmi les jeunes gens examinés, on a constaté que le bégaie-

---

(1) La proportion des exemptés pour infirmités ou faiblesse de constitution n'a varié qu'entre 24 et 31 pour 100 du nombre des jeunes gens examinés. Voici les rapports calculés par la *Statistique générale de France*.

Sur 100 *jeunes gens examinés, nombre d'exemptés pour infirmités ou faiblesse générale.*

1830	25.98	1853-54-55-58	24.19
1831-40	29.23	1856-57-59-60	27.52
1841-48	30.96	1861-65	27.65
1849-52	29.28		

Les variations paraissent avoir pour cause moins l'état physique de la population que l'état politique de la France, les conseils de revision se montrant plus sévères en temps de guerre ou quand la guerre est menaçante. Les rapports ci-dessus sont calculés sur le contingent total des jeunes gens examinés, y compris ceux qui avaient une exemption légale ; si l'on retranche ces derniers et qu'on calcule sur les jeunes gens visités seulement, le rapport s'élève et varie entre 29 et 35 suivant les périodes.

Il y a certaines infirmités qui paraissent être en voie régulière de décroissance. Ainsi les exemptions pour épilepsie sont tombées de 5.2 pour 1,000 examinés en 1816, à 1.7 en 1868, les pertes de doigt de 7.3 à 4.2 en 1849 (depuis 1850 cette infirmité est confondue avec la mutilation des doigts); la perte de membres de 13.1 à 10.7 en 1849 ; la claudication de 11.2 à 5.4. Mais on ne saurait trop dire si c'est la fraude qui a diminué ou la constitution physique qui s'est améliorée.

(2) Voir Livre II, ch. v.

ment était plus fréquent dans le bassin du Rhône et surtout sur les bords de la Méditerranée que dans le reste de la France (1). Les plaines du Centre, la Bretagne et le nord-est ont peu de bègues.

La myopie épargne les conscrits du Massif central, de la Bretagne et du nord-est qui comptent en moyenne moins de 2 exemptés pour cette infirmité par 1,000 examinés ; mais, la Provence, plusieurs départements du bassin de la Garonne et du bassin de la Seine en comptent plus de 5.

Les jeunes gens ayant de mauvaises dents sont en grand nombre dans les départements de l'ouest. Si l'on tire sur une carte une ligne droite de Laon à Tarbes, on voit à l'ouest de cette ligne tous les départements comptant de ce chef plus de 10 exemptions sur 1,000 examinés. Faut-il attribuer cette infirmité à l'humidité du climat ? Cependant la Bretagne, qui est très humide, a peu d'exemptés de cette espèce et fait exception dans la région occidentale. Le Massif central et la région alpestre n'ont, comme la Bretagne, qu'un petit nombre d'exemptions pour ce motif.

Les hernies paraissent réparties plus uniformément sur le territoire. Cependant c'est aussi dans les départements de l'ouest qu'on en rencontre le plus, et, comme pour la myopie, la Bretagne et le Massif central figurent parmi les régions les moins atteintes.

Les varicocèles et les varices se rencontrent plus souvent dans le nord de la France et dans les régions du sud-ouest et du sud-est qu'en Bretagne et dans le Massif central. Les trente-trois départements qui ont plus de 20 exemptés pour varices par 1,000 examinés sont presque tous situés au nord de la Loire et forment un groupe compact qui s'étend au sud-ouest jusqu'en Vendée et au sud-est jusque dans l'Ain ; les départements des Basses-Pyrénées et du Rhône font seuls exception.

Les scrofuleux se trouvent dans le Cantal, la Corrèze, le Jura,

---

(1) La moyenne générale de la France pendant la période 1850-1869 a été de 6.3 exemptés pour bégaiement sur 1,000 jeunes gens examinés. Les départements marqués de la lettre *B* sur la carte ont une moyenne de plus de 10 ; outre les régions citées dans le texte, il y a deux départements du Massif central et deux de la Normandie qui dépassent cette moyenne. Le nombre des exemptions pour bégaiement a été beaucoup moindre, à cause de la sévérité des Conseils de revision en temps de guerre (1853, 1854, 1858) et a augmenté de 1862 à 1869. (Voir *Statistique du bégaiement en France*, par M. Chervin père, 1878). Le nombre des exemptions continue à augmenter, probablement parce que l'examen est plus sérieux.

l'Aveyron ; la phtisie pulmonaire surtout dans l'Isère, Tarn-et-Garonne, l'Hérault, Indre-et-Loire, l'Aude, le Tarn et l'Aveyron.

Si l'on réunit sur une carte toutes les infirmités constatées durant la période 1850-1858, on voit qu'il y a de grandes différences entre les départements (voir la fig. 22), depuis l'Ardèche qui avait

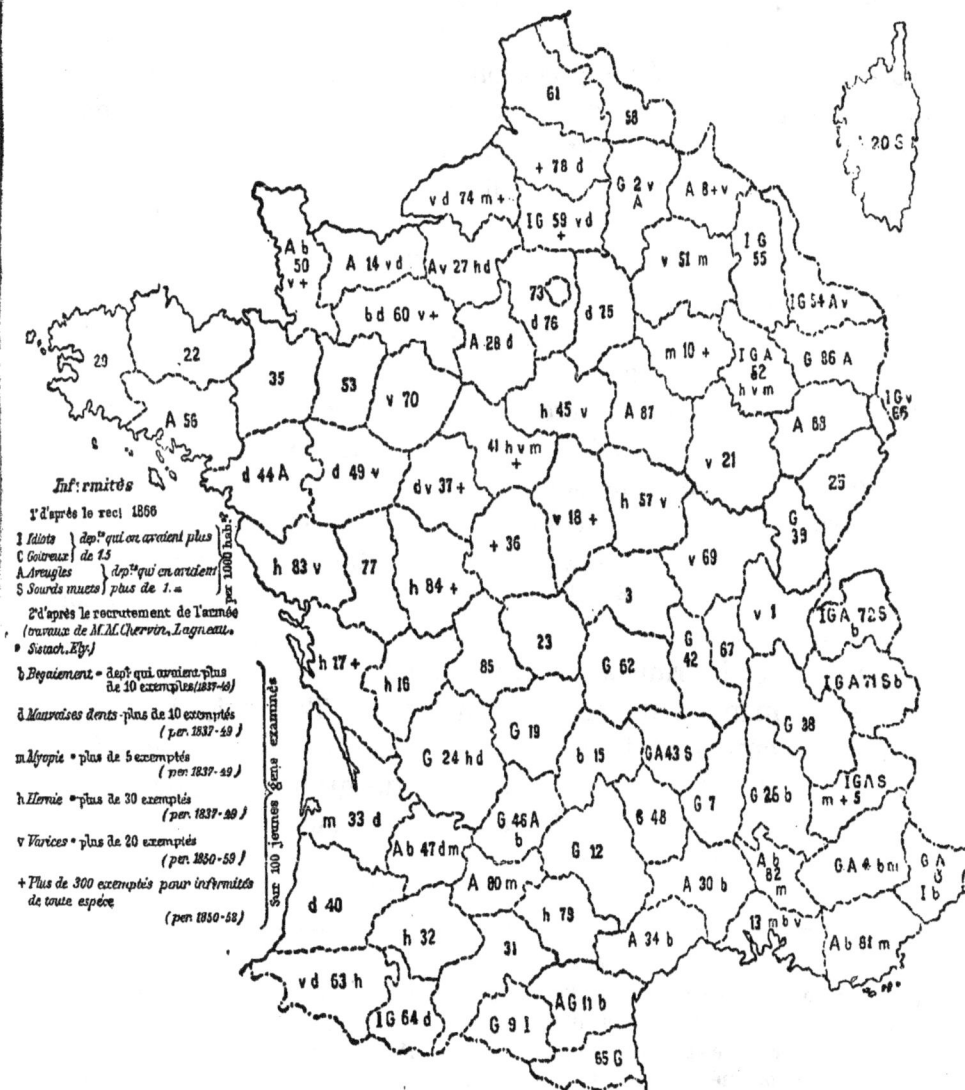

Infirmités

1° d'après le recl 1866

I *Idiots* \ dep.ts qui en avaient plus
C *Goitreux* / de 15
A *Aveugles* \ dep.ts qui en avaient
S *Sourds muets* / plus de 1.=

2° d'après le recrutement de l'armée
(travaux de M.M. Chervin, Lagneau, Sistach, Ély.)

b *Begaiement* = dep.ts qui avaient plus de 10 exemptés (1837-48)

d *Mauvaises dents* - plus de 10 exemptés (per. 1837-49)

m *Myopie* - plus de 5 exemptés (per 1837-49)

h *Hernie* - plus de 30 exemptés (per. 1837-49)

v *Varices* - plus de 20 exemptés (per. 1850-59)

+ *Plus de 300 exemptés pour infirmité de toute espèce* (per 1850-58)

Fig. 22. — Carte de la répartition des infirmités par département.

171 exemptés pour infirmité quelconque par 1,000 jeunes gens examinés, jusqu'à l'Orne qui en avait 386. Les quinze départements où il y avait à cette époque plus de 300 exemptés par 1,000

examinés sont répartis de la manière suivante : quatre en Normandie (Manche, Orne, Eure et Seine-Inférieure) ; quatre dans le nord (Oise, Somme, Ardennes, Aube) ; cinq (Indre-et-Loire, Loir-et-Cher, Cher, Indre, Vienne) dans la plaine du centre ; il ne reste en dehors de ces régions que deux départements, la Charente-Inférieure et les Hautes-Alpes.

Le rapport des exemptés aux examinés, dont nous venons de parler, n'a pas la même précision que le rapport des exemptés au contingent, c'est-à-dire aux jeunes gens incorporés dans l'arme, et est nécessairement inférieur ; dans la période 1859-1868, le premier n'était en moyenne que de 272 sur 1,000 jeunes gens de la classe examinée ; le second s'élevait à 541 sur 1,000 hommes du contingent. Or, si l'on dresse la liste des départements les plus maltraités, d'après ce second rapport (c'est-à-dire les départements où les exemptions de cette dernière catégorie dépassaient 600), on trouve : dans le nord, la Normandie, l'Oise et les Ardennes, le département le plus affligé de tous ; on trouve, en outre, dans cette région, les Vosges, l'Yonne et l'Ille-et-Vilaine ; dans le centre, la Touraine et le Berri et, en outre, un groupe important du centre et du sud-ouest (Haute-Vienne, Creuse, Corrèze, Cantal, Dordogne, Gironde, Gers, Pyrénées-Orientales) qui n'apparaissait pas sur la carte dressée d'après les examinés, non plus qu'un groupe du sud-est (Ain, Savoie, Hautes-Alpes et Basses-Alpes) (1).

Chacune des infirmités peut avoir quelque rapport avec la race et avec la manière de vivre des habitants. Toutefois il semble que, dans l'ensemble, il se produise une sorte de compensation qui annule ces influences particulières ; le groupement de toutes les exemptions signale, il est vrai, la Normandie, la Touraine et le Berri comme des régions mal partagées ; mais il ne paraît con-

---

(1) M. le docteur Chervin a fait, d'après le recrutement, une étude des infirmités par département de 1850 à 1869, d'où il résulte que la région nord-est et la région sud-ouest de la France sont relativement les moins atteintes par ces infirmités ; qu'au contraire la région médiane qui s'étend en diagonale de la Manche aux Alpes-Maritimes est fortement atteinte ; que les principales causes d'exemption sont les convulsions, le strabisme, les varices, les varicocèles, la division congéniale des lèvres, la perte des dents, la myopie, la calvitie, les dartres et la couperose dans la région du nord-ouest ; la faiblesse de constitution, l'aliénation mentale, les pieds-bots, la gibbosité, les hernies et les hydrocèles dans la région du centre ; le bégaiement, la surdi-mudité, le goître, le crétinisme dans la région du sud-est. Voir aussi dans le *Dictionnaire encyclopédique des sciences médicales*, l'article *Recrutement*, par M. Ély.

duire à aucune notion satisfaisante relativement à la distribution générale des infirmités en France.

La population par grands groupes d'âges. — Le recensement donne l'âge de la population. Nous étudierons dans un autre chapitre (1) le groupement qui résulte de cette connaissance, lorsque nous connaîtrons la mortalité qui explique la proportion des vivants de chaque âge ; nous nous contentons d'enregistrer ici sans commentaire les grands groupes de la population française envisagée sous cet aspect.

	NOMBRE TOTAL par milliers d'individus en		RAPPORT POUR 100 EN				
	1866	1886	1866	1872	1876	1881	1886
Groupe des enfants (0 à 15 ans)....	10.247	10.227	26.9	27.0	27.1	26.7	27.0
Id. des adultes (15 à 60 ans)...	23.490	23.076	61.9	61.4	61 1	61.0	60.9
Id. des vieillards (plus de 60 ans)	4.242	4.618	11.2	11.6	11.8	12.3	12.1

Les départements où l'âge moyen de la population est le plus faible sont nécessairement ceux où il naît le plus d'enfants (Finistère, Corrèze, Landes, Nord, âge moyen 25 à 28 ans) et ceux où il est le plus élevé sont les départements où il en naît le moins (Aube, Eure, Lot-et-Garonne, Tarn-et-Garonne, âge moyen 36 à 37 ans).

Le recensement des professions. — La distribution de la population par professions intéresse particulièrement l'économie politique. Deux obstacles ont empêché la statistique de fournir jusqu'ici aux études sociales tous les renseignements dont elles auraient besoin pour raisonner sur cette matière. D'une part, les mêmes personnes exercent souvent plusieurs professions ou ont diverses qualités qui les font classer arbitrairement dans une catégorie ou dans une autre sans raison suffisante : ainsi, les propriétaires peuvent être en même temps cultivateurs, employés, rentiers, etc.; les tisserands peuvent être aussi vignerons, laboureurs, etc. D'autre part, la classification des professions est difficile à déterminer ; elle a varié plusieurs fois dans les recensements

(1) Voir Livre II, ch. xv.

français et elle n'est pas la même dans tous les pays qu'il serait désirable de comparer. Le groupement par professions est assurément aujourd'hui une des parties dé faibles de nos dénombrements, quoiqu'il ait été amélioré dans celui de 1886 ; beaucoup de statisticiens désespèrent d'en tirer parti (1). Telle qu'il est, cependant, il présente quelques chiffres que nous croyons pouvoir utiliser.

NOMBRE DES INDIVIDUS VIVANT DES PROFESSIONS ÉNUMÉRÉES CI-DESSUS, SOIT DIRECTEMENT EN EXERÇANT EUX-MÊMES LA PROFESSION, SOIT INDIRECTEMENT EN VIVANT DU REVENU DE LA PROFESSION COMME DOMESTIQUES OU MEMBRES DE LA FAMILLE DE CEUX QUI L'EXERÇENT.

(Recensement de 1886).

	NOMBRES EXPRIMÉS PAR MILLIERS			Rapport de chaque groupe au total (représenté par 100) des personnes vivant directement ou indirectement d'une des professions énumérées.
	Sexe masculin.	Sexe féminin.	TOTAL.	
Agriculture.............	8 825	8.874	17.699	47.8
Industrie................	4 691	4.598	9.289	25 1
Commerce...............	2 055	2.193	4.248	11.5
Transports et marine........	575	415	1 020	2.8
Force publique............	528	85	613	1.7
Administration publique (2)....	386	325	711	1.9
Professions libérales........	502	593	1.095	3.0
Personnes vivant exclusivement de leur revenu.............	917	1.379	2.296	6.2
TOTAL..........	18.479	18.492	36.971	100.0
Sans profession (3).........	90	148	238	..
Populations non classées (4).....	240	250	490	..
Professions inconnues.........	92	140	232	..
TOTAL GÉNÉRAL	18.901	19.030	37.931	..

(1) Le recensement de 1866 est celui qui a donné le plus de détails sur les professions ; il paraît avoir été exécuté avec soin sous ce rapport. Il classe les professions en 8 grandes divisions, 50 groupes et 290 professions ou séries de professions. Il distingue les patrons, les employés, les ouvriers, la famille, les domestiques, le rapport des sexes, etc.

(2) Dans l'administration ne sont pas compris les postes et télégraphes, qui sont comptées dans les transports.

(3) Parmi les personnes sans profession sont comptés les saltimbanques, bohémiens, gens sans aveu, filles publiques, etc.

(4) Les populations non classées comprennent les enfants en nourrice, les étudiants et élèves n'habitant pas la commune où résident leurs parents, les gens qui se trouvent dans les hôpitaux, les prisons, etc.

RÉPARTITION DE LA POPULATION PAR PROFESSION.

(Recensement de 1886).

GROUPES DE PROFESSIONS.	POPULATION ACTIVE (c'est-à-dire exerçant la profession). Proportion sur 100 personnes de cette catégorie.			POPULATION INACTIVE (c'est-à-dire vivant de la profession sans l'exercer). Proportion sur 100 personnes de cette catégorie.				Population active et population inactive exprimées par milliers d'individus.	
				Condition sociale		Sexe.			
	Chefs d'emploi.	employés.	ouvriers et journaliers.	famille.	domesticité.	masculin	féminin	active.	inactive
Agriculture, ...	58.50	1.5	40.0	92.0	8.00	36.5	63.5	6.916	10.782
Industrie.	23.4	5.3	71.1	95.9	4.1	35.1	64.9	4.298	4.992
Commerce.	50.0	20.9	29.1	87.7	12.3	36.4	63.6	1.903	2.345
Transports et marine. .	13 4	30.0	56 6	96.0	4.0	34.7	65.3	398	622
Force publique.	99.5	0.2	0.3	92.3	7.7	34.0	66.0	487	127
Administration publique	74.2	12.4	13.4	90 3	9.7	34.0	66.0	255	456
Professions libérales. . .	79.4	14.2	6.4	75.2	24.8	33.9	66.1	503	591
Individus vivant de leur revenu.	90.0	0 8	9.2	70.0	29.4	33.0	67.0	1.088	1.208
MOYENNES GÉNÉRALES.	51.3	6.1	42.6	90 8	9.2	36.0	64.0	15.848	21.123
		100			100		100		

Ce classement permet d'indiquer, avec une certaine approximation, quelques-uns des rapports qui existent entre les diverses catégories de personnes (1).

On voit, par exemple, que la catégorie des agriculteurs entretient une population inactive plus considérable que l'industrie, peut-être parce qu'elle compte beaucoup de gens mariés et d'enfants, peut-être aussi parce que le dénombrement a enregistré comme inactifs beaucoup de domestiques de ferme ; ceux-ci, hommes et femmes, sont le plus souvent de véritables ouvriers qui jouent un rôle actif dans l'exploitation agricole.

C'est ce qui est arrivé particulièrement dans la Lozère, dépar-

---

(1) Toutefois quand on compare les résultats de 1881 et ceux de 1886, on constate qu'il ne faut user qu'avec beaucoup de réserve des uns et des autres. Ainsi, quoiqu'il y ait eu diminution dans le nombre des agriculteurs, il est peu probable qu'elle ait eu lieu dans la proportion de 18,249,000 (1881) à 17,698,000 (1886), que le commerce ait augmenté de 3,843,000 à 4,248,000, les transports de 800,000 à 1,021,000 (la différence pour les transports provient principalement de ce qu'en 1886 on a classé, avec raison, dans le groupe des transports les 111,000 employés des postes et télégraphes, qui, en 1881, étaient dans le groupe de l'administration) ; que, dans les transports, la proportion des chefs d'emploi ait passé de 20 à 13 p. 100 et celle des ouvriers de 48 à 56 ; dans l'agriculture, celle des chefs d'emploi de 60 à 58 p. 100 et celle des ouvriers de 31 à 40. Ce sont là des changements trop considérables pour qu'ils aient pu se produire en cinq ans ; ils proviennent moins des faits eux-mêmes que du mode de dénombrement.

tement presque exclusivement agricole, où le nombre des domestiques accusé par le dénombrement de 1886 paraît hors de proportion (560 domestiques pour 100 ménages de deux personnes et plus) avec le degré de bien-être de la plus grande partie de sa population.

On voit aussi que les professions libérales et les individus vivant de leur revenu sont ceux qui comptent le plus de domestiques et que les transports sont au premier rang par le nombre de leurs employés, comme l'industrie par celui de ses ouvriers ; ces proportions sont logiques, on en comprend la raison.

Si l'on veut étendre la comparaison à plusieurs recensements, il faut se contenter de groupes très généraux, comme ceux du tableau suivant :

	1851	1856	1861	1866	1872	1876	1881	1886
Population agricole (1)	56.9	52.9	53.2	51.5	52.7	53.0	50.0	47.8
Id. industrielle	27.8 {	29.1	27.4	28.8	24.1	25.9	25.6	25 2
Id. commerciale	{	4.5	3.9	4.0	8.4	10.7	10.5	11.5
Professions libérales, administration et personnes vivant de leurs revenus	11.2	9.1	9.2	9.5	11.1	(*) 10.3	(*) 10.2	(*) 11.1
	100.0	100.0	100.0	100.0	100.0	100.0	100.0	100 0

(*) Y compris les transports.

D'après cette classification, près de la moitié de la population française (48 pour 100) vit du travail agricole ; un quart (25 pour 100) du travail industriel ; plus d'un dixième (11 pour 100) du commerce. Les professions libérales n'entretenaient en 1886 que 1,094,000 personnes, soit environ un trente-cinquième de la population ; l'administration 711,000 et la force publique, 613,000, soit ensemble un peu moins d'un trentième ; les personnes vivant de leur revenu étaient au nombre de 2,296,000. Mais comme ces groupes, surtout le dernier, sont au nombre de ceux dont le recensement mérite le moins de confiance, il ne convient pas d'insister sur ce point.

---

(1) Il ne faut pas oublier que Lavoisier en 1789 estimait (hommes, femmes et enfants compris) à 8 millions la population des villes et gros bourgs (dans laquelle figurait un certain nombre d'agents de l'agriculture) à 13,000,000 la population vouée à l'agriculture, y compris les petits propriétaires (soit 52 pour 100 du total), à 1,800,000 la population des métiers des campagnes vivant aux dépens de l'agriculture et à 220,000 le reste de la population.

Malgré la diversité des classifications et des procédés de dénombrement, il est certain que la proportion de la population agricole a diminué : elle était de 57 pour 100 en 1851 , elle n'est que de 48 en 1886. La proportion de cette partie de la population varie d'ailleurs beaucoup d'un département à l'autre ; pendant qu'elle s'élève de 83.6 à 70 pour 100 de la population totale dans la Lozère, l'Ardèche, le Gers, le Lot, la Haute-Savoie, la Haute-Loire, la Drôme, les Côtes-du-Nord, la Corrèze, l'Ariège, les Hautes-Alpes, les Basses-Alpes, elle n'est que de 25 à 2.3 pour 100 dans le Nord, les Bouches-du-Rhône, le Nord, les Alpes-Maritimes, Seine-et-Oise et la Seine : le recensement est sur ce point en harmonie avec la nature des faits (1).

Il y a entre les départements des différences considérables aussi, quoique moins fortes en général, pour chacune des professions. La nature des documents ne nous autorise pas à pousser la comparaison jusque dans le détail (2).

Il serait intéressant cependant de savoir avec précision combien chaque profession compte de personnes actives, en quelle qualité

---

(1) Voir page 370 la note relative à la carte de la population agricole.

(2) M. Engel, dans un mémoire publié en 1879, a essayé de calculer la proportion moyenne des individus qu'occupent les diverses catégories d'industries, calculée sur les recensements de 12 États. La France (d'après le recensement de 1872) s'éloigne peu de la moyenne générale :

PRODUCTEURS OCCUPÉS A :	FRANCE.	MOYENNE générale.
L'alimentation........................	55.85	56.56
L'habillement.............................	18.55	16.99
Le logement................................	12.60	11.20
Le chauffage et l'éclairage...................	2.43	3.84
L'éducation, les besoins intellectuels et les plaisirs..............	4.87	5.95
La justice et la sécurité publique............................	4.98	3.86
Diverses autres occupations.......................	0.72	1.60
	100.00	100.00

Mais il n'est pas possible d'attribuer à ces rapports une grande valeur de précision, quand on voit dans le tableau l'alimentation figurer en Belgique à raison de 13 pour 100 seulement.

D'après la statistique du royaume d'Italie (*censimento* 1881, *Relazione generale e confronti internazionali*), la proportion des individus exerçant la profession d'agriculteur varierait de 300 par 1,000 habitants en Italie à 53 en Angleterre ; de pareils résultats ne sont pas comparables. Quelques États comptent les hommes seulement, d'autres les hommes et les femmes qui travaillent. Dans l'industrie, la différence est de 241 par 1,000 habitants pour l'Angleterre à 68 pour l'Empire allemand. (Voir plus loin la note relative à la statistique des industries en Allemagne).

ces personnes y figurent, combien de gens vivent dans la domesticité, combien sont des fonctionnaires ou des employés attachés
aux administrations publiques (1).

Nous venons de dire que nous regrettions l'insuffisance des
dénombrements sur cette matière (2). D'autres documents nous
permettent de pénétrer un peu plus avant et en même temps de
mieux juger de cette insuffisance en étudiant en particulier deux
grands groupes, celui des professions industrielles et celui des
propriétaires de biens ruraux, dont le nombre cependant paraît au
premier abord être un des plus faciles à constater.

Les professions industrielles. — M. Boutin, directeur général
des contributions directes, a fait procéder, d'après les rôles des
patentes de 1885, à une statistique générale dont les résultats
d'ensemble, consignés dans le tableau suivant, donnent une idée
du nombre des patrons dans chaque groupe (3).

Nous rappelons que les professions assujetties à la patente sont
groupées dans quatre tableaux.

Le tableau *A* comprend les patentables appartenant au commerce proprement dit (gros, demi-gros, détail) ainsi que les artisans et particulièrement les patrons qui travaillent à façon.

Le tableau *B* comprend le haut commerce, les agents de change,
les banquiers, les négociants, etc.

Le tableau *C* comprend les professions exclusivement industrielles (filateurs, fabricants de métiers, constructeurs de machines, etc.)

Le tableau *D* comprend toutes les professions libérales (avocats,
médecins, notaires, ingénieurs civils, etc).

---

(1) La loi de finances (article 22) de 1849 exigeait du Gouvernement un état détaillé
de tous les emplois rétribués par l'État, les départements et les communes. Le Gouvernement demanda d'être affranchi de cette prescription en donnant pour raison
que cette publication n'exigerait pas moins de 50 volumes, et l'article de la loi fut
rapporté (Vivien, *Études administratives*, I, p. 177). Avec un peu de bonne volonté,
un volume aurait probablement suffi.

(2) Le Conseil supérieur de statistique, en 1886, a été d'avis que la statistique des
professions ne pouvait être faite avec une précision suffisante que par un dénombrement spécial, et a émis le vœu pour que ce dénombrement fût fait. L'Empire
allemand et la Belgique ont procédé ainsi, par des moyens différents, à un recensement spécial des professions industrielles dont nous donnons plus loin les résultats.
L'Italie a procédé aussi en 1883 à une enquête industrielle. Voir le rapport de M. Cheysson au Conseil supérieur de statistique, session de 1886.

(3) Le Conseil supérieur de statistique ayant émis le vœu qu'il fût procédé à un recensement spécial des professions et exprime le désir de voir publier par les divers

CATÉGORIES.	CLASSES OU PARTIES Pour les Tableaux *A* et *C*.		NOMBRE de droits fixes ou de portions de droits fixes.	TOTAL [1].
Tableau *A*...	1re classe.	Marchands en gros.	46.743	
	2o —	Marchands en demi-gros............	15.162	
	3e —	Marchands en gros ou demi-gros exer-çant un commerce peu important et petits marchands en détail........	58.894	1.394.649
	4e —	Marchands en détail d'importance se-condaire et artisans dont la profes-sion a un caractère commercial....	185 857	
	5e —		282.587	
	6e —		501.226	
	7e —	Petits artisans et petits marchands en détail........	226.722	
	8o —		77.458	
Tableau *B*....	Imposés eu égard à la population d'après un tarif exceptionnel (agents de change, banquiers, com-missionnaires en marchandises, négociants, etc).		16.607	16.607
Tableau *C*....	1re partie.	Industries imposées sans égard à la population de la localité d'après les éléments de production (machines, métiers, ouvriers, etc.)..........	26.263	196.777
	2o —		10.706	
	3e —		117.366	
	4e —		10.646	
	5e —		31.796	
Tableau *D*...	Professions libérales.		50.849	50.849
				1.658.882

Les chiffres de ce tableau n'expriment pas le nombre total des commerçants ou industriels de chaque profession, mais seulement le nombre de ceux qui sont assujettis à la patente. Or, la loi établit diverses catégories d'exemptions, qui comprennent un nombre considérable de petits marchands ou artisans ; telles sont celle des ouvriers sans compagnons ni apprentis ou travaillant en chambre avec un apprenti de moins de seize ans, celle des veuves continuant, avec l'aide d'un seul ouvrier, la profession précé-demment exercée par le mari, celle des marchands ambulants qui vendent dans les rues, les lieux de passage et les marchés. En outre, les sociétés commerciales en nom collectif ne comportent que deux patentes, la seconde étant partagée par parts égales entre tous les associés autres que celui qui paye en totalité la première ; dans celles qui exercent des professions inscrites au

services de l'État les documents qu'ils auraient recueillis sur la question, le directeur dès contributions directes a publié cette statistique des professions dans le *Bulletin de statistique et de législation comparée* du ministère des finances (No d'octobre 1887).

(1) Les professions du tableau *D* n'étant pas assujetties au droit fixe, ce total ex-prime le nombre des patentés. Au contraire, pour les tableaux *A*, *B* et *C*, l'adminis-tration des Contributions directes ne possède pas le nombre des patentés, mais seu-lement le nombre des droits fixes ou portions de droit fixe.

tableau *C* et tarifées en raison des moyens de production ou de
certains éléments variables d'imposition, l'associé principal est
seul imposé. Enfin, un grand nombre de patentables, qui exercent
dans le même établissement plusieurs professions, ne peuvent,
aux termes de la loi, être soumis qu'à un seul droit fixe, lequel
est le plus élevé de ceux qu'ils auraient à payer s'ils étaient assujettis à autant de droits fixes qu'ils exercent de professions ; ils
ne sont, par conséquent, inscrits dans les rôles que pour la profession qui donne lieu à ce droit ; leurs autres professions ne
figurent pas dans la statistique de l'administration des contributions directes.

Ces considérations font comprendre que cette statistique des
patentes, quelque instructive qu'elle soit, ne contient pas l'énumération complète des entrepreneurs ; aussi n'est-il pas étonnant
qu'elle fournisse un total de 1,608,033 patentes (1), tandis que le
recensement de 1881 a enregistré 2,170,530 chefs d'emploi dans
l'industrie, le commerce et les transports, et celui de 1886,
2,009,914 (2).

Il faut d'ailleurs remarquer que certains commerçants essaient
de se soustraire à la patente parce qu'elle est un impôt, tandis que
certains employés sont enclins à déclarer au recensement qu'ils
sont patrons parce que cette condition leur paraît supérieure.

M. Hartmann, membre de la Société de statistique de Paris a,
d'après la publication du ministère des finances, classé les patentes
par groupes d'industries en indiquant entre le nombre des patentés,
la valeur locative des établissements et en calculant la moyenne de
cette valeur pour chaque groupe. Nous reproduisons ce tableau dont
l'auteur a bien voulu nous donner communication et qui constitue
le document le plus certain que nous possédions jusqu'ici sur le
nombre et le groupement des entrepreneurs d'industrie en France.

---

(1) En déduisant du total le tableau *D* qui est consacré aux professions libérales.
(2) Chefs d'emploi :

	1881	1886
Industrie............................	1.169.544	1.004.939
Commerce........................	938.102	951.077
Transports et marine.	62.887	53.898
	2.170.530	2.009.914

DIVISION DES PATENTES PAR GROUPES PROFESSIONNELS, CLASSÉS D'APRÈS LE NOMBRE
DES PATRONS (par M. G. HARTMANN).

PROFESSIONS INDUSTRIELLES ET COMMERCIALES.		DIVISION des patentes par groupes professionnels.	VALEUR locative (en millions de francs).	MOYENNE de la valeur locative — Francs.
1. Alimentation........	Alimentation (proprement dite)	720.611	343.0	476
	Hôtels meublés tenant table d'hôte et débits........	48.113	75.0	2.036
		768.724	418.0	
2. Habillement........	Habillement.............	142.865	95.0	662
	Toilette.................	29.641	23.0	777
		172.506	118.0	
3. Bâtiment	Bâtiment	140.856	58.4	414
	Bois de construction	5.505	3.0	546
		146.361	61.4	
4. Métaux...........	Métaux communs, fondeurs, mécaniciens...........	127.031	149.0	1.172
5. Transports........	Transports par terre et eau.	54.357	57.0	1.053
	Carrosserie, chevaux, mulets	51.625	17.0	326
		105.982	74.0	
6. Intermédiaires divers	Négociants en toutes marchandises, commissionnaires................	48.172	53.0	1.092
	Professions judiciaires.....	35.219	26.0	737
	Banques, finances, assurances................	5.357	18.0	3.420
		88.748	97.0	
7. Industrie des arts et sciences.........	Imprimerie, librairie, papeterie	23.221	29.0	1.286
	Instruments de musique et de précision...........	11.480	12.0	1.063
	Arts et enseignement	5.464	3.0	608
		40.165	44.0	
8. Fils et tissus......	Fils et tissus	56.157	82.3	1.466
9. Ameublement.	Ameublement (proprement dit)..................	17.347	24.0	1.388
	Boissellerie, vannerie	11.973	6.0	414
	Articles de ménage.......	1.066	1.0	716
		30.386	31.0	
10. Industrie de luxe et de plaisir........	Articles de Paris	16.187	13.4	830
	Agréments divers.........	9.251	9.0	983
	Métaux précieux.........	4.617	10.0	1.825
		30.355	32.4	
11. Professions médicales	Pharmaciens, droguistes, herboristes, médecins, officiers de santé........	29.439	29.0	990
12. Eclairage, chauffage, eaux...........	Eclairage, chauffage, eaux.	29.462	26.0	904
A reporter.................		1625.316	1.162.1	»

PROFESSIONS INDUSTRIELLES ET COMMERCIALES.	DIVISION des patentes par groupes professionnels.	VALEUR locative (en millions de francs).	MOYENNE de la valeur locative — Francs.
Report.........................	1.625.316	1.162.1	»
13. Cuirs........... | Cuirs, peaux, maroquins..	10.349	9.0	873
14. Horticulture...... | Horticulteurs, pépiniéristes	9.571	4.0	415
15. Céramique, verrerie | Céramique, verrerie......	8.225	10.4	1.269
16. Produits chimiques et pharmaceutiques — Corps gras..............	3.085	3.0	911
Couleurs, colorants, vernis.	2.389	5.0	2.184
Produits chimiques et pharmaceutiques	947	7.5	7.940
	6.421	15.5	
TOTAUX	**1.659.882**	**1.201 0**	**723**

Si l'on répartit les patentes d'après la classification que nous
avons adoptée dans d'autres ouvrages comme la plus rationnelle (1)
on trouve environ (en nombres ronds) :

	p. 100		p. 100
Industries extractives et industries préparatoires, mécaniques et chimiques travaillant pour la consommation industrielle et fournissant des outils et des matières premières aux autres industries (4, 13, 16)....	22	*Industries du vêtement* (2, 8)...	12
Industries travaillant pour la consommation personnelle :		*Id. du logement* (3, 9, 12, 15)...............	10
Industries de l'alimentation, (1, 14)...............	42	*Id. du matériel des transports et des transports* (5)..........	5
		Id. des besoins intellectuels (7, 10, 11)....	5
		Commerce......................	4

Ce groupement ne donne qu'une idée approximative de la répartition réelle des entrepreneurs d'industrie. L'agriculture, qui
contribue si largement à l'alimentation, n'y figure pas et beaucoup
d'industries sont placées d'une manière un peu arbitraire dans le
groupe où elles figurent. En outre, le nombre des patentes ne
représente pas exactement l'importance des industries, comme on
le constate en consultant la colonne de la moyenne de la valeur
locative.

---

(1) Nous l'avons adoptée notamment dans notre *Cours d'économie politique* (librairie Hachette) et dans *La France et ses colonies* (librairie Delagrave).

Du recensement des professions tel que le donne d'autre part le dénombrement de la population, il nous paraît prudent de ne tirer que des indications très sommaires sur le nombre proportionnel .des personnes employées dans les principaux groupes d'industrie et sur le nombre relatif des personnes appartenant au même groupe dans les divers départements. Le premier renseignement est souvent trompeur et toujours médiocrement digne de confiance (1). Le second nous semblant plus voisin de la réalité, nous insérons ici trois cartes de la distribution par département, d'après le recensement de 1881, des personnes vivant : 1° des industries minières et métallurgiques ; 2° des autres grandes industries ; 3° de la petite industrie.

---

(1) L'Empire allemand a procédé à une enquête spéciale (5 juin 1882) sur le personnel des industries. La statistique, préparée et dressée avec soin, peut être considérée aujourd'hui comme un des documents qui représentent le plus fidèlement le groupement des personnes d'après leur industrie dans un grand pays manufacturier. En voici les résultats sommaires :

	NOMBRE des personnes employées d'après une moyenne de l'année prise pendant la période de travail.	PROPORTION sur 10.000 habitants.
Jardinage et arboriculture.............................	41.560	9.2
Élevage des bestiaux et des poissons..................	25.858	5.7
Exploitation des mines, salines et tourbières...........	430.134	95.1
Industrie de la pierre et de la terre...................	349.196	77.2
Travail des métaux (dont 386,263 pour le fer et l'acier)...	459.713	101.6
Machines et instruments...............................	356.089	78.7
Industries chimiques..................................	71.777	15.9
Graisses, huiles, vernis, éclairage.....................	42.705	9.4
Industries textiles....................................	910.089	201.3
(dont pour les filatures. . . . 162.716 pour les tissus . . . . 491.796)		
Papier et cuir..	221.688	49.1
Industrie des bois et vannerie.........................	469.695	103.9
Industries alimentaires (dont 113,396 pour la fabrication du tabac)..............................	743.881	164.5
Habillement et toilette................................	1.259.794	278.6
Industrie du bâtiment.................................	533 511	118.0
Imprimerie et gravure.................................	70.006	15.5
Travaux artistiques	15.388	3.4
Commerce..	838.392	185.4
Assurances....	11.824	2.6
Transport....	175.246	38.7
Hôtels et restaurants.................................	314.246	69.5
TOTAL.............................	7.340.789	1.623.3

dont 2,851,811 dans 97,168 établissements employant plus de 5 personnes.
La Belgique a fait, avec beaucoup de soin aussi, pour l'année 1880 un recensement

Sans doute l'image n'est pas sans défauts. On peut douter, par exemple, du rang assigné au département de la Manche sur la carte métallurgique (1) ; cependant la distribution générale semble concorder à peu près avec la statistique de l'adminis-

de l'état des principales industries qui a porté sur 103 industries ou groupes d'industries employant :

	NOMBRE.		NOMBRE.	PROPORTION pour 100.
Exploitants...	28.096	....	......	100
		Directeurs et sous directeurs.	1.442	9.3
		Ingénieurs et sous ingénieurs.	386	2.4
Employés. ...	15.508	Conducteurs, contre-maîtres et surveillants.	6.959	45.0 } 100
		Employés de bureau........	3.833	24.7
		Autres employés...........	2.888	18.6
		Au dessous de 16 ans.......	63.045	16.4 } 100
Ouvriers.	344.065	Au dessus de 16 ans........	321.020	83.6
		Hommes.	330.194	93.0 } 100
Apprentis....	1.086	Femmes.....	53.871	7.0 } 100
		....	......	100

Ces résultats ne concordent que très imparfaitement avec ceux que contiennent divers documents français et semblent indiquer que les statisticiens ne s'entendent pas pour comprendre les mêmes catégories de personnes dans les mêmes groupes. Voici les renseignements qui figurent dans la *Statistique de l'industrie minérale* et dans l'*Annuaire statistique de la France ;* ils ne portent que sur les ouvriers.

Ouvriers employés dans les industries suivantes :

En 1882 (*Statistique de l'industrie minérale*)

Combustibles minéraux......................................	106.410
Bitume..	778
Minerai de fer..	8.623
Minerais autres que le minerai de fer......................	5.084
Sel marin et sel gemme....................................	11.211

En 1881 (*Annuaire statistique de la France*).

Porcelaines et faïences......................................	26.854
Verres et cristaux..	20.018
Glaces..	3.215
Papier et carton..	33.926
Gaz d'éclairage...	13.212
Bougies stéariques..	4.353
Savons...	4.878
Raffineries...	7.767
Fabrique de sucre...	59.375
Filature et tissage de coton................................	102.181
Id. laine................................	111.523
Id. lin..................................	58.467
Id. soie.................................	110.064
Façonnés divers, tresses et lacets..........................	34.678

(1) C'est l'industrie probablement de Villedieu-les-Poêles qui a fait donner ce rang à la Manche.

tration des mines que nous avons représentée sur la même carte : c'est bien dans le voisinage des bassins houillers et des dépôts de minerai de fer, Nord et Pas-de-Calais, Meurthe-et-Moselle et Haute-Marne, Saône-et-Loire, Loire et départements voisins, Gard et départements limitrophes, région de la Mayenne, que sont les groupes les plus importants (voir la carte, fig. 23).

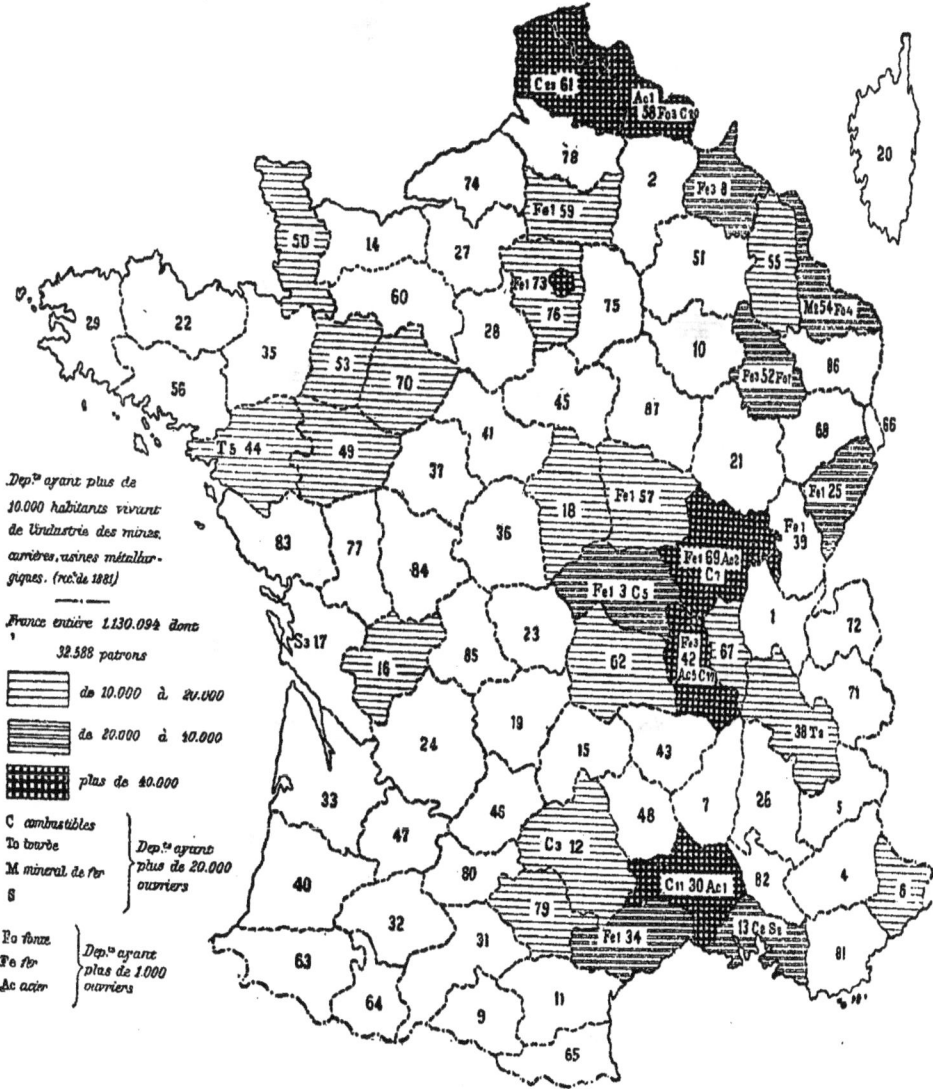

Fig. 23. — Carte de la répartition par département des personnes vivant des industries minières et métallurgiques en 1881.

La répartition de la population appartenant aux autres grandes industries montre clairement l'importance prépondérante de la région du Nord, avec la prédominance de la Seine, du Nord et de la Seine-Inférieure, le groupe de Lyon et de Saint-Étienne, celui des Vosges et celui de Marseille (voir la carte, fig. 24).

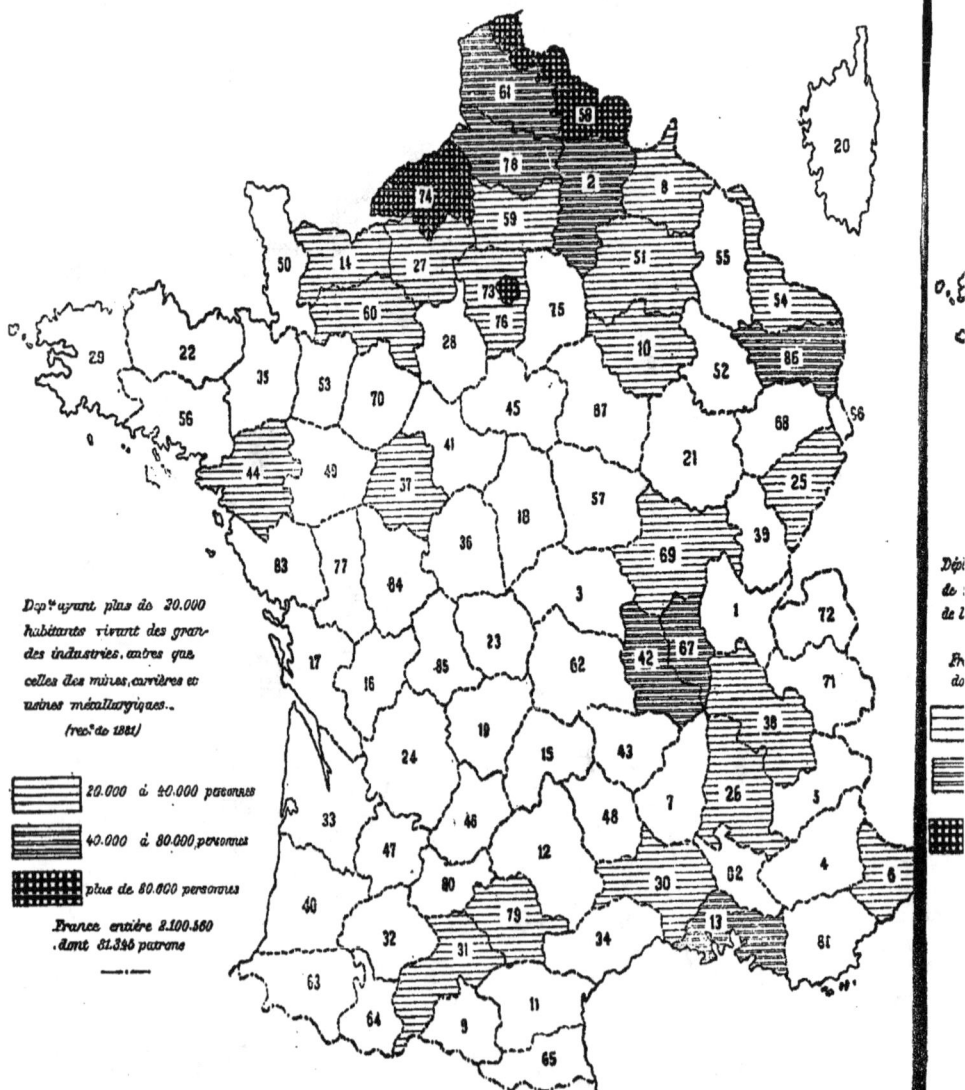

Fig. 24. — Carte de la répartition par département des personnes vivant des grandes industries (autres que les industries minières et métallurgiques en 1881).

L'image de la petite industrie, quoique moins nette, se présente aussi sous un aspect vraisemblable. Elle fait ressortir l'activité industrielle de la région du nord et du nord-ouest, qu'on est étonné toutefois de voir se prolonger jusque dans le Morbihan ;

de la région des Vosges, du groupe lyonnais, de Marseille et de Nice, du bassin de la Garonne (voir la carte, fig. 25).

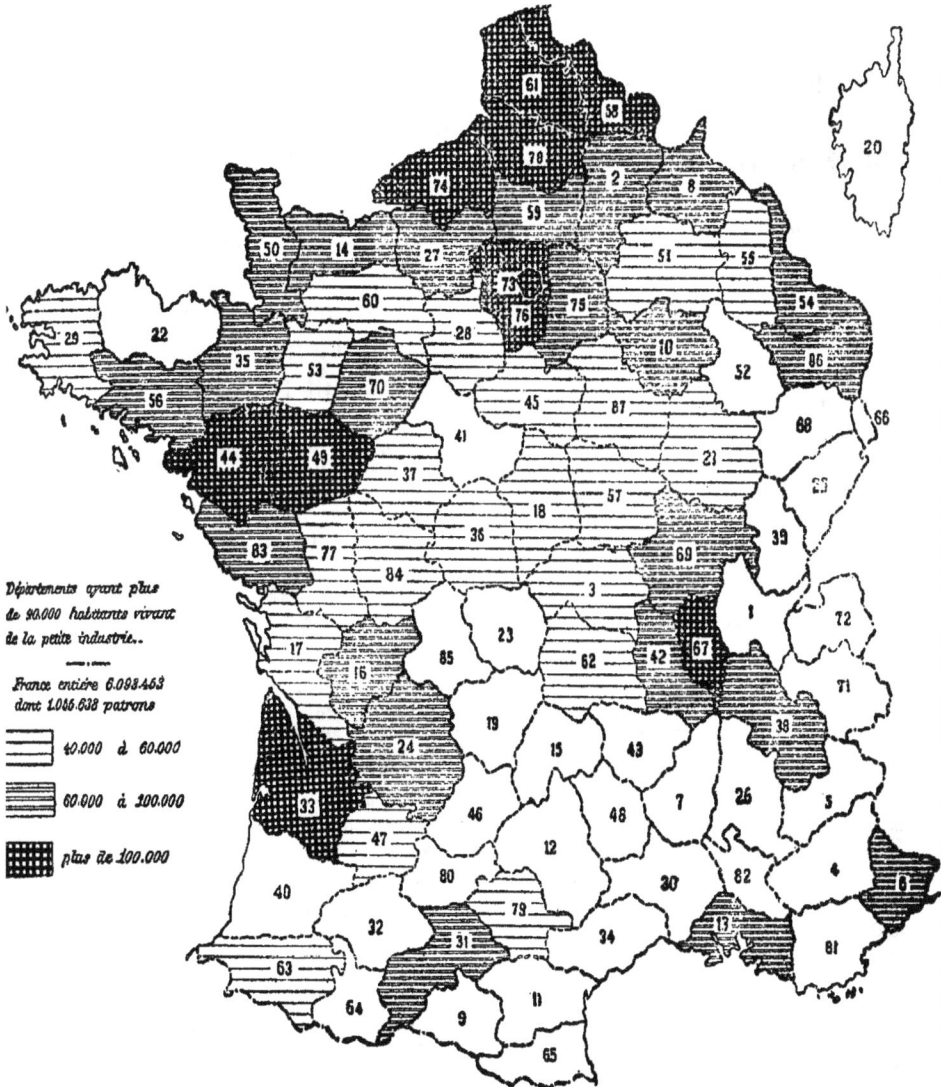

Départements ayant plus de 90.000 habitants vivant de la petite industrie..

France entière 6.093.453 dont 1.055.638 patrons

40.000 à 60.000

60.000 à 100.000

plus de 100.000

Fig. 25. — Carte de la répartition par département des personnes vivant de la petite industrie en 1881.

Le volume du dénombrement de 1886 contient huit cartes de la répartition de la population par professions (1). Celle de la popu-

_____

(1) Nous nous contentons d'indiquer sommairement la répartition par département pour chaque carte.

I. *Agriculture*. — La population agricole figure à raison de 43.7 p. 100 dans la

lation industrielle montre l'importance de la région du nord où, dans tous les départements, Nord, Pas-de-Calais, Aisne, Ardennes, Somme, Seine-Inférieure, Oise, Seine-et-Oise et Seine, plus de 30 p. 100 des habitants vivent de l'industrie ; de celle du nord-est dont quatre départements, Aube, Meurthe-et-Moselle, Vosges, Doubs sont dans la même catégorie ; elle fait voir en même temps le caractère plus agricole du reste de la France, car on n'y trouve que le groupe lyonnais (Rhône, Loire), les Bouches-du-Rhône, les Alpes-Maritimes et le Tarn qui s'élèvent à 30 p. 100.

Les professions agricoles et les propriétaires ruraux. — Nous connaissons à peu près le chiffre de la population agricole (1) ; car les résultats suivants, fournis par les recensements, concordent d'une manière assez satisfaisante ; c'est d'après eux que nous avons pu dire que cette population diminuait :

Millions d'individus.

1851...................	21.9	‖	1872...................	18.5 (3)
1856...................	19.0	‖	1876..................	18.9
1861...................	19.8 (2)	‖	1881...................	18.2
1866...................	19.6	‖	1886...................	17.7

---

population totale de la France. Quatre départements, Lozère, Ardèche, Lot, Gers, ont une moyenne supérieure à 75 p. 100. Les départements des Pyrénées, des Alpes, du Jura, du Massif central et de la plaine de la Loire, de la Bretagne, ont presque tous une moyenne de 75 à 60 p. 0/0. La proportion est généralement inférieure à la moyenne de la France dans le nord, et le nord-est, dans le groupe lyonnais et la Gironde, régions industrielles, et dans les départements méditerranéens.

II. *Industrie.* — La population industrielle figure à raison de 25 p. 100 dans la population totale. Il n'y a que 10 départements où elle dépasse 35 p. 100 : Seine, Nord, Somme, Seine-Inférieure, Ardennes — Rhône, Loire — Alpes-Maritimes, Bouches-du-Rhône — Tarn. Elle est de 35 à 30 p. 100 dans 8 départements appartenant tous à la région industrielle du nord et du nord-est.

III. *Commerce.* — La population commerçante figure à raison de 11 1/2 p. 100 dans la population totale. Elle ne dépasse 20 p. 100 que dans la Seine, le Rhône et les Bouches-du-Rhône. Elle est de 15 à 20 p. 100 dans l'Hérault, le Gard et les Alpes-Maritimes, dans l'Isère, dans la Seine-et-Oise, la Seine-Inférieure et le Nord. Partout ailleurs elle est au-dessous de ce taux.

L'analyse des cinq autres cartes présente moins d'intérêt au point de vue économique.

(1) Il ne faut pas confondre la population agricole dont nous parlons ici, qui résulte du groupement par professions et la population rurale qui résulte du groupement par communes ; cette dernière population en 1881 s'élevait à 24,575,506 individus et en 1886 à 24,452,395.

(2) Annexion de la Savoie et du comté de Nice.

(3) Perte de l'Alsace-Lorraine.

Mais les recensements ne fournissent que des données peu con-cordantes sur les propriétaires et les fermiers. En effet, les caté-gories d'exploitants sont enregistrées de la manière suivante dans quatre recensements :

	1866	1872	1881	1886
	(Nombres exprimés en milliers d'unités).			
Propriétaires habitant leurs terres et les fai-sant valoir, soit eux-mêmes, soit par un régisseur ou maître-valet (1)...........	2.444	2.689	2.425(5)	2.431
Colons, métayers et fermiers (2).........	957	1.035	1.010	1.311
Horticulteurs, pépiniéristes, maraîchers...	..	..	..	212
Petits propriétaires travaillant pour autrui, comme fermiers, métayers ou journa-liers (3)............................	..	..	772(5)	..
Forestiers (bûcherons, charbonniers, etc.) (4)	..	..	112	91
	3.401	**3.724**	**4.319**	**4.045**

Le nombre des chefs d'exploitation ne concorde pas avec celui des exploitations qui, d'après le dénombrement de 1866, s'élève à 2,206,415 pour les propriétaires et à 902,034 pour les fermiers, soit 3,108,449 au total. Sans doute, la concordance absolue entre ces deux nombres n'est pas nécessaire. Cependant il est vraisem-blable qu'il y a eu des doubles emplois dans le recensement des personnes, et que, dans certains cas, la femme et le mari ont été comptés comme des chefs d'exploitation distincts (6).

Une statistique agricole dressée sommairement en 1873 (*Statis-tique internationale de l'agriculture*) indique, malgré la perte de l'Alsace-Lorraine, un nombre d'exploitations plus considérable que celui qui résulte des recensements de 1866 et même de 1872 :

---

(1) Texte du recensement de 1866. Celui de 1872 porte : « propriétaires vivant dans leurs terres ou les cultivant eux-mêmes » ; celui de 1881 : « propriétaires cultivant eux-mêmes leurs terres ou les faisant valoir » ; celui de 1886 : « propriétaires culti-vant *exclusivement* leurs terres. »

(2) Le recensement de 1866 porte : 33,156 régisseurs faisant valoir pour le compte d'un propriétaire absent ; nous les avons comptés dans le total des fermiers.

(3) Cette catégorie ne figure pas dans les autres recensements.

(4) Cette catégorie ne figurait pas dans les recensements de 1866 et de 1872.

(5) Le total (2,425 et 772) est de 3,197,000, représentant, d'après cette statistique, le nombre des propriétaires agricoles ; mais il faudrait ajouter à ce total une partie des 811,360 individus portés, en outre, comme propriétaires et rentiers (et ne cultivant ni n'habitant leurs terres).

(6) On trouve la preuve en comparant les recensements de 1876 et de 1881 qui,

Statistique de 1873.

Exploitation directe par le propriétaire faisant valoir en cultivant lui-même (faire-valoir direct).............................	2.826.388
Exploitation par le fermier (fermage)........................	831.943
Exploitation par le colon (métayage)........................	319.450
	3.977.781

Les deux dernières statistiques décennales de l'agriculture dressées à vingt ans de distance sont les deux documents qui, sur cette matière, méritent le plus de confiance. Celle de 1862 (1) avait compté, y compris l'Alsace-Lorraine, 3,799,759 propriétaires fonciers cultivateurs et 1,440,756 propriétaires n'exploitant pas eux-mêmes, soit en tout 5,240,515, nombre qui dépasse de beaucoup celui des autres statistiques. La statistique agricole de 1882 a donné, sans l'Alsace-Lorraine (2), 4,835,246 propriétaires, savoir 3,525,342 exploitant et 1,309,904 n'exploitant pas eux-mêmes (ce dernier nombre, ayant été calculé et non relevé directement par la statistique, n'est qu'une approximation).

M. A. de Foville, qui, dans son ouvrage sur le *Morcellement,*

---

ayant été faits à cinq années seulement de distance, ont dû porter sur des situations à peu près semblables et qui présentent cependant de grandes différences. Ainsi :

	1876		1881	
	masculin	féminin	masculin	féminin
	(Nombres exprimés par milliers d'unités)			
Individus cultivant eux-mêmes leurs terres ou les faisant valoir......	2.078	249	1.904	522
Fermiers, métayers ou colons................	953	86	889	122
Petits propriétaires travaillant pour autrui, comme fermiers, métayers ou journaliers....... ...	...	...	636	136
Forestiers (bûcherons, charbonniers, etc.)......	...	...,	94	17
Autres professions agricoles (vignerons. bûcherons, charbonniers, jardiniers, maraîchers, fleuristes, etc.).............................	464	75	...	...
	3.495	**410**	**3.523**	**797**

Un grand nombre de petits propriétaires ont dû être comptés deux fois en 1881, comme propriétaires et comme fermiers, ou ont été comptés en 1876 dans « Autres professions agricoles » ; en 1881, le nombre des femmes figurant comme chefs d'exploitations a été exagéré.

(1) *Statistique de la France (Agriculture).* Résultats généraux de l'enquête décennale de 1862, 1 vol. in-8°, Strasbourg, 1868.

(2) L'Alsace-Lorraine comprenant, en 1862, 187,000 propriétaires, il y aurait eu, d'après la comparaison des deux statistiques agricoles, une diminution de 248,269 propriétaires, soit 4.3 pour 100 en vingt ans, dont 3.1 pour les propriétaires exploitant eux-mêmes, proportion qui correspond à peu près à la diminution (3.3 pour 100) qui s'est produite durant la même période dans la population rurale.

a appliqué la pénétration de son esprit à la recherche du nombre des propriétaires fonciers de tout genre en France, n'a pu aboutir faute de documents précis, qu'à une hypothèse : plus de 6 millions 1/2 en 1825 et environ 8 millions en 1875.

M. P. Leroy-Beaulieu, dans un article de la *Revue des Deux Mondes* (1) qu'il a consacré à cet ouvrage, s'arrête même au nombre de 7 millions 1/2 environ ; il pense, non sans quelque vraisemblance, que, de 1875 à 1885, le nombre des propriétaires ruraux a pu diminuer par suite de la crise agricole.

Cependant nous n'avons aucune répugnance à présenter, comme une hypothèse vraisemblable, le nombre de 8 millions de propriétaires de maisons ou de terres en France, et à ajouter que, dans ce total, il y a environ 4,800,000 propriétaires de biens ruraux. Ajoutons que ces derniers possèdent pour la plupart des maisons en même temps que des champs (2).

---

(1) Revue du 15 février 1886.

(2) Le nombre des cotes foncières est le document statistique sur lequel on s'appuie d'ordinaire pour évaluer le nombre des propriétaires. Voici le nombre de ces cotes à diverses dates :

1815	10.083.751 (*)	1861	13.658.018
1826	10.296.693	1865	14.027.996
1835	10.893.528	1871	13.820.655
1842	11.511.841	1875	14.061.294
1848	12.059.172	1881	14.298.000
1851	12.394.366	1883	14.240.000
1858	13.118.723	1885	14.271.000

(*) Nombre réduit par l'administration, le nombre primitif était 10,414,121.

Le nombre d'habitants par cote était de 3.94 en 1826 et de 2.61 en 1875 : le nombre des cotes a augmenté relativement à la population. Mais les cotes comprennent le sol de la propriété bâtie comme celui de la propriété agricole ; il est donc naturel que les cotes augmentent à mesure que la population augmente, qu'elle se loge mieux et que, par cet effet, il y a plus de maisons bâties.

Gaudin, en 1816, supposait que le nombre des propriétaires était de 4,833,000, à raison de deux cotes environ par propriétaire. Il y a, en effet, plus de cotes que de propriétaires, beaucoup de propriétaires possédant des propriétés dans plusieurs communes, et, par conséquent, ayant plusieurs cotes d'imposition, puisque les rôles sont établis par communes. Un travail exécuté en vue de déterminer expérimentalement dans certaines régions le nombre de propriétaires correspondant à 100 cotes, a donné 63 en 1851 et 59.4 en 1879, soit 7,585.000 propriétaires à la première date et 8,454,000 à la seconde. Mais, d'une part, les résultats de ce travail sont contestés, car il y a 30 départements où le nombre des propriétaires se trouve plus considérable que celui des ménages, ce qui indique que l'estimation a été exagérée ; d'autre part, il ne faut pas oublier que les propriétaires de maisons figurent dans ces totaux comme les propriétaires ruraux, et que les premiers augmentent certainement en nombre plus que les seconds.

Voici la preuve de l'accroissement du nombre des propriétaires de maisons : le nombre total des maisons ou constructions était de 5,484,176 en 1826 ; le nombre des

Le personnel de l'agriculture ne se compose pas exclusivement de propriétaires faisant valoir leur capital foncier. Il comprend, en outre, les cultivateurs qui font valoir le capital d'autrui à titre de fermiers ou de métayers et les salariés qui louent leur travail à ceux qui font valoir un capital foncier. La dernière statistique agricole a établi, au sujet de ce personnel, une comparaison intéressante entre les années 1862 et 1882 que nous reproduisons :

PERSONNEL DE L'EXPLOITATION AGRICOLE.

	En 1862	En 1882	Différences pour 100 entre 1862 et 1882
1° *Propriétaires* :			
Cultivant par les soins d'un maître-valet............	47.424		
Cultivant de leurs mains et ne cultivant que leurs terres.	(1)1.754.934	2.150.696	+ 19,3
Propriétaires de biens exploités par des régisseurs....	10.215		
Cultivant leurs biens et exploitant en même temps la terre d'autrui comme fermiers................	648.836	500.141	— 22.9
Exploitant la terre d'autrui comme métayers et colons.	203.860	147.128	— 27.8
Exploitant la terre d'autrui comme journaliers.......	1.134.490	727.374	— 35.9
TOTAUX............	**3.799.759**	**3.525.339**	**— 7.2**
2° *Cultivateurs non-propriétaires* :			
Régisseurs.................................	10.215	(1) 17.966	+ 75.2
Fermiers..................................	386.533	468.181	+ 21.1
Métayers...................................	201.527	194.448	— 3.5
Journaliers...............................	869.254	753.313	— 13.3
Domestiques de ferme.....................	2.095.777	1.954.251	— 6.7
TOTAUX............	**3.563.306**	**3.388.159**	**— 4.1**
TOTAUX GÉNÉRAUX............	**7.363.065**	**6.913.498**	**— 6.1**

maisons d'habitation était de 7,384,789 au recensement de 1851, de 7,811,549 (dont 7,427,935 habitées) en 1866, de 7,704,913 (dont 7,419,614 habitées) en 1872 ; il y avait 7,609,464 maisons habitées (les seules qui aient été recensées) d'après le recensement de 1881 et 7,706,137 en 1886. D'après ces nombres, la moitié environ des cotes aurait pour objet la propriété bâtie et l'on doit conclure que l'autre moitié se rapporte à la propriété exclusivement agricole. Mais beaucoup de propriétaires possèdent plus d'une maison, considération qui conduit à regarder le nombre des propriétaires de maisons comme étant inférieur à celui des maisons, et, d'autre part, beaucoup de propriétaires possèdent à la fois des champs et des maisons, considération qui ne permettrait pas d'additio nner les deux catégories, même si l'on avait les éléments nécessaires pour obtenir le total de chacune des deux. Quand on hasarde l'hypothèse de près de 4 millions de propriétaires possédant seulement des maisons et d'environ 4,800,000 (4.8 d'après la statistique agricole de 1882) de propriétaires possédant des terres et des maisons ou seulement des terres, on n'est vraisemblablement pas très éloigné de la réalité.

Voir sur cette question le *Morcellement*, par M. de Foville et les articles de M. Gimel dans le *Bulletin de la Société de Statistique*, 1885-86.

(1) La statistique agricole de 1862 fait trois catégories de ce groupe (cultivant par

Ce tableau met en évidence certains changements qui se sont produits depuis vingt ans dans l'économie rurale de la France. Il y a plus de propriétaires faisant valoir eux-mêmes leur terre : l'accroissement de cette catégorie a été presque d'un cinquième. D'autre part, il y a moins de fermiers et surtout moins de métayers, quoique beaucoup d'agronomes aient cru à un développement du métayage dans cette période (1), et le nombre des journaliers et domestiques de ferme, possédant de la terre ou n'en possédant pas, a diminué de 664,000, ou plus exactement, de 547,000 (en retranchant du total de 1862 les chiffres relatifs à l'Alsace-Lorraine), c'est-à-dire de plus de 13 1/2 pour 100. Ce seul changement suffirait à expliquer la hausse des salaires et les plaintes que les propriétaires et les fermiers font entendre sur la rareté de la main-d'œuvre. La diminution ne porte pas, d'ailleurs, sur toutes les professions ; car, s'il y a beaucoup moins de bergers, parce qu'on élève moins de moutons, il s'est trouvé plus de maîtres-valets, laboureurs et charretiers, parce qu'on cultive davantage ; s'il y a moins de servantes de ferme, c'est probablement parce que les femmes préfèrent, peut-être à leur détriment, servir dans les villes où elles obtiennent des gages plus forts. La diminution des ouvriers agricoles s'est fait sentir surtout dans les départements de l'ouest, du Massif central et de la vallée du Rhône.

CATÉGORIES DES SALARIÉS.	1862	1882	Différences pour 100
	par milliers		
Journaliers......................... ..	2.003	1.480	— 26.0
Maîtres-valets, laboureurs et charretiers..	530	671	+ 26.8
Bouviers, bergers et autres.............	926	751	— 18.9
Servantes de ferme	638	523	— 16.6
	4.097	3.425	— 13.7

un maître-valet, par un régisseur, de leurs mains) dont le total 1,812,573 est seul donné dans la *Statistique agricole de la France, Résultats généraux de l'enquête décennale de 1882* (1 volume in-8°, Nancy, 1887). Quoique les exploitations par régisseurs (10,215 en 1862) aient été portées avec raison dans le second groupe, le directeur général de l'agriculture (M. Tisserand) a cru devoir les maintenir dans le premier, parce qu'un régisseur suppose un propriétaire.

(1) Des renseignements particuliers nous portent à croire que le nombre des métayers enregistrés dans les recensements et dans les enquêtes décennales, peut être exagéré dans certaines parties du midi où l'on désigne sous le nom de métayers, les valets

Le savant agronome qui a rédigé l'introduction de l'enquête décennale de 1882 termine le chapitre de l'*Économie rurale* par ces judicieuses remarques : « La diminution actuelle n'est pas encore un mal ; elle oblige l'agriculteur à mieux utiliser les bras... Le laboureur devient de son côté plus actif et son intelligence se développe par la conduite des machines... Les 547.583 journaliers et domestiques de ferme qui, défalcation faite de l'Alsace-Lorraine, ont délaissé la culture du sol national correspondent à une économie de salaire qu'on ne peut chiffrer, nourriture comprise, à moins de 240 à 250 millions par an. C'est une diminution de frais de production qui dépasse le montant de l'impôt foncier en principal et en centimes additionnels et qui accroît d'autant le bénéfice des exploitants (1) ».

---

de ferme aussi bien que les véritables métayers et où les recenseurs font parfois confusion.

(1) Introduction à l'Enquête décennale de 1882, p. 374. Les salaires, d'après la statistique de 1882, étaient :

	1862	1882
Maîtres-valets . . . . , ... Fr.	361	465
Laboureurs et charretiers . . . . »	256	324
Bouviers, bergers et autres . . . . »	230	290
Servantes de ferme . . . . »	130	235

CHAPITRE V.

LA TAILLE ET LA RACE.

La taille moyenne des conscrits et ses variations. — La taille est un des caractères importants de l'état physique des individus. Nous en avons déjà parlé à propos des origines de la population française (1).

Les dénombrements sont muets sur cette question.

Les données statistiques que l'on peut trouver dans d'autres documents sont très peu nombreuses pour les femmes. Quetelet admettait qu'en Belgique la femme, à partir de vingt ans, avait environ 0^m 10 de moins que l'homme (2); M. Topinard porte la différence à 0^m 12 (3); son opinion est partagée par plusieurs anthropologistes : c'est tout ce que nous dirons sur ce point.

Nous possédons plus de données sur les hommes. Les jeunes gens de vingt ans qui sont soumis à la conscription fournissent des mesures qui, sans être à l'abri de la critique, sont néanmoins assez nombreuses pour que la statistique en tire quelques conséquences.

La taille moyenne du contingent en France a été de 1^m 654

---

(1) Voir le chapitre IV du livre premier qui traite des origines de la population française.

(2) Voir *Anthropométrie*, p. 177. D'après lui, la taille moyenne en Belgique, à l'âge de 30 ans, serait de 1^{m}686 pour l'homme et de 1^{m}580 pour la femme.

(3) Résultats de 73 observations doubles. Voir *Revue d'Anthropologie*, 1876. D'après des observations faites aux États-Unis (à Boston), les garçons auraient environ 0^{m}49, et les filles 0^{m}48 à la naissance ; à partir de 11 ans, les filles aurraient l'avantage (1^{m}48 à 13 ans, les garçons ayant 1^{m}45) ; après la puberté, leur croissance se ralentit et les garçons reprendraient la supériorité vers 15 ans. (Voir *Éléments d'Anthropologie générale*, par M. le professeur Paul Topinard, p. 418).

durant la période décennale 1857-1866 (1). On peut regarder ce chiffre comme représentant une moyenne générale et s'en servir pour vérifier si la taille des Français a une tendance à diminuer, ainsi qu'on le répète souvent (2). (Voir la fig. n° 26).

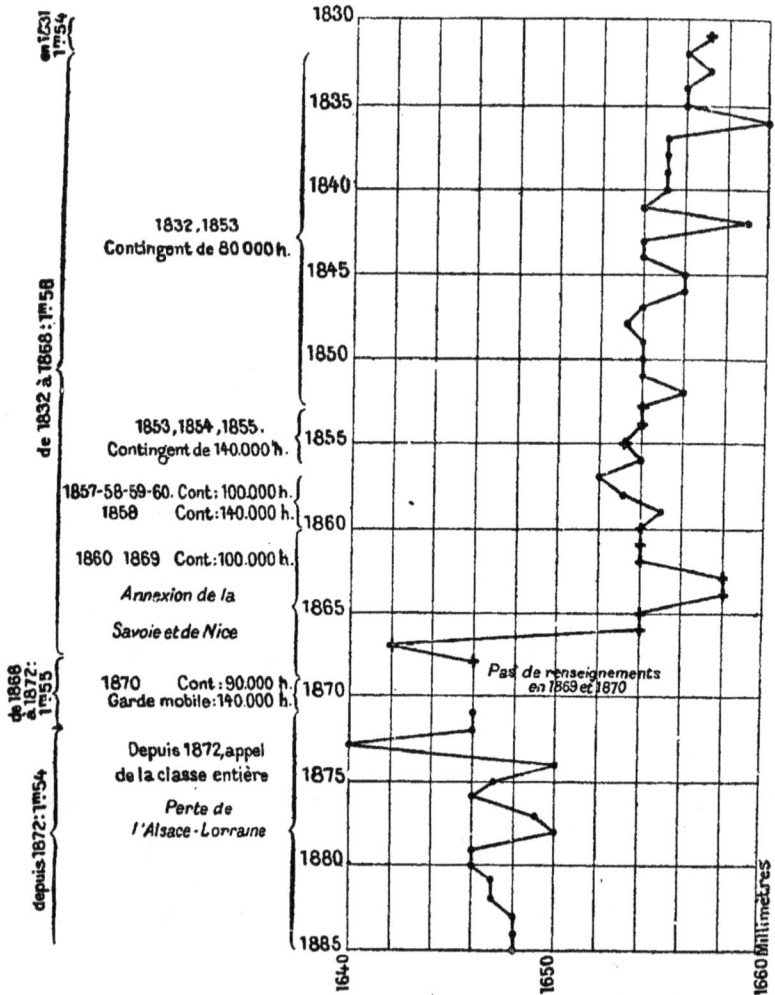

Fig. 26. — Taille moyenne du contingent pour le recrutement de l'armée.
Les croix + et les points . alternent sur la courbe pour indiquer les changements dans la taille ou dans le contingent.

---

(1) Pour la période 1859-1868, qui est à peu près la même, M. Ély a trouvé 1,653. (*Dict. encyclopédique des Sciences médic.*, art. *Recrutement*).

Déjà à une époque antérieure, M. d'Augeville (*voir* Dufau, *Traité de Stat.*, p. 174), calculait, d'après les données du ministère de la guerre, que le contingent de 1825 à 1829 avait une taille moyenne de 1m657, à une époque où le maximum de la taille était plus élevé.

(2) La croyance à une diminution paraît fondée en partie sur le minimum de taille exigé par les lois de recrutement et qui a diminué :

La moyenne de la période 1832-1841, pendant laquelle le minimum de la taille est resté le même, mais le chiffre du contingent a été moindre qu'en 1857-1866, était de 1ᵐ 656; la différence entre les deux périodes est donc très peu sensible, et cependant la Savoie et Nice, où les petites tailles sont en majorité, ne contribuaient pas à fournir le contingent de la Restauration (1).

Pour la période 1874-83, la moyenne est inférieure, puisqu'elle n'est que de 1ᵐ 648.

Mais il importe de savoir que les quantités ne sont pas comparables. Durant les deux premières périodes, le minimum de la

---

Loi du 11 mars 1818	....	1ᵐ57
» 11 décembre 1830	....	1ᵐ54
» 11 mars 1832	....	1ᵐ56
» 1ᵉʳ février 1868	....	1ᵐ55
» 27 juillet 1872	....	1ᵐ54

Mais les considérations qui ont fait abaisser ce minimum sont d'ordre militaire et non d'ordre anthropologique. Sous Louis XIV, on recherchait les grandes tailles plus encore que sous la Restauration, et le minimum de l'ordonnance de 1691 est de 1ᵐ705 en temps de paix et de 1ᵐ678 en temps de guerre.

Il y a aussi des partisans de l'opinion contraire. M. Tschourilov est du nombre de ceux qui croient que la taille a augmenté. Dans un article publié par le *Journal de la Société de statistique de Paris* (1876), et dans une *Étude sur la dégénérescence des peuples civilisés* (1876), il a comparé le nombre total des jeunes gens examinés et le nombre des jeunes gens exemptés pour défaut de taille, et il a trouvé les proportions suivantes d'exemptés pour 100 examinés :

1831-35	....	10,5	1851-55	....	7,7
1836-40	....	9,3	1856-60	....	7,5
1841-45	....	8,3	1861-66	....	6,6
1846-50	....	8,3			

Mais l'auteur paraît n'avoir pas remarqué que ces contingents ayant été plus considérables à partir de l'année 1853, le nombre des exemptés a pu être réduit par suite d'un examen plus sévère.

(1) La *Statistique générale de France* a calculé la proportion des tailles ordinaires et des tailles élevées, de 1831 à 1865. Le rapport a peu varié ; les grandes tailles, qui avaient un peu faibli, ont augmenté dans la dernière période.

PÉRIODES.	PROPORTION pour 100 jeunes gens examinés.	
	tailles élevées, 1ᵐ706 et au-dessus.	tailles ordinaires 1ᵐ560 à 1ᵐ705.
1831-35	82,42	17,58
1836-40	82,48	17,52
1841-45	82,89	17,11
1846-50	83,33	16,67
1851-55	83,51	16,49
1856-60	83,36	16,62
1861-65	83	17

taille était de 1ᵐ 56 ; or, comme la moyenne n'est établie que sur le contingent, c'est-à-dire sur les conscrits reconnus aptes au service et, par conséquent, ayant au moins 1ᵐ 56, cette moyenne doit être nécessairement supérieure à celle de 1874-83, qui est calculée sur un groupe dont la taille descend jusqu'à 1ᵐ 54. Il faut donc, pour essayer de résoudre le problème, chercher d'autres éléments.

On peut dire, en premier lieu, que lorsqu'on compare groupe par groupe des éléments semblables, c'est-à-dire des contingents égaux en nombre et soumis au même minimum de taille, on aperçoit d'une année à l'autre des variations accidentelles, mais qu'on ne constate pas, sur la courbe, de tendance à un abaissement régulier depuis 1837 et surtout de 1841 à 1866 (1).

D'autre part, si l'on compare par degrés de taille les résultats des deux périodes quinquennales 1837-42 et 1863-68, à trente ans de distance et sous le régime de la même loi, on constate qu'il n'y a pas eu diminution du nombre des hommes reconnus aptes au service ; dans la première, on trouve 116 sujets sur 1000 ayant moins de 1ᵐ 56 ; dans la seconde, 81 (2). Nous n'allons pas jusqu'à conclure de ce document qu'il y avait proportionnellement moins de petites tailles dans la seconde période, parce que l'obligation où étaient les conseils de révision de trouver un contingent de 100,000 hommes, tandis qu'on ne leur en demandait que 80,000 dans la première, a dû les rendre plus sévères et réduire le nombre de ceux qui, étant sur la limite, parvenaient, par com-

---

(1) La courbe a été dressée à l'aide des moyennes de l'*Annuaire statistique de la France*, qui diffèrent quelquefois légèrement de celles des *Comptes rendus sur le recrutement de l'armée*.

	1837-42	1863-68
(2) Moins de 4 pieds 8 pouces 19 lignes 1/2 (1ᵐ56)..............	116	81
De 4 pieds 8 pouces 19 lig. 1/2 à 4 pieds 10 pouces.........	28	29
De 4 pieds 10 pouces à 5 pieds..........................	240	266
De 5 pieds à 5 pieds 2 pouces..........................	330	323
De 5 pieds 2 pouces à 5 pieds 4 pouces....................	218	232
De 5 pieds 4 pouces à 5 pieds 6 pouces...................	59	58
De plus de 5 pieds 6 pouces............................	9	11
	1,000	1,000

Voir dans le *Dict. encyclopédique des Sciences méd.* l'article *Taille*, de M. J. Bertillon. M. Lagneau (*Anthropologie de la France*), dans le même recueil, arrive par un autre calcul à un résultat analogue ; il constate que, de 1844 à 1868, le nombre des exemptés pour défaut de taille a été en diminuant (84 sur 1000 en 1844 et 50 en 1868). Il est vrai que le contingent étant plus considérable, les conseils de révision se sont probablement montrés plus rigoureux.

plaisance des examinateurs ou par fraude des examinés, à se faire exempter. Mais nous remarquons que, parmi ceux qui ont été reconnus aptes au service, les groupes de tailles ont à peu près le même nombre de représentants aux deux époques, et nous concluons qu'il n'y a pas eu de changement véritablement digne de remarque.

Si l'on compare les résultats des deux périodes 1873-77 et 1879-83, dont les cadres ne concordent pas avec ceux de la première série, on trouve, sur 1000 individus du contingent de l'armée active, 315 ayant de 1ᵐ 54 à 1ᵐ 62 dans la première et 293 dans la seconde. Les petites tailles propres au service restent à peu près dans le même rapport et il en est ainsi pour tous les groupes (1).

Quoiqu'on possède plus de renseignements pour le sexe masculin que pour le sexe féminin, on ne peut cependant pas déterminer avec précision la moyenne de la taille de tous les jeunes gens de 20 ans en France. On ne connaît que celle du contingent; or cette moyenne particulière étant calculée à l'exclusion des tailles inférieures au minimum légal, doit être de ce chef quelque peu supérieure à la moyenne générale des Français de 20 ans. D'autre part, la vingtième année n'est pas le terme de la croissance qui ne se termine guère que vers 25 ans pour les hommes (2) et,

---

(1) Il y aurait même plutôt augmentation dans les tailles au-dessus de 1ᵐ67 ; mais la moyenne annuelle des exemptés pour défaut de taille a été moins forte dans la première période (5259 sur un contingent annuel de 155,330 jeunes gens reconnus aptes au service) que dans la seconde (7015 sur 153,600).

GROUPES DE TAILLES de jeunes gens du recrutement ayant la taille réglementaire.	1873-77	1879-83
De 1ᵐ54 à 1ᵐ62..................................	31,5	29,3
De 1ᵐ63 à 1ᵐ64..................................	14,9	14,4
De 1ᵐ65 à 1ᵐ66..................................	15,1	14,7
De 1ᵐ67 à 1ᵐ69..................................	16,5	18,4
De 1ᵐ69 à 1ᵐ72..................................	12,2	12,8
Plus de 1ᵐ72..................................	9,8	10,4
	100,0	100,0

(2) Des observations faites par M. Gould sur 1,104,841 cas (voir *Éléments d'Anthropologie gén.*, par M. Topinard, p. 431), il résulte qu'en Amérique la taille moyenne était de 1ᵐ719 à 20 ans et de 1ᵐ727 à 26 ans. Avant les recherches de Gould, Quetelet conjecturait que l'homme n'atteint son plein développement qu'à 25 ans ; Roberts dans son *Manual of Anthropometry* (1878) établit que la taille n'a tout son développement qu'entre 25 et 30 ans ; P. Riccardi dans *Statura condizione sociale*,

de ce chef, la moyenne doit être trop faible. En supposant que les deux causes d'inexactitude se compensent, on peut dire qu'en France la taille moyenne des adultes est un peu supérieure à 1ᵐ 65 pour les hommes et qu'elle est vraisemblablement de 1ᵐ 54 environ pour les femmes.

M. Galton a essayé de démontrer que la stature des enfants dépendait à la fois de la taille du père, de celle de la mère et de celle de la race et que ce troisième élément contribuait à maintenir l'uniformité des types ; sa thèse est vraisemblable, mais elle n'est pas fondée sur des données statistiques assez nombreuses pour passer dans le domaine des connaissances expérimentales (1).

La dégénérescence générale de la race française doit être, ainsi que la longévité des hommes du temps passé dont nous parlerons dans un autre chapitre (2), reléguée en grande partie dans la catégorie des opinions préconçues, et nous pouvons dire que les Français de la seconde moitié du xixᵉ siècle paraissent avoir à peu près la même taille que leurs pères et probablement que leurs grands-pères du siècle passé (3).

(1385), qu'elle l'atteint entre 20 et 35 ans. M. Champouillon a trouvé un accroissement de taille dans les jeunes gens appelés pour la garde mobile en 1868 qui avaient été conscrits en 1864, 1865 et 1866 (*Étude sur le développement de la taille. Recueils de mémoires de Méd., de Chir. et de Pharm. militaires*, 1869, T. XXII, p. 244). Des mesures prises à la Préfecture de police par M. Alp. Bertillon semblent confirmer ce fait qui paraît suffisamment prouvé. (*Voir* l'article *Taille* dans l'*Encyc. des Sc. méd.*)

(1) Fr. Galton, *Natural inheritance,* ch. VI et VII.

(2) Cette question est traitée dans le Livre II, Chap. XVI, *Table de survie.* M. Tschourilov (*Étude sur la dégénérescence physiologique des peuples civilisés*) a étudié le recrutement de 1816 à 1870 et a traduit sous forme graphique le nombre des exemptions pour diverses causes. On y voit certaines variations de la courbe que l'auteur explique en partie par l'influence atavique et par les infirmités de générations nées de générations appauvries elles-mêmes par la guerre ; mais on n'y voit pas en général d'accroissement des infirmités, sinon peut-être pour la faiblesse de constitution qui motivait moins d'exemptions avant 1840.

(3) D'ailleurs les squelettes que l'on trouve dans les tombeaux de l'époque galloromaine ou du moyen-âge n'accusent pas de différence sensible entre la taille moyenne des générations contemporaines et celle des anciens habitants de notre pays. A en juger par la longueur du fémur (indice peu précis, d'ailleurs), les squelettes des âges préhistoriques appartenaient à des races dont quelques-unes devaient, en effet, être très grandes (squelette du Cro-Magnon, 1ᵐ90, spécimen unique, d'ailleurs), ou grandes (squelette de la grotte de la Madeleine, 1ᵐ70, spécimen unique aussi), mais dont la plupart étaient ou de la taille actuelle (13 squelettes des dolmens de la Lozère, 1ᵐ67) ou plus petits que les Français d'aujourd'hui (12 squelettes de la grotte de l'Homme-Mort, 1ᵐ62 et 26 squelettes de la grotte de Beaumes-Chaudes et d'Orrouy, 1ᵐ60).

Il y a des phénomènes particuliers de dégénérescence. Les grandes agglomérations et le paupérisme ne sont certes pas favorables au développement physique de l'être humain ; on en a donné des preuves statistiques et l'on comprendrait même sans preuves qu'il en doit être ainsi. Mais on a donné aussi de nombreuses preuves de l'influence salutaire que le bien-être exerce sur la croissance des enfants comme sur leur santé ; or, le bien-être est plus général aujourd'hui qu'autrefois, et l'accroissement de la richesse est lié dans une certaine mesure à celui de la population urbaine.

Roberts, comparant des adolescents et de jeunes hommes appartenant les uns à la classe la plus riche de l'Angleterre, les autres à la classe des artisans, a trouvé que les premiers avaient une croissance plus précoce que les seconds et conservaient dans l'âge adulte la supériorité de la taille (1). D'autres, pesant les enfants des riches et ceux des pauvres, ont trouvé que les premiers avaient généralement plus de poids (2).

Il ne semble pas prouvé que le séjour des villes soit défavorable à la taille. Quetelet avait déjà remarqué, il y a une cinquantaine d'années, qu'à Bruxelles, à Louvain et à Nivelles les conscrits étaient un peu plus grands que dans les campagnes environnantes (3). Si à Genève on a constaté qu'il n'existait pas de différence entre la ville et la campagne et, en Saxe, que les campagnes ont un léger avantage (4), si l'exercice de certains métiers sédentaires des villes, comme celui de tailleur, est jugé

---

(1) *Manual of anthropometry.*

(2) *Voir* la communication déjà citée de M. Manouvrier.

(3) Moyennes des observations faites sur les conscrits de 1823 à 1827 :

Bruxelles................	1m662	Communes rurales.	1m632
Louvain..................	1m639	»	1m618
Nivelles.................	1m642	»	1m632

(4) La Saxe a relevé (de 1852 à 1854) la taille des conscrits en distinguant les villes et les campagnes :

	Villes.	Campagnes.
Moins de 1m557.............................	15	14,6
De 1m557 à 1m604.............................	17,8	17,6
De 1m604 à 1m675.............................	42,0	42,1
Plus de 1m675.............................	35,2	35,7

Ce rapprochement montre qu'en Saxe l'influence des villes sur la taille est très peu sensible, tandis qu'elle paraît l'être davantage sur la santé (sur 100 conscrits, il y avait 19.7 reconnus bons pour le service dans les campagnes et 26.6 dans les villes).

peu propre à développer le corps, si les conscrits des arrondissements manufacturiers de Lille, Valenciennes, Hazebrouck sont moins grands que ceux de Dunkerque et d'Avesnes, il ne ressort pas moins de l'ensemble des observations que la taille, comme la vigueur de la constitution, bénéficient de l'aisance des populations (1).

Une des plus intéressantes conclusions est celle que Villermé et, après lui, MM. Topinard et Manouvrier ont tirée de la taille des conscrits à Paris. Le premier, calculant sur les résultats du recrutement de 1816 à 1823, assignait une moyenne de 1^m 683 aux jeunes gens déclarés aptes au service dans la capitale, et seulement de 1^m 675 et 1^m 674 à ceux des arrondissements de Saint Denis et de Sceaux; dans la capitale même, il trouvait pour ceux des six arrondissements réputés les plus riches (2), une moyenne de 1^m 690 à 1^m 681, et pour les six moins riches, une moyenne de 1^m 681 à 1^m 677. M. Manouvrier, calculant sur les classes de 1880 et 1881, a trouvé que les arrondissements où il y avait beaucoup d'inhumations gratuites (68 pour 100) (20e, 11e, 4e et 15e) étaient aussi ceux dont les jeunes gens avaient la taille moyenne la plus faible (1^m 637 à 1^m 640), et qu'au contraire ceux (9e, 2e, 17e, 1er, 16e, 7e, 6e et 8e), où il y avait le moins d'inhumations de ce genre (40 pour 100) avaient les plus grandes tailles (1^m 647 à 1^m 660), et il a dressé une carte (voir fig. n° 27), sur laquelle sont ombrés les 11 arrondissements où la taille moyenne est inférieure à 1^m 646; il est facile de voir que cette partie ombrée est celle qui renferme les quartiers les plus pauvres de Paris et si les 2e et 3e arrondissements se trouvent dans cette catégorie, il est vraisemblable que l'agglomération d'une population très dense dans de petits ateliers est une des causes de cette infériorité (3).

---

(1) La même statistique de la Saxe fournit une preuve de cette influence. Ainsi, pendant que, sur 1000 conscrits, les paysans, valets de ferme, etc., en ont 154 réformés pour défaut de taille (moins de 1^{m}557), les mineurs 183, les tailleurs 229, les professeurs, étudiants et séminaristes en ont en moyenne un peu moins de 40.— C'est ainsi que les arrondissements pauvres de Paris perdent beaucoup plus d'enfants que les arrondissements riches.

(2) C'étaient les 1er, 3e, 2e, 7e et 5e arrondissements. La contribution personnelle y variait de 0 fr. 49 à 0 fr. 28 par tête, tandis que dans les six autres, elle n'était que de 0 fr. 25 à 0 fr. 20.

(3) *Voir* la communication de M. Manouvrier dans le *Bulletin de la Société d'Anthropologie de Paris,* février à avril 1888, p. 156.

L'échelle des tailles et le mélange des types. — Il n'est pas d'ailleurs de département où il ne se rencontre des jeunes gens de presque toutes les tailles. Toutefois le nombre des grandes et des petites tailles va en décroissant à mesure qu'on s'éloigne de la moyenne particulière au département. Certains départements ne présentent qu'un maximum, concordant avec leur taille moyenne; d'autres en ont deux, disposition qui est indiquée plus loin sur la carte des tailles et qui autorise à supposer soit l'existence de deux types, soit deux catégories de familles différant sensiblement sous

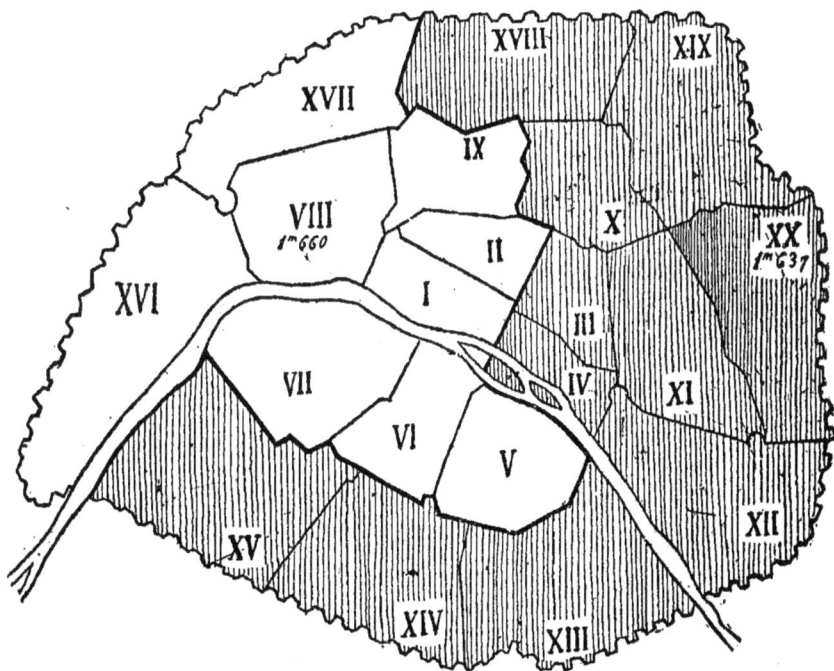

Fig. 27. — Taille des conscrits à Paris par arrondissement (1880-1881) (figure communiquée par M. Manouvrier).

le rapport du bien-être. Les figures suivantes, empruntées à un mémoire de M. Bertillon et représentant l'échelle des tailles dans le département de la Creuse et dans celui du Doubs suffiront, sans autre commentaire, à faire comprendre cette répartition en deux groupes (voir les fig. 28 et 29).

La taille par département. – Si d'une période à l'autre les différences sont peu accentuées pour l'ensemble de la population française, elles deviennent très sensibles d'une région à une autre pour une même époque et elles sont persistantes (voir fig. 30).

T. I.   25

La région du nord-est jouit du privilège des grandes tailles.

Les départements du Doubs, du Jura, de la Haute-Saône, de la Côte-d'Or, de la Haute-Marne, de l'Aube, des Ardennes, du Haut-Rhin (ainsi que les anciens départements de la Moselle et de la Meurthe), des Vosges, de l'Yonne, de l'Ain, et, d'autre

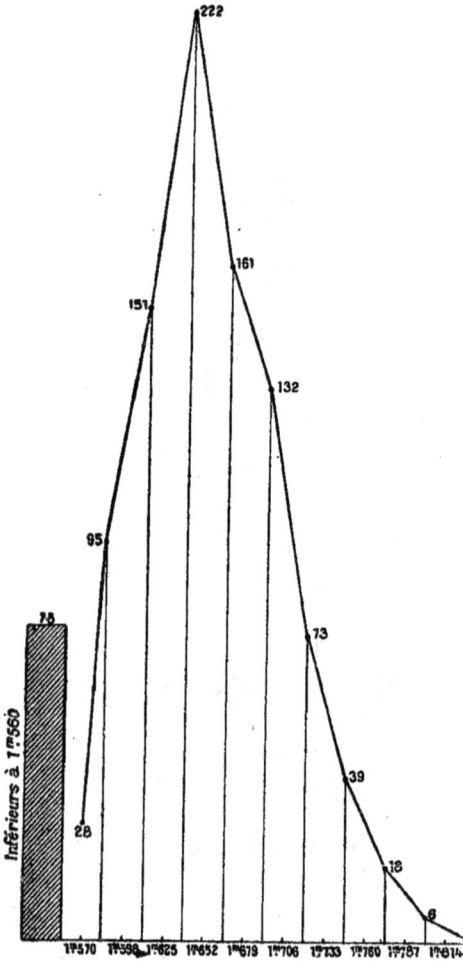

Fig. 28. — Taille des conscrits dans le département de la Creuse (1858-1869).

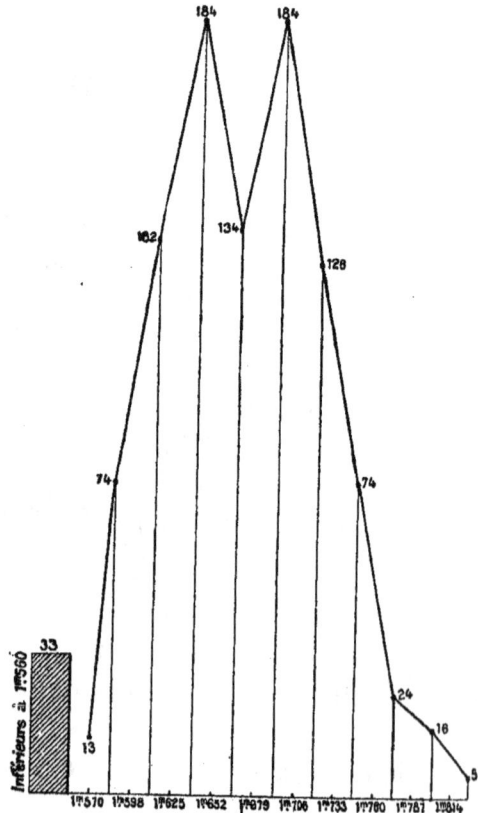

Fig. 29. — Taille des conscrits dans le département du Doubs (1858-1869).

part, le département du Nord se placent bien au-dessus avec une moyenne de 1ᵐ 667 à 1ᵐ 655, tandis que dans les cinq départements de la Bretagne, dans plusieurs départements du Massif central (Puy-de-Dôme, Haute-Loire, Dordogne, Haute-Vienne, Corrèze), dans les Landes et dans quelques départements montagneux, tels que les Hautes-Alpes et la Corse, elle n'atteint pas

1ᵐ 63. Les départements de la Bretagne, du Massif central et des plaines du centre, des Alpes méridionales et des Landes sont ceux où il y a le plus de jeunes gens exemptés pour défaut de taille (1). Nous avons fait remarquer ailleurs la relation qui existe entre cette répartition des tailles et les origines, germanique ou

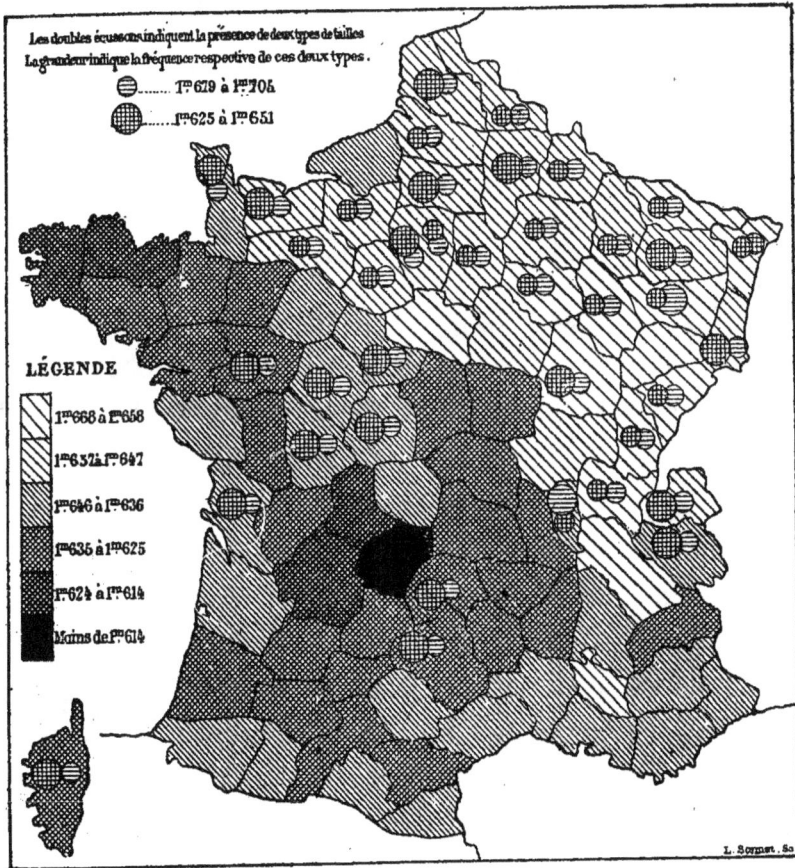

Fig. 30. — Taille des conscrits par département (1858-1867), d'après le docteur Bertillon.

celtique, de la population : il n'est pas téméraire de croire qu'il y a dans ce fait une relation de cause à effet.

L'uniformité ne règne pas d'ailleurs dans ces régions ; on rencontre d'ordinaire, ainsi que nous venons de le montrer pour le département du Doubs, un mélange en proportions inégales de

---

(1) Les cas d'exemption ont varié de 90 à 174 pour 1000 examinés pendant la période 1831-1860 dans ces régions, pendant que, dans tous les départements du nord-est, depuis le Cotentin jusqu'au lac Léman, ils sont restés à 57 pour 1000.

petites et de grandes tailles, dans lequel quelques ethnographes voient l'indice d'un mélange des races durant les âges primitifs (1).

La carte ci-jointe (voir fig. 30) (2), quoique dressée par M. J. Bertillon d'après un procédé un peu différent de celui qui a servi au classement employé plus haut pour la courbe de la taille moyenne, présente une distribution analogue et, par conséquent, confirme cette répartition. Si l'on tire une diagonale à travers la France, du.Cotentin à la Grande-Chartreuse, on divise le terri- toire en deux parties très distinctes : au nord-est, les grandes tailles fournissant des moyennes départementales qui ne descendent pas au-dessous de 1^m 647 ; au sud-ouest, les petites tailles, avec des moyennes départementales inférieures à 1^m 647.

Dans le nord-est, la Seine-Inférieure fait seule exception. Mais presque tous les départements renferment un certain groupe d'hommes de petite taille (de 1^m 625 à 1^m 651), lequel abaisse la moyenne générale et masque en partie l'importance du groupe principal dont la moyenne particulière atteint 1^m 679 à 1^m 705 (3).

Dans cette région, les départements du Bas-Rhin, des Ardennes, du Pas-de-Calais, de la Somme et de l'Oise, ceux de la Haute- Marne, de la Côte-d'Or,.de la Haute-Saône, du Doubs et du Jura sont ceux où l'on constate le moins de petites tailles et que Broca regardait comme peuplés surtout d'hommes de race kym- rique.

Les collines de Normandie, la Loire, le Morvan et les Cévennes marquent à peu près la limite des deux groupes. Cependant, dans la région du sud, qui est celle des petites tailles, le départe- ment de Vaucluse fait exception et l'on rencontre çà et là des groupes d'individus de grande taille mêlés à la masse de la popu-

---

(1) Voir *Mémoire d'Anthropologie* de P. Broca, *Quelques remarques ethnologiques sur la répartition de certaines infirmités en France,* par G. Lagneau, l'article *Taille,* par Bertillon, dans le *Dict. encyc. des Sc. médicales,* la *Revue scientifique* du 17 oct. 1885, etc.

(2) M. Boudin a dressé deux cartes, une des petites tailles en 1857, une des grandes tailles en 1863. M. Broca a dressé une carte des tailles portant sur la période 1831- 1860. M. Topinard l'a reproduite, avec quelques modifications dans ses *Éléments d'Anthropologie générale.*

(3) Si, au lieu d'examiner la taille des conscrits reconnus aptes au service, on considère le nombre des exemptés pour défaut de taille, on arrive à peu près au même résultat. Ainsi, pendant qu'en moyenne de 1831 à 1860, il y a eu, sur 1,000 jeunes gens examinés, 24 à 34 exemptions de ce genre dans le Doubs, la Côte-d'Or, le Jura, la Haute-Marne, il y en a eu 124 à 174 dans la Dordogne, le Puy-de-Dôme, la Corrèze, la Haute-Vienne. (Voir *Anthropologie de la France,* par le Dr Lagneau).

lation qui est de taille inférieure, surtout dans le Poitou. Grâce au passage facile qu'offrait le seuil du Poitou, les hommes de grande taille ont pénétré jusque sur les bords de la Gironde.

Les petites tailles dominent de beaucoup dans la Bretagne bretonnante (Côtes-du-Nord et Finistère), dans le Massif central et les régions avoisinantes (Allier, Puy-de-Dôme, Corrèze, Lot, Dordogne, Charente) et dans les Hautes-Alpes. Dans ce dernier département, on enregistrait (période 1831-1860) 113 exemptés pour défaut de taille par 1000 examinés, tandis qu'on n'en comptait que 24 dans le Doubs. L'obstacle que la configuration du sol opposait aux courants d'invasion peut, jusqu'à un certain point, ainsi que nous l'avons dit dans le Livre premier, expliquer cette distribution des tailles.

La population de la Bretagne, que MM. Broca et Chassagne ont analysée par cantons, fournit un exemple curieux du mélange des types : dans la plaine et sur la plupart des côtes, il y a peu d'exemptions pour défaut de taille ; il y en a beaucoup dans la

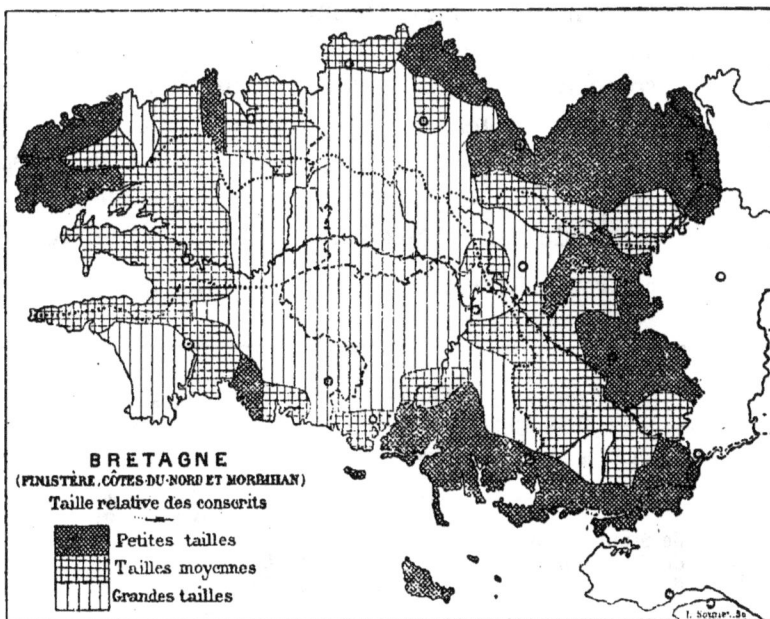

Fig. 31. — Taille des conscrits en Bretagne.

région montagneuse et pauvre du centre (voir la carte ci-jointe, fig. 31).

Faut-il voir dans ces différences un résultat lent de l'état économique des populations, vivant les unes pauvrement sur un sol pauvre et les autres dans une abondance relative, grâce aux ressources que la mer leur procure, ou la persistance de deux types ethniques ? Les anthropologistes discuteront longtemps encore un problème pour la solution duquel les données précises manquent. Pour nous, il nous paraît certain qu'une misère endurée pendant une longue suite de générations déprime l'homme et doit multiplier les avortons ; mais il nous semble douteux que le bien-être élève sensiblement la taille des corps au-dessus de la moyenne, et, sans rien vouloir préciser parce que les causes sont complexes, nous sommes porté à chercher non seulement dans le bien-être, mais plus encore dans l'atavisme les raisons principales des grandes et des petites tailles, lorsqu'elles caractérisent d'une manière positive un groupe nombreux.

La taille dans les pays étrangers. — Si l'anthropologie ne possède pas de données suffisantes pour déterminer avec précision la taille des Français, elle est bien plus embarrassée pour classer les peuples par rang de taille, parce que les mesures, quand elles ne font pas absolument défaut, comme dans beaucoup de pays, portent sur un petit nombre de sujets et ont été prises par des procédés dissemblables. Nous pouvons cependant dire que les Français se trouvent, sous le rapport de la taille, comme sous beaucoup d'autres aspects démographiques, dans la catégorie moyenne : c'est ce qu'on peut constater, d'après le tableau suivant, emprunté, en grande partie, aux travaux de M. Topinard (1).

Téhuelches (Patagonie) (2)............ .... 1m 78

---

(1) Voir *Éléments d'Anthropologie générale*, ch. XIV. Des mesures prises sur les soldats de l'armée des États-Unis (âgés de 25 ans en moyenne), pendant la guerre de sécession, ont donné les résultats suivants :

Originaires des États-Unis.................	1m73	Les plus grands venaient des États du centre et avaient 1m75.	
Id.	de Scandinavie..................	1m71	
Id.	de Grande-Bretagne.............	1 70	Taille supérieure à celle des conscrits en France, parce que ces soldats avaient en moyenne 27 ans, tandis que les conscrits en ont 20 à 21 et que ce sont en général des hommes relativement forts qui s'expatrient.
Id.	de France et d'Allemagne.........	1 695	

Nègres................................ ...... 1m69

(2) D'après Alcide d'Orbigny, la taille moyenne des Patagons ne serait que de 1m73. Cette taille n'a rien d'extraordinaire ; en France, un dixième environ du contingent a une taille supérieure à 1m72. Les tailles supérieures à 1m78 sont plus

sol pauvre et les autres dans une abondance relative, grâce aux ressources que la mer leur procure, ou la persistance de deux types ethniques ? Les anthropologistes discuteront longtemps encore un problème pour la solution duquel les données précises manquent. Pour nous, il nous paraît certain qu'une misère endurée pendant une longue suite de générations déprime l'homme et doit multiplier les avortons ; mais il nous semble douteux que le bien-être élève sensiblement la taille des corps au-dessus de la moyenne, et, sans rien vouloir préciser parce que les causes sont complexes, nous sommes porté à chercher non seulement dans le bien-être, mais plus encore dans l'atavisme les raisons principales des grandes et des petites tailles, lorsqu'elles caractérisent d'une manière positive un groupe nombreux.

La taille dans les pays étrangers. — Si l'anthropologie ne possède pas de données suffisantes pour déterminer avec précision la taille des Français, elle est bien plus embarrassée pour classer les peuples par rang de taille, parce que les mesures, quand elles ne font pas absolument défaut, comme dans beaucoup de pays, portent sur un petit nombre de sujets et ont été prises par des procédés dissemblables. Nous pouvons cependant dire que les Français se trouvent, sous le rapport de la taille, comme sous beaucoup d'autres aspects démographiques, dans la catégorie moyenne : c'est ce qu'on peut constater, d'après le tableau suivant, emprunté, en grande partie, aux travaux de M. Topinard (1).

Téhuelches (Patagonie) (2)...... ....   1ᵐ 78

---

(1) Voir *Éléments d'Anthropologie générale*, ch. XIV. Des mesures prises sur les soldats de l'armée des États-Unis (âgés de 25 ans en moyenne), pendant la guerre de sécession, ont donné les résultats suivants :

Originaires des États-Unis....................	1ᵐ73	Les plus grands venaient des États du centre et avaient 1ᵐ75.
Id. de Scandinavie....................	1ᵐ71	
Id. de Grande-Bretagne.............	1 70	Taille supérieure à celle des conscrits en France, parce que ces soldats avaient en moyenne 27 ans, tandis que les conscrits en ont 20 à 21 et que ce sont en général des hommes relativement forts qui s'expatrient.
Id. de France et d'Allemagne.........	1 695	
Nègres...........................	1ᵐ69	

(2) D'après Alcide d'Orbigny, la taille moyenne des Patagons ne serait que de 1ᵐ73. Cette taille n'a rien d'extraordinaire ; en France, un dixième environ du contingent a une taille supérieure à 1ᵐ72. Les tailles supérieures à 1ᵐ78 sont plus

Les langues. — Si nous décrivions l'état de la France dans les siècles passés, nous aurions à signaler des différences très accusées de langage, quoique les dialectes n'eussent pas, en général, de limites nettement tranchées et que, même au moyen âge, la transition entre deux langues voisines se fît par une suite de nuances dégradées. Ces différences se sont beaucoup atténuées durant le cours du XIXe siècle, sous la triple influence du service militaire qui a mêlé les jeunes gens des diverses provinces dans les mêmes régiments et qui leur a fait passer plusieurs années hors de leur commune natale, des moyens de communication qui ont facilité les voyages et fait affluer les ouvriers vers les villes, et de l'instruction primaire qui a répandu l'usage de la langue française.

Cependant six langues distinctes sont parlées encore de nos jours en France : le français, le provençal, l'italien, le breton, le basque et le flamand (voir fig. n° 32).

Le basque ne se parle, en France, que dans l'angle sud-ouest du territoire, depuis le pic d'Anie jusqu'à l'embouchure de la Bidassoa et ne s'étend au nord que jusque vers le gave d'Oloron, le confluent de la Bidouze et de l'Adour et jusque dans le voisinage de Biarritz (1). Dans ces limites même, cette langue s'est laissé pénétrer sur divers points par l'idiome béarnais, et ceux qui parlent le basque semblent eux-mêmes, si l'on en juge par la conformation des crânes, être un mélange de plusieurs races. Les Basques ne sont guère aujourd'hui au nombre de plus de 150,000 (2).

La langue bretonne a reculé aussi. Elle régnait autrefois sur toute la presqu'île et s'étendait vers l'est jusqu'à la Rance et à l'embouchure de la Loire. Elle est refoulée aujourd'hui à l'ouest de l'estuaire de la Vilaine et de la baie de Saint-Brieuc, dans la partie occidentale de la Bretagne où les quatre dialectes, le vannetais, le trécorais, le cornouaillais et le léonais dominent encore et sont parlés concurremment avec le français que l'école fait pénétrer de plus en plus. On peut évaluer à 1,350,000 âmes la population qui se sert de cet idiome (3). (Voir la carte ci-jointe, fig. 32).

Le basque et le breton sont des langues d'un caractère tout à

---

(1) Voir la carte de la langue basque insérée dans la *Nouvelle Géographie universelle* de M. É. RECLUS, *France*, p. 86.

(2) Les deux arrondissements de Bayonne et de Mauléon, où ils forment la très grande majorité de la population, ont environ 170,000 habitants.

(3) En additionnant la population du Finistère, celle du Morbihan moins l'arron-

fait spécial, parlées sur notre territoire depuis les temps préhistoriques. Le provençal et le français sont plus récents : ils ont leur
origine, l'un dans la conquête romaine, l'autre dans cette conquête
et dans celle des Francs et ils appartiennent à la famille des
langues latines.

Le provençal, le dauphinois, le savoisien, le languedocien, le

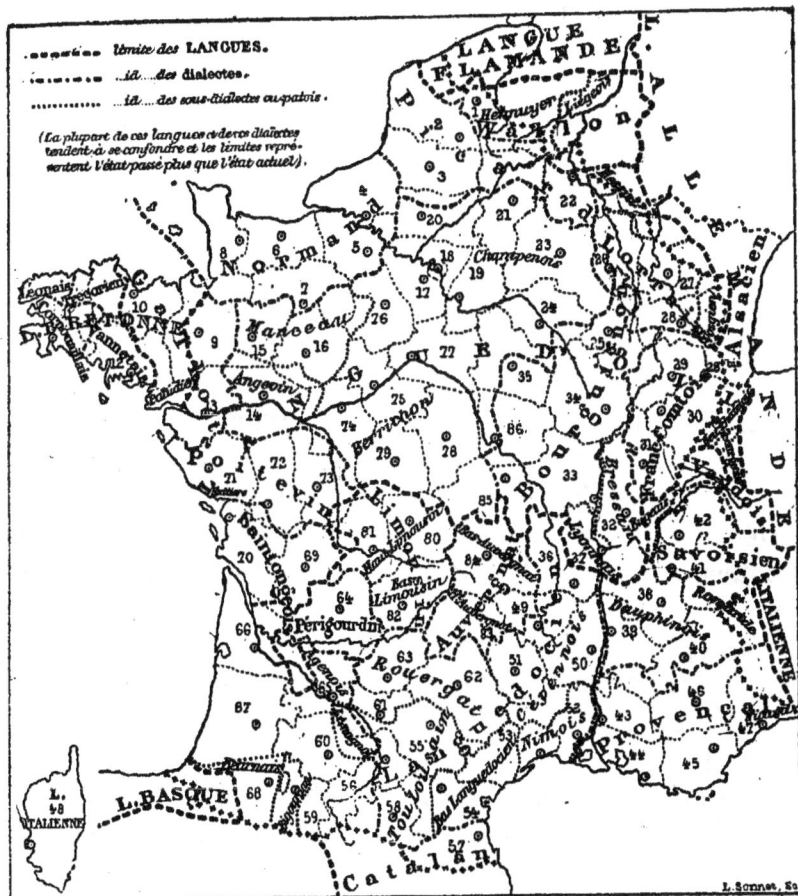

Fig. 32. — Carte des langues et des dialectes en France.

catalan, le béarnais, le gascon, le périgourdin, le. limousin, l'au-
vergnat sont les principaux dialectes des langues provençales que
parlent peut-être en France plus de 12 millions 1/2 d'individus (1).

dissement de Ploërmel et celle des arrondissements de Lannion et Guingamp avec
une portion de celui de Saint-Brieuc dans les Côtes-du-Nord, on trouve un total de
plus de 1,360,000; mais toute la population des villes n'est pas de race bretonne.

(1) En comptant comme appartenant à cette langue tous les habitants des dépar-

Les langues provençales ont reculé, comme les autres, devant la poussée du français apporté par les gens du nord et propagé par l'enseignement. La limite, impossible à déterminer avec précision, se trouve dans une zone intermédiaire où sont enchevêtrées des populations de langue française, provençale et mixte. Du côté de l'ouest, cette limite se trouve un peu au nord de la Gironde et du confluent de la Garonne et de la Dordogne; il existe même au sud de cette rivière une colonie de la langue d'oil (gavache). La limite passe par les départements de la Haute-Vienne, de la Creuse, de la Loire, descend le Rhône jusqu'à Lyon, traverse l'Ain et la Savoie jusqu'aux Alpes qu'elle franchit même pour enfermer dans la partie française quelques vallées du Piémont (1); elle s'étend du côté de l'est peut-être jusqu'à l'Isère ; elle enveloppe la partie septentrionale du Massif central où le vieux langage a mieux résisté, ainsi que la vieille race, à l'invasion armée ou pacifique des populations d'outre Loire.

Les Corses, qui ne sont français que depuis 1768 et qui sont au nombre d'environ 272,000, parlent l'italien.

Si l'on compare les pays de langues basque, bretonne et provençale avec les départements de petite taille (moins de 1ᵐ 635 sur la carte), on est frappé d'une certaine similitude de groupement et porté à conclure que la stature et le langage sont des indices — trompeurs sans doute parfois, mais utiles à consulter — de la race.

Le français, qu'on désignait sous le nom de langue d'oil, se divisait autrefois en dialectes très distincts : le franc-comtois, le bourguignon, le lorrain à l'est, le picard et le wallon au nord, le normand, le gallot (dans la Haute-Bretagne), le poitevin à l'ouest. L'instruction a peu à peu nivelé les différences, démodé les dialectes, substitué le français pur aux autres langues ; les populations de la France septentrionale et centrale, dont le français est la langue maternelle et qui sont au nombre de près de 22 millions (2), se distinguent maintenant plus par certains accents

tements situés au sud de la limite, à l'exception du pays basque : ce qui donne un nombre certainement trop fort, parce que tous les habitants des villes ne sont pas tous de langue provençale.

(1) Voir *La langue romane du Midi de la France*, 1889, brochure par M. Meyer.

(2) Le nombre des individus de chaque langue en France pouvait être hypothétiquement évalué en 1881 à :

de terroir que par des vocabulaires particuliers. Cependant, dans les campagnes, il subsiste des restes des anciens dialectes qui sont parlés concurremment avec la langue commune.

A l'extrémité nord-ouest du département du Nord, entre Armentières et la mer, le flamand est la langue maternelle de la population, qui se compose d'environ 230,000 individus (1). C'est pourquoi on désignait cette contrée sous le nom de Flandre flamingante. Depuis la perte de l'Alsace et de la Lorraine septentrionale, elle est la seule région de France dont les habitants fassent usage d'un idiome d'origine teutonique.

Les villes qui sont peuplées en partie par l'immigration et dont les habitants ont en général un peu plus d'instruction que les paysans qui lisent davantage les journaux et se trouvent pour ainsi dire plus en contact avec le monde extérieur, font exception dans toutes ces régions; si l'on y parle encore par goût le dialecte du pays, du moins on y entend partout le français.

Les races. — Le dénombrement ne fait pas connaître la langue parlée par les habitants. On a parfois reproché cette lacune à l'administration française en lui opposant l'exemple de l'Autriche, qui fait cette distinction.

Ce reproche n'est pas fondé; pour demander un renseignement de ce genre, il faut qu'il existe un intérêt administratif, et, pour accorder au résultat quelque crédit, il faut que les distinctions soient nettement tranchées. Or, en France, on ne recueillerait sur beaucoup de points que des données vagues et trompeuses, le français étant la seule langue officielle et étant parlé par la très grande majorité de ceux qui emploient concurremment un autre idiome.

La taille et la langue sont des indices de la race, mais elles n'en sont pas des preuves irrécusables; car la taille se modifie

---

Langue basque..	150.000
Langues provençales (ou langue d'oc)................	12.700.000
Langue italienne.....................................	272.000
Langue bretonne......................................	1.350.000
Langue française (ou langue d'oïl)...................	22.790.000
Langue flamande......................................	230.000
	37.672.000

(1) Population des arrondissements d'Hazebrouck et de Dunkerque.

par les unions mixtes et par les conditions sociales dans lesquelles vivent les familles, et la langue se transmet par l'éducation d'une race à une autre : les Français eux-mêmes, qu'ils soient de langue d'oil ou de langue d'oc, fournissent une preuve de ce genre de transmission, puisqu'ils ont adopté un idiome importé par les Romains.

On peut d'ailleurs se demander en quoi consiste essentiellement, nous ne dirons pas une race, mais un type. Sont-ce des caractères physiques ou même des aptitudes morales transmises par le sang et demeurant presque toujours reconnaissables à travers les âges malgré les migrations, ou est-ce un ensemble de conditions sociales qui se forme peu à peu avec les siècles par le séjour permanent des habitants dans une même contrée, sous le même climat, avec les mêmes habitudes d'existence et qui donne à tous les membres du groupe un certain air de famille ?

Nous pensons que la race procède de l'atavisme, mais que, par la transplantation et la culture, — qu'on nous pardonne cette expression, — les caractères peuvent se modifier au point de devenir méconnaissables et que cette culture peut finir par constituer réellement un type nouveau, quoique composé d'éléments hétérogènes à l'origine. Nous ne voulons pas d'ailleurs insister sur des hypothèses : notre sujet ne nous y autorise pas. Cependant nous dirons volontiers, avec Élie de Beaumont, que, si l'on ne parle ni ne pense pas dans le Limousin comme dans l'Ile-de-France, sur les plateaux granitiques comme dans les plaines tertiaires, c'est que, depuis les commencements de l'histoire, les paysans y ont des procédés agricoles, des aliments, des besoins, un commerce, des intérêts différents ; que, par conséquent, il n'est pas étonnant que leur allure, leur costume, leur aspect physique soient devenus différents. Aujourd'hui, bien que la facilité des voyages, atténuant peu à peu ces nuances, ait déjà fait disparaître en grande partie les anciens costumes provinciaux, on distingue souvent aux traits du visage, sur lesquels la mode n'exerce pas son autorité comme sur les habits, un Normand d'un Provençal, un Breton d'un Flamand. Il est vrai qu'on s'y trompe ; néanmoins, il existe des types, et il est vraisemblable que les plus caractérisés persisteront longtemps encore.

Sous ces types y a-t-il des races vraiment distinctes ? La statistique et l'anthropologie n'en fournissent pas, à notre avis, de preuves qui soient tout à fait convaincantes. Cependant la science possède une somme d'observations diverses, suffisante pour nous induire à répéter, comme nous l'avons dit en traitant des origines (1), que les populations du nord et celles du midi descendent probablement de races différentes ou du moins sont formées du mélange, à diverses doses, de plusieurs races, et que les types des Auvergnats et des Bas-Bretons, d'une part, des Basques, d'autre part, sont au nombre de ceux que ces mélanges ont le moins altérés depuis les temps historiques.

Au-dessus de la variété primordiale qui paraît réelle, il existe dans toutes ces populations une certaine unité morale qui n'est pas moins réelle et qui a beaucoup plus d'importance sous le rapport social : c'est elle qui forme le lien de la nationalité française. Elle s'est constituée peu à peu dans la suite des siècles par le frottement des provinces les unes à côté des autres entre les mains de la royauté, par le partage d'une même destinée dans la bonne et dans la mauvaise fortune, par la littérature et la circulation des idées , elle réside surtout dans l'usage de la même langue, dans la communauté des institutions civiles et politiques, dans la longue tradition des souvenirs historiques, dans l'idée de patrie et dans le sentiment de la solidarité nationale.

---

(1) Le Chapitre Ier du Livre I a pour titre : *Les populations primitives de la Gaule.*

CHAPITRE VI.

LA DENSITÉ ET SES VARIATIONS EN FRANCE ET DANS LES AUTRES PAYS.

Sommaire. — La définition de la densité — La superficie, la population et la densité par département et arrondissement en 1801, en 1846 et en 1886 — Les départements d'une densité forte et les départements d'une densité faible — Les différences de densité entre les parties d'un même département — Le nombre des communes — La densité du département de Seine-et-Oise — Le groupement sur les terrains granitiques ou calcaires et sous les climats pluvieux ou secs — Les régions de montagnes — La carte de la densité par communes — Le progrès de la densité générale de la France depuis 1801 — Les départements et les arrondissements dont la population a augmenté ou diminué — La densité dans les autres contrées d'Europe — Les principales causes de la densité.

La définition de la densité. — Les hommes ne se groupent pas au hasard sur le sol. Ils se fixent et se multiplient d'ordinaire là où ils trouvent un milieu propice. Ce sont tantôt les qualités du sol, sa constitution géologique, sa configuration, le régime des eaux, le climat, et tantôt des circonstances politiques ou économiques qui le rendent propice. La nature et l'homme sont ainsi les deux grandes causes de la distribution de la population, comme de la production de la richesse.

La nature ne change guère, et il y a des conditions sociales qui persistent pendant des siècles. Aussi n'est-il pas étonnant que la Flandre, l'Alsace, la Normandie, la Bretagne, les environs de Paris, qui étaient signalés en 1790 comme les parties les plus peuplées de la France, soient encore aujourd'hui au nombre des régions où la population est très dense.

La densité de la population est le rapport entre l'étendue d'un territoire et le nombre de ses habitants. L'unité territoriale que nous prenons pour un des termes de ce rapport est le kilomètre carré. Dire que la densité de la France était de 72.3 habitants par kilomètre carré en 1886, c'est dire que le nombre total des habitants de la France divisé par le nombre de kilomètres carrés de son territoire donne 72.3, et qu'il y avait, par conséquent, un peu plus de 72 habitants, en moyenne, sur une surface d'un kilomètre carré.

La superficie, la population et la densité en 1801, en 1846 et en 1886. — Cette moyenne varie beaucoup d'un département et d'un arrondissement à l'autre. Le tableau suivant fait connaître la superficie, la population et la densité des départements et arrondissements en 1801, date du premier recensement, en 1846, date à laquelle la population s'était accrue dans le plus grand nombre d'arrondissements et à partir de laquelle elle a commencé à décroître dans plusieurs sous l'influence de diverses causes économiques, et en 1886, date du dernier recensement ; il fait connaître aussi la population des chefs-lieux de département et d'arrondissement en 1801 et en 1886 (1).

_____

(1) Les éléments de ce tableau sont tirés de l'*Annuaire du Bureau des Longitudes pour* 1889 (pour les col. 2 et 5), du volume de la Statistique générale de la France *Territoire, population*, publié en 1837 (pour les col. 3 et 11), du volume de la Statistique générale de France, *Résultats statistiques du dénombrement de* 1886 (pour la col. 7), du volume publié par le ministère de l'intérieur sous le titre *Dénombrement de la population*, 1886 (pour la col. 12).

Les notes sur les changements survenus, depuis 1801, dans le territoire des arrondissements, ont été rédigées soit à l'aide de renseignements fournis par des archivistes, soit avec les graphiques des accroissements proportionnels des arrondissements depuis 1801 qui avaient été antérieurement dressés par M. Turquan et dont quelques spécimens sont reproduits dans ce chapitre et dans l'introduction aux *Résultats statistiques du dénombrement de* 1886 (p. 6), soit par les recherches personnelles de l'auteur. L'histoire des changements qui se sont produits dans nos circonscriptions administratives durant le cours du siècle, n'avait jamais été écrite par l'administration ; nous avons essayé de combler cette lacune en indiquant tous les changements de quelque importance qui pouvaient intéresser la question de la population. Nous avons ensuite collationné notre tableau avec celui que M. Turquan a inséré dans les *Résultats statistiques du dénombrement de* 1886 (introduction, p. 8 et suiv.) en y portant les mêmes renseignements historiques de manière à mettre en harmonie les deux documents. Toutefois il y a de petits changements que nous ne connaissons pas tous et dont nous ne parlons pas ; par exemple, une loi du 7 mai 1850 a réuni la commune de Boisbenâtre (Calvados) à celle de Coulouvray, sous le nom de Coulouvray-Boisbenâtre et tout le territoire appartient depuis ce temps au département de la Manche.

Les calculs (additions et densité) de ces tableaux, ont été revus par les soins du Directeur général de la statistique du royaume d'Italie.

Superficie, population, densité des départements et arrondissements en 1801, en 1846 et en 1886.

NOMS des départements et arrondissements (1)	Superficie (en kilom. carrés)	1801 Population (Par milliers d'habitants)	1801 Densité (Nomb. d'habit. par kil. carré)	1846 Population (Par milliers d'habitants)	1846 Densité (Nomb. d'habit. par kil. carré)	1886 Population domiciliée le 30 Mai	1886 Densité (Nomb. d'habit. par kil. carré)	Rapport de 1801 à 1886 (la population en 1801 étant représentée par 100)	Rapport de 1846 à 1886 (la population de 1846 étant représentée par 100)	Population des chefs-lieux en 1801 (Par milliers d'habitants)	Population des chefs-lieux en 1886 (2)
1	2	3	4	5	6	7	8	9	10	11	12
Bourg	1 659	108.6	65	124.0	75	125 134	75	115	101	7.0	18 113
Belley	1 310	75.0	57	83.1	63	80 734	62	108	97	3.7	6 160
Gex	414	(3)	(3)	22.5	54	20 907	51	(3)	98	2.5	2 693
Nantua	933	50.9	55	53.3	57	49 678	53	98	93	2.8	3 157
Trévoux	1 483	62.5	42	84.4	57	87 955	59	141	104	2.5	2 661
1. Ain	5 799	297.0	(3)	367.3	63	364 408	63	(3)	99	..	..
Laon	2 456	135.5	55	171.3	70	165 899	68	122	97	6.7	13 677
Château-Thierry . .	1 186	55.7	47	64.5	54	58 288	49	105	90	4.2	7 296
Saint-Quentin . . .	1 073	83.3	78	127.8	119	148 040	138	178	116	10.4	47 353
Soissons	1 241	60.4	49	73.6	59	70 884	57	117	96	8.2	11 850
Vervins	1 396	91.0	65	120.2	86	112 814	81	124	94	2.8	8 215
2. Aisne	7 352	425.9	58	557.4	76	555 925	76	130	99	..	..
Moulins	2 578	76.5	30	95.2	37	122 870	48	161	129	13.2	21 721
Gannat	1 021	53.6	52	68.7	67	64 287	63	120	94	5.0	5 606
Lapalisse	1 620	61.1	38	78.7	49	96 615	60	158	123	1.8	2 952
Montluçon	2 089	57.6	28	86.9	42	140 780	67	244	162	4.4	27 818
3. Allier	7 308	248.8	34	329.5	45	424 582	58	171	129	..	..

(1) Nous ne mentionnons pas les changements qui ont eu lieu dans les chefs-lieux d'arrondissement ou de département de 1801 à 1886, tels que la substitution de Lille à Douai, de La Rochelle à Saintes, de St-Étienne à Montbrison. Nous donnons les chefs-lieux actuels.

(2) La population indiquée ici est la population totale de la commune.

(3) L'arrondissement de Gex n'a été réuni au département de l'Ain qu'en 1815. C'est pourquoi, la superficie n'étant pas la même en 1801, nous ne donnons pas la densité pour ce recensement. Nous ne donnons pas non plus le rapport entre 1801 et 1886.

NOMS des départements et arrondissements	Superficie (en kilom. carrés)	1801 Population (Par milliers d'habitants)	1801 Densité (Nomb. d'habit. par kil. carré)	1846 Population (Par milliers d'habitants)	1846 Densité (Nomb. d'habit. par kil. carré)	1886 Population domiciliée le 30 Mai	1886 Densité (Nomb. d'habit. par kil. carré)	Rapport de la population à deux époques de 1801 à 1886 (la population en 1801 étant représentée par 100)	de 1846 à 1886 (la population de 1846 étant représentée par 100)	Population des chefs-lieux en 1801 (Par milliers d'habitants)	en 1886
1	2	3	4	5	6	7	8	9	10	11	12
Digne	2 891	43.5	18	52.2	22	44 352	19	102	85	3.3	7 083
Barcelonnette . . .	1 151	18.0	16	18.3	16	15 477	13	86	85	2.2	2 234
Castellane	1 295	20.0	15	23.8	18	18 059	14	90	76	2.0	1 858
Forcalquier	1 072	29.3	27	36.2	34	31 524	29	108	87	2.5	3 002
Sisteron	1 045	23.2	22	26.1	25	20 102	19	87	77	7.9	3 864
4. Alpes (Basses-) .	6 954	134.0	19	156.6	23	129 494	19	97	83	..	..
Gap	2 495	60.4	24	69.8	28	66 002	26	109	95	8.0	11 621
Briançon.	1 640	26.0	16	30.9	18	28 134	17	108	91	3.0	5 777
Embrun	1 455	26.1	18	32.4	22	28 788	20	110	89	8.1	4 481
5. Alpes (Hautes-) .	5 590	112.5	20	133.1	24	122 924	22	109	92	..	..
Nice.	1 048	..	..	..	..	134 683	129	..	..	18.4	77 478
Grasse	1 232	55.3	45	66.2	(1)	81 334	66	..	..	11.8	12 157
Puget-Théniers. . .	1 463	..	..	..	..	22 040	15	..	..	0.9	1 215
6. Alpes Maritimes	3 743 (²)	..	..	..	..	238 057	64	..	..	..	..
Privas	1 744	81.4	47	123.5	71	125 042	72	154	101	2.9	7.600
Largentière	1 927	77.0	40	112.7	58	99 412	52	129	88	1.7	2.697
Tournon	1 856	108.2	58	143.4	77	151 018	81	140	105	3.4	5.286
7. Ardèche	5 527	266.6	48	379.6	69	375 472	68	141	99	..	..
Mézières	985	51.6	52	75.3	76	96 128	98	186	128	3.3	6 674
Réthel.	1 223	54.4	44	70.6	58	55 894	46	108	79	4.9	7 432
Rocroi.	836 (³)	50.6	61	51.4	61	54 880	66	108	107	2.9	3 172
Sedan	798	51.0	64	67.2	84	73 577	92	144	100	10.5	19 306
Vouziers	1 391	52.3	38	62.3	45	52 280	38	100	84	1.5	3 737
8. Ardennes	5 233	259.9	50	326.8	63	332 759	64	128	102	..	..

(1) L'arrondissement de Grasse faisait partie du département du Var avant 1860.

(2) Voir la note (3) qui est à la fin du tableau.

(3) La perte de Philippeville, Marienbourg, etc. en 1815 a occasionné une diminution et un remaniement de l'arrondissement de Rocroi.

NOMS des départements et arrondissements	Superficie (en kilom. carrés)	1801		1846		1886		Rapport de la population à deux époques		Population des chefs-lieux	
		Population (Par milliers d'habitants)	Densité (Nomb. d'habit. par kil. carré)	Population (Par milliers d'habitants)	Densité (Nomb. d'habit. par kil. carré)	Population domiciliée le 30 Mai	Densité (Nomb. d'habit. par kil. carré)	de 1801 à 1886 (la population en 1801 étant représentée par 100)	de 1846 à 1886 (la population de 1846 étant représentée par 100)	en 1801 (Par milliers d'habitants)	en 1886
1	2	3	4	5	6	7	8	9	10	11	12
Foix	2 105	66.1	31	94.4	45	80 574	38	122	85	3.6	7 369
Pamiers	1 288	60.4	47	80.8	63	75 659	59	125	94	5.3	11 944
Saint-Girons	1 501	69.9	47	95.3	63	81 386	54	116	85	2.5	5 459
9. Ariège	4 894	196.4	40	270.5	55	237 619	49	121	88	..	..
TROYES	1 569	84.8	54	93.7	60	108 294	69	128	116	23.9	46 972
Arcis-sur-Aube . . .	1 258	32.0	25	36.6	29	30 822	25	96	84	2.5	2 922
Bar-sur-Aube . . .	1 045	36.1	35	43.6	42	38 896	37	108	89	4.0	4 636
Bar-sur-Seine . . .	1 231	48.8	40	52.6	43	43 033	35	88	82	2.3	3 182
Nogent-sur-Seine . .	898	29.7	33	35.3	39	36 329	40	122	103	3.2	3 652
10. Aube	6 001	231.4	39	261.8	44	257 374	43	111	98	..	..
CARCASSONNE . . .	2 025	78.3	39	95.7	47	106 525	53	136	111	15.2	29 330
Castelnaudary . . .	898	45.7	51	54.7	61	46 349	52	101	85	7.6	10 105
Limoux	1 820	60.0	33	76.1	42	64 544	35	108	85	5.1	6 810
Narbonne	1 570	41.2	26	63.1	40	114 662	73	278	182	9.1	29 702
11. Aude	6 313	225.2	36	289.6	46	332 080	53	147	115	..	..
RODEZ	2 270	80.0	35	107.5	47	115 803	51	145	108	6.2	15 375
Espalion	1 539	59.0	38	67.1	44	63 192	41	107	94	2.6	3 935
Millau	1 930	56.1	29	66.0	34	67 871	35	120	102	6.1	16 139
Saint-Affrique . . .	1 713	49.0	29	59.8	35	60 665	35	124	101	4.6	7 177
Villefranche	1 291	82.2	? 64 (1)	88.7	69	108 795	84	? (1) 132	123	9.3	9 836
12. Aveyron	8 743	326.3	37	389.1	45	415 326	48	127	107	..	..
66. Belfort (Terr. de) (2)	610	..	..	..	..	79 758	131	..	..	4.4	22 181

(1) Un canton de l'arrondissement de Villefranche a été détaché en 1808 pour former le département de Tarn-et-Garonne. L'arrondissement avait 82,807 habitants en 1806 et 71,160 seulement en 1821. C'est pourquoi nous ne connaissons qu'approximativement la densité en 1801 et le rapport d'accroissement de 1801 à 1886.

(2) Belfort porte le n° 66 parce que la Statistique générale de France classe ce territoire à la place occupée autrefois dans la liste par le Haut-Rhin.

NOMS des départements et arrondissements	Super-ficie (en kilom. carrés)	1801		1846		1886		Rapport de la population à deux époques		Population des chefs-lieux	
		Population (Par milliers d'habitants)	Densité (Nomb. d'habit. par kil. carré)	Population (Par milliers d'habitants)	Densité (Nomb. d'habit. par kil. carré)	Population domiciliée le 30 Mai	Densité (Nomb. d'habit. par kil. carré)	de 1801 à 1886 (la population en 1801 étant re-présentée par 100)	de 1846 à 1886 (la popu-lation de 1846 étant re-présentée par 100)	en 1801 (Par milliers d'habitants)	en 1886
1	2	3	4	5	6	7	8	9	10	11	12
MARSEILLE.	658	126.4	192	216.4	329	416 341	633	329	192	111.1	376 143
Aix	2 153	90.0	42	112.2	52	105 859	49	118	94	23.7	29 057
Arles	2 294	68.6	30	85.3	37	82 657	36	120	97	17.2	23 491
13. Bouches-du-Rhône	5 105	285.0	56	413.9	81	604 857	118	212	146	..	..
CAEN	1 082	112.5	104	140.0	129	121 065	112	108	86	30.9	43 809
Bayeux	949	73.0	77	80.8	85	70 353	74	96	87	10.0	8 347
Falaise	871	63.2	73	61.6	71	49 730	57	79	81	14.0	8 518
Lisieux	890	68.4	77	68.6	77	63 256	71	92	92	10.2	16 26′
Pont-l'Evêque . . .	773	54.9	71	58.3	75	59 945	78	109	102	2.5	5 05.
Vire	956	79.8	83	89.0	93	72 918	76	91	82	7.5	(736
17. Calvados	5 521	451.8	82	498.3	90	437 267	79	97	88	..	.
AURILLAC	1 942	81.4	42	96.9	50	92 722	48	114	96	10.3	14 613
Mauriac	1 282	50.6	39	65.5	51	61 137	48	121	93	2.6	3 575
Murat	853	29.5	35	36.5	43	34 440	40	117	94	2.5	3 141
Saint-Flour	1 664	58.8	35	61.5	37	53 443	32	91	87	5.0	5 477
15. Cantal	5 741	220.3	38	260.4	45	241 742	42	110	93	..	..
ANGOULÊME	1 954	95.2	49	136.6	70	139 093	71	146	102	14.8	34 647
Barbézieux	988	46.6	47	57.4	58	47 912	48	103	83	2.0	4 090
Cognac	715	45.0	63	54.9	77	61 190	86	136	111	2.8	15 200
Confolens	1 415	60.0	42	70.8	50	68 984	49	115	97	2.0	3 083
Ruffec	870	52.2	60	59.3	68	49 229	57	94	83	2.1	3 589
16. Charente	5 942 (1)	299.0	50	379.0	64	366 408	62	122	97	..	..
LA ROCHELLE . . .	813	70.3	86	83.1	102	82 549	102	117	99	18.0	23 829
Jonzac	1 524	76.2	50	84.0	55	75 579	50	99	90	2.5	3 237
Marennes	741	46.0	58	51.3	65	56 163	71	122	109	4.6	4 766
Rochefort	742	43.4	58	58.7	79	69 679	94	161	119	15.0	31 256
Saintes	1 551	95.1	68	107.9	77	103 808	67	109	96	10.2	17 327
Saint-Jean-d'Angély	1 402	68.1	44	83.1	53	75 025	54	110	90	5.4	7 255
17. Charente-Infér. .	6 8 6	399.1	58	468.1	69	462 803	68	116	99	..	..

(1) Il y a eu des omissions en 1301; car le département avait 326,000 habitants en 1790 et 327,000 en 1836.

NOMS des départements et arrondissements	Superficie (en kilom. carrés)	1801		1846		1886		Rapport de la population à deux époques		Population des chefs-lieux	
		Population (Par milliers d'habitants)	Densité (Nomb. d'habit. par kil. carré)	Population (Par milliers d'habitants)	Densité (Nomb. d'habit. par kil. carré)	Population domiciliée le 30 Mai	Densité (Nomb. d'habit. par kil. carré)	de 1801 à 1886 (la population en 1801 étant représentée par 100)	de 1846 à 1886 (la population de 1846 étant représentée par 100)	en 1801 (Par milliers d'habitants)	en 1886
1	2	3	4	5	6	7	8	9	10	11	12
Bourges......	2 459	83.4	34	115.7	47	152 506	62	182	132	15.3	42 829
Saint-Amand....	2 656	74.7	28	103.7	39	118 141	44	158	114	5.0	8 476
Sancerre......	2 084	59.6	29	75.1	36	84 702	41	142	143	2.2	3 792
18. Cher	7 199	217.7	30	294.5	41	355 349	49	163	121	..	..
Tulle.......	2 567	106.0	41	137.0	53	138 010	54	130	101	9.4	16 277
Brives.......	1 524	47.2	31	64.8	43	120 168	79	145	104	5.6	15 707
Ussel	1 775	90.5	51	115.7	65	68 316	38	133	105	3.0	5 252
19. Corrèze	5 866	243.7	42	317.5	54	326 494	56	134	103	..	..
Ajaccio	2 054	38.9	13	53.4	26	73 292	36	188	137	6.0	17 576
Bastia	1 362	51.4	38	68.6	50	80 019	59	156	117	9.0	20 765
Calvi	1 003	19.1	19	24.3	24	25 118	25	132	104	1.1	1 987
Corte	2 485	33.0	13	54.6	22	59 352	24	180	109	2.0	5 002
Sartène	1 843	21.5	12	29.3	16	40 720	22	190	139	2.0	5 608
20. Corse (1)	8 747	163.9	17	230.2	26	278 501	32	176	121	..	..
Dijon	3 013	121.1	40	146.7	49	162 799	54	134	111	21.0	60 855
Beaune	2 142	104.6	49	125.3	58	115 925	54	111	92	8.3	12 146
Châtillon-sur-Seine.	1 975	48.1	24	54.2	27	42 690	22	89	79	3.7	5 317
Semur.......	1 631	66.7	41	70.3	43	60 160	37	90	86	4.3	3 894
21. Côte-d'Or	8 761	340.5	39	396.5	45	381 574	44	112	96	..	..
Saint-Brieuc ...	1 472	146.0	99	177.8	121	177 473	121	122	100	8.1	19 240
Dinan	1 411	96.2	68	116.6	83	122 374	87	127	104	4.1	10 105
Guingamp	1 730	89.6	52	125.5	73	129 876	75	144	103	5.2	8 744
Lannion	906	85.4	94	114.4	126	109 428	121	128	96	3.1	6 205
Loudéac......	1 367	87.1	64	94.2	69	89 605	66	108	95	6.1	5 899
22. Côtes-du-Nord .	6 886	504.3	73	628.5	91	628 256	91	125	100	..	..

(1) La répartition de la superficie, de la population et par suite la densité par arrondissement en 1801 n'est qu'approximative, la Corse ayant été divisée en deux départements de 1793 à 1811 et Vico ayant été pendant ce temps un arrondissement. Les 38,900 habitants portés en 1801 à l'arrondissement d'Ajaccio comprennent 27,100 habitants pour l'arrondissement d'Ajaccio et 11,800 pour celui de Vico. Voir pour la superficie du département la note (3) qui est à la fin du tableau.

NOMS des départements et arrondissements	Superficie (en kilom. carrés)	1801		1846		1886		Rapport de la population à deux époques		Population des chefs-lieux	
		Population (Par milliers d'habitants)	Densité (Nomb. d'habit. par kil. carré)	Population (Par milliers d'habitants)	Densité (Nomb. d'habit. par kil. carré)	Population domiciliée le 30 Mai	Densité (Nomb. d'habit. par kil. carré)	de 1801 à 1886 (la population en 1801 étant représentée par 100)	de 1846 à 1886 (la population de 1846 étant représentée par 100)	en 1801 (Par milliers d'habitants)	en 1886
1	2	3	4	5	6	7	8	9	10	11	12
Guéret	1 667	75.3	45	97.7	59	99 849	60	133	102	3.1	7 065
Aubusson	2 040	81.7	40	106.8	52	100 648	49	123	94	3.5	6 723
Bourganeuf	906	31.3	35	42.3	47	43 471	48	139	103	2.0	3 902
Boussac	955	29.7	31	38.8	41	40 974	43	138	106	0.6	1 327
23. Creuse	5 568	218.0	39	285.6	51	284 942	51	131	100	..	..
Périgueux	1 917	82.8	43	108.9	57	121 524	63	147	112	6.3	29 611
Bergerac.	2 197	104.0	47	119.3	54	108 642	49	104	91	8.5	14 358
Nontron	1 660	67.8	41	86.2	52	86 717	52	128	101	2.8	4 151
Ribérac	1 465	61.6	42	73.2	50	70 072	48	114	96	3.0	4 047
Sarlat	1 944	93.3	48	115.9	60	105 250	54	113	91	6.0	6 069
24. Dordogne	9 183	409.5	45	503.5	55	492 205	54	120	98	..	..
Besançon	1 393	88.8	64	109.1	78	115 702	83	130	106	30.0	56 511
Baume-les-Dames .	1 474	56.4	38	67.8	46	58 507	40	104	86	2.3	2 841
Montbéliard . . .	1 078	28.0	26	63.8	59	83 538	78	299	131	3.7	9 531
Pontarlier	1 283	43.0	34	51.6	40	53 216	41	124	103	2.9	8 098
25. Doubs	5 228	216.2	41	292.3	56	310 963	59	144	106	..	..
Valence.	1 880	101.1	54	149.3	79	159 574	85	158	107	7.5	24 761
Die	2 350	57.1	24	66.6	29	59 202	25	104	89	4.0	3 823
Montélimar	1 132	46.9	41	67.9	60	65 718	58	140	97	6.3	14 014
Nyons	1 160	30.2	26	36.3	31	30 121	26	100	83	2.7	3 534
26. Drôme	6 522	235.3	34	320.1	49	314 615	48	134	98	..	..
Évreux	2 109	115.5	54	121.8	58	112 889	54	97	93	8.4	16 755
Les Andelys. . . .	1 044	61.2	56	64.9	59	58 152	56	95	90	3.9	5 423
Bernay	1 091	76.3	73	80.0	77	61 720	57	81	77	6.1	8 310
Louviers	785	64.0	82	69.4	88	60 177	77	94	87	6.5	10 555
Pont-Audemer . . .	929	85.8	92	87.1	94	65 891	71	77	76	5.1	6 163
27. Eure	5 958	402.8	68	423.2	71	358 829	60	89	85	..	..

NOMS des départements et arrondissements	Super-ficie (en kilom. carrés)	1801 Population (Par milliers d'habitants)	1801 Densité (Nomb. d'habit. par kil. carré)	1846 Population (Par milliers d'habitants)	1846 Densité (Nomb. d'habit. par kil. carré)	1886 Population domiciliée le 30 Mai	1886 Densité (Nomb. d'habit. par kil. carré)	Rapport de la population à deux époques de 1801 à 1886 (la population en 1801 étant représentée par 100)	de 1846 à 1886 (la population de 1846 étant représentée par 100)	Population des chefs-lieux en 1801 (Par milliers d'habitants)	en 1886
1	2	3	4	5	6	7	8	9	10	11	12
CHARTRES	2 092	95.9	45	109.8	52	112 137	54	117	102	14.4	21 903
Châteaudun	1 446	52.5	36	64.5	44	63 657	44	121	99	6.1	7 284
Dreux	1 509	69.0	46	71.4	47	66 014	44	96	92	5.4	8 719
Nogent-le-Rotrou. .	827	40.4	49	46.9	57	41 911	51	104	89	6.8	8 372
28. Eure-et-Loir . .	5 874	257.8	44	292.6	50	283 719	48	110	97	..	..
QUIMPER.	1 400	81.5	58	115.6	83	165 912	119	204	143	6.6	17 171
Brest	1 414	128.1	91	202.6	143	227 454	161	178	112	27.0	70 778
Châteaulin.	1 832	82.7	45	104 0	57	115 508	63	140	111	3.0	3 656
Morlaix	1 325	102.3	77	143.9	109	142 771	108	139	99	9.0	16 013
Quimperlé	751	44.4	59	46.0	61	56 175	75	126	121	4.2	7 156
29. Finistère (1) . .	6 722	439.0	65	612.1	91	707 820	105	161	116	..	..
NÎMES	1 637	112.5	69	146.0	89	156 772	96	139	107	38.8	69 898
Alais	1 311	62.0	47	98.1	75	128 993	98	208	131	8.9	22 514
Uzès	1 486	70.0	47	89.5	60	74 466	50	106	83	6.2	5 146
Le Vigan	1 402	55.6	40	66.7	48	56 868	41	102	85	3.8	5 353
30. Gard	5 836	300.1	51	400.3	69	417 099	71	139	104	..	..
TOULOUSE	1 593	117.7	74	177.3	111	228 941	141	190	126	50.2	147 617
Muret	1 633	71.7	44	91.8	55	82 818	51	115	90	3.1	4 145
Saint-Gaudens . . .	2 128	103.7	49	147.8	69	123 056	58	119	83	4.2	6 602
Villefranche	986	52.0	56	65.0	69	51 854	55	99	79	2.0	2 574
Castelsarrasin (2). .	..	60.5	..	..	..	.	..	..	..	..	..
31. Garonne (Haute-) (2)	6 290	405.6	(2)	481.9	76	481 169	76	(2)	100	..	..

(1) Voir la note (3) qui est à la fin du tableau.

(2) Une partie de la Haute-Garonne (arrondissement de Castelsarrasin, etc., voir département de Tarn-et-Garonne) a été détachée en 1808 pour former le département de Tarn-et-Garonne. C'est pourquoi nous ne donnons ni la densité en 1801, ni le rapport d'accroissement de 1801 à 1886.

NOMS des départements et arrondissements	Superficie (en kilom. carrés)	1801		1846		1886		Rapport de la population à deux époques		Population des chefs-lieux	
		Population (Par milliers d'habitants)	Densité (Nomb. d'habit. par kil. carré)	Population (Par milliers d'habitants)	Densité (Nomb. d'habit. par kil. carré)	Population domiciliée le 30 Mai	Densité (Nomb. d'habit. par kil. carré)	de 1801 à 1886 (la population en 1801 étant représentée par 100)	de 1846 à 1886 (la population de 1846 étant représentée par 100)	en 1801 (Par milliers d'habitants)	en 1886
1	2	3	4	5	6	7	8	9	10	11	12
Auch	1 305	51,4	39	62.9	48	58 780	45	114	93	7.7	15 090
Condom	1 500	62.7	42	72.2	48	66 163	44	105	92	6.9	7 903
Lectoure (1)	985	54.7	(1)56	52.3	53	42 038	43	(1)	80	5.4	5 272
Lombez	797	35.9	45	42.1	53	35.277	44	98	89	1.4	1 684
Mirande	1 693	65.9	38	85.3	50	72.133	43	109	85	1.6	3 916
32. Gers	6 280	270.6	(1)	314.8	50	274 391	44	(1)	87	..	..
Bordeaux	4 235	219.3	52	285.9	67	461 071	109	213	161	91.0	240 582
Bazas	1 484	46.4	31	55.5	38	53 393	36	115	96	4.2	5 034
Blaye	717	51.5	72	58.7	82	55 786	78	108	95	3.6	4 340
Lesparre.	1 204	30.0	25	38.9	32	44 985	37	150	116	0.8	4 059
Libourne.	1 290	101.4	79	110.1	85	111 895	87	110	102	8.1	16 736
La Réole	810	54.1	67	53.3	66	48 715	60	90	91	3.8	4 843
33. Gironde.	9 740	502.7	52	602.4	62	775 845	80	155	129	..	..
Montpellier . . .	1 997	94.0	47	147.1	74	177 401	89	189	121	33.9	56 765
Béziers	1 786	99.5	56	133.4	75	165 953	93	167	124	14.2	42 785
Lodève	1 198	45.9	39	56.0	48	50 734	42	110	91	7.8	9 532
Saint-Pons.	1 217	36.0	30	49.5	41	44 956	37	125	91	4.5	3 562
34. Hérault.	6 198	275.4	44	386.0	62	439 044	71	159	114	..	..
Rennes	1 376	113.3	82	187.6	100	165 913	121	146	123	25.9	66 139
Fougères.	996	76.0	76	84.4	85	88 901	89	117	105	7.3	15 578
Montfort.	946	55.9	59	59.0	62	62 998	67	112	107	1.1	2 373
Redon	1 330	66.7	50	79.0	59	91 359	69	137	116	3.8	6 428
Saint-Malo.	929	101.1	109	120.9	130	133 047	143	131	110	9.1	10 500
Vitré	1 149	75.8	66	82.0	71	79 166	69	104	96	8.8	10 447
35. Ille-et-Vilaine. .	6 726	488.8	73	562.9	84	621 384	92	127	110	..	..

(1) Une partie de l'arrondissement de Lectoure (59,754 habitants en 1806 et 52,251 en 1821) a été détachée en 1808 pour former le département de Tarn-et-Garonne. Même observation que pour la Haute-Garonne.

NOMS des départements et arrondissements	Superficie (en kilom. carrés)	1801		1846		1886		Rapport de la population à deux époques		Population des chefs-lieux	
		Population (Par milliers d'habitants)	Densité (Nomb. d'habit. par kil. carré)	Population (Par milliers d'habitants)	Densité (Nomb. d'habit. par kil. carré)	Population domiciliée le 30 Mai	Densité (Nomb. d'habit. par kil. carré)	de 1801 à 1886 (la population en 1801 étant représentée par 100)	de 1846 à 1886 (la population de 1846 étant représentée par 100)	en 1801 (Par milliers d'habitants)	en 1886
1	2	3	4	5	6	7	8	9	10	11	12
Chateauroux . . .	2 455	74.7	30	98.7	40	115 699	47	155	117	8.1	22 860
Le Blanc	1 840	49.4	27	59.8	33	62 624	34	127	105	3.8	7 140
La Châtre	1 321	42.1	32	49.2	37	64 771	49	154	132	3.5	5 215
Issoudun	1 179	39.4	33	56.2	48	53 053	45	135	94	10.2	15 231
36. Indre	6 795	205.6	30	263.9	37	296 147	44	144	112	..	..
Tours	2 623	(1) 123.1	47	157.1	60	192 055	73	156	122	22.0	59 585
Chinon.	1 693	(1) 89.3	53	91.2	54	84 138	50	94	92	6.1	6 205
Loches.	1 798	56.5	31	64.1	36	64 728	36	114	101	4.3	5 141
37. Indre-et-Loire .	6 114	268.9	44	312.4	51	340 921	56	127	109	..	..
Grenoble	4 111	164.3	40	219.0	53	229 265	56	139	105	23.5	52 484
Saint-Marcellin . .	1 071	68.6	64	88.0	82	80 606	75	118	92	3.0	3 393
La Tour-du-Pin . .	1 332	98.8	74	136.6	103	129 158	97	131	95	1.6	3 636
Vienne.	1 775	104.7	59	154.8	87	142 651	80	136	92	10.4	25 480
38. Isère	8 289	435.9	52	598.4	72	581 680	70	133	97	..	..
Lons-le-Saunier .	1 544	105.7	68	108.8	70	95 931	62	91	88	6.1	12 290
Dôle.	1 179	64.4	55	75.7	64	70 067	59	109	93	8.2	13 293
Poligny	1 233	69.0	56	79.5	64	63 213	51	92	79	5.3	4 632
Saint-Claude. . . .	1 038	49.1	47	52.1	50	52 081	50	106	100	3.6	8 932
39. Jura	4 994	288.2	58	316.1	63	281 292	56	98	89	..	..
Mont-de-Marsan .	5 299	71.7	14	99.3	19	109 330	21	152	110	2.4	11 760
Dax	2 311	75.1	33	108.4	47	110 446	48	(2)	(2)	4.4	10 858
Saint-Sever	1 711	77.5	45	90.5	53	82 490	48	106	91	5.8	4 869
40. Landes	9 321	224.3	?24 (2)	298.3	?32 (2)	302 266	32	(2)	(2)	..	..

(1) En 1824, le canton de Château-la-Vallière a passé de l'arrondissement de Chinon à celui de Tours.

(2) La commune de St-Esprit et ses environs ont été détachés du département des Landes sous le second Empire et rattachés au département des Basses-Pyrénées. L'arrondissement de Dax avait 113,794 habitants en 1856 et 106,115 en 1861. C'est pourquoi la densité en 1801 et en 1846 est un peu trop forte, ainsi que les rapports d'accroissement.

NOMS des départements et arrondissements	Super-ficie (en kilom. carrés)	1801		1846		1886		Rapport de la population à deux époques		Population des chefs-lieux	
		Population (Par milliers d'habitants)	Densité (\'omb. d'habit. carré)	Population (Par milliers d'habitans)	Densité (Nomb. d'habit. par kil. carré)	Population domiciliée le 30 Mai	Densité (Nomb. d'habit. par kil. carré)	de 1801 à 1886 (la population en 1801 étant re-présentée par 100)	de 1846 à 1886 (la popu-lation de 1846 étant re-présentée par 100)	en 1801 (Par milliers d'habitants)	en 1886
1	2	3	4	5	6	7	8	9	10	11	12
Blois	2 532	103.2	41	128.6	51	141 415	56	137	110	13.3	22 150
Romorantin	2 102	38.7	18	49.2	23	59 572	28	154	121	5.7	7 545
Vendôme	1 717	68.0	39	79.0	46	78 227	46	115	99	7.5	9 325
41. Loir-et-Cher . .	6 351	209.9	33	256.8	40	279 214	44	133	109	..	..
St-Étienne	1 034	97.6	94	188.4	182	298 389	289	306	160	16.3	117 875
Montbrison.	1 941	97.6	50	131.3	67	143 271	74	147	109	4.7	7 865
Roanne	1 785	95.7	53	134.0	75	161 724	91	169	121	7.0	30 402
42. Loire.	4 760	290.9	61	453.7	95	603 384	127	208	133	..	..
Le Puy	2 236	94.0	42	135.7	60	148 058	66	157	109	15.9	19 031
Brioude	1 571	71.3	45	84.3	54	80 141	51	112	95	5.4	5 102
Yssengeaux	1 155	64.5	55	87.1	76	91 864	80	142	105	5.3	8 037
43. Loire (Haute-) .	4 962	229.8	46	307.1	62	320 063	64	139	104	..	..
Nantes	1 740	160.7	92	233.7	134	288 056	166	179	123	3.9	127 482
Ancenis	791	38.0	48	47.4	59	52 873	67	139	111	2.9	5 544
Chateaubriant . . .	1 396	47.2	34	67.5	48	82 349	59	174	122	3.0	6 177
Paimbeuf	769	32.2	41	45.2	59	48 852	64	152	108	4.2	2 393
Saint-Nazaire . . .	2 179	91.2	41	123.4	57	171 754	79	188	139	..	25 575
44. Loire-Inférieure	6 875	369.3	53	517.2	75	643 884	94	174	124	..	..
Orléans	2 421	131.4	54	150.7	62	172 668	71	131	115	36.2	60 826
Gien	1 472	37.4	25	46.5	32	60 616	41	162	130	5.1	8 181
Montargis	1 677	62.0	37	74.3	44	82 575	49	133	111	6.4	10 984
Pithiviers	1 201	55.3	46	60.1	49	59 016	49	107	98	3.1	5 509
45. Loiret	6 771	286.1	42	331.6	49	374 875	55	131	113	..	..

NOMS des départements et arrondissements	Superficie (en kilom. carrés)	1801 Population (Par milliers d'habitants)	1801 Densité (Nomb. d'habit. par kil. carré)	1846 Population (Par milliers d'habitants)	1846 Densité (Nomb. d'habit. par kil. carré)	1886 Population domiciliée le 30 Mai	1886 Densité (Nomb. d'habit. par kil. carré)	Rapport de la population à deux époques de 1801 à 1886 (la population en 1801 étant représentée par 100)	de 1846 à 1886 (la population de 1846 étant représentée par 100)	Population des chefs-lieux en 1801 (Par milliers d'habitants)	en 1886
1	2	3	4	5	6	7	8	9	10	11	12
CAHORS	2 164	106.7	? 49 (1)	118.8	55	106 446	49	?(1) 100	90	11.7	15 622
Figeac	1 562	80.1	51	93.0	60	87 239	56	109	94	6.5	7 396
Gourdon	1 486	75.2	50	82.7	56	77 829	52	103	94	3.7	5 029
Montauban (1) . . .	..	115.2	..	..	..	..	..	..	..	..	..
46. Lot (1)	5 212	377.2	50	294.5	56	271 514	52	?(1) 104	92	..	..
AGEN	1 012	98.4	97	85.1	84	76 170	75	77	89	10.8	22 055
Marmande	1 409	101.7	72	103.0	73	89 407	63	88	87	5.6	9 891
Nérac	1 388	40.2	28	61.7	44	57 969	42	144	95	5.6	7 826
Villeneuve-sur-Lot .	1 545	83.6	54	97.0	63	83 891	54	100	86	5.1	14 693
47. Lot-et-Garonne(2)	5 354	323.9	(2)	346.8	65	307 437	57	(2)	89	..	..
MENDE	1 777	45.5	39	47.9	27	53 065	30	117	111	5.0	8 033
Florac	1 689	39.5	23	40.8	24	35 370	21	90	87	1.9	2 157
Marvejols	1 704	41.5	24	54.6	32	52 829	31	127	97	3.6	5 113
48. Lozère	5 170	126.5	24	143.3	28	141 264	27	112	99	..	..
ANGERS	(3) 1 546	91.9	59	152.4	98	174 764	113	190	115	33.0	73 044
Baugé	1 406	60.7	43	80.3	57	73 198	52	121	91	3.3	3 569
Cholet	1 618	74.6	46	117.1	72	126 086	78	169	108	..	16 855
Saumur	(3) 1 389	90.1	65	94.9	68	90 859	65	101	96	9.6	14 187
Segré	(3) 1 162	58.2	50	60.2	51	62 828	54	108	104	0.6	3 414
49. Maine-et-Loire .	7 121	375.5	52	504.9	71	527 680	74	140	104	..	..

(1) Le département du Lot comprenait en 1861 l'arrondissement de Montauban (voir département de Tarn- et-Garonne), qui en a été détaché, ainsi que le canton de Caylus (arrondissement de Cahors) pour former le département de Tarn-et-Garonne. Le rapport de 1801 à 1886 se trouve ainsi légèrement affaibli pour l'arrondissement de Cahors. Cependant le recensement de 1821 donne pour cet arrondissement une population supérieure à celle de 1806.

. (2) Une partie du département de Lot-et-Garonne (celle qui a fourni l'arrondissement de Moissac, etc.), a été détachée en 1808 pour former le département de Tarn-et-Garonne. L'arrondissement d'Agen avait 106,017 habitants en 1806 et 80,214 en 1821 ; celui de Marmande 110,563 en 1806, 99,240 en 1821. Nérac, en 1807, a reçu les cantons de Casteljaloux et de Damazan, qui appartenaient auparavant à l'arrondissement de Marmande. En conséquence, nous ne croyons pas devoir donner la densité en 1801 et le rapport d'accroissement de 1801 à 1886.

(3) En 1819, le Canton de Tiercé (alors Canton de Briollay) a passé de l'arrondissement de Segré à celui d'Angers. En 1824, le Canton de Thouarcé a passé de l'arrondissement de Saumur à celui d'Angers.

NOMS des départements et arrondissements	Superficie (en kilom. carrés)	1801		1846		1886		Rapport de la population à deux époques		Population des chefs-lieux	
		Population (Par milliers d'habitants)	Densité (Nomb. d'habit. par kil. carré)	Population (Par milliers d'habitants)	Densité (Nomb. d'habit. par kil. carré)	Population domiciliée le 30 Mai	Densité (Nomb. d'habit. par kil. carré)	de 1801 à 1886 (la population en 1886 étant représentée par 100)	de 1846 à 1886 (la population de 1846 étant représentée par 100)	en 1801 (Par milliers d'habitants)	en 1886
1	2	3	4	5	6	7	8	9	10	11	12
Saint-Lô	1 126	90.3	80	100.2	89	86 829	77	96	87	7.0	10 580
Avranches	973	96.5	99	117.9	121	98 590	101	102	84	5.4	8 000
Cherbourg	599	..	..	83.3	139	88 745	148	..	106	11.4	37 013
Coutances	1 319	130.4	99	132.8	101	106 527	81	82	80	8.5	8 107
Mortain	874	69.6	80	75.9	87	64 680	74	93	85	2.6	2 408
Valognes (1)	1 037	143.8	(1)	93.9	90	75 494	73	(1)	80	6.8	5 718
50. Manche	5 928	530.6	90	604.0	102	520 865	88	98	86	..	..
Châlons-sur-Marne	1 653	36.9	22	52.5	32	61 968	57	168	118	11.1	23 648
Épernay	2 151	83.8	39	91.4	42	99 688	46	119	109	4.4	17 907
Reims	1 704	104.6	61	134.9	79	191 795	113	183	142	20.3	97 903
Sainte-Menehould .	1 134	31.0	27	36.4	32	29 568	26	95	81	3.4	4 442
Vitry-le-François. .	1 538	48.4	31	52.1	34	46 475	30	96	89	6.9	7 670
51. Marne	8 180	304.7	36	367.3	45	429 494	52	141	117	..	..
Chaumont	2 449	76.0	31	87.4	35	80 639	33	106	92	6.2	12 852
Langres	2 203	89.9	40	103.2	47	92 183	42	102	83	7.3	11 189
Vassy	1 568	60.8	38	71.4	45	74 959	48	123	106	2.2	3 720
52. Marne (Haute-) .	6 220	226.7	36	262.0	42	247 781	40	109	95	..	..
Laval	1 811	96.4	53	127.7	70	120 195	66	125	94	14.2	30 627
Château-Gontier . .	1 268	61.0	48	77.6	61	73 893	58	121	95	4.7	7 334
Mayenne.	2 092	148.3	70	163.1	78	145 975	70	98	89	6.6	11 106
53. Mayenne	5 171	305.7	58	368.4	71	340 063	66	111	92	..	..

(1) En 1804, l'arrondissement de Valognes comprenait le territoire des arrondissements actuels de Valognes et de Cherbourg. C'est pourquoi nous ne donnons ni la densité de l'arrondissement de Valognes en 1801, ni le rapport d'accroissement de 1801 à 1886.

NOMS des départements et arrondissements	Superficie (en kilom. carrés)	1801		1846		1886		Rapport de la population à deux époques		Population des chefs-lieux	
		Population (Par milliers d'habitants)	Densité (Nomb. d'habit. par kil. carré)	Population (Par milliers d'habitants)	Densité (Nomb. d'habit. par kil. carré)	Population domiciliée le 30 Mai	Densité (Nomb. d'habit. par kil. carré)	de 1801 à 1886 (la population en 1801 étant représentée par 100)	de 1846 à 1886 (la population de 1846 étant représentée par 100)	en 1801 (Par milliers d'habitants)	en 1886
1	2	3	4	5	6	7	8	9	10	11	12
NANCY	*(1 453)*	(¹) 89.4	62	144.5	99	..	..	..	..	29.7	..
(Château-Salins)	*(1 087)*	51.5	47	70.3	65	..	..	..	..	2.1	..
Lunéville	*(1 255)*	(¹) 85.7	68	88.2	70	..	..	..	..	9.8	..
(Sarrebourg)	*(1 127)*	53.2	47	77.4	69	..	..	..	..	1.5	..
Toul	*(1 168)*	58.3	50	65.5	56	..	..	..	..	6.9	..
(Meurthe) (²)	*(6 090)*	338.1	56	445.9	73	..	..	..	..	..	..
NANCY	1 481	..	..	..	..	203 043	137	..	..	..	79 038
Briey	1 135	..	..	..	..	68 727	61	..	..	..	2 143
Lunéville	1 448	..	..	..	..	98 980	68	..	..	..	20 500
Toul	1 168	..	..	..	..	60 948	52	..	..	..	10 459
54. Meurthe-et-Moselle	5 232	..	..	..	..	431 693	83	..	..	..	..
BAR-LE-DUC	1 419	71.6	50	83.8	59	81 166	57	113	97	9.9	18 860
Commercy	1 968	74.3	37	87.5	44	75 288	38	101	86	3.4	5 514
Montmédy	1 351	55.4	41	68.9	51	55 332	41	100	80	1.9	3 169
Verdun	1 490	68.2	45	85.5	57	80 185	53	118	94	10.2	17 755
55. Meuse	6 228	269.5	43	325.7	52	291 971	47	108	90	..	..
VANNES	1 984	115.2	58	129.8	65	143 084	72	124	110	8.7	20 036
Lorient	1 474	113.6	77	146.2	99	187 993	128	165	129	19.9	40 055
Pontivy	1 740	89.5	51	106.4	61	109 446	63	122	103	3.1	9 466
Ploërmel	1 600	82.9	51	90.3	56	94 783	59	114	105	4.5	5 881
56. Morbihan	6 798	401.2	59	472.7	69	535 256	79	133	113	..	..

(1) En 1801, l'arrondissement de Lunéville comprenait les cantons de Haroué et de Vézelize, donnés par ord. du 15 mars 1816 à l'arrondissement de Nancy.

(2) Les noms et les nombres relatifs à la superficie qui sont en lettres penchées et entre parenthèses sont ceux des arrondissements ou départements qui n'appartiennent plus à la France; les noms qui sont en lettres penchées mais non entre parenthèses et qui sont suivis de nombres entre parenthèses sont ceux qui n'appartiennent plus au même département, mais qui appartiennent encore à la France. Ces nombres ne sont pas comptés dans les totaux de la superficie et de la population de la France.

NOMS des départements et arrondissements	Superficie (en kilom. carrés)	1801		1846		1886		Rapport de la population à deux époques		Population des chefs-lieux	
		Population (Par milliers d'habitans)	Densité (Nomb. d'habit. par kil. carré)	Population (Par milliers d'habitans)	Densité (Nomb. d'habit. par kil. carré)	Population domiciliée le 30 Mai	Densité (Nomb. d'habit. par kil. carré)	de 1801 à 1886 (la population en 1801 étant représentée par 100)	de 1846 à 1886 (la population de 1846 étant représentée par 100)	en 1801 (Par milliers d'habitants)	en 1886
1	2	3	4	5	6	7	8	9	10	11	12
(METZ)	(1 620)	118.4	73	164.4	101	..	..	..	..	40.2	
(Thionville) . . .	(1 061)	94.9	39	89.8	85	..	..	..	..	5.4	
Briey	(1 189)	48.9	41	65.6	55	..	..	..	..	1.7	Perdu en 1871. V. Meurthe-et-Moselle.
(Sarreguemines) . .	(1 499)	85.9	57	129.2	86	..	..	..	..	3.2	
(Moselle) . .	(5 369)	348.1	65	449.0	83	..	..	..	..	..	
NEVERS	2 270	72.1	32	102.6	45	129 112	57	179	126	14.5	25 006
Château-Chinon . .	1 676	48.5	29	68.1	41	73 207	44	151	107	3.3	2 713
Clamecy	1 469	59.6	41	78.1	53	68 759	47	115	88	5.3	5 307
Cosne	1 402	52.4	37	73.4	52	76 567	55	146	104	5.3	7 790
57. Nièvre	6 817	232.6	34	322.2	47	347 645	51	149	108	..	..
LILLE	874	223.0	254	355.8	408	680 951	779	305	192	54.8	188 272
Avesnes	1 397	91.8	66	142.2	102	205 189	147	223	144	2.9	6 092
Cambrai	893	108.6	121	174.1	195	197 026	221	182	113	13.8	23 881
Douai	472	165.2	(1)	99.9	212	131 278	278	(1)	132	18.2	30 030
Dunkerque. . . .	722	80.2	111	104.6	145	132 459	183	165	127	21.2	38 025
Hazebrouck	693	96.2	158	104.6	151	112 921	163	117	108	6.6	11 332
Valenciennes. . . .	630	(1)	(1)	150.7	239	210 360	334	(1)	140	17.2	27 575
58. Nord	5 681	765.0	135	1 132.9	199	1 670 184	294	218	147	..	..
BEAUVAIS	1 939	122.1	63	133.8	69	125 817	65	108	94	13.0	18 441
Clermont.	1 300	79.8	61	90.8	70	86 194	66	108	95	2.0	5 529
Compiègne.	1 288	79.9	62	98.8	77	93 315	72	117	94	6.4	14 375
Senlis	1 328	69.1	52	82.6	62	97 820	74	142	118	4.3	7 127
59. Oise	5 855	350.9	59	406.0	69	403 146	69	115	99	..	..

(1) En 1801, l'arrondissement de Valenciennes n'existait pas; il a été créé en 1823 aux dépens de l'arrondissement de Douai.

NOMS des départements et arrondissements	Superficie (en kilom. carrés)	1801 Population (Par milliers d'habitants)	1801 Densité (Nomb. d'habit. par kil. carré)	1846 Population (Par milliers d'habitants)	1846 Densité (Nomb. d'habit. par kil. carré)	1886 Population domiciliée le 30 Mai	1886 Densité (Nomb. d'habit. par kil. carré)	Rapport de la population à deux époques de 1801 à 1886 (la population en 1801 étant représentée par 100)	de 1846 à 1886 (la population de 1846 étant représentée par 100)	Population des chefs-lieux en 1801 (Par milliers d'habitants)	en 1886
1	2	3	4	5	6	7	8	9	10	11	12
ALENÇON	1 033	67.0	65	72.8	70	62 795	61	94	86	12.4	17 550
Argentan	1 870	104.6	56	110.1	59	83 990	45	80	76	5.9	6 285
Domfront	1 284	110.5	90	135.3	110	124 488	101	118	92	1.5	5 076
Mortagne	1 960	113.6	58	123.9	63	95 975	49	84	77	5.7	4 541
60. Orne	6 097	395.7	65	442.1	72	367 248	60	93	83	..	..
ARRAS	1 378	131.3	95	171.9	125	173 652	126	132	101	19.4	26 914
Béthune	940	110.5	118	136.1	146	223 803	238	202	164	5.0	10 917
Boulogne	942	66.6	71	117.9	125	186 186	198	280	158	11.3	45 916
Montreuil	1 125	67.7	60	78.9	70	76 291	68	112	97	3.7	3 297
Saint-Omer	1 083	87.5	81	109.6	101	116 556	108	133	106	20.1	21 266
Saint-Pol	1 138	(1) 42.0	37	81.3	71	77 038	68	183	95	2.9	3 788
61. Pas-de-Calais	6 606	505.6	77	695.7	106	853 526	129	169	123	..	..
CLERMONT-FERRAND	1 776	157.1	88	176.5	99	175 589	99	112	99	24.5	46 718
Ambert	1 185	73.5	62	92.9	78	79 104	67	108	85	5.9	8 211
Issoire	1 829	88.3	48	101.1	55	94 884	52	107	94	5.1	6 265
Riom	2 298	126.6	55	156.5	68	143 877	63	114	92	13.3	10 309
Thiers	862	61.6	71	74.5	86	77 510	90	126	104	10.6	16 754
62. Puy-de-Dôme	7 950	507.1	64	601.5	76	570 964	72	113	95	..	..
PAU	1 607	93.3	58	128.2	80	129 750	81	139	101	8.6	30 624
Bayonne (2)	1 035	68.0	? 66 (2)	89.9	? 87 (2)	107 837	104	? (2) 158	? (2) 119	13.2	27 289
Mauléon	1 935	58.6	30	76.2	39	60 843	31	104	80	1.0	2 251
Oloron	1 864	63.7	34	77.6	42	64 247	34	101	83	5.2	8 931
Orthez	1 182	72.0	61	85.9	73	70 822	60	98	82	6.7	6 743
63. Pyrénées (Basses-)	7 623	355.6	? 47 (2)	457.8	? 60 (2)	432 999	57	? (2) 122	? (2) 95	..	..

(1) Le nombre 41,979 donné par la Statistique générale de France pour l'arrondissement de Saint-Pol en 1801 est erroné; car les annuaires du département donnent 70,780 pour 1801-1802 71,555 pour 1802-1803 et 75,190 pour 1806 (le recensement de 1806, d'après la Statistique générale de la France, donne 75,092).

(2) La commune de St-Esprit et ses environs, qui appartenaient au département des Landes, ont été rattachés sous le second Empire à l'arrondissement de Bayonne, qui a passé de 86,9f6 habitants en 1856, à 95,327 en 1861. C'est pourquoi la densité et les rapports d'accroissement ne sont qu'approximatifs pour cet arrondissement et pour le département en 1801 et en 1846.

NOMS des départements et arrondissements	Superficie (en kilom. carrés)	1801		1846		1886		Rapport de la population à deux époques		Population des chefs-lieux	
		Population (Par milliers d'habitants)	Densité (Nomb. d'habit. par kil. carré)	Population (Par milliers d'habitants)	Densité (Nomb. d'habit. par kil. carré)	Population domiciliée le 30 Mai	Densité (Nomb. d'habit. par kil. carré)	de 1801 à 1886 (la population en 1801 étant représentée par 100)	de 1846 à 1886 (la population de 1846 étant représentée par 100)	en 1801 (Par milliers d'habitants)	en 1886
1	2	3	4	5	6	7	8	9	10	11	12
TARBES	1 307	76.7	59	112.5	86	110 868	85	144	98	6.8	25 149
Argelès	1 312	82.0	24	42.9	33	41 640	32	130	97	0.8	1 894
Bagnères	1 910	66.0	35	95.8	50	82 317	43	125	86	6.0	9 248
64. Pyrénées (Hautes-).	4 529	174.7	39	251.2	55	234 825	52	134	93	..	..
PERPIGNAN.	1 371	48.5	35	86.8	63	117 427	86	242	135	11.1	34 185
Céret	924	23.8	26	41.7	45	46 594	50	196	112	2.4	3 818
Prades.	1 827	38.4	21	52.2	29	47 166	26	123	90	2.3	3 616
65. Pyrénées Orient.	4 122	110.7	27	180.7	44	211 187	51	191	117	..	..
(STRASBOURG). .	(1 445)	157.8	109	287.9	165	..	..	..	..	49.1	
(Saverne)	(1 140)	77.8	68	111.5	97	..	..	..	..	4.0	Perdu
(Schlestadt)	(1 164)	96.9	83	137.1	118	..	..	..	..	7.5	en
(Wissembourg). . .	(804)	118.2	147	94.8	118	..	..	..	..	4.1	1871.
(Rhin (Bas)).	(4 553)	450.2	99	581.3	127	..	..	..	..	..	
(COLMAR)	(1 695)	136.6	81	208.7	123	..	..	..	..	13.4	
(Altkirch)	(1 153)	84.0	73	148.2	129	..	..	..	..	1.7	Perdu en 1871.
Belfort.	(1 260)	83.2	66	130.2	103	..	..	..	..	4.4	voir T. de B.
(Rhin (Haut))	(4 108)	303.8	74	487.1	119	..	..	..	..	..	
LYON	1 292	199.3	154	384.2	297	603 682	467	303	157	109.5	401 930
Villefranche	1 498	100.1	67	161.4	108	169 250	118	169	104	5.0	12 518
67. Rhône	2 790	299.4	107	545.6	196	772 912	277	258	142	..	..
VESOUL	1 900	104.3	55	114.5	60	93 277	49	89	81	5.4	9 733
Gray.	1 591	82.7	52	89.2	56	68 200	43	82	76	5.0	6 826
Lure.	1 849	104.1	56	143.3	77	129 477	70	124	90	1.9	4 474
68. Saône (Haute-) .	5 340	291.6	55	347.0	65	290 954	54	100	84	..	..

NOMS des départements et arrondissements	Superficie (en kilom. carrès)	1801		1846		1886		Rapport de la population à deux époques		Population des chefs-lieux	
		Population (Par milliers d'habitants)	Densité (Nomb. d'habit. par kil. carré)	Population (Par milliers d'habitants)	Densité (Nomb. d'habit. par kil. carré)	Population domiciliée le 30 Mai	Densité (Nomb. d'habit. par kil. carré)	de 1801 à 1886 (la population ne 1801 étant représentée par 100)	de 1846 à 1886 (la population de 1846 étant représentée par 100)	en 1801 (Par milliers d'habitants)	en 1886
1	2	3	4	5	6	7	8	9	10	11	12
Mâcon	1 197	102.0	85	119.9	100	115 414	96	113	96	10.8	19 669
Autun	1 909	66.8	35	97.1	51	129 723	68	194	134	9.2	14 895
Châlon-sur-Saône.	1 721	105.1	61	131.3	76	157 183	91	150	120	10.4	22 768
Charolles	2 496	104.0	42	128.8	51	136 561	55	131	106	2.4	8 311
Louhans	1 229	74.8	61	88.4	72	87 004	71	116	98	2.8	4 329
69. Saône-et-Loire	8 552	452.7	53	565.0	66	625 885	73	139	111	..	..
Le Mans	1 889	128.6	68	171.9	91	175 818	93	137	102	17.2	57 596
La Flèche	1 602	82.9	52	101.9	64	92 570	58	112	91	5.1	9 841
Mamers	1 617	113.6	70	131.4	81	105 666	65	93	80	5.4	6 478
Saint-Calais . .	1 099	63.0	57	69.6	63	62 057	56	98	89	3.6	3 671
70. Sarthe	6 207	388.1	63	474.8	76	436 111	70	112	92	..	..
Chambéry. . . .	1 488	..	..	..	..	141 292	95	..	..	10.8	20 911
Albertville. . . .	676	..	..	..	..	36 517	54	..	..	..	5 460
Moutiers	1 629	..	..	..	..	35 178	22	..	..	1.8	2 310
Saint-Jean-de-Maurienne. .	1 967	..	..	..	..	54 441	28	..	..	2.0	3 068
71. Savole (¹) . . .	5 760	..	..	..	..	267 428	46	..	..	..	..
Annecy	1 219	..	..	..	..	85 086	70	..	..	14.6	11 817
Bonneville. . . .	1 436	..	..	..	..	70 167	49	..	..	0.9	2 358
Saint-Julien . . .	745	..	..	..	..	54 904	74	..	..	0.7	1 494
Thonon	915	..	..	..	..	64 861	71	..	..	3.0	5 447
72. Savole (Haute-) (¹)	4 315	..	..	..	..	275 018	64	..	..	..	..
Paris	78	547.8	7 022	1 053.9	13 512	2 344 550	30 058	428	222	546.8	2 344 550
Saint-Denis . . .	218	40.2	184	187.5	860	351 941	1 614	875	188	4.5	48 009
Sceaux.	183	43.6	238	123.5	675	264 598	1 446	607	214	1.4	3 443
73. Seine (¹) . . .	479	631.6	1 318	1 364.9	2 849	2 961 089	6 185	469	217	..	..

(1) Voir la note (3) qui est à la fin du tableau.

NOMS des départements et arrondissements	Superficie (en kilom. carrés)	1801 Population (Par milliers d'habitants)	1801 Densité (Nomb. d'habit. par kil. carré)	1846 Population (Par milliers d'habitants)	1846 Densité (Nomb. d'habit. par kil. carré)	1886 Population domiciliée le 30 Mai	1886 Densité (Nomb. d'habit. par kil. carré)	Rapport de 1801 à 1886 (la population en 1801 étant représentée par 100)	Rapport de 1846 à 1886 (la population de 1846 étant représentée par 100)	Population des chefs-lieux en 1801 (Par milliers d'habitants)	Population des chefs-lieux en 1886
1	2	3	4	5	6	7	8	9	10	11	12
Rouen	1 284	194.3	151	256.5	200	296 666	231	153	116	87.0	107 163
Dieppe.	1 172	100.7	86	112.7	96	110 047	94	110	98	20.0	23 050
Le Havre	878	112.8	128	163.6	186	239 886	273	213	147	16.0	112 074
Neufchâtel	1 545	78.6	51	84.6	55	76 654	50	97	92	2.8	3 832
Yvetot	1 156	123.4	107	141.4	122	110 133	95	89	78	10.0	7 972
74. Seine-Inférieure	6 035	609.8	101	758.8	126	833 386	138	138	110	..	..
Melun	1 085	55.1	51	60.7	56	66 242	61	120	110	6.1	12 564
Coulommiers. . . .	944	49.4	52	51.3	58	53 379	57	108	98	3.5	6 218
Fontainebleau . . .	1 226	60.5	49	76.8	63	85 356	70	141	111	7.4	13 340
Meaux	1 257	88.1	70	94.3	75	97 680	78	111	104	6.4	12 291
Provins	1 224	46.0	38	54.1	44	52 479	43	114	97	5.5	8 240
75. Seine-et-Marne .	5 736	299.1	52	340.2	59	355 136	62	119	104	..	..
Versailles	848	162.8	(¹)	150.8	178	228 674	270	(¹)	152	25.0	49 852
Corbeil.	640	52.3	82	60.2	94	88 451	138	169	147	3.2	7 541
Étampes	800	59.2	(¹)	41.4	52	40 627	51	(¹)	98	7.8	8 461
Mantes	877	59.0	67	60.4	69	56 346	64	95	93	4.3	6 607
Pontoise	1 113	88.2	79	94.1	85	135 160	121	153	144	5.2	7 192
Rambouillet (¹). . .	1 326	(¹)	(¹)	68.0	51	68 881	52	(¹)	101	2.6	5 633
76. Seine-et-Oise .	5 604	421.5	75	474.9	85	618 089	110	145	130	..	..
Niort	1 414	84.7	60	105.3	74	112 147	79	132	106	15.0	23 015
Bressuire	1 633	43.5	27	67.7	41	86 400	53	199	128	0.6	4 166
Melle	1 373	60.7	44	79.1	57	72 982	53	120	93	1.7	2 835
Parthenay	1 580	53.0	34	69.5	44	82 237	52	155	118	3.2	6 646
77. Sèvres (Deux-) .	6 000	241.9	40	321.6	53	353 766	59	146	110	..	..

(1) L'arrondissement de Rambouillet a été créé en 1811 aux dépens des deux arrondissements de Versailles et d'Étampes. Ainsi l'arrondissement de Versailles, qui avait, en 1806, 166,249 habitants, n'en avait plus que 123,466 en 1821; l'arrondissement d'Étampes 62,801 en 1806 et 38,249 en 1821. C'est pourquoi nous ne donnons pour ces arrondissements ni densité ni rapport d'accroissement pour 1801.

NOMS des départements et arrondissements	Superficie (en kilom. carrés)	1801 Population (Par milliers d'habitants)	1801 Densité (Nomb. d'habit. par kil. carré)	1846 Population (Par milliers d'habitants)	1846 Densité (Nomb. d'habit. par kil. carré)	1886 Population domiciliée le 30 Mai	1886 Densité (Nomb. d'habit. par kil. carré)	Rapport de la population à deux époques de 1801 à 1886 (la population en 1801 étant représentée par 100)	de 1846 à 1886 (la population de 1846 étant représentée par 100)	Population des chefs-lieux en 1801 (Par milliers d'habitants)	en 1886
1	2	3	4	5	6	7	8	9	10	11	12
AMIENS	1 799	148.0	82	15	105	198 489	110	134	105	40.3	80 288
Abbeville	1 585	113.0	71	137.1	86	133 799	84	118	98	18.1	19 837
Doullens	659	46.7	71	60.4	92	50 187	76	108	83	2.9	4 378
Montdidier	915	62.8	68	71.4	78	64 189	70	108	90	4.0	4 679
Péronne	1 203	89.5	74	113.4	94	102 318	85	114	90	3.7	4 759
78. Somme	6 161	459.5	75	570.5	93	548 982	89	119	96	..	..
ALBI	1 429	62.6	44	91.2	64	102 334	72	163	112	9.6	21 224
Castres	2 230	106.6	48	143.7	61	144 418	65	135	100	15.4	27 427
Gaillac	1 272	59.7	47	72.4	57	62 367	49	104	86	6.5	8 334
Lavaur	811	42.0	52	53.3	66	49 638	61	118	93	6.2	6 963
79. Tarn	5.742	270.9	47	360.6	63	358 757	62	132	99	..	..
MONTAUBAN	1 599	115.0	72	107.9	68	100 474	63	87	93	22.0	29 863
Castelsarrasin	1 215	60.5	50	72.4	60	64 247	53	106	89	7.0	7 590
Moissac	906	(1)	(1)	62.1	69	49 825	54	(1)	79	10.0	9 232
80. Tarn-et-Garonne	3 720	(1)	(1)	242.4	65	214 046	58	(1)	88	..	..
DRAGUIGNAN	2 763	73.2	27	87.0	31	85 269	31	116	98	6.6	9 753
Brignoles	1 974	65.2	33	68.8	35	54 587	28	91	79	5.4	4 927
Toulon	1 291	78.0	60	127.8	99	148 838	59	111	113	20.5	70 122
Grasse	(1 232)	55.3	..	66.2	..	..	..	147	123	..	..
81. Var	6 028	(2) 271.7	(2)36	(2) 349.8	(2)46	283 689	47	134	104	..	..

(1) Le département de Tarn-et-Garonne n'a été créé qu'en 1808, aux dépens des départements du Lot (arrondissement de Montauban, canton de Caylus, etc.; environ 110,000 à 120,000 habitants), de la Haute-Garonne (arrondissement de Castelsarrasin, etc. ; plus de 90,000 habitants), de Lot-et-Garonne (environ 46,000 habitants), du Gers (environ 8,000 habitants) et de l'Aveyron (canton de Saint-Antonin, 3,000 à 10,000 habitants). Nous donnons la population des arrondissements de Montauban et de Castelsarrasin telle qu'elle figure dans le dénombrement des départements de Tarn-et-Garonne et de Lot-et-Garonne en 1801. Nous ne donnons rien pour l'arrondissement de Moissac qui n'existait pas alors et dont la population pour 1801 était comprise dans d'autres départements.

(2) Y compris l'arrondissement de Grasse, qui ne fait plus partie du département depuis 1860. La superficie de cet arrondissement ne figure pas dans le total de la superficie actuelle du département du Var; mais elle a été comptée pour le calcul de la densité en 1801 et en 1846. Voir pour la superficie totale du département la note (3) qui est à la fin du tableau.

NOMS des départements et arrondissements	Super-ficie (en kilom. carrés)	1801		1846		1886		Rapport de la population à deux époques		Population des chefs-lieux	
		Population (Par milliers d'habitants)	Densité (Nomb. d'habit. par kil. carré)	Population (Par milliers d'habitants)	Densité (Nomb. d'habit. par kil. carré)	Population domiciliée le 30 Mai	Densité (Nomb. d'habit. par kil. carré)	de 1801 à 1886 (la population en 1801 étant représentée par 100)	de 1846 à 1886 (la population de 1846 étant représentée par 100)	en 1801 (Par milliers d'habitants)	en 1886
1	2	3	4	5	6	7	8	9	10	11	12
Avignon	497	48.6	98	76.5	154	83 288	168	171	109	21.4	41 007
Apt	1 224	48.8	40	55.4	45	47 807	39	97	86	4.7	5 743
Carpentras. . . .	850	39.7	47	55.7	66	45 994	51	116	83	4.8	9 685
Orange	977	54.3	56	71.5	73	65 108	67	120	91	7.2	10 280
82. Vaucluse	3 548	191.4	54	259.1	73	241 787	68	126	93	..	..
La Roche-sur-Yon	(1) 2 869	54.7	29	135.5	57	163 993	69	?(2) 300	121	1.6	11 773
Fontenay-le-Comte.	(1) 2 105	109.3	52	132.6	63	144 237	68	?(2) 132	109	6.6	10 164
Les Sables-d'Olonne	2 229	79.4	36	108.1	49	126 578	57	?(2) 159	117	5.2	11 070
83. Vendée (2). . . .	6 703	243.4	36	376.2	56	434 808	65	?(2) 179	116	..	..
Poitiers	1 911	82.1	43	106.2	56	126 752	66	154	119	18.2	36 878
Chatellerault. . . .	1 125	41.5	40	57.3	51	63 651	57	143	111	8.4	17 402
Civray.	1 156	36.6	32	49.4	43	51 234	44	140	104	1.5	2 549
Loudun	899	32.1	36	35.8	40	35 254	39	110	99	5.1	4 528
Montmorillon . . .	1 879	45.7	24	59.7	32	65 894	35	144	110	3.0	5 158
84. Vienne	6 970	241.0	35	308.4	46	342 785	49	142	111	..	..
Limoges	(3) 2 002	88.7	44	134.2	64	176 966	88	199	132	20.6	68 477
Bellac	(3) 1 809	76.4	42	84.3	47	84 508	47	111	100	3.9	4 803
Rochechouart . . .	799	43.4	54	51.5	64	54 399	68	125	106	1.4	4 327
Saint-Yrieix	907	36.6	40	44.7	49	47 309	52	129	106	5.0	7 626
85. Vienne (Haute-).	5 517	245.1	44	314.7	57	363 182	66	148	115	..	..

(1) En 1801, les cantons de Mareuil et de Chantonnay faisaient partie de l'arrondissement de Fontenay; ils ont été donnés à celui de Bourbon-Vendée (La Roche-sur-Yon) en 1824.

(2) L'accroissement considérable qui s'est produit depuis 1801 dans la population du département de la Vendée paraît provenir en partie d'omissions du recensement de 1801; la Vendée n'était pas encore pacifiée à cette époque.

(3) En 1801, le canton de Laurière faisait partie de l'arrondissement de Bellac; en 1824 il a été donné à celui de Limoges.

NOMS des départements et arrondissements	Super-ficie (en kilom. carrés)	1801		1846		1886		Rapport de la population à deux époques		Population des chefs-lieux	
		Population (Par milliers d'habitants)	Densité (Nomb. d'habit. par kil. carré)	Population (Par milliers d'habitants)	Densité (Nomb. d'habit. par kil. carré)	Population domiciliée le 30 Mai	Densité (Nomb. d'habit. carré)	de 1801 à 1886 (la population en 1801 étant représentée par 100)	de 1846 à 1886 (la population de 1846 étant représentée par 100)	en 1801 (Par milliers d'habitants)	en 1886
1	2	3	4	5	6	7	8	9	10	11	12
ÉPINAL.	1 470	62.4	42	99.3	67	107 306	78	172	108	7.8	20 932
Mirecourt	1 125	66.7	59	74.2	66	64 207	57	96	86	5.1	5 455
Neufchâteau	1 228	55.3	45	65.7	54	56 353	46	102	86	2.7	4 340
Remiremont	876	48.3	55	71.2	81	78 772	90	163	111	3.6	8 756
Saint-Dié	1 154	76.2	66	117.5	102	107 169	93	141	91	5.3	17 145
86. Vosges (1)	5 853	308.9	53	427.9	73	413 707	71	134	97	..	..
AUXERRE	2 027	99.9	49	119.0	59	115 171	57	115	97	12.0	17 456
Avallon	1 000	89.8	40	47.6	48	43 882	43	109	91	5.0	6 335
Joigny.	1 967	79.6	40	97.7	50	93 161	47	117	95	5.2	6 494
Sens.	1 222	55.1	45	65.5	51	63 992	52	116	98	10.6	14 035
Tonnerre	1 212	46.2	38	45.0	37	39 658	33	86	88	4.3	5 095
87. Yonne.	7 428	320.6	43	374.8	50	355 364	48	111	95	..	..
Totaux pour la France entière (2)	528 400 (3)	27 347.8	..	35 40..5	..	38 218 903	72	140	108	..	..

(1) Voir la note n° 3.

(2) Formant 86 départements + 1 territoire.

(3) La superficie est celle qui est donnée dans l'*Annuaire du Bureau des Longitudes* (année 1888). La superficie des départements de la Meurthe, de la Moselle, du Bas-Rhin et du Haut-Rhin, qui sont en italiques et entre parenthèses, n'est pas comprise dans ce total. La mesure prise sur la Carte de l'État-Major au 80,000ᵉ par le service géographique de l'armée ne donnant jusqu'ici (avril 1888) que la superficie des départements et non celle des arrondissements, n'a pas pu être employée dans ce tableau. Cette mesure, qui est (provisoirement) de 536,408 kilomètres carrés, attribue une superficie un peu moindre au Territoire de Belfort et à 6 départements, et une superficie plus grande à 80, surtout aux départements côtiers, probablement parce qu'une partie de la laisse de mer a été comptée dans leur superficie. Calculée avec ces données, la densité générale de la France serait de 71 habitants par kilomètre carré et celle de plusieurs départements diminuerait un peu. *Le Dénombrement de 1886*, publié par la Statistique générale de France, contient les mêmes superficies que le présent tableau. *L'Annuaire statistique de France* pour 1888 donne d'après les chiffres fournis par le Ministère des finances une superficie différente pour 8 départements: Alpes-Maritimes (3749 au lieu de 3743), Corse (8778 au lieu de 8747), Finistère (6721 au lieu de 6722), Savoie (5809 au lieu de 5760), Hᵗᵉ Savoie (4668 au lieu de 4315), Seine (475 au lieu de 479), Var (6036 au lieu de 6028), Vosges (5864 au lieu de 5853).

Les départements d'une densité forte et les départements d'une densité faible. — 14 départements et le territoire de Belfort avaient, en 1886, plus de 88 habitants par kil. carré :

Seine	6.185	Pas-de-Calais	129	Loire-Inférieure	94
Nord	294	Loire	127	Ille-et-Vilaine	92
Rhône	277	Bouches-du-Rhône	118	Côtes-du-Nord	91
Seine-Inférieure	138	Seine-et-Oise	110	Somme	89
Territoire de Belfort	130	Finistère	105	Manche	88

A l'autre extrémité de la série, 13 départements avaient moins de 47 habitants par kil. carré :

Savoie	46	Aube	43	Corse	32
Gers	44	Cantal	42	Lozère	27
Côte-d'Or	44	Haute-Marne	40	Hautes-Alpes	22
Indre	44	Landes	32	Basses-Alpes	19
Loir-et-Cher	44				

Il est facile de juger, d'après cette double liste, que la cause principale de la densité est la richesse industrielle et commerciale. Les départements qui possèdent le plus d'ateliers et de manu-factures, le plus de magasins sont aussi ceux qui réunissent la plus nombreuse population. La Seine avec Seine-et-Oise, le Nord avec le Pas-de-Calais et la Somme, le Rhône avec la Loire, la Seine-Inférieure, les Bouches-du-Rhône, le Territoire de Belfort, dernier reste de l'Alsace, régions où se trouvent la plupart des villes de plus de 100,000 habitants, sont précisément les centres les plus actifs de la vie économique en France. Au contraire, les départements formés de terrains montagneux, de plateaux boisés ou de plaines médiocrement fertiles nourrissent d'ordinaire peu d'habitants. La Bretagne cependant fait exception : c'est que la mer fait vivre par la pêche ou par la navigation une partie de ses habitants dont une forte natalité accroît sans cesse le nombre.

Les différences de densité entre les parties d'un même dépar-tement. — Un département ne représente, d'ordinaire, ni une région naturelle, ni même une région économique ; aussi trouve-t-on souvent, d'un arrondissement et même d'un canton à l'autre des différences considérables sous le rapport de la densité. Dans le département du Gard, par exemple, l'arrondissement d'Alais, avec ses houillères et ses usines, renferme 100 habitants par kilo-mètre carré, tandis qu'à côté, l'arrondissement montagneux et agricole du Vigan n'en a que 41 ; dans les Bouches-du-Rhône, près du petit arrondissement de Marseille, qui a 632 habitants par kilomètre carré, le grand arrondissement d'Arles, qui comprend les solitudes de la Crau et de la Camargue, en a seulement 36 ; dans la Seine-Inférieure même, l'arrondissement tout agricole de Neufchâtel en a 50 contre 232 et 272 que renferment ceux de Rouen et du Havre.

La densité moyenne, qu'il s'agisse d'un État, d'un département ou d'un arrondissement, est une notion sommaire qu'il est utile de posséder ; mais il est bien rare qu'elle s'applique réellement et uniformément à toute la surface de la contrée. Certains départements agricoles de l'ouest, dans lesquels les fermes sont très disséminées et qui ont peu de population agglomérée au chef-lieu de la commune, se rapprochent quelque peu de cette uniformité ; mais les départements en partie industriels et en partie agricoles s'en éloignent considérablement.

A mesure qu'on examine de plus près la distribution des habitants sur le sol, en calculant et en comparant les densités sur des étendues plus petites, on voit pour ainsi dire la population se concentrer davantage sur des points déterminés. Sous l'empire de divers mobiles, elle s'agglomère et se cristallise pour ainsi dire, comme le ferait de la matière cosmique autour de certains noyaux de condensation ; ces noyaux exercent d'ordinaire une attraction d'autant plus puissante qu'ils sont eux-mêmes plus considérables.

Distinguons d'abord, dans notre analyse, les communes urbaines et les communes rurales. Les premières (au nombre de 1236) avaient, en 1886, 428 habitants en moyenne par kilomètre carré ; mais elles n'occupaient guère que la dix-septième partie du territoire français (environ 32,000 kil. c.). Les secondes, qui occupent presque tout le territoire agricole (environ 496,500 kilomètres carrés), en avaient seulement 49. Dans la catégorie des communes rurales, il y a beaucoup de bourgs approchant de 2,000 habitants agglomérés qui n'ont pas un caractère exclusivement agricole ; la densité moyenne de la population véritablement rurale est probablement plus voisine de 40 que de 50 habitants par kil. carré. Il y a même 2,411 communes dont la densité est inférieure à 20 habitants par kil. carré.

La densité moyenne des campagnes de France diffère donc peu de la densité générale de la Pologne, telle qu'elle est aujourd'hui, ou de celle de la France, telle qu'elle était en 1801. C'est aussi entre 40 et 50 habitants par kilomètre carré que nous avons évalué la densité de la population française (rurale et urbaine réunies) à plusieurs époques durant les siècles les plus prospères du moyen âge (1). Cette moyenne paraît représenter à peu près l'état d'une population agricole, mettant en valeur tout son sol arable dans des exploitations d'une médiocre étendue, sans pratiquer la culture intensive. Aujourd'hui, en France, la densité moyenne des campagnes varie beaucoup suivant la densité générale du département ; car elle s'élève jusqu'à 149 dans le Nord à 265 dans la Seine, et elle s'abaisse, d'autre part, à 19 1/2 dans les Hautes-Alpes, et un peu au-dessous de 17 dans les Basses-Alpes. En général, la densité rurale est au-dessous de 45 habitants dans les régions alpestre, pyrénéenne et méditerranéenne, en un mot, dans tout le midi de la France jusqu'au Cantal ; elle est aussi au-dessous de ce taux dans la plaine du bassin moyen de la Loire et du bassin supérieur de la Seine. Au contraire, elle s'élève beaucoup au-dessus dans l'ouest, depuis les Charentes au sud, et dans tout le nord-ouest de la France ; elle dépasse 60 habitants par kilom. carré sur le littoral de la Manche (le Calvados excepté).

En 1881, sur les 36,097 communes de France, 18,182 avaient moins de 50 habitants par kilomètre carré tandis qu'on n'en comptait que 4,433 ayant une densité supérieure à 100 ; 11,531, c'est-à-dire près du tiers du total, avaient une densité variant entre 30 et 50 habitants par kilomètre carré (2). La figure ci-jointe (voir fig. 33), qui montre la répartition des communes d'après leur densité, confirme ce que nous venons de dire sur la prédominance de la densité rurale moyenne (3).

Le nombre des communes. — Le nombre des communes en France est considérable.

Lorsque l'Assemblée constituante a créé les municipalités, elle n'a guère fait que consacrer l'état des circonscriptions antérieures

---

(1) Voir livre I, ch. VII.

(2) 6 départements et le territoire de Belfort avaient en 1881 dans leurs communes rurales plus de 75 habitants par kilomètre carré (Seine, 98 ; Rhône, 98 ; Pas-de-Calais, 88 ; Côtes-du-Nord, 83 ; Finistère, 81) ; territoire de Belfort, 78) ; 9 départements avaient de 75 à 60 habitants ; 49 départements avaient de 60 à 40 habitants ; 22 départements avaient moins de 40 habitants par kilomètre carré. (Voir l'introduction au dénombrement de 1881, par M. Loua, p. XXXIII).

(3) Cette figure a été dressée par M. Turquan, chef du bureau de la Statistique générale.

à la Révolution en donnant une administration uniforme et élective aux villes, bourgs, paroisses et communautés de campagne. Elle a ainsi consacré le morcellement administratif du territoire beaucoup

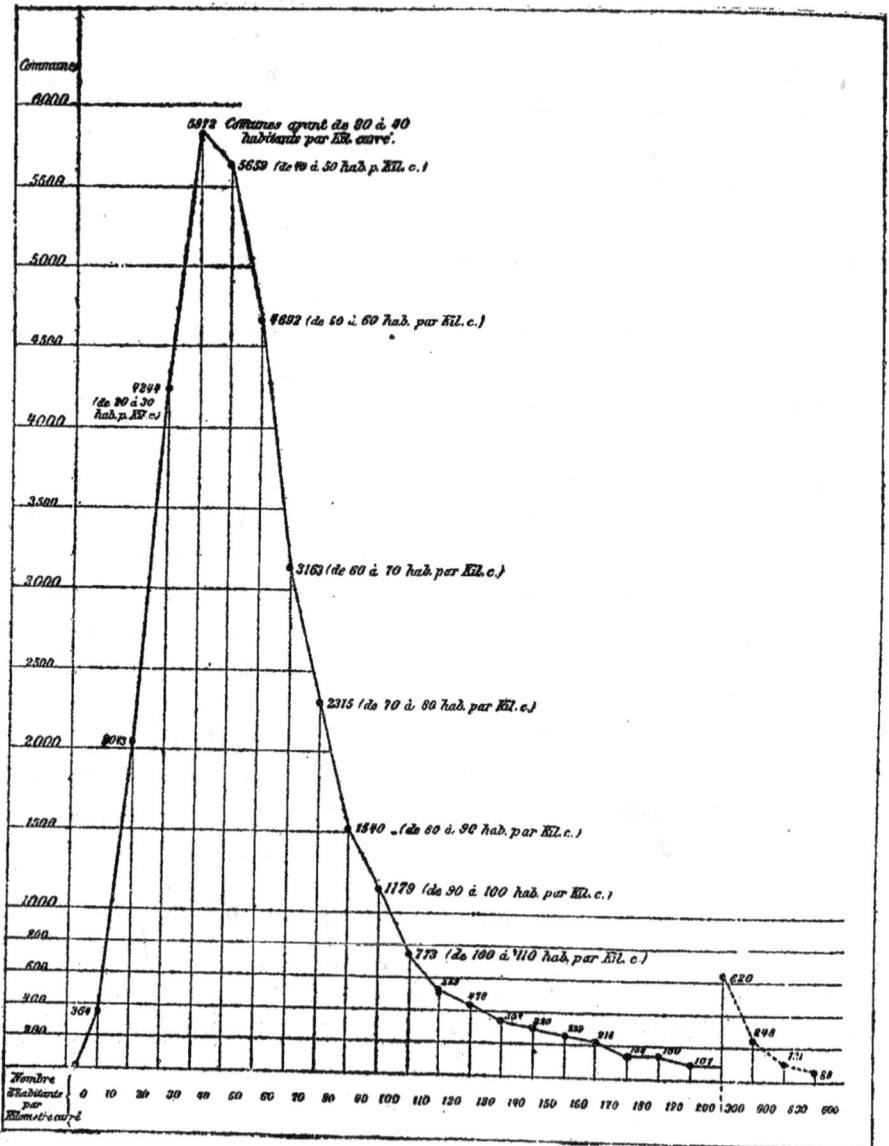

Fig. 33. — Groupement des communes d'après la densité de leur population.

plus qu'il n'aurait convenu de le faire dans une organisation nouvelle et pour la bonne administration du pays.

L'Italie, dont le territoire égale presque les 3/5 du territoire français, n'a que 8,257 communes ; la France en avait, en 1886, 36,121. On en comptait au début, en 1790, environ 40,000 (1). Suivant les influences qui ont dominé dans la politique, le Gouverment s'est tantôt appliqué à en réduire le nombre par des réunions de communes et tantôt a cédé aux instances de portions de communes que des intérêts ou des jalousies divisaient et qui demandaient à se séparer.

Nombre des communes.

En 1821	36.856	En 1856	36.826	En 1872	35.989
1836	37.140	1861 {	36.789 (2)	1876	36.056
1841	37.040		37.510 (3)	1881	36.097
1846	36.819	1866	37.548	1886	36.121
1851	36.835				

L'étendue des communes et leur répartition sur le territoire dépendent en partie de circonstances politiques et en partie de la configuration du sol. Par exemple, dans les régions suffisamment humides où les habitants se procurent facilement, en maint endroit, de l'eau par les rivières ou les puits, les villages peuvent être très nombreux et les communes occuper peu de surface ; dans les régions au contraire où l'eau est rare, il n'y a qu'un petit nombre de points habitables, quoiqu'il y ait peut-être de vastes étendues propres au pâturage ou même au labourage ; la population se presse sur ces points et les communes ont d'ordinaire une vaste superficie qui reste sans habitants. On peut en juger par deux arrondissements français (voir fig. 34 et 35) qui occupent à peu près les deux extrémités de l'échelle sous ce rapport.

L'arrondissement d'Arras a un climat humide et un sol fertile ; non seulement la population y est nombreuse et le nombre des communes considérable ; mais, en dehors des chefs-lieux de communes, il y a beaucoup d'habitants dans des hameaux et des fermes isolées ; la densité de la population dans des localités comptant moins de 500 habitants agglomérés est de 83 par kilomètre carré.

---

(1) Le nombre des paroisses de France en 1789 était d'environ 39,000 d'après Daunou et Vivien (nombre qui parait inférieur à la réalité), de 44,000 d'après un rapport à la Convention dont M. Aucoc a reproduit le résultat (nombre qui parait supérieur à la réalité), de 40,974 d'après l'addition faite par M. Gimel sur un manuscrit de 1793. Le nombre des communes en l'an II était de 40,764 d'après un manuscrit du ministère de l'intérieur (voir le *Journal de la Société de statistique de Paris*, mai 1889).

(2) Sans Nice et la Savoie.

(3) Y compris Nice et la Savoie.

L'arrondissement d'Arles est aride ou marécageux ; la population y est moitié moindre que dans celui d'Arras, quoique la
superficie en soit un peu plus grande ; en dehors des localités
ayant au moins 500 habitants agglomérés, la densité rurale
n'atteint pas 40 par kilomètre carré.

Quand on examine la distribution des petites et des grandes

Fig. 34. — Répartition des communes dans l'arrondissement d'Arras.

(Les noms des communes ayant plus de 1,000 habitants agglomérés sont en romain avec l'indication du
nombre de ces habitants par milliers. Les noms des autres communes sont en abrégé et en italiques).

communes sur la carte de France, on est porté à penser que la
politique n'a pas été tout à fait étrangère au mode de groupement. C'est ainsi que la population est très éparse dans l'ouest de
la France, surtout en Bretagne et dans le Massif central, contrées
qui sont depuis des siècles à l'abri des invasions, tandis qu'elle
est beaucoup plus agglomérée dans l'est où les guerres et les invasions ont été fréquentes. Nous dirons plus loin les causes géologiques qui ont contribué à cette répartition démographique. En
même temps, dans l'est, les communes composées d'ordinaire
d'un seul village et de vastes campagnes sans maisons, ont, en

général, peu d'habitants, tandis qu'elles en ont beaucoup dans l'ouest, surtout en Bretagne, et que la plupart de ces habitants résident dans des hameaux ou dans des fermes isolées. C'est sans doute la même cause qui a déterminé les fortes agglomérations dans les villages qui couronnent les crêtes des Apennins et de la Kabylie. Dans la Creuse (72 p. 100), les Côtes-du-Nord, la Corrèze, les Landes, le Morbihan, le Finistère, le Cantal, la Dor-

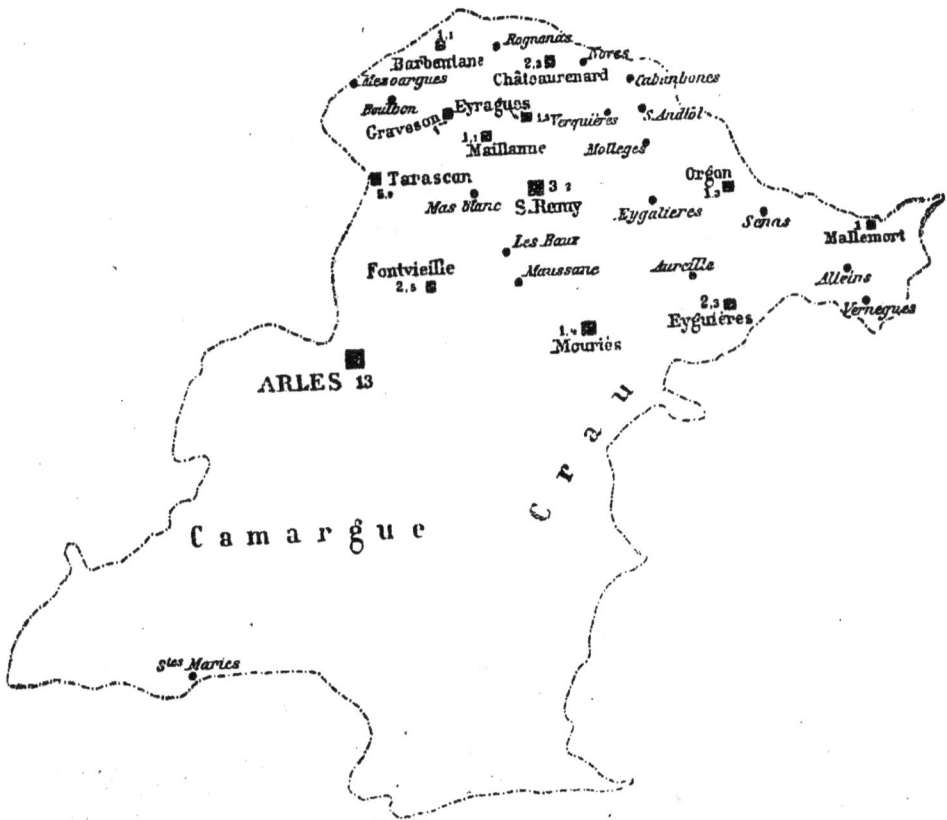

Fig. 35. — Répartition des communes dans l'arrondissement d'Arles.
(Voir la note de la figure précédente).

dogne, la Haute-Vienne, la population éparse, c'est-à-dire celle qui n'est pas groupée dans le village principal de la commune, mais qui est dispersée dans la campagne, constitue plus de 60 p. 100 de la population totale, tandis que dans l'Aube, la Marne, la Meuse, la Somme et la Seine, elle figure dans une proportion variant de 12 à 4 p. 100.

Du grand nombre des communes de France, il résulte qu'il y a beaucoup de très petites communes. Or, comme en France ainsi que dans tous les pays dont l'industrie se développe, les habitants tendent à se porter vers les villes et que, d'autre part, la croissance de la population française est très faible, les grosses communes augmentent en nombre grâce à l'immigration et, d'autre part, les vides que fait l'émigration accroissent le nombre des très petites communes.

COMMUNES CLASSÉES D'APRÈS LEUR POPULATION.

	En 1881	En 1886	Accroissement ou diminution entre les années 1851 et 1886.
Au-dessous de 100 habitants........	720	766	+ 46
100 à 200 id...........	3.486	3.602	+ 116
201 à 300 id...........	4.732	4.895	+ 163
301 à 400 id...........	4.333	4.299	— 34
401 à 500 id...........	3.599	3.619	+ 20
501 à 1.000 id...........	10.633	10.362	— 271
1.001 à 1.500 id...........	3.982	3.945	— 37
1.501 à 2.000 id...........	1.917	1.892	— 25
2.001 à 3.000 id...........	1.388	1.381	— 7
3.001 à 4.000 id...........	526	553	+ 27
4.001 à 5.000 id...........	246	245	— 1
5.001 à 10.000 id...........	312	328	+ 16
10.000 et au-dessus.............	223	234	+ 11
TOTAL	36.097	36.121	+ 24

Si l'on étend la comparaison à l'année 1851, comme nous l'avons fait dans la dernière colonne du tableau ci-dessus, on constate, en 1851 et en 1886, quoique le territoire ne soit pas exactement le même, que la tendance à l'accroissement du nombre des très petites et des grandes communes et à la diminution du nombre des communes moyennes ayant de 300 à 4,000 habitants, date au moins d'un demi siècle.

En 1886, il y avait 74 communes, dont 15 dans le Doubs, 9 dans la Haute-Marne, 6 dans la Somme, ayant moins de 50 habit. et 692, dont 74 dans le Doubs, 35 dans la Marne, 40 dans les Hautes-Pyrénées, 30 dans la Somme, 31 dans le Jura, ayant de 51 à 100 habitants.

Les petites communes de moins de 100 habitants sont groupées surtout dans le nord-est, de la Manche au Jura, et dans le bassin de la Méditerranée depuis la Drôme au nord, ainsi que dans la région pyrénéenne. Dans le nord-est et dans les régions montagneuses, la jouissance des bois communaux est une des raisons qui expliquent l'existence et le maintien de ces petites communes. Les régions qui ont le moins de communes très petites sont le Massif central, la Bretagne, quoique le nombre des hameaux y soit très considérable, et le bassin de la Loire. Nous trouvons une répartition à peu près semblable en comparant, à l'aide des *Résultats statistiques du dénombrement de 1886*, la superficie et la population moyennes des communes par département. C'est ainsi que dans toute la région du nord et du nord-est, de la Manche au Jura et même jusqu'à l'Isère, comprenant 31 départements et le Territoire de Belfort, la superficie moyenne des communes par département ne dépasse pas 15 kilomètres carrés, particularité qui, ailleurs, ne se rencontre que dans les deux Charentes et dans les départements pyrénéens ; que, dans les mêmes régions et, en outre, dans quelques départements attenant à ces régions, la population moyenne des communes par département est inférieure à 1,100 habitants ; que la superficie au contraire, dépasse 20 kil. carrés et 1,200 habitants en Bretagne, dans presque tout le Massif central, en Provence et que, du Finistère au Var, les départements de cette dernière catégorie forment une large bande qui traverse la France en écharpe.

Il y avait, en 1886, 59 communes de 31 à 50 habitants et 9 communes de 12 à 30 habitants.

La plus petite commune de France, Morteau, appartient au département de la Haute-Marne ; elle est située dans la clairière d'une forêt ; elle n'avait que 12 habitants en 1886, répartis en deux familles et deux maisons.

Indépendamment des petites communes, il faudrait signaler, au point de vue du morcellement administratif, les sections de communes. Dans la Lozère, il y a des communes qui ont 30 sections et plus ; dans la Haute-Vienne, il se trouve des communes qui ont jusqu'à 80 sections.

Les chiffres de population fournis par les communes aux préfets à l'époque du recensement peuvent être quelquefois altérés en vue d'un intérêt particulier.

La figure insérée dans l'*Introduction au Dénombrement de*

1886 montre clairement ces fraudes qui ne sauraient jamais, d'ailleurs, être très considérables (1).

La densité du département de Seine-et-Oise.

— Le département de Seine-et-Oise (densité moyenne 103) est un exemple des différences de densité qui se rencontrent parfois même dans une région de médiocre étendue.

L'arrondissement de Versailles occupe le premier rang avec 250 habitants par kilomètre carré en moyenne (recensement de 1881); il renferme le canton de Sèvres, dont la densité moyenne est de 800, la ville de Versailles dont la densité s'élève à 2000, et tout à côté, sur le plateau, la commune de Velizy qui n'a que 30 habitants par kilomètre carré. Dans le canton de Dourdan (arrondissement de Rambouillet), très boisé et médiocrement fertile, la densité moyenne n'est que de 40 habitants par kilomètre carré et descend à 25 dans la commune d'Allainville. Il y a même, au nord de Rambouillet, deux des plus petites communes de France : Thionville-sur-Opton (33 habitants) et le Tartre-Gaudran (31 habitants), et, comme cette dernière a un territoire de 428 hectares, elle ne renferme guère que 7 habitants par kilomètre carré. La densité de Valpuiseaux est de 20 habitants par kilomètre carré; cette commune appartient au canton, en partie boisé et en partie formé de grandes cultures, de Milly (40 habitants par kilomètre carré en moyenne). Dans l'arrondissement d'Étampes la densité moyenne n'est que de 49 habitants par kilomètre carré.

Les contrastes se touchent donc dans le département de Seine-et-Oise : à quelques lieues de Paris, il y a des campagnes aussi peu peuplées que le sont en moyenne les départements les moins denses de la France.

---

(1) Voir *Introduction au Dénombrement de* 1886, p. 32. Cette figure montre que jusqu'à 1,500 habitants, il y a régulièrement une réduction dans le nombre des communes avant chaque centaine et un excès correspondant immédiatement après la centaine. Cette réduction se produit surtout pour le nombre 400, parce que l'article 15 de la loi du 30 octobre 1886 a classé dans la catégorie des écoles primaires publiques ayant droit aux subventions de l'Etat les écoles publiques de filles déjà établies dans des communes de plus de 400 âmes et que cette disposition de la loi future était déjà connue en mai 1886 ; pour le nombre 500, parce que les communes de plus de 500 habitants ont droit à 12 conseillers municipaux, tandis que les communes de moins de 500 habitants n'ont droit qu'à 10. Le contraire se produit pour les communes de 2,000 habitants et au-dessus qui réduisent, dans certains cas, leur population pour payer moins d'impôts.

Il suffit d'un cours d'eau, d'un chemin de fer, d'une route, souvent même d'une couche de terrain contenant des sources ou favorable au creusement des puits pour créer une zone d'agglomération; d'une lande, d'une forêt, d'un marécage ou même d'une plaine arable de grande culture pour écarter la population. Il y a là matière à des rapprochements intéressants pour le géologue, l'agronome et l'économiste.

Le groupement sur les terrains granitiques ou calcaires et sous les climats pluvieux ou secs. — Sous un climat pluvieux et sur un terrain granitique imperméable, où les eaux coulent à la surface en nombreux ruisseaux et séjournent en étangs, les paysans trouvent presque partout à abreuver leurs bestiaux : la population peut y vivre disséminée sur la surface du territoire en petits hameaux ou dans des fermes isolées. La Bretagne et la Vendée fournissent des exemples de cette dissémination.

Le nombre des communes d'un département n'est pas un indice suffisant de la densité de ce département, car le département du Finistère n'avait, en 1881, que 290 communes, tandis que la Marne, dont la densité est moitié moindre (1) en avait 664 (2), soit environ le double pour une même superficie.

Voici la raison de cette différence. Dans la Marne, le terrain est calcaire et perméable et le climat est sec; c'est pourquoi les habitants s'agglomèrent dans les vallées, sur les flancs de coteaux où affleurent des couches d'eau souterraines, et dans les parties de la plaine où un sous-sol argileux retient les eaux. Comme ces eaux, d'ordinaire peu abondantes, ne peuvent suffire qu'à une population très restreinte, les communes renferment peu d'habitants; néanmoins, comme ces petits groupes d'habitations sont agglomérés et sont séparés les uns des autres par de vastes étendues sans habitations, ils ont dû être administrés isolément; ils ont formé autrefois des paroisses et sont aujourd'hui des communes. La population moyenne des communes de la Marne (défalcation faite des deux communes de plus de 20,000 habitants, Reims et Châlons) est en nombre rond de 460 personnes (3).

---

(1) Finistère 101 habitants par k. c.; Marne 51, en 1881.

(2) La Marne a une superficie de 8180 kil. c.; le Finistère de 6722 kil. c. Le rapport est de 81 et de 43 communes par 1000 kil. c.

(3) La Marne est, après le Doubs, le département de France où il y a le plus de communes comptant moins de 200 habitants.

Dans le Finistère, la population moyenne des communes (défalcation faite de Brest qui a plus de 20,000 habitants) est de 2120 habitants. Si la population était également répartie et partout agglomérée, le département tout entier serait dans la catégorie de la population urbaine. Or, il n'y a que 13 communes sur 290 qui possédaient, en 1881, plus de 2000 habitants agglomérés, et beaucoup de communes n'avaient pas la dixième partie de leur population réunie au chef-lieu : des 12,502 habitants de Lambézellec, 1227 seulement habitaient le village principal (1). La majeure partie de la population vit dans les hameaux qui couvrent une campagne accidentée et qui sont trop peu importants et en même temps trop rapprochés pour s'être organisés en communes distinctes. Cette répartition de la population, qui paraît avoir eu sa première raison d'être dans la nature de la contrée, influe sur les mœurs et sur les institutions : c'est ainsi qu'il est plus difficile de réunir dans des écoles les enfants d'une population disséminée que ceux d'une population agglomérée.

Le département de France qui compte le plus de communes est le Pas-de-Calais (903 communes en 1886) et celui qui en compte le moins est le département des Bouches-du-Rhône (109 communes) (2) ; les communes n'ont en moyenne que 7 kilomètres carrés 1/3 de superficie dans le premier, tandis qu'elles en ont 47 dans le second (voir les fig. 34 et 35). Dans le premier, dont le sol tertiaire, bien arrosé et propre à la culture, a partout une population très dense, les communes (défalcation faite de trois communes de plus de 20,000 habitants) ont une population moyenne d'environ 800 habitants, et, dans le second, une population d'environ 1700 (3). Le climat des Bouches-du-Rhône est plus sec encore, à cause de la chaleur, que celui de la Marne, et le sol, très marécageux dans la Camargue, est presque partout ailleurs très aride ; comme dans la Marne, la population est donc obligée de se concentrer sur quelques points. Quoique la population rurale, prise à part, n'ait qu'une densité moyenne de 36 habitants par kilom. carré dans les Bouches-du-Rhône, tandis qu'elle atteint 80 dans le

(1) En 1886, la population de Lambézellec s'était élevée à 15,641 habitants; mais la population agglomérée ne comprenait encore que 1412 habitants.
(2) Le département de la Seine et le territoire de Belfort étant mis à part.
(3) Les trois communes défalquées, Marseille, Aix et Arles, renfermaient, en 1881, 413,000 habitants sur un total de 589,000 pour le département entier.

Finistère, le nombre des communes de plus de 2000 habitants agglomérés s'élève dans les Bouches-du-Rhône à 17 sur un total de 109 (1). C'est que le Finistère et le Pas-de-Calais, d'un côté, la Marne et les Bouches-du-Rhône, de l'autre, représentent à peu près les deux extrêmes en France sous le triple rapport du climat, de la constitution du sol et de l'économie rurale. On remarque, sous le climat méditerranéen, une concentration du même genre dans toute la Provence et le Bas-Languedoc.

Les régions de montagnes. — Les contrastes de densité sont frappants surtout dans les régions de montagnes où le sol et le climat changent rapidement suivant l'altitude.

Par exemple, dans les vallées principales des Alpes du Dauphiné, telles que le Graisivaudan, vallées fertiles qui sont chaudes l'été, où les céréales et les cultures jardinières prospèrent sur un sol alluvial, où la vigne se plaît, la densité jusqu'à une hauteur de 500 à 600 mètres s'élève à 100 habitants et plus par kilomètre carré; la population se presse dans ces longs et riches rubans de verdure que sillonnent les cours d'eau et les routes, et elle peut être d'autant plus nombreuse qu'elle vit non seulement des cultures de la vallée qu'elle habite, mais en partie aussi des produits de la montagne qui lui appartient.

De 500 à 1100 mètres environ, on voit encore dans les montagnes du Dauphiné les céréales et les arbres fruitiers et on évalue la densité à 60 habitants par kilomètre carré.

De 1100 à 1700 mètres, les arbres résineux et les pâturages dominent, encadrant çà et là quelques champs d'orge ou d'avoine, et il n'y a plus guère que 13 habitants par kilomètre carré.

Au-dessus, dans la région des pâturages d'été, que la neige couvre pendant six mois et plus, il n'y a pas d'habitations permanentes, sinon des hospices au sommet de certains cols et quelques rares villages, comme celui de Saint-Véran (2).

Enfin, par delà 2,200 mètres, dans la région où la température moyenne de l'année est inférieure à 0°, il n'y a plus que des rochers ou des neiges : l'homme n'y habite pas (3) ou n'y sta-

---

(1) Nous rappelons que dans le Finistère il n'y en a que 13 sur 290.
(2) Le village de Saint-Véran, dans les Alpes Cottiennes, qui passe pour être un des deux villages les plus élevés des Alpes, est à une altitude de 2,040 à 2,061 mètres.
(3) On ne peut compter comme des habitations les châlets qui ne sont occupés

tionne que par un effort de volonté tout à fait étranger aux considérations économiques (1).

L'auteur d'un ouvrage sur la géologie du Var, M. Villeneuve, a évalué à 214 habitants par kilomètre carré la population des prairies et des coteaux du département, à 71 1/2 celle des monts des Maures et à 11 à peine celle de la zone montagneuse des Alpes.

C'est pourquoi une carte de la densité donne une expression plus exacte de la réalité, lorsqu'elle est plutôt dressée par arrondissements que par départements, par cantons que par arrondissements, par communes que par cantons. On peut s'en rendre compte, en examinant les quatre cartes ci-jointes, la première par départements (voir fig. 36), la seconde par arrondissements (voir fig. 37), la troisième par cantons (voir fig. 38), la quatrième par communes et par courbes. Cette dernière, dressée à l'échelle de 1/1,600,000, est l'œuvre de M. Turquan, chef de bureau de la Statistique générale de France au Ministère du commerce, de l'industrie et des colonies (voir la carte qui se trouve à la fin du volume).

La carte de la densité par communes. — La dernière carte est de beaucoup la plus instructive, parce que, serrant de près la réalité, elle montre mieux que les autres les habitants groupés à leur véritable place. Aussi les teintes qui figurent la densité rappellent-elles beaucoup plus que les autres cartes les traits caractéristiques de la géographie physique.

Les régions les plus pauvres en population, c'est-à-dire celles qui ont moins de 30 habitants par kilomètre carré, sont la Beauce et le pays Chartrain, plaines de grande culture, la Champagne, les collines de Lorraine et le plateau de Langres, pays pauvre et boisé, la Sologne et la Brenne, le Marais vendéen, mauvaises terres semées de marécages, une partie du Jura, la plus grande partie des Alpes, les Causses, les monts d'Aubrac et les monts d'Auvergne dans le Massif central, les portions les plus hautes des Pyrénées, les Landes, etc.

---

que l'été pour le plaisir des voyageurs, comme la Cabane des Grands-Mulets, située à une altitude de 3,050 mètres ou même comme l'observatoire de Sonnenblick, en Autriche, qui est à 3,090 mètres et qui est occupé toute l'année.

(1) Comme à l'observatoire du Pic du Midi, situé à une altitude de 2,870 mètres.

Au contraire, la population apparaît très dense dans tout le département de la Seine, d'où cette densité s'étend sur les départements voisins, surtout dans les vallées formant comme les

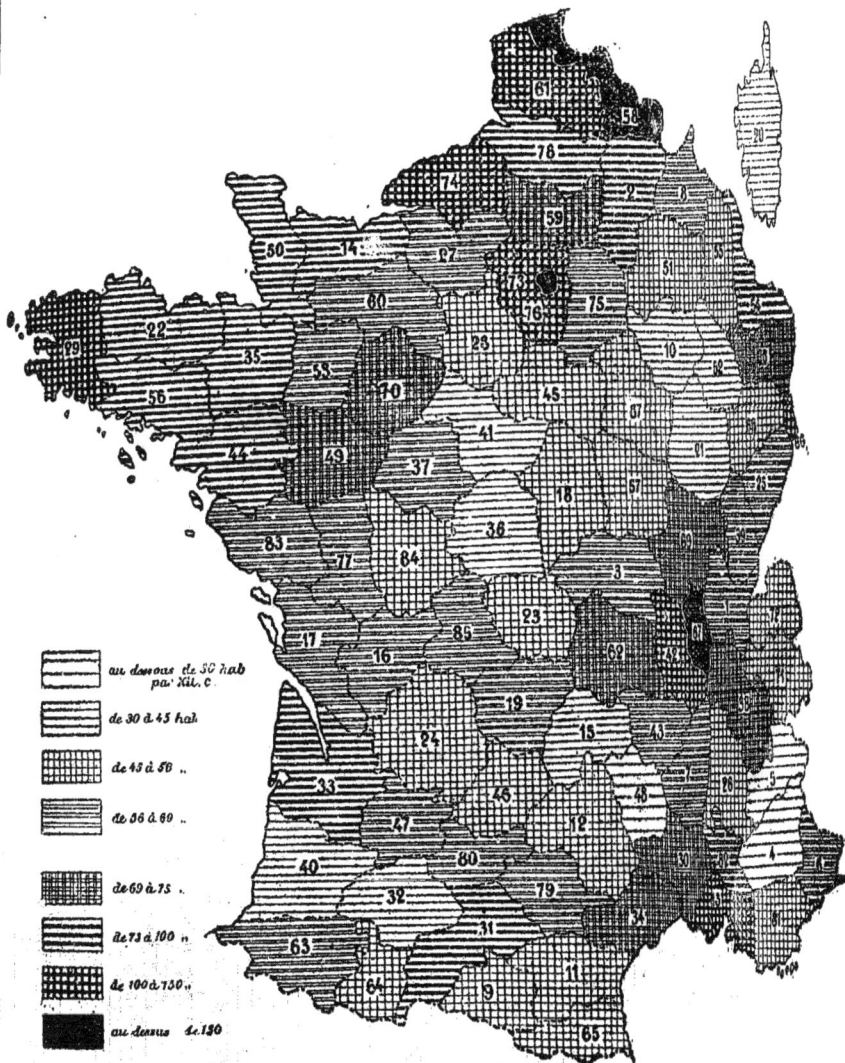

au dessous de 30 hab par Kil. c
de 30 à 45 hab.
de 45 à 50 ..
de 50 à 69 ..
de 69 à 75 .
de 75 à 100 ..
de 100 à 150 ..
au dessus de 150

Fig. 36. — Densité de la population de la France par départements en 1886 (1).

rayons d'une étoile dont Paris serait le centre ou par des petits groupes isolés qui semblent graviter autour du foyer commun.

Rouen et le Havre sont aussi des centres de condensation qui peuvent être comparés à des planètes entourées de satellites ou de
matière cosmique. Le département du Nord presque tout entier
forme une masse imposante de population dense ; son bassin

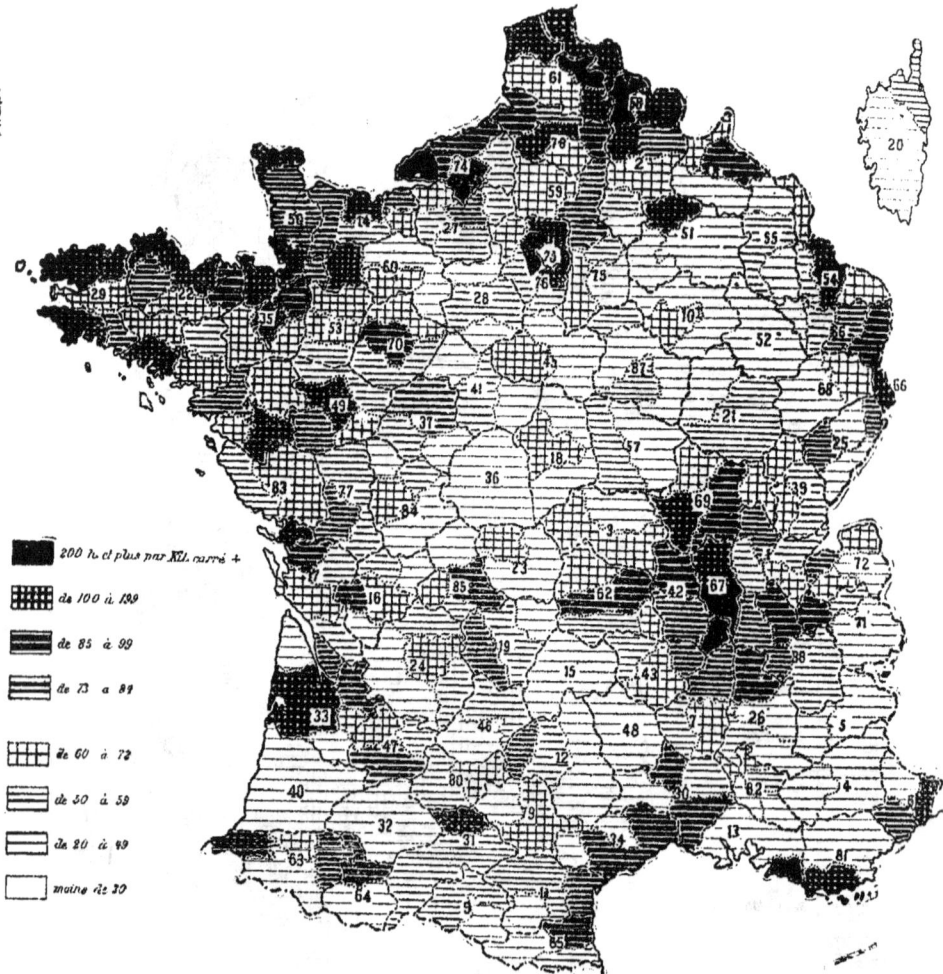

Fig. 37. — Densité de la population de la France par arrondissements en 1886.

houiller est une des causes de cette agglomération, qui était déjà
considérable avant l'emploi du charbon de terre. C'est aussi la
houille qui groupe les habitants dans le bassin de la Loire, dans
celui d'Alais, etc. L'influence des côtes propres à la pêche ou à la

navigation est accusée par la densité de certaines zones de la Basse-Normandie, du Cotentin et de la Bretagne, par celle des îles de

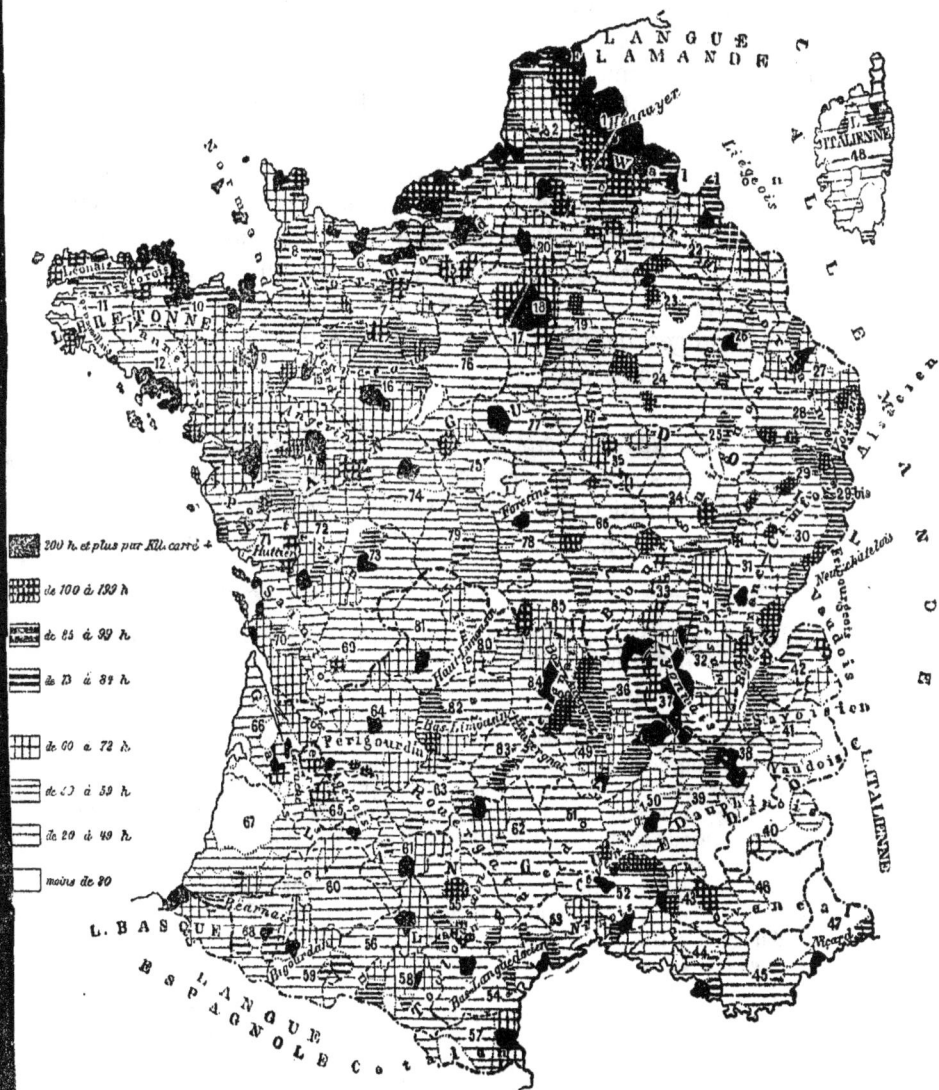

Fig. 38. — Densité de la population de la France par cantons en 1872 (1).

---

(1) La gamme des teintes est la même que celle de la carte précédente ; elle est réglée d'après la densité moyenne de la France en 1886 (72.3 hab. par kilom. c.).

l'Atlantique, de quelques parties de la Provence. L'influence des vallées apparaît plus rigoureusement exprimée sur la carte de la densité qu'aucun autre trait de la géographie physique ; elle se manifeste par les bandes continues de population ou par les groupes disposés en chapelet le long de la Loire jusqu'à Roanne et dans le Forez, dans la Limagne, sur les bords de la Vilaine, de la Rance, du Couësnon et de la Sélune, de la Charente, de la Garonne et de ses principaux affluents (Dordogne, Isle, Lot, Tarn, Aveyron), du Fresquel et de l'Aude, plus encore sur les bords de la Saône et du Rhône et quelque peu même dans les vallées de ses affluents alpestres (1). Enfin, l'influence du pied des montagnes est caractérisée par les bandes de population dense qui se trouvent au pied du Jura et tout le long des Pyrénées ; cette dernière est comme frangée de populations denses qui pénètrent dans les vallées de la chaîne (2).

Le progrès de la densité générale de la France, depuis 1801.
— Nous savons que le territoire de la France a moins gagné en 1860 par l'acquisition de la Savoie et du comté de Nice (12,586 kil. carrés) qu'il n'a perdu en 1870-71 par la séparation de

---

Elle diffère un peu des cartes de densité par départements à diverses époques dont la gamme est réglée sur la densité moyenne de 1861 (69 habitants par kilom. c.). Cette carte porte en même temps comme éléments les limites et les noms des langues et dialectes de France qui se retrouvent dégagés des teintes de densité dans une autre carte, au chapitre de la taille et de la race (Livre II, chap. v).

(1) Le directeur de la statistique de Norvège a fait dresser une carte de la densité de la Norvège par communes. Dans ce pays où la nature du sol et le climat subordonnent plus étroitement qu'en France l'habitation des hommes au climat, la carte se confond presque avec une carte hydrographique, tant elle dessine nettement les vallées et les côtes.

(2) Cette répartition se trouve pleinement confirmée par une dissertation sur la population du bassin du Rhin qui a paru à Gœttingen en 1887 et qui est accompagnée d'une carte (*Die Vertheilung der bodenstaendigen Bevoelkerung im Rheinischen Deutschland im Jahre* 1820, Inaugural-Dissertation von H. Sprecher v. Bernegg, Gœttingen, 1887). La population est très dense dans les étroites vallées de la Moselle, de Trèves à Koblenz, et du Rhin, de Mayence à Bonn, très dense aussi dans la vallée plus large du Neckar et dans les petites vallées avoisinantes jusqu'au pied de la Rauhe Alp. Elle est très dense au pied des Vosges qu'elle borde d'une chaîne continue de villages et elle se prolonge dans les vallées intérieures, telles que celles de la Thur et de la Fecht. Elle borde de même le pied du Haardt, où l'on compte plus de 200 habitants par kilomètre carré, tandis qu'il n'y en a pas 20 sur le plateau. De l'autre côté du Rhin dont les rives sablonneuses et changeantes sont en général peu peuplées entre Elfingen et Strasbourg. La Forêt-Noire et l'Odenwald présentent une longue chaîne, plus continue encore, de très forte densité.

l'Alsace-Lorraine (14,508 kil. carrés). Il avait une superficie estimée à 530,323 kil. carrés en 1815 ; elle l'est à 528,400 aujourd'hui (1).

La densité a donc augmenté, puisque dans l'intervalle de 1801 à 1886, le nombre des habitants s'est accru de 10,773,000 habitants (voir page 225, la figure 6 qui représente la densité de la population par département en 1790 ; voir, d'autre part, les figures ci-jointes, nᵒˢ 39 et 40 qui représentent la densité de la population française en 1801 et en 1846). Cette densité était de 51,6 habitants par kilomètre carré en 1801 et de 72,3 au recensement de 1886 (2). En 1790, il n'y avait que 13 départements dont la densité fût supérieure à 69 habitants par kilomètre carré (densité moyenne de 1866) ; en 1886, il y en avait 29 (3).

Les départements et les arrondissements dont la population a augmenté ou diminué. — Il y a longtemps que la population de certains départements est en décroissance ; celle de plusieurs arrondissements, tels que Lisieux, Alençon et la Flèche, l'est à chaque recensement depuis 1801. Celle des autres arrondissements de la Normandie, sauf quelques rares exceptions (arrondissements de Rouen, du Havre, de Pont-l'Évêque, de Cherbourg), l'est depuis 1826. Si l'on compare les arrondissements en 1801 et en 1886, on constate que 52 arrondissements sont moins peuplés aujourd'hui qu'au commencement du siècle (4), et que la perte dépasse 20 pour 100 dans les arrondissements de Lectoure, de Pont-Audemer, d'Agen, d'Argentan, de Falaise. Depuis 1846, les Basses-Alpes, le Cantal, le Gers, Lot-et-Garonne, Tarn-et-Garonne, l'Eure (5), la Manche, l'Orne, la Sarthe accusent

---

(1) Nous rappelons que la superficie de la France n'est pas exactement la même dans tous les documents officiels et n'est connue qu'approximativement (voir notre ouvrage : *La France et ses colonies*, p. 2). Mais cette approximation est suffisante pour calculer à très peu près la densité, puisqu'elle varierait seulement de 71 à 72 habitants par kilom. carré, pour un total de 38 millions d'habitants selon qu'on adopterait la plus forte estimation (534,000 kilom. carrés) ou la plus faible (528,000 kilom. carrés). Voir plus haut à la fin du chapitre II le tableau des dénombrements.

(2) Voir plus haut à la fin du chapitre II le tableau des dénombrements.

(3) Il y en aurait même 31 si nous possédions encore le Bas-Rhin et si la Meurthe et la Moselle formaient deux départements. Le Haut-Rhin est représenté dans le nombre 29 par le territoire de Belfort.

(4) Voir plus haut (p. 400) le tableau de la superficie, population, densité des départements et arrondissements et plus bas (p. 447, en note, la liste des 52 arrondissements dont la population a diminué.

(5) Le département de l'Eure avait moins d'habitants en 1886 (358,829 hab.) qu'en

régulièrement à chaque recensement une population moindre et dans beaucoup d'autres départements on a constaté une dimi-

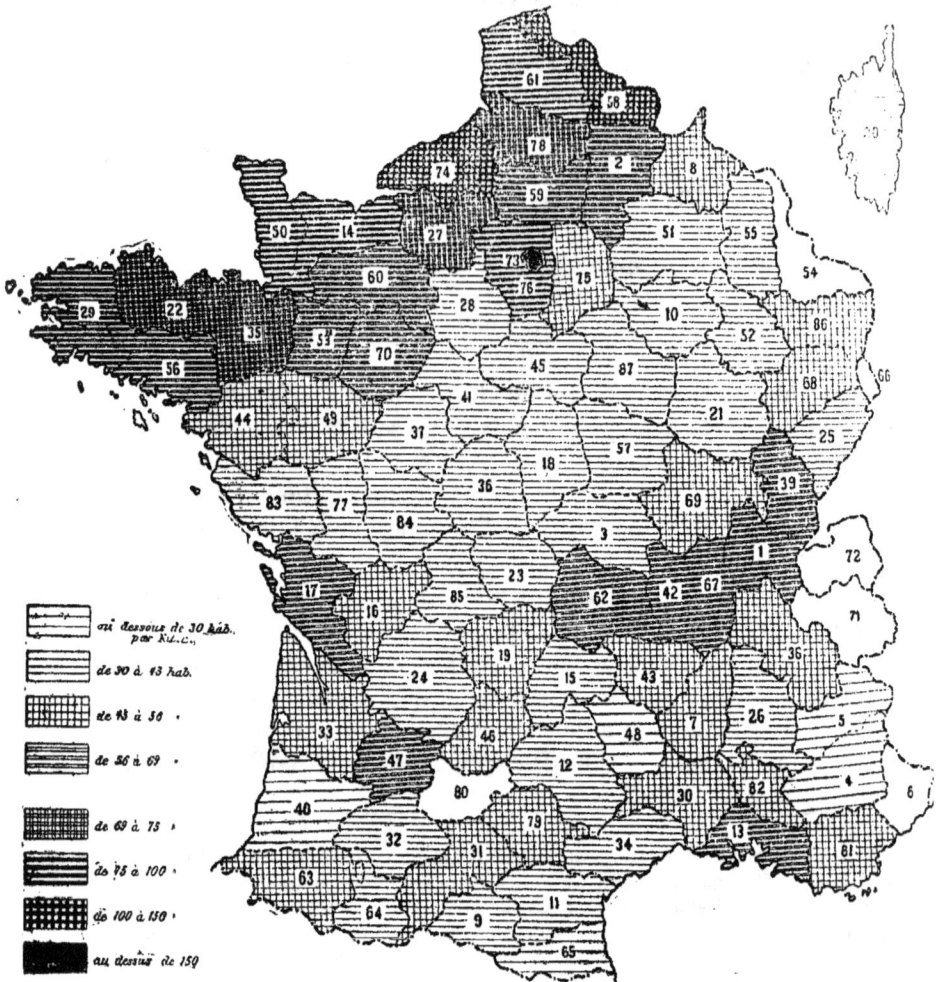

Fig. 39. — Densité de la population de la France par départements en 1801 (1).

1801 (402,796) et en 1806 (421,344). Il a atteint son maximum en 1841 (425,780 hab.). Les six autres départements qui avaient moins d'habitants en 1886 qu'en 1801 étaient la Manche, le Calvados et l'Orne en Normandie ; le Jura, les Basses-Alpes et le Lot-et-Garonne. Voir plus haut (p. 400), dans le tableau de la superficie, population, densité des départements et arrondissements, les 41 départements qui étaient moins peuplés en 1886 qu'en 1846.

(1) Pour faciliter la comparaison, les quatre cartes de la densité de la population

nution entre deux recensements. En 1886, 7 départements avaient une population inférieure à celle de 1801; 41 (y compris les 7 précédents, mais non compris les Vosges et le Var dont

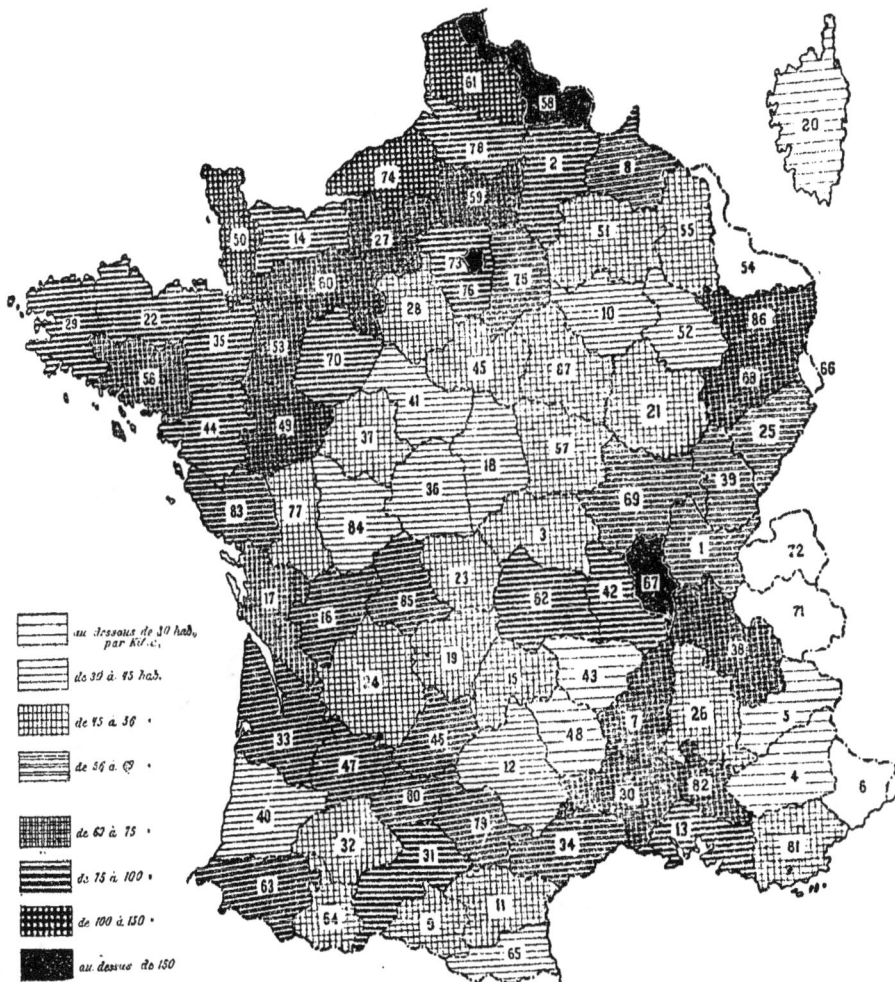

Fig. 40. — Densité de la population de la France par départements en 1846.

par départements en 1790 (voir fig. 6, page 225), en 1801, en 1846, en 1866, fig. 6, 39, 40 et 36, sont dressées d'après la même gamme de teintes. — Arthur Young qui donne la population par départements en 1790 ne mentionne ni le Vaucluse qui n'était pas encore organisé, ni Tarn-et-Garonne qui a été formé plus tard.

la diminution est due à la perte du canton de Schirmeck et
d'une partie de celui de Saales et au déplacement de l'arrondissement de Grasse) avaient une population inférieure à celle
du recensement de 1846; ils avaient perdu en tout depuis 1846

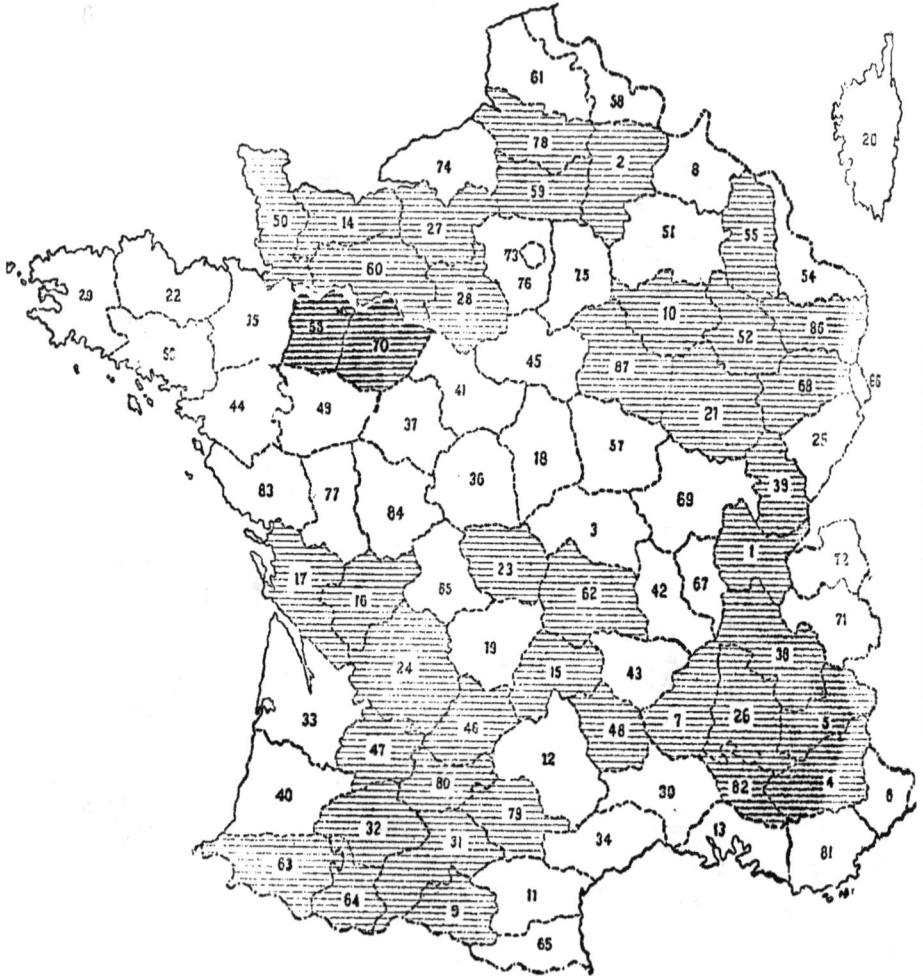

Fig. 41. — Carte des départements dont la population a diminué de 1846 à 1886.

environ 910,000 habitants, soit de 5.8 pour 100 ; cette perte
s'élevait même à 17 pour 100 dans les Basses-Alpes et dans
l'Orne et à 15 pour 100 dans l'Eure.

La Normandie et certains départements du nord de la France,

la région du nord-est, celle du Jura et des Alpes, la région du
sud-ouest depuis les Pyrénées jusqu'à la Charente avec une partie
du Massif central sont les régions où se sont produits surtout
les vides (1).

Nous donnons d'abord une idée sommaire de ce phénomène en
prenant comme terme de comparaison l'année 1846, qui peut
être regardée, ainsi que nous l'avons fait remarquer plus haut
(voir le tableau de la population par arrondissements en 1801, en
1846 et en 1886, pages 400 et suiv.), comme l'époque où la tendance à la diminution commence à se prononcer fortement, parce
que les chemins de fer commencent à permettre à la population
de se déplacer plus facilement, à l'industrie et au commerce de
se concentrer, et produisent des changements considérables dans
l'ordre économique (voir la fig. 41).

A la diminution de certains départements ou arrondissements
correspond l'accroissement de plusieurs autres (2). Cet accroissement, qui est nécessairement supérieur, puisque la population
totale a augmenté, s'est fait surtout au bénéfice des départements
déjà denses et a eu pour résultat une concentration plus
accentuée : les mêmes causes, continuant d'agir, ont continué
à produire les mêmes effets (3). Depuis 1801, la population du

---

(1) La Manche et l'Orne en Normandie, la Haute-Savoie dans l'est, les Basses-
Pyrénées dans le sud-ouest sont au nombre des départements d'où l'on émigre le
plus. La Manche a dû perdre ainsi 12,000 habitants de 1876 à 1881, d'après le calcul
de l'excédent des naissances sur les décès.

(2) Ainsi, nous avons vu que 39 départements avaient, en 1886, moins d'habitants
qu'en 1846 et que, sur ce nombre, 6 en avaient moins qu'en 1801 : que 53 arrondissements ont moins de population qu'en 1801 et 175 en ont moins qu'en 1846. D'autre
part, la population a augmenté dans 279 arrondissements de 1801 à 1886, dans 159 de
1846 à 1886 ; elle a augmenté dans 69 départements de 1801 à 1866, et dans 39 de
1846 à 1886 ; 5 arrondissements sont restés stationnaires ou à très peu près depuis
1801 et 4 depuis 1846.

(3) Départements dont la population a augmenté ou diminué :

	Augmenta-tion.	Diminu-tion.		Augmenta-tion.	Diminu-tion.
1801 à 1806(*)....	81	4	1851 à 1856......	32	54 (**)
1806 à 1821(*)....	66	19	1856 à 1861......	57	29
1821 à 1831......	85	1	1861 à 1866......	58	31
1831 à 1836	84	2	1866 à 1872......	14	73 (***)
1836 à 1841......	73	13	1872 à 1876......	67	20
1841 à 1846......	81	5	1876 à 1881..... .	53	34
1846 à 1851 (*) ...	64	22	1881 à 1886......	58	29

(*) Les résultats ne sont véritablement comparables que depuis 1846, les recense-

département de la Seine a presque quintuplé, celle de l'arrondissement de Saint-Denis est même près de neuf fois plus considérable ; celle du Nord, de la Loire, du Rhône, des Bouches-du-
Rhône, régions très industrielles, a plus que doublé (1); celle du
Pas-de-Calais, de la Loire-Inférieure, de la Vendée, du Cher,
de l'Allier, de l'Hérault, des Pyrénées-Orientales et de la Corse
a, par diverses causses, augmenté de 60 pour cent ; 56 autres
départements ont gagné plus de 10 pour cent.

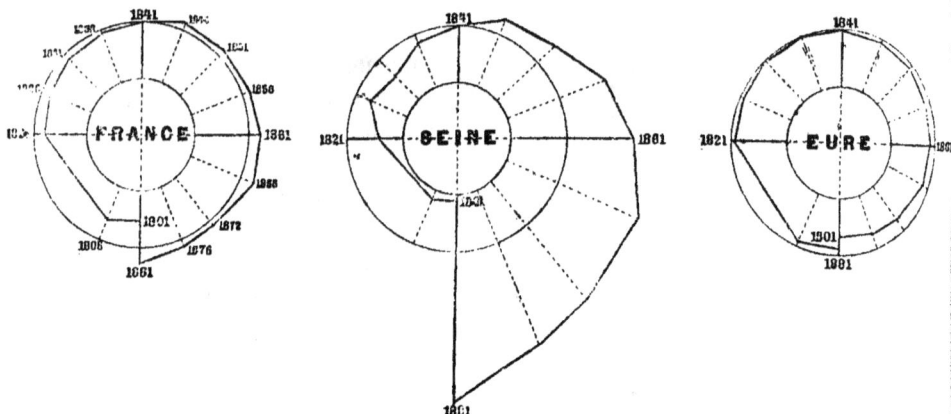

Fig. 42. — Diagramme de l'accroissement ou de la diminution de la population
à chaque recensement, d'après M. Cheysson.

M. Cheysson a publié dans l'*Album de statistique graphique*
de 1884 une carte sur laquelle l'accroissement ou la diminution de
chaque département, à chaque recensement, est figuré par des

---

ments antérieurs étant entachés d'erreurs. L'insuffisance du recensement de 1801 et
l'exagération de celui de 1806 sont vraisemblablement les principales causes de la
forte augmentation pour 1806 et de la diminution relativement forte pour 1821.

(**) La construction du réseau des chemins de fer explique les déplacements considérables de la population pendant cette période. Cependant les grands déplacements
et, par suite, la diminution de beaucoup d'arrondissements commencent, ainsi que
nous l'avons dit, à se faire sentir dès 1846.

(***) Conséquence de la guerre de 1870-71. .

(1) Ces départements sont au nombre de ceux dans lesquels on immigre le plus.
Ainsi, sur 388,480 habitants que la Seine a gagnés de 1876 à 1881, il n'y a que 18,445
habitants dus à l'excédent des naissances sur les décès ; 370,035 sont dus à l'immigration ; le Rhône a reçu 38,294 immigrants et ne s'est accru que de 36,339, parce qu'il
y avait excédent des décès sur les naissances ; les Bouches-du-Rhône, 36,427 et ne
se sont accrues que de 32,649.

diagrammes polaires ; cette carte, qu'il a dressée en prenant l'état de la population en 1841 comme terme de comparaison (1) montre clairement les grandes régions sur lesquelles la diminution a porté : la Normandie (moins la Seine-Inférieure et la Marne, presque tout le nord-est (Yonne, Aube, Meuse, Haute-Marne, Vosges, Haute-Saône, Jura, Côte-d'Or), les Alpes, une partie du Massif central (Creuse, Puy-de-Dôme, Cantal, Lozère), la plaine de la Garonne (Lot-et-Garonne et Tarn-et-Garonne) et les Pyrénées (moins les Pyrénées-Orientales).

Les régions qui apparaissent sur cette carte comme les plus favorisées sous le rapport de l'accroissement sont celle de la Seine entourée de Seine-et-Oise, celle du Pas-de-Calais, l'Aisne et la Marne, celle de la Loire, avec la Vendée et les plaines de la France centrale, celle des manufactures du Rhône et de la Loire prolongée par les départements riverains de la Loire et du golfe du Lion, celle des côtes de l'Atlantique avec la Bretagne. C'est toujours la même image sous un aspect particulier.

La carte ci-jointe (voir fig. 43) donne, sous une autre forme, une image sensible du phénomène. Elle exprime par des courbes ombrées l'augmentation ou la diminution de la densité ; on y voit par la teinte foncée une augmentation accusée surtout dans le département du Nord, dans les environs du Havre et de Rouen, de Paris avec sa banlieue, autour de Nancy, de Belfort, dans une partie de l'Allier, à Lyon, à Marseille et sur les côtes de la Méditerranée, à Bordeaux, sur les côtes de Bretagne ; la teinte claire accuse une diminution constante depuis plus de quarante ans et, par conséquent, très prononcée dans la Normandie (moins le port du Havre, les fabriques de Rouen, les bains de mer de l'Eure et du Calvados, l'arsenal de Cherbourg), dans la région de la Haute-Seine, de la Côte-d'Or et du Jura, dans les régions montagneuses des Alpes du Forez et du

---

(1) L'auteur a choisi le recensement de 1841 parce qu'il divise la période en deux parties égales, quoique le recensement de 1841 ait été reconnu défectueux, que les chemins de fer n'aient commencé à faire sentir véritablement leur influence qu'à partir du recensement de 1846 et que le mouvement de concentration dû à d'autres causes économiques se manifeste dès 1836. Ne pouvant reproduire ici la carte de M. Cheysson, nous nous contentons d'en extraire trois diagrammes : celui de la France entière, celui du département qui a le plus gagné et celui du département qui a le plus perdu (voir fig. 42).

Velay, des Cévennes méridionales, des Pyrénées, dans les plaines
de la Garonne et de la Charente, dans les monts de Bretagne.

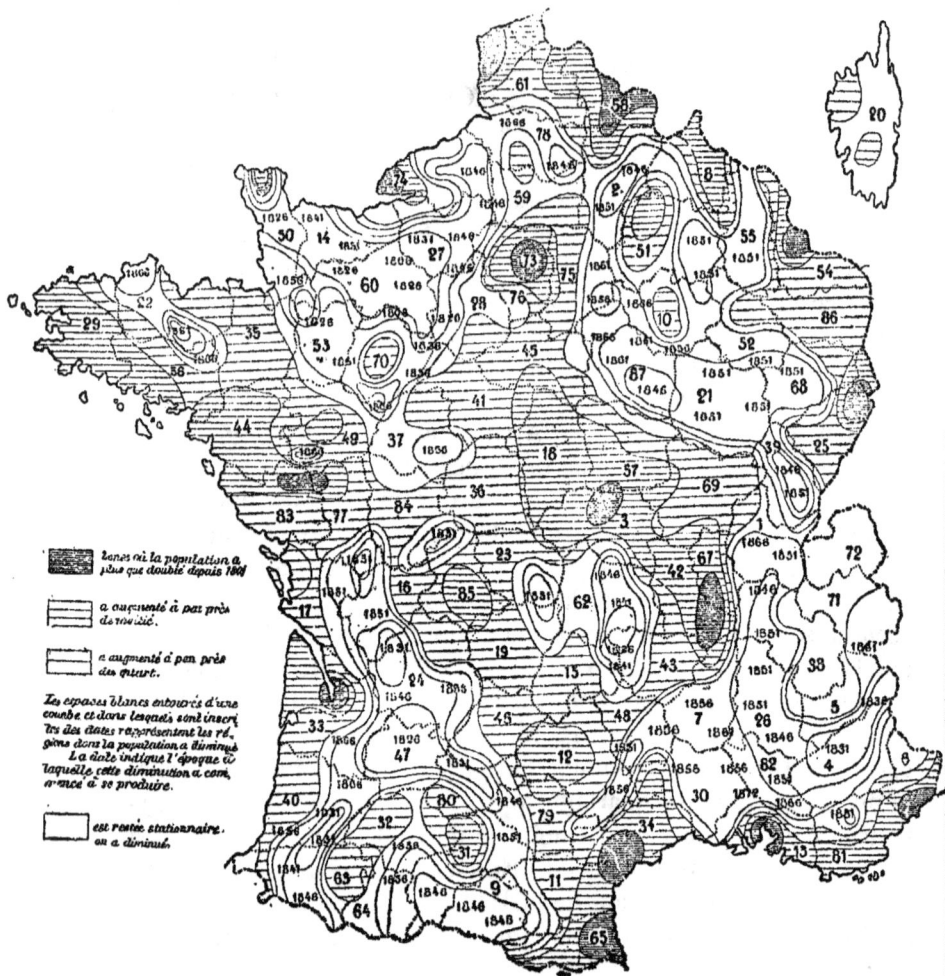

Fig. 43. — Régions de la France dont la population a augmenté ou diminué depuis 1801
(carte dressée par M. Turquan) (1).

---

(1) Dans les *Résultats statistiques du dénombrement de* 1886 (*Statistique générale de
France*), se trouvent trois cartes en chromolithographie de la diminution ou de
l'augmentation de la population, l'une par courbes, la seconde par arrondissements,
la troisième par kilomètres carrés depuis 1861 et un tableau de l'augmentation ou de
la diminution de la population par arrondissements et pour chaque recensement,
cette population étant exprimée par 1,000 en 1801.

Les causes de l'accroissement ou de la diminution deviennent, comme celles de la densité, plus apparentes lorsqu'on observe le phénomène dans des circonscriptions plus restreintes ; car 82 arrondissements ont gagné plus de 50 pour 100 de 1801 à 1886 (1); sur ce nombre, 19 au moins (Paris étant compté comme un arrondissement) ont une population plus que double de celle qu'ils avaient au commencement du siècle (2); les circonscriptions du département de la Seine, qui tiennent la tête, ont augmenté, Paris de 328 pour 100, l'arrondissement de Sceaux de 507 et celui de Saint-Denis, qui est le plus manufacturier, de 775 pour 100.

Sur les 19 arrondissements privilégiés, 6 doivent leur supériorité à la présence de la houille qui est une des causes les plus énergiques de concentration industrielle, 7 aux manufactures, 5 au commerce maritime ; le dix-neuvième est Paris. L'influence économique n'est pas moins manifeste sur la plupart des 60 autres

---

(1) Liste des arrondissements dont la population a augmenté de plus de 50 p. 100 de 1801 à 1886. (Ils sont classés dans l'ordre alphabétique des départements. Ceux dont la population a augmenté de 100 pour cent sont en *italiques*) :

	p. %			p. %			p. %
1. S. Quentin (Aisne)....	78	30. Romorantin (Loir-et-Cher).			57. *Perpignan* (Pyrénées-Orientales)	112
2. *Montluçon* (Allier) . .	144		54		
3. Moulins (Id.)	61	31. *S. Etienne* (Loire). . .	206	58. *Céret* (Id)	96
4. La Palisse (Id.). . . .	58	32. Roanne (Id.).	69	59. Belfort (Territoire de Belfort)	75
5. Privas (Ardèche). . . .	54	33. Le Puy (Haute-Loire) .	57	
6. Mézières (Ardennes) . .	86	34. Saint-Nazaire(Loire-In-férieure).		60. *Lyon* (Rhône)	203
7. *Narbonne* (Aude) . . .	178		88	61. Villefranche (Id.). . .	69
8. *Marseille* (Bouches-du-Rhône).		35. Nantes (Id).	79	62. Autun (Saône-et-Loire).	94
	229	36. Châteaubriant (Id.) . .	74	63. Chalon-sur-Saône (Id).	50
9. Rochefort (Charente-Inférieure).		37. Paimbœuf (Id.)	52	64. *Paris* (Seine).	328
	61	38. Gien (Loiret).	62	65. *Sceaux* (Id.)	507
10. Bourges (Cher). . . .	82	39. Angers (Maine-et-Loire)	90	66. *Saint-Denis* (Id.) . .	775
11. S.-Amand (Cher) . . .	58	40. Cholet (Id.)	69	67. *Le Havre* (Seine-Inférieure).	113
12. Ajaccio (Corse).	88	41. Reims (Marne)	83	
13. Sartène (Id.).	90	42. Châlons (Id.`.	68	68. Rouen (Id.).	53
14. Corte (Id.).	80	43. *Nancy* (Meurthe-et-Moselle).		69. Versailles (Seine-et-Oise).	88
15. Bastia (Id.).	56		127	
16. *Montbéliard* (Doubs). .	199	44. Lorient (Morbihan) . .	65	70. Corbeil (Id.)	69
17. Valence (Drôme). . . .	58	45. Nevers (Nièvre) . . .	79	71. Pontoise (Id.)	53
18. *Quimper* (Finistère). .	104	46. Château-Chinon (Id.). .	51	72. Bressuire (Deux-Sèvres)	99
19. Brest (Id).	78	47. *Lille* (Nord).	205	73. Parthenay (Id.)	55
20. *Alais* (Gard).	108	48. *Avesnes* (Id.)	123	74. Albi (Tarn)	63
21. Toulouse (Haute-Garonne).		49. *Valenciennes* (Id.). . .	121	75. Toulon (Var).	84
	90	50. Douai (Id.).	88	76. Avignon (Vaucluse). .	71
22. Bordeaux (Gironde). .	113	51. Cambrai (Id.)	82	77. *La Roche-s/-Yon* (Vendée).	200
23. Lesparre (Id.)	50	52. Dunkerque (Id.). . . .	65	
24. Montpellier (Hérault) .	89	53. *Boulogne* (Pas-de-Calais).		78. Les Sables-d'Olonne(Id.)	
25. Béziers (Id.)	67		180	79. Poitiers (Vienne). . . .	54
26. Châteauroux (Indre). .	55	54. *Béthune* (Id.)	102	80. Limoges(Haute-Vienne)	99
27. La Châtre (Id.).	54	55. Saint-Pol (Id.)	83	81. Épinal (Vosges) . . .	72
28. Tours (Indre-et-Loire).	56	56. Bayonne (Basses-Pyrénées)	58	82. Remiremont (Id.) . . .	63
29. Mt-de-Marsan (Landes)	52			

(2) Dans l'Introduction du *Dénombrement de* 1886 (p. 7), ce nombre s'élève à 22 (Quimper se trouvant répété deux fois) ; nous n'avons pas cru devoir porter Valenciennes, Limoges et Nancy dont le territoire a été modifié depuis 1801.

arrondissements, car 13, sans compter la Corse, dont le progrès est dû à une amélioration générale de l'état social, ont des ports de mer et 17 ont de nombreuses manufactures ou un commerce important.

Sur les 53 arrondissements dont la population a diminué de 1801 à 1886, onze pour le moins appartiennent à des régions montagneuses, 15 font partie de la Normandie qui a étendu ses pâturages aux dépens de ses labours et où le paysan redoute les charges d'une nombreuse famille. L'influence d'un sol ingrat et celle d'une économie rurale qui occupe peu de bras apparaissent ici clairement.

Les différences de densité qui se sont produites d'un recensement à l'autre dans l'intérieur d'un même département fournissent d'autres preuves de ces influences. Les parties essentiellement agricoles déclinent, surtout depuis 1851. Il en est ainsi dans la Manche, dont la population serait inférieure à celle de 1801, si la diminution n'y avait été compensée par la croissance (jusqu'en 1861) du port de Cherbourg; dans la Sarthe que le Mans seul soutient; dans la Seine-Inférieure où les arrondissements, autres que ceux de Rouen et du Havre, sont en déclin; dans l'Eure dont tous les arrondissements sans exception faiblissent; dans l'Orne où ils faiblissent aussi depuis 1851; dans le Lot où ils sont tous en baisse depuis 1861; dans Lot-et-Garonne, où ils ont diminué tous aussi, sauf celui de Nérac (1); dans Tarn-et-Garonne, où le déclin est général depuis 1846; dans le Tarn, où Lavaur et Gaillac diminuent depuis 1851, pendant que Castres se soutient avec ses fabriques et qu'Albi augmente; dans les Basses-Pyrénées, dont l'émigration réduit depuis 1846 le contingent, excepté dans les arrondissements de Bayonne, ville maritime, et de Pau, ville de plaisance; dans la Haute-Saône, dont le déclin date de 1851; dans les Vosges, où, pendant qu'Épinal et Remiremont prospéraient par l'installation des fabriques installées de ce côté des Vosges depuis 1870, les arrondissements agricoles de Neufchâteau et de Mirecourt diminuaient, le premier, depuis 1861, le second, depuis 1846; celui de Saint-Dié n'a pas encore réparé complétement la diminution de population que la perte du canton de Schirmeck

---

(1) L'arrondissement de Nérac avait augmenté de 57 p. 100 de 1801 à 1831; il a subi lui-même une légère baisse depuis ce temps.

lui a fait subir ; dans l'Yonne, qui diminue depuis 1866 ; dans la Meuse, qui rétrograde depuis 1851 (1). Plus près de Paris, le département tout agricole de Seine-et-Marne peut être considéré comme étant, presqu'au même degré que les départements montagneux de la Savoie, stationnaire, et doit la majeure partie de son faible accroissement à Fontainebleau, ville de plaisance (2). Le département de Vaucluse a été atteint dans les sources de sa richesse par l'abandon de la garance et l'invasion du phylloxera, et trois de ses arrondissements sont en perte depuis 1861 ; le quatrième, Avignon, qui avait grandi rapidement jusqu'en 1870, baisse à son tour. Dans le Nord même, il est curieux de voir l'arrondissement agricole d'Hazebrouck demeurer stationnaire (3), pendant que les autres ont en moyenne doublé leur population.

Dans la Charente-Inférieure, Cognac avait augmenté de 50 pour 100 : le phylloxera est venu, et, en 1881, l'arrondissement n'avait plus que 37 pour 100 d'avance sur 1801. Dans l'Isère, l'arrondissement de Vienne avait progressé de 53 pour 100 : la maladie des vers à soie l'a fait tomber au-dessous de 40 et il ne s'est pas relevé (4).

---

(1) L'arrondissement de Belfort avait décliné de 20 p. 100 de 1861 à 1866 ; il s'est beaucoup relevé depuis 1871 par des causes politiques. La plus grande croissance de l'arrondissement de Nancy a aussi une cause politique ; cet accroissement, qui était de 70 p. 100 en 1866 relativement à l'année 1801, s'est élevé à 120 p. 100 en 1881.

(2) Encore Fontainebleau avait-il faibli de 1866 à 1872 ; l'installation de l'École d'application et l'attrait de la forêt l'ont relevé.

(3) Accroissement de 11 p. 100 depuis 1801.

(4) Dans un mémoire lu au congrès des Sociétés savantes de 1888, M. Theillier a montré les changements de population qui se sont produits de 1830 à 1884 dans la population des cantons du département des Ardennes. Voici les principaux résultats de son étude :

Les 12 cantons de la frontière entre Reuwez, Fleza et Carignan ont augmenté ; c'est la région industrielle ; la métallurgie, particulièrement la clouterie y est active ; le voisinage de la Belgique favorise peut-être le commerce de contrebande et facilite en tout cas l'immigration des Belges. Parmi les communes qui ont le plus augmenté, Nouzon a passé de 2,055 habitants à 7,069 et Neufmanil de 214 à 1,690 habitants. « Toujours l'ouvrier, dit l'auteur, se met à la recherche d'un travail ou d'un commerce plus facile et surtout plus rémunérateur. »

Parmi les 19 cantons situés à l'ouest et au sud des précédents, 4 seulement (Réthel, Vouziers, Attigny, le Chesne) ont augmenté ; leur accroissement est dû principalement à l'émigration des cantons voisins ; 15 cantons sont en décroissance, par suite d'une natalité faible et d'une émigration qui s'est portée non-seulement dans les quatre cantons susmentionnés, mais sur Reims et sur Paris ; c'est surtout dans les pays de culture, éloignés des centres industriels, que la diminution s'est produite. Parmi les causes de dépopulation, l'auteur cite le désir qu'éprouve le jeune paysan

D'une communication du docteur Guiraud faite au Congrès de l'Association française pour l'avancement des sciences en 1887, sur les variations de la population des communes de l'arrondissement de Montauban de 1861 à 1886, il résulte que, sur 63 communes, 7 ont plus de population qu'en 1861 et 56 en ont moins. La natalité et la mortalité sont relativement fortes dans les communes de l'est, situées dans la région pauvre des Causses ; il y a généralement dans ces communes une émigration qui réduit le nombre des habitants, même celui de chefs-lieux de canton importants ; deux seulement, Laguépie et Castanet, où le défaut de communications retient peut-être les jeunes gens, ont plus d'habitants qu'en 1861. La ville de Montauban est la commune qui a gagné le plus d'habitants, quoiqu'il y ait dans le canton un excédent des décès sur les naissances. Caussade, une des quatre communes du département dont la population dépasse 4,000 âmes, est aussi une de celles dont la population a augmenté.

La diminution des arrondissements qui ont perdu est assurément bien inférieure à celle des arrondissements qui ont prospéré. Ce n'est pourtant pas sans quelque étonnement qu'on constate que 53 arrondissements avaient en 1886 moins d'habitants qu'en 1801, et que, de 1846, époque à laquelle les causes de concentration ont agi avec une grande énergie, à 1886, 175 arrondissements se sont dépeuplés (1). Cette diminution atteignait, en 1886, le taux considérable de 23 pour 100 dans les arrondissements d'Agen (2), de Pont-Audemer et de Lectoure, et celui de 21 à 16 pour 100 dans les arrondissements de Falaise (Calvados), d'Argentan (Orne), de Bernay (Eure), de Coutances (Manche), de Gray (Haute-Saône) et de Brignolles (Var) ; elle dépasse 12 pour 100 dans les arrondissements de Barcelonnette (Basses-Alpes), de Tonnerre (Yonne), de Mautauban (Tarn-et-Garonne), de Mortagne (Orne), de Sisteron (Basses-Alpes) et de Bar-sur-Seine (Aube) (3).

---

de devenir « un monsieur » et qui le porte à se faire instituteur, clerc de notaire ou d'huissier, employé dans une administration publique ou privée.

(1) On constate, en outre, une diminution sensible de 1866 à 1886 pour plusieurs arrondissements, notamment pour Trévoux (Ain).

(2) Dès le recensement de 1821, l'arrondissement d'Agen était tombé au-dessous du chiffre de 1801 ; il ne s'est jamais relevé.

(3) Il y a quelques arrondissements dont la population avait baissé accidentellement au-dessous du chiffre de 1801 et s'est relevée ensuite : Rocroi, Villefranche (Aveyron),

Nous donnons comme exemple de ces variations la figure des changements qui se sont produits depuis 1801 dans chacun des arrondissements de quatre départements : le Nord, dans lequel tous les arrondissements, excepté celui d'Hazebrouck, sont manufacturiers et ont augmenté constamment dans une forte proportion, surtout ceux de Valenciennes, d'Avesnes et de Lille ; les Basses-Alpes, département montagneux, dont tous les arrondissements sont en décroissance depuis que l'industrie attire ailleurs sa population pauvre et que le progrès des voies de communication lui rend l'émigration plus facile ; l'Eure, département agricole, où le paysan redoute les charges de famille et où tous les arrondissements sont depuis longtemps en décroissance ; l'Allier, qui participe du caractère agricole par l'arrondissement de Gannat et du caractère industriel par celui de Montluçon (voir les figures 44, 45, 46 et 47 dressées par M. Turquan).

Chacun de ces changements a nécessairement sa raison d'être : ce qui ne signifie pas que tous soient des événements dont il y ait lieu de s'applaudir. La plupart cependant ont pour but et souvent pour résultat d'établir l'équilibre entre la population et la richesse. Les hommes, en se déplaçant, vont à la rencontre du

---

Saintes, Rochefort, Quimperlé, le Blanc, Segré, Saumur ; ils avaient, en 1821, moins d'habitants qu'en 1801.

Voici la liste des 53 arrondissements dont la population était moindre en 1886 qu'en 1801. Ces arrondissements sont classés dans l'ordre alphabétique des départements :

	p. %		p. %		p. %
Nantua (Ain)	2.0	Évreux (Eure)	3.0	Mayenne (Mayenne)	2.0
Barcelonnette (B.-Alpes)	14.0	Louviers (Id)	6.0	Argentan (Orne)	20.0
Sisteron (Id.)	14.0	Dreux (Eure-et-Loir)	4.0	Mortagne (Id.)	15.5
Castellane (Id.)	10.0	Villefranche (Haute-Ga-		Alençon (Id.)	6.0
Bar-sur-Seine (Aube)	12.0	ronne)	1.0	Orthez (Basses-Pyré-	
Arcis-sur-Aube (Id.)	4.0	Lombez (Gers)	2.0	nées)	2.0
Falaise (Calvados)	1.5	Lectoure (Id.)	23.?	Gray (Haute-Saône)	17.5
Lisieux (Id.)	8.0	La Réole (Gironde)	10.0	Vesoul (Id.)	11.0
Vire (Id.)	9.0	Chinon (Indre-et-Loire)	6.0	Mamers (Sarthe)	7.0
Bayeux (Id.)	3.5	Lons-le-Saunier (Jura)	9.0	Saint-Calais (Id.)	1.0
Saint-Flour (Cantal)	9.0	Poligny (Id.)	8.0	Yvetot (S.-Inférieure)	11.0
Ruffec (Charente)	5.5	Agen (Lot-et-Garonne)	23.0	Neufchâtel (Id.)	3.0
Jonzac (Char.-Infér.)	1.0	Marmande (Id.)	11.5	Mantes (Seine-et-Oise)	4.0
Châtillon-s.-Seine (Côte-		Florac (Lozère)	11.0	Montauban (Tarn-et-Ga-	
d'Or)	11.9	Coutances (Manche)	18.0	ronne)	13.0
Semur (Id.)	10.0	Mortain (Id.)	7.0	Brignoles (Var)	16.5
Pont-Audemer (Eure)	23.0	Saint-Lô (Id.)	4.0	Apt (Vaucluse)	2.0
Bernay (Id.)	19.0	Vitry (Marne)	4.0	Mirecourt (Vosges)	4.0
Les Andelys (Id.)	5.0	Ste-Ménehould (Id)	3.0	Tonnerre (Yonne)	14.5

Au recensement de 1886, comparé avec celui de 1861, la diminution dépassait 20 p. 100 dans six arrondissements, Bernay et Argentan (20 p. 100), Falaise (22), Agen (23), Pont-Audemer et Lectoure (24 p. 100).

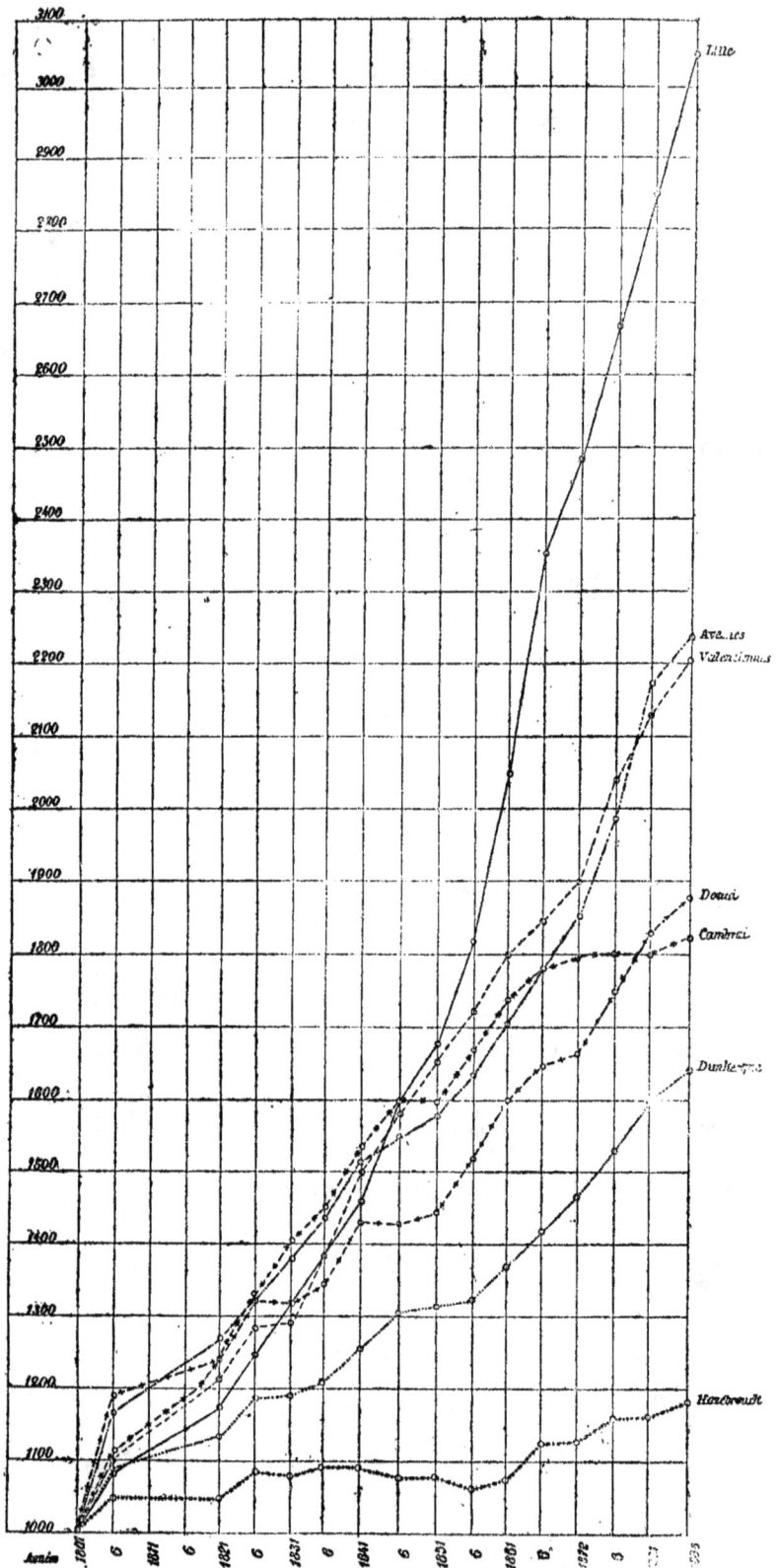

Fig. 44. — Courbes figurant l'accroissement ou la diminution de la population dans les arrondissements du département du Nord, de 1881 à 1886.

travail, du salaire et du gain et se fixent là où ils les rencontrent.
Sans doute, tous n'atteignent pas ce but : il y a des déclassés qui
deviennent des misérables. Sans doute aussi, dans ces courants
de migration à l'intérieur d'un même Etat, il se produit, en temps
de crise surtout, des trop-pleins et des remous qui ramènent des
épaves au lieu natal.

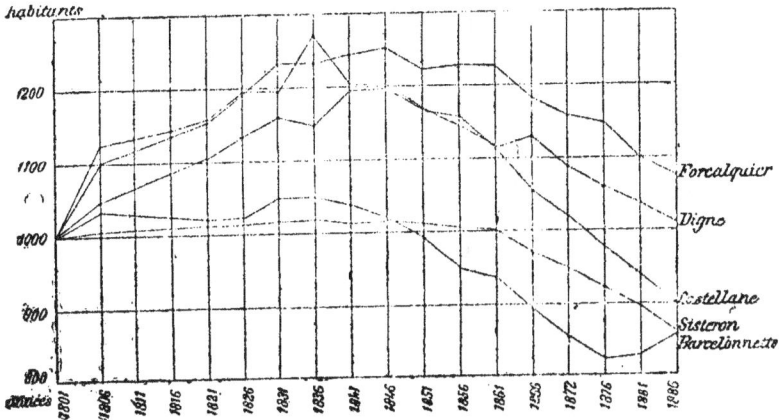

Fig. 45 . — Courbes figurant l'accroissement ou la diminution de la population dans les arrondissements
du département des Basses-Alpes de 1801 à 1886.

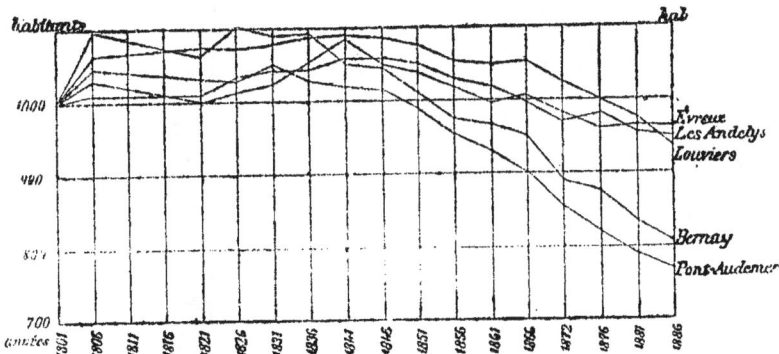

Fig. 46. — Courbes figurant l'accroissement ou la diminution de la population dans les arrondissements
du département de l'Eure de 1801 à 1886.

Cependant, à considérer l'ensemble au point de vue économique,
il y a plus de gains que de pertes, puisque la société française
produit aujourd'hui plus de richesse qu'autrefois ; nous reviendrons sur cette question dans le troisième livre de cet ouvrage. Il

suffit d'ajouter ici que des déplacements ont encore un autre

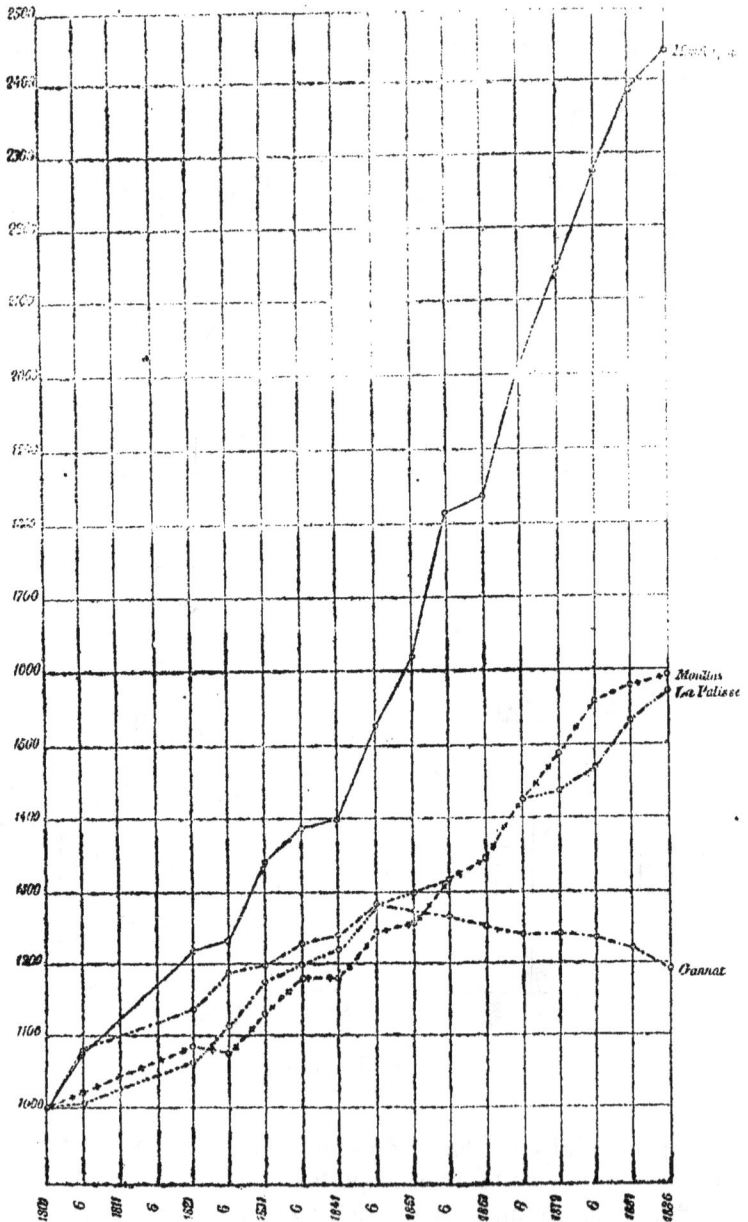

Fig. 47. — Courbes figurant l'accroissement ou la diminution de la population dans les arrondissements du département de l'Allier de 1801 é 1886.

résultat ; c'est de niveler plus intimement les diverses parties d'une population et de contribuer par là à ouvrir les intelligences. La moralité n'y gagne pas toujours, et l'artiste regrette le charme des diversités provinciales qui disparaît peu à peu ; mais le sentiment de l'unité nationale se fortifie.

La densité dans les autres contrées d'Europe. — La France n'est pas le pays le plus dense de l'Europe ; la Belgique, sa voisine, les Pays-Bas, l'Empire allemand, l'Angleterre, l'Italie lui sont supérieurs à cet égard (1). Il y a donc place encore pour de nouveaux habitants sur le sol français (voir dans le *Bulletin international de statistique*, tome Ier, 3e et 4e livraisons, la carte de la densité de la population d'Europe).

Chaque État, d'ailleurs, possède, comme la France, des régions très diversement peuplées. Sans nous étendre sur une étude qui dépasserait les limites de notre sujet, nous devons indiquer quelques-uns des contrastes les plus frappants, afin de faire mieux comprendre la relation qui existe entre la densité et l'état économique de chaque contrée.

La riche Angleterre, pays de forte densité, compte jusqu'à 707 habitants par kilomètre carré dans le Lancashire, tout couvert de manufactures et d'usines, tandis qu'à peu de distance au nord, le Westmorland, région de pâturages et de landes, n'en a que 32 ; dans le pays de Galles, le Glamorgan, qui renferme des houillères, compte 244 habitants par kilomètre carré et le comté de Radnor, montagneux et tout agricole, 21.

La Belgique est l'État le plus dense de l'Europe (201 habitants par kilomètre carré en 1886). Il est vrai qu'il en est un des plus petits, en même temps qu'un des plus riches par la production agricole et manufacturière. Des publicistes belges, inquiets de cette agglomération, se préoccupent des débouchés que le trop plein de la population pourrait trouver hors des frontières du royaume (2). Dans le pays même cependant, les différences sont encore considérables d'une province à l'autre ; la Flandre orientale, savamment cultivée et couverte de manufactures, a 310 ha-

---

(1) Voir plus haut (**Livre II, chapitre III**) le tableau de la population et de la densité des États d'Europe.

(2) Voir *La densité de la population en Belgique et dans les autres pays du monde*, conférence faite par M. du Fief à la Société royale belge de géographie (1886).

bitants par kilomètre carré, tandis que le Luxembourg, situé en partie sur le froid plateau de l'Ardenne, n'en a que 49.

Dans les Pays-Bas, la densité est de 307 pour la Hollande méridionale, riche et commerçante, et de 49 pour la Drenthe, terre infertile.

Dans la Prusse, elle est de 291 pour le département de Dusseldorf où se trouvent les houilles de la Ruhr et de 35 pour celui de Lunebourg dont les vastes landes conviennent plus au mouton qu'à la charrue.

La Suisse n'a que 13 habitants par kilomètre carré dans les Grisons, pays de hautes montagnes, et en a 364 dans le canton de Genève qui n'est, il est vrai, qu'une ville avec sa banlieue.

En Autriche, on passe de 30 habitants par kilomètre carré dans le Tyrol, pays montagneux, à 118 dans la province manufacturière de la Basse-Autriche.

En Italie, la différence est de 203 dans la province de Padoue, dont les terres alluviales sont extrêmement fertiles, à 26 dans la province très marécageuse de Grosseto. L'Italie peut être prise comme exemple de l'influence des montagnes et des vallées sur la répartition de la population. Les quatre cartes des provinces de Gênes et de Turin, qui se trouvent dans le précédent Bulletin (voir *Bulletin de l'Institut international de statistique*, tome III, 2ᵉ livraison, année 1888, page 158) montrent clairement que l'altitude et la densité sont, pour ainsi dire, en raison inverse l'une de l'autre; plus la montagne s'élève, plus la population se raréfie, tandis que les habitants se pressent dans le fond des vallées et sur les côtes (1).

En Espagne, où tout le plateau aride des Castilles est très peu · peuplé, on descend jusqu'à 13 dans le département de Ciudad-

---

(1) Ainsi dans la province de Turin, c'est dans la région d'une altitude inférieure à 750 mètres que, sauf un très petit nombre d'exceptions, se trouvent les groupes de population d'une densité supérieure à 100 habitants par kilom. carré, massés principalement dans le voisinage du Pô, de Moncalieri à Chivasso ou au pied des montagnes, à Pignerol, à Avigliana, à Cirié, à Castellamonte, à Ivrée; au-dessus de 1,000 mètres, la population paraît étagée par zones de densité décroissante depuis 50 habitants par kilom. carré jusqu'à la région des rocs et des neiges, entièrement dépourvue d'habitants. Dans la province de Gênes, toute la population se porte vers la mer, à cause de la navigation et de la culture ; au-dessus de 500 mètres, elle est déjà très rare, tandis qu'elle dépasse 300 dans les environs de Gênes, de Rapallo et de la Spezia.

Real, tandis que, sur la côte, le département manufacturier de Barcelone s'élève à 109.

Lorsqu'on s'éloigne de la Méditerranée et de l'Europe centrale vers l'est, on ne rencontre plus guère, à l'exception des capitales et de quelques grands centres manufacturiers, que des populations agricoles; aussi la densité est-elle généralement moindre. Aucun gouvernement de la Russie n'atteint le chiffre de 100 habitants par kilomètre carré ; néanmoins les oppositions subsistent, quoique moins tranchées. Pendant que le gouvernement de Moscou, qui renferme de nombreuses manufactures, s'élève jusqu'à 65 habitants par kilomètre carré, celui d'Astrakhan, avec ses steppes et ses nomades, en a 3 à peine, et celui d'Arkhangel, avec ses forêts et son climat glacial, en a moins de 1.

De même, dans la péninsule Scandinave, la province suédoise de Malmoehus, située à la pointe méridionale et très cultivée, a 76 habitants par kilomètre carré (1), et, à l'autre extrémité, le Norrbotten et les Finmarken en ont moins de 1.

Si l'on embrasse dans son ensemble la répartition des habitants en Europe, on remarque que le centre principal de densité se trouve à peu près sur le Rhin moyen. De la Bretagne (en France) jusqu'à la Galicie (en Autriche) s'allonge, de l'ouest à l'est et à peu près sous le 50° parallèle, la zone de la plus forte densité (plus de 75 habitants par kilomètre carré) ; celle-ci atteint sa plus grande largeur entre les Alpes et la mer du Nord ; toute la partie nord-ouest de la France lui appartient. A l'extrémité occidentale, l'Angleterre et l'Irlande orientale peuvent être considérées comme des annexes de ce grand groupe ; au sud, l'Italie presque tout entière et la vallée du Rhône forment, pour ainsi dire, une seconde annexe, séparée du groupe central par les Alpes.

Cette masse de population très dense est entourée par une zone comprenant le reste des États de l'Europe occidentale (moins le nord de l'Écosse et quelques départements français) et, de l'Europe centrale, quelques parties de la Lithuanie et des bords de la Dvina occidentale avec le Danemark, le bassin du Bas-Danube, la Pologne et la Grande-Russie, ou du moins avec une grande portion de la Terre-Noire depuis la Podolie jusqu'à Moscou

---

(1) Quelques districts (subdivisions des gouvernements) dépassent 100 habitants par kilom. carré.

et même jusqu'à Kazan (2). C'est une seconde zone dont la densité est entre 75 et 34 habitants par kilomètre carré et se trouve, par conséquent, supérieure à la moyenne générale de l'Europe.

Ces deux groupes dont la densité dépasse la moyenne et auxquels il convient de rattacher les côtes de la péninsule Ibérique, occupent à peu près la moitié de la superficie de l'Europe ; ils comprennent les trois quarts de la population européenne (environ 258 millions d'habitants). Ils sont dans la région qui est la plus riche de l'Europe par son agriculture comme par son industrie, et qui a le plus de manufactures. En calculant d'après les données du commerce extérieur des États, on trouve qu'ils font environ les 9/10 du commerce européen ; ils importent des denrées alimentaires et des matières premières plus qu'ils n'en exportent, tirant ainsi des régions moins denses de l'Europe et des autres parties du monde de quoi alimenter leur nombreuse population et leurs actives fabriques, et payant leur importation de produits naturels par une exportation considérable de produits manufacturés.

Les deux péninsules méditerranéennes du sud-ouest et du sud-est, la grande péninsule du nord et la vaste plaine de l'Europe orientale sont au-dessous de la moyenne de 34 habitants par kilomètre carré (voir la figure 48, représentant la densité des États d'Europe disposés par ordre géographique).

La France occupe, sous ce rapport, comme sous beaucoup d'autres en démographie, une situation moyenne : elle est beaucoup plus habitée que l'Europe septentrionale et orientale, plus que l'Europe méridionale, à l'exception de l'Italie ; elle est presqu'au niveau de l'Europe centrale, qui cependant la dépasse aujourd'hui, et beaucoup au-dessous des trois autres États de l'Europe occidentale, au groupe desquels nous la rattachons (voir la figure 49 représentant les États d'Europe classés par ordre de densité).

Nous nous éloignerions trop de notre sujet si nous étendions la comparaison jusque sur les autres parties du monde ; les éléments précis, d'ailleurs, font défaut pour la plupart des contrées qui ne sont pas occupées par la race européenne (1). Cependant

(2) Voir les cartes de la densité de la population qui accompagnent l'*Annuaire statistique de la Russie*, 1884-1885.

(1) Il faut cependant excepter l'Égypte et le Japon qui ont des statistiques de leur population.

un coup d'œil général permet de juger que les lois de la nature exercent partout la même influence. La chaleur et l'eau sont des conditions de premier ordre pour la vie ; là où elles font défaut, comme dans la zone glaciale ou dans la longue bande de déserts

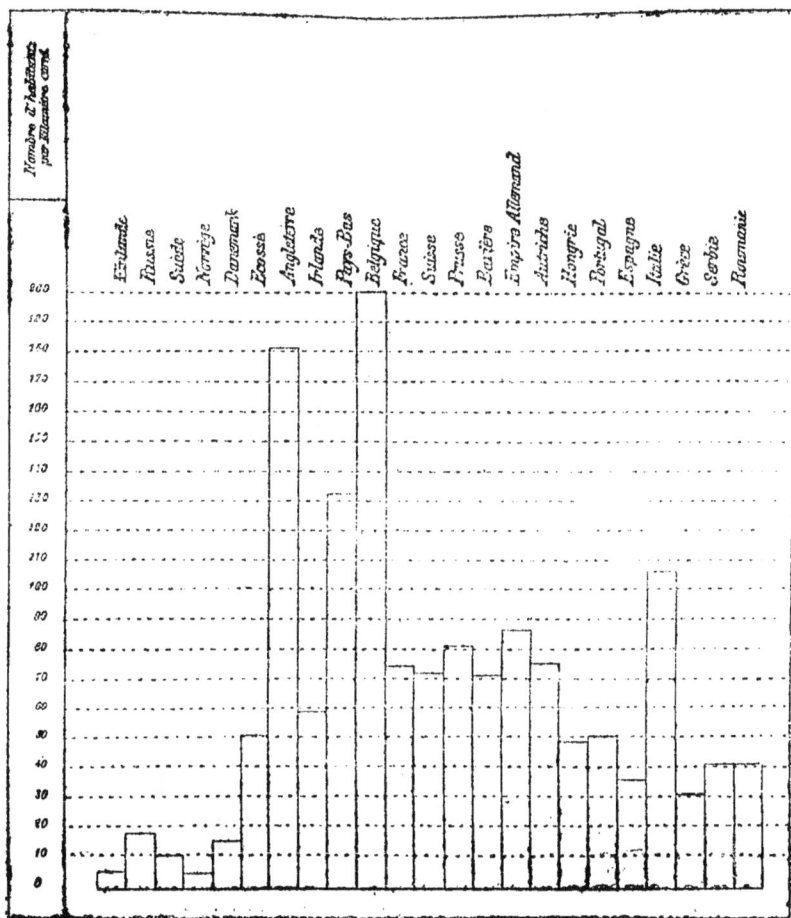

Fig. 48. — Densité comparée des États d'Europe (en 1885) classés par ordre géographique.

qui coupe en écharpe l'ancien continent depuis la Sénégambie jusqu'à la Mandchourie, la race humaine est absente ou n'a que de très rares représentants disséminés sur des espaces immenses. Dans le Sahara, les oasis s'alignent surtout dans les dépressions, comme celle de l'ouad Rhir, où se conservent des eaux souterraines. Sur les montagnes et les hauts plateaux, à l'exception toutefois de ceux de la Cordillère de l'Amérique centrale et de l'Amérique du sud, la population est rare, tandis qu'elle est d'ordinaire plus nombreuse dans les vallées, dans les plaines, sur le

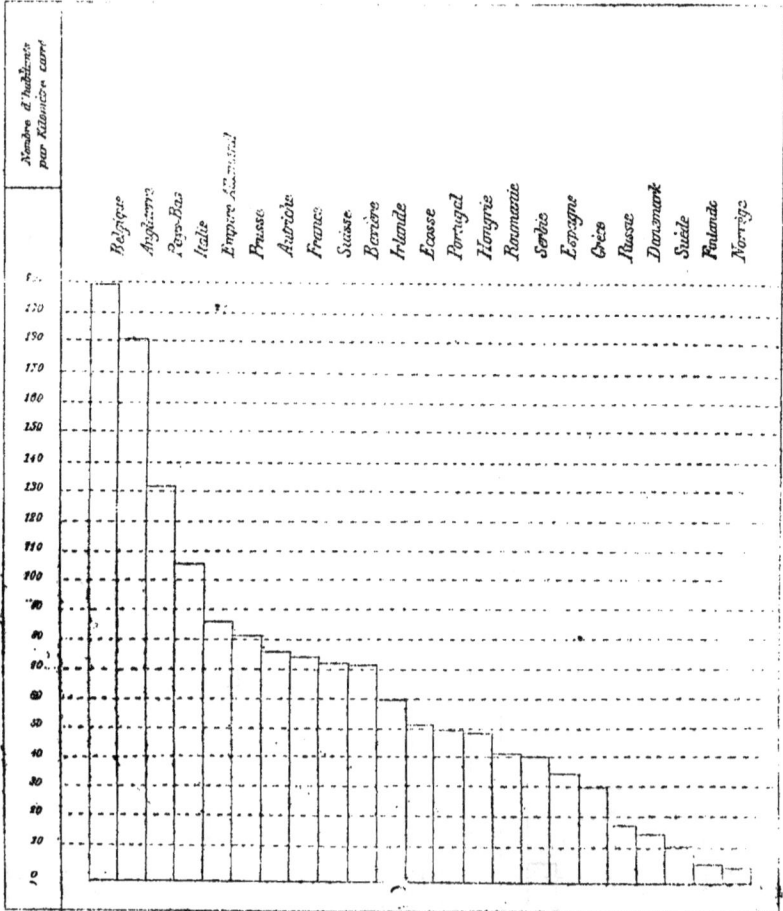

Fig. 49. — Comparaison des États d'Europe classés par ordre de densité en 1885.

bord des cours d'eau et sur les côtes, lorsque celles-ci sont hospitalières. Les îles ont la plupart une densité supérieure à celle des continents voisins.

Nous évaluons à environ 1480 millions le nombre des habitants de la Terre (1). Presque les trois quarts de ce total sont massés dans trois contrées, qui ne forment pourtant que la septième partie des terres (2), à savoir l'Europe avec plus de 347 millions et une densité moyenne de 34 habitants par kilomètre carré ; l'Inde avec 254 millions et une densité de 71 ; la Chine proprement dite avec la Corée et le Japon, groupe dont on peut évaluer hypothétiquement la population à 430 millions et la densité à 90. On peut se convaincre aussi que ces trois contrées sont (avec les États-Unis) au nombre de celles qui produisent le plus de céréales ; que les deux plus denses cultivent le riz, céréale très nutritive qui rend beaucoup plus à l'hectare que le froment, et que chacune d'elles a été le foyer d'une civilisation très développée, très ancienne et très originale.

Après ces trois grands groupes, les plus importants sont celui des États-Unis, avec la partie du Canada qui avoisine les Grands lacs, groupe d'origine européenne, qui compte aujourd'hui une soixantaine de millions d'individus, et celui de la Malaisie, groupe asiatique, qui en compte environ 27 millions, et qui est en grande partie subordonné aux Pays-Bas.

Les principales causes de la densité. — En France, dans les autres États de l'Europe et dans les autres parties du monde, la population subit à peu près les mêmes attractions. Lorsqu'on examine à ce point de vue l'Europe, on constate qu'au nombre des principales causes de densité provenant de la topographie et de la nature du sol, il convient de placer :

---

(1) Les chiffres que l'on donne pour la population totale du globe sont en grande partie des estimations hypothétiques. Au xviiie siècle, Voltaire se moquait d'une histoire universelle anglaise qui attribuait à la Terre 4 milliards d'habitants et il fixait lui-même ce nombre à 1,600 millions. C'était encore un nombre trop élevé. Dans le *Dictionnaire philosophique*, il ne donnait que 900 millions. Moheau en donnait, en 1778, 950 millions. Voici quelques-unes des estimations données au xixe siècle :

Volney (1804)	437 millions.		Behm et Wagner (1874).	1391	millions.
Malte-Brun (1804-1810)..	640	id.	Levasseur (*Ann. du Bu-*		
Almanach de Gotha (1810)	682	id.	*reau des Long.*, 1878)..	1439	id.
Stein (1825)	884	id.	Behm et Wagner (1883).	1433	id.
Letronne (1826)	900	id.	Levasseur (*Bulletin de*		
Balbi (1828)	847	id.	*l'Institut international*		
Dieterici (1859)	1288	id.	*de statistique*, 1886)...	1483	id.

(2) Un peu plus de 18 millions de kilom. carrés sur un total de 136 millions.

Les *vallées*, telles que celles du Rhin, du Rhône, du Pô, de l'Elbe, dont le sol est généralement fertile, bien arrosé, par où passent les voies navigables et que suivent d'ordinaire les voies ferrées ;

Les *plaines fertiles*, comme celles de l'Angleterre centrale, du Languedoc, du Danemark, de la Terre-Noire en Russie ;

Les *bassins houillers* qui alimentent de nombreuses industries, comme ceux de l'Écosse, de Newcastle, de Lancashire, d'York, de Galles, de Sambre-et-Meuse, de la Loire, de la Ruhr, de la Saxe, de la Silésie : ce sont les régions dont la population, a, en général, le plus augmenté depuis cinquante ans ;

Les *côtes*, lorsqu'elles sont disposées de manière que la pêche y procure des aliments et que le commerce y construise des ports, comme celles de la Bretagne et de la péninsule Ibérique, ou comme les îles de la Grèce et la Sicile.

Ces causes dépendant de la topographie et de la nature du sol peuvent être considérées comme des attractions naturelles. La population se multiplie dans les régions où elles se rencontrent parce qu'elle y trouve des conditions favorables à l'agriculture, au commerce, à l'industrie, à la pêche, qui lui procurent des subsistances et du travail.

On peut ajouter à cette liste la *force motrice* des chutes d'eau qui contribue à concentrer la population dans certaines vallées.

Au contraire, les montagnes et les plateaux, comme les Highlands d'Écosse, le Massif central de la France, les Alpes, le plateau de Castille, les chaînes de la péninsule Pélasgique exercent une influence répulsive, parce que ce sont des terrains pauvres.

Il en est de même des contrées très septentrionales, comme le nord de la Russie et de la Scandinavie, où le froid paralyse la végétation.

Enfin, parmi les causes répulsives, il faut ranger les marécages, les landes, les steppes, comme les landes du Hanovre et les plaines du Turkestan, et surtout les déserts, comme le Sahara.

Il y a, d'autre part, des causes sociales de densité. Ces dernières, qui relèvent de l'histoire, de la politique, de l'économie politique, n'ont pas une moindre importance. Le plus souvent elles s'ajoutent aux causes naturelles, c'est-à-dire que les groupes qui sont constitués sous leur influence ont tout d'abord choisi de préférence pour siège des lieux favorisés par la nature. Quelquefois elles agissent seules et, pour ainsi dire, contre nature. Ainsi une capitale peut avoir été bâtie en un lieu propice, comme Londres ou Paris, et grandir sous la double influence de la nature et de la politique ; elle peut aussi être située, comme Berlin ou Madrid, sur un sol ingrat et devoir toute sa fortune à la politique. Si l'État prospère, la capitale voit, dans les deux cas, sa population s'accroître.

Montesquieu exprimait dans son langage pittoresque l'action des causes morales, lorsqu'il écrivait : « Les pays ne sont pas cultivés en raison de leur fertilité, mais en raison de leur liberté (1). » S'il songeait à la Hollande, il avait pleinement raison.

L'homme est attiré vers les régions où la mise en œuvre des richesses naturelles, les conditions avantageuses du sol et les ressources de la civilisation lui font espérer que son travail sera rémunérateur. Il s'y fixe, et s'il réussit, il y multiplie. Aussi ces régions sont-elles, en général, non seulement les plus denses, mais celles dont la densité augmente le plus ; ainsi nous avons vu qu'en général et sauf exception, (par exemple, pour la Normandie et la Gascogne), les départements de la France les plus peuplés jadis sont ceux qui ont gagné depuis quatre-vingts ans le plus d'habitants ; nous constaterons plus loin que cette augmentation est, en général, plus rapide dans les très grandes villes que partout ailleurs et que l'attraction morale qu'exercent ces villes peut être comparée à l'attraction de la matière, laquelle est proportionnelle à la masse.

Il existe donc une relation certaine entre la richesse et la population, entre l'accroissement de cette richesse et celui du nombre des habitants. Nous reviendrons sur cette question dans le livre III de cet ouvrage.

On commettrait cependant une lourde erreur si l'on prétendait conclure d'une manière absolue que la densité des peuples soit la mesure précise de leur richesse. Chaque État et, pour ainsi dire, chaque groupe de population a sous ce rapport, comme

(1) *Esprit des lois*, Livre XVIII, chap. III.
(2) Livre II, chap. XVII.

sous beaucoup d'autres, son allure particulière qui dépend non seulement du sol et de la richesse, mais des mœurs.

Ainsi la Bretagne est une des parties les plus denses de la France, quoiqu'elle ne soit pas une des plus riches.

La Sicile a une densité moyenne de 113 habitants, cette densité s'élève même pour la province de Messine à un taux (143 habitants par kilomètre carré) qui n'est dépassé que par trois de nos départements, la Seine, le Nord et le Rhône, et que n'atteint pas même le département maritime et manufacturier de la Seine-Inférieure. Dans l'Inde, toute la plaine du Gange, sur une étendue de 680,000 kilomètres carrés, renferme une population deux fois plus dense que celle de la France (1). Cependant la richesse de la Sicile et surtout celle de l'Inde est bien moindre que celle de notre pays et leur population est très loin de jouir d'un bien-être égal au nôtre.

En général, dans les pays du midi on vit de peu. Dans les pays où le riz est la culture principale, la grande quantité de substance alimentaire que cette céréale fournit peut nourrir une nombreuse population qui, sous un climat chaud, éprouve peu de besoins. C'est une des raisons de la densité de l'Inde, comme de la Chine et de Java.

En Amérique, l'Etat de New York ne compte que 40 habitants par kilomètre carré, quoique la population y dispose d'une richesse moyenne par tête bien supérieure à celle de l'Inde, et plus grande même que celle des habitants de certains Etats européens.

---

(1) Bengale, 404,000 kilom. carrés ; 66 millions et demi d'habitants : densité, 164. Province du nord-ouest, 275,000 kilom. carrés ; 44 millions d'habitants : densité, 160.

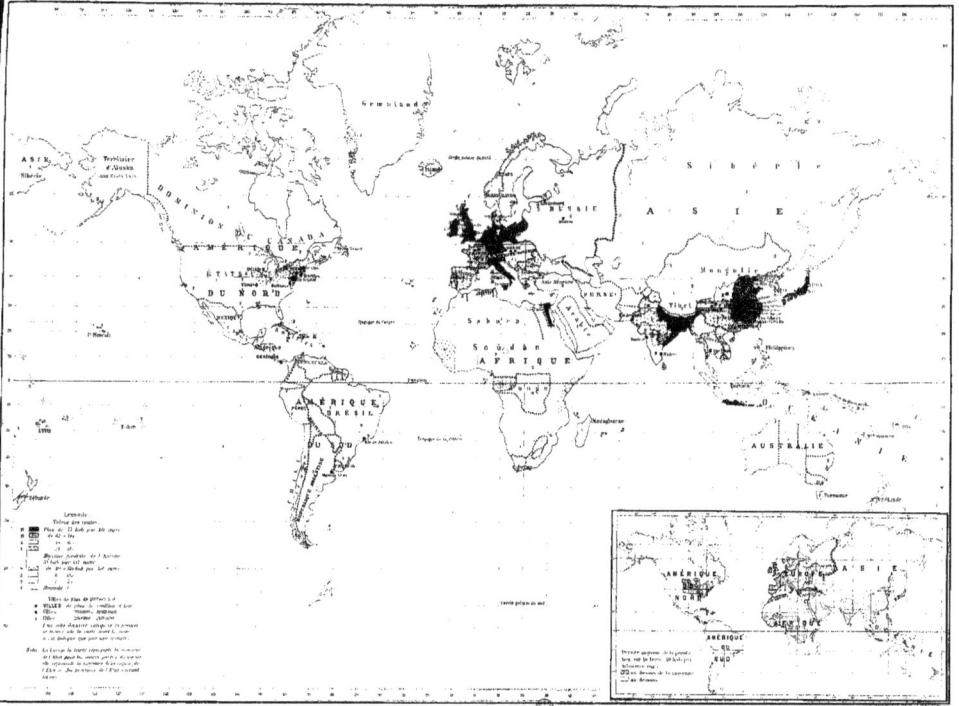

DENSITÉ DE LA POPULATION DANS LES CINQ PARTIES DU MONDE (1886)

rapportée à la densité moyenne de l'Europe

par E. Levasseur.

TABLE DES MATIÈRES

DU PREMIER VOLUME

LIVRE II.

LA DÉMOGRAPHIE FRANÇAISE COMPARÉE.

PREMIÈRE PARTIE. — ÉTAT DE LA POPULATION.

Saint-Brieuc. — Imprimerie Francisque GUYON, rues Saint-Gilles et de la Préfecture.

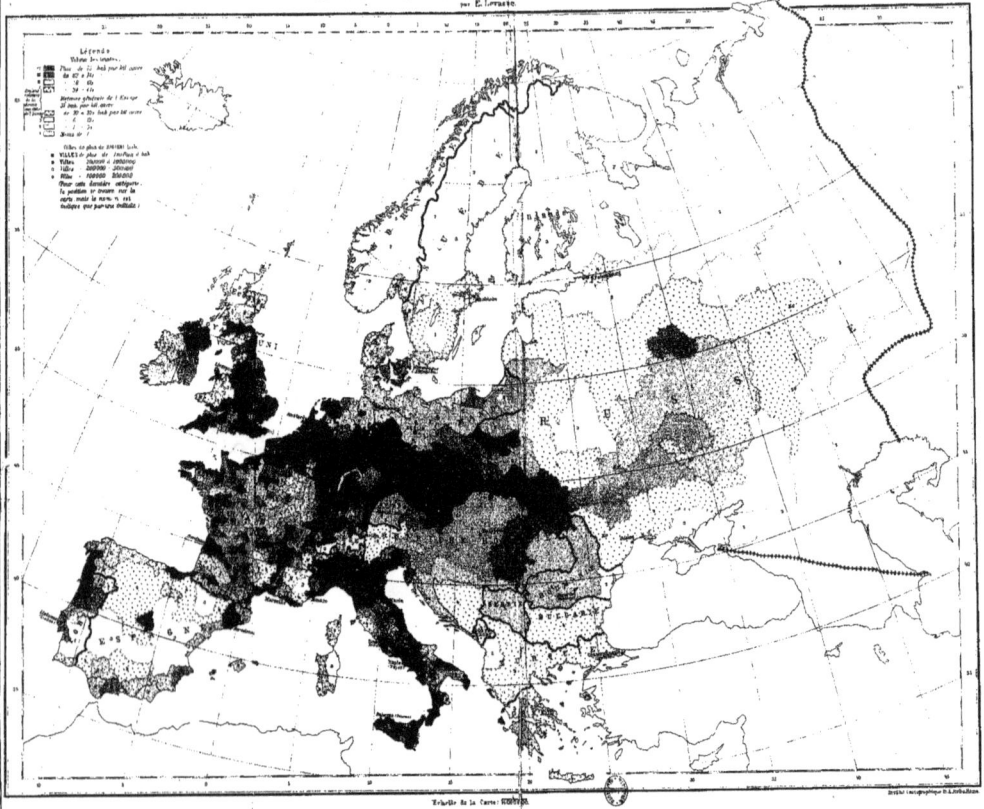

DENSITÉ DE LA POPULATION EN EUROPE (Période 1880-1885.)
par E. Levasseur

RÉPARTITION DE LA POPULATION
dans les environs de Paris.

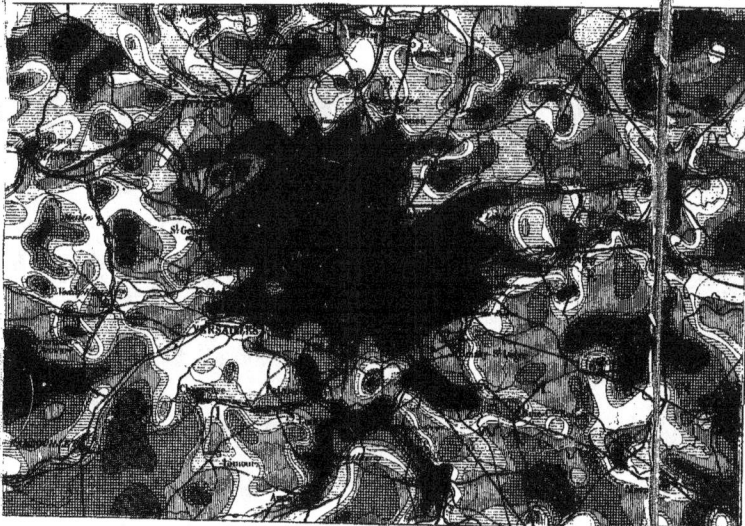

Régions dans lesquelles la population spécifique est de :

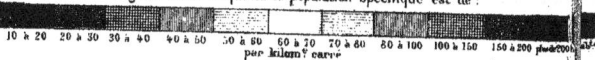

10 à 20   20 à 30   30 à 40   40 à 50   50 à 60   60 à 70   70 à 80   80 à 100   100 à 150   150 à 200 plus de 200 habit.
par kilom.² carré

Echelle de 640.000.

RÉPARTITION DE LA POPULATION A PARIS
d'après la densité des 80 Quartiers

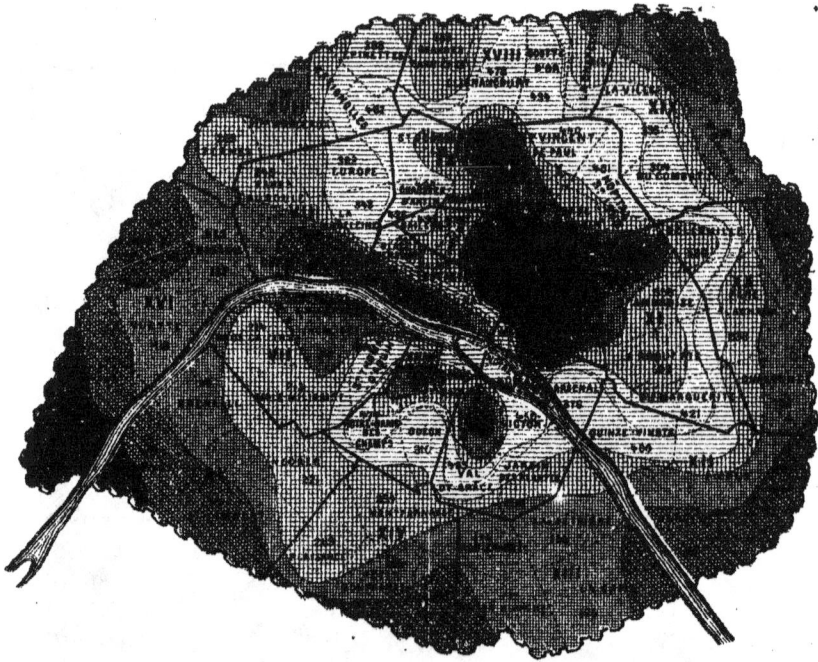

Zônes où il y a :

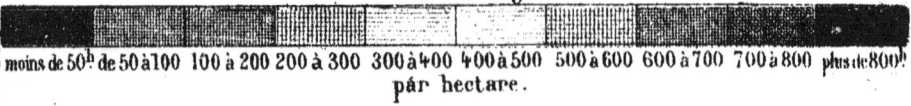

moins de 50ʰ de 50 à 100 100 à 200 200 à 300 300 à 400 400 à 500 500 à 600 600 à 700 700 à 800 plus de 800ʰ
par hectare.

Echelle de $\frac{1}{100000}$.

Imp. Ch. Bayle 16 Rue de l'Abbaye Paris

RÉPARTITION DE LA POPULATION
dans les environs de Paris

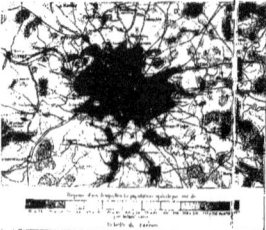

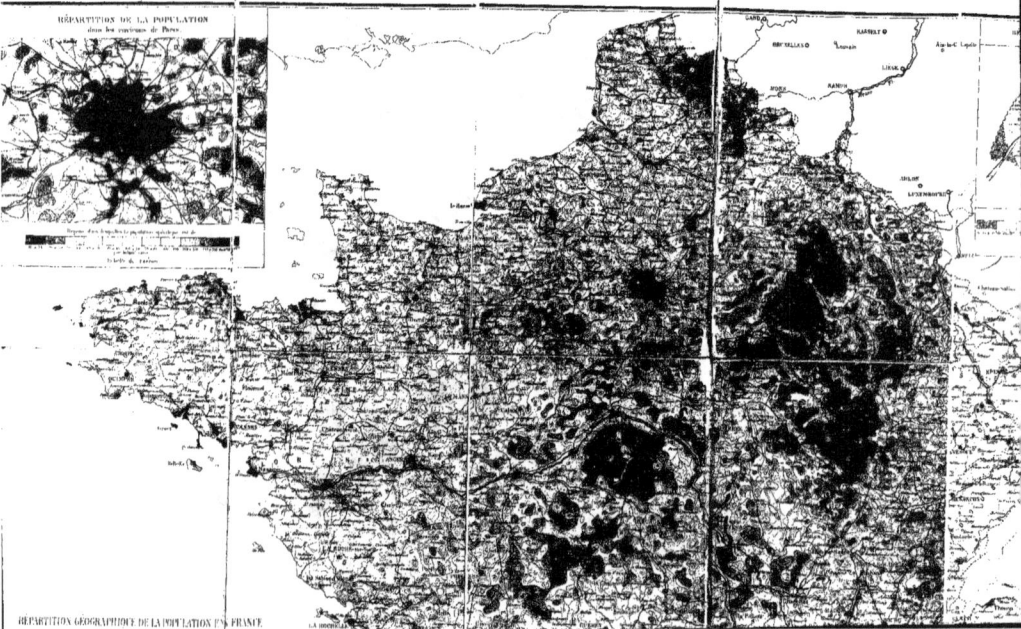

RÉPARTITION GÉOGRAPHIQUE DE LA POPULATION EN FRANCE

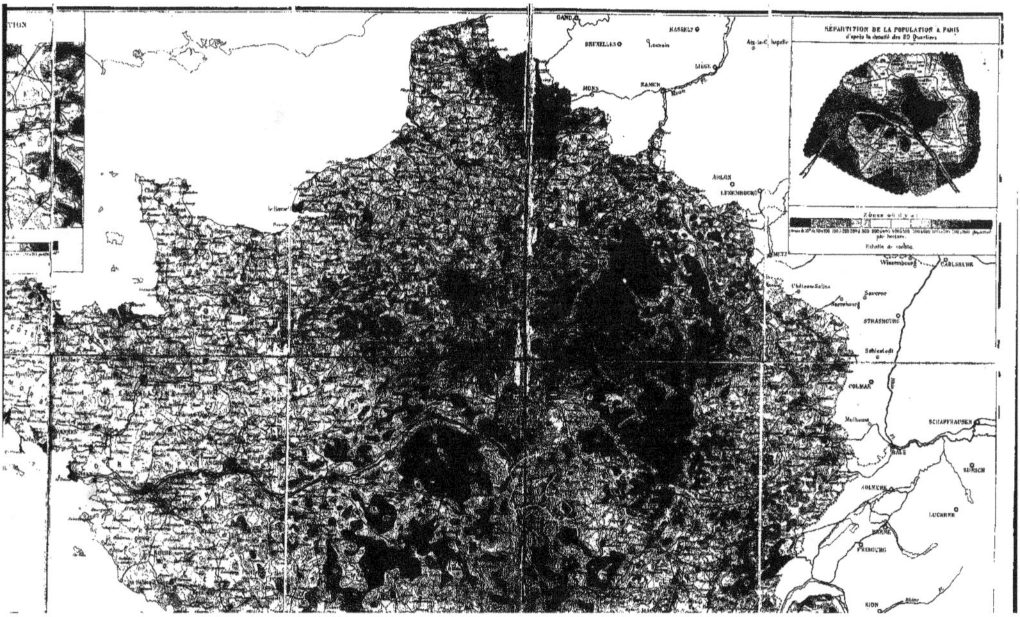

RÉPARTITION DE LA POPULATION A PARIS
d'après la densité des 20 Quartiers
par hectare.
GAND
BRUXELLES
Louvain
LIÈGE
MONS
NAMUR
LUXEMBOURG
le Havre
METZ
Wissembourg
CARLSRUHE
Château-Salins
Saverne
Sarrebourg
STRASBOURG
Schlestadt
COLMAR
Mulhouse
SCHAFFHAUSEN
ZURICH
SOLEURE
LUCERNE
BERNE
FRIBOURG
SION

RÉPARTITION GÉOGRAPHIQUE DE LA POPULATION EN FRANCE

ou

DENSITÉ DE LA POPULATION

Commune par Commune

(dans les 36.097 Communes)

par

VICTOR TURQUAN

Lauréat de l'Institut

Chef du Bureau de la Statistique Générale de France

au Ministère du Commerce et de l'Industrie

Échelle 1/1.825.000

DIAPASON DES TEINTES

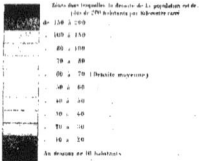

	Teintes dans lesquelles la densité de la population est de : plus de 200 habitants par kilomètre carré
	de 150 à 200
	100 à 150
	80 à 100
	70 à 80
	60 à 70 (Densité moyenne)
	50 à 60
	40 à 50
	30 à 40
	20 à 30
	10 à 20
	Au-dessous de 10 habitants

Imp. par A.Simon, 9, Rue du Val-de-Grâce. Paris.

CH. BAYLE, Éditeur, 16, Rue de l'Abbaye. PARIS.

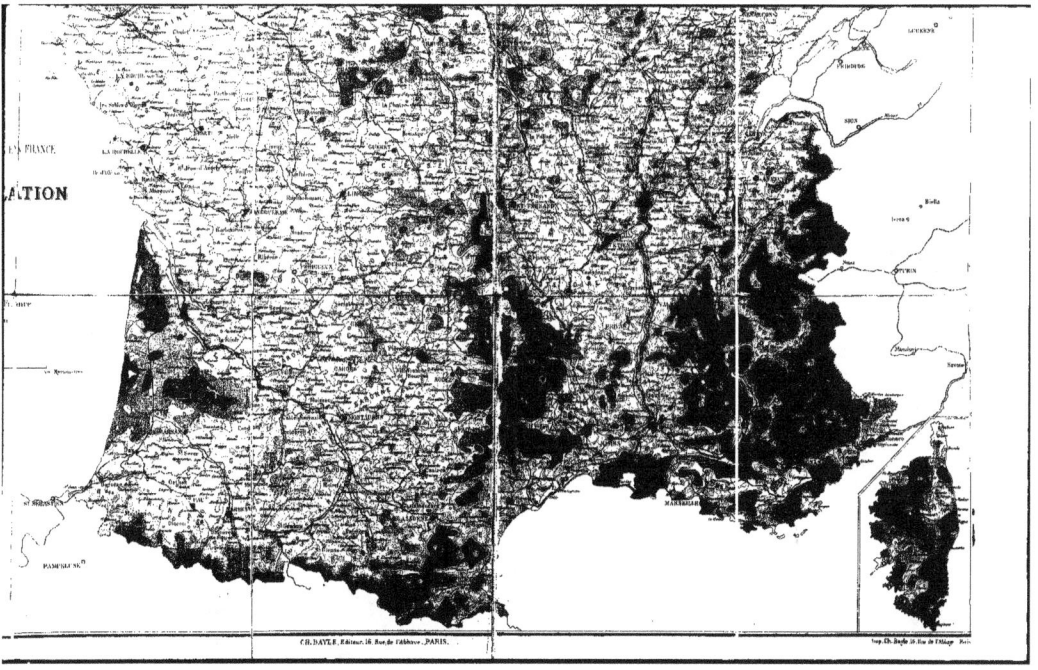

www.ingramcontent.com/pod-product-compliance
Lightning Source LLC
Chambersburg PA
CBHW070628270326
41926CB00011B/1846